LA FAMILLE IMPÉRIALE

HISTOIRE

DE LA FAMILLE

BONAPARTE

DROITS DE REPRODUCTION ET DE TRADUCTION RÉSERVÉS.

LA FAMILLE IMPÉRIALE

HISTOIRE

DE LA FAMILLE

BONAPARTE

DEPUIS SON ORIGINE JUSQU'EN 1860

PAR

D. L. AMBROSINI & ADOLPHE HUARD

Auteur du livre intitulé : DE L'INJUSTICE DANS LA RÉVOLUTION, ETC.

OUVRAGE

HONORÉ DE LA SOUSCRIPTION

DE

S. M. NAPOLÉON III

DE

S. M. L'IMPÉRATRICE

DE

SON ALTESSE LE PRINCE IMPÉRIAL

ET DE

S. A. I. ET R. LA GRANDE-DUCHESSE STÉPHANIE DE BADE

DEUXIÈME ÉDITION.

PARIS
LEBIGRE-DUQUESNE FRÈRES, ÉDITEURS,
RUE HAUTEFEUILLE, 16.

—

1860

IMPRIMERIE ET LITHOGRAPHIE DE RENOU ET MAULDE
RUE DE RIVOLI, 144.

A SON ALTESSE

MONSEIGNEUR

LE PRINCE IMPÉRIAL

MONSEIGNEUR,

A l'âge de VOTRE ALTESSE, on aime ordinairement à être charmé par de merveilleuses histoires.

Il n'est pas de plus grandes merveilles que celles qui ont été accomplies par Votre immortel Oncle et par Votre auguste Père.

Ainsi, en offrant à VOTRE ALTESSE l'Histoire abrégée de la FAMILLE IMPÉRIALE, nous sommes certains de lui être agréables.

Après s'être amusée d'abord du récit des événements

glorieux dont cette Histoire est remplie, VOTRE ALTESSE *comprendra que la gloire oblige. Elle apprendra de son Auguste Mère à remplir, envers Dieu et la France, les devoirs que les hauts faits et les vertus de ses Ancêtres lui imposent.*

C'est ce que la France demande au Ciel pour vous, MONSEIGNEUR, *et elle est sûre d'être exaucée.*

Daignez agréer,

MONSEIGNEUR,

l'hommage du plus profond respect

de vos très-humbles

et très-obéissants serviteurs

AMBROSINI, ADOLPHE HUARD.

Cette Étude historique, dédiée à un auguste Enfant, s'adresse surtout au cœur du Peuple Français, car elle a pour but d'exposer, dans toute la puissance de la vérité, les existences de la Famille qui, aujourd'hui, préside aux destinées de la patrie.

Notre Ouvrage ne contient pas les hautes considérations philosophiques de l'histoire; mais les faits parlent plus haut que les phrases à l'esprit des populations; et, en France surtout, les populations sont douées de ce merveilleux instinct qui leur fait connaître les martyrs de leur gloire et les apôtres de leur bonheur.

Notre Livre contient des documents nouveaux sur cette race si énergique des Bonaparte; documents puisés, après de laborieuses recherches, dans l'époque la plus reculée.

Ajoutons qu'en compulsant les traditions du passé,

nous avons été amenés à conclure que cette suite de grands hommes fut, de tous temps, dévouée aux intérêts populaires et aux idées généreuses.

Nous avons recueilli des notes peu connues sur les Familles : de l'Impératrice, des Tascher de La Pagerie, des Beauharnais; sur le noble Fils de Napoléon Ier, arbre trop tôt déraciné par les tempêtes politiques; sur les figures si aimées de l'Impératrice Joséphine et de la Reine Hortense; sur ce preux chevalier, le Prince Eugène, qui brisa son épée le jour où il lui fut interdit de la consacrer à la France; sur les frères du Héros d'Austerlitz, qui, tous, reportèrent leur gloire sur la mère-patrie !

Faire aimer, faire admirer par la logique des événements, voilà quelle a été notre pensée en écrivant l'*Histoire de la Famille Bonaparte*, et nous croyons avoir atteint notre but.

ORIGINE

DE LA

FAMILLE BONAPARTE

La noblesse de l'Empereur Napoléon Ier a servi de motif aux textes les plus contradictoires ou les plus divergents.

Les auteurs romanesques donnent pour aïeul à Bonaparte l'*Homme au masque de fer*, qui vécut sous le règne de Louis XIV.

Les écrivains des différents partis l'ont fait naître dans la classe obscure de la société ; ils ont essayé de jeter sur sa Famille la bave de l'injure politique, espérant en faire jaillir quelques gouttes sur Napoléon, son descendant.

Des études sérieuses ont mis à néant toutes ces banalités, et rendu à la Famille Bonaparte le rang qui lui appartient.

Il existe à Majorque, au couvent de l'Inquisition de Palma, la tombe armoriée des BONAPARTE, qui, suivant la tradition majorquine, furent les ancêtres de Napoléon.

Les armoiries de cette Famille sont ainsi composées :
Parti d'azur, chargé de six étoiles d'or, à six pointes, deux, deux et deux, et de gueules, au lion d'or léopardé; au chef d'or, chargé d'un aigle naissant de sable.

Deux actes, conservés dans les Archives de la couronne d'Aragon, et relatifs à une Famille de *Bonapar*, prouvent qu'un rejeton passa, en 1411, de Majorque dans l'île de Corse, et en fut nommé Régent par le roi Martin d'Aragon.

En dehors de ces deux documents, empruntés à une époque très-reculée de la nôtre, nous allons dresser une *Généalogie authentique de la Famille Bonaparte.* Cette généalogie, basée sur des documents et des actes publics, ne saurait être mise en doute par les hommes sérieux, à quelque parti qu'ils appartiennent.

En 1771, Charles Bonaparte, pour se faire reconnaître noble par le Conseil supérieur de Corse, produisit : un certificat des notables d'Ajaccio, attestant que, depuis deux siècles, ses ancêtres étaient membres de la noblesse du pays, et un acte par lequel la Famille Bonaparte, de Florence, une des plus anciennes de la Toscane, reconnaissait avoir une origine commune avec celle de Corse.

En 1779, Charles de Bonaparte, voulant faire entrer son fils, Napoléon, à l'école de Brienne, fermée aux roturiers, fut obligé de fournir de nouveau ses preuves de noblesse par-devant le juge d'armes d'Hozier de Sérigny. Il lui envoya le dossier de ses titres qui, après un examen sévère et minutieux, furent reconnus valables. Cet état, écrit de la main même de Charles de Bonaparte, est déposé aux Archives impériales.

Il nous a été permis de le transcrire; nous le donnons textuellement :

« *Inventaire de production des actes que Napoleone de Buonaparte, d'Ajaccio, en Corse, élève nommé par Sa Majesté pour être reçu aux Écoles militaires, a l'honneur de produire par-devant M. de Sérigny, juge d'armes de la noblesse de France.*

SAVOIR : DIX CAHIERS.

Le *premier* desquels contient l'extrait baptistaire dudit Napoleone, et du 15 août 1769.

Second cahier, contenant l'extrait baptistaire de Charles, père de Napoleone et fils de Joseph, du 29 mars 1746;

Un certificat des nobles principaux de la ville d'Ajaccio, du 17 août 1771, qui prouve que la Famille Bonaparte a toujours été au nombre des plus anciennes et nobles, tant pour son côté que par rapport aux alliances qu'elle a contractées avec la noblesse du royaume la plus distinguée;

Un acte de permission de mariage du 2 juin 1764;

Un acte de reconnaissance de la Famille de Bonaparte de Toscane, du 28 juin 1759, qui jouit du patriciat, et par conséquent de la plus grande noblesse, comme il est constaté par un extrait des lettres de noblesse du 28 mai 1757, délivré par le grand-duc de Toscane;

Plus, des lettres-patentes de l'Archevêque de Pise, en Toscane, qui accorde audit Charles Bonaparte l'exercice du titre de noble et de patrice, du 30 novembre 1769 ;

Comme aussi, un arrêt du Conseil supérieur de Corse, du 13 septembre 1771, qui déclare la Famille Bonaparte noble, de noblesse prouvée au delà de deux cents ans.

Troisième cahier, contenant l'extrait baptistaire de Joseph, père de Charles et fils de Sébastien ; comme aussi la preuve qu'il a été élu ancien de la ville, l'an 1760, jouissant du titre de Magnifique.

Quatrième cahier, contenant l'extrait de Sébastien, père de Joseph et fils de Joseph, avec la preuve qu'il a été élu, le 17 avril 1720, ancien de la ville, jouissant du titre de Magnifique.

Cinquième cahier, qui prouve que Joseph Bonaparte, père de Sébastien, est fils de Charles ; lequel a été aussi élu ancien de la ville, le 3 mai 1702, jouissant du titre de Magnifique.

Sixième cahier, contenant un décret du Commissaire de la République de Gênes, qui donne le titre de noble à Charles, et qui prouve qu'il est fils de Sébastien, du 1.er septembre 1664 ;

Autre acte par-devant notaire, de 1672, que ledit Charles était noble et fils de Sébastien, comme aussi qu'il a été élu ancien de la ville, l'an 1681, jouissant du titre de Magnifique.

Septième cahier, contenant l'extrait baptistaire de Sébastien, père de Charles et fils de François, de 1603 ; comme aussi deux actes de 1635 et 1648, qui constatent que ledit Sébastien était noble.

Huitième cahier, contenant un acte par-devant notaire, de 1626, qui prouve que François, père de Sébastien, était capitaine et fils de Jérôme ; comme aussi que ledit François a été élu ancien de la ville, l'an 1596, jouissant du titre de Magnifique.

Neuvième cahier, contenant un acte de 1601, qui constate que Jérôme, père de François, était propriétaire de la Tour des Salines ;

Autre acte, de 1562, dans lequel le Sénat de Gênes, dans un décret, donne audit Jérôme le titre suivant : *Egregium Hieronimum de Buonapart procuratorem nobilium* ;

Autre acte, qui prouve que la Famille Bonaparte existait au moment de la fondation de la ville d'Ajaccio, étant propriétaire d'une partie de terre où ladite ville a été bâtie ;

Autre acte, qui prouve que ledit Jérôme, père de François, était fils de Gabriel, et que, en 1594, il était ancien de la ville, jouissant du titre de Magnifique ;

Autre acte, de 1597, qui prouve que ledit Jérôme était propriétaire de la Tour des Salines, y ayant fermiers et domaine aux environs.

Dixième et dernier cahier, contenant un acte de 1567, qui prouve que Gabriel, père de Jérôme, était fils de François, et autres actes, de 1567 et 1568, qui prouvent que ledit Gabriel jouissait du titre de *messire*, qu'on donnait alors aux nobles les plus distingués.

Finalement, produit le blason des armes de sa Famille, qui se trouve sur la porte de sa maison depuis un temps immémorial, sur la sépulture qu'elle possède dans la paroisse et dans le palais des anciens podestats de

Florence. Lesdites armes ont : *De gueules, à deux bandes d'or, accompagnées de deux étoiles, l'une en chef, et l'autre en pointe. Couronne de comte.*

Ce document irrécusable, qui n'existe dans aucun ouvrage sur la Famille Bonaparte, donne exactement la généalogie de Napoléon, depuis François Bonaparte, qui vivait en 1567.

Il exista plusieurs familles Bonaparte en Italie. Une pièce écrite en latin fait descendre cette Famille, *Bonapartia gens*, d'un nommé Jean Bonaparte, vivant en 1050. Nous trouvons, dans les Mémoires du temps, qu'un Jean Bonaparte rendit de grands services à la République italienne ; que son fils, Nordius Bonaparte, fut élu podestat de Parme en 1272. Nordius fonda un hôpital de malades hors de la porte Saint-Thomas de Trévise, et mourut en 1290. Il eut pour fils Pierre Bonaparte, podestat de Padoue, et pour petit-fils Servadius, dont la trace se perd dans les troubles civils de l'Italie.

La Famille Bonaparte de Florence, dont aucun historien ne cite la parenté avec celle de Trévise, descend du capitaine Nicolas Bonaparte, qui fit cause commune avec les Gibelins contre les Guelfes, et fut exilé en l'an 1268. Les registres des archives de Florence nous apprennent que Léonard-Antoine Bonaparte fut arrêté comme Gibelin, accusé de haute trahison et décapité à Florence en 1441.

Un nommé Jacques Bonaparte, descendant de Léonard-Antoine, vivait sous la papauté de Clément VII, en 1527, époque à laquelle Rome fut prise par le connétable de Bourbon. Jacques Bonaparte a décrit, dans une Chronique italienne, les événements dont il fut contemporain. Cette Chronique fut imprimée à Cologne, en 1756.

Enfin, comme corollaire aux preuves que nous venons de donner sur la noblesse de la Famille, nous ajouterons que les Bonaparte de Toscane se sont fait confirmer dans leur antique blason par lettres patentes du grand-duc, à la date du 28 mai 1757; que Joseph Bonaparte, aïeul de Napoléon, obtint un acte daté du 28 juin 1759, par lequel la Famille de Florence reconnaissait avoir une origine commune avec celle d'Ajaccio.

Nous terminerons notre notice par la filiation suivante, établie d'après des actes authentiques, déposés aux archives impériales :

I. François Bonaparte; dont :
II. Gabriel Bonaparte, vivant à Ajaccio, en 1567, et y jouissant du titre de *messire*; il fut père de :
III. Jérôme Bonaparte, *ancien* de la ville d'Ajaccio, et y jouissant du titre de Magnifique, en 1594. Le Sénat de Gênes l'appelle, dans un décret : *Egregium Hieronimum de Buonaparte procuratorem nobilium*.
IV. François Bonaparte, capitaine, élu *ancien* de la ville d'Ajaccio, en 1596; son fils était :
V. Sébastien Bonaparte, né en 1603; dont :
VI. Charles Bonaparte, reconnu noble par un Commissaire de la République de Gênes, en 1661.
VII. Joseph Bonaparte, élu *ancien* de la ville d'Ajaccio le 3 mai 1702.
VIII. Sébastien Bonaparte, jouissant de la même dignité, le 17 avril 1720.

IX. Joseph Bonaparte, reconnu parent des Bonaparte de Toscane, en 1759 ; élu en 1760 *ancien* de la ville d'Ajaccio.

X. Charles Bonaparte, né le 29 mars 1746, reconnu noble Français le 19 août 1771 ; marié, en 1767, à Marie-Lœtitia de Ramolino. Il mourut à Montpellier, le 24 février 1785, laissant huit enfants, dont le second fut Napoléon, empereur.

A cette filiation, nous ajouterons le tableau synoptique de la Famille.

I. Joseph-Napoléon Bonaparte, comte de Survilliers, frère aîné de Napoléon Ier ; né le 7 janvier 1768 ; roi de Naples et de Sicile ; roi des Espagnes et des Indes ; marié le 1er août 1794 à Marie-Julie Clary ; née le 26 décembre 1777, sœur aînée de la reine douairière de Suède. — Mourut le 28 juillet 1844.

Nés de ce mariage : — 1º Zénaïde-Charlotte-Julie Bonaparte, née le 8 juillet 1801 ; mariée à son cousin Charles, prince de Canino ; — 2º Charlotte Bonaparte, née le 31 octobre 1802 ; mariée à Napoléon-Louis, frère aîné de Napoléon III ; — décédée en 1839.

II. Napoléon Ier, empereur des Français, né à Ajaccio le 15 août 1769, décédé à Sainte-Hélène le 5 mai 1821 ;

Épousa en premières noces :

1º Marie-Rose-Joséphine Tascher de la Pagerie, née à la Martinique le 23 juin 1763 ; morte à la Malmaison, le 29 mai 1814.

Épousa en secondes noces :

2º Marie-Louise-Léopoldine-Françoise-Thérèse-Joséphine-Lucie, archiduchesse d'Autriche, née le 12 décembre 1791 ; — morte duchesse de Parme le 17 décembre 1847.

Né de ce mariage : Napoléon-François-Charles-Joseph, roi de Rome ; né à Paris le 20 mars 1811 ; mort à Vienne, duc de Reichstadt, le 22 juillet 1832.

III. Lucien Bonaparte, prince de Canino, né à Ajaccio en 1775; marié en 1795 à Christine Boyer, et, en 1802, à Alexandrine-Laurence de Bleschamp, princesse douairière de Canino, née à Calais en 1778. — Lucien Bonaparte mourut le 25 juin 1840.

Du premier lit : 1º Charlotte, née le 13 mai 1796;

Du second lit : 2º Charles-Lucien-Jules-Laurent Bonaparte, prince de Canino et Musignano, membre correspondant de l'Institut; né à Paris le 24 mai 1803; mort à Paris en 1857. Il se maria à Bruxelles le 28 juin 1822, à sa cousine Zénaïde-Charlotte-Julie, fille du prince Joseph-Napoléon Bonaparte, née à Paris le 8 juillet 1801.

De ce mariage : Joseph-Lucien-Charles-Napoléon Bonaparte, prince de Musignano; né à Philadelphie le 13 février 1824; — Lucien-Louis-Joseph-Napoléon Bonaparte, né à Rome, le 15 novembre 1828; — Napoléon-Jacques-Grégoire-Philippe Bonaparte, né à Rome, le 5 février 1839; — Julie-Charlotte-Pauline-Loetitia-Désirée Bonaparte, née à Rome, le 5 juin 1830; mariée, le 30 août 1847, à Alexandre del Gallo, marquis de Rocca-Giovine; — Charlotte-Honorine-Joséphine Bonaparte, née à Rome, le 4 mars 1832; mariée, le 4 octobre 1848, au prince Primoli; — Marie-Désirée-Eugénie-Joséphine-Philomène Bonaparte, née à Rome, le 18 mars 1835; — Auguste-Amélie-Maximilienne-Jacqueline Bonaparte, née à Rome le 9 novembre 1836; — Bathilde-Héloïse-Léonie Bonaparte, née à Rome le 26 novembre 1840.

3º Louis-Lucien Bonaparte, né le 4 janvier 1813; élu le 8 juillet 1849 membre de l'Assemblée législative.

4º Pierre-Napoléon Bonaparte, né le 12 septembre 1815; élu membre de l'Assemblée législative en mai 1849.

5º Antoine Bonaparte, né le 31 octobre 1816; élu membre de l'Assemblée législative en mai 1849.

6º Loetitia Bonaparte, née le 1er décembre 1804; mariée à Thomas Wyse, memb. catholique du Parlet d'Angleterre.

7º Alexandrine-Marie Bonaparte, née le 12 octobre 1818; mariée au comte Vincent-Valentini de Canino.

8° CONSTANCE BONAPARTE, née le 30 janvier 1823; religieuse au Sacré-Cœur, à Rome.
9° PAUL BONAPARTE, mort en Grèce.
10° JEANNE BONAPARTE, mariée au marquis Honorati.

IV. LOUIS BONAPARTE, né à Ajaccio, le 2 septembre 1778; roi de Hollande, du 24 mai 1806 au 1er juillet 1810; décédé le 25 juillet 1846.
Marié le 3 janvier 1802 à :
HORTENSE-EUGÉNIE DE BEAUHARNAIS, duchesse de Saint-Leu, née le 10 avril 1783; fille du premier lit de l'Impératrice Joséphine et d'Alexandre, vicomte de Beauharnais; décédée le 3 octobre 1837.

DE CE MARIAGE :

1° NAPOLÉON-CHARLES BONAPARTE, né le 10 octobre 1802; mort à La Haye le 5 mars 1807.
2° NAPOLÉON (LOUIS), prince royal de Hollande, né le 11 octobre 1804; mort le 17 mars 1831.
3° CHARLES-LOUIS-NAPOLÉON BONAPARTE, né à Paris, le 20 avril 1808. Empereur des Français sous le titre de Napoléon III; marié le 29 janvier 1853 à MARIE-EUGÉNIE DE GUSMAN EL PORTO CARRERO, comtesse de Téba, avec grandesse, en 1688; marquise de Ablitas, de Banos, avec grandesse, en 1612; de Mora, avec grandesse, en 1613; de Santa-Cruz de la Sierra; vicomtesse de Calezada; née en 1826 du comte de MONTIJO et de MARIE-MANUELE KIRCK-PATRICK DE GLASBURN.

DE CE MARIAGE :

NAPOLÉON (EUGÈNE-LOUIS-JEAN-JOSEPH), Prince Impérial, né le 16 mars 1856.

V. JÉRÔME BONAPARTE, né à Ajaccio le 15 novembre 1784; roi de Westphalie, du 1er octobre 1807 au 26 octobre 1813; prince de Montfort, maréchal de France et premier Conseiller de la Régence. Marié le 27 décembre 1803 à Élisabeth Patterson; divorcé en avril 1805; remarié le 22 août 1808, à FRÉDÉRIQUE-CATHERINE-SOPHIE-DOROTHÉE, sœur du roi de Wurtemberg, née le 2 février 1783, décédée le 28 novembre 1836.

DU PREMIER LIT :

1° Jérôme Bonaparte, né à Baltimore, le 6 juillet 1805; marié le 9 mai 1829 à Suzanne Gay.

DEUXIÈME LIT :

2° Jérôme-Napoléon-Charles Bonaparte, prince de Montfort, né à Trieste, le 24 août 1814 ; décédé en mai 1847.
3° Mathilde-Loetitia-Wilhelmine Bonaparte, princesse de Montfort, née à Trieste, le 27 mai 1820; mariée en 1841 à Anatole Demidoff.
4° Napoléon-Joseph-Charles-Paul Bonaparte, né à Trieste, le 9 septembre 1822; marié à la princesse Clotilde de Savoie dans les premiers mois de l'année 1859.

VI. Marie-Anne-Élisa Bonaparte, née le 3 janvier 1777; mariée le 5 mai 1797 à Félix de Bacciochi, prince de Lucques et de Piombino, grand-duc de Toscane; morte en août 1820.

DE CE MARIAGE :

1° Napoléone-Élisa Bacciochi, née le 30 juin 1806; mariée au comte Camerata.
2° Frédéric Bacciochi, né en 1813 ; mort à Rome.

VII. Marie-Pauline, ou Paulette Bonaparte, princesse et duchesse de Guastalla, née le 22 octobre 1780; morte à Florence en 1825.

VIII. Annonciade-Caroline Bonaparte, née le 25 mars 1783; mariée le 20 janvier 1800 à Joachim Murat; morte le 18 mai 1839.

DE CE MARIAGE :

1° Napoléon-Achille Murat, né le 21 janvier 1801; marié en Amérique à une petite nièce de Washington ; décédé le 15 avril 1847.
2° Napoléon-Lucien-Charles Murat, né le 16 mai 1803; élu membre de l'Assemblée législative en mai 1849.
3° Loetitia-Josèphe, née le 25 avril 1802 ; mariée au comte Pepoli.

4° Louise-Julie-Caroline Murat, née le 22 mars 1805 ; mariée au comte Rasponi, à Ravennes.

MÈRE DE L'EMPEREUR NAPOLÉON Ier.

Marie-Lœtitia Ramolini, ou *de Ramolino*, née le 24 août 1750 ; mariée, en 1767, à Charles-Marie Buonaparte, député de la noblesse de Corse ; veuve le 24 février 1784 ; décédée à Rome en 1839.

Stéphanie-Louise-Adrienne-Napoléon, née le 24 août 1789 ; grande-duchesse douairière de Bade ; tante de S. M. Napoléon III. morte le 29 janvier 1860.

Ce tableau indique que Joseph Bonaparte, l'aîné des quatre frères de Napoléon Ier, n'a pas laissé de postérité mâle ; — Lucien, le deuxième, et Jérôme, le quatrième frère, s'étant mariés contre le gré de Napoléon, leur frère, furent exclus, eux et leur race, du trône impérial par un décret de 1804. — Le troisième frère, Louis, eut de son mariage avec la Reine Hortense trois fils : Napoléon-Charles Bonaparte, né le 10 octobre 1802, mort à La Haye, le 5 mars 1807 ; — Napoléon-Louis, né le 11 octobre 1804, mort à Forli, le 17 mars 1831 ; — et Louis-Napoléon, Empereur des Français.

LA FAMILLE IMPÉRIALE

PREMIÈRE PARTIE

NAPOLÉON BONAPARTE

> « Il est indigne de moi de servir aucune coterie,
> « aucune faction; je ne veux servir que le peuple
> « français. »
> (NAPOLÉON, 18 Brumaire.)

CHAPITRE PREMIER

Coup d'œil rétrospectif. — Portrait physique et moral. — Ce que peuvent produire de généreuses paroles. — Mme Lœtitia. — Naissance de Napoléon 1er.

Les noms les plus illustres des temps anciens pâlissent devant le nom de Napoléon Bonaparte. Alexandre, Annibal, Charlemagne, Henri IV, rivalisent à peine avec le conquérant de l'Égypte, le héros de Wagram et d'Austerlitz, le vainqueur de l'Europe entière.

Napoléon réunit en lui seul les vertus, le génie de ces grands capitaines, de ces sages législateurs, de ces monarques intègres, et le surnom de *Grand*, que la postérité a attaché à son nom, est un juste hommage rendu à sa mémoire!

. . . .

Napoléon Bonaparte était de moyenne taille. Il avait les mains et les pieds d'une finesse remarquable; sa jambe était bien faite, son buste bien posé, son cou un peu court et sa poitrine vaste. Sa démarche était noble et imposante ; sa tête, très-grosse, était d'une beauté antique. Il avait le front haut, les yeux bleus, le nez aquilin, la bouche petite, les dents d'une blancheur extrême et le teint très-pâle. L'ensemble de sa physionomie était généralement calme et grave.

Napoléon Bonaparte, à vingt ans, était d'une extrême maigreur ; son visage pâle, ses yeux enfoncés dans leur orbite, lui donnaient une expression d'énergie extraordinaire, que rehaussait encore son regard d'aigle.

Lorsqu'il fut nommé premier Consul, il commençait déjà à prendre un peu d'embonpoint ; et ses longs cheveux étant coupés, on put complétement reconnaître le grand caractère de cette figure, rappelant les beaux types des Empereurs romains.

Le tempérament de Napoléon était de fer, comme sa volonté ; il dormait peu, aussi bien sur le bord d'un fossé, sur la planche d'un lit de camp ou la terre du bivouac, que dans l'alcôve impériale ; il interrompait et reprenait son sommeil sans inconvénient.

Sa vie était frugale, ses goûts simples ; il mangeait fort vite, ne buvait que de l'eau rougie et presque jamais de café ; il aimait à respirer fréquemment l'odeur du tabac, sans jamais avoir contracté l'habitude de priser, ainsi que l'ont prétendu quelques historiens.

Il réglait avec une stricte économie les dépenses de sa maison ; sa mise était d'une grande simplicité. Son costume habituel consistait en un uniforme de colonel de la garde, qu'il recouvrait d'une large redingote grise. Son chapeau était d'une coupe militaire exceptionnelle, sans galons, torsades, ni panaches, orné seulement de la cocarde tricolore, fixée par une ganse de soie noire. Il ne portait que deux décorations : la *Légion d'honneur* et la *Couronne de fer*.

Napoléon était d'un caractère doux et affable. Bon avec le peuple et les soldats, il était sévère et réservé avec les grands dignitaires de l'État et ses généraux. Sa conversation était fine, variée, éloquente, mêlée d'observations pleines d'à-propos, de pensées profondes, de figures poétiques; sa parole était haute ou brève, douce ou caressante, selon que son interlocuteur lui était plus ou moins sympathique.

Napoléon était doué d'une activité prodigieuse. En campagne, il employait toutes ses journées à parcourir, à cheval et au galop, les rangs de son armée; rentré dans sa tente, il passait une grande partie de la nuit à dicter des ordres, des proclamations, des décrets.

A Paris, il travaillait toute la matinée avec ses ministres; présidait, dans l'après-midi, les séances du Conseil d'État, et élaborait les Codes, ces monuments impérissables de son règne.

Malgré ses occupations si multipliées, il trouvait encore quelques heures pour aller visiter les ateliers.

Il sortait alors sans escorte, se mêlait aux ouvriers, les questionnait sur leurs besoins. Lorsque quelques-uns d'entre eux paraissaient hésiter à lui soumettre leurs réclamations, il les encourageait par ces paroles bienveillantes : *Le peuple, c'est ma famille ; et je veux que ma famille soit heureuse !*

Phrase sublime, qui peint à elle seule le caractère démocratique de la Famille Impériale, et a valu à cette noble lignée, même au milieu des épreuves que la Providence lui a fait subir, l'estime populaire! — Pensée généreuse, qui est restée gravée dans le cœur du peuple français, et à laquelle il a répondu par trois votes unanimes en faveur de Sa Majesté Napoléon III, le digne héritier du trône, de la gloire et du génie de Napoléon Ier.

. . . .

La Famille Bonaparte était autrefois une des plus illustres de l'Italie. Inscrite sur le *Livre d'or* de Bologne, patricienne à Florence, elle était alliée aux Médicis.

Aux XVe et XVIe siècles, les Bonaparte se sont distingués dans les lettres et dans la carrière des armes. Citons entre autres grands hommes de cette race illustre, Napoléon des Ursins, connu par sa bravoure et ses talents militaires; — Nicolas Bonaparte, fondateur de la chaire de jurisprudence à l'Université de Pavie; — Jacques Bonaparte, son neveu, auteur d'une *Histoire du sac de Rome par les soldats du connétable de Bourbon*. Puis un autre Bonaparte, auteur d'une des plus anciennes comédies italiennes, *la Veuve*, œuvre écrite avec beaucoup d'esprit, de verve, et possédant des situations dramatiques, choses fort rares dans les anciennes pièces.

On trouve aussi, dans les *Fastes de la diplomatie italienne*, un Bonaparte, signataire du traité d'échange de Livourne contre Sarzane. Enfin, l'*Histoire italienne* rapporte que la mère du pape Paul V était une Bonaparte.

Les ancêtres de Napoléon avaient aussi combattu, en qualité de Gibelins, contre les Guelfes. Mais, vaincus dans leurs tentatives, ils furent forcés de se réfugier en Corse, vers le commencement du XVe siècle.

Les Bonaparte devinrent, par leurs mariages, les alliés des premières familles de la Corse : les *Colonna*, les *Bozzi*, les *Durazzo*.

La Famille Bonaparte possédait des propriétés considérables aux environs d'Ajaccio, et jouissait, dans ce pays, d'une haute considération et d'une influence souveraine.

Charles Bonaparte, père de Napoléon, avait fait ses études à Rome et à Pise. C'était un citoyen distingué, doué d'un esprit vif, pénétrant, d'une éloquence persuasive. Dévoué à la cause des libertés de son pays, il avait combattu avec Paoli contre les Génois, et, par sa bravoure, s'était placé très-haut dans l'estime de ses concitoyens.

Mme Lœtitia Ramolino, son épouse, mère de Napoléon, était aussi remarquable par sa grandeur d'âme que par sa beauté ; elle suivait son mari à la guerre et partageait ses dangers. Ce fut pendant une excursion militaire qu'elle devint enceinte de celui qui devait être un jour le plus grand capitaine de son siècle.

Mme Bonaparte vint faire ses couches à Ajaccio.

Le 15 août 1769, jour de l'Assomption, Mme Lœtitia se trouvant à l'église fut prise des douleurs de l'enfantement. On se hâta de la transporter chez elle. Courageuse jusque dans les souffrances les plus vives, elle voulut gagner son appartement ; mais, à peine arrivée dans l'antichambre, elle mit au monde, sur un vieux tapis à figures mythologiques, le César moderne.

CHAPITRE II.

Premières années. — L'Archidiacre Lucien. — L'Ecole de Brienne. — Études et amusements. — Note de M. de Kéralio. — Entrée à l'École militaire de Paris. — Un Souvenir. — Premier essai de génie administratif.

Les premières années de Napoléon ne présentent aucun fait digne de remarque. Il était, ainsi qu'il le dit lui-même, « un enfant obstiné et curieux. » Son caractère, pétulant jusqu'à l'excès, lui donnait parfois une humeur taquine et querelleuse, qui menaçait de nuire à son excellent naturel. Mais Mme Lœtitia Bonaparte avait su prendre de l'empire sur son fils, et, grâce à sa juste sévérité, les défauts du jeune homme devinrent plus tard d'éminentes qualités.

Un vieil oncle, Lucien Bonaparte, archidiacre d'Ajaccio, prit une grande influence sur l'esprit de Napoléon. C'était un homme érudit, jouissant dans le pays d'une haute réputation de sagesse.

Le digne archidiacre avait observé chez le jeune Corse une rare intelligence, une grande indépendance de caractère, et surtout une force de volonté surprenante.

Il s'appliqua, par ses conseils, à développer ces brillantes qualités.

Du reste, les paroles de ce saint homme à la Famille réunie autour de son lit de mort, furent une prédiction de la grandeur future de son Neveu : « Il est inutile, » disait-il à l'un de ses amis qui paraissait surpris qu'il ne testât pas en faveur du jeune Bonaparte ; « il est inutile « de songer à la fortune de Napoléon ; il la fera lui- « même. Il sera le chef de la Famille. »

Napoléon venait d'atteindre sa dixième année ; son père, envoyé en mission à Versailles comme député de la Corse, l'emmena à Paris, et le conduisit à l'École militaire de Brienne. Cet établissement était alors dirigé par les religieux Minimes de Saint-Benoît.

Le jeune Bonaparte entra à Brienne. Dévoré du désir de s'instruire, il fit de rapides progrès dans toutes les branches d'instruction donnée à cette École. Le père Patraut fut son professeur de mathématiques ; et Pichegru, qui devint, quelques années plus tard, général en chef des armées françaises, lui servit de répétiteur.

Une heureuse révolution s'opéra au bout de quelques mois dans l'esprit de Bonaparte ; de mutin, querelleur, emporté qu'il était, il devint doux, tranquille, affable. Cette affabilité et la supériorité naturelle de son esprit lui donnèrent une telle influence sur ses camarades, qu'ils le nommèrent directeur de tous leurs amusements. Le premier acte de son autorité fut de donner à ces amusements un but grave et utile. Tantôt il faisait représenter des fêtes historiques de Rome et de la Grèce ; tantôt des scènes de jeux olympiques ; ou bien des répétitions de batailles, des simulacres de siéges ; préludant ainsi, par ces combats d'enfants, à ces luttes gigantesques qui ont fait trembler le monde et illustré le nom de Napoléon.

On se souvient de l'hiver de 1783 à 1784, où il tomba une si grande quantité de neige. Bonaparte se servit de cette neige pour construire des forts et des redoutes; puis, avec des boulets et des balles de glace, il fit le siége de ces travaux; attaquant et détruisant, comme homme de guerre, ce qu'il avait édifié comme ingénieur.

En 1784, après le concours d'usage, Bonaparte fût désigné pour l'École militaire de Paris, d'où il sortit pour entrer dans un régiment d'artillerie.

Il emporta de Brienne des notes magnifiques. Nous croyons devoir en reproduire une entre autres fort remarquable de M. de Kéralio, inspecteur des douze Écoles militaires :

« M. de Bonaparte (Napoléon), né le 15 août 1769,
« taille de quatre pieds dix pouces dix lignes, a fait
« sa quatrième; de bonne constitution, santé excel-
« lente; caractère soumis, honnête et reconnaissant;
« conduite très-régulière, s'est toujours distingué par
« son application aux mathématiques; il sait très-pas-
« sablement son histoire et sa géographie; il est assez
« faible dans les exercices d'agrément et pour le latin,
« où il n'a fait que sa quatrième; ce sera un excellent
« marin; mérite de passer à l'École de Paris. »

Napoléon conserva jusque dans sa captivité un souvenir agréable de l'École de Brienne. Il disait un jour au général Montholon, un des fidèles de Sainte-Hélène :

« Pour ma pensée, Brienne est ma patrie. C'est là que

« j'ai ressenti les premières impressions de l'homme, et,
« chose bizarre, c'est sous les mêmes ombrages où ma
« jeunesse trouvait un charme inexprimable à lire et à
« méditer, loin des jeux bruyants de mes camarades d'é-
« cole, que, comme Empereur, je serais mort, si Gour-
« gaud n'avait, d'un coup de pistolet, fait sauter la cer-
« velle d'un Cosaque dont la lance m'atteignait déjà en
« pleine poitrine..... »

A peine Napoléon fut-il entré à l'École militaire, qu'il comprit que cet établissement, fondé par Louis XV, le roi prodigue, n'était nullement organisé pour l'éducation de pauvres fils de gentilshommes de province, se destinant à la carrière militaire. Il adressa donc un Mémoire à ce sujet aux chefs de l'École, leur signalant les moyens à employer pour donner à l'établissement son véritable caractère. Discipline, économie, travail, sobriété, telles furent les nouvelles bases sur lesquelles il proposa que l'École militaire fût désormais fondée. Ce Mémoire, premier essai de son génie administratif, ne fut point adopté.

Mais, plus tard, au temps de sa puissance, Napoléon eut la satisfaction de voir ses idées mises en pratique dans les Ecoles de Fontainebleau et de Saint-Cyr, vastes pépinières de héros, où prirent naissance tous ces braves officiers qui ont illustré la France depuis un demi-siècle.

CHAPITRE III

Bonaparte lieutenant. — Souvenir de Valence. — Bonaparte littérateur. — Insurrection corse. — Paoli. — Expédition de Sardaigne. — Soulèvement de l'Est et du Midi. — Siége de Toulon. — Bonaparte est blessé. — Sa nomination au grade de général de brigade. — Prise de Saorgio. — Le député Aubry. — Le Comité de salut public rappelle Bonaparte. — Sieyès. — La Convention. — Le 13 Vendémiaire. — Bonaparte commandant en chef l'armée de l'intérieur.

Après un examen brillant, où il obtint l'approbation de l'illustre La Place, son examinateur, Bonaparte fut nommé, le 1er septembre 1785, lieutenant en second au régiment d'artillerie de La Fère; régiment qu'il quitta promptement pour passer lieutenant au corps d'artillerie de Grenoble.

Le jeune officier fut bien accueilli à Valence, et l'on ne parla bientôt plus, dans cette ville, que de sa supériorité morale et intellectuelle.

Napoléon rencontra plusieurs fois, dans les salons, une demoiselle du Colombier, et en devint éperdûment amoureux; son amour fut partagé par la jeune personne, qui était aussi sensible que jolie. Mais il sut contenir sa passion dans de justes bornes; et, comme il le racontait un jour à Sainte-Hélène : « Tout son bonheur se rédui-

« sit à manger des cerises avec l'héroïne de sa première
« idylle amoureuse. »

Non content de lire et de méditer les ouvrages militaires, le jeune sous-lieutenant étudiait encore les œuvres littéraires et historiques. Dans les garnisons de Valence, de Lyon, d'Auxonne, où il fut successivement envoyé, il composa ses *Lettres historiques sur la Corse*, qui furent honorées du suffrage de l'abbé Raynal.

Vers la même époque, Napoléon remporta le prix de l'Académie de Lyon, pour un Mémoire dont le titre était : *Quels sont les principes et les institutions à inculquer aux hommes, pour les rendre le plus heureux possible?* On trouve dans cet ouvrage, parmi les nobles pensées qui scintillent à chaque page, celle-ci, qui fut couverte d'applaudissements lors de la lecture du Mémoire à l'Académie : « Les grands hommes sont « comme les météores, qui brillent et se consument pour « éclairer la terre..» Ce Mémoire est un monument précieux de son génie précoce, et prouve que son auteur était déjà digne d'accumuler sur sa tête d'autres couronnes que la couronne littéraire.

Bonaparte fut nommé capitaine au 4e régiment d'artillerie à pied, le 6 février 1792. Quelques jours après, il obtint un congé pour aller voir sa Famille.

A peine arrivé en Corse, le suffrage de ses concitoyens l'appela au commandement d'un bataillon de volontaires. Il se distingua à la tête de cette courageuse milice dans plusieurs engagements contre la garde nationale d'Ajaccio, que l'influence étrangère avait poussée à l'insurrection, et qui donnait à sa révolte le titre usurpé de *l'amour de l'indépendance*. La conduite loyale de Napoléon suscita contre lui une honteuse dénonciation, qui l'obligea à repartir pour la France, afin de se justifier. Ce fut pour lui une tâche facile, et son dénonciateur eut à rougir d'avoir, par une rancune personnelle, calomnié celui qui venait de combattre pour la défense des libertés nationales.

Napoléon, libéré de cette mensongère accusation, retourna en Corse. A son arrivée, il trouva Paoli investi du gouvernement militaire de l'île. Ce général l'accueillit avec une bienveillance affectueuse. Car, outre que Paoli avait une grande estime pour le fils de son ancien compagnon d'armes, il rendait encore justice aux éminentes capacités du jeune capitaine. « Ce jeune homme, « disait-il, est taillé à l'antique ; c'est un héros de Plu-« tarque. »

Dans les premiers mois de l'année 1793, Bonaparte prit part à une expédition contre la Sardaigne. Il fut chargé, à la tête de deux bataillons corses, de s'emparer du fort Saint-Étienne et des îles de la Madeleine. Son entreprise réussit complétement ; mais l'escadre, qui devait opérer son débarquement sur le territoire ennemi, éprouva un échec, et fut obligée de rentrer dans les ports français. Napoléon reçut donc l'ordre d'abandonner sa conquête et de rentrer en Corse.

Ce fut vers la même époque que Paoli tenta son insurrection contre la domination française. C'est en vain qu'il essaya de rallier à sa cause son jeune compatriote. Bonaparte, fidèle aux traditions nationales, résista à toutes les séductions, et parvint, au milieu des plus grands dangers, à rejoindre les représentants du peuple, qui séjournaient à Calvi.

L'issue de cette insurrection fut désastreuse pour la Famille Bonaparte ; la maison fut pillée, et les membres mêmes de la Famille furent proscrits par le parti vainqueur.

Après des dangers sans nombre et grâce à deux chasseurs dévoués de Bastelica, Mme Lœtitia et ses filles parvinrent à gagner le continent. Une fois en France, Napoléon les installa dans une bastide voisine de Marseille, et partit en toute hâte pour Paris, afin de solliciter du service.

Une insurrection formidable venait d'éclater dans les départements de l'Est et du Midi. Lyon, Marseille, Toulon, s'étaient déclarées contre la Convention. Napoléon fut appelé à Nice, quartier-général de l'armée d'Italie, par le général Dugear. Il fut chargé de la difficile mission de parlementer avec les chefs de l'insurrection marseillaise, qui interceptaient les communications avec l'armée d'Italie.

Bonaparte, par sa diplomatie, décida les fédéralistes à ne plus empêcher des opérations indispensables à la défense du territoire national, et sauva, par cette démarche, le pays d'un désastre indubitable.

A son arrivée à Paris, Napoléon fut désigné par le Comité d'artillerie pour aller prendre le commandement de l'artillerie de siége, campée devant Toulon, et reçut l'ordre de réduire cette ville rebelle.

Le jeune héros eut successivement à lutter contre l'impéritie des généraux Cartaux et Doppet, et contre l'amour-propre exagéré des représentants du peuple. Mais, par la fermeté de son caractère et l'énergie de sa volonté, il surmonta tous les obstacles. Les deux généraux furent obligés de s'incliner devant la sagesse du jeune commandant d'artillerie, et les soldats obéirent avec enthousiasme à un chef dont la tactique habile garantissait le succès.

Dans cette expédition, Bonaparte fut tour à tour fantassin et cavalier, général et soldat. Lorsqu'il s'agissait d'une manœuvre rapide, d'un mouvement décisif, les commandants, les chefs de colonne, n'avaient tous que cette phrase sur les lèvres : « Courez au commandant de l'artillerie ; demandez-lui ce qu'il faut faire ; il le sait mieux que personne. »

Bonaparte eut pendant le siége trois chevaux tués sous lui ; et, dans une sortie, reçut à la cuisse gauche un coup de baïonnette, qui lui fit une blessure grave et faillit nécessiter l'amputation.

Voyant les travaux du siége se prolonger, sans obtenir un résultat décisif, il proposa un plan pour soumettre la ville de Toulon.

Ce plan consistait à s'emparer des hauteurs du Cair, qui dominent les forts de Toulon, la rade, et en défendent l'entrée. Les Anglais y avaient fait construire le fort Mulgrave, surnommé, à cause de ses puissants moyens de défense, *le Petit-Gibraltar*. Ce plan fut adopté, le 15 octobre, dans un Conseil de guerre tenu à Ollioules.

Le plan adopté, le jeune commandant d'artillerie se mit en mesure de le faire exécuter. Il commença, afin de donner le change à l'ennemi, par faire des manifestations sur un côté opposé. Puis, sous l'égide de cette feinte, il établit une batterie destinée à l'attaque du fort Mulgrave. Les travaux furent dissimulés avec le plus grand soin, et les canons mis en position ; mais un ordre irréfléchi, donné par les représentants du peuple, démasqua les pièces et révéla aux Anglais le péril qui les menaçait. Six mille hommes, sous les ordres du général O'Hara, commandant de Toulon, sortirent nuitamment de la ville et fondirent à l'improviste sur l'artillerie, dont ils enclouèrent les pièces. Les Français, surpris, se replièrent sur eux-mêmes, cherchant à se reconnaître.

Bonaparte, comprenant tout le danger, se jeta, à la tête d'un bataillon, dans la tranchée, et vint attaquer les Anglais sur les derrières. Arrivé au milieu d'eux, il commanda de faire feu à droite et à gauche ; cette attaque aussi vigoureuse qu'inattendue mit le désordre dans l'armée ennemie ; une déroute complète s'ensuivit, et le général O'Hara fut fait prisonnier en cherchant à rallier ses soldats. Dugommier arriva sur ces entrefaites, avec plusieurs bataillons, et acheva la défaite de la division anglaise, qui se retira complétement désorganisée sous les murs de la place.

Enfin, le fort Mulgrave fut attaqué dans la nuit du 18 au 19 décembre, et emporté de vive force, après quatre mois d'un siége opiniâtre.

Napoléon et Dugommier entrèrent les premiers dans le fort par une embrasure. « Vous pouvez aller vous « reposer, général, » lui dit Bonaparte, « nous venons « de prendre Toulon ; vous y coucherez demain. »

Le lendemain, en effet, l'escadre ennemie évacua le port et la rade, laissant la ville et les forts à la disposition des troupes républicaines, qui y entrèrent triomphalement.

En récompense de sa belle conduite, Napoléon Bonaparte fut nommé général de brigade d'artillerie, et chargé de l'armement, ainsi que de la mise en état de défense des côtes de Provence et de la Rivière de Gênes. Quelque temps après, il fut promu au commandement de l'artillerie de l'armée d'Italie.

Vers le mois de mars 1794, Napoléon rejoignit à Nice, où était le quartier-général de l'armée des Alpes, le général Dumerbion, brave officier, instruit et expérimenté, mais auquel l'âge et les infirmités avaient enlevé toute activité.

A peine arrivé, le nouveau général examina attentivement toute la ligne, afin de juger par lui-même de l'ensemble des opérations et de la position des troupes. A son retour, il soumit ses idées et son plan à un Conseil de guerre, où siégeaient Robespierre jeune et Ricord aîné Le plan de Napoléon parut tellement lucide et élevé comme tactique militaire, qu'il fut adopté avec enthousiasme par le Conseil. Son exécution en fut confiée à Masséna, le général Dumerbion étant retenu au lit par une attaque de goutte.

Quelques jours après la mise à exécution de ce plan, la position de Saorgio fut tournée, le col de Tende pris; l'armée française établie sur la chaîne supérieure des Alpes, et cela malgré 20,000 Piémontais, qui défendirent avec acharnement cette position inexpugnable.

La prise de Saorgio, 60 bouches à feu, une grande quantité de munitions, un nombre considérable de prisonniers, tels furent les avantages remportés par les manœuvres du général Bonaparte, manœuvres qui prouvèrent aux vieux praticiens que si le vainqueur de

Toulon était capable de commander le siége d'une ville, il n'était pas moins habile à diriger les mouvements d'une armée en campagne.

Une organisation nouvelle de l'artillerie, décrétée par le Comité militaire, priva Bonaparte de son commandement. On le mit à la tête d'une brigade d'infanterie dans la Vendée.

Napoléon tenait au corps de l'artillerie, dans lequel il jouissait d'une entière indépendance vis-à-vis des autres généraux, ne relevant directement que du général en chef. Il se rendit donc à Paris, afin de soumettre lui-même ses réclamations au Comité militaire.

Le député Aubry, qui présidait ce Comité, accueillit dédaigneusement le vainqueur des Alpes, et se rejeta, pour refuser sa demande, sur sa trop grande jeunesse. « On vieillit vite sur les champs de bataille, répliqua « Napoléon, et j'en arrive. » Le mot était envoyé à son adresse, Aubry n'ayant jamais vu d'autre feu que celui des salons.

Bonaparte, profondément blessé de la conduite du Comité à son égard, lui envoya sa démission; elle arriva au moment où Aubry, poussé par un esprit de vengeance, allait lui envoyer sa destitution.

L'armée d'Italie, privée des conseils de Napoléon, n'obtint plus de succès. Kellermann, qui lui avait succédé dans le commandement, perdit en peu de temps toutes les positions conquises, et annonça à la Convention la nécessité où il se trouvait d'abandonner Gênes.

Le Comité de salut public, alarmé de cette nouvelle, rassembla les représentants du peuple qui avaient fait d'abord partie de l'expédition d'Italie. Tous, d'une voix unanime, déclarèrent que le général Bonaparte était seul capable de réparer cet échec, tant par ses talents militaires que par ses connaissances stratégiques des localités.

Le Comité de salut public fit appeler Napoléon, et, par une décision motivée, l'attacha au Comité topographique, avec mission spéciale de diriger les opérations stratégiques.

Les instructions que Bonaparte rédigea, les positions qu'il fit prendre à l'armée d'Italie, paralysèrent la tactique de l'ennemi, et conservèrent à la France la possession de Gênes.

Mais, au milieu de ces guerres désastreuses, la nation, fatiguée des crimes commis par la Convention, au nom de la liberté, demandait une Constitution qui garantît la fortune et la vie des citoyens, contre la tyrannie sanglante du Gouvernement républicain.

Sieyès fut le rédacteur de cette Constitution, qui fut nommée la Constitution de l'an III. Elle établissait un Conseil législatif de cinq cents membres, et un Conseil des Anciens, faisant fonctions de Chambre de révision. Ces Conseils étaient renouvelés par tiers tous les ans. Le Pouvoir exécutif était composé de cinq membres, se renouvelant par cinquième tous les ans, et soumis au Pouvoir législatif. Il prenait le nom de *Directoire*.

La Convention se trouvait dissoute de fait par la promulgation de cette nouvelle Constitution. Aussi se mit-elle en demeure de maintenir son autorité par la force. De leur côté, les sections, qui avaient fomenté le coup d'État, étaient résolues à employer le même moyen pour soutenir la nouvelle Constitution et forcer la Convention à se dissoudre.

Le général Bonaparte, entièrement préoccupé de la défense du territoire, était resté étranger aux oscillations de la politique intérieure. On vint lui proposer, sous les ordres de Barras, le commandement des troupes destinées à la défense de la Convention. Il accepta, pensant, avec raison, qu'en face de l'invasion étrangère son devoir était de soutenir ceux qui tenaient en main le timon des affaires de l'État.

Son activité extraordinaire, son intelligence supérieure se montrèrent d'une façon éclatante dans les ingénieux moyens de défense qu'il groupa autour de la Convention.

Il fit venir 40 pièces d'artillerie de Meudon, renforça l'armée, composée de 5,000 hommes, de 1,500 patriotes, divisés en trois bataillons; fit porter des fusils dans le château des Tuileries; arma les conventionnels eux-mêmes, et s'en fit, par cette sage mesure, une sorte de corps de réserve, joignant à l'énergie de la défense personnelle le prestige de l'autorité populaire.

Le 13 vendémiaire (5 octobre 1795), les sectionnaires marchèrent sur les Tuileries, et, débouchant par la rue Saint-Honoré, attaquèrent le côté où se trouvait Bonaparte. Le général ordonna à ses canonniers de mettre le feu aux pièces. En moins d'une demi-heure, la bataille fut gagnée, et Bonaparte proclamé le sauveur du Gouvernement.

La conduite courageuse et énergique de Napoléon lui valut, comme récompense, le grade de général de division, et à quelque temps de là, celui de commandant en chef de l'armée de l'intérieur.

La popularité de Bonaparte date de cette nomination. Chargé, par sa position, du maintien de l'ordre public, il se montrait fréquemment au peuple, et exerçait sur lui une prépondérance fascinatrice.

Pendant son commandement de l'armée de l'intérieur, il eut deux missions fort délicates à remplir, dont il s'acquitta à l'entière satisfaction du Gouvernement : *Réorganiser la garde nationale de Paris ; composer le Directoire et le Corps législatif.*

Ce fut dans cette garde nationale, qu'il avait formée lui-même, qu'il recruta, plus tard, le noyau de la garde impériale, sublime phalange, si noble dans la victoire, si digne dans les revers, et dont les noms sont à jamais gravés au Panthéon de nos gloires nationales.

CHAPITRE IV

Napoléon, général en chef de l'armée d'Italie. — Son mariage avec Joséphine. — La coalition. — L'armée d'Italie. — Hauts-faits d'armes. — Discours aux soldats. — Armistice de Turin. — Entrée à Plaisance. — Nouvel armistice. — Passage du pont de Lodi. — Arrêté du Directoire et réponse de Bonaparte. — Entrée à Milan. — Proclamation à l'armée. — Prise de Pavie. — Lettre de Bonaparte à l'astronome Oriani. — Il protége les sciences et les arts. — Siége de Mantoue. — Ténacité du cabinet autrichien. — Défaite de l'armée autrichienne à Bassano. — Politique du Directoire. — Hommage rendu au génie de Bonaparte par le général Clarke.

Le 2 mars 1796, sur la proposition de Carnot, Bonaparte fut nommé général en chef de l'armée d'Italie.

Quelques jours après, le 9 mars, il épousait madame veuve de Beauharnais, une des femmes les plus séduisantes de son époque, qui joignait à une affabilité pleine de grâces une bonté sans égale.

Ce mariage fut célébré à la mairie du deuxième arrondissement. Les témoins qui signèrent l'acte de l'état civil furent : Barras, un des Directeurs de la République ; Tallien, membre du Corps Législatif ; Calmelet, homme de loi, et Lemarrois, capitaine aide-de-camp de Bonaparte.

Napoléon avait alors vingt-sept ans et Joséphine trente-trois.

Le Directoire venait à peine de nommer Bonaparte général en chef de l'armée d'Italie, qu'une coalition formidable, composée de l'Angleterre, l'Autriche, l'Empire Germanique, la Russie, la Sardaigne, les États napolitains et la Romanie, éclata contre la République française. L'Espagne et la Prusse se bornèrent à une stricte neutralité.

Le but du Directoire, selon le plan conçu par Bonaparte, était de forcer la Sardaigne, en portant la guerre sur le territoire italien, à se détacher de la coalition, et, par ce fait, d'amener l'Autriche à signer la paix avec la République française.

Pour atteindre ce but, les Français devaient entrer en Italie par les Apennins, descendre en Lombardie et arrêter les Autrichiens en détachant le Piémont de leur alliance.

Pendant cette expédition, l'armée d'Allemagne, commandée par Moreau et Jourdan, s'avançait sur la Souabe et la Franconie, et ne s'arrêtait qu'au cœur de la Bavière.

De son côté, Bonaparte se dirigeait sur l'Adige et forçait les Autrichiens à quitter la Péninsule italique.

Ce plan de campagne, si habile dans sa conception, était le même que celui que Napoléon avait tracé un an auparavant pour Schérer et que celui-ci avait dédaigné d'exécuter.

Le général Bonaparte partit de Paris le 21 mars 1796, et arriva à Nice, quartier-général de l'armée d'Italie, le 27.

Il trouva une armée de 30,000 soldats dénués de tout, sans habits, complétement indisciplinés, et ne vivant que de maraude et de pillage. De cette armée démoralisée, il fit une phalange de héros.

L'armée austro-sarde, sous les ordres du général Beaulieu, comptait 80,000 soldats et 200 pièces de canon.

L'armée française n'avait en tout que 28,000 fantassins, 3,000 cavaliers et 30 pièces d'artillerie, formant quatre divisions, dont les chefs étaient : Masséna, Laharpe, Augereau et Serrurier.

Bonaparte était connu des généraux par ses combinaisons stratégiques de l'année précédente; mais les soldats doutèrent d'abord de la puissance d'un si jeune chef. Comprenant que la moindre hésitation pouvait entraîner des désastres incalculables, nouveau Démosthènes, il enflamma leur courage par ces paroles :
« Soldats, vous êtes nus, mal nourris; le gouverne-
« nement vous doit beaucoup, il ne peut rien vous
« donner. Votre patience, le courage que vous montrez
« au milieu des rochers sont admirables; mais ils ne
« vous procurent aucune gloire; aucun éclat ne re-
« jaillit sur vous. Je veux vous conduire dans les
« plus fertiles plaines du monde; de riches pro-
« vinces, de grandes villes seront en votre pouvoir;
« vous y trouverez gloire, honneur, richesse. Soldats
« d'Italie, manqueriez-vous de courage ou de con-
« stance?... »

Ce discours produisit un effet magique. On commença de suite les hostilités. Beaulieu, général autrichien, marcha sur Gênes. Argenteau, qui dirigeait le centre de l'armée ennemie, fut battu à Montenotte par le général Rampon, qui força les gorges de Millesimo. L'attaque fut tellement vive de la part de l'armée française, qu'un corps d'élite, commandé par Provera, reliant l'armée autrichienne à l'armée piémontaise, fut mis en déroute et forcé de se réfugier dans le château de Cossiéra. Là, il mit bas les armes, après une tentative du général Coli pour le dégager.

Bonaparte ordonna de poursuivre les Piémontais; mais il fut forcé d'arrêter ce mouvement pour attaquer l'armée autrichienne concentrée à Dégo. Argenteau fut battu une deuxième fois, ainsi que le corps autrichien commandé par le général Wakassowich.

Délivré des Autrichiens, Napoléon marcha de nouveau contre les Piémontais, à la tête des divisions Augereau, Masséna et Serrurier. Il arriva sur les hauteurs de Monte-Zemolo, qui domine la chaîne gigantesque des Alpes. Ce fut à la suite de cette marche qu'il prononça ces paroles : « Annibal a franchi les « Alpes; nous, nous les avons tournées. » C'était, en effet, le résultat merveilleux des premières manœuvres inventées par le jeune général en chef de l'armée d'Italie.

D'un autre côté, Coli, menacé par le mouvement d'Augereau, et pressé de front par des forces supérieures, venait d'évacuer le camp de Céva, sans avoir livré le moindre combat. Bonaparte le poursuivit, l'atteignit à Vico, et parvint, sans trop d'efforts, à le rejeter derrière la Stura.

Enfin, le 26 avril, les trois divisions françaises étaient réunies à Alba, situé à dix lieues de Turin, et le quartier-général était établi à Cheraso.

L'armée française venait, en moins de quinze jours, de remporter plus de succès qu'elle n'en avait obtenu sous Kellermann en quatre campagnes.

Bonaparte en témoigna sa satisfaction aux soldats par une proclamation dont voici les termes :

« Soldats,

« Vous avez, en quinze jours, remporté six victoires,
« pris 21 drapeaux, 50 pièces de canon, plusieurs
« places fortes, conquis la plus riche partie du Piémont;
« vous avez fait 17,000 prisonniers; tué ou blessé
« 10,000 hommes. Dénués de tout, vous avez suppléé
« à tout; vous avez gagné des batailles sans canons,
« passé des rivières sans ponts; fait des marches for-
« cées sans souliers, bivouaqué plusieurs fois sans pain;
« les phalanges républicaines étaient seules capables
« d'actions aussi extraordinaires. Grâces vous soient
« rendues, soldats !

« Les deux armées qui, naguère, vous attaquèrent,
« fuient devant vous; les hommes pervers qui se réjouis-
« saient, dans leur pensée, du triomphe de vos enne-
« mis sont confondus et tremblants. Mais, il ne faut pas
« vous le dissimuler, vous n'avez encore rien fait, puis-
« que beaucoup de choses vous restent à faire. Ni Tu-
« rin, ni Milan ne sont à vous; vos ennemis foulent
« encore les cendres des vainqueurs des Tarquins.

« Vous étiez dénués de tout au commencement de la
« campagne; vous êtes aujourd'hui abondamment pour-
« vus. Les magasins pris à vos ennemis sont nombreux.
« L'artillerie de siége est arrivée. La patrie attend de
« vous de grandes choses. Vous justifierez son attente;

« vous brûlez tous de porter au loin la gloire du peuple
« français, d'humilier les rois orgueilleux qui médi-
« taient de nous donner des fers, de dicter une paix
« glorieuse, qui indemnise la patrie des sacrifices qu'elle
« a faits. Vous voulez tous, en rentrant dans le sein de
« vos familles, dire avec fierté : *J'étais de l'armée
« conquérante de l'Italie.*

« Amis, je vous la promets, cette conquête ; mais il
« est une condition qu'il faut que vous juriez de rem-
« plir, c'est de respecter les peuples que vous délivre-
« rez de leurs fers ; c'est de réprimer les pillages aux-
« quels se portent des scélérats, suscités par nos enne-
« mis. Sans cela, vous ne seriez pas les libérateurs des
« peuples, vous en seriez le fléau. Le peuple français
« vous désavouerait : vos victoires, votre courage, le
« sang de vos frères morts en combattant, tout serait
« perdu, surtout l'honneur et la gloire. Quant à moi,
« et aux généraux qui ont votre confiance, nous rougi-
« rions de commander une armée qui ne connaîtrait de
« loi que la force ; mais, investi de l'autorité nationale,
« je saurai faire respecter à un petit nombre d'hommes
« sans cœur les lois de l'humanité et de l'honneur,
« qu'ils foulent aux pieds. Je ne souffrirai pas que des
« brigands souillent vos lauriers.

« Peuples d'Italie, l'armée française vient chez vous
« pour rompre vos fers ; le peuple français est l'ami de
« tous les peuples. Venez avec confiance au devant de
« nos drapeaux. Votre religion, vos propriétés et vos
« usages seront religieusement respectés. Nous faisons
« la guerre en ennemis généreux ; nous n'en voulons
« qu'aux tyrans qui vous asservissent. »

Cet appel à la nation italienne fut entendu. Une fermentation générale se manifesta à Turin; le roi de Sardaigne, comprenant l'éminence du danger qui le menaçait, demanda la paix. Bonaparte consentit à signer un armistice, en attendant que ce souverain eût traité définitivement avec le Directoire. Cet armistice, que l'on pouvait considérer comme un traité préliminaire, livrait le Piémont à la France, et lui ouvrait les portes de Coni, Ceva et Tortone.

Le 29 avril, Napoléon lança ses quatre divisions sur Alexandrie. Beaulieu, qui avait repassé le Pô, venait de prendre position à Valeggio, sur l'Ognogno; de là, il se proposait d'observer les mouvements de l'armée française.

Bonaparte avait, à dessein, fait insérer dans l'armistice que les Piémontais pourraient librement passer le Pô à Valence. Ce stratagème trompa Beaulieu, qui s'attendait à être attaqué de front sur le Tessin. A la faveur de ces fausses indications, l'armée française passa sans bruit sur sa droite et descendit le long du fleuve.

Le général en chef arriva le 7 mai à Plaisance, d'où il devait traverser le Pô. Ses divisions, échelonnées, le suivaient de près. Mais la rivière était rapide; sa largeur ainsi que sa profondeur semblaient un obstacle insurmontable, et n'ayant nul moyen de construire un pont, on en fut réduit à se servir des frêles embarcations qui se trouvaient à Plaisance.

Lannes, le chef de brigade, passa le premier avec l'avant-garde, et culbuta deux bataillons autrichiens qui se trouvaient sur l'autre rive. Le passage de l'armée dura deux jours, pendant lesquels elle fut continuellement victorieuse.

Aussitôt entré dans Plaisance, Bonaparte signa plusieurs armistices avec les ducs de Parme et de Modène, qui s'engagèrent à verser la somme de 10 millions dans les caisses de l'armée de la République, à fournir des chevaux à l'artillerie et à la cavalerie, des vivres et des munitions aux magasins militaires, et à faire don à la France d'un certain nombre de chefs-d'œuvre de peinture et de sculpture, appartenant aux plus riches galeries italiennes. Une des principales clauses de l'armistice conclu avec le duc de Modène, était la remise du tableau de la *Communion de saint Jérôme*. Le duc fit offrir 2 millions pour conserver ce chef-d'œuvre. Napopoléon qui, à l'exemple des héros de l'antiquité, tenait à enrichir sa patrie des trophées de la victoire, lui fit cette réponse : « Je n'ai pas besoin de millions; tous vos « trésors ne valent pas, à mes yeux, la gloire d'offrir à « la France un chef-d'œuvre du Dominiquin. »

Il refusa également de prendre, à Plaisance, 4 millions sur la contribution de guerre consentie par le duc de Modène; il n'accepta pas, non plus, les 7 millions qui lui furent offerts pour détruire la république de Venise. La conduite désintéressée de Bonaparte contrasta, dans cette campagne, avec celle de certains généraux, qui firent preuve d'une rapacité scandaleuse.

Toutes ces victoires successives avaient ouvert la route de Milan à l'armée française. Mais la possession de cette ville offrait de grandes difficultés, le général Beaulieu ayant concentré toutes ses forces vers Lodi, où se trouvait le pont de l'Adda.

Le général Bonaparte marcha résolument sur Lodi, avec les divisions Masséna et Augereau.

On arriva, le 10 mai, devant la ville, dont la garnison, forte de 10,000 hommes et de 20 pièces de canon, était sous les ordres du général Sebottendorf. Le pont de Lodi avait environ 130 mètres de longueur, et l'ennemi, croyant pouvoir le défendre avec avantage, ne songea pas à le couper.

La ville fut prise presque sans coup férir. Ce premier succès obtenu, le général en chef fit former les grenadiers en colonne serrée et les lança au pas de course sur le pont de Lodi. Cette masse compacte fut accueillie par un feu de mitraille terrible; mais, encouragée par la hardiesse de Bonaparte, qui s'élança le premier à sa tête, l'armée traversa le pont au pas de charge, culbuta tout sur son passage et mit la déroute dans les rangs ennemis.

Sebottendorf se replia sur Créma, ayant 2,000 hommes hors de combat, et 15 pièces de canon prises par l'armée française.

La victoire fut éclatante, et l'effet moral tellement prononcé, qu'un capitaine allemand, qui venait d'être fait prisonnier, disait le soir même de la bataille : « Les « choses vont très-mal; je ne sais pas comment on en « finira; il n'y a plus moyen d'y rien comprendre. Nous « avons affaire à un jeune général qui est tantôt devant « nous, tantôt sur notre queue, tantôt sur nos flancs; « qui nous attaque à droite, à gauche, par-devant, par-« derrière. Pour ma part, je suis tout consolé d'avoir « fini. »

Après cette glorieuse bataille, Bonaparte reçut l'ordre

du Directoire de marcher sur Rome et Naples, avec 20,000 hommes, laissant son armée sous les ordres de Kellermann, chargé du blocus de Mantoue.

Le général en chef, comprenant tout le danger qu'il y aurait à diviser les forces de l'armée française, envoya sa démission au Directoire, motivée par ces paroles : « Si vous rompez l'unité de la pensée militaire, je « vous le dis avec douleur, vous aurez perdu l'occasion « d'imposer des lois à l'Italie. Je crois qu'il vaut mieux « un mauvais général que deux bons. La guerre « est comme le gouvernement, c'est une affaire de « tact... »

Le Directoire, éclairé par ces observations, rapporta son arrêté, dicté peut-être par la jalouse perspicacité de certains directeurs, qui, dans le général Bonaparte, avaient deviné le grand Napoléon.

Le résultat de la bataille de Lodi fut l'occupation de Pizzighetonne, et la retraite du général Beaulieu vers le Mincio. Rassuré de ce côté, Bonaparte, après avoir laissé une division à Crémone, pour contenir l'armée autrichienne, partit avec le reste de ses troupes pour Milan.

Il entra triomphalement dans cette ville, le 15 mai. Une députation, ayant à sa tête le vénérable Mezzi, vint à sa rencontre ; la garde nationale, commandée par le duc Serbelloni, le reçut avec les plus vifs transports d'allégresse, et l'accompagna depuis les portes de la ville jusqu'au palais. « De mémoire d'homme, dit un écrivain « contemporain, on n'avait vu pareil enthousiasme « accompagner un vainqueur. » Les Milanais le proclamèrent le *Sauveur de l'Italie*.

Il adressa le même jour, à l'armée française, la proclamation suivante :

« Soldats !

« Vous vous êtes précipités comme un torrent du haut
« de l'Apennin ; vous avez culbuté, dispersé tout ce qui
« s'opposait à votre marche. Le Piémont, délivré de la
« tyrannie autrichienne, s'est livré à ses sentiments natu-
« rels de paix et d'amitié pour la France. Milan est à vous,
« et le pavillon républicain flotte dans toute la Lombardie.
« Les ducs de Parme et de Modène ne doivent leur exis-
« tence politique qu'à votre générosité.

« L'armée, qui vous menaçait avec tant d'orgueil, ne
« trouve plus de barrière qui la rassure contre votre cou-
« rage. Le Pô, le Tessin et l'Adda n'ont pu vous arrêter
« un seul jour ; ces boulevarts si vantés de l'Italie ont été
« insuffisants ; vous les avez franchis aussi rapidement
« que l'Apennin.

« Tant de succès ont porté la joie dans le sein de la
« patrie ; vos représentants ont donné une fête dédiée à
« vos victoires, et qui doit être célébrée dans toutes les
« communes de la République ; là, vos pères, vos mè-
« res, vos épouses, vos sœurs, vos amantes, se réjouis-
« sent de vos succès, et se vantent avec orgueil de vous
« appartenir.

« Oui, soldats, vous avez beaucoup fait..... mais ne
« vous reste-t-il plus rien à faire ? Dira-t-on de nous que
« nous avons su vaincre, mais que nous n'avons pas su
« profiter de la victoire ? La postérité nous reprochera-
« t-elle d'avoir trouvé Capoue dans la Lombardie ?...
« Mais je vous vois déjà courir aux armes ; un lâche re-

« pos vous fatigue ; les journées perdues pour la gloire
« le sont pour votre bonheur... Eh bien ! partons ; nous
« avons encore des marches forcées à faire, des enne-
« mis à soumettre, des lauriers à cueillir, des injures à
« venger.

« Que ceux qui ont aiguisé les poignards de la guerre
« civile en France, qui ont lâchement assassiné nos mi-
« nistres, incendié nos vaisseaux à Toulon, tremblent!...
« l'heure de la vengeance a sonné.

« Mais que les peuples soient sans inquiétude ; nous
« sommes amis de tous les peuples, et plus particuliè-
« rement des descendants des Brutus, des Scipions, et
« des grands hommes que nous avons pris pour mo-
« dèles.

« Rétablir le Capitole, y placer avec honneur les sta-
« tues des héros qui le rendirent célèbre, réveiller le
« peuple romain engourdi par plusieurs siècles d'es-
« clavage, tel sera le fruit de vos victoires ; elles feront
« époque dans la postérité ; vous aurez la gloire im-
« mortelle de changer la face de la plus belle partie de
« l'Europe. Le peuple français, libre, respecté du
« monde entier, donnera à l'Europe une paix glorieuse
« qui l'indemnisera des sacrifices de toute espèce qu'il
« a faits depuis six ans ; vous rentrerez alors dans vos
« foyers, et vos concitoyens diront en vous montrant :
« Il était de l'armée d'Italie. »

Bonaparte termina cette brillante campagne par le
passage du Mincio, derrière lequel s'était réfugié Beaulieu avec l'armée autrichienne. L'ennemi fut complète-
ment battu, et le succès de nos armes tellement assuré,
que le général en chef put retourner paisiblement à Mi-

lan, où les affaires relatives au gouvernement de la Lombardie réclamaient sa présence.

Ainsi, en moins de deux mois, on obtint les résultats suivants : détachement du Piémont de la coalition ; réunion de la Lombardie à la France ; expulsion des Autrichiens de la Péninsule italique.

Les victoires multipliées de Napoléon produisirent en Italie une réaction favorable à sa cause. Milan, Ferrare, Bologne organisèrent simultanément des gardes nationales, entièrement dévouées à l'armée française, dont les faits d'armes étaient autant de fêtes pour la liberté italienne.

Bonaparte, connaissant l'influence des hommes de science sur les populations, s'appliqua à mettre les savants de son côté. L'histoire nous a transmis une remarquable lettre qu'il écrivit à Oriani, célèbre astronome. « Les sciences qui honorent l'esprit humain, » disait-il à ce savant, « les arts qui embellissent la vie et
« transmettent les grandes actions à la postérité, doi-
« vent être spécialement honorés dans les gouverne-
« ments libres. Tous les hommes de génie, tous ceux
« qui ont obtenu un rang distingué dans la République
« des lettres sont Français, quel que soit le pays qui
« les ait vus naître. La pensée est devenue libre en Ita-
« lie... Il n'y a plus ni inquisition, ni intolérance, ni
« despotisme. J'invite les savants à se réunir et à me
« proposer leurs vues sur les moyens qu'il y aurait à
« prendre, ou les besoins qu'ils auraient, pour donner
« aux sciences et aux beaux-arts une nouvelle vie et une
« nouvelle existence. Tous ceux qui voudront aller en
« France seront accueillis avec distinction par le Gou-

« vernement. Le peuple français ajoute plus de prix à
« l'acquisition d'un savant mathématicien, d'un peintre
« de réputation, d'un homme distingué, quel que soit
« l'état qu'il professe, qu'à celle de la ville la plus riche
« et la plus abondante. »

Cette lettre, qui fut rendue publique, lui attira les suffrages de tous les hommes éminents de l'Italie, et imposa silence aux calomniateurs assez osés pour dire que les Français étaient ennemis des sciences et des arts. Du reste, comme preuve de ce qu'il avançait, Napoléon fit immédiatement rouvrir la célèbre Université de Pavie.

Une fois rassuré sur la position intérieure de l'Italie, le vainqueur de Lodi s'occupa de presser l'attaque de Mantoue. Le siége de cette ville était ainsi organisé : une division forte de 10,000 hommes, commandée par Serrurier; la division Augereau (8,000) formait l'aile droite, à Legagno; Masséna, au centre, à Rivoli et Vérone (15,000); Sauret, la gauche, à Salo (4,000); puis, une réserve de 6,000 hommes était échelonnée entre la droite et le centre. Le total de l'armée de siége était de 43,000 combattants.

On commença le siége de Mantoue, qui fut mené avec une intelligence supérieure. Mais, au moment où la ville était prête à se rendre, Bonaparte apprit que le général Sauret venait d'éprouver un échec à Brescia, et que Masséna s'était vu forcé d'évacuer Rivoli. Changeant tout à coup de tactique, il leva le siége, abandonnant 140 pièces de canon enclouées dans les tranchées. « Si nous battons l'ennemi, » disait-il aux tirailleurs, « ces canons seront repris avec Mantoue;

« si nous sommes vaincus, ils eussent été également
« perdus pour nous. »

Ici commence pour notre armée une série de combats héroïques, de savantes manœuvres, d'audacieuses tentatives, où, général en chef et soldats, rivalisèrent tour à tour d'habileté, de zèle et de bravoure.

Une division tout entière (la division Guyeux) resta sans pain pendant quarante-huit heures, et ne cessa pourtant de combattre et de vaincre. Sublime héroïsme, qui puise dans l'amour de la gloire et le dévouement à la patrie, la force de dompter les hommes et de vaincre la nature.

Bonaparte se porta à la rencontre du général autrichien Quasdanowich, le força d'évacuer Lonato, Brescia, Salo, et de se replier sur Gavardo ; ce mouvement opéré, il établit l'armée française sur la Chiesa. Quasdanowich fit deux nouvelles tentatives, mais il fut battu complétement, et obligé de reprendre le chemin du Tyrol.

L'armée autrichienne, dans cette campagne dite des *Cinq-Jours*, avait perdu 21,000 hommes, dont 15,000 prisonniers, 70 canons et tous ses caissons. Une telle victoire devait assurer la prépondérance française en Italie et donner à réfléchir au cabinet autrichien. Mais il ne tint aucun compte des événements, et ne songea qu'à prendre sa revanche ; il envoya donc à Wurmser de nouveaux renforts qui portèrent l'effectif des troupes autrichiennes à 60,000 hommes ; supériorité numérique double de la nôtre.

Wurmser avait reçu l'ordre de délivrer Mantoue. Pendant qu'il dirigeait ses forces de ce côté, Bonaparte, à la tête d'un renfort de 6,000 hommes, pénétrait au cœur du Tyrol et opérait sa jonction avec l'armée d'Allemagne; il battit successivement Davidowich à Mori, Roveredo et Caliano, s'empara de la ville de Trente, se mit à la poursuite de Wurmser et le battit complétement à Primolano et Covelo.

Wurmser, fatigué des escarmouches de l'armée française, résolut d'en finir par une attaque décisive. Il établit donc son armée sur les hauteurs de Bassano, plaça son avant-garde à Solagna et Campo-Lungo, et livra la bataille.

L'action commença le 8 septembre, à sept heures du matin; l'ennemi fut immédiatement culbuté par l'armée française; les divisions Augereau et Masséna arrivèrent devant la ville, poursuivirent les fuyards et passèrent au pas de course le pont de la Brenta, défendu par l'élite de l'armée autrichienne. Le général Wurmser prit la fuite, et faillit être fait prisonnier par les guides du général Bonaparte. Il prit la route de Fonteniva, passa la Brenta et se retira à Vicence, laissant entre les mains de notre armée 5,000 prisonniers, 5 drapeaux, 35 pièces de canon, 2 équipages de pont, 200 fourgons, glorieux trophées de cette journée mémorable qui fait époque dans les fastes militaires de l'Europe.

Avant de continuer le récit de cette héroïque campagne, jetons un coup d'œil sur la conduite du Directoire, relativement à l'émancipation politique de l'Italie.

Bonaparte voulait sincèrement la régénération de l'Italie, par la création de républiques indépendantes. Le Directoire, au contraire, n'entendait faire que des

promesses illusoires à l'aide desquelles il obtiendrait la paix de l'Autriche, promesses qu'il retirerait ensuite. Aussi écrivait-il à Napoléon, qui plaidait chaudement la cause des libertés italiennes : « La politique et nos
« intérêts bien entendus, envisagés sainement, nous
« prescrivent de mettre des bornes à l'enthousiasme
« des peuples du Milanais, qu'il convient toujours de
« maintenir dans des sentiments qui nous soient favo-
« rables, sans nous exposer à voir se prolonger la
« guerre actuelle par une protection ouverte, et en les
« encourageant trop fortement à manifester leur indé-
« pendance. »

Cette politique mesquine et égoïste déplut au jeune général en chef, qui comprenait que l'existence nationale de l'Italie importait à la gloire de la France, et assurait le succès de ses armes dans toute la Péninsule. Du reste, il est un document historique qui peut faire entièrement apprécier les talents de Bonaparte comme général et comme administrateur, c'est la note adressée au Directoire par le général Clarke, envoyé en qualité de Commissaire civil en Italie :

« Le général en chef a rendu les plus importants
« services. Placé par vous au poste glorieux qu'il oc-
« cupe, il s'en montre digne ; il est l'homme de la Ré-
« publique. Le sort de l'Italie a plusieurs fois dépendu
« de ses combinaisons savantes. Il n'y a personne ici
« qui ne le regarde comme un homme de génie, et il
« l'est effectivement. Il est craint, aimé et respecté en
« Italie. Tous les petits moyens d'intrigue échouent de-
« vant sa pénétration. Il a un grand ascendant sur les
« individus qui composent l'armée républicaine, parce

« qu'il devine ou conçoit d'abord leur pensée ou leur
« caractère, et qu'il les dirige avec science vers le point
« où ils peuvent être le plus utile. Un jugement sain, des
« idées lumineuses le mettent à portée de distinguer le
« vrai du faux. Son coup d'œil est sûr ; ses résolutions
« sont suivies par lui avec énergie et vigueur. Son
« sang-froid, dans les affaires les plus vives, est aussi
« remarquable que son extrême promptitude à changer
« ses plans, lorsque des circonstances imprévues le
« commandent. Sa manière d'exécuter est savante et
« bien calculée. Bonaparte peut parcourir avec succès
« plus d'une carrière ; ses talents supérieurs et ses con-
« naissances lui en donnent les moyens. Je le crois
« attaché à la République et sans autre ambition que
« celle de conserver la gloire qu'il s'est acquise. On se
« tromperait si l'on pensait qu'il fût l'homme d'un
« parti. Il n'appartient ni aux royalistes qui le calom-
« nient, ni aux anarchistes qu'il n'aime point. La Con-
« stitution est son seul guide. Rallié à elle et au Direc-
« toire qui le veut, je crois qu'il sera toujours utile et
« jamais dangereux à son pays. Ne pensez point, ci-
« toyens Directeurs, que j'en parle par enthousiasme ;
« c'est avec calme que j'écris, et aucun intérêt ne me
« guide que celui de vous faire connaître la vérité. Bo-
« naparte sera mis par la postérité au rang des plus
« grands hommes. »

Après cet éclatant hommage rendu au génie administratif et militaire de Bonaparte, il ne nous reste plus qu'à continuer notre tâche en retraçant la suite de cette glorieuse campagne.

CHAPITRE V.

Réorganisation de l'armée autrichienne. — Reprise de la lutte. — Passage de l'Adige. — Le pont d'Arcole. — Résultat des trois journées. — Refus d'un armistice avec l'Autriche. — Disposition de l'armée française et de l'armée autrichienne. — Rivoli. — Prise de Mantoue. — Ancône. — Traité avec le Saint-Père. — Proclamation à l'armée. — Proposition de paix. — Bonaparte marche sur Vienne. — Traité préliminaire de Leoben. — Soulèvement de Vérone. — Politique de Bonaparte vis-à-vis de l'Italie.

Les troupes de Wurmser avaient été rejetées dans Mantoue, de sorte qu'il ne restait à l'Autriche, dans le centre de l'Italie, ni armée ni généraux. Mais le cabinet de Vienne, se réveillant de sa torpeur, réorganisa son armée, la porta à 45,000 combattants, et la plaça sous les ordres du maréchal Alvinzi, renommé par ses talents et ses succès militaires.

Dès les premiers jours de novembre, ce général reprit le commandement des troupes de Quasdanowich, et commença les hostilités; il marcha sur Vérone par Bassano, où Bonaparte avait son quartier-général. Celui-ci s'avança au-devant d'Alvinzi avec les divisions Masséna et Augereau. Masséna attaqua la gauche de l'ennemi à Carmignano, et la força de repasser la rivière; tandis que, de son côté, Augereau attaquait la droite, à Lenove. Cette tactique, quoique fort habile, n'obtint qu'un demi-succès; Bonaparte, jugeant qu'il y aurait péril à engager une affaire définitive avec l'armée autrichienne, beaucoup plus nombreuse que la sienne, revint à Vérone, où il apprit que la division Vaubois avait été forcée de se replier jusqu'à la Corona. Cette retraite menaçait la sûreté de Vérone. Il monta de suite à cheval et courut à toute bride au plateau de Rivoli, où il trouva les soldats complétement démoralisés; il les fit rassembler, et, dans une harangue énergique, leur laissa comprendre qu'ils avaient démérité de l'estime de leur général en chef :

« Soldats, leur dit-il, je ne suis pas content de vous;
« vous n'avez montré ni discipline, ni constance, ni bra-
« voure : aucune position n'a pu vous rallier; vous vous
« êtes abandonnés à une terreur panique; vous vous
« êtes laissé chasser de positions où une poignée de
« braves devait arrêter une armée. Soldats de la 39e et
« de la 85e, vous n'êtes pas des soldats français. —
« Général, chef d'état-major, faites écrire sur leurs
« drapeaux : *Ils ne sont plus de l'armée d'Italie.* »

Ces reproches amers, adressés par le héros de Lodi, ranimèrent le courage des soldats; ils demandèrent à être placés à l'avant-garde, jurant de vaincre ou de mourir. Bonaparte, assuré que la route de Vérone serait défendue vigoureusement de ce côté, donna ses ordres à Vaubois, et reprit la route de son quartier-général.

En l'absence de Napoléon, Alvinzi avait hâté son mouvement et traversé de nouveau la Brenta. Le général en chef, ne voulant pas le laisser approcher davantage, l'attaqua dans la position qu'il avait prise à Caldero. Malheureusement, une pluie froide, que le vent de nord-est rabattait sur le visage des soldats, rendit le succès de cette affaire négatif pour nos armes.

La position des Français dans Vérone devenait très-critique ; un acte de hardiesse extraordinaire pouvait seul les sauver. Napoléon le tenta. Il fit passer l'Adige à ses troupes au-dessous de la gauche d'Alvinzi, afin d'agir derrière l'armée autrichienne. A l'aide de cette manœuvre, le maréchal, en se présentant devant Vérone, avait à sa droite des montagnes impraticables ; à sa gauche, l'Adige ; en face de lui Vérone, dont l'enceinte était à l'abri d'un coup de main. Enfermé de trois côtés, il ne lui restait donc plus qu'une seule issue, le défilé de Villanova, dont Bonaparte, par un mouvement prompt, s'était rapproché, plaçant ainsi l'armée républicaine dans un terrain rempli de marécages, et où l'on ne pouvait combattre que sur des digues ; ce qui lui accordait la supériorité d'une position prise d'avance sur un terrain mouvant.

Le général Kilmaine fut désigné pour la garde de Vérone, avec 2,000 hommes qu'il avait ramenés du blocus de Mantoue. Les troupes commandées par Bonaparte s'élevaient à 18,000 hommes, formant deux divisions, sous les ordres d'Augereau et de Masséna, plus la réserve de cavalerie.

Le 14 novembre, dans la nuit, les soldats prirent les armes et sortirent de Vérone par la porte de Milan. Tout le monde ignorait les desseins du général en chef ; aussi le mouvement s'opéra-t-il avec le silence et la tristesse d'une retraite. Mais, tout à coup, l'armée reçoit l'ordre de tourner à gauche et de se diriger, en longeant l'Adige, sur le village de Ronco, où l'on venait de jeter un pont. A cet ordre, la joie reparaît sur tous les visages; cette marche, si tristement commencée, se termine au milieu d'une satisfaction générale, causée par la confiance qu'on avait dans le génie de Bonaparte et dans la sagesse de ses plans.

Le 15, au matin, l'armée française avait traversé l'Adige et se trouvait campée sur la rive gauche de cette rivière.

Masséna se porta immédiatement sur Porcil; le général Guyeux passa l'Adige avec sa brigade et remonta la rive gauche de l'Alpon; le général en chef, avec la division Augereau, marcha sur Arcole. Une brigade de Croates défendait le pont; profitant de l'avantage que lui donnait le terrain, elle repoussa l'attaque d'Augereau. Alvinzi, informé du mouvement de notre armée, envoya de suite des renforts aux Croates, et détacha Provera, à la tête de six bataillons, pour arrêter la marche de Masséna.

Malgré l'obstacle imprévu qu'il venait de rencontrer à Arcole, Bonaparte n'en persista pas moins dans son premier projet. Seulement, pour assurer la position de sa droite et ne pas se trouver lui-même compromis, il jugea prudent de se rendre maître du village et du défilé d'Arcole. Il donna donc l'ordre d'emporter le pont, fût-ce même à la baïonnette. Les colonnes se mirent en mouvement, ayant à leur tête tous les généraux; malheureusement cet excès d'audace nuisit au succès de l'affaire:

Verdier, Lannes, Bon et Verne furent blessés et mis hors de combat. Un moment d'hésitation eut lieu alors de la part des troupes. Augereau, craignant une déroute, s'élança sur le pont un drapeau à la main, et resta seul quelques minutes, les soldats n'ayant pas osé l'y suivre. Bonaparte, voyant le danger s'accroître, s'y précipita lui-même, à la tête de son état-major, en criant aux troupes : « Grenadiers, n'êtes-vous donc plus « les braves de Lodi. » Électrisés par la présence de leur général en chef, les soldats s'élancent à sa suite. Napoléon saute vivement à bas de son cheval, saisit un drapeau, s'avance le premier sur le pont, en s'écriant : « Sauvez votre général ! » La colonne vole sur ses traces, mais un feu terrible paralyse son élan, et elle s'arrête au moment où, peut-être, un dernier effort allait lui donner la victoire.

Le général Vignoble est blessé; le colonel Muiron, aide de camp du général en chef, tombe mort en le couvrant de son corps. Bonaparte est renversé lui-même. L'ennemi, voyant le désordre se mettre dans nos rangs, s'élance au delà du pont et poursuit nos soldats jusque sur la chaussée. Mais Belliard a vu le danger qui menace la vie de Napoléon; il rallie une cinquantaine de grenadiers, charge à leur tête, en s'écriant : « Sauvez notre général ! » Les Croates sont repoussés; Bonaparte remonte à cheval, rassure ses soldats et reforme leurs rangs, qui viennent prendre position sur la digue.

Malgré cette tentative héroïque, il fallut attendre l'arrivée de Guyeux pour prendre Arcole. Ce général força les Autrichiens à évacuer le village, repoussa l'ennemi de la position de Caldéro, menaçante pour Vérone, et rendit à l'armée française, par cette habile manœuvre, les positions qu'elle occupait le matin même à Ronco, de l'autre côté de l'Adige.

Bonaparte, voulant profiter de ce premier avantage remporté sur Alvinzi pour le rejeter définitivement sur la Brenta, passa le 16 au matin, à la gauche de l'Adige.

Les Autrichiens qui, pendant la nuit, avaient occupé Albaredo, Arcole et Porcil, s'avancèrent de leur côté sur le pont de Ronco; mais ils furent culbutés par Masséna.

Ce général rentra à Porcil, et, dirigeant une de ses brigades vers le centre, coupa sur la digue une colonne de 1,500 hommes, qu'il fit prisonnière.

Augereau, suivant les ordres de Bonaparte, attaqua vigoureusement Arcole; mais, cette fois encore, il fallut renoncer à s'emparer du pont.

Le général en chef, malgré l'insuccès de ces deux tentatives, ne se découragea pas; il résolut une troisième attaque. L'armée repassa l'Adige; le général Robert marcha contre Arcole avec une demi-brigade de la division Masséna, dont le reste fut dirigé sur Porcil. Augereau devait jeter un pont à l'embouchure de l'Alpon, et passer sur sa rive gauche afin de prendre Arcole à revers.

Les Autrichiens, se sentant en force à Arcole, poursuivirent le général Robert, qui recula à dessein; le voyant faiblir, l'ennemi s'élança à sa poursuite et vint se heurter contre le gros de la division Masséna, qui lui tendait une embuscade. Des troupes, cachées dans les roseaux, fondirent sur l'armée autrichienne, firent

3,000 prisonniers et refoulèrent le reste en désordre vers Arcole.

Pendant cette attaque, Augereau traversait l'Alpon; se trouvant en face de l'aile gauche autrichienne, il lui livra bataille et la mit en déroute. Au même moment, la division Masséna, débouchant par Arcole et San-Gregorio, acheva de fixer la victoire de notre côté.

Alvinzi, complétement battu, se retira sur Montebello.

Quatre drapeaux, 18 canons, 6,000 prisonniers, tels furent les résultats des trois sanglantes journées d'Arcole; journées qui sont un glorieux chant de notre iliade contemporaine.

L'armée française rentra triomphante dans Vérone, trois jours après en être sortie, ayant à sa tête le même général en chef, qui recueillait cette fois, sur son passage, les témoignages d'admiration et d'enthousiasme qui lui étaient légitimement dus.

Bonaparte, après avoir donné l'ordre de resserrer le blocus de Mantoue, retourna à Milan, où l'appelait l'élaboration des plans relatifs à la réorganisation intérieure de l'Italie.

Après la défaite d'Arcole, l'Autriche fit proposer un armistice au Directoire. Napoléon s'y opposa, se fondant sur ce que cette suspension d'armes permettrait aux armées vaincues de communiquer avec Mantoue, dont la position précaire devait amener la prompte reddition. L'armistice fut refusé.

L'armée d'Italie, malgré les victoires qu'elle venait de remporter, se trouvait dans une position difficile. Bernadotte et Delmas reçurent l'ordre du Directoire de franchir les Alpes et d aller se placer, avec leurs divisions, sous le commandement du général Bonaparte.

Pendant ce temps, la cour d'Autriche envoyait des renforts à l'armée du Tyrol, qui devait dans un délai très-rapproché, reprendre l'offensive, afin de délivrer Mantoue, fortement menacée.

Napoléon, pressentant les intentions des Autrichiens, avait ainsi disposé son armée : Serrurier devant Mantoue ; — Augereau sur l'Adige ; — Masséna à Vérone ; — Joubert à la Corona et à Rivoli. Chacune de ces divisions était composée de 10,000 hommes. Une réserve de 4,000 hommes, commandée par le général Ney, se tenait à Desenzano.

Les forces de l'armée autrichienne se montaient à 60,000 combattants, plus la garnison de Mantoue. Cette armée était divisée en six colonnes Trois d'entre elles (12,000 hommes) devaient attaquer la division Joubert, occupant le plateau de Rivoli. Le général Lusignan, à la tête de 4,000 soldats, devait tourner notre gauche en suivant le revers de Monte-Baldo. Quasdanowich était chargé, avec 10,000 hommes, d'assaillir notre droite. La sixième colonne, sous les ordres de Wukosowich (6,000 hommes), coupait nos communications avec Vérone.

L'action s'engagea le 14 janvier au matin. Au bout de quelques heures d'un combat opiniâtre, les Autrichiens furent culbutés et leurs colonnes presque entièrement détruites. Leurs généraux battirent en retraite isolément, laissant en notre pouvoir 12 canons et 13,000 prisonniers.

Bonaparte abandonna à Joubert le soin d'achever

cette brillante victoire ; il partit en toute hâte avec la division Masséna pour arrêter la marche de Provera, qui se dirigeait sur Mantoue. Il arriva le 15 devant cette ville. Provera venait d'attaquer le poste de la Favorite, et Wurmser celui de Saint-Antoine. Napoléon repoussa Wurmser dans la place, et fit déposer les armes à la division Provera.

Wurmser, se voyant privé de tout secours par la défaite d'Alvinzi et la capitulation de Provera, consentit à ouvrir les portes de la ville à l'armée française.

Bonaparte signa une capitulation honorable avec le vieux maréchal, dans laquelle il stipula lui-même que ce général ne serait pas prisonnier de guerre. Cette capitulation signée, il partit pour Bologne, épargnant ainsi au vieux soldat le chagrin de remettre son épée entre les mains d'un jeune général.

Pendant que Bonaparte venait de se rendre maître de Mantoue, de graves événements s'accomplissaient sur un autre point de l'Italie. La cour de Rome, rompant l'armistice conclu au mois de juin, avait confié le commandement d'un corps d'armée au général Colli, et lui avait donné l'ordre de commencer les hostilités.

Le général Victor, sous les ordres de Bonaparte, fut chargé, avec sa division, de battre ce nouvel ennemi. La campagne ne dura que fort peu de temps. Les troupes papales furent complétement battues à Ancône, et notre avant-garde s'avança jusqu'à Tolentino.

Napoléon pouvait, s'il l'eût voulu, déposséder le chef du pouvoir spirituel ; il préféra le replacer lui-même sur le trône pontifical. Seulement, il lui imposa une contribution de guerre de 3 millions, la cession d'Avignon, du Comtat, des Légations de Ferrare et de Bologne, et l'abandon de la Romagne, qui devait désormais faire partie de la République Transpadane. Ces conditions signées, il repartit de suite pour Mantoue, pensant que sa présence pourrait blesser le Saint-Père. « Voulant, « disait-il, respecter le caractère du chef de l'Eglise, « comme il avait respecté celui du général autrichien. »

Aussitôt après la prise des possessions de Rivoli et de Mantoue, l'armée française s'était de nouveau campée sur les rives de la Brenta et de l'Adige. Bonaparte, à son retour de Rome, rassembla ses troupes dans les divers bivouacs, et leur adressa la proclamation suivante, dont la contexture annonçait son dessein d'en finir avec la politique tortueuse de l'Allemagne :

« Soldats! la prise de Mantoue vient de finir une
« campagne qui vous a donné des titres éternels à la
« reconnaissance de la patrie. Vous avez été victorieux
« dans quatorze batailles rangées et dans soixante-dix
« combats. Vous avez fait 100,000 prisonniers, pris
« 500 pièces de canon de campagne, 2,000 de gros
« calibre, 4 équipages de pont. Les contributions mises
« sur les pays que vous avez conquis ont nourri, en-
« tretenu, soldé l'armée pendant toute la campagne.
« Vous avez, en outre, envoyé 30,000,000 au ministre
« des finances, pour le soulagement du trésor public;
« vous avez enrichi le Muséum de Paris de trois cents
« chefs-d'œuvre de l'ancienne et nouvelle Italie, et qu'il
« a fallu trente siècles pour produire. Vous avez con-
« quis à la République les plus belles contrées de l'Eu-
« rope. Les Républiques Transpadane et Cispadane
« vous doivent leur liberté; les couleurs françaises

« flottent, pour la première fois, sur les bords de l'A-
« driatique, en face et à vingt-quatre heures de l'an-
« cienne Macédoine, d'où Alexandre s'élança sur l'Orient.
« Une grande destinée vous est aussi réservée ; vous
« n'avez pas tout achevé ; vous châtierez ces insulaires
« perfides, qui, étrangers aux malheurs de la guerre,
« sourient avec plaisir aux maux du continent. Les rois
« de Sardaigne, de Naples, le Pape, le duc de Parme,
« se sont détachés de la coalition de vos ennemis, et
« ont brigué votre amitié. Vous avez chassé les Anglais
« de Livourne, de Gênes, de la Corse. C'est en vous
« que la patrie met ses plus chères espérances : vous
« continuerez à en être dignes. De tant d'ennemis qui se
« coalisèrent pour étouffer la République à sa naissance,
« l'Empereur d'Autriche seul reste devant vous. Se
« dégradant lui-même du rang d'une grande puissance,
« ce prince s'est mis à la solde des marchands de
« Londres. Il n'a plus de politique, de volonté que
« celles de ce cabinet perfide. Le Directoire exécutif
« n'a rien épargné pour donner la paix à l'Europe. La
« modération de ses propositions ne se ressentait pas
« de la force de ses armées. Il n'avait pas consulté
« votre courage, mais l'humanité et l'envie de vous faire
« rentrer dans vos familles. Il n'a pas été écouté à
« Vienne. Il n'est donc plus d'espérance pour la paix,
« qu'en allant la chercher dans le cœur des États héré-
« ditaires de la maison d'Autriche. Vous y trouverez
« un brave peuple, accablé par la guerre qu'il a eue
« contre les Turcs et par la guerre actuelle. Les habi-
« tants de Vienne et des États d'Autriche gémissent sur
« l'aveuglement et l'arbitraire de leur gouvernement.

« Il n'en est pas un qui ne soit convaincu que l'or de
« l'Angleterre a corrompu les ministres de l'Empereur.
« Vous respecterez leurs propriétés. C'est la liberté que
« vous apporterez à la brave nation hongroise. La mai-
« son d'Autriche, qui, depuis trois siècles, va perdant
« à chaque guerre une partie de sa puissance, qui mé-
« contente ses peuples en les dépouillant de leurs pri-
« viléges, se trouvera réduite, à la fin de cette sixième
« campagne (puisqu'elle nous contraint à la faire), à
« accepter la paix que nous lui accorderons, et à des-
« cendre en réalité au rang des puissances secondaires,
« où elle s'est déjà placée en se mettant aux gages et
« à la disposition de l'Angleterre. »

Cette allocution, brillante par la forme et énergique dans le fond, fut accueillie avec des cris d'enthousiasme.

L'armée française se mit en marche le 10 mars; elle était divisée en deux corps : l'aile droite se composait des divisions Bernadotte, Delmas et Baraguay-d'Hilliers; l'aile gauche de la division Masséna.

Après avoir culbuté la brigade autrichienne de Lusignan, Masséna se dirigea sur l'extrême droite de l'ennemi et l'attaqua de front. Bonaparte, qui commandait en chef l'aile gauche, força les passages de la Piave, du Tagliamento, de l'Isonzo, et livra plusieurs combats, où l'armée d'Italie soutint hardiment sa haute réputation de vaillance.

L'archiduc Charles, défait sur tous les points, battit en retraite sur Laybach; mais une de ses colonnes, atteinte à Tarvis, fut obligée de mettre bas les armes. 5,000 prisonniers, 32 pièces de canon et 400 chariots, contenant les bagages de l'armée autrichienne, tombèrent au pouvoir de nos soldats.

Pendant ce fait d'armes, Joubert avait successivement battu les généraux Kerpen et Laudon : l'un sur le Lavis ; l'autre à Tlémen et à Clausen.

Bonaparte, entièrement victorieux, écrivit de Klagenfurt une lettre au prince Charles, où, déplorant les malheurs inévitables de la guerre, il lui proposait une paix honorable. A cette lettre, digne de la grandeur d'âme du héros qui l'écrivait, l'archiduc répondit qu'il désirait autant que le général français voir cesser les calamités de la guerre, mais qu'il n'avait reçu de son gouvernement aucun pouvoir pour traiter de la paix avec lui.

Un nouveau combat fut livré à Neumarck ; la division Masséna culbuta les troupes ennemies et nous ouvrit la route de Vienne.

L'épouvante se répandit dans la capitale de l'Autriche ; on fit embarquer sur un navire les jeunes princes de la famille impériale et les archives du gouvernement. Bonaparte arriva, sans coup férir, à Judenbourg, situé à vingt lieues de Vienne. L'archiduc, voyant l'éminence du danger, écrivit une lettre pressante à l'empereur d'Autriche, lui demandant l'autorisation de traiter avec le général en chef de l'armée française.

Deux jours après, le chef de l'empire autrichien faisait demander un armistice, en attendant le traité de paix définitif.

Bonaparte consentit à traiter, préférant la gloire de pacifier l'Europe à la satisfaction d'entrer triomphalement à Vienne. L'armistice fut conclu, le 18 avril, sous le nom de *Traité préliminaire de Leoben.*

Vers cette époque, un soulèvement eut lieu dans Vérone contre les Français. Tous ceux qui ne purent gagner les forts furent impitoyablement massacrés; les malades même furent égorgés dans les hôpitaux. Bonaparte usa de représailles. Un mois après, jour pour jour, l'antique gouvernement de Venise avait cessé d'exister. Vengeance énergique qui permit au pacificateur de l'Italie de compléter son œuvre en donnant à l'Autriche, comme dédommagement de la perte de la Lombardie, Venise et les États de l'Illyrie.

Pendant les négociations du traité de paix avec l'Autriche, Napoléon s'occupa de constituer la République Cisalpine. Le but de cette République consistait à fondre en un seul peuple tous les habitants de la Péninsule. Elle fut d'abord composée des Républiques Transpadane et Cispadane; ensuite il y fut adjoint la Valteline, canton de la Suisse italienne, qui, depuis Louis XIV, réclamait son émancipation des lignes grises.

Bonaparte détruisit aussi à Milan l'ancienne domination de l'oligarchie génoise, qu'il remplaça par la République Ligurienne, à laquelle il fit adopter la Constitution française. Cinq Directeurs du Pouvoir exécutif furent choisis par lui.

Ces actes de haute politique firent de Napoléon le médiateur des peuples de l'Italie; aussi ces peuples le regardaient-ils comme un envoyé de la Providence, dont la mission était de les affranchir du despotisme, et de leur donner le bonheur dans la liberté.

CHAPITRE VI.

Le 18 fructidor. — Lettre de Bonaparte. — La porcelaine du comte de Cobentzel. — Traité de Campo-Formio. — Congrès de Radstadt. — Réception de Bonaparte au Luxembourg. — Discours de Talleyrand, Bonaparte et Barras. — Fêtes. — La rue de la Victoire. — Projets de Bonaparte. — Expédition d'Égypte; forces de l'Expédition. — Proclamation. — Prise de Malte. — Prise d'Alexandrie. — Kléber est blessé. — Bataille des Pyramides. — Désastre d'Aboukir. — Organisation de l'Égypte. — Révolte du Caire. — Soumission de la Haute-Égypte. — Peste de Jaffa. — Courage de Bonaparte. — Saint-Jean-d'Acre. — Tentative d'assassinat. — Revanche d'Aboukir. — Instructions données à Kléber. — Bonaparte revient en France. — Accueil qui lui est fait. — Son autorité. — Démission du Directoire. — Les Corps Législatifs à Saint-Cloud. — Le 18 brumaire. — Belle conduite de Lucien. — Décision des Conseils épurés. — Le Consulat. — La Commission constitutive. — Le Consulat pour dix ans. — Constitution de l'an VIII.

La politique intérieure de la France était dans un de ces moments critiques qui exigent une solution radicale et immédiate. Les royalistes avaient repris la prépondérance dans les Conseils législatifs; les Directeurs eux-mêmes n'étaient pas éloignés de leur prêter main-forte pour détruire la République. Pichegru avait trahi la cause républicaine, et l'on espérait amener Moreau à le seconder. Bonaparte, comprenant la gravité de la situation, envoya à Paris Augereau, avec ordre de se mettre à la tête du mouvement si l'occasion se présentait. Augereau fut promu au commandement des troupes lors du coup d'État du 18 fructidor.

Cette journée, qui fait époque dans les fastes politiques de notre nation, porta un coup mortel à la Constitution de l'an III, œuvre débile, qui, à force de vouloir pondérer les pouvoirs, les avait rendus inaptes à fonctionner.

Le Directoire fut mutilé par la condamnation à l'exil de Carnot, Barthélemy et cinquante-trois députés d'opinions différentes. Cet acte, violent dans la forme, eut pour résultat de rétablir la prépondérance du Pouvoir et de mettre l'ordre et la liberté à la place de l'anarchie et de la licence.

Du reste, on comprendra ce que Bonaparte attendait du Gouvernement issu du 18 fructidor, par cette lettre adressée à l'un des ministres du Directoire :

« Que l'on ait de l'énergie sans fanatisme, des prin-
« cipes sans démagogie, de la sévérité sans cruauté ;
« que l'on cesse d'être faible, tremblant ; que l'on n'ait
« pas honte, pour ainsi dire, d'être républicain ; que
« l'on balaie de la France cette horde d'esclaves conju-
« rés contre nous, et le sort de l'Europe est décidé. Le
« Gouvernement, les ministres et les premiers agents de
« la République ne doivent écouter que la voix de la
« postérité. »

Le 18 fructidor eut une heureuse influence sur les Conférences d'Udine. Les diplomates n'ayant plus la perspective d'une prochaine révolution, hâtèrent les négociations. Néanmoins, tout faillit être rompu par les envoyés autrichiens, qui élevèrent de nouvelles prétentions ; entre autres, celle que Mantoue leur fût rendue en échange de Mayence. Le comte de Cobentzel, négociateur autrichien, se laissa aller jusqu'à menacer Napoléon d'appeler l'armée russe au secours de l'Autriche : « Eh bien ! s'écria celui-ci, puisque vous « prétendez en agir ainsi, la trêve est rompue ; mais « souvenez-vous qu'avant la fin de l'automne, je bri- « serai votre monarchie comme je brise cette porce- « laine. » Et il se retira, après avoir jeté avec colère sur le parquet un magnifique cabaret de porcelaine dont Catherine II avait fait présent à M. de Cobentzel.

Revenu à son quartier-général de Passeriano, Bonaparte envoya un officier prévenir l'archiduc qu'il allait recommencer les hostilités dans les vingt-quatre heures.

Les diplomates, effrayés d'une résolution aussi prompte qu'énergique, acceptèrent les conditions imposées par la France. Le traité fut conclu le 17 octobre et daté de Campo-Formio, village déclaré neutre par le Congrès.

A la lecture du premier article du traité qui était ainsi conçu : « L'empereur d'Allemagne reconnaît la Répu- « blique française », Bonaparte interrompit le lecteur : « Rayez cet article, lui dit-il ; le peuple français est « maître chez lui ; il a fait une république ; peut-être « demain fera-t-il une aristocratie ; après-demain une « monarchie. C'est son droit imprescriptible. La forme « de son Gouvernement n'est qu'une affaire de loi inté- « rieure. »

Le traité de Campo-Formio réglait les différends avec la maison d'Autriche ; mais il restait à stipuler les conventions relatives aux autres Etats de l'Empire d'Allemagne. Il fut convenu qu'un Congrès se réunirait à Rastadt et arrêterait définitivement ces conventions. Tous les souverains de l'Allemagne y envoyèrent des représentants ; Bonaparte fut chargé, par le Directoire, de représenter la France.

Les conférences s'entamèrent avec activité ; mais les réclamations des princes dépossédés de la rive gauche du Rhin se multipliant à l'infini, la solution paraissait sinon impossible, du moins fort longue à obtenir. En somme, comme les débats ne reposaient que sur des intérêts secondaires, Bonaparte signa une convention militaire qui comportait la remise de Mayence aux troupes républicaines, et partit pour Paris, où il arriva le 5 décembre.

Il fut accueilli avec enthousiasme. Les Conseils législatifs, les Cours de justice, les Municipalités proposèrent de décerner au vainqueur de l'Autriche, au libérateur de l'Italie, le titre qu'autrefois, à Rome, on décernait aux plus grands capitaines, le surnom d'*Italiqué*.

Un ordre émané du Directoire empêcha cette manifestation. Seulement, les Directeurs, comprenant qu'il fallait donner satisfaction à l'opinion publique, organisèrent eux-mêmes une réception solennelle au palais du Luxembourg.

Bonaparte fut présenté à cette réception par le ministre de la guerre, Scherer, et par M. de Talleyrand, ministre des relations extérieures.

Le héros d'Italie était accompagné de Joubert, qui portait le drapeau tricolore, glorieux trophée, dont les lambeaux rappelaient les nombreuses victoires que la phalange républicaine avait remportées sous les ordres de son illustre chef.

Talleyrand, après avoir présenté Napoléon au Directoire, prononça le discours suivant :

« Citoyens Directeurs, j'ai l'honneur de présenter au

« Directoire exécutif le citoyen Bonaparte, qui apporte la
« ratification du traité de paix conclu avec l'Empereur
« d'Autriche. En nous apportant ce gage certain de la
« paix, il nous rappelle, malgré lui, les innombrables
« merveilles qui ont amené un si grand événement ; mais,
« qu'il se rassure, je veux bien taire en ce jour tout ce qui
« fera l'honneur de l'histoire et l'admiration de la posté-
« rité ; je veux même ajouter, pour satisfaire à ses vœux
« impatients, que cette gloire, qui jette sur la France
« entière un si grand éclat, appartient à la Révolution ;
« sans elle, en effet, le génie du vainqueur de l'Italie eût
« langui dans les vulgaires honneurs. Elle appartient au
« Gouvernement qui, né, comme lui, de cette grande
« mutation qui a signalé la fin du dix-huitième siècle, a
« su deviner Bonaparte et le fortifier de toute sa con-
« fiance. Elle appartient à ces valeureux soldats, dont
« la liberté a fait d'invincibles héros. Elle appartient
« enfin à tous les Français dignes de ce nom : car
« c'était aussi, n'en doutons point, pour conquérir leur
« amour et leur vertueuse estime, qu'il se sentait
« pressé de vaincre ; et ces cris de joie des vrais pa-
« triotes à la nouvelle d'une victoire, reportés vers Bo-
« naparte, devenaient les garants d'une victoire nou-
« velle. Ainsi, tous les Français ont vaincu en Bona-
« parte ; ainsi, sa gloire est la prospérité de tous ;
« ainsi, il n'est aucun républicain qui ne puisse en re-
« vendiquer sa part. »

Napoléon reçut stoïquement cet éloge. Puis, s'avançant vers le Président, lui remit le traité de Campo-
Formio ratifié par l'Empereur d'Autriche, et prononça
les paroles suivantes :

« Citoyens Directeurs, le peuple français, pour être
« libre, avait les rois à combattre ; et, pour obtenir une
« Constitution fondée sur la raison, il avait dix-huit siè-
« cles à vaincre. La Constitution de l'an III et vous,
« avez triomphé de tous les obstacles. — La religion,
« la féodalité et le royalisme ont, depuis vingt siècles,
« gouverné l'Europe ; mais de la paix que vous venez
« de conclure date l'ère du Gouvernement représentatif.
« Vous êtes parvenus à organiser la Grande Nation,
« dont le territoire n'est plus circonscrit, que parce que
« la nature elle-même en a fixé les limites. — Vous
« avez fait plus : les deux plus belles parties de l'Eu-
« rope, si célèbres jadis par les arts, les sciences et les
« grands hommes dont elles furent le berceau, voient le
« génie de la liberté sortir du tombeau de leurs ancê-
« tres ; ce sont les piédestaux sur lesquels les destinées
« vont placer deux grandes nations.

« J'ai l'honneur de vous remettre le traité signé à
« Campo-Formio, et ratifié par l'Empereur.

« La paix assure la liberté, la prospérité de la Répu-
« blique. Lorsque le bonheur du peuple français sera
« assis sur les meilleures lois organiques, l'Europe en-
« tière deviendra libre. »

Barras, le président du Directoire, lui répondit longuement. Nous ne rapporterons ici que quelques
phrases de ce remarquable discours, qui fut couvert
des acclamations unanimes de l'Assemblée :

« Citoyen général, dit-il, la nature, avare de ses
« prodiges, ne donne que de loin en loin des grands
« hommes à la terre ; mais elle dut être jalouse de
« marquer l'aurore de la liberté par un de ces phéno-

« mènes, et la sublime révolution du peuple français,
« nouvelle dans l'histoire des nations, devait présen-
« ter un génie nouveau dans l'histoire des hommes
« célèbres. Le premier de tous, citoyen général, vous
« avez secoué le joug des parallèles, et, du même bras
« dont vous avez terrassé les ennemis de la Répu-
« blique, vous avez écarté les rivaux que l'antiquité
« vous présentait. »

Après ces mots, Barras lui donna l'accolade, et tous les membres du Directoire imitèrent son exemple.

Huit jours après, les Conseils législatifs donnèrent une fête splendide à Bonaparte, dans les grandes galeries du Musée.

L'Institut voulut s'associer à l'ovation générale, et nomma Napoléon membre de cette Assemblée, qui comptait déjà dans son sein toutes les illustrations de la France.

Enfin, la municipalité de Paris, par un arrêté longuement motivé, décida que la rue Chantereine, où demeurait Bonaparte, prendrait désormais le nom de *rue de la Victoire.*

Pendant toutes ces manifestations, le héros d'Italie ne restait pas inactif : il méditait une vaste entreprise contre l'Angleterre, qui, par ses intrigues et son or, avait soutenu les ennemis de la France ; mais il était difficile d'attaquer de front un ennemi que sa position géographique et sa marine protégeaient contre nos armes. Il eût fallu posséder une flotte considérable, et celle de la République française se composait d'un très-petit nombre de bâtiments de guerre. Il n'y avait donc qu'un moyen de forcer la perfide Albion à traiter franchement avec la France, c'était de l'attaquer dans ses possessions de l'Inde, source de sa richesse commerciale.

Pour arriver à ce but, Napoléon conçut le projet de s'emparer de l'Égypte. Une fois maître de ce pays, il comptait s'unir à Tippo-Saëb pour détruire l'Empire anglo-indien. Il comptait en outre s'emparer des îles Ioniennes, de Candie et de Malte, rétablir le canal de Sésostris à travers l'isthme de Suez, afin d'ouvrir à nos vaisseaux la route de l'Asie méridionale.

Toutes ces combinaisons avaient pour but de nous rendre maîtres de la Méditerranée et d'assurer à la France une richesse et une puissance infinies.

L'expédition d'Égypte fut donc résolue.

Bonaparte se mit en mesure de l'organiser vers les premiers mois de l'année 1798.

Il travailla seul à cette organisation; il choisit les généraux, désigna les troupes et indiqua les arsenaux où l'on devait trouver l'artillerie et les munitions de guerre. En moins de deux mois l'armée d'Orient fut prête à partir.

L'expédition, forte de 36,000 hommes, était commandée par les généraux Kléber, Desaix, Reynier, Bon, Menou, Vaubois, Damas, Lannes, Murat, Lanusse, Leclerc et Davoust; Berthier était chef d'état-major; Cafarelli-Dufalga commandait le génie, et Dommartin l'artillerie.

Les docteurs Desgenettes et Larrey dirigeaient le service de santé.

La cavalerie, choisie parmi les hussards et les dragons, comptait environ 2,500 hommes.

La flotte qui devait transporter cette armée se

composait d'environ 600 voiles, dont treize vaisseaux de ligne, huit frégates et soixante-dix-huit bâtiments de guerre. Le commandement en avait été confié au vice-amiral Brueys.

Une Commission de savants était attachée à l'armée : Monge, Denon, Cortaz, Fourrier, Berthollet, Geoffroy, Dolomieu furent les membres choisis par Napoléon.

Ce dernier arriva le 8 mai à Toulon. On devait mettre de suite à la voile, mais les vents contraires retinrent la flotte dans le port.

Comme tout le monde ignorait le but de l'expédition, l'anxiété devint générale. Bonaparte crut devoir y mettre un terme, et adressa aux troupes la proclamation suivante :

« Officiers et soldats, il y a deux ans que je vins
« vous commander; à cette époque, vous étiez dans la
« rivière de Gênes, dans la plus grande misère, man-
« quant de tout, ayant sacrifié jusqu'à vos montres
« pour votre subsistance réciproque; je vous promis de
« faire cesser vos misères, je vous conduisis en Italie;
« là, tout fut accordé... Ne vous ai-je pas tenu pa-
« role?... »

Un oui universel se fit entendre de toutes parts.

« Eh bien ! apprenez que vous n'avez point encore
« assez fait pour la patrie, et que la patrie n'a point en-
« core assez fait pour vous! — Je vais actuellement
« vous mener dans un pays où, par vos exploits futurs,
« vous surpasserez ceux qui étonnent aujourd'hui vos
« admirateurs, et rendrez à la patrie des services
« qu'elle a droit d'attendre d'une armée d'invincibles.
« — Je promets à chaque soldat qu'au retour de cette

« expédition, il aura à sa disposition de quoi acheter
« six arpents de terre. — Vous allez courir de nou-
« veaux dangers; vous les partagerez avec vos frères
« les marins. Cette arme, jusqu'ici, ne s'est pas ren-
« due redoutable à nos ennemis ; leurs exploits n'ont
« point égalé les vôtres; les occasions leur ont man-
« qué; mais le courage des marins est égal au vôtre :
« leur volonté est celle de triompher ; ils y parvien-
« dront avec vous.—Communiquez-leur cet esprit in-
« vincible qui partout vous rendit victorieux ; secondez
« leurs efforts; vivez à bord avec cette intelligence qui
« caractérise les hommes purement animés et voués au
« bien de la même cause : ils ont, comme vous, acquis
« des droits à la reconnaissance nationale dans l'art
« difficile de la marine. — Habituez-vous aux manœu-
« vres de bord; devenez la terreur de vos ennemis de
« terre et de mer; imitez en cela les soldats romains,
« qui surent à la fois battre Carthage en plaine et les
« Carthaginois sur leurs flottes. »

Ce discours, plein de patriotisme, fut accueilli avec enthousiasme par l'armée tout entière. « Lorsqu'on pos-
« sède un tel chef, disaient les officiers à leurs soldats,
« on est sûr de la victoire! »

Le 19 mai 1798, l'avant-garde de la flotte mit à la voile. Bonaparte était à bord du vaisseau amiral l'*Orient*, de 120 canons.

Après avoir rallié, sur son passage, les convois partis de Corse, de Gênes et de Civita-Vecchia, la flotte arriva en vue de Malte. Le grand-maître des chevaliers de Malte refusa de laisser entrer la flotte dans le port. Bonaparte, non-seulement débarqua dans l'île, mais s'en empara sans coup férir.

Après avoir laissé une garnison dans la place et donné à Vaubois des instructions relatives à sa défense, le général en chef remit immédiatement à la voile.

La flotte arriva en vue d'Alexandrie le 30 juin au soir, quarante-trois jours après son départ de Toulon.

Une proclamation écrite à bord de l'*Orient* fut distribuée à l'armée. Cette proclamation faisait connaître aux soldats le but définitif de l'expédition. En voici les termes :

« Soldats !

« Vous allez entreprendre une conquête dont les ef-
« fets sur la civilisation et le commerce du monde sont
« incalculables. Vous portez à l'Angleterre le coup le
« plus sûr et le plus sensible en attendant que vous puis-
« siez lui donner la mort.

« Nous ferons quelques marches fatigantes ; nous li-
« vrerons plusieurs combats. Nous réussirons dans toutes
« nos entreprises ; les destins sont pour nous. Les beys
« mamelucks, qui favorisent exclusivement le commerce
« anglais, qui ont couvert d'avanies nos négociants,
« et qui tyrannisent les malheureux habitants du Nil,
« quelques jours après notre arrivée n'existeront plus.

« Les peuples avec lesquels nous allons vivre sont
« mahométans. Leur premier article de foi est celui-ci :
« *Il n'y a pas d'autre dieu que Dieu, et Mahomet est*
« *son prophète*. Ne les contredisez pas. Agissez avec
« eux comme nous avons agi avec les Juifs, avec les
« Italiens. Ayez des égards pour leurs muphtis et leurs

« imans, comme vous en avez eu pour les rabbins et les
« évêques. Ayez pour les cérémonies que prescrit l'Al-
« coran, pour les mosquées, la même tolérance que
« vous avez eue pour les couvents, pour les synagogues,
« pour la religion de Moïse et de Jésus-Christ. Les lé-
« gions romaines protégeaient toutes les religions.

« Vous trouverez ici des usages différents de ceux de
« l'Europe ; il faut vous y accoutumer. Les peuples
« chez lesquels nous allons entrer traitent les femmes
« différemment que nous ; mais, dans tous les pays, ce-
« lui qui viole est un monstre.

« Le pillage n'enrichit qu'un petit nombre d'hommes ;
« il nous déshonore ; il détruit nos ressources ; il nous
« rend ennemis des peuples qu'il est de notre intérêt
« d'avoir pour amis.

« La première ville que nous allons rencontrer a été
« bâtie par Alexandre ; nous trouverons à chaque pas
« de grands souvenirs dignes d'exciter l'émulation des
« Français. »

Enfin, le 2 juillet à une heure du matin, Napoléon mit le pied sur la terre d'Egypte. Il se porta immédiatement sur Alexandrie, avec plusieurs régiments qui faisaient partie des divisions Bon et Kléber. Cette ville, prétendue inexpugnable, se rendit, par capitulation, au bout de quelques heures d'un combat meurtrier, pendant lequel ses remparts furent escaladés, malgré la fusillade incessante des Arabes.

Le général Kléber fut grièvement blessé d'une balle, qui l'atteignit au front.

Une ancienne tradition des Arabes accorde la conquête de l'Empire d'Egypte à celui qui se rendra maître du Caire. Les mamelucks, au nombre de 60,000, étaient réunis sur la rive gauche du Nil ; la rive droite était couverte par des retranchements garnis de 40 pièces de canon, et défendus par l'infanterie turque, forte de 20,000 hommes, janissaires et spahis. Un corps de 10,000 mamelucks occupait le centre, ainsi que 3,000 cavaliers arabes.

L'armée française arriva devant l'ennemi au point du jour. Le général en chef parcourut le front de son armée ; avant de commencer le combat, et montrant du doigt les pyramides, il adressa aux soldats ces paroles qui ont fait le tour du monde :

« Soldats !

« Vous êtes venus dans ces contrées pour les arracher
« à la barbarie, porter la civilisation dans l'Orient et
« soustraire cette belle partie du monde au joug de
« l'Angleterre. Nous allons combattre. Songez que du
« haut de ces monuments quarante siècles vous contem-
« plent. »

L'armée fut disposée en carré. Desaix commandait la droite, composée de deux divisions ; Vial la gauche, formée également de deux divisions. Bonaparte était au centre avec la division Kléber, commandée par le général Dugua. Kléber était retenu à Alexandrie par sa blessure.

L'armée française fit des prodiges de valeur dans cette mémorable journée. Les mamelucks furent mis en déroute et forcés de se sauver en traversant le Nil à la nage. Le camp de l'ennemi tomba entièrement au pouvoir de Bonaparte. 400 chameaux chargés de bagages,

40 canons et la possesion de la ville du Caire, furent les résultats de cette glorieuse victoire, qui prit le nom de *bataille des Pyramides*.

Bonaparte entra au Caire le 25 juillet; il y séjourna deux jours, et partit avec trois divisions pour se mettre à la poursuite d'Ibrahim-Bey, qui commandait les mamelucks et s'était replié sur Belbeïs. La division Menou fut chargée de défendre le Caire en l'absence du général en chef.

Pendant que, d'un côté, Bonaparte chassait Ibrahim-Bey de la Basse-Egypte; de l'autre, Desaix s'établissait dans la Haute-Egypte et battait continuellement les mamelucks. Le succès de l'expédition de terre était donc complet.

Malheureusement, l'armée navale éprouva un désastre qui a fait époque dans nos annales maritimes. L'escadre française, contrairement aux ordres de Bonaparte, étant restée dans la rade d'Aboukir, fut attaquée par la flotte de l'amiral Nelson et complétement détruite.

La perte de l'escadre détruisant les chances favorables de notre expédition, le général en chef s'efforça de conquérir ce pays par une bonne administration. Il mit de l'ordre dans les finances, améliora le système de perception des impôts, organisa une police régulière, institua des tribunaux, traça des chemins militaires, fit réparer les canaux, établit au Caire une imprimerie arabe, turque et française, créa des fabriques pour l'habillement de l'armée, des usines et des fonderies propres à la confection des munitions de guerre. Il fonda aussi l'Institut d'Egypte, qui a laissé de grands souvenirs.

Cette administration régulière convenait aux Arabes,

qui la préféraient de beaucoup à la domination brutale des mamelucks. Malheureusement, la déclaration de guerre de la Porte à la France vint changer les dispositions de la population musulmane. Une révolte terrible éclata au Caire.

Napoléon jugea opportun de sévir avec vigueur. Les troupes françaises entrèrent dans la ville et fusillèrent tous ceux qui furent pris les armes à la main. Le reste des rebelles se rendit à discrétion. Le Conseil militaire fut d'avis de les passer tous par les armes. Bonaparte ordonna que six seulement des plus coupables eussent la tête tranchée. Cet acte de sévérité, mitigé par la clémence, produisit un bon effet et consolida notre puissance en Egypte.

Au même moment, le général en chef apprit que Desaix venait d'opérer la soumission de la Haute-Egypte, à la suite de la bataille de Sédiman.

Après ces deux victoires, l'armée française goûta un instant de repos.

Ce repos ne fut pas de longue durée ; un avis parvenu à Bonaparte l'informait qu'une armée se rassemblait en Natolie, et qu'elle projetait d'entrer en Egypte en longeant la côte de la Méditerranée.

Le général en chef pensa que le meilleur moyen de dérouter l'ennemi, était de contrecarrer ses projets en marchant sur la Syrie. Les troupes se mirent de suite en campagne.

Vers le milieu de février, après des marches pénibles où nos soldats eurent à endurer toutes les intempéries du climat, l'armée française arriva devant Saint-Jean-d'Acre.

Le fort d'El-Arich capitula après quatre jours de siége ; Ghazah se rendit sans coup férir. La ville de Jaffa, après un siége de quelques jours, fut enlevée de vive force, laissant entre les mains des Français un grand nombre de prisonniers.

La peste se déclara dans cette ville pendant le séjour de l'armée française, et y fit de terribles ravages. La frayeur était générale. Les malheureux atteints du fléau étaient impitoyablement abandonnés par leurs camarades. Bonaparte, voulant relever le moral de ses soldats, se mit à la tête de son état-major, le 11 mars, visita les deux hôpitaux affectés aux blessés et aux pestiférés, s'arrêta au lit de tous les malades, leur adressa des paroles de consolation et d'encouragement ; et, afin de détruire les préventions relatives à la contagion, il toucha plusieurs pestiférés et aida même à soulever le cadavre d'un soldat inondé de virus pestilentiel.

Lorsque Bonaparte sortit de l'hôpital, comblé des bénédictions de ces malheureuses victimes, les officiers de son état-major lui firent des observations sur son imprudence : « C'était mon devoir, répondit-il avec « calme, je suis général en chef. »

L'armée arriva, le 18 mars, devant Saint-Jean d'Acre et commença immédiatement le siége.

Après huit assauts infructueux et soixante jours de tranchée ouverte, où périrent un grand nombre de soldats, où les généraux Bon, Venoux et Raimbaud furent tués ; Lannes, Vial, Rampon, furent blessés, Bonaparte, apprenant que les Turcs avaient reçu des renforts considérables, fit lever le siége de la ville. Toutefois, avant de partir, il la fit bombarder, et presque réduire en cendre.

L'armée s'éloigna de Saint-Jean-d'Acre le 21 mai, ayant perdu 3,000 hommes par les combats et la maladie. Elle se dirigea le long de la Méditerranée, au milieu des sables mouvants de l'Égypte. Pendant ce trajet, Bonaparte faillit être assassiné par un Arabe, qui, embusqué dans les buissons, lui tira un coup de fusil à bout portant. Le coup ne l'atteignit pas. L'Arabe s'enfuit et gagna un rocher au milieu de la mer; les balles de nos soldats en firent justice.

Bonaparte arriva au Caire le 14 juin. Les succès négatifs de l'expédition de Syrie le décidèrent à négocier avec les ministres de l'islamisme, afin d'agir plus puissamment sur le moral des Égyptiens. Il leur proposa de publier un *Fetam* (1) enjoignant aux populations de prêter serment au général en chef. Un vieux scheick lui répondit : « Pourquoi ne vous feriez-vous
« pas musulman avec toute votre armée ? alors 100,000
« hommes accourraient sous vos drapeaux, et, après
« les avoir disciplinés à votre manière, vous rétabliriez
« la patrie arabe et soumettriez l'Orient. »

Bonaparte parut d'abord ne pas s'opposer à cette singulière proposition, et, pour se mettre bien dans l'esprit des scheicks et ulémas, il fit tracer le plan d'une mosquée plus grande du double que celle qui avait été détruite lors de la révolte du Caire. La ruse réussit. Les scheicks, satisfaits dans leur amour-propre, rendirent le *Fetam* d'obéissance, et proclamèrent Bonaparte *l'ami et le protégé de Mahomet.*

L'armée française comptait goûter quelque repos, lorsqu'une flotte turque, composée de cent voiles, vint se

(1) Manifeste.

poster devant Alexandrie. Bonaparte ordonna de livrer immédiatement le combat. Dans cette bataille, glorieuse revanche du désastre d'Aboukir, soldats et généraux firent des prodiges de valeur ; Napoléon déploya un génie militaire au-dessus de tout éloge. Mustapha-Pacha fut fait prisonnier par Murat; les Turcs perdirent 12,000 hommes.

Cette victoire, aussi éclatante par la puissance de notre tactique militaire que par la bravoure de nos soldats, rétablit complétement notre influence en Égypte.

Kléber, qui n'arriva sur le lieu du combat que trois heures après la défaite des Turcs, se jeta transporté d'enthousiasme dans les bras de Bonaparte, et lui dit : « Permettez, général, que je vous embrasse ; vous « êtes grand comme le monde ! »

Au milieu de son triomphe, Napoléon apprit que nous venions d'éprouver des échecs en Italie et sur les bords du Rhin. Il résolut de partir de suite pour la France.

Il publia une proclamation dans laquelle il annonçait son départ, et la nomination de Kléber au commandement en chef. Il adressa à ce général des instructions dont nous reproduisons quelques passages :

« Vous trouverez ci-joint, citoyen général, un ordre de prendre le commandement de l'armée. La crainte que la croisière anglaise ne paraisse d'un moment à l'autre me fait précipiter mon voyage de deux ou trois jours. — J'emmène avec moi les généraux Berthier, Lannes, Murat, Andreossi, Marmont, et les citoyens Monge et Berthollet. — Vous trouverez ci-joints tous les papiers anglais et de Francfort, jusqu'au 10 juin;

vous y verrez que nous avons perdu l'Italie, que Mantoue, Turin et Tortone sont bloqués. J'ai lieu de croire que la première de ces places tiendra jusqu'au mois de novembre; j'ai l'espérance qui me sourit d'arriver en Europe avant le commencement d'octobre... — L'arrivée de notre escadre à Toulon, venant de Brest, et de l'escadre espagnole à Carthagène, ne laisse aucune espèce de doute sur la possibilité de faire passer en Égypte les fusils, sabres et fers coulés dont vous aurez besoin, et dont j'ai l'état le plus exact, avec une quantité de recrues suffisante pour réparer les pertes des deux campagnes. Le Gouvernement vous fera connaître alors ses intentions, et moi, homme public ou particulier, je prendrai des mesures pour vous faire avoir fréquemment des nouvelles. — Si, par des événements incalculables, toutes les tentatives étaient infructueuses, et qu'au mois de mai vous n'eussiez reçu aucun secours ni nouvelles de France; si cette année, malgré toutes les précautions, la peste était en Égypte, et que vous perdissiez plus de quinze cents soldats, perte considérable, puisqu'elle serait en sus de celle que les événements de la guerre occasionneraient journellement; je dis que, dans ce cas, vous ne devez point vous hasarder de soutenir la campagne prochaine, et que vous êtes autorisé à conclure la paix avec la Porte ottomane, quand même l'évacuation devrait en être la condition principale. Il faudrait seulement éloigner l'exécution de cet ordre, si cela était possible, jusqu'à la paix générale. — Vous savez aussi bien que personne, citoyen général, combien la possession de l'Égypte est importante pour la France. L'Empire turc, qui tombe en ruines de tous côtés, s'écroule aujourd'hui, et l'évacuation de l'Égypte par la France serait un malheur d'autant plus grand que nous verrions, de nos jours, cette belle province passer en d'autres mains étrangères. — Les nouvelles des revers ou des succès de la République en Europe doivent influer puissamment sur ces calculs. — Vous connaissez, citoyen général, quelle est ma manière de voir la politique de l'Égypte: il faut endormir le fanatisme en attendant qu'on puisse le déraciner. En captivant l'opinion des grands scheicks du Kaire, on a l'opinion de toute l'Égypte et de tous les chefs du peuple. Il n'y a rien de plus dangereux pour nous que ces chefs peureux et pusillanimes, qui ne savent pas se battre, et qui, semblables à tous les prêtres, imposent le fanatisme sans être fanatiques. — Quant aux fortifications, Alexandrie et El-Arich, voilà les deux clefs de l'Égypte. J'avais le projet de faire établir cet hiver des redoutes de palmiers, deux depuis Salahieh jusqu'à Katieh, et deux de Katieh à El-Arich; une de ces dernières se serait trouvée dans l'endroit où le général Menou a découvert de l'eau potable. — La place importante que vous allez occuper va vous mettre à même de déployer les talents que la nature vous a donnés. L'intérêt de ce qui se passe est vif, et les résultats en seront immenses sur le commerce et la civilisation : ce sera l'époque d'où dateront les grandes révolutions. — Accoutumé à ne voir la récompense des peines et des travaux de la vie que dans l'opinion de la postérité, j'abandonne l'Égypte avec le plus grand regret. — L'intérêt de la patrie, sa gloire, l'obéissance, les événements extraordinaires qui viennent de se passer, me décident à traverser les escadres ennemies pour me rendre en Europe.—L'armée que je vous confie est toute composée de mes enfants. J'ai eu dans tous les temps, même au milieu de leurs plus grandes peines, des marques de leur attachement. Entretenez-les dans ces mêmes sentiments, vous le devez pour l'amitié et l'estime toute particulière que j'ai pour vous, et l'attachement que je vous porte. »

Le 22 août 1799, Bonaparte et sa suite s'embarquèrent sur deux frégates, la *Muiron* et la *Carrère*, presque en vue d'une corvette anglaise. Ses compagnons de voyage lui firent part de leurs appréhensions : « Ne craignez rien, leur dit-il, nous passerons ; la fortune ne nous trahira pas ; nous arriverons en dépit des Anglais ! »

Quarante-huit jours après une navigation entravée par des orages continuels, sur une mer couverte de vaisseaux ennemis, les deux frégates mouillèrent dans le port de Fréjus. Bonaparte débarqua, le 9 octobre, au milieu des acclamations unanimes de la foule, venue de tous côtés pour le saluer. Il se dirigea vers Paris, où il entra le 16 octobre 1799.

Depuis le départ de Bonaparte pour l'expédition d'Égypte, l'administration du Directoire avait perdu toute sa considération vis-à-vis du pays. D'un côté, le Conseil des Anciens fomentait une révolution gouvernementale et un changement dans les lois organiques de l'État. De l'autre, le Conseil des Cinq-Cents était tiraillé par les divers partis qui le composaient. Comme complément à tant d'impéritie de la part du pouvoir, la France était sans finances, sans crédit, sans autorité et prête à périr dans les horreurs d'une guerre civile.

Une inquiétude vague dominait la nation; elle semblait chercher un sauveur; ce sauveur venait de rentrer en France, c'était Napoléon!

Il fut accueilli par un cri de joie. Tous les partis, royalistes, républicains modérés, farouches révolutionnaires, avaient hâte d'en finir, et le libérateur de l'Italie, le conquérant de l'Égypte, était pour eux le seul homme capable de réorganiser l'autorité en France. De son côté, la nation, comprenant qu'après le Directoire, c'était Bonaparte ou l'anarchie, faisait des vœux pour que ce général s'emparât du pouvoir. Bonaparte obéit donc au vœu universel en prenant les rênes du Gouvernement.

Le 18 brumaire approchait. Le 9 novembre, par un décret du Conseil des Anciens, le siége du Corps Législatif fut transféré à Saint-Cloud.

Le général Bonaparte fut investi du commandement des troupes et de l'autorité nécessaire pour assurer la tranquillité publique et la sûreté des assemblées.

Immédiatement après sa nomination, Bonaparte établit son quartier-général aux Tuileries. Il y passa en revue les troupes, au nombre de 80,000 hommes, et envoya à Barras, Moulin et Gohier l'invitation de donner leur démission de membres du Directoire.

Moulin et Gohier refusèrent; Barras, comptant sur ses anciens rapports avec le général, envoya son secrétaire auprès de lui pour parlementer. Bonaparte accueillit sévèrement l'envoyé de Barras, et insista sur sa démission. Puis, faisant allusion à l'administration du Directoire, il ajouta d'une voix brève :

« Qu'avez-vous fait de cette France que je vous ai

laissée si brillante? Je vous ai laissé la paix, j'ai retrouvé la guerre. Je vous ai laissé des victoires, j'ai retrouvé des revers. Je vous ai laissé les millions de l'Italie, et j'ai retrouvé partout des lois spoliatrices et la misère. Qu'avez-vous fait des 100,000 Français que je connaissais, tous mes compagnons de gloire? Ils sont morts! Cet état de choses ne peut durer; avant trois ans il nous mènerait au despotisme.... Il est temps enfin qu'on rende aux défenseurs de la patrie la confiance à laquelle ils ont tant de droits. A entendre quelques factieux, bientôt nous serions tous les ennemis de la République, nous qui l'avons affermie par nos travaux et notre courage : nous ne voulons pas de gens plus patriotes que les braves qui ont été mutilés au service de la République. »

Sur ces paroles, saisissantes de vérité, le défenseur de Barras se retira et la démission fut envoyée.

La retraite des trois directeurs, Sieyès, Roger-Ducos et Barras, entraînant la dissolution du Directoire, Bonaparte resta seul chargé du Pouvoir exécutif.

Le Conseil des Cinq-Cents, réuni sous la présidence de Lucien Bonaparte, frère du général, reçut communication de ces démissions, et s'ajourna au lendemain, à Saint-Cloud.

Les anciens ministres du Directoire avaient de suite reconnu la nouvelle autorité. Fouché, ministre de la police, voulait même fermer les barrières de Paris et arrêter le départ des courriers et des diligences. Bonaparte s'y opposa, en disant : « Pourquoi ces précautions renouvelées des temps de crises révolutionnaires? Nous marchons avec la nation et par sa seule force; qu'aucun citoyen ne soit inquiété, et que le triomphe de l'opinion n'ait rien de commun avec les journées faites par une minorité factieuse. »

Le lendemain, le général Bonaparte se rendit à Saint-Cloud, où les deux Conseils devaient se réunir : les Anciens siégeaient à la Galerie, et les Cinq-Cents à l'Orangerie.

Les séances s'annoncèrent d'une façon orageuse. Augereau, que son affection pour Bonaparte rendait craintif, lui dit :

« Eh bien ! vous voilà dans une jolie position !

— Augereau, répondit Bonaparte, souviens-toi d'Arcole ; les affaires paraissaient bien plus désespérées. Crois-moi, reste tranquille, si tu ne veux pas en être la victime : dans une demi-heure tu verras comme les choses tourneront. »

Quelques membres du Conseil des Cinq-Cents firent la proposition de prêter de nouveau serment à la Constitution de l'an III. L'Assemblée vota à l'unanimité cette proposition.

Bonaparte, comprenant tout ce que ce serment à une Constitution décrépite avait de ridicule, et mesurant d'un coup d'œil les dangers qui menaçaient le pays, entra au Conseil des Anciens, et, se plaçant à la barre en face du Président, leur dit :

« Vous êtes sur un volcan ; la République n'a plus de Gouvernement ; le Directoire est dissous ; les factions s'agitent ; l'heure de prendre un parti est arrivée. Vous avez appelé mon bras et celui de mes compagnons d'armes au secours de votre sagesse ; mais les instants sont précieux ; il faut se prononcer. Je sais qu'on parle de César, de Cromwel, comme si l'époque actuelle pouvait se comparer aux temps passés. Non ! je ne veux que le salut de la République, et qu'appuyer les décisions que vous allez prendre... Et vous, grenadiers, dont j'aperçois les bonnets aux portes de cette salle, dites-le : Vous ai-je jamais trompés? Ai-je trahi mes promesses, lorsque, dans les camps, au milieu des privations, je vous promettais les succès, l'abondance ; et lorsqu'à votre tête, je vous conduisais de victoire en victoire? dites-le, maintenant, était-ce pour mes intérêts ou pour ceux de la République ? »

Cette rude et mâle apostrophe du général électrisa les grenadiers, qui, agitant en l'air leurs bonnets et leurs armes, s'écrièrent d'une voix unanime : « Oui, c'est vrai, il a toujours tenu parole. »

Un membre se leva, et dit à Bonaparte d'une voix accentuée :

« Général, nous applaudissons à ce que vous dites: jurez donc avec nous obéissance à la Constitution de l'an III, qui peut seule maintenir la République. »

Bonaparte, après s'être recueilli un instant, répliqua :

« La Constitution de l'an III ! vous n'en avez plus; vous l'avez violée au 18 fructidor, quand le Gouvernement a attenté à l'indépendance du Corps Législatif; vous l'avez violée au 30 prairial, quand le Corps Législatif a attenté à l'indépendance du Gouvernement ; vous l'avez violée au 22 floréal, quand, par un décret sacrilége, le Gouvernement et le Corps Législatif ont attenté à la souveraineté du peuple, en cassant les élections faites par lui. La Constitution violée, il faut un nouveau pacte; il faut de nouvelles garanties. »

Ce discours entraîna la majorité du Conseil. Les trois quarts de l'assemblée se levèrent en signe d'approbation. Un député seulement prit la parole et dénonça le général comme un conspirateur, menaçant les libertés publiques. Bonaparte lui répondit, avec un noble dédain, par ces paroles, qui prouvent qu'il connaissait à fond les intrigues des partis :

« Moi, conspirateur ! dit-il, Bonaparte conspirateur ! Si j'avais eu des projets personnels et des vues usurpatrices, je n'aurais pas eu besoin d'attendre jusqu'à ce jour pour les réaliser. — Je connais tous les partis, j'ai leur secret ; tous méprisent également la Constitution de l'an III : la seule différence qui existe entre eux, c'est que les uns veulent un Gouvernement révolutionnaire, motivé sur les dangers de la patrie, et que les autres désirent une République modérée, où toutes les propriétés, tous les intérêts nationaux soient garantis. — Avant mon départ et depuis mon retour j'ai été sollicité par tous les meneurs de m'emparer de l'autorité. — Barras et Moulin eux-mêmes, plusieurs d'entre vous le savent, m'ont engagé à renverser le Gouvernement et à me mettre à la tête des affaires. J'ai repoussé ces ouvertures, parce que la liberté m'est chère, et qu'il est indigne de moi de servir aucune coterie, aucune faction : je ne veux servir que le peuple français. »

L'Assemblée, se sentant touchée au défaut de la cuirasse, voulut forcer Lucien à mettre aux voix la mise hors la loi de son frère, mais celui-ci refusa énergiquement d'obtempérer à cette injonction. Le Conseil des Anciens décréta qu'il allait se former en Comité secret pour délibérer. Bonaparte, avant de se rendre dans le sein de l'autre Conseil, prononça encore ces paroles :

« Ne nous divisons point, dit-il, associez votre sagesse et votre fermeté à la force qui m'entoure. Je vais au Conseil des Cinq-Cents... Tremblerai-je devant des factieux, moi que la coalition n'a pu détruire ?... Si je suis un perfide, soyez tous des Brutus ! Et vous qui m'accompagnez, braves grenadiers que je vois autour de cette enceinte, que ces baïonnettes, avec lesquelles nous avons triomphé ensemble, se tournent aussitôt contre mon cœur ; mais si quelque orateur, soldé par l'étranger, ose prononcer les mots de : *Hors la loi*, que le foudre de guerre l'écrase à l'instant même !... Souvenez-vous que je marche accompagné du dieu de la guerre et du dieu de la fortune. »

Bonaparte entra seul au Conseil des Cinq-Cents. Déjà il allait monter à la barre pour s'expliquer, lorsque deux cents membres environ se levèrent en criant : *Mort au tyran ! à bas le dictateur !* Et, s'élançant le poignard à la main, ils voulurent le frapper. Les grenadiers, indignés d'un pareil acte, firent irruption dans la salle, et, culbutant tout sur leur passage, parvinrent à entraîner Bonaparte hors de l'enceinte.

Napoléon descendit immédiatement dans la cour, monta à cheval, et, s'adressant aux troupes, leur dit : « J'allais faire connaître à ces hommes les moyens de sauver la République et de nous rendre notre gloire ; ils m'ont répondu à coups de poignard. Ils voulaient ainsi réaliser le désir des rois coalisés. Qu'aurait pu faire de plus l'Angleterre ? Soldats, puis-je compter sur vous ? »

Un cri unanime de : *Vive Bonaparte ! vive notre gé-*

néral! fut la réponse des soldats au libérateur de l'Italie.

A ce moment le Conseil venait de mettre le général hors la loi. Lucien Bonaparte montra dans cette circonstance une fermeté et un courage héroïque. Il déposa sa toge, et, montant à la tribune, s'écria :

« Misérables ! vous exigez que je mette hors la loi mon frère, le sauveur de la patrie, celui dont le nom seul fait trembler les rois ! Je dépose les marques de la magistrature populaire, je me présente à cette tribune comme défenseur de celui que vous m'ordonnez d'immoler sans l'entendre ! »

Bonaparte, apprenant ces détails, donna l'ordre à un officier d'entrer avec quelques soldats dans la salle des Cinq-Cents et de délivrer le Président.

L'officier se présenta à la porte du Conseil en criant: *Vive la République !* On l'accueillit avec émotion. Alors, s'avançant vers la tribune, il s'empara du Président, et, le plaçant au milieu de son peloton de grenadiers, il lui dit à voix basse : « C'est par ordre de votre frère. » Puis il s'éloigna en criant : *A bas les assassins !*

Quand les soldats furent sortis de la salle, le tumulte arriva à son comble. Les cris, les menaces, les récriminations éclatèrent de toutes parts. Au lieu de délibérer, les membres du Conseil se ruèrent les uns sur les autres en vociférant les plus grossières injures.

Pendant ce temps, Lucien, était arrivé dans la cour, et haranguait les troupes : « Général, et vous, soldats, leur dit-il, le Président du Conseil des Cinq-Cents vous déclare que des factieux, le poignard à la main, ont violé les délibérations. Il vous requiert d'employer la force contre ces factieux. Le Conseil des Cinq-Cents est dissous.

« — Président, répondit le général, ce sera fait.

« — Surtout, qu'il n'y ait pas une goutte de sang de versé, répliqua Bonaparte. »

Murat reçut l'ordre de faire évacuer la salle des Cinq-Cents, et se présenta à la porte du Conseil. Il fut accueilli par des cris et des menaces. Les soldats entrèrent au pas de charge, et les députés, si insolents jusqu'alors, prirent la fuite ; les uns sautant par les fenêtres, les autres abandonnant leurs toges, leurs toques et leurs écharpes.

Le Conseil des Cinq-Cents, épuré des hommes violents de tous les partis, se réunit de nouveau, le soir même, avec le Conseil des Anciens.

D'un commun accord, on rendit une loi qui prononçait : *l'abolition du Directoire; — l'expulsion de 61 députés démagogues; — l'ajournement de la législature à trois mois; — la formation de deux Commissions temporaires, prises dans les deux Conseils, chargées de travailler sans délai aux principes organiques de la nouvelle Constitution, et d'élaborer le Code civil; enfin la remise du Pouvoir exécutif entre les mains de trois Consuls provisoires.*

Bonaparte, Sieyès et Roger-Ducos furent nommés Consuls.

Ils se rendirent à deux heures dans la salle de l'Orangerie, où les Conseils étaient réunis, et prêtèrent, entre les mains du Président, le serment de :

Fidélité inviolable à la souveraineté du peuple, à la

République française, une et indivisible, à la liberté, à l'égalité et au système représentatif.

A la première séance des trois Consuls, Bonaparte fut nommé Président du Consulat. Investi de ce nouveau pouvoir, son premier acte fut de composer le ministère et de réorganiser l'armée. Les finances, qui avaient été dilapidées sous le Directoire, furent remises en état; la loi de l'emprunt forcé, qui avait tari en France toutes les sources de la richssse publique, fut abrogée.

Plusieurs formes gouvernementales furent proposées par la Commission constitutive; une, entre autres, qui proposait: *un grand Consul à vie; — doté de 6 millions de revenus; — ayant une garde de 3,000 hommes et habitant le palais de Versailles,* provoqua cette réponse de Napoléon: « Quel homme de cœur voudrait être ainsi un cochon à l'engrais de 6 millions. »

Bonaparte, voulant abréger les lenteurs de la Commission, proposa le mode de gouvernement suivant :

Un premier Consul, chef de l'État; — deux Consuls secondaires, comme Conseil consultatif; — les trois Consuls élus pour dix ans.

Cette proposition adoptée, Bonaparte fut nommé premier Consul; Cambacérès, deuxième Consul, et Lebrun, l'immortel traducteur du *Tasse,* troisième Consul.

Enfin, après quarante-trois jours de Consulat provisoire, la Constitution de l'an VIII fut publiée et soumise au vote populaire, le 13 décembre 1799;

3,011,700 citoyens votèrent en faveur de la nouvelle Constitution, qui fut proclamée le 24 du même mois.

Par ce vote approbatif, la France se plaçait sous la protection du génie et de l'épée victorieuse de Napoléon Bonaparte.

CHAPITRE VII

Passage des Alpes. — Entrée à Milan. — Montebello. — Marengo. — Eug. de Beauharnais. — Armistice avec l'Autriche. — Institutions données à l'Italie. — Retour de Napoléon à Paris. — Fêtes. — Lois de l'État. — Code Napoléon. — Paix de Lunéville. — Conspirations. — Paix d'Amiens. — Consulat à vie. — Vote populaire. — Le duc d'Enghien. — L'Empire héréditaire. — Nominations des dignitaires. — Choix des Armes de l'Empire. — Suffrages de la nation confirmant l'hérédité impériale.

Sous l'égide de ce nouveau Gouvernement, l'ordre avait remplacé l'anarchie. Le commerce, l'industrie avaient repris leur essor ; mais, pour rendre la France heureuse et prospère, il fallait la paix avec l'extérieur. Cette paix ne pouvait s'obtenir que par des victoires décisives. Bonaparte résolut de déposer temporairement le Pouvoir civil entre les mains de ses collègues et de reprendre son épée de général.

Dans la guerre qu'il se proposait d'entreprendre, le premier Consul avait pour but : *la délivrance de l'Italie, l'expulsion de l'ennemi hors du territoire de la République ; le déblocus de Gênes, où Masséna était bloqué avec son armée.*

Vers le 15 mai, l'armée de réserve était au pied des Alpes. Elle était divisée en trois colonnes. La première

(35,000 hommes), sous les ordres de Bonaparte, devait franchir le mont Saint-Bernard ; la seconde (4,000 hommes), commandée par le général Chabran, devait passer le Petit-Saint-Bernard ; la troisième (2,000 hommes), sous les ordres du général Bethencourt, marchait sur Domo-d'Ossola, en traversant le Simplon. En outre, pour masquer les opérations, le général Thureau avait reçu l'ordre de rassembler 5,000 hommes et de déboucher sur Suze, par le mont Cénis et le mont Genèvre.

L'avant-garde de l'armée, commandée par le général Lannes, opéra son mouvement le 17 mai.

Bonaparte, à la tête de la première colonne, gravit le mont Saint-Bernard, tantôt à pied, tantôt à dos de mulet.

Le passage du Grand-Saint-Bernard dura quatre jours (du 17 au 20 mai).

Le premier Consul établit son quartier-général à Yvrée. Thureau, ayant forcé le pas de Suze, s'était campé à Bossolino. Bethencourt, après une marche pénible, se portait sur le fort d'Arena. Moncey, à la tête de 15,000 hommes de l'armée d'Allemagne, pénétrait dans les bailliages italiens en descendant le mont Saint-Gothard.

Lannes, à l'avant-garde, avait forcé l'ennemi à Yvrée et au pont de la Chiusella. Après avoir culbuté un corps d'armée autrichien de 15,000 hommes, et l'avoir refoulé sur Turin, il s'avançait dans la direction de cette ville, par Chivasso.

De son côté, Bonaparte, simulant de vouloir passer le Pô et marcher sur Turin, manœuvrait sur Milan. La prise de cette ville devait révolutionner les populations, répandre la terreur dans le camp ennemi, couper les communications autrichiennes, et faciliter la réunion de l'armée de réserve avec les 15,000 hommes de l'armée du Rhin, sous les ordres de Moncey.

Or, pendant que le général Mélas s'apprêtait à empêcher le passage du Pô, Bonaparte se dirigeait vers Santhia, Verceil et Novare, sur le Tessin.

Le 31 mai, la nouvelle avant-garde, sous les ordres de Murat, passa le Tessin à Turbigo, et rejeta les Autrichiens derrière l'Adda. Les généraux Landon et Wakassowich laissèrent une garnison de 2,000 hommes dans le château de Milan et se replièrent sur le Mincio.

Bonaparte entra à Milan le 2 juin. Pendant les six premiers jours de son installation, il ne fut occupé qu'à recevoir les députations venues de tous les points de la Lombardie.

Le général Mélas, ayant enfin eu connaissance du mouvement de l'armée française, donna l'ordre au général Ott de défendre le Pô, vers Plaisance, et de redescendre en Piémont, par le Val de Tanaro.

Ott arriva trop tard; le Pô avait été passé l'avant-veille à Noceta, par Murat, et à San-Cipriano, par Lannes.

Le corps commandé par Lannes se rencontra à Montebello avec celui de Ott. Lannes avait 8,000 hommes, et le général autrichien en avait le double.

Ott, se voyant supérieur en forces, commença l'attaque. Après un combat sanglant où Lannes et ses troupes se couvrirent de gloire, le bourg de Casteggio fut pris, et Ott, obligé de se replier sur Alexandrie, jeta

2,000 hommes dans la citadelle de Tortone. Les Autrichiens perdirent 3,000 hommes, et laissèrent en notre pouvoir six canons et 6,000 prisonniers.

Après cet échec, un Conseil de guerre, tenu à Alexandrie, décida que l'armée autrichienne livrerait de nouveau bataille à l'armée républicaine, et que, par une victoire décisive, elle rouvrirait ses communications avec l'Autriche.

En effet, Mélas passa la Bormida, le 14 juin, à la pointe du jour, et livra bataille à l'armée française, dans les plaines de Marengo.

Un moment, la victoire sembla pencher du côté des ennemis. Bonaparte, comprenant toute l'importance d'une défaite, s'élança à la tête de ses troupes, en s'écriant :

« Français, c'est avoir fait trop de pas en arrière ; le « moment est venu de faire un pas décisif en avant ; « souvenez-vous que mon habitude est de coucher sur « le champ de bataille. »

Cette allocution enflamma l'ardeur des soldats, et décida du succès de la *bataille de Marengo*.

Nous laisserons raconter les émouvantes péripéties de cette victoire au général Lannes, l'un des principaux héros de cette journée :

« Au même instant, dit ce général, le premier Consul donne l'ordre de marcher en avant; l'artillerie est démasquée ; elle fait pendant dix minutes un feu terrible ; l'ennemi étonné s'arrête ; la charge est battue en même temps sur toute la ligne ; et cet élan qui se communique comme la flamme au cœur des braves, ajoute en ce moment à l'ardeur qu'inspire la présence d'un

Chef qui jamais ne leur promit vainement la gloire. La division Desaix, qui n'avait pas encore combattu, marche la première à l'ennemi, avec cette noble assurance que lui inspire le désir de donner à son tour des preuves de cette valeur brillante qu'avaient montrée les autres divisions. Elle est fière de suivre un général dont le poste fut toujours celui du péril et de l'honneur. Une légère élévation de terrain, couverte de vignes, dérobait à ce général une partie de la ligne ; impatient, il s'élance pour la découvrir ; l'intrépide 9e légère le suit à pas redoublés. L'ennemi est abordé avec impétuosité ; la mêlée devient terrible ; plusieurs braves succombent et Desaix n'est plus. Son dernier soupir fut un regret vers la gloire, pour laquelle il se plaignit de n'avoir pas assez vécu.

« Les regrets de Bonaparte furent les premiers tributs d'honneur payés à sa mémoire. Sa division, passée aux ordres du général Boudet, jalouse de venger son général, charge avec impétuosité l'ennemi, qui, malgré sa vive détermination, ne pouvant tenir contre nos baïonnettes, se renverse sur la colonne de grenadiers qui le suivait, et qui déjà était arrivée à Gallina-Grossa, où elle attaquait nos éclaireurs. Les Autrichiens, surpris, s'arrêtent ébranlés. C'est alors que se montrèrent dans tout leur jour la profondeur et l'habileté des dispositions précédemment faites.

« L'ennemi, qui avait dépassé sur notre gauche la ferme de la Ventolina, et qui se croyait au moment de nous couper la retraite, est tourné lui-même par sa gauche ; les divisions qui s'étendent de Castel-Ceriolo à San-Giuliano prennent ses lignes en flanc ; ses bataillons entendent la fusillade de tous les côtés à la fois, sur le devant, sur le flanc gauche et sur le derrière. A peine la division Desaix a-t-elle poussé et mis en retraite la droite des Autrichiens, à peine ceux-ci commencent-ils à exéc 'er ce mouvement, qu'ils entendent le bruit de notre l , qui déjà leur semble partir de dessus les ponts de la L rmida et du village de Marengo.

« I ıs ce moment, Bonaparte ordonne à la cavelerie qu'il avait conservée en arrière de la division Desaix, de passer au galop par les intervalles, et de charger avec impétuosité cette formidable colonne de grenadiers déjà ébranlée par notre infanterie.

« Cette manœuvre hardie s'exécuta à l'instant avec autant de résolution que d'habileté. Le général Kellermann se porte au galop hors des vignes, se déploie sur le flanc gauche de la colonne ennemie, et, par un quart de conversion à gauche, lance sur elle la moitié de sa brigade, tandis qu'il laisse l'autre moitié en bataille pour contenir le corps de cavalerie ennemie qu'il a en face, et lui masquer le coup hardi qu'il va porter.

« En même temps les grenadiers et les chasseurs de la garde renversaient sur la droite tout ce qui était devant eux. Le général Watrin attaque avec une nouvelle audace; le général Carra Saint-Cyr envoie de Castel-Ceriolo des tirailleurs le long du ruisseau et des marais, jusqu'auprès de Marengo.

« Le général de cavalerie Rivaud, faisant un mouvement décidé, avait sur la route de Salé ses avant-postes déjà engagés avec ceux du général Elsnitz; et le gros de la cavalerie autrichienne, contenu ainsi à l'extrémité de notre droite, laissait sa ligne d'infanterie sans appui dans la plaine.

« L'armée française franchit en trois quarts d'heure le grand espace qu'elle avait défendu pendant quatre heures.

« La cavalerie ennemie, pressée par le général Rivaud, fusillée des haies de Castel-Ceriolo, se h d'accourir au secours de son infanterie ; l'ennemi se rallie, et, arrivé à Marengo, conserve le projet de garder ce village.

« La division du général Boudet, qui veut avoir la gloire de reprendre Marengo, fait une dernière charge, avec cette vigueur qui avait marqué les premières. Le corps du général Victor la soutient. L'ennemi, qui se voit forcé de renoncer à vaincre, veut prouver qu'il en était digne, et montre dans ce dernier combat toute l'énergie que l'honneur peut donner ; mais la victoire tout entière s'élance dans les rangs français.

« Les Autrichiens, fatigués et affaiblis, doivent céder, et nos troupes rentrent avec eux dans Marengo, qu'ils évacuent pour se porter sur leurs ponts de la Bormida. Au nord de Marengo, le général Lannes attaquait un corps de réserve ; il n'éprouvait pas moins de résistance et n'avait pas moins de succès. Il s'empare de quelques pièces de canon. Un corps de réserve de la cavalerie ennemie se disposait à charger la droite de la division Boudet ; mais le général Bessières, commandant les grenadiers et les chasseurs à cheval de la garde, saisit cette occasion de gloire ; et, jaloux de donner à la troupe d'élite qu'il commande l'honneur de la dernière charge, il prévient l'ennemi, s'élance, fait plier ce corps, et le jette en désordre sur le ruisseau ; il découvre par-là le flanc de l'infanterie, et détermine la retraite générale en portant le trouble et l'effroi dans les rangs ennemis. »

Pendant cette bataille, le jeune Beauharnais se fit remarquer par son sang-froid et son courage. Bonaparte écrivit lui-même à Joséphine cette appréciation sur son fils : « Madame, votre fils marche rapidement à la postérité ; il s'est couvert de gloire dans toutes les affaires que nous avons eues en Italie ; il deviendra un des plus grands capitaines de l'Europe. »

Le lendemain du combat, un armistice fut conclu et signé avec le général Mélas. En voici le dispositif :

L'armée autrichienne devra se retirer derrière le Mincio ; elle conservera les places de Peschiera, Mantoue, Borgoforte, la Toscane et Ancône. Les Français demeureront maîtres des pays compris entre la Chiesa, l'Oglio et le Pô. Les châteaux de Tortone, Alexandrie, Milan, Turin, Pizzighettone, Arona, Plaisance, Seva, Coni, Savone, Gênes et le fort Urbain devront être remis à la France.

Dix jours après cet armistice, le général Suchet fit son entrée à Gênes ; les places de la Lombardie furent livrées aux troupes françaises, et l'armée autrichienne dirigée sur Mantoue.

La nouvelle de la victoire de Marengo fut accueillie en France avec des transports d'enthousiasme d'autant plus vifs qu'on annonçait le retour du premier Consul à Paris.

Bonaparte, avant de quitter l'Italie, voulut lui donner

des institutions solides ; il réorganisa la République Ligurienne et forma le Gouvernement provisoire du Piémont, auprès duquel le général Jourdan fut accrédité comme Ministre de la République française.

Masséna fut promu au commandement de l'armée d'Italie ; Berthier, qui, un instant, en avait été le titulaire, vint reprendre à Paris le portefeuille de la guerre.

Bonaparte rentra incognito à Paris dans la nuit du 2 juillet 1800. Le lendemain matin, aussitôt que la nouvelle de son retour se répandit, le peuple se porta en masse aux Tuileries pour voir Celui qui venait de couvrir de gloire notre nation, en combattant pour l'indépendance de l'Italie. Le soir, toutes les maisons de Paris furent illuminées.

Vingt ans plus tard, sur le rocher de Sainte-Hélène, Bonaparte, se rappelant cette fête, disait avec amertume : « Ce fut un bien beau jour ! »

En même temps que Napoléon faisait respecter notre prépondérance à l'extérieur, il travaillait à doter l'Etat de lois régulières et progressives.

Organisation de la justice, régularisation des finances, discipline de l'armée, répartition égale de l'impôt, création des Codes, telles furent les institutions données à la France en moins d'une année.

Nous laisserons retracer le tableau de la première année du Consulat à M. de Rœderer, qui, par sa position de Sénateur, fut contemporain et acteur de cette grande épopée de notre rénovation sociale :

« Les premiers soins, dit ce narrateur, que réclamaient la liberté et la propriété devaient être pour l'abolition des lois dirigées contre elles, et la solennelle réintégration de leurs droits. Le 22 brumaire An VIII vit l'abrogation de la loi sur les ôtages, et de la loi portant établissement de l'emprunt forcé. Des paroles du premier Consul annoncèrent, dès les premiers jours du Consulat provisoire, que la révolution du 18 brumaire n'entraînerait aucune proscription, et en ferait cesser plusieurs ; et, en effet, les déportés de fructidor sont bientôt rappelés. Barthélemy, l'un d'eux, est présenté par le premier Consul au Sénat conservateur ; heureux présage des arrêtés qui placèrent ensuite Siméon au Tribunat, Barbé-Marbois et Portalis au Conseil d'Etat. Tout serment est abrogé, comme faisant violence aux consciences. Les prêtres déportés à la Guyane sont ramenés. Les édifices destinés au culte sont ouverts tous les jours ; ceux qui ne sont point aliénés sont rendus aux communes. Toutes les fêtes dites nationales, instituées par les passions, et faites pour irriter les passions contraires, sont abolies : l'anniversaire du 14 juillet et du 1er vendémiaire sont seuls conservés. Un arrêté rend aux citoyens la liberté de se marier le jour qu'il leur plaira, et la liberté, plus sacrée encore, de travailler suivant leurs forces et les besoins de leur famille. L'œil du premier magistrat, en parcourant la liste des émigrés, y reconnaît de nombreuses proscriptions ; de grands travaux sont aussitôt ordonnés pour marquer cette distinction. En attendant, la fatale liste est close, et la radiation des membres de l'Assemblée constituante qui ont voté pour l'abolition des distinctions héréditaires est ordonnée. Enfin, cent mille noms d'agriculteurs, d'ouvriers habiles, d'hommes industrieux, de femmes, sont retirés, par une disposition générale, de la liste qui déclarait cette précieuse population perdue pour la France et acquise à l'étranger.

« Ces travaux de justice réparatrice sont entremêlés avec tous ceux que demandaient la sagesse et la prévoyance pour la conservation et la réhabilitation de l'Etat.

« Une Constitution nouvelle, dont Bonaparte a discuté toutes les parties, et qu'il a marquée du sceau de son esprit en donnant à l'autorité du Gouvernement cette *force régulière* qui assure à la fois l'ordre et la liberté, est présentée au peuple français et mise en activité. Un Conseil d'État, composé d'hommes probes et exercés aux affaires, est établi. Les communications du Gouvernement avec les autres autorités législatives sont assujetties par la loi à un ordre régulier. Le territoire de la République est soumis à une nouvelle division et à des administrations provinciales. Cent préfets, quatre cents sous-préfets, dix mille maires sont nommés à la satisfaction générale. Un nouveau système judiciaire est substitué au système informe qui avait prévalu depuis dix années ; des tribunaux de première instance sont multipliés ; de grands tribunaux d'appel sont institués, le tribunal de cassation réorganisé, et partout la solennité est rendue aux fonctions de la justice. Enfin, de longues discussions sont ouvertes sur les moyens de parvenir à la formation des listes de notabilité prescrites par la Constitution.

« Voilà les travaux exécutés ou commencés pour l'organisation politique, administrative et judiciaire de la République.

« En même temps, et concurremment, marchent les

réformes et les améliorations dans les finances ; la contribution mobilière est réduite de dix millions ; la taxe d'entretien des routes, qui grevait le commerce en raison de la difficulté des chemins et de la faiblesse des chevaux, est ramenée à des principes plus équitables ; des octrois municipaux sont accordés aux communes, pour l'entretien de leurs hospices ; des honneurs publics sont promis et décernés aux départements qui auront le plus tôt payé leurs contributions ; des receveurs solvables remplacent des préposés ignorants, sans moyens, sans crédit, et offrent au Gouvernement des ressources pour le service courant ; une Caisse d'amortissement, une Banque publique sont fondées ; le Trésor national reçoit une nouvelle organisation ; des receveurs infidèles sont poursuivis devant les tribunaux ; en un mot, le glaive de la justice, le levier de l'honneur, l'œil de la surveillance, tout concourt au rétablissement des finances ; le Trésor public est garni ; le crédit renaît ; et à compter du second semestre de l'An VIII, les rentes et les pensions commencent à être acquittées en numéraire.

« Cependant, l'ennemi était à nos portes, et nos armées presque détruites ; sous le premier guerrier de l'Europe, devenu le premier magistrat de la France, tout se refait comme de soi-même. Les braves se raniment, les débris se rassemblent, les conscrits marchent aux drapeaux qui les attendent. En peu de mois, les anciennes armées sont réorganisées.

« Spectacle non moins honorable que les victoires ! les armées françaises, partout triomphantes, sont partout disciplinées ; partout elles respectent l'ordre, la propriété, le malheur. Plus de pillages ; les exactions sont punies; les contributions militaires sont imposées avec modération, reçues avec ordre et décence, dépensées pour le soldat avec fidélité, et enfin soumises à une exacte comptabilité.

« Des consolations, des dédommagements sont assurés aux soldats mutilés par la guerre. L'Hôtel des vétérans est embelli; le temple de Mars est décoré de leurs noms. Les grenadiers de l'armée reçoivent une récompense commune, et une illustration d'un genre nouveau, par l'élévation d'un héros, descendant de Turenne, au titre, jusqu'alors inconnu, de *premier grenadier de l'armée*. Un nouvel hommage est consacré à la valeur et au talent militaire, joints avec la vertu et la modestie civiques, par l'inhumation solennelle de Turenne lui-même, par le monument élevé à sa mémoire, dans le temple de Mars, au mépris des préjugés nouveaux qui avaient proscrit le mérite uni à une haute extraction, comme les anciens préjugés avaient repoussé le talent privé des recommandations de la naissance. L'émulation est excitée dans l'âme de tous les braves, par les médailles, par les colonnes qui consacrent à la postérité le dévouement de Desaix, de Kléber, et de tant d'autres guerriers morts au champ d'honneur, et enfin par ces mots, sortis de l'âme du premier Consul, lorsque la mort frappa Desaix : « Que ne m'est-il permis de pleurer ! »

« En même temps que le premier Consul préparait ses victoires sur les ennemis extérieurs de l'État, il réduisait les ennemis de l'intérieur dans les départements révoltés. Il commence par les faire déclarer hors de la Constitution, sûr qu'un grand déploiement de la forcce militaire dispensera d'en faire un sanglant usage.

soixante-mille hommes sont rassemblés en Vendée ; un plan de campagne est arrêté ; les rebelles sont partout attaqués, poursuivis, combattus, vaincus; et tandis que des généraux sages et habiles exécutent le plan de Bonaparte, Bonaparte lui-même, par sa modération et sa justice, atteint et désarme dans leur conscience ceux des rebelles que nos guerriers n'ont pu réduire ; il gagne les âmes, change les volontés, dissipe les préventions, tandis que ses généraux enchaînent les bras et domptent les fureurs.

« Bonaparte devait avoir dans le sentiment de ses forces et de ses talents le pressentiment de ses victoires ; il n'en fut pas moins modéré dans sa politique envers les nations étrangères. A peine Consul, il offre la paix à l'Autriche, il offre la paix à l'Angleterre, il accueille les propositions amicales des États-Unis. L'Autriche, aveuglée par l'Angleterre, l'Angleterre, vaine des complaisances de l'Autriche, refusent la paix, l'une avec hauteur, l'autre avec insolence, et il faut vaincre encore. Mais les forces de la France ont doublé par les sentiments de justice offensée, de longanimité blessée qui transportent les armées républicaines; celles de l'ennemi sont diminuées par la honte dont ses troupes sont frappées en se voyant condamnées à servir une animosité farouche et un pacte destructeur ; ainsi Bonaparte a assuré sa vengeance par l'offense même à laquelle il a cru que son devoir l'obligeait de s'exposer. Il achève d'intéresser les puissances neutres à sa cause, en substituant des institutions et des règlements favorables à leur commerce et compatibles avec la liberté des mers, aux vexations par lesquelles l'ancien Gouvernement avait cru devoir enchérir sur les prétentions orgueilleuses de l'Angleterre. L'*embargo* mis dans tous les ports de la République sur les navires neutres est levé ; la neutralité des cargaisons sous pavillon neutre est solennellement reconnue ; un Tribunal des prises, placé trop près du Gouvernement pour n'être pas au-dessus de la corruption, est institué pour juger administrativement les questions de prises qui, depuis longtemps, étaient soumises à toutes les lenteurs de la justice révolutionnaire ; en un mot, le droit des gens est rétabli dans toutes les relations maritimes de la République.

« C'est dans ces circonstances que la campagne s'ouvre en Italie. La victoire paie à Bonaparte le prix de sa modération, et sa modération se déclare de nouveau comme pour honorer la victoire et en assurer les heureux fruits. Il offre une seconde fois la paix sur le champ de bataille conquis par sa vaillance, et le Nord s'étonne de sa sagesse autant que de ses triomphes. Les préventions de la Russie sont dissipées ; elle cesse de nourrir les espérances de l'Angleterre. Le Danemarck prend une contenance assurée devant les flottes anglaises. De toutes les parties de l'Europe, du sein même des bataillons ennemis, des acclamations de paix répondent au premier Consul que son vœu sera rempli.

« Les ministres américains, amenés en France par l'espérance de rétablir l'ancienne amitié des deux nations, trouvent dans Bonaparte victorieux autant de justice que de gloire, autant de longanimité que de puissance. Un traité rétablit les relations commerciales entre la France et les États-Unis, rend à notre commerce maritime de l'activité, assure la subsistance de nos colonies, promet l'oubli des vexations exercées contre le commerce américain sous le régime révolutionnaire, garantit l'indépendance des États-Unis et leur prospérité, dont les suites doivent être si utiles à la France, enfin consacre des principes favorables à la neutralité en opposition avec les violences que le Gouvernement anglais s'est permis contre ses propres alliés.

« Ne négligeons pas, en parlant de la conduite de Bonaparte à l'égard des puissances étrangères, de rappeler les égards pleins de convenance dont il a accompagné les actes de sa justice et de sa politique. Les négociations avec l'Amérique furent heureusement préparées par les honneurs funèbres que le premier Consul fit rendre à Washington, à la nouvelle de sa mort. Un bon accueil a été préparé près de l'Amérique au traité qui a été conclu, par la fête donnée aux ministres américains après la signature. L'empereur d'Allemagne, l'empereur de Russie n'ont pu être indifférents aux bons traitements exercés envers les officiers autrichiens et les officiers russes prisonniers de guerre, ainsi qu'à l'humanité qui a pourvu au bon entretien des soldats des deux puissances. Enfin, qui n'a pas été touché, dans l'Europe entière, de ce respect pour le malheur, pour la cendre des morts et l'hospitalité nationale, qui a fait rendre à Pie VI les honneurs funèbres dus à son rang? Le premier magistrat de la République n'a-t-il pas servi tout à la fois et les mœurs et la politique, en faisant revivre dans la diplomatie ces bienséances dont le sentiment délicat a toujours caractérisé la nation française?

« Dans le tableau de tant de choses, grandes par leur importance et leur difficulté, où placer une foule d'actes d'administration bienfaisante ou noble et brillante? Où viendront se placer et l'institution de la gradualité dans les emplois diplomatiques, et les règlements qui préparent et annoncent pour un avenir très-prochain la restauration d'une formidable marine ; et les dispositions faites pour faciliter l'établissement du nouveau système métrique ; et enfin l'expédition du capitaine Baudin?

« Dans les actes qui viennent de passer sous nos yeux, beaucoup sont des lois qui supposent des discussions arides, difficiles et des connaissances spéciales. Plus d'un lecteur croira peut-être que Bonaparte les a adoptées de confiance : ce serait une erreur. Depuis l'arrêté qui change la dénomination des poids et mesures jusqu'à la loi qui organise les tribunaux, Bonaparte a tout discuté, et très-souvent tout éclairé. Infatigable au travail, assidu à ses Conseils d'administration, assidu au Conseil d'État, il met à tout l'autorité de son talent, avant d'y mettre celle de sa place ; et avant d'y mettre l'autorité de son talent, il a encore le soin de provoquer celui de tous les hommes dont il s'est environné. Il a établi dans le Conseil d'État une discussion vive et familière, exempte des inconvénients attachés aux discussions de tribune, où les auditeurs sont presque toujours entre les orateurs qui entraînent et les orateurs qui endorment. La parole dans le Conseil est à l'orateur qui éclaire ; et le ton y est tel qu'il doit être pour aider au mouvement de l'esprit, sans exciter celui des passions...

« Encore un mot sur ce qu'il a fait pour la morale. Il a donné aux Français l'exemple d'une vie laborieuse et simple, mêlée de peu de plaisirs, et de plaisirs nobles, tels que ceux du théâtre et particulièrement de la scène tragique. Son rang et sa gloire n'ont pu lui rendre indifférents ni les amis qui lui furent dévoués, ni les hommes que l'intérêt public a engagés avec lui dans des périls communs, ni les douceurs de la vie domestique et de l'union conjugale. Il a remis en honneur le travail, l'amitié, le mariage, ces trois grandes garanties du bonheur particulier. »

Le premier événement qui suivit la bataille de Marengo fut la paix conclue à Lunéville entre la France et l'Allemagne, le 9 février 1801.

Un autre événement, regrettable au point de vue de la civilisation et de l'humanité, eut lieu à cette époque. La vie du premier Consul fut deux fois menacée.

Topino-le-Brun, Aréna, Demerville et Cerrachi, fougueux démagogues, étaient les chefs du premier complot, déjoué dans son principe. Le second, qui consistait dans l'invention d'une machine infernale, dont l'explosion devait coûter la vie à Bonaparte, avait été ourdi par Carbon et Saint-Rejean, deux royalistes-ultras ; il échoua également.

La paix de Lunéville fut immédiatement suivie de traités de paix avec l'Europe continentale. Un Concordat avec le Pape mit fin aux différends ecclésiastiques, et sépara d'une manière définitive le pouvoir spirituel de l'autorité temporelle.

L'Angleterre seule continuait la lutte au milieu de l'adhésion unanime de l'Europe à la politique de la France. Mais la Confédération des puissances du Nord, s'opposant à la visite des bâtiments neutres, mit la

Grande-Bretagne dans l'impossibilité de poursuivre la guerre.

Le cabinet britannique fit des ouvertures à Napoléon, et la paix fut signée à Amiens, le 25 mars 1802.

Bonaparte profita de cette paix pour consolider la République italienne, dont il avait été nommé Président. Il organisa les Gouvernements de Suisse et de Hollande. En France, il rétablit l'Université, institua l'Ordre de la Légion-d'Honneur, dont la devise est renfermée dans ces deux mots : HONNEUR! PATRIE !

La prospérité commerciale, industrielle et agricole du pays étant rétablie solidement et les partis se trouvant réduits à l'impuissance, Napoléon crut le moment opportun de faire sentir les effets de sa clémence. Il décréta une amnistie générale pour tous les délits politiques.

L'état de calme et de prospérité inspira à la nation la pensée que le Gouvernement de Bonaparte fût maintenu le plus longtemps possible.

Le Sénat, obéissant au vœu national, prorogea de dix années au delà des dix premières la durée du Consulat.

Le Premier Consul répondit à la députation chargée de lui présenter le décret :

« Le suffrage du peuple m'a investi de la suprême magistrature. Je ne me croirais pas assuré de sa confiance, si l'acte qui m'y retiendrait n'était encore sanctionné par son suffrage.

« Dans les trois années qui viennent de s'écouler, la fortune a souri à la République ; mais la fortune est inconstante ; et combien d'hommes qu'elle avait comblés de ses faveurs ont trop vécu de quelques années !

« L'intérêt de ma gloire et celui de mon bonheur sembleraient avoir marqué le terme de ma vie publique au moment où la paix du monde est proclamée. Mais la gloire et le bonheur du citoyen doivent se taire quand l'intérêt de l'État et la bienveillance publique l'appellent.

« Vous jugez que je dois au peuple un nouveau sacrifice ; je le ferai, si le vœu du peuple me commande ce que votre suffrage autorise. »

Le vote du Sénat fut soumis à la sanction populaire, avec cette adjonction : *Napoléon Bonaparte sera-t-il Consul à vie?*

Des registres furent ouverts dans toutes les municipalités de France.

TROIS MILLIONS CINQ CENT SOIXANTE-DIX-SEPT MILLE DEUX CENT CINQUANTE-NEUF citoyens prirent librement part au vote.

Le résultat du scrutin fut celui-ci :

TROIS MILLIONS CINQ CENT SOIXANTE-HUIT MILLE CENT QUATRE-VINGT-CINQ VOIX, *en faveur du Consulat à vie.*

Bonaparte répondit au Sénat, qui vint en corps lui présenter le vote solennel de la nation :

« La vie d'un citoyen est à sa patrie. Le peuple français veut que la mienne tout entière lui soit consacrée. J'obéis à sa volonté... En me donnant un nouveau gage, un gage permanent de sa confiance, il m'impose le devoir d'étayer le système de ses lois sur des institutions prévoyantes. Par mes efforts, par votre concours, Sénateurs, par le concours de toutes les autorités, par la confiance et la volonté de cet immense peuple, la liberté, l'égalité, la prospérité de la France seront à l'abri des caprices du sort et de l'incertitude de l'avenir. Le meilleur des peuples sera le plus heureux, comme il est le plus digne de l'être, et sa félicité contribuera à celle de l'Europe entière. Content alors d'avoir été appelé, par l'ordre de Celui de qui tout émane, à ramener sur la terre la justice, l'ordre et l'égalité, j'entendrai sonner la dernière heure sans regrets... et sans inquiétude sur l'opinion de la génération future. »

Après une adhésion aussi populaire, la France pouvait espérer un moment de repos.

Malheureusement, nous étions menacés d'une nouvelle guerre avec les Anglais, la paix d'Amiens n'ayant été, pour cette nation, qu'une suspension d'armes.

Pitt, le ministre anglais, était l'ennemi juré de la France. Cette haine explique, du reste, pourquoi les navires anglais avaient débarqué Georges Cadoudal et ses complices sur le territoire français.

Heureusement, la conspiration contre la vie du premier Consul échoua. Cadoudal fut arrêté, jugé et condamné à mort avec ses complices. Son exécution et celle de onze conjurés eut lieu le 25 juin. Huit d'entre eux furent graciés par Napoléon.

Vers cette époque, la police de Paris découvrit que le duc d'Enghien, qui résidait à Ettenheim, dans le grand-duché de Bade, venait d'appeler près de lui Dumouriez et les chefs de l'émigration.

Bonaparte convoqua immédiatement le Conseil et envoya l'ordre suivant au ministre de la guerre :

« Vous voudrez bien, citoyen général, donner ordre au général Ordener, que je mets à cet effet à votre disposition, de se rendre dans la nuit, en poste, à Strasbourg; il voyagera sous un autre nom que le sien; il verra le général de division. Le but de sa mission est de se porter sur Ettenheim, de cerner la ville, d'y enlever le duc d'Enghien, Dumouriez, un colonel anglais, et tout autre individu qui serait à leur suite. Le général de division, le maréchal des logis de gendarmerie qui a été reconnaître Etteinheim, ainsi que le Commissaire de police, lui donneront tous les renseignements nécessaires. Vous ordonnerez au général Ordener de faire partir de Schelestadt trois cents hommes du 26e de dragons, qui se rendront à Rheinau, où ils arriveront à huit heures du soir. Le commandant de la division enverra quinze pontonniers à Rheinau, qui arriveront également à huit heures du soir, et qui, à cet effet, partiront en poste ou sur les chevaux de l'artillerie légère. Indépendamment du bac, il se sera déjà assuré qu'il y a quatre à cinq grands bateaux, de manière à faire passer d'un seul voyage trois cents chevaux. Les troupes prendront du pain pour quatre jours et se muniront de cartouches. Le général de division y joindra un capitaine ou officier, un lieutenant et trois ou quatre brigades de gendarmerie. Dès que le général Ordener aura passé le Rhin, il se dirigera sur Ettenheim et marchera droit à la maison du duc et à celle de Dumouriez. Après cette expédition terminée, il fera son retour sur Strasbourg. En passant à Lunéville, le général Ordener donnera ordre que l'officier de carabiniers, qui a commandé le dépôt à Ettenheim, se rende à Strasbourg en poste pour y attendre ses ordres. Le général Ordener, arrivé à Strasbourg, fera partir secrètement deux agents, soit civils, soit militaires, et s'entendra avec eux pour qu'ils viennent à sa rencontre.

« Vous donnerez ordre pour que, le même jour, à la même heure, deux cents hommes du 26ᵉ dragons, sous les ordres du général Caulaincourt, auquel vous donnerez des ordres en conséquence, se rendent à Offenbourg pour y cerner la ville et arrêter la baronne de Reich, si elle n'a pas été prise à Strasbourg, et autres agents du Gouvernement anglais, dont le Préfet et le citoyen Méhée, actuellement à Strasbourg, lui donneront des renseignements. D'Offenbourg, le général Caulaincourt dirigera les patrouilles sur Ettenheim jusqu'à ce qu'il ait appris que le général Ordener a réussi. Ils se prêteront des secours mutuels.

« Dans le même temps, le général de la division fera passer trois cents hommes de cavalerie à Kehl, avec quatre pièces d'artillerie légère, et enverra un poste de cavalerie légère à Wilstadt, point intermédiaire entre les deux routes.

« Les deux généraux auront soin que la plus grande discipline règne, que les troupes n'exigent rien des habitants. Vous leur ferez donner, à cet effet, 12,000 fr. S'il arrivait qu'ils ne pussent remplir leur mission et qu'ils eussent l'espoir, en séjournant trois ou quatre jours et en faisant des patrouilles, de réussir, ils seront autorisés à le faire. Ils feront connaître aux baillis des deux villes que, s'ils continuent à donner asile aux ennemis de la France, ils s'attireront de grands malheurs.

« Vous ordonnerez que le commandant de Neufbrisach fasse passer cent hommes sur la rive droite avec deux pièces de canon. Les postes de Kehl, ainsi que ceux de la rive droite, seront évacués dès l'instant que les deux détachements auront fait leur retour.

« Le général Caulaincourt aura avec lui une trentaine de gendarmes. Du reste, le général Caulaincourt, le général Ordener et le général de la division tiendront un Conseil et feront les changements qu'ils croiront convenables aux présentes dispositions. S'il arrivait qu'il n'y eût plus à Ettenheim ni Dumouriez, ni le duc d'Enghien, on rendrait compte par un courrier extraordinaire de l'état des choses. Vous ordonnerez de faire arrêter le maître de poste de Kehl et autres individus qui pourraient donner des renseignements sur cela.

« BONAPARTE. »

Le duc d'Enghien fut arrêté le 15 mars 1804, à cinq heures du matin, et transféré à la citadelle de Strasbourg. Cinq jours après, il était interné au château de Vincennes.

Nous empruntons à M. de Norvins le récit du procès du dernier rejeton de la maison de Condé :

« Une Commission militaire, dit cet historien, composée d'un général de brigade, président; de six colonels; d'un capitaine rapporteur et d'un capitaine greffier, se transporta à Vincennes, en vertu de l'ordre du Gouverneur de Paris, d'après l'arrêté du Gouvernement du 19 ventôse, qui *déclarait le duc d'Enghien prévenu d'avoir porté les armes contre la République; d'avoir été et être encore à la solde de l'Angleterre de faire partie de complots tramés par cette dernière puissance contre la sûreté intérieure et extérieure de la République.*

Interrogé, à minuit, par le capitaine rapporteur, le prince déclara « qu'il n'avait jamais vu Pichegru ; que le général avait désiré le voir ; qu'il se louait de ne l'avoir pas connu, d'après les vils moyens dont on dit qu'il avait voulu se servir, s'ils sont vrais..... qu'il avait toujours commandé l'avant-garde dans l'armée de son grand-père ; qu'il n'avait pour vivre que le traitement que lui faisait l'Angleterre, c'est-à-dire cent cinquante guinées par mois. » Avant de signer le procès-verbal de ce premier interrogatoire, le prince écrivit au bas : « Je demande une audience au premier Consul ; mon nom, mon rang, ma façon de penser et l'horreur de ma situation me font espérer qu'il ne se refusera pas à ma demande. » A la Commission devant laquelle il comparut, deux heures après, il déclara « qu'il était prêt à faire la guerre, et qu'il devait avoir du service dans celle que l'Angleterre faisait encore à la France. » Averti par le Président que les Commissions militaires jugeaient sans appel, le duc répondit : « Je ne me dissimule pas le danger que je cours ; je désire seulement avoir une entrevue avec le premier Consul. »

Le duc d'Enghien fut condamné à mort et fusillé dans les fossés du château de Vincennes.

Cet acte a soulevé les récriminations des partisans de la royauté. Nous ne craignons pas de dire qu'au point de vue du droit national, le duc d'Enghien était coupable. L'intention de Bonaparte était de faire grâce ; mais il en fut empêché par la promptitude des jugements militaires, qui se rendent et s'exécutent séance tenante.

La France, justement alarmée de toutes ces tentatives, voulut y mettre un terme, en créant un pouvoir qui aurait la forme et la stabilité d'une royauté. L'Empire fut proposé.

La demande d'élever Bonaparte à la dignité impériale, — de déclarer l'Empire héréditaire dans sa Famille, fut faite par le Tribunat.

Après une discussion, dans laquelle Carnot seul se prononça contre la proposition, le Tribunat exprima, à l'unanimité (moins la voix de Carnot), le vœu suivant :

« Considérant qu'à l'époque de la Révolution, où la volonté nationale put se manifester avec plus de liberté, le vœu général se prononça pour l'unité individuelle dans le pouvoir suprême et pour l'hérédité de ce pouvoir ;

« Que la famille des Bourbons ayant, par sa conduite, rendu le Gouvernement héréditaire odieux au peuple, en fit oublier les avantages et força la nation à chercher une destinée plus heureuse dans le Gouvernement démocratique ;

« Que la France, ayant éprouvé les divers modes de ce Gouvernement, ne recueillit de ces essais que le fléau de l'anarchie ;

« Que l'État était dans le plus grand péril lorsque Bonaparte, ramené par la Providence, parut tout à coup pour le sauver ;

« Que, sous le Gouvernement d'un seul, la France a recouvré au dedans la tranquillité, et acquis au dehors le plus haut degré de considération et de gloire ;

« Que les complots formés par la maison de Bourbon, de concert avec un ministère implacable ennemi de la France, l'ont avertie du danger qui la menace, si, en venant à perdre Bonaparte, elle restait exposée aux agitations inséparables d'une élection ;

« Que le Consulat à vie et le droit accordé au premier Consul de désigner son successeur ne sont pas suffisants pour prévenir les intrigues intérieures et étrangères, qui ne manqueraient pas de se former lors de la vacance de la magistrature suprême ;

« Qu'en déclarant l'hérédité de cette magistrature, on se conforme à la fois à l'exemple des grands États anciens et modernes, et au premier vœu que la nation exprima en 1789 ;

« Qu'éclairée par l'expérience, elle revient à ce vœu plus fortement que jamais, et le fait éclater de toutes parts ;

« Qu'on a toujours vu, dans toutes les révolutions politiques, les peuples placer le pouvoir suprême dans la Famille de ceux auxquels ils devaient leur salut ;

« Que quand la France réclame, pour sa sûreté, un Chef héréditaire, sa reconnaissance et son affection appellent Bonaparte ;

« Que la France conservera tous les avantages de la révolution par le choix d'une dynastie aussi intéressée à la maintenir que l'ancienne le serait à la détruire ;

« Que la France doit attendre de la Famille Bonaparte, plus que d'aucune autre, le maintien des droits et de la liberté du peuple qui la choisit, et toutes les institutions propres à les garantir ;

« Qu'enfin, il n'est point de titre plus convenable à la gloire de Bonaparte, et à la dignité du Chef suprême de la nation française, que le titre d'Empereur;

« Le Tribunat, exerçant le droit qui lui est attribué par l'art. 29 de la Constitution, émet le vœu :

« 1° Que Napoléon Bonaparte, premier Consul, soit proclamé Empereur des Français, et en cette qualité chargé du Gouvernement de la République française ;

« 2° Que le titre d'Empereur et le pouvoir impérial soient héréditaires dans sa Famille, de mâle en mâle, par ordre de primogéniture ;

« 3° Qu'en faisant dans l'organisation des autorités constituées les modifications que pourra exiger l'établissement du pouvoir héréditaire, l'égalité, la liberté, les droits du peuple soient conservés dans leur intégrité. »

Cette proposition, transmise au Corps législatif, qui l'envoya au Sénat avec une adresse favorable, fut adoptée, en séance extraordinaire, à l'unanimité. Le même jour fut décrété le Sénatus-Consulte organique qui fixait les formes du Gouvernement impérial.

Le Sénat, ayant à sa tête le second Consul Cambacérès, son président, porta à Saint-Cloud l'acte additionnel qui venait d'être dressé et le présenta à Napoléon.

Le nouvel Empereur répondit, en le recevant des mains de Cambacérès :

« Tout ce qui peut contribuer au bien de la patrie est essentiellement lié à mon bonheur. J'accepte le titre que vous croyez utile à la gloire de la nation ; je soumets à la sanction du peuple la loi de l'hérédité. J'espère que la France ne se repentira jamais des honneurs dont elle environnera ma Famille. Dans tous les cas, mon esprit ne serait plus avec ma postérité, le jour où elle cesserait de mériter l'estime et la confiance de la nation. »

Bonaparte prêta, conformément à la Constitution, le serment suivant :

« Je jure de maintenir l'intégrité du territoire de la République ; — de respecter et faire respecter les lois du Concordat et de la liberté politique et civile ; l'irrévocabilité des ventes des biens nationaux ; — de ne lever aucun impôt ni établir aucune taxe qu'en vertu de la loi ; — de maintenir l'institution de la Légion-d'Honneur ; — de gouverner dans la seule vue du bonheur et de la gloire du peuple français. »

Le lendemain, Napoléon nomma les maréchaux et les grands dignitaires de l'Empire.

Le prince Joseph Bonaparte prit le titre de grand Électeur ; le prince Louis, celui de Connétable ; les deux Consuls, Cambacérès et Lebrun, furent nommés : l'un, Archichancelier, l'autre, Architrésorier de l'Empire.

Les maréchaux, choisis parmi les généraux qui s'étaient illustrés à la tête des armées françaises, furent :

Berthier, Murat, Moncey, Jourdan, Masséna, Augereau, Bernadotte, Soult, Brune, Lannes, Mortier, Ney, Davoust, Bessières, Kellerman, Lefebvre, Perignon et Serrurier.

Quelques jours après, on délibéra, en Conseil d'État, sur le choix des nouvelles armes de l'Empire. Un conseiller proposa le coq gaulois, qui, disait-il, rappelait l'ancienne gloire de notre nation. Bonaparte, dont le génie se traduisait dans les choses les plus simples, lui répliqua :

« Votre coq est un animal qui vit sur le fumier et se laisse manger par le renard. Je n'en veux pas. Prenons l'aigle, c'est l'oiseau qui porte la foudre et qui regarde le soleil en face. Les aigles françaises sauront se faire respecter comme les aigles romaines. »

L'aigle fut adopté.

Le 1ᵉʳ décembre 1804, le Président du Sénat présenta à l'Empereur le Plébiscite qui confirmait l'hérédité de la dignité impériale dans sa Famille.

La question avait été ainsi posée au peuple français :

« *Le peuple veut l'*HÉRÉDITÉ DE LA DIGNITÉ IMPÉRIALE *dans la descendance directe, naturelle, légitime et adoptive de* NAPOLÉON BONAPARTE, *et dans la descendance directe, naturelle et légitime de* JOSEPH BONAPARTE *et de* LOUIS BONAPARTE, *ainsi qu'il est réglé par le Sénatus-Consulte du 28 floréal an XII.*

Des registres avaient été déposés dans toutes les mairies, aux greffes des tribunaux et chez tous les notaires de France, pour recevoir le vote des citoyens.

TROIS MILLIONS CINQ CENT SOIXANTE-DOUZE MILLE TROIS CENT VINGT-NEUF citoyens votèrent pour l'EMPIRE.

Le nombre des votans était de :

TROIS MILLIONS CINQ CENT SOIXANTE-QUATORZE MILLE HUIT CENT QUATRE-VINGT-DIX-HUIT.

En présentant cet unanime résultat de l'*Appel au peuple*, le Président dit à Napoléon :

« Les votes sont contenus dans soixante mille registres qui ont été vérifiés et dépouillés avec scrupule. Il n'y a point de doute sur l'état, ni sur le nombre de ceux qui ont émis leur voix, ni sur le droit que chacun d'eux avait de la donner, ni sur le résultat de ce suffrage universel. »

CHAPITRE VIII

Le Sacre. — Distribution des Aigles. — Ouverture du Corps législatif. — Lettre au roi d'Angleterre. — Vœu de l'Italie. — Napoléon fait connaître ses vues politiques. — Il reçoit la Couronne de fer. — Il présente Eugène de Beauharnais comme vice-roi d'Italie. — Projet des puissances coalisées. — Les hostilités commencent. — Harangue au Sénat. — Deux proclamations. — Elchingen. — Ulm. — Largesses à l'armée. — Austerlitz. — Mort du général Valhubert. — Visite de l'Empereur d'Autriche. — Partage des États par Napoléon. — Ultimatum du roi de Prusse. — Iéna. — Entrée à Berlin. — Acte de clémence de Napoléon. — Conquête de la Silésie. — Entrée des troupes à Varsovie. — Eylau. — Quartiers d'hiver. — Friedland. — Tilsitt.

Napoléon, voulant donner une sanction religieuse à l'acte populaire qui l'appelait au Trône impérial, se fit sacrer à Paris par le pape Pie VII.

La cérémonie eut lieu, le 2 décembre 1804, dans l'église métropolitaine de Paris. Pie VII officia pontificalement avec toute la pompe de l'Église romaine. Napoléon et Joséphine furent oints de l'huile sainte, sur le front et sur les deux mains, pendant que le Saint-Père prononçait l'oraison suivante : « Dieu tout-puissant et éternel, répandez par vos mains le trésor de vos grâces et de vos bénédictions sur votre serviteur Napoléon, que, malgré notre indignité personnelle, nous consacrons aujourd'hui Empereur en votre nom. »

Lorsque l'office divin fut terminé, l'Empereur, la couronne sur la tête et la main sur l'Évangile, renouvela le même serment qu'il avait déjà prononcé en recevant l'Acte constitutif de l'Empire.

Le hérault d'armes s'écria : « Le très-haut, très-glorieux et très-auguste Napoléon, Empereur des Français, est couronné et intrônisé : *Vive l'Empereur!* »

La cérémonie achevée, Leurs Majestés retournèrent aux Tuileries, entourées d'une foule enthousiaste et aux cris mille fois répétés de : *Vive l'Empereur! vive l'Impératrice!*

Comme consécration des fêtes du Couronnement, la distribution des Aigles à l'armée eut lieu, le 5 décembre, au Champ-de-Mars.

« Soldats, leur dit Napoléon en montrant ces nouveaux symboles de gloire, voici vos drapeaux! Ces aigles vous serviront toujours de point de ralliement; elles seront partout où votre Empereur les jugera nécessaires pour la défense de son trône et de son peuple. »

Alors, les députations de chaque régiment s'avancèrent et reçurent, des mains de Napoléon, ces glorieux drapeaux, qui devaient bientôt recevoir, à leur tour, le baptême du feu sur les champs de bataille d'Austerlitz et d'Eylau.

Peu de jours après la distribution des Aigles, l'Empereur fit en personne l'ouverture du Corps législatif, et, dans un discours où la sagesse s'unissait à la modération, il expliqua les aspirations politiques de l'avenir :

« Princes, magistrats, soldats, citoyens, leur dit-il, nous n'avons tous, dans notre carrière, qu'un seul but, l'intérêt de la patrie.

« Si ce Trône, sur lequel la Providence et la volonté de la nation m'ont fait monter, est cher à mes yeux, c'est parce que seul il peut défendre et conserver les intérêts les plus sacrés du peuple français.

« Sans un Gouvernement fort et paternel, la France aurait à craindre le retour des maux qu'elle a soufferts.

« La faiblesse du Pouvoir suprême est la plus affreuse calamité du peuple.

« Soldat et premier Consul, je n'ai eu qu'une pensée ; Empereur, je n'en ai point d'autre : la prospérité de la France.

« J'ai été assez heureux pour l'illustrer par des victoires, pour la consolider par des traités, pour l'arracher aux discordes civiles et y préparer la renaissance des mœurs, de la société et de la Religion. Si la mort ne me surprend pas au milieu de mes travaux, j'espère laisser à la postérité un souvenir qui serve à jamais d'exemple ou de reproches à mes successeurs.

« Il m'aurait été doux, à une époque aussi solennelle, de voir la paix régner sur le monde ; mais les principes politiques de nos ennemis, leur conduite récente envers l'Espagne, en font assez connaître les difficultés.

« En me décernant la couronne, mon peuple a pris l'engagement de faire tous les efforts que requéreraient les circonstances, pour lui conserver cet éclat qui est nécessaire à sa prospérité et à sa gloire, comme à la mienne. Je suis plein de confiance dans l'énergie de la nation et dans ses sentiments pour moi. Ses plus chers intérêts sont l'objet constant de mes sollicitudes. »

Dans une lettre adressée au roi d'Angleterre, à la date du 2 janvier 1805, Napoléon confirmait ses vues politiques relativement à la paix de l'Europe :

« Appelé au trône de France par la Providence, et par le suffrage du Sénat, du peuple et de l'armée, disait-il au souverain anglais, mon premier sentiment est un vœu de paix. La France et l'Angleterre usent leur prospérité. Elles peuvent lutter des siècles; mais leurs Gouvernements remplissent-ils bien le plus sacré de leurs devoirs? et tant de sang versé inutilement et sans la perspective d'aucun but ne les accuse-t-il pas dans leur propre conscience? Je n'attache point de déshonneur à faire le premier pas. J'ai assez, je pense, prouvé au monde que je ne redoute aucune des chances de la guerre..... La paix est le vœu de mon cœur, mais la guerre n'a jamais été contraire à ma gloire. Je conjure Votre Majesté de ne pas se refuser au bonheur de donner la paix au monde..... Une coalition ne ferait qu'accroître la prépondérance et la grandeur continentale de la France..... Quelle triste perspective de faire battre les peuples pour qu'ils se battent ! Le monde est assez grand pour que nos deux nations puissent y vivre, et la raison a assez de puissance pour qu'on trouve les moyens de tout concilier, si de part et d'autre on en a la volonté... »

La République italienne ayant suivi les transformations sociales de la France, devait aussi, comme garantie d'ordre et d'avenir, s'identifier avec ses principes politiques. Les grands de la nation italienne conçurent donc le projet de l'ériger en royaume, et d'offrir à Napoléon la Couronne de fer des Rois lombards.

Le Vice-Président de la République italienne fut chargé d'exprimer ce vœu à l'Empereur des Français.

« Notre première volonté, répondit Bonaparte, alors que nous étions encore couvert du sang et de la poussière des batailles, fut la réorganisation de la patrie italienne.

« Les Statuts de Lyon remirent la souveraineté entre les mains de la Consulte et des Colléges, où nous avions réuni les différents éléments qui constituent les nations. Vous crûtes alors nécessaire à vos intérêts que nous fussions le Chef de votre Gouvernement; et aujourd'hui, persistant dans la même pensée, vous voulez que nous soyons le premier de vos Rois.

« La séparation des Couronnes de France et d'Italie, qui peut être utile pour assurer l'indépendance de vos descendants, serait dans ce moment funeste à votre existence et à votre tranquillité.

« Je la garderai cette Couronne, mais seulement tout le temps que vos intérêts l'exigeront; et je verrai avec plaisir arriver le moment où je pourrai la placer sur une plus jeune tête qui, animée de mon esprit, continuera mon ouvrage, et sera toujours prête à sacrifier sa personne et ses intérêts à la sûreté et au bonheur du peuple, sur lequel la Providence, les Constitutions du royaume et ma volonté, l'auront appelé à régner. »

Napoléon fit en même temps connaître au Sénat le vœu de l'Italie et ses vues politiques à cet égard :

« Sénateurs, nous avons voulu dans cette circonstance, nous rendre au milieu de vous pour vous faire connaître, sur un des objets les plus importants de l'Etat, notre pensée tout entière.

« La force et la puissance de l'Empire français sont surpassés par la modération qui préside à toutes nos transactions politiques.

« Nous avions conquis la Hollande, les trois quarts de l'Allemagne, la Suisse, l'Italie tout entière : nous avons été modérés au milieu de la plus grande prospérité. De tant de provinces, nous n'avons gardé que ce qui était nécessaire pour nous maintenir au même point de considération et de puissance où a toujours été la France. Le partage de la Pologne, les provinces soustraites à la Turquie, la conquête des Indes et de presque toutes les Colonies, avaient rompu, à notre détriment, l'équilibre général.

« Tout ce que nous avons jugé inutile pour le rétablir, nous l'avons rendu, et par-là nous avons agi conformément au principe qui nous a constamment dirigé, de ne jamais prendre les armes pour de vains projets de grandeur, ni par l'appât des conquêtes.

« L'Allemagne a été évacuée, ses provinces ont été restituées aux descendants de tant d'illustres maisons, qui étaient perdues pour toujours, si nous ne leur eussions pas accordé une généreuse protection. Nous les avons relevées et raffermies, et les Princes d'Allemagne ont aujourd'hui plus d'éclat et de splendeur que n'en ont jamais eu leur ancêtres.

« L'Autriche elle-même, après deux guerres malheureuses, a obtenu l'Etat de Venise. Dans tous les temps elle eût changé, de gré à gré, Venise contre les provinces qu'elle a perdues.

« A peine conquise, la Hollande a été déclarée indépendante. Sa réunion à notre Empire eût été le complément de notre système commercial, puisque les plus grandes rivières de la moitié de notre territoire débouchent en Hollande; cependant la Hollande est indépendante, et ses douanes, son commerce et son administration se régissent au gré de son Gouvernement.

« La Suisse était occupée par nos armées, nous l'avions défendue contre les forces combinées de l'Europe; sa réunion eût complété notre frontière militaire. Toutefois, la Suisse se gouverne, par l'acte de médiation, au gré de ses dix-neuf Cantons, indépendante et libre.

« La réunion de la République italienne à l'Empire français eût été utile au développement de notre agriculture; cependant, après la seconde conquête, nous avons, à Lyon, confirmé son indépendance; nous faisons plus aujourd'hui, nous proclamons le principe de la séparation des Couronnes de France et d'Italie, en assignant pour l'époque de cette séparation l'instant où elle deviendra possible et sans danger pour nos peuples d'Italie.

« Nous avons accepté et nous placerons sur notre tête cette Couronne de fer des anciens Rois lombards, pour la retremper, pour la raffermir et pour qu'elle ne soit point brisée au milieu des tempêtes qui la menaceront, tant que la Méditerranée ne sera point rentrée dans son état habituel.

« Mais, nous n'hésitons pas à déclarer que nous transmettrons cette Couronne à un de nos enfants légitimes, soit naturel, soit adoptif, le jour où nous serons sans alarmes sur l'indépendance que nous avons garantie des autres Etats de la Méditerranée.

« Le génie du mal cherchera en vain des prétextes pour remettre le Continent en guerre : ce qui a été réuni à notre Empire par les lois constitutionnelles de l'Etat, y reste réuni ; aucune nouvelle province n'y sera incorporée ; mais les lois de la République batave, l'Acte de médiation des dix-neuf Cantons suisses, et ce premier Statut du royaume d'Italie, seront constamment sous la protection de notre Couronne, et nous ne souffrirons pas qu'il y soit porté atteinte.

« Dans toutes les circonstances et dans toutes les transactions, nous montrerons la même modération, et nous espérons que notre peuple n'aura plus besoin de déployer ce courage et cette énergie qu'il a toujours montrés pour défendre ses légitimes droits. »

Napoléon fit son entrée à Milan, le 8 mai ; son couronnement eut lieu le 26.

Après avoir été sacré par le cardinal Caprara, archevêque de Milan, il prit la couronne des anciens Rois lombards, la mit sur sa tête, en disant : « Dieu me la donne, gare à qui la touche. » La ville de Milan célébra le couronnement de l'Empereur des Français, comme *roi d'Italie*, par des fêtes auxquelles prit part toute la Lombardie.

Avant de quitter Milan, Napoléon présenta au Corps législatif italien, le prince Eugène de Beauharnais, son fils adoptif, comme vice-roi d'Italie. Puis, s'adressant aux représentants du peuple :

« Je n'ai négligé, ajouta-t-il, aucun des objets sur

lesquels mon expérience en administration pouvait être utile à mes peuples d'Italie. Avant de repasser les monts, je parcourrai une partie des départements pour connaître de plus près leurs besoins. Je laisserai dépositaire de mon autorité ce jeune prince que j'ai élevé dès son enfance, et qui sera animé de mon esprit. J'ai d'ailleurs pris des mesures pour diriger moi-même les affaires les plus importantes de l'Etat.

« Je crois avoir donné de nouvelles preuves de ma constante résolution de remplir, envers mes peuples d'Italie, tout ce qu'ils attendent de moi. J'espère qu'à leur tour ils voudront occuper la place que je leur destine dans ma pensée ; et ils n'y parviendront qu'en se persuadant bien que la force des armes est le principal soutien des Etats. Il est temps enfin que cette jeunesse qui vit dans l'oisiveté des grandes villes cesse de craindre la fatigue et les dangers de la guerre, et qu'elle se mette en mesure de faire respecter la patrie, si elle veut que la patrie soit respectable. »

Le 10 mai, l'Empereur quitta Milan ; il visita Peschiera, Vérone, Mantoue, et s'arrêta à Bologne pour donner un souverain à la République de Lucques. Son choix tomba sur la princesse Élisa Bacciochi, fort aimée des populations lucquoises. Il passa par Gênes et Turin, et partit incognito pour Paris.

Pendant qu'il s'occupait du bonheur des peuples italiens, l'Angleterre formait une coalition avec la Suède, la Russie et l'Autriche.

Le projet des puissances coalisées était ainsi conçu :

« 1° Que l'Autriche agirait en Italie avec 130,000 hommes d'infanterie et 13,500 chevaux; dans le Tyrol, avec 50,000 hommes d'infanterie et 2,000 chevaux; en Allemagne avec 94,000 fantassins et 24,500 chevaux.

« 2° Que la Russie porterait 100,000 hommes en Allemagne; que de Corfou elle enverrait une seconde armée à Naples, afin de se réunir aux Anglais et aux Napolitains, et de marcher sur le Pô; qu'un troisième corps russe se joindrait dans la Poméranie à l'armée suédoise, commandée par Gustave IV; qu'enfin un quatrième corps serait placé en observation sur la frontière de Pologne, afin de menacer et de contenir la Prusse (1). »

Les hostilités commencèrent de suite, sans aucune déclaration de guerre préalable, par l'invasion du territoire bavarois par l'armée autrichienne.

A la nouvelle de cette violation des traités, Napoléon donna l'ordre à tous les corps d'armée de commencer leur mouvement; puis, avant d'en prendre le commandement, il se rendit au Sénat, et prit la parole en ces termes :

« Sénateurs! dans les circonstances présentes de l'Europe, j'éprouve le besoin de me trouver au milieu de vous et de vous faire connaître mes sentiments.

« Je vais quitter ma capitale pour me mettre à la tête de l'armée, porter un prompt secours à mes alliés, et défendre les intérêts les plus chers de mes peuples.

« Les vœux des éternels ennemis du Continent sont accomplis : la guerre a commencé au milieu de l'Allemagne; l'Autriche et la Russie se sont réunies à l'An-

(1) *Histoire de Napoléon* de M. A. Hugo.

gleterre, et notre génération est entraînée de nouveau dans toutes les calamités de la guerre. Il y a peu de jours, j'espérais encore que la paix ne serait point troublée ; les menaces et les outrages m'avaient trouvé impassible ; mais l'armée autrichienne a passé l'Inn, Munich est envahie, l'Électeur de Bavière est chassé de sa capitale : toutes nos espérances se sont évanouies.

« C'est dans cet instant que s'est dévoilée la méchanceté des ennemis du Continent. Ils craignaient encore la manifestation de mon profond amour pour la paix ; ils craignaient que l'Autriche, à l'aspect du gouffre qu'ils avaient creusé sous ses pas, ne revînt à des sentiments de justice et de modération ; ils l'ont précipitée dans la guerre. Je gémis encore du sang qu'il va coûter à l'Europe, mais le nom français en obtiendra un nouveau lustre.

« Sénateurs ! quand à votre vœu, à la voix du peuple français tout entier, j'ai placé sur ma tête la Couronne impériale, j'ai reçu de vous, de tous les citoyens, l'engagement de la maintenir pure et sans tache. Mon peuple m'a donné dans toutes les circonstances des preuves de sa confiance et de son amour ; il volera sous les drapeaux de son Empereur et de son armée, qui, dans peu de jours, auront dépassé les frontières.

« Magistrats, soldats, citoyens, tous veulent maintenir la patrie hors de l'influence de l'Angleterre, qui, si elle prévalait, ne nous accorderait qu'une paix environnée d'ignominie et de honte, et dont les principales conditions seraient la perte de nos flottes, le comblement de nos ports et l'anéantissement de notre industrie.

« Toutes les promesses que j'ai faites au peuple français, je les ai tenues; le peuple français, à son tour, n'a pris aucun engagement avec moi qu'il n'ait surpassé, Dans cette circonstance, si importante pour sa gloire et pour la mienne, il continuera à mériter le nom de GRAND PEUPLE, dont je le saluai au milieu des champs de bataille.

« Français! votre Empereur fera son devoir, mes soldats feront le leur; vous ferez le vôtre!.. »

Le Sénat rendit aussitôt deux sénatus-consultes : le premier appelait 80,000 soldats sous les drapeaux; le second réorganisait les gardes nationales.

L'Empereur passa le Rhin à Kehl, reçut les honneurs de l'Électeur de Bade et publia deux proclamations, dont l'une annonçait aux troupes françaises qu'il venait se mettre à leur tête, l'autre était adressée aux soldats de la Bavière.

Voici ces deux proclamations :

« Soldats français! la guerre de la troisième coalition est commencée; l'armée autrichienne a passé l'Inn, violé les traités, attaqué et chassé de sa capitale notre allié.... Vous-mêmes, vous avez dû accourir à marches forcées à la défense de nos frontières; mais déjà vous avez passé le Rhin.... Nous ne nous arrêterons plus que nous n'ayons assuré l'indépendance du Corps germanique, secouru nos alliés, et confondu l'orgueil de nos injustes agresseurs. Nous ne ferons plus de paix sans garantie, notre générosité ne trompera plus notre politique.

« Soldats! votre Empereur est au milieu de vous, vous n'êtes que l'avant-garde du grand peuple; s'il est nécessaire, il se lèvera tout entier à ma voix pour confondre et dissoudre cette nouvelle ligue qu'ont tissue la haine et l'or de l'Angleterre.

« Mais, soldats, nous aurons des marches forcées à faire, des fatigues, des privations de toute espèce à endurer. Quelques obstacles qu'on nous oppose, nous les vaincrons, et nous ne prendrons pas de repos que nous n'ayons planté nos aigles sur le territoire de nos ennemis. »

« Soldats bavarois! je viens me mettre à la tête de mon armée pour délivrer votre patrie de la plus injuste agression.

« La maison d'Autriche vient détruire votre indépendance et vous incorporer à ses vastes États. Vous serez fidèles à la mémoire de vos ancêtres, qui, quelquefois oppressés, ne furent jamais abattus, et conservèrent toujours cette indépendance, cette existence politique qui sont les premiers biens des nations, comme la fidélité à la maison palatine est le premier de vos devoirs.

« En bon allié de votre Souverain, j'ai été touché des marques d'amour que vous lui avez données dans cette circonstance importante. Je connais votre bravoure; je me flatte qu'après la première bataille, je pourrai dire à votre Prince et à mon peuple que vous êtes dignes de combattre dans les rangs de la grande armée. »

L'armée française, qui avait passé le Rhin à la fin de septembre, obtenait chaque jour de nouveaux succès. Vandamme battait l'ennemi, le 6 octobre, à Donawerth. — Le 7, le général Walther passait le Lech de vive force, et taillait en pièces les cuirassiers autrichiens. Murat avait battu, le 9, l'ennemi à Wertingen; Soult était entré, le même jour, avec Napoléon dans Augsbourg.

Le 13 octobre, Soult s'empara de Memmingen et fit prisonniers neuf bataillons autrichiens. Le lendemain, 14, Ney s'emparait d'Elchingen ; l'ennemi, qui laissait entre nos mains 3,000 prisonniers et 20 canons, se rejeta en désordre dans la forteresse d'Ulm, qui fut immédiatement investie par ordre de Napoléon.

Le 15, à la pointe du jour, malgré une pluie torrentielle, l'Empereur ordonna aux maréchaux Ney, Lannes et Murat de livrer l'assaut de la place.

Le 14, Napoléon avait adressé la proclamation suivante à ses troupes :

« Soldats, il y a un mois, nous étions campés sur l'Océan, en face de l'Angleterre ; mais une ligue impie nous a obligés de voler vers le Rhin.

« Il n'y a pas quinze jours que nous l'avons passé, et les Alpes wirtembergeoises, le Necker, le Danube et le Lech, barrières si célèbres de l'Allemagne, n'ont pas retardé notre marche d'un jour, d'une heure, d'un instant. L'indignation contre un prince que nous avons deux fois replacé sur son trône, quand il ne tenait qu'à nous de l'en précipiter, nous a donné des ailes. L'armée ennemie, trompée par nos manœuvres, est entièrement tournée ; elle ne se bat plus que pour son salut ; elle voudrait bien pouvoir échapper et retourner chez elle : il n'est plus temps. Les fortifications qu'elle a élevées à grands frais le long de l'Iller, en nous attendant par les débouchés de la Forêt Noire, lui deviennent inutiles, puisque nous arrivons par les plaines de la Bavière.

« Soldats, sans cette armée que vous avez devant

vous, nous serions aujourd'hui à Londres ; nous aurions déjà vengé six siècles d'outrages et rendu la liberté aux mers.

« Mais souvenez-vous demain que vous vous battez contre les alliés de l'Angleterre, que vous avez à vous venger d'un prince parjure, dont les propres lettres respiraient la paix, quand il faisait marcher son armée contre notre allié ; qui nous a supposés assez lâches pour croire que nous verrions sans rien dire son passage sur l'Inn, son entrée à Munich, et son agression contre l'Électeur de Bavière. Il nous croyait occupés ailleurs. Qu'il apprenne, pour la troisième fois, que nous savons être partout où la patrie a des ennemis à combattre. »

Les troupes furent maîtresses de toutes les positions retranchées. Napoléon, voulant épargner à Ulm les tristes conséquences d'un assaut général, fit appeler le prince Lichstenstein, qui commandait la place :

« Vous voyez, lui dit-il, votre position ; si vous ne capitulez pas sur-le-champ, je prendrai la ville d'assaut ; je serai forcé de faire ce que je fis à Jaffa, où la garnison fut passée au fil de l'épée ; c'est un droit bien triste, mais c'est le droit de la guerre. Prince, épargnez à la brave nation autrichienne et à moi la nécessité d'un acte aussi effrayant ; la place n'est pas tenable. »

Le général Mack, jugeant toute résistance impossible, capitula. L'armée déposa les armes et défila, le 19, devant l'Empereur des Français.

Cette prise nous valut : 40,000 prisonniers, dont 19 généraux ; — 3,000 chevaux ; — 40 drapeaux ; — 80 pièces de canon ; — et un grand nombre de caissons.

Le lendemain, Bonaparte quitta son quartier-général pour marcher contre l'armée russe, campée près de la ville de Brünn.

Avant de partir, il témoigna sa satisfaction aux troupes, par l'ordre du jour suivant :

« Soldats de la grande armée! leur dit-il, en quinze jours, nous avons fait une campagne ; ce que nous nous proposions de faire est rempli : nous avons chassé de la Bavière les troupes de la maison d'Autriche, et rétabli notre allié dans la souveraineté de ses États.

« Cette armée qui, avec autant d'ostentation que d'imprudence, était venue se placer sur nos frontières, est anéantie.

« Mais qu'importe à l'Angleterre ! Son but est rempli : nous ne sommes plus à Boulogne, et son subside ne sera ni plus ni moins grand.

« De 100,000 hommes qui composaient cette armée, 60,000 sont prisonniers. Ils iront remplacer nos conscrits dans les travaux de la campagne.

« 200 pièces de canon, tout le parc, 90 drapeaux, tous leurs généraux sont en notre pouvoir : il ne s'est pas échappé de cette armée 15,000 hommes.

« Soldats, je vous avais annoncé une grande bataille; mais, grâce aux mauvaises combinaisons de l'ennemi, j'ai pu obtenir les mêmes succès sans courir aucune chance ; et, ce qui est sans exemple dans l'histoire des nations, un si grand résultat ne vous affaiblit pas de plus de 1,500 hommes hors de combat.

« Soldats ! ce succès est dû à votre confiance sans bornes dans votre Empereur, à votre patience à supporter les fatigues et les privations de toute espèce, à votre rare intrépidité.

« Mais nous ne nous arrêterons pas là : vous êtes impatients de commencer une seconde campagne.

« Cette armée russe, que l'or de l'Angleterre a transportée des extrémités de l'univers, nous allons lui faire éprouver le même sort.

« A ce combat est attaché plus spécialement l'honneur de l'infanterie française : c'est là que va se décider, pour la seconde fois, cette question qui l'a déjà été une fois en Suisse et en Hollande, si l'infanterie française est la première ou la seconde de l'Europe.

« Il n'y a pas là de généraux contre lesquels je puisse avoir de la gloire à acquérir : tout mon soin sera d'obtenir la victoire avec le moins possible d'effusion de sang. Mes soldats sont mes enfants. »

Napoléon, voulant aussi reconnaître par des largesses le dévouement de ses soldats, rendit deux décrets, datés du quartier-général d'Elchingen, dont voici les principaux dispositifs :

« Le mois de vendémiaire de l'an XIV (septembre et octobre 1805) comptera comme une campagne à tous les individus composant la grande armée. Ce mois sera compté comme tel pour l'évaluation des pensions et pour les services militaires.

« Les contributions de guerre qui seront levées, ainsi que les contributions ordinaires, seront toutes au profit de la grande armée. Tous les magasins qui seraient pris à l'ennemi, autres que les magasins d'artillerie et de subsistances, seront également à son profit ; chacun aura une part, dans les contributions, proportionnée à ses appointements. »

La Bavière étant délivrée, l'Empereur songea à livrer une grande bataille aux armées russes et autrichiennes coalisées.

Les forces de ces deux puissances se composaient de 104 bataillons et 150 escadrons. Napoléon n'avait auprès de lui que 40 mille hommes.

Après être entré à Vienne, le 17 novembre, il se dirigea sur la Moravie, et s'arrêta à Wischau, près d'Austerlitz.

Il établit son champ de bataille non loin de cette ville, dans une plaine où l'infanterie française pouvait se mesurer avec l'infanterie russe, réputée jusqu'alors comme la *première infanterie du monde*.

L'armée était ainsi divisée :

Le maréchal Lannes occupait la gauche, avec les divisions Suchet et Caffarelli, en appuyant sur Santon, poste que l'Empereur avait fait fortifier et armer de 18 pièces de canon.

La droite était occupée par le maréchal Soult, ayant sous ses ordres les divisions Vandamme, Saint-Hilaire et Legrand. La cavalerie commandée, par Murat, était rangée sur deux lignes.

Napoléon commandait le corps de réserve, composé de dix bataillons de la garde impériale ; 40 pièces de canon et dix bataillons de grenadiers, sous les ordres du général Oudinot.

L'armée autrichienne et russe, commandée par le général Kutusoff et le prince de Lichtenstein, était divisée en six corps. La réserve, sous les ordres du grand-duc Constantin, se composait de toute la garde russe.

La bataille commença dans la matinée du 2 décembre 1805, par un temps superbe.

Napoléon parcourut le matin, dès l'aube du jour, le front de l'armée et s'adressant aux troupes : « Soldats, il faut finir cette campagne par un coup de tonnerre, qui confonde l'orgueil de nos ennemis. »

Quelques heures plus tard, l'artillerie annonçait le commencement de l'action.

Nous empruntons à M. de Norvins le récit succinct de ce fait d'armes gigantesque, qui fut baptisé par l'Europe entière du nom de *Bataille des Trois-Empereurs* :

« Dès que le maréchal Soult eut couronné les hauteurs de Pratzen, Kutusoff sentit l'importance de la position qu'il avait imprudemment abandonnée et voulut la reprendre au prix des plus grands sacrifices. Après deux heures d'une lutte acharnée, il fut forcé de nous abandonner les hauteurs avec toute l'artillerie qui les couronnait. Dès ce moment, nous occupions le centre et la gauche de l'ennemi, qui se trouvaient coupés du champ de bataille. Pendant cette terrible mêlée, le maréchal Lannes et Murat avaient attaqué avec succès la droite de l'armée ennemie aux ordres de Bagration, et la cavalerie russe qui la soutenait ; nos cuirassiers avaient culbuté tout ce qui avait essayé de tenir devant eux. Certain que de ce côté la victoire ne pouvait échapper, l'Empereur se dirigea sur la droite avec sa garde et la réserve aux ordres du général Oudinot, pour aider le maréchal Soult à détruire l'aile gauche de l'armée russe ; en un clin d'œil, canons, artillerie, étendards, tout tombe en notre pouvoir. Les deux empereurs de Russie et d'Autriche contemplent cet effroyable désastre des hauteurs d'Austerlitz ; c'est dans la plaine de ce nom que s'achève la ruine de l'ennemi : écrasées par l'artillerie qui plonge sur elles, acculées à un lac glacé, ses divisions périssent, déposent les armes, ou se noient en voulant fuir sur la glace, qui se rompt sous leurs pas. »

Comme on voit, la défaite des ennemis fut complète. Le général Kutusoff, effrayé du désastre de cette victoire et craignant de justes représailles de la part des soldats français, fit placer, sur les poteaux des routes, des écriteaux portant ces mots : « Je recommande les blessés à la générosité de l'Empereur Napoléon et de ses braves soldats. »

L'armée française perdit un de ses vaillants généraux : l'intrépide Valhubert eut la cuisse emportée. Valhubert écrivit, sur son lit de mort, la lettre suivante à Napoléon :

« Sire, je ne regrette pas la vie, puisque j'ai con-
« tribué à une victoire qui vous assure un règne
« heureux. Quand vous penserez aux braves qui vous
« étaient dévoués, souvenez vous de moi. Il me suffit
« de vous dire que j'ai une famille, je n'ai pas besoin
« de vous la recommander. »

L'Empereur des Français publia, sur le champ de bataille, une proclamation qui est une des plus belles pages de notre gloire nationale :

« Soldats !

« Je suis content de vous ; vous avez, à la journée

« d'Austerlitz, justifié tout ce que j'attendais de votre in-
« trépidité ; vous avez décoré vos aigles d'une immor-
« telle gloire ; une armée de cent mille hommes, com-
« mandée par les empereurs de Russie et d'Autriche,
« a été, en moins de quatre heures, ou coupée, ou
« dispersée : ce qui a échappé à votre feu s'est noyé
« dans les deux lacs.

« Soldats ! lorsque le peuple français plaça sur ma
« tête la Couronne impériale, je me confiai à vous pour
« la maintenir toujours dans ce haut état de gloire qui
« seul pouvait lui donner du prix à mes yeux ; mais
« dans le même moment, nos ennemis pensaient à la
« détruire et à l'avilir, et cette couronne, conquise par
« le sang de tant de Français, ils voulaient m'obliger
« de la placer sur la tête de nos plus cruels ennemis :
« projets téméraires et insensés, que, le jour même de
« l'anniversaire de votre Empereur, vous avez anéan-
« tis et confondus. Vous leur avez appris qu'il est plus
« facile de nous braver et de nous menacer que de
« nous vaincre.

« Soldats ! lorsque tout ce qui est nécessaire pour
« assurer le bonheur et la prospérité de notre patrie
« sera accompli, je vous ramènerai en France. Là,
« vous serez l'objet de mes tendres sollicitudes. Mon
« peuple vous reverra avec joie, et il vous suffira de
« dire : J'étais à la bataille d'Austerlitz, pour qu'on
« vous réponde : *Voilà un brave !* »

Deux jours après la victoire d'Austerlitz, l'empereur
d'Autriche venait saluer le vainqueur dans sa tente.
Bonaparte lui dit, en le recevant : « Je vous reçois dans

le seul palais que j'habite depuis deux mois. — Vous tirez si bien parti de cette habitation, répliqua François-Joseph, qu'elle doit vous plaire. »

Les conditions de la paix furent arrêtées entre les deux souverains.

Voici les bases du traité, signé à Presbourg le 26 décembre 1805, par les plénipotentiaires des nations belligérantes :

L'Autriche perdrait ses Etats Vénitiens et le Tyrol; — L'empereur Alexandre évacuerait l'Autriche et la Pologne.

Le traité signé, Napoléon érigea la Bavière et le Wurtemberg en royaumes ; — le margraviat de Bade devint un duché ; — Berthier eut la principauté de Neufchâtel et Murat le grand-duché de Berg ; — le prince Eugène épousa la fille du roi de Bavière, et fut déclaré héritier présomptif de la couronne d'Italie, dans le cas où Napoléon mourrait sans postérité ; — Joseph, frère de Napoléon, fut nommé roi de Naples, et Louis, son autre frère, souverain de Hollande.

Tels furent les résultats de la victoire d'Austerlitz, résultats qui eussent été plus positifs encore si Napoléon eût anéanti, comme il le pouvait, les restes de l'armée russe. Du reste, à l'issue de son entrevue avec l'empereur d'Autriche, lui-même dit à un de ses généraux : « Cet homme vient de me faire commettre une grande faute, mais il y avait assez de larmes et de sang répandus ; je n'ai pas voulu en faire couler davantage. »

Quelles qu'aient été plus tard les conséquences de cet acte politique, la conduite de Napoléon en cette circonstance le place au premier rang des souverains humanitaires.

Après le traité de Presbourg, Napoléon espérait voir la paix de l'Europe assurée pour longtemps. Mais la Prusse, qui n'avait pris aucune part à cette dernière lutte contre la France, ourdit une nouvelle coalition avec la Russie et la Suède.

Les griefs de la Prusse se traduisaient ainsi : *La création, par la France, des royaumes de Naples et de Hollande ; la création de la Confédération germanique et l'occupation prolongée des Provinces allemandes.*

Le roi de Prusse envoya donc à l'Empereur un *ultimatum* dans lequel il demandait l'évacuation immédiate de l'Allemagne pour le 10 octobre.

Napoléon répondit au prince de Neufchâtel, porteur de la dépêche prussienne : « On nous donne un rendez-vous d'honneur pour le 10 ; jamais un Français n'y a manqué. »

L'Empereur quitta Paris le 26 septembre. Le 6 octobre, il avait établi son quartier-général à Bamberg. L'armée française se composait de 180,000 hommes.

L'armée prussienne était forte de 200,000 hommes.

Le roi de Prusse, qui avait pris en personne le commandement de ses troupes, s'adjoignit deux généraux expérimentés, le duc de Brunswick et Mollendorf.

L'armée française était divisée en trois corps.

La droite, sous les ordres des maréchaux Soult et Ney, devait se porter sur Hoff ; — le centre, composé des corps de Bernadotte, Davoust, de la garde impériale et de la réserve, commandé par Murat, devait arriver, en debouchant du Cornach, le 8, à Saalbourg, et se porter sur Géra ; — la gauche, dirigée par Lannes et Augereau, devait marcher sur Cobourg, Graffenthal et Saalfeld.

Notre armée obtint immédiatement plusieurs succès à Salzbourg, Scheitz et Gera.

Le roi de Prusse offrit la bataille, le 8 octobre, à Iéna, entre Capellendorf et Auerstaedt, ayant sous ses ordres 150,000 hommes parfaitement disciplinés.

Napoléon, avant de commencer le combat, passa ses soldats en revue et les harangua en ces termes :

« Souvenez-vous, leur dit-il, qu'il y a un an à pareille époque vous avez pris Ulm ; l'armée prussienne, comme alors l'armée autrichienne, est aujourd'hui cernée ; elle a perdu sa ligne d'opérations, ses magasins ; elle ne se bat plus pour la gloire, mais pour la retraite. Elle cherchera à faire une trouée sur différents points ; les corps qui la laisseraient passer seraient perdus d'honneur et de réputation. Je compte sur vous. »

Un cri unanime de : *Marchons!* accueillit ces chaleureuses paroles.

Après un combat acharné, où les généraux Ney, Davoust, Soult, Augereau, Bernadotte, Friant, Morand, Gudin et l'armée entière se couvrirent de gloire, les Prussiens furent mis en déroute, laissant entre nos mains 40,000 prisonniers, 60 drapeaux et 300 pièces de canon.

Napoléon coucha, le lendemain de la victoire d'Iéna, à Weimar, dans les appartements occupés l'avant-veille par la reine de Prusse, femme guerrière, qui avait cru devoir prendre le costume d'amazone pour accompagner son époux au combat.

L'Empereur reçut, le lendemain de la bataille, une lettre du roi de Prusse, demandant un armistice. Il lui fit cette réponse : « Je ne puis permettre à un ennemi vaincu et démoralisé de rallier ses forces. Je ne traiterai avec Votre Majesté qu'à Berlin. »

Après avoir conquis toutes les villes fortes de la Prusse, du Brandebourg, de la Silésie, et chassé des Etats de Pologne le roi Frédéric-Guillaume, assez osé pour nous enjoindre de quitter l'Allemagne, Napoléon entra à Berlin, le 27 octobre 1806.

L'Empereur signala son séjour dans la capitale de la Prusse, par un acte de clémence unique dans les fastes militaires.

Lors de l'entrée des Français à Berlin, le prince d'Halzfeld, commandant de la ville, avait été maintenu dans ses fonctions par Napoléon.

Une lettre de ce prince, interceptée aux avant-postes, apprit à l'Empereur que l'ennemi était instruit par le gouverneur du mouvement de nos troupes.

Le prince d'Halzfeld allait être arrêté et traduit devant un Conseil de guerre, qui l'eût infailliblement condamné à mort, lorsque sa femme, fille du ministre Schulembourg, vint se jeter aux pieds de Napoléon, protestant de l'innocence de son mari.

L'Empereur lui dit avec sang-froid, en lui mettant sous les yeux la lettre du prince : « Vous connaissez l'écriture de votre mari, Madame? »

La princesse, enceinte de huit mois, s'évanouit en voyant cette preuve de trahison. Napoléon la releva, et lui tendant la lettre, lui dit avec douceur : « Eh bien ! puisque vous tenez cette lettre, jetez-la au feu. Cette pièce anéantie, je ne pourrai plus faire condamner votre mari ! » La princesse obéit, et le commandant de Halzfeld eut la vie sauve.

Pendant son séjour à Berlin, Bonaparte rendit un décret qui mettait en état de blocus les îles Britanniques.

Ce décret était une juste représaille de l'ordre du ministre anglais, qui avait déclaré le blocus des ports de la Manche.

Napoléon quitta Berlin pour se rendre à Posen, où devait être conclue une suspension d'armes avec le roi de Prusse. L'arrivée des troupes russes empêcha ce souverain de la ratifier.

Notre armée prit position sur la Vistule, pendant que Jérôme-Napoléon, frère de l'Empereur, achevait la conquête de la Silésie. Ce prince, qui, dans cette mémorable campagne se couvrit de gloire, prit les six forteresses qui gardent ce territoire : Glogau, Breslau, Brieg, Neisse, Schweidnitz et Glatz. Cette brillante conquête permit à l'Empereur de former le royaume de Westphalie, dont Jérôme Bonaparte fut nommé roi.

L'arrivée de nos soldats en Pologne excita un enthousiasme général. La haute noblesse envoya une députation auprès de Napoléon, à Posen. L'Empereur la reçut avec cordialité et fit entrevoir aux Polonais qu'ils pourraient un jour voir le rétablissement du trône de Sobieski.

Notre armée, sous les ordres de Murat, entra, le 28 novembre, dans Varsovie. Napoléon, en apprenant cette nouvelle, adressa la proclamation suivante à ses troupes :

« Quartier général de Posen, 2 décembre 1806.

« Soldats !

« Il y a aujourd'hui un an, à cette heure même, vous étiez sur le champ mémorable d'Austerlitz. Les bataillons russes, épouvantés, fuyaient en déroute, ou, enveloppés, rendaient leurs armes aux vainqueurs. Le lendemain, ils firent entendre des paroles de paix, mais elles étaient trompeuses. A peine échappés, par l'effet d'une générosité peut-être condamnable, aux désastres d'une troisième coalition, ils en ont ourdi une quatrième. Mais l'allié sur la tactique duquel ils fondaient leur principale espérance n'est déjà plus ! Ses places fortes, sa capitale, ses magasins, ses arsenaux, 280 drapeaux, 700 pièces de bataille, 5 grandes places de guerre, sont en notre pouvoir. L'Oder, la Wartha, les déserts de la Pologne, les mauvais temps de la saison n'ont pu nous arrêter un moment. Vous avez tout bravé, tout surmonté ; tout a fui à votre approche.

« C'est en vain que les Russes ont voulu défendre la capitale de cette ancienne et illustre Pologne : l'aigle française plane sur la Vistule. Le brave et infortuné Polonais, en vous voyant, croit revoir les légions de Sobieski de retour de leur mémorable expédition.

« Soldats ! nous ne déposerons point les armes que la paix générale n'ait affermi et assuré la puissance de nos alliés, n'ait restitué à notre commerce sa liberté et ses colonies. Nous avons conquis sur l'Elbe et l'Oder, Pondichéry, nos établissements des Indes, le Cap de

Bonne-Espérance, et les Colonies espagnoles. Qui donnerait le droit de faire espérer aux Russes de balancer les destins? Qui leur donnerait le droit de renverser de si justes desseins? *Eux et nous, ne sommes-nous pas les soldats d'Austerlitz?* »

Cette proclamation fut suivie du décret suivant :

Art. 1er. « Il sera établi, sur l'emplacement de la Madeleine de notre bonne ville de Paris, aux frais du Trésor de notre Couronne, un monument dédié à la grande armée, portant sur le frontispice : *L'Empereur Napoléon aux Soldats de la grande armée.*

Art. 2. « Dans l'intérieur du monument seront inscrits sur des tables de marbre les noms de tous les hommes par corps d'armée et par régiment qui ont assisté aux batailles d'Ulm, d'Austerlitz et d'Iéna, et sur des tables d'or massif, les noms de tous ceux qui sont morts sur les champs de bataille ; sur des tables d'argent sera gravée la récapitulation par département, des soldats que chaque département aura fournis à la grande armée.

Art. 3. « Autour de la salle seront sculptés des bas-reliefs où seront représentés les colonels de chacun des régiments de la grande armée avec leurs noms ; ces bas-reliefs seront faits de manière que les colonels soient groupés autour de leurs généraux de division et de brigade, par corps d'armée. Les statues en marbre des maréchaux qui ont commandé des corps, ou qui ont fait partie de la grande armée, seront placées dans l'intérieur de la salle.

Art. 4. « Les armures, statues, monuments de toute espèce, enlevés par la grande armée dans ces deux campagnes ; les drapeaux, étendards et timbales conquis par la grande armée, avec le nom des régiments ennemis auxquels ils appartenaient, seront déposés dans l'intérieur du monument.

Art. 5. « Tous les ans, aux anniversaires des batailles d'Austerlitz et d'Iéna, le monument sera illuminé, et il sera donné un concert, précédé d'un discours sur les vertus nécessaires aux soldats, et d'un éloge de ceux qui périrent sur le champ de bataille dans ces journées mémorables. Un mois avant, un concours sera ouvert pour recevoir les meilleures pièces de poésie et de musique analogues aux circonstances. Une médaille d'or de 150 doubles napoléons sera donnée aux auteurs de chacune de ces pièces qui auront remporté le prix. Dans les discours et odes, *il est expressément défendu de faire aucune mention de l'Empereur.* »

Les deux armées restèrent près d'un mois sans livrer de combats. Mais, vers les derniers jours de décembre, l'Empereur de Russie décida la reprise des hostilités.

Le 7 février 1807, après quelques engagements partiels, les deux armées se trouvèrent en présence au village d'Eylau. Les Russes étaient supérieurs en nombre et occupaient déjà les positions.

Le 8 s'engagea la grande bataille d'Eylau. L'acharnement fut poussé, de part et d'autre, jusqu'à l'héroïsme. Enfin, après un combat meurtrier, l'armée française resta maîtresse du champ de bataille.

20,000 soldats français et seize généraux furent tués ou blessés.

L'armée russe perdit 30,000 hommes, un très-

grand nombre d'officiers supérieurs furent mis hors de combat.

Cette victoire, qui fut la plus sanglante de l'Empire, jeta le deuil dans l'âme de Napoléon. Il répondit à un général, qui cherchait à atténuer la gravité de nos pertes en faisant valoir la grandeur de notre succès : « Un père qui vient de perdre ses enfants ne goûte aucune des chances de la victoire. Quand le cœur parle, la gloire même n'a pas d'illusions. » Touchantes paroles, qui prouvaient la bonté et la magnanimité du cœur de Napoléon.

Les bulletins même de l'armée étaient empreints d'un esprit de tristesse inaccoutumé :

« Après la bataille d'Eylau, disent-ils, l'Empereur a passé tous les jours plusieurs heures sur le champ de bataille, spectacle horrible, mais que le devoir rendait nécessaire. Il a fallu beaucoup de travail pour enterrer tous les morts. On a trouvé un grand nombre de cadavres d'officiers russes avec leurs décorations. Il paraît que parmi eux il y avait un prince Repnin. Quarante-huit heures encore après la bataille, il y avait plus de 5,000 Russes blessés qu'on n'avait pas encore pu emporter. On leur faisait porter de l'eau-de-vie et du pain ; et successivement on les a transportés à l'ambulance.

« Qu'on se figure, sur un espace d'une lieue carrée, 9 à 10,000 cadavres, 4 ou 5,000 chevaux tués, des lignes de sacs russes, des débris de fusils et de sabres, la terre couverte de boulets, d'obus, de munitions ; 24 pièces de canon, auprès desquelles on voyait les cadavres des conducteurs, tués au moment où ils faisaient des efforts pour les enlever : tout cela avait plus de relief sur un fond de neige : *ce spectacle est fait pour inspirer aux princes l'amour de la paix et l'horreur de la guerre.* »

Napoléon, craignant de compromettre le sort de son armée dans un climat rigoureux où le moindre dégel aurait pu intercepter toute communication, remit à un autre temps la reprise des hostilités contre l'armée russe.

Les Français prirent leur quartier d'hiver à Ostrolenka, où l'Empereur annonça aux troupes une trêve momentanée :

« Soldats, nous commencions à prendre un peu de repos dans nos quartiers, lorsque l'ennemi a attaqué le premier corps et s'est présenté sur la Basse-Vistule. Nous avons marché à lui. Nous l'avons poursuivi l'épée dans les reins pendant l'espace de quatre-vingts lieues. Il s'est réfugié sous les remparts de ses places, et a repassé la Pregel. Nous lui avons enlevé, aux combats de Bergfried, de Deppen, de Hoff, à la bataille d'Eylau, 60 pièces de canon, 16 drapeaux, et tué, blessé ou pris plus de 40,000 hommes. Les braves qui, de notre côté, sont restés sur le champ d'honneur, sont morts d'une mort glorieuse : c'est la mort des vrais soldats. Leurs familles auront des droits constants à notre sollicitude et à nos bienfaits.

« Ayant ainsi déjoué tous les projets de l'ennemi, nous allons nous rapprocher de la Vistule et rentrer dans nos cantonnements. Qui osera en troubler le repos s'en repentira ; car, au delà de la Vistule, comme au delà du Danube, au milieu des frimas de l'hiver comme au commencement de l'automne, nous serons toujours les soldats français, et les soldats français de la grande armée. »

La diplomatie passa quatre mois, après la bataille d'Eylau, à négocier un traité de paix sur lequel on ne put parvenir à s'entendre.

Le 4 juin 1807, les hostilités recommencèrent.

Les Russes, qui attaquèrent nos avant-postes à l'improviste, furent mis en déroute. Le 5 et le 6, ils furent de nouveau culbutés par les corps des maréchaux Soult et Ney.

Le 14, les grenadiers, campés à Friedland, sous les ordres du général Oudinot, commencèrent l'attaque. Napoléon, en entendant le canon, s'écria : « C'est un jour de bonheur !... c'est l'anniversaire de la bataille de Marengo ! »

La canonnade, commencée à huit heures du matin, dura jusqu'à cinq heures du soir. L'ennemi fut repoussé sur tous les points, et notre armée s'empara de ses positions.

L'Empereur, comprenant qu'il fallait frapper un coup décisif, donna l'ordre à ses troupes de s'emparer de Friedland et des ponts.

Cet ordre était ainsi conçu :

« Le maréchal Ney prendra la droite, depuis Posthenen jusque vers Sortlak, et il s'appuiera à la position actuelle du général Oudinot. Le maréchal Lannes fera le centre, qui commencera à la gauche du maréchal Ney, depuis Heinrichsdorf jusqu'à peu près vis-à-vis le village de Posthenen. Les grenadiers d'Oudinot, qui forment actuellement la droite du maréchal Lannes, appuieront insensiblement à gauche pour attirer sur eux l'attention de l'ennemi. Le maréchal Lannes reploiera ses divisions autant qu'il le pourra, et, par ce ploiement, il aura la facilité de se placer sur deux lignes. La gauche sera formée par le maréchal Mortier, tenant Heinrichsdorf et la route de Kœnigsberg, et de là s'étendant en face de l'aile droite des Russes. Le maréchal Mortier n'avancera jamais, le mouvement devant être fait par notre droite qui pivotera sur la gauche.

« La cavalerie du général Espagne et les dragons du général Grouchy, réunis à la cavalerie de l'aile gauche, manœuvreront pour faire le plus de mal possible à l'ennemi, lorsque celui-ci, pressé par l'attaque vigoureuse de notre droite, sentira la nécessité de battre en retraite.

« Le général Victor et la garde impériale à pied et à cheval formeront la réserve, et seront placés à Grunhof, Botkein et derrière Posthenen.

« La division des dragons Lahoussaye sera sous les ordres du général Victor ; celle des dragons Latour-Maubourg obéira au maréchal Ney ; la division de grosse cavalerie du général Nansouty sera à la disposition du maréchal Lannes, et combattra avec la cavalerie du corps d'armée de réserve au centre.

« Je me trouverai à la réserve.

« On doit toujours avancer par la droite, et on doit laisser l'initiative du mouvement au maréchal Ney, qui attendra mes ordres pour commencer.

« Du moment que la droite se portera sur l'ennemi, tous les canons de la ligne devront doubler leur feu dans la direction utile pour protéger l'attaque de cette aile. »

Après un combat acharné, qui fit le plus grand honneur à notre tactique militaire, l'ennemi, mitraillé de tous côtés, fut forcé de chercher son salut dans la fuite.

La victoire de Friedland fut complète. Les armées russes et prussiennes perdirent 17,000 hommes ; — 20,000 prisonniers, 70 pièces de canon, plusieurs drapeaux et un grand nombre de caissons tombèrent en notre pouvoir.

Pendant que nos armées étaient triomphantes à Friedland, Soult entrait dans Kœnigsberg ; Masséna battait l'ennemi sur la Narew et l'Omulew, et le poursuivait jusqu'à Ostrolenka.

Le combat de Labiau, où Davoust fut complétement vainqueur, et l'arrivée de Napoléon à Tilsitt mirent fin à cette campagne, l'une des plus brillantes de l'ère impériale.

Alexandre, terrifié par les succès de nos armes et redoutant la présence des troupes françaises sur les confins de son Empire, s'adressa une deuxième fois à la générosité de Napoléon et lui fit proposer un armistice.

Cet armistice, préliminaire du traité de paix de Tilsitt, fut signé le 22 juin.

Les soldats, désireux de remporter de nouvelles victoires, firent entendre quelques murmures d'impatience. L'Empereur les calma par la proclamation suivante :

« Soldats, leur dit-il, le 5 juin, nous avons été attaqués dans nos cantonnements par l'armée russe. L'ennemi s'est mépris sur notre activité. Il s'est aperçu trop tard que notre repos était celui du lion, il se repent de l'avoir troublé.

« Dans les journées de Guttstadt, de Heilsberg, dans celle à jamais mémorable de Friedland, dans dix jours de campagne, enfin, nous avons pris 120 pièces de canon, 7 drapeaux; tué, blessé ou fait prisonniers 60,000 Russes; enlevé à l'armée ennemie tous ses magasins, ses hôpitaux, ses ambulances, la place de Kœnisberg, les 300 bâtiments qui étaient dans ce port, chargés de toutes espèces de munitions; 160,000 fusils que l'Angleterre envoyait pour armer nos ennemis. — Des bords de la Vistule, nous sommes arrivés sur ceux du Niémen avec la rapidité de l'aigle. Vous célébrâtes à Austerlitz l'anniversaire du couronnement; vous avez cette année célébré dignement celui de la bataille de Marengo, qui mit fin à la guerre de la seconde coalition.

« Français! vous avez été dignes de vous et de moi. Vous rentrerez en France couverts de tous vos lauriers, et après avoir obtenu une paix glorieuse qui porte avec elle la garantie de la durée. Il est temps que notre patrie vive en repos, à l'abri de la maligne influence de l'Angleterre. Mes bienfaits vous prouveront ma reconnaissance et toute l'étendue de l'amour que je vous porte. »

Le 25 juin, les deux Empereurs eurent une entrevue sur un radeau, au milieu du fleuve, entrevue dans laquelle les bases du traité de paix de Tilsitt furent arrêtées.

Par ce traité :

La couronne du roi de Prusse lui était rendue; la Famille Bonaparte entrait dans celle des souverains du

Continent; la Pologne prussienne était annexée à la Saxe, ainsi qu'une partie de la Lusace; — l'Empereur de Russie reconnaissait les souverainetés accordées aux frères de Napoléon.

La paix signée, Napoléon revint à Paris, où il fut accueilli par des transports d'enthousiasme poussés jusqu'au délire.

Le Conseil municipal vint en grande cérémonie à la rencontre de la garde impériale.

Le Préfet de la Seine adressa à cette glorieuse phalange, l'allocution suivante :

« Héros d'Iéna, d'Eylau, de Friedland, conquérants de la paix, grâces immortelles vous soient rendues !

« C'est pour la patrie que vous avez vaincu, la patrie éternisera le souvenir de vos triomphes ; vos noms seront légués par elle, sur le bronze et sur le marbre, à la postérité la plus reculée, et le récit de vos exploits, enflammant le courage de nos derniers descendants, longtemps encore après vous-même, vous protégerez, par vos exemples, ce vaste Empire si glorieusement défendu par votre valeur.

« Braves guerriers, ici même un arc triomphal dédié à la grande armée s'élève sur votre passage ; il vous attend : venez recevoir, sous ses voûtes, la part qui vous est due des lauriers votés par la Capitale à cette invincible armée. Qu'ainsi commence la fête de votre retour : venez, et que ces lauriers, tressés en couronnes par la reconnaissance publique, demeurent appendus désormais aux aigles impériales qui planent sur vos têtes victorieuses. »

Le maréchal Bessières répondit, par un discours énergique et bien senti. Nous en donnons seulement un extrait.

« ...... Les aînés de cette grande Famille militaire vont se retrouver avec plaisir dans le sein d'une ville dont les habitants ont constamment rivalisé avec eux d'amour, de dévouement et de fidélité pour notre illustre monarque. Animés des mêmes sentiments, la plus parfaite harmonie existera toujours entre les habitants de la grande ville et les soldats de la garde impériale. Si nos aigles marchaient encore, en nous rappelant le serment que nous avons fait de les défendre jusqu'à la mort, nous nous rappellerons aussi que les couronnes qui les décorent nous en imposent doublement l'obligation. »

Après ce discours, on suspendit aux aigles de la garde impériale les couronnes d'or votées par la ville de Paris.

Le surlendemain, une fête fut donnée à la garde impériale dans le jardin du Luxembourg, et le Président du Sénat s'adressant au maréchal Bessières, lui dit :

« Monsieur le maréchal, invincible garde impériale

« Le Sénat vient au-devant de vous ; il aime à voir les dignes représentants de la grande armée remplir ses portiques ; il se plaît à se voir entouré de ces braves qui ont combattu à Austerlitz, à Iéna, à Eylau, à Friedland, de ces favoris de la victoire, de ces enfants chéris du génie qui préside aux batailles. Cette enceinte doit vous plaire, invincible garde impériale : ces voûtes ont tant de fois retenti des acclamations qui ont célébré vos immortels faits d'armes et tous les triomphes de la Grande Armée ! Vos trophées décorent nos murailles ; les paroles sacrées que le plus grand des monarques daigna nous adresser du haut de sont char de victoire sont gravées dans ce palais par la reconnaissance, et vous retrouvez parmi nous plusieurs de ceux qui ont porté la foudre de notre Empereur, et dirigé les hardis mouvements de ses phalanges redoutables.

« Représentants de la première armée du monde, recevez, par notre organe, pour vous et pour tous vos frères d'armes, les vœux du grand et bon peuple dont l'amour et l'admiration vous présagent ceux de la postérité ! »

Quelques jours plus tard, Napoléon se présentait devant le Corps Législatif, et, sans orgueil et sans emphase, il déroulait devant les Députés du pays le tableau des événements qui venaient de s'accomplir :

« Messieurs les Députés et messieurs les Tribuns, dit-il, depuis votre dernière session, de nouvelles guerres, de nouveaux triomphes, de nouveaux traités de paix ont changé la face de l'Europe politique.

« Si la maison de Brandebourg, qui la première se conjura contre notre indépendance, règne encore, elle le doit à la sincère amitié que m'a inspiré le puissant Empereur du Nord. — Un Prince français règnera sur l'Elbe ; il saura concilier l'intérêt de ses nouveaux sujets avec ses premiers et plus sacrés devoirs. — La maison de Saxe a recouvré, après cinquante ans, l'indépendance qu'elle avait perdue. — Les peuples de la ville de Varsovie, du duché de Dantzick ont recouvré leur patrie et leurs droits.

« La France est unie aux peuples d'Allemagne par les lois de la Confédération du Rhin, à ceux des Espagnes, de la Hollande, de la Suisse et de l'Italie, par les lois de notre système fédératif. Nos nouveaux rapports avec la Russie sont cimentés par l'estime réciproque de ces deux grandes nations.

« Dans tout ce que j'ai fait, j'ai eu uniquement en but le bonheur de mes peuples, plus cher à mes yeux que ma propre gloire. — Je désire la paix maritime. Aucun ressentiment n'influera jamais sur mes déterminations : je ne saurai jamais en avoir contre une nation, jouet et victime des partis qui la déchirent, et trompée sur la situation de ses affaires comme sur celle de ses voisins. — Mais, quelle que soit l'issue que les décrets de la Providence aient assignée à la guerre maritime, mes peuples me trouveront toujours le même, et je trouverai mes peuples dignes de moi. — Français ! votre conduite dans les derniers temps, où votre Empereur était éloigné de cinq cents lieues, a augmenté mon estime et l'opinion que j'avais conçue de votre caractère ; je me suis senti fier d'être le premier parmi vous.

« Si pendant ces dix mois d'absence et de périls, j'ai été présent à votre pensée, les marques d'amour que vous m'avez données ont excité constamment mes plus vives émotions, toutes mes sollicitudes ; tout ce qui pouvait avoir rapport même à la conservation de ma personne ne me touchait que par l'intérêt que vous y portiez, et par l'importance dont elle pouvait être pour vos futures destinées. *Vous êtes un bon et grand peuple.* »

Ces paroles mémorables prouvent à la nation combien Napoléon se montrait jaloux de sa gloire, et quel était son ardent amour pour le peuple.

CHAPITRE IX

Mariage du roi de Westphalie. — Suppression du Tribunat. — Décrets et Arrêtés, de 1805 à 1806. — Administration des finances. — Le Drame politique de la Péninsule.— Joseph, roi d'Espagne et des Indes. — Murat, roi de Naples. — Rencontre des deux Empereurs à Erfurth. — Napoléon entre en Espagne. — Combats. — Capitulation de Madrid. — Serment de fidélité. — Retour de Napoléon. — Union de l'Angleterre et et de l'Allemagne contre la France. — Défaite de Pfaffenhofen. — Eckmülh. — Ratisbonne. — Capitulation de Vienne. — Essling. — Lannes est mortellement blessé. — Jonction de l'armée d'Italie. — Wagram. — Paix de Schœnbrünn.

Le mariage de Jérôme Bonaparte, roi de Westphalie, avec la princesse Catherine, fille du roi de Wurtemberg, eut lieu peu de jours après la rentrée de l'Empereur des Français à Paris.

Le Tribunat, faisant une opposition systématique au Gouvernement impérial, Napoléon ordonna sa suppression et sa réunion au Corps Législatif. Cet acte qui, en principe, était une dérogation à la Constitution de l'an VIII, fut une mesure sage, qui préserva la France des dissensions intestines.

En ce qui concerne les actes, décrets et arrêtés édictés par Napoléon, de 1805 à 1806, nous croyons devoir en emprunter le relevé succinct à un historiographe impartial (1) :

(1) A. Hugo. *Histoire de Napoléon.*

« *Constitutions de l'Empire.* — Forme du sceau de l'Etat. — Forme des sceaux et timbres des autorités publiques. — Fixation des jours où les décrets sont exécutoires. — Réformation des listes des plus imposés.— Rétablissement du calendrier grégorien.— Attributions et tenue des Assemblées cantonnales. — Sépulture des Empereurs. — Renouvellement du Corps Législatif. — Prérogatives des Légionnaires, membres des Colléges électoraux. — Organisation d'un Conseil d'État.

« *Organisation administrative.* — Établissement des budgets des communes. — Organisation municipale de Lyon, Marseille, Bordeaux, etc. — Remplacement des secrétaires généraux de Préfecture. — Renouvellement quinquennal des Présidents de cantons, maires et adjoints. — Mode d'acceptation des legs faits aux communes. — Attribution des autorités administratives.— Division en départements des nouvelles provinces ajoutées à la France, etc. (En 1808, le nombre des départements de l'Empire s'élevait à 126.)

« *Organisation judiciaire.* — Mode d'élection des juges de paix. — Organisation du Notariat. — Discipline et hiérarchie des Tribunaux. — Haute Cour impériale. — Comité des Contentieux au Conseil d'Etat. — Institution de la Cour des comptes. — Juges auditeurs, etc.

« *Législation civile.* — Code Napoléon. — Code de procédure civile. — Tarifs des frais en matière criminelle. — Fixation du taux de l'intérêt. — Hypothèques du Trésor public sur les biens du comptable, etc.

« *Législation criminelle et correctionnelle.* — Police. — Presque toutes les lois qui ont trouvé place dans le *Code pénal.* — Mode de recouvrement des frais de justice. — Police des prisons. — Police des communes. — Journaux. — Sépultures. — Maisons de détention. — Ateliers de condamnés. — Théâtres. — Maisons de jeux. — Incendies et sapeurs-pompiers. — Passeports, etc.

« *Législation rurale et forestière.* — Police des chasses. — Ecoles vétérinaires. — Plantation des routes et chemins vicinaux. — Courses de chevaux. — Organisation des haras. — Desséchement et défrichement. — Bergeries. — Introduction de mérinos. — Perfectionnement des instruments aratoires. — Pépinières. — Vers à soie. — Cultures de la garance, du coton, etc.

« *Législation commerciale.* — Code de commerce. — Entrepôts. — Pêches maritimes. — Manufactures. — Chambres de commerce. — Roulage. — Fabriques pour l'exportation. — Foires, etc.

« *Instruction publique, belles-lettres, sciences et arts.* — Ecole de pharmacie — Ecole de Saint-Cyr. — Ecole de Droit. — *Société centrale de vaccine.* — Prix décennaux. — Fabrication de médailles. — Université impériale. — Création de deux mille cent cinquante bourses dans quarante-trois Lycées. — Droit accordé à toutes les familles qui ont sept enfants vivants d'en faire élever un aux frais de l'Etat.

« *Travaux publics.* — Mines. — Routes. — Canaux. — Digues. — Ponts. — Fontaines. — Monuments. — Colonnes. — Arcs de Triomphe. — Quais de Paris. Pompes et machines hydrauliques. — Ports. — Bourses. — Musées. — Temples, etc.

« *Secours publics.* — Hospices et hôpitaux. — Montsde-Piété. — Médicaments gratis. — Bureaux de bienfaisance. — Sociétés maternelles. — Prêts aux propriétaires de vignobles, etc. »

Tel est le rapide exposé des actes de la haute administration de Celui qui unissait au génie militaire la sagesse du législateur.

Quant à l'administration des finances, dont nous avons omis de parler dans l'exposé ci-dessus, nous emprunterons quelques détails à l'auteur de l'*Histoire financière de la France* (1) :

« Tous les ans, dit-il, Napoléon fixait le crédit annuel de chaque ministère et la dépense à faire pour chaque service. Tous les mois, il déterminait par un décret particulier la somme partielle que chaque ministère et chaque service puiseraient au Trésor pendant le mois. Ainsi, douze fois par an, dans une heure de travail, le Chef du Gouvernement impérial passait en revue toutes les dépenses, fixait la somme que chacun emploierait le mois suivant, et maintenait, autant que possible, la balance entre les dépenses et les recettes ; ralentissant ou pressant les paiements, augmentant ou diminuant les fonds des caisses partielles, suivant l'abondance des rentrées, l'exigence des besoins et les changements que les événements du jour pouvaient apporter. Enfin, le Ministre du Trésor, Contrôleur général des finances, ne devait payer les ordonnances qu'autant que le ministre ordonnateur s'était exactement conformé au budget de l'année et au crédit mensuel qui lui était ouvert.

---

(1) Jacques BRESSON.

« On n'avait pas encore vu la perception de l'impôt mieux régie, et une comptabilité aussi exacte, aussi bien ordonnée que sous le régime de l'Empire ; il y eut bien quelques hauts fonctionnaires de l'Etat qui firent de grandes fortunes, mais ce fut aux dépens des souverains étrangers ; il était devenu presque impossible de tromper ou de voler l'Etat : l'ordre des comptes était si bien établi et si bien simplifié, que Napoléon avait toujours avec lui des états où se trouvait la situation complète des recettes, des dépenses, de l'arriéré, des ressources ordinaires et extraordinaires. »

Les dépenses de la Maison impériale n'étaient pas réglées avec moins d'ordre et d'économie. Le budget du grand-maréchal, pour les *dépenses ordinaires*, ne s'élevait, en 1806, qu'à 2,770,844 francs. Pourtant le service était fait avec un luxe et un éclat dignes de l'Empereur des Français ; et qu'on ne croie pas que le Trésor du domaine extraordinaire, ce trésor particulier de Napoléon, si souvent accru par la victoire, était employé à ses dépenses personnelles ; il recevait un emploi plus généreux.

« Plus de 100 millions, dit encore M. Bresson, ont été consacrés aux embellissements de Paris. Le Louvre et Versailles sont sortis de leurs ruines. Plus de 60 millions ont été employés à restaurer les résidences du Souverain ; plus de 30 millions à ses meubles. Les diamants de la couronne, engagés à l'époque de nos troubles, ont été dégagés ; de nouveaux y ont été ajoutés. Nos Musées, vastes dépôts de nos trophées, ont été enrichis encore de tous les tableaux, de tous les objets d'art et d'antiquité, acquis légitimement ou par de l'argent, ou par des conditions de traités de paix connues de tout le monde, en vertu desquelles ces chefs-d'œuvre furent donnés en commutation de cession de territoire ou de contributions. Plusieurs centaines de millions ont ainsi porté la splendeur de la France au plus haut degré, et ce qu'il faut dire, c'est que ces dépenses de luxe n'ont point été comprises dans celles des budgets annuels ; elles ont été acquittées sur les fonds particuliers du Chef du Gouvernement, tandis qu'une dotation imputée sur le domaine extraordinaire assurait l'achèvement du Louvre et la réparation du château de Versailles.

« Au milieu de tant de millions consacrés à la gloire et à la prospérité de la nation, les amis de l'humanité ne manqueront pas de remarquer les millions répandus dans la Vendée, pour en cautériser les plaies, et plus de 12 millions consacrés à construire des asiles aux orphelins et des refuges à la mendicité. »

Pendant que Napoléon dotait la France d'institutions progressives, un drame politique venait de s'accomplir en Espagne. Le prince des Asturies, au mépris des lois sociales et humaines, avait tenté de détrôner le roi Charles IV, son père.

L'Empereur, de retour d'un voyage en Italie, envoya immédiatement une expédition au delà des Pyrénées, et fit occuper Pampelune et Barcelone par ses troupes.

Les Français furent accueillis comme des libérateurs.

Du reste, on comprendra facilement cet accueil, en examinant la position du Gouvernement espagnol.

L'État était chargé d'une dette énorme ; les troupes de terre et de mer, les employés des administrations et des tribunaux n'étaient pas payés ; les biens des hôpitaux avaient été employés au remboursement des billets royaux, et toutes les branches de l'administration livrées au plus grand désordre.

La nation, fatiguée d'un régime aussi désastreux, força Charles IV et son fils à abdiquer en faveur du Prince que l'Empereur des Français désignerait comme roi des Espagnes et des Indes.

Napoléon convoqua la Junte à Bayonne, et manifesta l'intention de proposer à l'élection populaire son frère Joseph, alors roi de Naples.

Cette proposition fut accueillie par la Junte et par les grands corps de l'Etat. Les villes espagnoles votèrent des adresses.

Le 6 juin 1808, un décret impérial proclama Joseph Napoléon Bonaparte roi des Espagnes et des Indes.

Le nouveau roi accepta la couronne qu'on lui offrait, jura fidélité à la Constitution, et déclara qu'il n'avait d'autre désir que d'assurer le bonheur et la prospérité de ses peuples. Il reçut en même temps le serment des membres de la Junte.

Le premier acte de sa souveraineté fut un acte de clémence. Il fit grâce aux habitants de Saint-Ander, qui avaient été condamnés militairement pour s'être révoltés contre les troupes françaises.

Joseph Bonaparte, inaugurant ainsi son règne, réalisait l'appréciation d'un ancien ministre de Ferdinand IV (1):

« J'ai eu l'honneur d'être présenté au roi, qui est

(1) Pedro Cevallos.

arrivé hier de Naples, et je crois que sa seule présence, sa bonté et la noblesse de son cœur, qu'on découvre à la première vue, suffiront pour pacifier les provinces sans avoir recours aux armées. »

En quittant Bayonne, l'Empereur des Français nomma le grand duc de Berg, Murat, son beau-frère, roi de Naples en remplacement de Joseph Bonaparte, appelé au trône d'Espagne.

Napoléon, avant de rentrer à Paris, eut une entrevue à Erfurth, avec l'Empereur Alexandre. Les deux Empereurs, après une réception cordiale, se promirent une mutuelle amitié.

A peine de retour dans sa capitale, Bonaparte apprit que son frère Joseph, à la suite d'une insurrection formidable, venait de quitter Madrid et s'était réfugié à Vittoria.

Il réunit aussitôt le Corps Législatif à Saint-Cloud, et lui adressa ce discours :

« Messieurs,

« J'ai fait cette année plus de mille lieues dans l'intérieur de mon Empire. La vue de cette grande famille française, naguère déchirée par les opinions et les haines intestines, aujourd'hui prospère, tranquille et unie, a sensiblement ému mon âme. J'ai senti que pour être heureux, il me fallait d'abord l'assurance que la France soit heureuse. Une partie de mon armée marche contre celles que l'Angleterre a formées ou débarquées dans les Espagnes. C'est un bienfait particulier de cette Providence qui a constamment protégé nos armes, que les passions aient assez aveuglé les conseils anglais pour qu'ils renoncent à la possession des mers, et présentent enfin leurs armes sur le Continent. Je pars dans peu de jours pour me mettre moi-même à la tête de mon armée, et, avec l'aide de Dieu, couronner dans Madrid le roi d'Espagne, et planter nos aigles sur les forts de Lisbonne. L'empereur de Russie et moi, nous nous sommes vus à Erfurth. Nous sommes d'accord et invariablement unis pour la paix comme pour la guerre. »

Napoléon donna l'ordre à l'avant-garde de la grande armée d'entrer de suite dans la Péninsule, et lui adressa la proclamation suivante :

« Soldats, après avoir triomphé sur les bords du Danube et de la Vistule, vous avez traversé l'Allemagne à marches forcées; je vous fais aujourd'hui traverser la France sans vous donner un instant de repos. Soldats, j'ai besoin de vous; la présence hideuse du léopard souille le continent de l'Espagne et du Portugal; qu'à votre aspect il fuie épouvanté devant vos aigles triomphantes, jusqu'aux colonnes d'Hercule; là aussi nous avons des injures à venger.

« Soldats, vous avez surpassé la renommée des armées modernes; mais vous avez égalé la gloire des armées de Rome, qui, dans une même campagne, triomphèrent sur le Rhin et l'Euphrate, en Illyrie et sur le Tage. Une longue paix, une prospérité durable seront le prix de vos travaux. Un vrai Français ne peut ni ne doit prendre de repos jusqu'à ce que les mers soient ouvertes et affranchies. Soldats, tout ce que vous avez fait, tout ce que vous ferez encore pour le bonheur du peuple Français et pour ma gloire, sera éternellement gravé dans mon cœur. »

L'Empereur arriva en Espagne le 4 novembre 1808.

Les forces ennemies étaient divisées en trois corps d'armée : l'armée du centre (20,000 hommes) occupait Burgos ; — l'armée de gauche (45,000 hommes) défendait Espinosa ; — l'armée de droite (50,000 hommes) était campée en avant de Tudéla.

Le 10 novembre, à la pointe du jour, la division Mouton attaqua l'armée du centre. Après un combat de quelques heures, les Espagnols furent mis en déroute, ayant 3,000 hommes tués ou blessés, et laissant en nos mains 3,000 prisonniers, 25 pièces de canon et 2 drapeaux. A la suite de cette victoire, la division Mouton entra triomphante dans Burgos.

D'un autre côté, l'armée de gauche était battue à Espinosa par le maréchal Lefèvre et le duc de Bellune. 60 pièces de canon, 20,000 Espagnols tués ou blessés, 12 généraux mis hors de combat, tels furent les résultats de cette lutte qui, en moins de deux heures, anéantit les armées d'Estramadure et de Galicie.

Napoléon, à la tête de son armée, s'avançait sur Madrid.

Le 23 novembre, à 9 heures du matin, la division Maurice-Mathieu, aidée du général Lefèvre Desnouettes et de sa cavalerie, attaqua l'armée de droite. Les Espagnols ne purent soutenir notre premier choc. Ils prirent la fuite laissant sur le champ de bataille 4,000 hommes tués. Le succès de cette journée valut à la France 3,000 prisonniers, 30 pièces de canon et 7 drapeaux.

L'Empereur arriva devant Madrid le 2 décembre. Après deux jours de résistance, la ville capitula.

Napoléon y fit son entrée solennelle le 5 décembre, et adressa la proclamation suivante au peuple :

« Espagnols,

« Vous avez été égarés par des hommes perfides ; ils vous ont engagés dans une lutte insensée... Dans peu de mois, vous avez été livrés à toutes les angoisses des factions populaires. La défaite de vos armées a été l'affaire de quelques marches. Je suis entré dans Madrid. Les droits de la guerre m'autorisaient à donner un grand exemple et à laver dans le sang les outrages faits à moi et à ma nation : je n'ai écouté que la clémence... Je vous avais dit dans ma proclamation du 2 juin que je voulais être votre régénérateur. Aux droits qui m'ont été cédés par les princes de la dernière dynastie, vous avez voulu que j'ajoutasse le droit de conquête. Cela ne changera rien à mes dispositions. Je veux même louer ce qu'il peut y avoir de généreux dans vos efforts ; je veux reconnaître que l'on vous a caché vos vrais intérêts... Espagnols, votre destinée est entre vos mains. Rejetez le poison que les Anglais ont répandu parmi vous... Tout ce qui s'opposait à votre prospérité et à votre grandeur, je l'ai détruit ; les entraves qui pesaient sur le peuple, je les ai brisées ; une constitution libérale vous donne, au lieu d'une monarchie absolue, une monarchie tempérée. Il dépend de vous que cette constitution soit encore votre loi. Mais si mes efforts sont inutiles, ajoutait-il en terminant, il ne me restera qu'à vous traiter en provinces conquises, et à placer mon frère sur un autre trône. Je mettrai alors la couronne d'Espagne sur ma tête, et je saurai la faire respecter des méchants, car Dieu m'a donné la force et la volonté nécessaires pour surmonter tous les obstacles. »

Le lendemain, il répondit au Corrégidor de Madrid qui était venu lui offrir ses hommages, à la tête d'une députation de la ville :

« Je regrette le mal que Madrid a essuyé, et je tiens à honneur d'avoir pu le sauver et lui épargner le plus grand des maux.

« Je me suis empressé de prendre des mesures qui tranquillisent toutes les classes de citoyens, sachant combien l'incertitude est pénible pour tous les peuples et pour tous les hommes.

« J'ai conservé les Ordres religieux, en restreignant le nombre des moines. Il n'est pas un homme sensé qui ne jugeât qu'ils étaient trop nombreux. Du surplus des biens des Couvents, j'ai pourvu aux besoins des Curés, de cette classe la plus intéressante et la plus utile parmi le Clergé.

« J'ai aboli ce Tribunal contre lequel le siècle et l'Europe réclamaient. Les prêtres doivent guider les consciences, mais ne doivent exercer aucune juridiction extérieure et corporelle sur les citoyens.

« J'ai supprimé les droits féodaux, et chacun pourra établir des hôtelleries, des fours, des moulins, des pêcheries, et donner un libre essor à son industrie... L'égoïsme, la richesse et la prospérité d'un petit nombre d'hommes nuisent plus à votre agriculture que les chaleurs de la canicule.

« Comme il n'y a qu'un Dieu, il ne doit y avoir dans un État qu'une justice. Toutes les justices particulières avaient été usurpées et étaient contraires aux droits de la nation. Je les ai détruites.

« ... Les Bourbons ne peuvent plus régner en Europe. Les divisions dans la famille royale avaient été tramées par les Anglais. Ce n'était pas le roi Charles ni le favori que le duc de l'Infantado, instrument de l'Angleterre, comme le prouvent les papiers trouvés dans sa maison, voulait renverser du trône : c'était la prépondérance de l'Angleterre qu'on voulait établir en Espagne... La génération présente pourra varier dans ses opinions : trop de passions ont été mises en jeu ; mais nos neveux me remercieront comme leur régénérateur. Ils placeront au nombre des jours mémorables ceux où j'ai paru parmi vous, et de ces jours datera la prospérité de l'Espagne. »

Le 9 décembre, une députation de notables, et les délégués de tous les quartiers de Madrid, vinrent présenter leurs hommages à l'Empereur et prêtèrent entre ses mains serment de fidélité au roi Joseph Bonaparte.

En moins d'un mois, plus de 30,000 pères de famille inscrivirent sur les registres ouverts chez tous les magistrats, leur adhésion au nouveau Gouvernement.

Napoléon quitta l'Espagne pour retourner en France, où l'appelaient les complications de la politique autrichienne.

Le cabinet de Vienne, profitant de l'inimitié de l'Allemagne et de l'Angleterre contre la France, résolut de tenter un dernier effort pour reconquérir les provinces que la victoire d'Austerlitz lui avait enlevées.

Par un décret de François II, l'armée active de l'Autriche fut portée à 350,000 hommes, et 150 bataillons de landwehrs, désignés pour la renforcer.

L'Angleterre fournissait de son côté un subside de 100 millions ; de plus, elle envoyait un corps de 60,000 hommes sur les côtes de l'Empire français et dans le nord de l'Allemagne pour opérer une diversion. Le total des forces de l'armée ennemie s'élevait donc, en tout, à 450,000 hommes et 700 pièces de canon.

Le 12 avril, Napoléon apprit que la Bavière avait été envahie. Il partit le lendemain même, arriva à Louisbourg le 16, et continua sa route sur Dollingen, où le roi de Bavière l'attendait. Le 17, l'Empereur des Français arrivait à Donawert, son quartier général.

L'armée française, y compris les contingents bavarois et wurtembergeois, n'avait que 80,000 combattants.

Napoléon, averti que les troupes françaises, eu égard à leur faiblesse numérique, avaient quelques inquiétudes au sujet de la campagne, adressa à l'armée une proclamation qui, enflammant son courage, devait lui assurer la victoire :

« Soldats, leur dit-il, le territoire de la Confédération du Rhin a été violé. Le général autrichien veut que nous fuyions à l'aspect de ses armes, et que nous lui abandonnions nos alliés. J'arrive avec la rapidité de l'éclair. Soldats, j'étais entouré de vous lorsque le Souverain d'Autriche vint à mon bivouac de Moravie ; vous l'avez entendu implorer ma clémence et me jurer une amitié éternelle. Vainqueurs dans trois guerres, l'Autriche a dû tout à notre générosité ; trois fois elle a été parjure !!! Nos succès passés nous sont un sûr garant de la victoire qui nous attend. Marchons donc, et qu'à notre aspect l'ennemi reconnaisse son vainqueur. »

La campagne se termina le 20 avril par une victoire. Les Autrichiens furent battus à Pfaffenhofen, par Oudinot, et rejetés, à la suite du combat d'Abensberg, dans Ratisbonne, où ils s'enfermèrent.

L'armée de l'archiduc Louis et du général Hiller, forte de 60,000 hommes, fut presque anéantie dans cette glorieuse journée. On fit le même jour, à Landshut, 9,000 prisonniers; 30 pièces de canon, 3,000 chariots, 600 caissons tombèrent entre nos mains.

Il ne restait d'autres ennemis sur pied que l'armée de l'archiduc Charles d'Autriche. Le maréchal Davoust lui livra bataille à Eckmühl.

Le succès vint encore cette fois couronner nos armes, et les Français entrèrent dans Ratisbonne.

Napoléon adressa, de cette ville, la proclamation suivante :

« Soldats !

« Vous avez justifié mon attente. Vous avez suppléé au nombre par votre bravoure... En peu de jours nous avons triomphé dans les trois batailles de Thann, d'Abensberg, d'Eckmühl, et dans les combats de Landshut et de Ratisbonne. 100 pièces de canon, 40 drapeaux, 50,000 prisonniers, 3 équipages attelés, 3,000 voitures portant les bagages, toutes les caisses des régiments, voilà le résultat de la rapidité de vos marches et de votre courage.

« L'ennemi, enivré par un cabinet parjure, paraissait ne plus conserver aucun souvenir de vous ; son réveil a été prompt : vous lui avez apparu plus terribles que jamais. Naguère il a traversé l'Inn et envahi le territoire de nos alliés ; naguère il se promettait de porter la guerre au sein de notre patrie. Aujourd'hui, défait, épouvanté, il fuit en désordre ; déjà mon avant-garde a passé l'Inn ; avant un mois nous serons à Vienne. »

La marche de l'armée sur Vienne fut rapide, et les combats d'Abensberg et d'Amstetten contribuèrent puissamment à nous ouvrir les portes de cette ville.

Enfin, le 12 mai, après deux jours de canonnade, Vienne capitula, et les Français y entrèrent triomphants, le lendemain même de la capitulation.

Dans la même journée, Napoléon adressa de Schœnbrunn, l'ordre du jour suivant :

« Soldats

« Un mois après que l'ennemi a passé l'Inn, au même jour, à la même heure, nous sommes entrés dans Vienne. Ses landwehrs, ses levées en masse, ses remparts créés par la rage impuissante des Princes de Lorraine, n'ont point soutenu vos regards. Les Princes de cette maison ont abandonné leur capitale, non comme des soldats d'honneur qui cèdent aux circonstances de la guerre, mais comme des parjures que poursuivent leurs propres remords. En fuyant de Vienne, leurs adieux à ses habitants ont été le meurtre et l'incendie. Comme Médée, ils ont, de leurs propres mains, égorgé leurs enfants. Soldats ! le peuple de Vienne, selon l'expression de la députation de ses faubourgs, délaissé, abandonné, sera l'objet de vos égards. J'en prends les habitants à témoin ! »

L'archiduc Charles s'était retiré à Essling, après la prise de Vienne. Les Français passèrent le Danube le 21 et lui offrirent la bataille. Cette journée fut très-meurtrière, et Napoléon lui-même faillit être tué.

C'est pendant la bataille d'Essling que les généraux Saint-Hilaire et Lannes furent mortellement blessés; ce dernier eut les deux cuisses emportées par un boulet.

Bonaparte aperçut Lannes au moment où on le transportait à Ebersdorff :

« Lannes, me connais-tu ? s'écria-t-il en pleurant; c'est ton ami Bonaparte ! Lannes, tu nous seras conservé !

« — Je désire vivre, répondit le maréchal d'une voix éteinte, si je puis vous servir... ainsi que la France... Mais je crois qu'avant une heure vous aurez perdu celui qui fut votre meilleur ami. »

Après deux jours d'une lutte héroïque, les deux armées se séparèrent, sans avoir pu obtenir un succès décisif.

Les Autrichiens eurent 9,000 hommes tués ou blessés; ils perdirent, en outre, quatre drapeaux, un officier général et environ 1,100 prisonniers.

Les pertes de l'armée française furent au moins égales à celles de l'armée autrichienne.

Les généraux français, irrités de cette bataille négative, formèrent le plan de repasser immédiatement le Danube et de poursuivre l'ennemi à outrance.

Napoléon, comprenant le péril d'une telle tentative, calma l'ardeur de ses lieutenants par ces paroles :

« Vous voulez repasser le Danube! et comment? Les ponts ne sont-ils pas détruits? Sans cela, ne serions-nous pas réunis, vainqueurs, et déjà loin d'ici? Nous pouvons bien faire passer sur des barques les hommes, les chevaux ; mais que deviendra l'artillerie?... Abandonnerons-nous nos blessés? Ajouterons-nous à la perte de deux journées celle de tous ces braves? Dirons-nous ainsi à l'ennemi, à l'Europe, que les vainqueurs sont aujourd'hui les vaincus? Et si l'archiduc, plus enorgueilli de notre retraite que de son prétendu succès, passe le Danube derrière nous à Tulln, à Krems et à Lintz... S'il y rassemble ses divers corps.... où nous retirerons-nous? Sera-ce dans les positions que j'ai retranchées sur la Trann, sur l'Inn, sur le Lech? Non! Nous devrons courir jusqu'au Rhin ; car ces alliés que la victoire et la fortune nous ont donnés, une apparente défaite nous les ôtera, et les tournera même contre nous... Il faut rester ici. Il faut menacer un ennemi accoutumé à nous craindre, et le retenir devant nous. Avant qu'il ait pris un parti, avant qu'il ait commencé d'agir, les ponts seront réparés de manière à braver tous les accidents ; les corps pourront se réunir et combattre sur l'une ou l'autre rive. D'ailleurs, l'armée d'Italie, bientôt suivie de Lefebvre, va nous apporter les secours de sa force et de ses victoires ; elle nous ouvrira sous peu de jours, par la Styrie, une ligne de communication qui nous est encore fermée, et qui remplacerait même celle de la Bavière. Alors nous serons entièrement maîtres des opérations. »

Il fut arrêté que la retraite commencerait à la nuit, et que les troupes, rentrant dans l'île Lobau, attendraient, pour passer le Danube, que l'on fût en position de reprendre l'offensive.

Le plan de l'Empereur fut couronné d'un plein succès.

Pendant que l'on fortifiait l'île Lobau et les trois îles adjacentes, l'armée d'Italie, victorieuse à Raab, opéra sa jonction avec la grande armée.

Napoléon salua l'arrivée de ce renfort par une proclamation que nous allons reproduire :

« Soldats de l'armée d'Italie ! vous avez glorieusement atteint le but que je vous avais marqué ; le Somering a été témoin de votre jonction avec la grande armée.

« Soyez les bienvenus ! Je suis content de vous ! Surpris par un ennemi perfide, avant que vos colonnes fussent réunies, vous avez dû rétrograder jusqu'à l'Adige. Mais lorsque vous reçûtes l'ordre de marcher en avant vous étiez sur le champ mémorable d'Arcole, et là, vous jurâtes, sur les mânes de nos héros, de triompher. Vous avez tenus parole à la bataille de la Piave, aux combats de Saint-Daniel, de Tarvis, de Goritz ; vous avez pris d'assaut les forts de Malborghetto, de Pradella, et fait capituler la division ennemie retranchée dans Prevald et Laybach. Vous n'aviez pas encore passé la Drave, et déjà 25,000 prisonniers, 60 pièces de bataille, 10 drapeaux, avaient signalé votre valeur. Depuis, la Drave, la Save, la Muer, n'ont pu retarder votre marche. La colonne autrichienne de Jellachich, qui la première entra dans Munich, qui donna le signal des massacres dans le Tyrol, environnée à Saint-Michel, est tombée dans vos baïonnettes. Vous avez fait une prompte justice de ces débris dérobés à la colère de la grande armée.

« Soldats! cette armée autrichienne d'Italie, qui, un moment, souilla par sa présence mes provinces, qui avait la prétention de briser ma couronne de fer, battue, dispersée, anéantie, grâces à vous, sera un exemple de la vérité de cette devise : *Dio la mi diede guai a chi la tocca.* Dieu me l'a donnée, gare à qui la touche! »

Dans la nuit du 4 au 5 juillet, l'armée française passa le Danube.

Le 6 eut lieu la bataille de **Wagram**.

Les Autrichiens, après douze heures d'une lutte des plus acharnées, furent mis en déroute et eurent beaucoup de peine à opérer leur mouvement de retraite. Nous eûmes à déplorer dans cette mémorable journée, **la mort des généraux Lassalle, Guyot de Lacour, Duprat et Gautier.**

L'empereur d'Autriche, vivement impressionné de cette défaite, fit demander la paix à Napoléon.

Elle fut signée, le 14 octobre 1809, au palais de Schœnbrunn, où l'Empereur des Français avait établi sa résidence.

CHAPITRE X

Confins de l'Empire. — Alliances. — Prévisions de l'Empereur. — Divorce avec Joséphine. — Demande en mariage de Marie-Louise. — Cérémonies. — Bénédiction nuptiale. — Voyages. — Naissance du Roi de Rome. — Abdication du Roi Louis. — Lettre de Napoléon. — Il récuse l'élection du prince de Ponte-Corvo. — Rupture du traité de Tilsitt. — Refus d'entrevue. — Discours aux Troupes. — Passage du Niémen. — Smolensk. — Bataille de la Moskowa. — Le 29ᵉ bulletin. — Passage de la Bérésina. — Retour de l'Empereur à Paris. — Conspiration Mallet. — Nouveaux préparatifs de guerre. — Explications au Corps législatif. — Défection de la Prusse. — Lutzen et Bautzen. — Armistice. — M. de Metternich. — Ultimatum. — Dresde. Nouvelle levée. — Paroles énergiques.

Pendant les trois années 1810, 1811 et 1812, la France goûta les douceurs d'une paix glorieuse. L'Empire avait pour bornes, d'un côté, les bouches de l'Èbre; de l'autre, les rivages du Tibre. Rome était devenue la seconde ville de l'Empire, et Amsterdam la troisième. Napoléon, nommé Roi d'Italie, était en même temps Médiateur de la Confédération Suisse et Protecteur de la Confédération du Rhin. La Suède, le Danemarck, la Bavière, le Wurtemberg, la Prusse, l'Autriche et la Russie avaient contracté des alliances avec lui.

Cette prospérité amena naturellement l'Empereur à songer aux désastres qui adviendraient si la mort l'atteignait sans qu'il laissât d'héritier direct.

Joséphine ne pouvant plus lui donner d'enfants, il résolut de divorcer, sacrifiant ainsi ses affections personnelles à l'amour de la patrie.

Le Sénat et l'Officialité de Paris prononcèrent la dissolution du mariage de Napoléon Bonaparte avec Mme veuve de Beauharnais, née Joséphine Tascher de la Pagerie. Seulement, cette princesse conserva le titre et le rang d'Impératrice des Français.

Napoléon eut un instant l'idée d'épouser une princesse russe. L'Empereur Alexandre reçut même cette offre avec bienveillance; mais il désira un délai, « motivé sur l'extrême jeunesse de sa sœur Anne. »

Napoléon fit demander alors la main de Marie-Louise, archi-duchesse d'Autriche.

Le 11 mars 1810, Berthier, prince de Neufchâtel, épousa solennellement à Vienne, au nom de Napoléon Ier, Empereur des Français, Marie-Louise, fille de S. M. François-Joseph II, Empereur d'Autriche.

Le mariage religieux fut célébré solennellement à Paris, dans une salle de la galerie du Louvre, le 2 avril 1810, en présence des Rois, des Princes et des Ambassadeurs réunis.

Quelques jours après, Napoléon partit avec Marie-Louise pour visiter la France. Il parcourut successivement Saint-Quentin, Cambrai, Anvers, Bruxelles, et reconnut les Bouches de l'Escaut et l'île Walcheren, où se passa la malencontreuse expédition de lord Chatam.

Quelques mois plus tard, la nouvelle de la grossesse de Marie-Louise combla les vœux de l'Empereur et de la France entière.

Le 20 mars 1811, l'Impératrice mit au monde un

Fils, qui, par un sénatus-consulte, prit le titre de *Roi de Rome*.

Le 3 juillet de la même année, Louis, roi de Hollande, ne pouvant gouverner de manière à sauvegarder les intérêts de son peuple, abdiqua en faveur de son fils.

Napoléon refusa de ratifier l'abdication et réunit la Hollande à l'Empire français.

Nous citerons, pour bien faire comprendre cet acte d'autorité de Bonaparte, la lettre qu'il écrivait lui-même à son Frère, quelque temps avant son abdication :

« Monsieur mon frère, je reçois la lettre de Votre Majesté. Elle désire que je lui fasse connaître mes intentions sur la Hollande ; je le ferai franchement. Quand Votre Majesté est montée sur le trône de Hollande, une partie de la nation hollandaise désirait la réunion à la France : l'estime que j'avais puisée dans l'histoire pour cette brave nation m'a porté à désirer qu'elle conservât son nom et son indépendance. Je rédigeai moi-même sa Constitution, qui devait être la base du trône de Votre Majesté, et je l'y plaçai. J'espérais qu'élevée dans ma politique, elle aurait senti que la Hollande, qui avait été conquise par mes peuples, ne devait son indépendance qu'à leur générosité ; je savais que la Hollande, faible sans alliance, sans armée, pouvait et devait être conquise le jour où elle se mettrait en opposition directe avec la France ; qu'elle ne devait point séparer sa politique de la mienne ; qu'enfin la Hollande était liée par des traités avec la France...

« Mais je n'ai pas tardé à m'apercevoir que je m'étais bercé d'une vaine illusion ; mes espérances ont été trompées. Votre Majesté, en montant sur le trône de Hollande, a oublié qu'elle était française, et a même tendu tous les ressorts de sa raison, tourmenté la délicatesse de sa conscience, pour se persuader qu'elle était hollandaise. Les Hollandais, qui inclinaient pour la France, ont été négligés et persécutés; ceux qui ont servi l'Angleterre ont été mis en avant. Les Français, depuis l'officier jusqu'au soldat, ont été chassés, déconsidérés; et j'ai eu la douleur de voir, en Hollande, sous un prince de mon sang, le nom français exposé à la honte. Cependant je porte dans mon cœur et j'ai su soutenir si haut, sur les baïonnettes de mes soldats, l'estime et l'honneur du nom français, qu'il n'appartient ni à la Hollande ni à qui que ce soit d'y porter atteinte impunément...

« Mais Votre Majesté s'est fait illusion sur mon caractère; elle s'est fait une fausse idée de ma bonté et de mes sentiments envers elle. Elle a violé tous les traités qu'elle a faits avec moi; elle a désarmé ses escadres, licencié ses matelots, désorganisé ses armées; de sorte que la Hollande se trouve sans armée de terre ni de mer, comme si des magasins de marchandises, des négociants et des commis pouvaient consolider une puissance. Cela constitue une association; mais il n'est pas de roi sans finances, sans moyens de recrutement assurés, et sans flotte.

« Votre Majesté a fait plus : elle a profité du moment où j'avais des embarras sur le continent pour laisser renouer les relations de la Hollande avec l'Angleterre, violer les lois du blocus, seul moyen de nuire efficacement à cette puissance. Je lui ai témoigné mon mécontentement de cette conduite, en lui interdisant la France, et je lui ai fait sentir que, sans le secours de mes armées, en fermant le Rhin, le Wéser, l'Escaut et la Meuse à la Hollande, je la mettais dans une position plus critique que si je lui eusse déclaré la guerre, et je l'isolais de manière à l'anéantir.

« Ce coup a retenti en Hollande. Votre Majesté a imploré ma générosité, en a appelé à mes sentiments de frère, et a promis de changer de conduite : j'ai pensé que cet avertissement serait suffisant ; j'ai levé la prohibition de mes douanes ; mais bientôt Votre Majesté est revenue à son premier système. Il est vrai qu'alors j'étais à Vienne, et j'avais une pesante guerre sur les bras. Voici mes intentions :

« 1° L'interdiction de tout commerce et de toute communication avec l'Angleterre ;

« 2° Une flotte de 14 vaisseaux de ligne, de 7 frégates, de 7 bricks ou corvettes, armés et équipés ;

« 3° Une armée de terre de 25,000 hommes ;

« 4° Suppression des maréchaux ;

« 5° Destruction de tous les priviléges de noblesse, contraires à la Constitution que j'ai donnée et que j'ai garantie.

« Votre Majesté trouvera en moi un frère, si je trouve en elle un Français ; mais si elle oublie les sentiments qui l'attachent à la commune patrie, elle ne pourra trouver mauvais que j'oublie ceux que la nature a placés entre nous. En résumé, la réunion de la Hollande à la France est ce qu'il y a de plus utile à la France, à la Hollande, au continent; car c'est ce qu'il y a de plus nuisible à l'Angleterre. »

En ce qui concerne l'élection du prince Ponte-Corvo au rang de prince royal de Suède, il suffit de rapporter les paroles du Captif de Sainte-Hélène, pour prouver que cette élection ne fut pas son œuvre :

« Quelque temps après l'expulsion de Gustave, dit-il, et la succession au trône vacant, les Suédois, voulant m'être agréables et s'assurer la protection de la France, me demandèrent un roi. Il fut question un moment du vice-roi; mais il eût fallu qu'il changeât de religion, ce que je trouvais au-dessous de ma dignité et de celle de tous les miens. Puis, je ne jugeais pas le résultat politique assez grand pour excuser un acte si contraire à nos mœurs : toutefois, j'attachai trop de prix, peut-être, à voir un Français occuper le trône de Suède. Dans ma position, ce fut un sentiment puéril. Le vrai roi de ma politique, celui des intérêts de la France, c'était le roi de Danemarck, parce que j'eusse alors gouverné la Suède par un simple contact avec les provinces danoises. Bernadotte fut élu, et il le dut à ce que sa femme était sœur de celle de mon frère Joseph, régnant alors dans Madrid...

« Bernadotte a été le serpent nourri dans notre sein. A peine il nous avait quitté, qu'il était dans le système de nos ennemis, et que nous avions à le surveiller et à le craindre. Plus tard, il a été une des grandes causes de nos malheurs : c'est lui qui a donné à nos ennemis la clef de notre politique, la tactique de nos armées; c'est lui qui leur a montré les chemins du sol sacré ! Vainement dirait-il pour excuse qu'en acceptant le trône de Suède il n'a plus dû être que Suédois : excuse banale, bonne tout au plus pour la multitude et le vulgaire des ambitieux. Pour prendre femme on ne renonce point à sa mère, encore moins est-on tenu à lui percer le sein et à lui déchirer les entrailles. »

Pendant toutes ces oscillations politiques. une guerre terrible se préparait dans l'ombre.

Dès la fin de 1810, Alexandre avait ouvert, contrairement aux conventions, les ports de la Russie aux vaisseaux anglais, — rompu le traité de Tilsitt et le pacte du blocus continental.

Napoléon entama des négociations ; elles durèrent une année, et pendant ce temps les deux nations se préparèrent à la guerre.

Mais, avant d'agir, l'Empereur des Français fit demander une entrevue à Alexandre, désirant traiter de la paix directement avec lui. L'autocrate russe refusa.

Napoléon, à cette nouvelle, s'écria dans un transport d'indignation :

« Les vaincus prennent le ton des vainqueurs ! Ils nous provoquent... Acceptons comme une faveur l'occasion qui nous fait violence, et passons le Niémen. »

En effet, Napoléon annonça à ses troupes, réunies sur la frontière de Russie, que la solution des différends entre la France et la Russie était remise au sort des armes :

« Soldats, dit-il, la seconde guerre de Pologne est commencée. La première s'est terminée à Friedland et à Tilsitt. La Russie a juré l'éternelle alliance à la France et guerre à l'Angleterre ; elle viole aujourd'hui ses serments : elle ne veut donner aucune explication de cette étrange conduite que les aigles françaises n'aient repassé le Rhin, laissant par là nos alliés à sa discrétion. La Russie est entraînée par la fatalité : *ses destins doivent s'accomplir*. Nous croit-elle donc dégénérés ? Ne sommes-nous plus les soldats d'Austerlitz ? Elle nous place entre le déshonneur et la guerre ; le choix ne saurait être douteux. Marchons donc en avant, passons le Niémen, portons la guerre sur son territoire. La seconde guerre de Pologne sera glorieuse aux armées françaises comme la première ; mais la paix que nous conclurons portera avec elle sa garantie, et mettra un terme à la funeste influence que la Russie a exercée depuis cinquante ans sur les affaires de l'Europe. »

Le 27 juin 1812, 200,000 Français passèrent le Niémen aux environs de Kowno.

Maîtres du Niémen, ils occupèrent Kowno et marchèrent sur Wilna. Les Russes, sous les ordres de Barclay de Tolly et de Bagration, ne s'opposèrent pas au mouvement de l'armée française.

Quelques jours après, Napoléon occupa Witebsk. Les Russes, fidèles à leur prudente tactique, qui consistait à éviter la bataille, se replièrent sur Smolensk, l'un des boulevards de l'Empire.

Si Napoléon avait borné la campagne de 1812 à l'occupation de Witebsk, la Russie était perdue, car il eût pu faire venir d'Allemagne des approvisionnements pour ses quartiers d'hiver. Malheureusement il ne tint pas compte des conseils dictés par la sagesse : il voulait forcer l'ennemi à combattre. Il ordonna donc de s'emparer de Smolensk où Barclay de Tolly s'était renfermé. La ville ne put tenir qu'un jour contre l'intrépidité de nos soldats, mais, en se retirant, l'ennemi y mit le feu.

Napoléon, irrité d'un tel acte de barbarie, ordonna à ses troupes de poursuivre l'ennemi jusqu'à Moscou. Cet ordre fut exécuté, et l'on parvint à atteindre les Russes près du village de Borodino. De part et d'autre on se prépara au combat.

Le 7 septembre, à deux heures du matin, les maréchaux reçurent les instructions de l'Empereur, qui rédigea, séance tenante, l'ordre du jour suivant :

« Soldats, voilà la bataille que vous avez tant désirée : désormais la victoire dépend de vous ; elle vous est nécessaire ; elle nous donnera l'abondance, de bons quartiers d'hiver et un prompt retour dans la patrie. Conduisez-vous comme à Austerlitz, à Friedland, à Smolensk, et que la postérité la plus reculée cite avec orgueil votre conduite dans cette journée; que l'on dise de vous : Il était à cette grande bataille, sous les murs de Moscou ! »

Nous reproduisons, d'après un officier supérieur chargé d'un commandement à cette époque, le récit de la mémorable et sanglante bataille de la Moskowa :

« A peine eut-on lu la proclamation de Napoléon, que commença la grande lutte connue dans notre histoire sous le nom de *bataille de la Moskowa*. L'attaque et la défense furent des plus acharnées ; 45,000 Russes périrent dans cette journée ; nous eûmes 9,000 hommes tués et 20,000 mis hors de combat. Du côté des Russes, on compta parmi les morts le prince Bagration, Kontaisoff et les deux généraux Touchkoff. Le maréchal Ney reçut le titre de *prince de la Moskowa* sur le champ de bataille, où il s'était immortalisé par son héroïsme.

« Kutusoff, battant en retraite avec les débris de son armée, opposa d'abord une vive résistance à Mojaïsk ; l'Empereur croyait qu'il risquerait une seconde bataille, mais, le 14 septembre, il quitta la belle position de Fith sans combattre ; ses soldats, la rage au cœur, traversèrent Moscou sans brûler une amorce, et abandonnèrent la ville sainte aux Français, qui aperçurent enfin cette capitale des hauteurs du mont du Salut qui la domine.

« Moscou ! Moscou ! » s'écrièrent nos soldats en contemplant avec admiration cette grande cité, moitié asiatique, moitié européenne, couronnée de coupoles dorées qui reluisaient au soleil, et surmontée des cloches de ses huit cents églises.

« En entrant dans la ville sainte, les Français trouvèrent les rues et les places désertes ; tous les habitants étaient partis, mais il restait des approvisionnements immenses qui rassurèrent Napoléon.

« La nuit venue, tous les quartiers flamboyèrent, de toutes les fenêtres s'échappèrent des laves enflammées ; Moscou brûlait comme une torche ; une multitude de malfaiteurs dont on avait ouvert les cachots s'élancèrent à la voix du Gouverneur de Moscou, le féroce Rostopchin, et portèrent les flammes de palais en palais.

« Ces troupes errantes d'hommes à figure sinistre sont arrêtées, la torche à la main. On les fusille. Mais l'incendie gagne, gagne encore. Bientôt le Kremlin en est enveloppé ; le Kremlin où l'Empereur repose sur des monceaux de poudre et de projectiles. Il en faut sortir, et déjà l'on ne peut plus s'échapper. La flamme assiége toutes les issues. L'Empereur est venu chercher à Moscou son bûcher. Enfin, on découvre une poterne donnant sur des rochers qui plongeaient dans la Moskowa. Napoléon est hors du Kremlin, mais non hors de péril. Il ne suffit pas d'être sorti du vieux château des ducs de Russie et des Czars, il faut s'en éloigner. Une seule rue, étroite, tortueuse et toute brûlante, s'offrait plutôt comme l'entrée que comme la sortie de cet enfer. L'Empereur s'élança à pied et sans hésiter dans ce dangereux passage. Il avança au travers du pétillement de ces brâsiers, au bruit du craquement des voûtes et de la chute des poutres brûlantes et des toits de fer ardents qui croulaient autour de lui. Ces débris embarrassaient ses pas. Les flammes qui dévoraient avec un bruissement impétueux les édifices entre lesquels il marchait, dépassant le faîte, fléchissaient alors sous le vent et se recourbaient sur nos têtes. Nous marchions sur une terre de feu, sous un ciel de feu, entre deux murailles de feu. Nos mains brûlaient en cherchant à garantir notre figure d'une chaleur insupportable, et en repoussant les flammèches qui couvraient à chaque instant et pénétraient nos vêtements. Dans cette inexprimable détresse, et quand une course rapide paraissait notre seul moyen de salut, notre guide, incertain et troublé, s'arrêta. Là se serait peut-être terminée notre vie aventureuse, si des pillards du premier corps n'avaient pas reconnu l'Empereur au milieu de ces tourbillons de flammes. Ils accoururent et le guidèrent vers les décombres fumants d'un quartier réduit en cendres dès le matin.

« Il arriva enfin au château impérial de Petrowski, dans les cantonnements du prince Eugène.

« L'incendie, commencé dans la nuit du 14 au 15 septembre, ne s'arrêta que le 20.

« Quel effroyable spectacle ! s'écria Napoléon. Ce « sont eux-mêmes ! Tant de palais ! Quelle révolu-« tion extraordinaire ! Quels hommes ! Ce sont des « Scythes ! »

« Le 16, comme l'incendie continuait toujours, ces paroles tombèrent de sa bouche :

« Ceci présage de grands malheurs ! »

Napoléon rentra au Kremlin le 19 septembre. Il fit proposer la paix à Alexandre ; mais ce souverain refusa toute espèce d'arrangement.

Le vingt-neuvième bulletin de l'armée, que nous transcrivons ci-après, fera connaître dans toute son étendue le désastre éprouvé par notre armée dans cette malheureuse campagne :

« Jusqu'au 6 novembre, le temps a été parfait et le mouvement de l'armée s'est exécuté avec le plus grand succès. Le froid a commencé le 7 ; dès ce moment, chaque nuit, des centaines de chevaux mouraient au bivouac. Arrivés à Smolensk, nous avions perdu bien des chevaux de cavalerie et d'artillerie.

« L'armée russe de Volhynie était opposée à notre droite. Celle-ci quitta la ligne d'opérations de Minsk, et prit pour pivot de ses opérations la ligne de Varsovie. L'Empereur apprit à Smolensk, le 9, ce changement de ligne d'opérations, et présuma ce que ferait l'ennemi. Quelque dur qu'il lui parût de se mettre en mouvement dans une si cruelle saison, le nouvel état des choses le nécessitait. Il espérait arriver à Minsk, ou du moins sur la Bérésina, avant l'ennemi ; il partit le 13 de Smolensk ; le 16, il coucha à Krasnoï. Le froid, qui avait commencé le 7, s'accrut subitement, et du 14 au 15 et au 16, le thermomètre marqua seize et dix-huit degrés au-dessous de glace. Les chemins furent couverts de verglas ; les chevaux de cavalerie, d'artillerie, du train, périssaient toutes les nuits, non par centaines, mais par milliers ; surtout ceux de France et d'Allemagne. Plus de trente mille périrent en peu de jours ; notre cavalerie se trouva toute à pied ; notre artillerie et nos transports étaient sans attelage. Il fallut abandonner et détruire une grande partie de nos pièces et de nos munitions de guerre et de bouche.

« Cette armée, si belle le 6, était bien différente dès le 14, presque sans cavalerie, sans artillerie, sans transports. Sans cavalerie, nous ne pouvions pas nous éclairer à un quart de lieue ; sans artillerie, nous ne pouvions pas risquer une bataille et attendre l'ennemi de pied ferme. Il fallait marcher pour ne pas être contraints à une bataille, que le défaut de munitions nous empêchait de désirer ; il fallait occuper un certain espace, pour ne pas être tournés, et cela sans cavalerie qui flanquât et liât les colonnes. Cette difficulté, jointe à un froid excessif subitement venu, rendit notre situation fâcheuse. Des hommes que la nature n'a pas trempés assez fortement pour être au-dessus de toutes les chances du sort et de la fortune, perdirent leur gaîté, leur bonne humeur, et ne rêvèrent que malheurs et catastrophes ; ceux qu'elle a créés supérieurs à tous conservèrent leur sérénité et leurs manières ordinaires, et virent une nouvelle gloire dans des difficultés diverses et nouvelles à surmonter.

« L'ennemi trouvait sur les chemins les traces de cette affreuse calamité qui frappait l'armée française; il chercha à en profiter. Il enveloppait toutes les colonnes par ses Cosaques, qui enlevaient, comme les Arabes dans le désert, les trains et les voitures qui s'écartaient. Cette méprisable cavalerie ne fait que du bruit et n'est pas capable d'enfoncer une compagnie de voltigeurs; mais elle se rendit redoutable à la faveur des circonstances. Cependant, l'ennemi eut à se repentir de toutes les tentatives sérieuses qu'il voulut entreprendre; il fut culbuté par le vice-roi, au devant duquel il s'était placé, et il perdit beaucoup de monde.

« Le duc d'Elchingen qui, avec 3,000 hommes, faisait l'arrière-garde, avait fait sauter les remparts de Smolensk. Il fut cerné et se trouva dans une position critique; il s'en tira avec cette intrépidité qui le distingue. Après avoir tenu les Russes éloignés de lui pendant toute la journée du 18, et après les avoir constamment repoussés, à la nuit il fit un mouvement par le flanc droit, passa le Borysthène (Dniéper), et déjoua tous les calculs de l'ennemi. Le 19, l'armée passa le Borysthène à Orcha, et l'armée russe, fatiguée, ayant perdu beaucoup de monde, cessa là ses tentatives.

« L'armée de Volhynie s'était portée sur Minsk et marchait sur Borisow. Le général Dombrowski défendait la tête du pont de Borisow, avec 3,000 hommes. Mais le 23, il fut forcé d'évacuer sa position. L'armée russe passa la Bérésina, et se dirigea sur Bobr, la division Lambert faisant l'avant-garde. Le 2ᵉ corps, commandé par le duc de Reggio, avait reçu l'ordre de se porter sur Borisow, pour assurer à l'armée le passage de la Bérésina. Le 24, le duc de Reggio rencontra la division Lambert à quatre lieues de Borisow, l'attaqua, la battit, lui fit 2,000 prisonniers, lui prit six pièces de canon, cinq cents voitures de bagages et la rejeta sur la rive droite de la rivière. L'ennemi ne trouva son salut qu'en brisant le pont, qui a plus de trois cents toises.

« Cependant l'armée russe occupait tous les passages de la Bérésina : cette rivière est large de quarante toises ; elle charriait assez de glaces ; mais ses bords sont couverts de marais de cinq cents toises de long, ce qui la rend un obstacle difficile à franchir.

« Le général ennemi avait placé ses quatre divisions dans différents débouchés, où il présumait que l'armée française voudrait passer.

« Le 26, à la pointe du jour, l'Empereur, après avoir trompé l'ennemi par divers mouvements faits dans la journée du 25, se porta sur le village de Studianka, et fit aussitôt, malgré une division russe et en sa présence, jeter deux ponts sur la rivière. Le duc de Reggio passa, attaqua l'ennemi et le repoussa jusque sur la tête du pont de Borisow. Pendant les journées du 26 et du 27, l'armée passa.

« Le duc de Bellune, commandant le 9e corps, arrière-garde de l'armée française, était chargé de contenir l'armée russe de la Dwina. La division Partouheaux faisait l'arrière-garde de ce corps. Le 27, à midi, le duc de Bellune arriva avec deux divisions au pont de Studianka.

« La division Partouneaux partit à la nuit de Borisow. La dernière brigade de cette division, qui était chargée de brûler les ponts, partit à sept heures du soir; elle arriva entre dix et onze heures ; elle chercha sa première brigade et son général de division, qui étaient partis deux heures avant, et qu'elle n'avait pas rencontrés en route. Ses recherches furent vaines : on conçut alors des inquiétudes. Tout ce qu'on a pu connaître depuis, c'est que les premières brigades, parties à cinq heures, se sont égarées à six ; ont pris à droite au lieu de prendre à gauche, et ont fait deux ou trois lieues dans cette direction ; dans la nuit, et transies de froid, elles se sont ralliées aux feux de l'ennemi, qu'elles ont pris pour ceux de l'armée française; entourées ainsi, elles auront été enlevées.

« Toute l'armée avait passé le 28 au matin. Le duc de Bellune gardait la tête du pont sur la rive gauche; le duc de Reggio, et derrière lui toute l'armée, était sur la rive droite.

« Borisow ayant été évacué, les armées de la Dwina et la Volhynie communiquèrent; elles concertèrent une attaque. Le 28, à la pointe du jour, le duc de Reggio fit prévenir l'Empereur qu'il était attaqué; une demi-heure après, le duc de Bellune le fut sur la rive gauche; l'armée prit les armes. Le duc d'Elchingen se porta à la suite du duc de Reggio, et le duc de Trévise derrière le duc d'Elchingen. Le combat devint vif: l'ennemi voulut déborder notre droite. Le général Doumerc, commandant la 5e division de cuirassiers, et qui faisait partie du 2e corps resté sur la Dwina, ordonna une charge de cavalerie aux 4e et 5e régiments de cuirassiers, au moment où la légion de la Vistule s'engageait dans les bois pour percer le centre de l'ennemi, qui fut culbuté et mis en déroute. Ces braves cuirassiers enfoncèrent successivement six carrés d'infanterie, et mirent en déroute la cavalerie ennemie qui venait au secours de son infanterie : 6,000 prisonniers, deux drapeaux et six pièces de canon tombèrent en notre pouvoir.

« De son côté, le duc de Bellune fit charger vigoureusement l'ennemi, le battit, lui fit 600 prisonniers, et le tint hors de la portée du canon du pont.

« Dans le combat de la Bérésina, l'armée de Volhynie a beaucoup souffert...

« Le lendemain 29, nous restâmes sur le champ de bataille. Nous avions à choisir entre deux routes : celle de Minsk et celle de Wilna. La route de Minsk passe au milieu d'une forêt et de marais incultes, et il eût été impossible à l'armée de s'y nourrir. La route de Wilna, au contraire, traverse de très-bon pays. L'armée, sans cavalerie, faible en munitions, horriblement fatiguée de cinquante jours de marche, traînant à sa suite ses malades et ses blessés de tant de combats, avait besoin d'arriver à ses magasins. Le 30, le quartier-général fut à Plechnitzi; le 1er décembre à Slaiki, et le 3 à Molodetchno, où l'armée a reçu ses premiers convois de Wilna.

« Tous les officiers et soldats blessés, et tout ce qui est embarras, bagages, etc., ont été dirigés sur Wilna.

« Dire que l'armée a besoin de rétablir sa discipline, de se refaire, de remonter sa cavalerie, son artillerie et son matériel, c'est le résultat de l'exposé qui vient d'être fait. Le repos est son premier besoin. Les généraux, les officiers et les soldats ont beaucoup souffert de la fatigue et de la disette. Beaucoup ont perdu leurs bagages, par suite de la perte de leurs chevaux, quelques-uns par le fait des embuscades des Cosaques. Les Cosaques ont pris nombre d'hommes isolés, d'ingénieurs-géographes qui levaient des positions, et d'officiers blessés qui marchaient sans précaution, préférant courir des risques plutôt que de marcher posément et dans des convois.

« Dans tous les mouvements, l'Empereur a toujours marché au milieu de sa garde. S. M. a été satisfaite du bon esprit que ce corps d'élite a montré ; il a toujours été prêt à se porter partout où les circonstances l'auraient exigé ; mais les circonstances ont toujours été telles, que sa simple présence a suffi, et qu'il n'a pas été dans le cas de donner....

« Notre cavalerie était tellement démontée que l'on a dû réunir les officiers auxquels il restait un cheval pour en former quatre compagnies de 150 hommes chacune. Les généraux y faisaient les fonctions de capitaines, et les colonels celles de sous-officiers. Cet escadron sacré, commandé par le général Grouchy, et sous les ordres du roi de Naples, ne perdait pas de vue l'Empereur dans tous les mouvements. »

On fit l'appel des troupes après le passage de la Bérésina. Le rapport officiel constata que la grande armée était presque détruite.

Le 5 décembre, l'Empereur partit de Smorgone par un froid de vingt-huit degrés, accompagné seulement de son écuyer Caulincourt. Il arriva aux Tuileries, dans la nuit du 18 décembre, après un voyage des plus pénibles.

Il trouva Paris encore sous l'impression de la conspiration Mallet, conspiration avortée, mais dont la combinaison audacieuse avait failli, en quelques heures, renverser le Géant qui gouvernait la France.

Les désastres de la campagne de Russie, loin d'abattre le courage de Napoléon, élevèrent son génie à la hauteur des dangers qui menaçaient la nationalité française. Il ordonna immédiatement une levée de 300,000 hommes, afin de réorganiser les cadres de l'armée. En moins de trois mois, 600 pièces de canon et 2,000 caissons furent fabriqués, attelés et dirigés sur l'Allemagne; on organisa en régiments de ligne les cohortes du premier ban, et le nombre en fut porté à 150. Cette levée fut complétée par l'appel sous les drapeaux des conscrits de 1813, que l'on avait habillés, armés et instruits d'avance dans les dépôts.

On fit revenir les troupes d'Espagne, ainsi que quatre régiments de la garde, la légion de gendarmerie et le 7e régiment de lanciers polonais, casernés dans la Péninsule.

Pour remplacer les régiments de la vieille garde, décimés en Russie, on porta à seize les régiments de la jeune garde. La marine fournit 40,000 canonniers aguerris, qui vinrent prendre place dans les rangs de l'armée de terre. Lyon envoya un escadron de 150 chevaux; Paris, un régiment de 500 cavaliers; la gendarmerie, 3,000 officiers et sous-officiers pour commander les nouveaux escadrons. Une garde d'honneur de 10,000 hommes se monta et s'équipa entièrement à ses frais.

L'Empereur, voulant édifier le pays sur sa conduite dans ces circonstances difficiles, se présenta devant le Corps législatif, et exposa ses intentions en ces termes :

« Je désire la paix : elle est nécessaire au monde; mais je ne ferai jamais qu'une paix honorable et conforme aux intérêts de mon Empire. Une mauvaise paix nous ferait tout perdre jusqu'à l'espérance....

« Malgré vingt ans d'une guerre acharnée, la population de la vieille France s'est accrue d'un dixième; les progrès de l'agriculture ont suivi les développements de la population. Les méthodes de culture se sont perfectionnées : une foule de familles prolétaires sont devenues propriétaires du sol ; le produit des récoltes, augmenté de celui des vins, des bois, des bestiaux, présente un revenu total de 5 milliards en matières brutes et premières, que la main-d'œuvre augmente d'une valeur de 1,300 millions. Le total des produits, conquêtes de l'industrie et de la chimie moderne, peut être évalué à 65 millions ; enfin, les deuxième et troisième degrés de fabrication et la perfection des dernières mains-d'œuvre produisent un supplément de revenu qui porte à 7 milliards la valeur de la reproduction annuelle de France. Tous ces éléments de prospérité nous mettent à même de faire face à une guerre faite en vue de l'intérêt général. »

Pendant qu'on se préparait à une lutte gigantesque, la Prusse, jusqu'alors alliée de la France, fit défection et se lia par un traité avec la Russie. L'Autriche elle-même, malgré ses protestations en faveur de la paix, venait d'entrer secrètement dans la triple alliance.

Napoléon partit, le 15 avril 1813, pour se mettre à la tête de son armée. Par un décret, daté du 20 mars, il avait institué Marie-Louise régente de France.

Dans le courant du mois de mai eurent lieu les batailles de Lutzen et de Bautzen, où les ennemis furent complétement battus.

Après ces victoires, Bonaparte, contrairement à l'avis de ses généraux, consentit à un armistice; concession fatale, qui permit aux armées ennemies de réparer leurs pertes.

L'Empereur d'Autriche envoya M. de Metternich auprès de Napoléon, pour négocier les bases d'un traité de paix.

C'est dans cette entrevue que Bonaparte, ne pouvant plus contenir son indignation, laissa échapper ces paroles :

« C'est donc le partage de l'Empire français que vous voulez! Dites-moi, Metternich, combien l'Angleterre vous a-t-elle promis pour me déclarer la guerre?»

L'Autriche envoya l'ultimatum suivant à Napoléon :
La dissolution du duché de Varsovie, qui serait partagé entre la Russie, l'Autriche et la Prusse (Dantzick à la Prusse); le rétablissement des villes de Hambourg, de Lubeck, dans leur indépendance; la reconstruction de la Prusse avec une frontière sur l'Elbe; la cession à l'Autriche de toutes les Provinces illyriennes, y compris Trieste; et la garantie réciproque que l'état des puissances, grandes et petites, tel qu'il se trouverait fixé par la paix, ne pourrait plus être changé ni altéré que d'un commun accord.

L'Empereur répondit par cette note, dont la teneur sauvegardait les intérêts de ses alliés :

Il n'y aura plus de duché de Varsovie, soit : mais Dantzick sera ville libre; ses fortifications seront démolies, et le roi de Saxe sera indemnisé par la ces-

sion des territoires de la Silésie et de la Bohême, qui sont enclavés dans la Saxe. Les Provinces illyriennes seront cédées à l'Autriche; on consent même à abandonner le port de Fiume, mais Trieste ne sera pas compris dans la cession. La Confédération germanique s'étendra jusqu'à l'Oder. Enfin, l'intégrité du territoire danois sera garantie.

Ces propositions furent repoussées et l'Autriche et la Prusse, rompant l'armistice, recommencèrent de suite les hostilités.

Le 27 août, eut lieu la bataille de Dresde. Cette ville tomba en notre pouvoir, après des pertes considérables.

La victoire semblait vouloir nous favoriser. Malheureusement, Vandamme, qui devait inquiéter la retraite de l'armée autrichienne, battue à Dresde, avait été obligé, après plusieurs combats héroïques, de déposer les armes; Macdonald éprouvait également des revers sur la Katsbach; Oudinot, qui devait entrer sans coup férir à Berlin, ayant rencontré Bernadotte et Bulow avec 140,000 hommes dans les plaines de Groos-Beeren, s'était vu forcé de battre en retraite sur Wittemberg; le maréchal Ney, attaqué à l'improviste par un ennemi supérieur en nombre, à Dennewitz, venait aussi d'éprouver un échec.

Napoléon, voyant, par ces revers, s'évanouir les espérances d'une victoire décisive, quitta Dresde et désigna Leipsick comme point de réunion de l'armée française.

Là il fut trahi par le sort des armes, et la lutte devint impossible. Les frontières de la France étaient menacées; la Bavière, le Wurtemberg,

Bade avaient pactisé avec nos ennemis ; en Espagne, Souit, Clausel, Foy, Reille, l'Abbé et Drouot disputaient pied à pied le terrain à l'insurrection ; en Italie, le prince Eugène, malgré son courage et son génie militaire, venait de perdre Ferrare et Rovigo.

Napoléon, attaqué de toutes parts, partit pour Paris, où il arriva le 9 novembre 1813.

Le 15 novembre, par un sénatus-consulte, il ordonna une levée de 300,000 hommes. Le 17, un nouveau décret ordonnait la mobilisation de 180,000 hommes de garde nationale, destinés au service de l'intérieur.

Le 22 novembre, il se présenta devant le Corps législatif, et exposa en ces termes la situation politique de la France :

« Messieurs,

« D'éclatantes victoires ont illustré les armes françaises dans cette campagne ; mais des défections sans exemple ont rendu ces victoires inutiles. La France même serait en danger, sans l'énergie et l'union de ses enfants... Je n'ai jamais été séduit par la prospérité : l'adversité me trouva au-dessus de ses atteintes. J'ai plusieurs fois donné la paix aux nations lorsqu'elles avaient tout perdu. D'une part de mes conquêtes j'ai élevé des trônes pour des rois qui m'ont abandonné ; j'avais conçu de grands desseins pour la prospérité et le bonheur du monde....

Ma vie n'a qu'un but, le bonheur des Français. Cependant le Béarn, l'Alsace, la Franche-Comté, le Brabant, sont entamés ; les cris de cette partie de ma famille me déchirent l'âme; j'appelle des Français au secours des Français; j'appelle les Français de Paris, de la Bretagne, de la Normandie, de la Champagne et des autres départements au secours de leurs frères. Les abandonnerons-nous dans leur malheur? *Paix et délivrance de notre territoire!* doit être le cri de ralliement. A l'aspect de tout ce peuple en armes, l'étranger fuira ou signera la paix sur les bases qu'il a lui-même proposées; il n'est plus question de recouvrer les conquêtes que nous avons faites... Le moment est décisif, dit-il en terminant. Les étrangers tiennent un langage pacifique; mais quelques-unes de nos frontières sont envahies, et la guerre est à nos portes. Trente-six millions d'hommes ne peuvent trahir leur gloire et leur destinée... Rallions-nous autour de ce diadème où l'éclat de cinquante victoires brille à travers un nuage passager. *La fortune ne manque pas aux nations qui ne se manquent pas à elles-mêmes.* »

Le Corps législatif accorda les sacrifices demandés par Napoléon, en faisant toutefois certaines réserves; ces réserves prouvèrent à l'Empereur qu'il ne devait plus compter sur le patriotisme d'hommes ralliés dans tous les partis, si son étoile venait à pâlir.

CHAPITRE XI

Les Coalisés. — Départ de Paris. — Blücher à Béthune. — Congrès de Châtillon. — Ultimatum. — Réponse de l'Empereur. — Champaubert. — Montmirail. — Vauchamps. — Montereau. — Belle parole. — Marche sur Troyes. — M. de Saint-Aignan. — Suspension d'armes. — Occupation de Reims. — Retraite sur Vitry. — Jonction des Alliés par Lyon et Dijon. — Napoléon part pour Paris. — Il est trop tard. — Les Alliés devant Paris. — Défense énergique des Habitants. — Capitulation. — Napoléon part pour Fontainebleau.

Les Coalisés, après de longues hésitations, s'étaient décidés à franchir nos frontières.

Napoléon, de son côté, avait donné des ordres pour que, en Hollande et en Belgique, la défense fût énergique et prompte. Il réorganisa la garde nationale de Paris, destinée à la défense de l'intérieur, et reçut le serment des chefs de légions.

Ces mesures prises, il partit dans la nuit du 24 au 25 janvier, après avoir remis la Régence entre les mains de Marie-Louise et de Joseph Bonaparte, son frère.

Ici commence la *mémorable campagne de France* qui place l'Empereur au-dessus des plus grands hommes de guerre du monde. Les stratégistes les plus éminents de l'Europe reconnaissent que jamais général, dans une situation aussi critique, ne déploya plus de fermeté, plus de présence d'esprit, plus de tactique et d'énergie que Bonaparte. Malheureusement, il ne trouva plus dans ses généraux cette foi dans l'avenir qui engendre les sublimes dévouements. Partout où l'Empereur dirigea lui-même les opérations, il fut victorieux ; partout où ses lieutenants commandèrent seuls, la fortune se montra rebelle.

A son arrivée à Châlons-sur-Marne, Napoléon lança contre l'ennemi les corps qui entouraient la ville. Le 29 janvier, il attaqua lui-même Blücher à Béthune, et le battit complétement. Le neveu du prince de Hardenberg premier ministre du roi de Prusse, fut fait prisonnier.

Sur ces entrefaites, le Congrès de Châtillon s'ouvrit ; son résultat fut la signification au plénipotentiaire français de l'ultimatum suivant :

La France renoncerait aux limites de 1800 ; abandonnerait le Rhin et les Alpes et rentrerait dans les anciennes limites de 1792. En outre, les propositions primitives, qui devaient servir de bases aux négociations, demeuraient nulles et non avenues.

Cet ultimatum fut remis entre les mains de Napoléon, à Nogent. Il portait comme annotation que l'Empereur eût à faire une réponse catégorique et immédiate.

L'entrée de Blücher en Champagne, la prise de Troyes et de Châlons par les armées ennemies avaient jeté la consternation au quartier-général de l'Empereur. Le prince de Neufchâtel et le duc de Bassano lui conseillèrent d'accéder aux propositions du Congrès.

Bonaparte, en entendant parler ainsi ses amis les plus dévoués, ne put d'abord se rendre maître de son émotion. Mais, se relevant tout à coup, comme inspiré, il s'écria avec véhémence :

« Quoi ! vous voulez que je signe un pareil traité et que je foule aux pieds mon serment ! Des revers inouïs ont pu m'arracher la promesse de renoncer aux conquêtes que j'ai faites ; mais que j'abandonne aussi celles qui ont été faites avant moi ; que je viole le dépôt qui m'a été remis avec tant de confiance ; que, pour prix de tant d'efforts, de sang et de victoires, je laisse la France plus petite que je ne l'ai trouvée !... Si nous renonçons à la limite du Rhin, ce n'est pas seulement la France qui recule, c'est l'Autriche et la Prusse qui s'avancent !.. La France a besoin de la paix, mais celle qu'on veut lui imposer entraînera plus de malheurs que la guerre la plus acharnée !... Répondez à Caulincourt, puisque vous le voulez ; mais dites-lui que je rejette ce traité : je préfère courir les chances les plus rigoureuses de la guerre. »

Cependant, vaincu par les prières du duc de Bassano, Napoléon consentit à ce que l'on envoyât au duc de Vicence (Caulincourt) une réponse qui permît de continuer les négociations.

Les pourparlers n'empêchèrent pas la guerre de se poursuivre. Le 10 février, les Français se rencontrèrent avec l'armée prussienne à Champaubert, et obtinrent une victoire complète.

Le 11, les Prussiens et les Russes furent mis en déroute à Montmirail, et s'enfuirent laissant sur le champ de bataille 8,000 hommes et une grande quantité de pièces de canon.

Pendant que nous remportions cette victoire, Blücher attaquait le duc de Raguse dans les plaines de Vauchamps. L'Empereur, informé de ce mouvement, arriva avec ses soldats, coupa les derrières de l'armée prussienne et, par une tactique aussi courageuse qu'habile, écrasa complétement Blücher, qui ne dut son salut qu'à une fuite précipitée.

L'armée prussienne perdit dans ce combat 10,000 hommes, 10 drapeaux et 15 pièces de canon.

De là, les Français se portèrent sur Nogent. L'ennemi fut de nouveau attaqué le 17 et, par les succès de Nangis et de Montereau, obligé de se rejeter sur Troyes.

Le combat de Montereau fut sanglant. L'Empereur commandait l'artillerie, au milieu d'une grêle de balles et de boulets, et pointait lui-même les pièces de canon. Il répondit aux soldats, qui manifestaient leur crainte de le voir ainsi s'exposer :

« Allez, mes amis, ne craignez rien ; le boulet qui me tuera n'est pas encore fondu. »

Après la victoire de Montereau, Napoléon marcha sur Troyes. Pendant cette marche, M. de Saint-Aignan, envoyé de Paris, par les Conseillers de l'Empire, fit pressentir à Bonaparte qu'il y avait nécessité de conclure la paix à tout prix :

« Sire, dit-il en terminant, la paix sera assez bonne, si elle est assez prompte.

« — Elle arrivera assez tôt, si elle est honteuse, répliqua l'Empereur. »

M. de Saint-Aignan fut brusquement congédié, et Napoléon donna l'ordre de continuer la marche sur la capitale de la Champagne.

A l'approche des troupes françaises, les Autrichiens évacuèrent la ville.

De fâcheuses nouvelles, arrivées au camp des alliés, décidèrent M. de Metternich à demander une suspension d'armes. Napoléon l'accorda, espérant signer une paix honorable pour la France.

Ce fut une illusion. La Prusse et l'Autriche se montrèrent plus que jamais implacables dans leurs prétentions, et l'on recommença les hostilités.

Le 5 mars, l'armée française, après avoir essuyé des échecs à La Ferté, Soissons, La Fère, occupa Reims; Blücher en fut chassé, et prit position à Craone, où il fut de nouveau battu, le 7 mars.

Le 9, Blücher prenait sa revanche à Laon. Le 12 et le 13, les Français perdirent et reprirent Reims. Le 17 et le 18, les alliés furent chassés d'Épernay et de Troyes par Napoléon.

Le 21, nos troupes, forcées de quitter Arcis-sur-Aube, battaient en retraite sur Vitry et Saint-Dizier.

D'un autre côté de la France, l'invasion continuait; les Autrichiens venaient d'entrer à Lyon et à Dijon et le prince Schwartzemberg opérait sa jonction avec Blücher à Vitry. En outre, les généraux Marmont et Mortier étaient défaits à La Fère-Champenoise. Ce dernier échec livrait aux ennemis le chemin de Paris.

Le 27, dès l'aube du jour, Napoléon quitta Saint-Dizier pour marcher au secours de la capitale.

Nous laisserons raconter la fin de cette campagne à l'un des dévoués serviteurs de Napoléon, qui est aujourd'hui encore un des fidèles amis de la Famille Bonaparte :

« Vers dix heures du soir, l'Empereur n'est plus qu'à cinq lieues de Paris ; il relayait à Fromenteau, près la fontaine de Juvisy, lorsqu'on lui apprend qu'il arrive trop tard. Paris vient de se rendre, et l'ennemi doit y entrer.

« Quelques troupes qui évacuent la capitale sont déjà arrivées dans le village. Les généraux se pressent autour des voitures ; parmi eux se trouve l'aide-major général Belliard, et bientôt les plus affligeants détails mettent Napoléon au courant des événements qui ont accéléré cette catastrophe.

« Les ducs de Trévise et de Raguse, après le malheureux combat de La Fère-Champenoise, n'avaient plus pensé qu'à se retirer en toute hâte sur Paris ; mais à peine étaient-ils parvenus à la Ferté-Gaucher, que les corps prussiens, arrivant par la route de Reims et de Soissons, étaient tombés sur eux. Dans cette situation, toute autre troupe aurait succombé. Les restes de l'armée française avaient forcé le passage. Le 28 mars au matin, l'ennemi, suivant leurs pas, était arrivé à Meaux ; à cette nouvelle, la Régence avait cru devoir s'éloigner de Paris. Enfin, le 29 au soir, les alliés avaient vu les dômes de la capitale.

« Depuis huit jours, Paris était sans nouvelles. L'éloignement de Napoléon, qu'on croyait du côté de Saint-Dizier, avait fait perdre tout espoir d'être secouru. Le départ de l'Impératrice et de son Fils avaient mis le comble au découragement ; et, par suite de ce brusque départ, qui avait entraîné les ministres et les principaux chefs du Gouvernement, tout était resté dans le désaccord et la confusion. A la vue de l'ennemi, le riche avait pensé à capituler et le pauvre à combattre; les ouvriers avaient demandé des armes et n'avaient pu en obtenir.

« Cependant, les braves soldats des ducs de Trévise et de Raguse, avant de céder la capitale aux ennemis, avaient voulu tenter un dernier effort : quelques milliers d'hommes qui faisaient le fond des dépôts de Paris, les élèves de l'École polytechnique formés en compagnie d'artillerie, et huit à dix mille Parisiens, fournis par la garde nationale, étaient sortis des murs pour prendre part au combat. Ils n'étaient pas en tout 28,000 baïonnettes, et ils n'avaient pas désespéré de faire tête à l'ennemi !...

« Le matin même, 30 mars, la bataille s'était engagée dès cinq heures.

« L'attaque avait été commencée sur le bois de Romainville par l'avant-garde du corps d'armée du prince de Schwartzemberg. Pendant toute la matinée, on avait combattu sur ce point avec une grande tenacité. Les villages de Pantin et de Romainville, pris et repris plusieurs fois, étaient restés au pouvoir des troupes françaises, et les alliés avaient été forcés de faire avancer leurs réserves pour soutenir le combat. Mais à midi, le plan d'attaque des alliés s'était développé : Blücher, arrivant sur la droite, s'était avancé à travers la plaine Saint-Denis, et avait marché sur Montmartre; à gauche, les colonnes du duc de Wurtemberg s'étaient portées sur Charonne et sur Vincennes.

« Dès ce moment nos braves, enveloppés de toutes parts, et d'heure en heure resserrés davantage, avaient perdu tout espoir, et ne combattaient plus que pour mourir !

« Le prince Joseph, commandant en chef l'armée parisienne, voyant les flots de l'ennemi parvenus au pied de Montmartre, avait reconnu qu'on ne pouvait davantage différer de capituler. Il en avait donné l'autorisation au duc de Raguse, et était parti pour aller rejoindre le Gouvernement sur la Loire.

« Dans l'espace de temps qui s'était écoulé en pourparlers pour obtenir l'armistice, nous avions achevé de perdre nos positions les plus importantes. L'ennemi s'était emparé des hauteurs de Mont-Louis et du Père-Lachaise. Au centre, il avait pénétré dans Belleville et Ménilmontant ; il s'était établi sur la butte Chaumont, qui domine tout Paris. Sa droite s'était groupée en grandes masses autour de La Villette, le duc de Raguse était acculé sur la barrière de Belleville ; Montmartre venait d'être forcé ; Blücher, enfin, allait attaquer la barrière Saint-Denis, lorsqu'on était convenu de suspendre es hostilités. C'était vers cinq heures du soir. Des officiers d'état-major des deux armées s'étaient aussitôt réunis. Les bases d'une capitulation avaient été posées ; mais dans la soirée, la rédaction n'était pas encore terminée, et rien n'était signé... »

Comme on le voit d'après ce récit, la situation était grave, et il ne fallait rien moins qu'un événement inattendu pour sauver la France de la domination étrangère.

Napoléon, envoya en toute hâte le duc de Vicence à Paris pour savoir s'il était encore possible de défendre la ville.

Ce diplomate apporta la nouvelle que la capitulation avait été signée à deux heures du matin, et qu'au petit jour les alliés feraient leur entrée.

L'Empereur, comprenant qu'une nouvelle lutte coûterait à la France de lourds sacrifices, partit immédiatement pour Fontainebleau.

Cet acte de sublime abnégation, alors que toute espérance de vaincre n'était pas encore perdue, peint tout entière la grande âme de Napoléon. Fort dans l'adversité, il préféra supporter avec dignité les coups du sort, plutôt que de livrer la France aux horreurs d'une guerre d'invasion.

La patrie et la postérité lui en seront à jamais reconnaissantes !

CHAPITRE XII

Défections. — Abdication de l'Empereur. — Proclamation aux Soldats. — Signature de l'Abdication. — Traité relatif au sort de l'Empereur. — Droit réservé. — Garde d'honneur. — Adieux de Fontainebleau. — Arrivée à Porto-Ferrago. — Avénement de Louis XVIII. — Intention des Souverains coalisés. — Napoléon quitte l'Ile d'Elbe. — Marche triomphale. — Entrée à Paris. — Proclamation répandues. — Soumission et Adresses des Corps constitués. — Lettre aux Souverains. — Assemblée du Champ-de-Mars. — Acte additionnel à la Constitution. — Adresses des Chambre. — Réponse de l'Empereur. — Il rejoint l'Armée. — Défection de Bourmont. — L'Armée passe la Sambre. — Ligny. — Waterloo. — Décisions des Chambres. — Abdication nouvelle. — On refuse à Napoléon de servir encore son pays. — Il se met sous la sauvegarde de l'Angleterre. — Il se rend à bord du *Bellerophon*. — Trahison. — Départ pour Sainte-Hélène.

Le 31 mars 1814, les armées coalisées entrèrent à Paris.

Des défections nombreuses eurent lieu dans les diverses branches de l'administration. L'armée seule resta fidèle à l'Empereur, et se rallia autour de lui à Fontainebleau. Malheureusement, le dévouement de cette héroïque phalange ne put empêcher les trahisons de quelques chefs de corps.

Napoléon remit, le 4 avril, au duc de Vicence, cette déclaration :

« Les puissances alliées ayant proclamé que l'Empereur Napoléon était le seul obstacle au rétablissement de la paix en Europe, l'Empereur Napoléon, fidèle à son serment, déclare qu'il est prêt à descendre du Trône, à quitter la France et même la vie pour le bien de la patrie, inséparable des droits de son Fils, de ceux de la Régence de l'Impératrice, et du maintien des lois de l'Empire. »

Après avoir ainsi abdiqué volontairement, Bonaparte adressa à ses soldats la proclamation suivante :

« L'Empereur remercie l'armée pour l'attachement qu'elle lui témoigne, et principalement parce qu'elle reconnaît que la France est en lui, et non pas dans le peuple de la capitale. Le soldat suit la fortune et l'infortune de son général, son honneur et sa religion. Le duc de Raguse n'a point inspiré ce sentiment à ses compagnons d'armes; il a passé aux alliés. L'Empereur ne peut approuver la condition sous laquelle il a fait cette démarche; il ne peut accepter la vie et la liberté de la main d'un sujet. Le Sénat s'est permis de disposer du Gouvernement français; il a oublié qu'il doit à l'Empereur le pouvoir dont il abuse maintenant, que c'est l'Empereur qui a sauvé une partie de ses membres des orages de la révolution, tiré de l'obscurité et protégé l'autre contre la haine de la nation. Le Sénat se fonde sur les articles de la Constitution pour la renverser; il ne rougit pas de faire des reproches à l'Empereur, sans remarquer que, comme premier corps de l'État, il a pris part à tous les événements. Il est allé si loin qu'il a osé accuser l'Empereur d'avoir changé les actes dans leur publication. Le monde entier sait qu'il n'avait pas besoin de tels artifices. Un signe était un ordre pour le Sénat, qui toujours faisait plus qu'on ne désirait de lui.... Le bonheur de la France paraissait être dans la destinée de l'Empereur ; aujourd'hui que la fortune s'est décidée contre lui, la volonté de la nation seule pourrait lui persuader de rester plus longtemps sur le Trône. S'il se doit considérer comme le seul obstacle à la paix, il fait volontiers le dernier sacrifice à la France. Il a en conséquence envoyé le prince de la Moskowa et les ducs de Vicence et de Tarente à Paris pour entamer la négociation. L'armée peut être certaine que l'honneur de l'Empereur ne sera jamais en contradiction avec le bonheur de la France. »

Mais une simple abdication ne suffisait plus aux ennemis de la dynastie Napoléonienne ; ils exigèrent que le vainqueur de l'Europe abandonnât les droits de son Fils à la Couronne impériale.

Le 11 avril 1814, vaincu par les prières de ceux qui l'entouraient, le Colosse français signa l'acte suivant :

« Les puissances alliées ayant proclamé que l'Empereur était le seul obstacle au rétablissement de la paix en Europe, l'Empereur, fidèle à son serment, déclare qu'il renonce pour lui et ses enfants aux Trônes de France et d'Italie, et qu'il n'est aucun sacrifice, même celui de la vie, qu'il ne soit prêt à faire aux intérêts de la France. »

Les puissances étrangères alors voulurent régler le sort de Napoléon, mais il protesta énergiquement et déclara qu'il voulait vivre désormais en simple particulier.

Néanmoins, le 13 avril, on lui envoya une Convention, dont voici les bases :

L'Empereur, l'Impératrice et tous les membres de

la Famille impériale conserveront leurs titres et qualités. L'Ile d'Elbe est accordée en toute souveraineté à Napoléon, avec DEUX *millions de revenu, dont* UN *reversible sur Marie-Louise, et à la charge de la France. L'Impératrice acquerrait la propriété des Duchés de Parme, Plaisance et Guastala.*

Après de douloureuses hésitations, Bonaparte signa. Toutefois, il se réserva le droit d'emmener avec lui un petit nombre de ses vieux soldats, avec lesquels il avait si vaillamment combattu sur les champs de bataille.

Le 20 avril, la garde impériale était rangée dans la cour du palais de Fontainebleau. L'Empereur lui adressa d'une voix émue ces touchantes paroles :

« Soldats de ma vieille garde, je vous fais mes adieux. Depuis vingt ans, je vous ai trouvés constamment sur le chemin de l'honneur et de la gloire. Dans ces derniers temps, comme dans ceux de ma prospérité, vous n'avez cessé d'être des modèles de bravoure et de fidélité. Avec des hommes tels que vous, notre cause n'était pas perdue ; mais la guerre était interminable. C'eût été la guerre civile, et la France n'en serait devenue que plus malheureuse. J'ai donc sacrifié tous nos intérêts à ceux de la patrie ; je pars : vous, mes amis, continuez de servir la France. Son bonheur était mon unique pensée, il sera toujours l'objet de mes vœux ! Ne plaignez pas mon sort ; si j'ai consenti à me survivre, c'est pour servir encore à votre gloire. Je veux écrire les grandes choses que nous avons faites ensemble !.... Adieu, mes enfants. Je voudrais vous presser tous sur mon cœur ; que j'embrasse au moins votre drapeau !.... »

A ces derniers mots, le général Petit, saisissant un de nos étendards, se jeta dans les bras de Napoléon, qui baisa le drapeau français avec effusion. « Adieu, encore une fois, mes vieux camarades, leur dit-il ; que ce dernier baiser passe dans vos cœurs ! »

Puis il s'élança dans la voiture qui l'attendait, et partit accompagné des généraux Bertrand, Drouot et Cambronne.

Le 3 mai, à six heures du soir, Napoléon entrait à Porto-Ferrajo.....

Louis XVIII, protégé par les baïonnettes étrangères, venait de prendre possession du Trône de France en qualité de *roi légitime,*

Ce souverain inaugura son règne par les mesures suivantes :

Imposition de 30 millions sur les contribuables, pour solder les dettes de la famille des Bourbons à l'étranger; — promulgation d'une loi qui ordonnait la restitution des biens et domaines nationaux non vendus aux émigrés ; — ordre d'épurer l'armée et de ne nommer aux emplois militaires que les généraux qui s'étaient distingués par leurs trahisons.

Napoléon, du fond de son exil, comprit que des mesures aussi blessantes pour l'esprit de la nation ne pouvaient qu'indisposer les populations contre le Gouvernement des Bourbons. Il apprit, en outre, que l'armée regrettait les jours de sa gloire, et qu'elle serait heureuse de pouvoir venger l'humiliation de ses derniers revers.

Il résolut donc de relever la France et de lui rendre sa suprématie sur l'Europe. Le 25 février, il s'embarqua sur le brick l'*Inconstant*, avec 900 hommes de sa vieille garde, et cingla vers les côtes de Provence, suivi de quelques légers navires. Le 1ᵉʳ mars, on jeta l'ancre sur la plage de Cannes.

Le débarquement s'opéra sans obstacles.

Le trajet de Cannes à Paris fut un triomphe pour l'Empereur. Partout il fut acclamé par les populations accourues en foule sur son passage. Les troupes envoyées à sa rencontre, par Louis XVIII, se rangèrent sous le drapeau tricolore, aux cris mille fois répétés de : *Vive l'Empereur!*

Le 20 mars, quelques heures après que Louis XVIII eut pris la route de Gand, l'Empereur, enlevé de son cheval, porté de bras en bras, rentrait aux Tuileries. Il avait reconquis sa couronne sans répandre une seule goutte de sang.

Dans sa marche vers Paris, Napoléon s'était fait précéder de deux proclamations : l'une adressée aux soldats, et l'autre au peuple. Les voici :

« Français, après la prise de Paris, mon cœur fut déchiré, mais mon âme resta inébranlable. Je ne consultai que l'intérêt de la patrie ; je m'exilai sur un rocher au milieu des mers. Ma vie vous était et devait encore vous être utile....

« Élevé au trône par votre choix, tout ce qui a été fait sans vous est illégitime. Depuis vingt-cinq ans, la France a de nouveaux intérêts, de nouvelles institutions, une nouvelle gloire, qui ne peut être garantie que par un Gouvernement national, et par une dynastie née dans ces nouvelles circonstances.... Un prince qui régnerait sur vous, qui serait assis sur mon Trône par la force des mêmes armées qui ont ravagé notre territoire, chercherait en vain à s'étayer des principes du droit féodal ; il ne pourrait assurer l'honneur et les droits que d'un petit nombre d'individus ennemis du peuple, qui, depuis vingt-cinq ans, les a condamnés dans toutes nos Assemblées nationales....

« Dans mon exil, j'ai entendu vos plaintes et vos vœux : vous réclamiez ce Gouvernement de votre choix, qui seul est légitime ; vous accusiez mon long sommeil ; vous me reprochiez de sacrifier à mon repos les grands intérêts de la patrie. J'ai traversé les mers au milieu des périls de toute espèce ; j'arrive parmi vous reprendre mes droits, qui sont les vôtres....

« Français, il n'est aucune nation, si petite qu'elle soit, qui n'ait eu le droit de se soustraire et ne se soit soustraite au déshonneur d'obéir à un prince imposé par un ennemi momentanément victorieux.... C'est à vous seuls et aux braves de l'armée que je me fais et me ferai toujours gloire de tout devoir.

« Soldats ! nous n'avons pas été vaincus. Deux hommes sortis de nos rangs ont trahi nos lauriers, leur pays, leur prince, leur bienfaiteur. Ceux que nous avons vus pendant vingt-cinq ans parcourir toute l'Europe pour nous susciter des ennemis, qui ont passé leur vie à combattre contre nous dans les rangs des armées étrangères, en maudissant notre belle France, prétendraient-ils commander et enchaîner nos aigles, eux qui n'ont jamais pu en soutenir les regards? Souffrirons-nous qu'ils héritent du fruit de nos glorieux travaux; qu'ils s'emparent de nos honneurs, de nos biens ; qu'ils calomnient notre gloire?... Ils cherchent à rabaisser ce que le monde admire ; et s'il reste encore des défenseurs de notre gloire, c'est parmi ces mêmes ennemis que nous avons combattus sur le champ de bataille..... Dans mon exil, j'ai entendu votre voix ; je suis arrivé à travers tous les obstacles et tous les périls ; votre général, appelé au trône par le choix du peuple, et élevé sur nos pavois, vous est rendu ; venez le joindre. Arrachez ces couleurs que la nation a proscrites.... Arborez cette cocarde tricolore, vous la portiez dans nos grandes journées ! Reprenez ces aigles que vous aviez à Ulm, à Austerlitz, à Iéna, à Eylau, à Friedland, à Tudéla, à Eckmühl, à Essling, à Wagram, à Smolensk, à la Moskowa, à Lutzen, à Wurtschen, à Montmirail.... Vos biens, vos rangs, votre gloire, les biens, les rangs et la gloire de vos enfants, n'ont pas de plus grands ennemis que ces princes que les étrangers nous ont imposés. Les vétérans des armées de Sambre-et-Meuse, du Rhin, d'Italie, d'Égypte, de l'Ouest, de la grande armée, sont humiliés ; leurs honorables cicatrices sont flétries. Leurs succès seraient des crimes ; ces braves seraient des rebelles, si, comme le prétendent les ennemis du peuple, des souverains légitimes étaient au milieu des armées étrangères. Les honneurs, les récompenses, les affections sont pour ceux qui les ont servis contre la patrie et contre nous.

« Soldats ! venez vous ranger sous les drapeaux de votre chef : son existence ne se compose que de la vôtre ; son intérêt, son honneur, sa gloire ne sont autres que votre intérêt, votre honneur et votre gloire. La victoire marchera au pas de charge ; l'aigle, avec les couleurs nationales, volera, de clocher en clocher, jusqu'aux tours de Notre-Dame. Vous pourrez montrer avec honneur vos cicatrices ; alors vous pourrez vous vanter de ce que vous aurez fait. Vous serez les libérateurs de la patrie. Dans votre vieillesse, entourés et considérés de vos concitoyens, ils vous entendront avec respect raconter vos hauts faits ; vous pourrez dire avec orgueil : *Et moi aussi je faisais partie de cette grande armée qui est entrée deux fois dans les murs de Vienne, dans ceux de Rome, de Berlin, de Madrid, de Moscou, qui a délivré Paris de la souillure que la trahison et la présence de l'ennemi y ont empreinte !* »

Le Corps législatif, la Chambre des Pairs, le Conseil d'État, la Magistrature firent leur soumission. Les Conseils généraux votèrent des Adresses où ils protestaient de leur dévouement, et déclaraient déchue à jamais la royauté légitime.

Le 4 avril, l'Empereur des Français adressa une lettre aux souverains de l'Europe. La voici :

« Monsieur mon frère,

« Vous aurez appris, dans le cours du mois dernier, mon retour sur les côtes de France, mon entrée à Paris et le départ de la famille des Bourbons. La véritable nature de ces événements doit être maintenant connue de Votre Majesté ; ils sont l'ouvrage d'une irrésistible puissance, l'ouvrage et la volonté unanime d'une grande nation qui connaît ses devoirs et ses droits. L'attente qui m'avait décidé au plus grand des sacrifices avait été trompée. Je suis venu, et du point où j'ai touché le rivage, l'amour de mes peuples m'a porté jusqu'au sein de ma capitale. Le premier besoin de mon cœur est de payer tant d'affection par une honorable tranquillité. Le rétablissement du trône impérial étant nécessaire au bonheur des Français, ma plus douce pensée est de le rendre en même temps utile à l'affermissement du repos de l'Europe. Assez de gloire a illustré tour à tour les drapeaux des diverses nations. Les vicissitudes du sort ont assez fait succéder de grands revers à de grands succès. Une plus belle arène est aujourd'hui ouverte aux souverains, et je suis le premier à y descendre. Après avoir présenté au monde le spectacle des grands combats, il sera plus doux de ne connaître désormais d'autre rivalité que celle des avantages de la paix, d'autre lutte que la lutte sainte de la félicité des peuples. La France se plaît à proclamer avec franchise ce noble but de tous ses vœux. Jalouse de son indépendance, le principe invariable de sa politique sera le *respect le plus absolu pour l'indépendance des autres nations*. Si tels sont, comme j'en ai l'heureuse confiance, les sentiments personnels de Votre Majesté, le calme général est assuré pour longtemps, et la justice, assise aux confins des États, suffit seule pour en garder les frontières. »

Cette lettre, pleine de franchise et de dignité, fut repoussée par les Rois et Empereurs de la Coalition étrangère.

Voyant que la paix était impossible, Napoléon se prépara à la guerre.

Il publia, le 1ᵉʳ juin, l'acte *additionnel* aux Constitutions de l'Empire, qui fut adopté publiquement par les Colléges électoraux à l'assemblée du Champ-de-Mars. A la suite de cette acceptation, Napoléon, la main sur l'Évangile, jura fidélité à la nouvelle Constitution et distribua les aigles et les drapeaux aux troupes et à la garde nationale.

Le 7 juin, eut lieu l'ouverture des Chambres. Les Pairs et les Députés, après des débats indignes de législateurs sérieux, présentèrent leurs Adresses à l'Empereur.

Napoléon répondit en ces termes à l'Adresse de la Chambre des Pairs :

« Messieurs,

« La lutte dans laquelle nous sommes engagés est sérieuse. L'entraînement de la prospérité n'est pas le danger qui nous menace aujourd'hui. C'est sous les fourches caudines que les étrangers veulent nous faire passer. C'est dans les temps difficiles que les grandes nations, comme les grands hommes, déploient toute l'énergie de leur caractère et deviennent un objet d'admiration pour la postérité. »

Il fut encore plus explicite dans son allocution aux représentants :

« La Constitution, leur dit-il, est notre point de ralliement ; elle doit être notre étoile polaire dans ces moments d'orage. Toute discussion publique qui tendrait à diminuer directement ou indirectement la confiance qu'on doit avoir dans ces dispositions serait un malheur pour l'État. Nous nous trouverions au milieu des écueils, sans boussole et sans direction. La crise où nous sommes engagés est forcée. N'imitons pas l'exemple du Bas-Empire, qui, pressé de tous côtés par les Barbares, se rendit la risée de la postérité en s'occupant de discussions abstraites, au moment où le bélier brisait les portes de la ville. Dans toutes les affaires, ma marche sera toujours droite et ferme. Aidez-moi à sauver la patrie. Premier représentant du peuple, j'ai contracté l'obligation, que je renouvelle, d'employer dans des temps plus tranquilles toutes les prérogatives de la Couronne et le peu d'expérience que j'ai acquise à vous seconder dans l'amélioration de nos Constitutions. »

Le 12 juin, l'Empereur quitta Paris pour aller prendre le commandement de ses troupes, dont le quartier-général était à Laon.

L'armée française présentait un effectif de 130,000 hommes et de 134 pièces de canon. Le maréchal Soult remplissait les fonctions de major-général ; Ney commandait l'aile gauche, et Grouchy l'aile droite.

Le 14, on apprit la défection du général Bourmont, qui avait déserté dans la nuit avec son état-major, et livré les plans à l'ennemi.

Napoléon ne se laissa pas abattre par cette trahison ; il adressa de suite une proclamation aux fidèles défenseurs de la patrie :

« Soldats, disait-il, c'est aujourd'hui l'anniversaire de Marengo et de Friedland, qui décida deux fois du destin de l'Europe. Alors, comme après Austerlitz, comme après Wagram, nous fûmes trop généreux. Nous crûmes aux protestations et aux serments des princes que nous laissâmes sur le trône. Aujourd'hui, cependant, coalisés entre eux, ils en veulent à l'indépendance et aux droits les plus sacrés de la France. Ils ont commencé la plus injuste des agressions : marchons donc à leur rencontre ! Eux et nous ne sommes-nous plus les mêmes hommes? Soldats! à Iéna, contre ces mêmes Prussiens, aujourd'hui si arrogants, vous étiez un contre deux, et à Montmirail, un contre trois. Que ceux d'entre vous qui ont été prisonniers des Anglais vous fassent le récit des maux affreux qu'ils ont soufferts sur les pontons! Les Saxons, les Belges, les Hanovriens, les soldats de la Confédération du Rhin, gémissent d'être obligés de prêter leurs bras à la cause des princes ennemis de la justice et des droits de tous les peuples. Ils savent que cette coalition est insatiable; après avoir dévoré douze millions de Polonais, douze millions d'Italiens, un million de Saxons, six millions de Belges, elle devra dévorer les États du deuxième ordre de l'Allemagne. Les insensés! un moment de prospérité les aveugle; l'oppression, l'humiliation du peuple français sont hors de leur pouvoir. S'ils entrent en France, ils y trouveront leur tombeau. Soldats! nous avons des batailles à livrer, des périls à courir; mais, avec de la constance, la victoire sera à nous. Les droits, l'honneur et le bonheur de la patrie seront reconquis; pour tout Français qui a du cœur, le moment est arrivé de vaincre ou de périr. »

Le 15 juin, l'armée française, franchissant la frontière, traversa la Sambre et culbuta les Prussiens jusqu'au delà de Charleroy.

Le 16, l'Empereur se trouva, près de Fleurus, en face de l'armée de Blücher, forte de 100,000 hommes.

Après un combat de plusieurs heures, le village de Ligny fut pris par nos troupes, et le centre de l'armée prussienne complétement battu. Les ennemis laissèrent sur le champ de bataille 20,000 hommes hors de de combat et 40 pièces de canons; Grouchy fut chargé de poursuivre les Prussiens, et Napoléon, avec le corps de Ney, marcha contre Wellington, qui commandait l'armée anglaise, forte de 120,000 hommes et qui avait pris position au village de Waterloo.

Nous empruntons à une plume connue par son impartialité le récit de cette mémorable journée :

« Le combat s'engagea le 18 juin, vers onze heures, par une attaque de la gauche française contre la droite ennemie : attaque ordonnée afin de tromper le général anglais. Et, en effet, Wellington renforça aussitôt la droite de ses meilleures troupes. Cependant, un événement fâcheux arrivait à nos colonnes d'attaque. Ney, formé devant Papelotte, avait mis ses divisions en marche pour opérer l'attaque convenue; mais son artillerie, embourbée dans les terres délayées par huit jours de pluie, ne pouvait pas les suivre : la cavalerie ennemie s'élança sur une de nos brigades et sur ses pièces, éloignées de tout secours; l'infanterie était trop serrée pour combattre; quelques bataillons furent entamés, et les cavaliers anglais, sabrant les conducteurs, coupèrent les traits ainsi que les jarrets des chevaux, et mirent momentanément quelques-unes des pièces hors de service. Une brigade de cuirassiers français accourut et anéantit cette cavalerie. Le maréchal Ney se vit forcé de continuer sans artillerie sa marche sur la Haie-Sainte. Néanmoins, soutenu par les batteries françaises du centre, il aborda la position avec résolution et culbuta tout devant lui. Notre cavalerie exécuta plusieurs charges brillantes sur la ligne anglaise et perça jusqu'aux réserves de Wellington. La vigueur de la défense répondait à celle de l'attaque. Malgré la supériorité de l'artillerie ennemie, qui, favorisée par son immobilité, pouvait continuer à tirer, nos colonnes faisaient de sensibles progrès. Déjà, la Haie-Sainte avait été emportée, et Ney s'y était établi. Tout à coup on annonça à l'Empereur que des troupes en marche se montraient du côté de Saint-Lambert. Il crut d'abord que c'était le corps de Grouchy attiré par le bruit du canon, et venant prendre part au combat. Mais bientôt des prisonniers lui firent connaître que la colonne qui débouchait du défilé (il n'avait pas été occupé!) était le corps de Bulow qui, ayant opéré sa jonction avec Blücher, formait l'avant-garde de l'armée prussienne. L'Empereur eut peine à le croire, mais il fallut se rendre à l'évidence. Aussitôt, et sans cesser de combattre au centre, il donna l'ordre à la jeune garde, qui se mettait en mouvement pour soutenir le maréchal Ney, de se porter sur la droite, afin de contenir les Prussiens. — Il n'était encore que deux heures de l'après-midi, et il espérait avoir le temps d'achever la défaite de Wellington avant l'arrivée de Blücher. Notre cavalerie s'élança de son côté, et chargea les masses anglaises qui occupaient le plateau du Mont-Saint-Jean. Ce dernier effort devait être décisif; mais Wellington avait été prévenu de l'approche de son allié ; il comprit l'importportance de tenir en ligne jusqu'à ce que l'armée prussienne pût y entrer à son tour. Le combat s'engagea donc avec fureur, et un carnage horrible commença. Les fantassins anglais, formés en carrés, mouraient à leurs postes; et, pendant deux heures, nos cuirassiers continuèrent à décimer leurs bataillons. L'artillerie ni les baïonnettes ne purent arrêter leurs charges impétueuses : 12,000 Anglais tombèrent sous leurs coups. Déjà la route de Bruxelles était couverte de fuyards ; les soldats, jetant leurs armes, cherchaient un refuge dans la forêt voisine. Wellington, se considérant comme vaincu, et désespérant de prolonger la résistance, allait donner le signal de la retraite, lorsque Blücher apparut. Une partie de ses divisions, en débouchant sur le champ de bataille, lia le corps de Bulow avec la gauche de Wellington, et le reste prolongea notre droite pour la tourner.

« La certitude d'être secourus ranima l'élan des Anglais. Ils passèrent d'une défense passive à une offensive impétueuse ; nos soldats, épuisés par le combat de la journée, firent un mouvement rétrograde. La garde s'avança en vain pour les soutenir : l'arrivée des Prussiens sur la Haie-Sainte changea la face du combat. Ce plateau fut repris par les Prussiens et les Anglais réunis. La garde, formée en carré, fit en vain une héroïque résistance. Les forces supérieures de l'ennemi, la nuit qui survint, un cri fatal de *sauve qui peut*, échappé à quelque lâche ou lancé par quelque traître, décidèrent la déroute de l'armée française. L'Empereur voulait mourir ; on l'entraîna presque de force hors du champ de bataille.

« Seuls, les bataillons de la garde, le brave Cambronne à leur tête, ne reculèrent pas : au milieu des charges opiniâtres et sans cesse renouvelées, leur général put alors, avec vérité, faire aux sommations de l'ennemi, cette réponse célèbre : « La garde meurt et ne se rend pas. » S'il ne la fit pas, comme plusieurs le prétendent, sa conduite tint lieu de paroles, et, dans cette circonstance, offrit aux Français une généreuse pensée et un héroïque exemple. »

Les Français perdirent dans ce combat 25,000 hommes, dont 17,000 tués ou blessés et 8,000 prisonniers.

L'Empereur, cédant aux obsessions de ses généraux, partit pour Paris, laissant au maréchal Soult la mission de rallier les débris de son armée.

La Chambre des Députés, à la réception du Bulletin de la bataille de Waterloo, se déclara en permanence et prononça la déchéance de Napoléon.

Plus occupée d'elle-même que du salut de la nation, elle parut peu s'inquiéter de la marche victorieuse des armées coalisées, et crut sauver la France en déclarant : *Traître à la Patrie quiconque oserait dissoudre l'Assemblée législative.*

L'Empereur, fidèle au principe populaire qui l'avait élu, fit connaître, dans une proclamation au peuple français, le douloureux sacrifice que lui imposait la Chambre des Députés :

« Peuple français,

« En commençant la guerre pour l'indépendance nationale, je comptais sur la réunion de tous les efforts, de toutes les volontés, et sur le concours de toutes les autorités nationales. J'étais fondé à espérer le succès, et j'avais bravé toutes les déclarations des puissances contre moi. Les circonstances me paraissent changées. Je m'offre en sacrifice à la haine des ennemis de la France. Puissent-ils être sincères dans leurs déclarations et n'en avoir voulu seulement qu'à ma personne !

Ma vie politique est terminée, et je proclame mon fils, sous le titre de *Napoléon II, Empereur des Français.* Les ministres actuels formeront provisoirement le conseil du Gouvernement. L'intérêt que je porte à mon fils m'engage à inviter les Chambres à organiser, sans délai, la régence par une loi. Unissez-vous tous pour le salut public et pour rester une nation indépendante. »

Les deux Chambres procédèrent immédiatement à la nomination d'un Gouvernement provisoire. Le baron Quinette et le duc de Vicence furent nommés par la Chambre des Pairs, Carnot et Fouché par celle des Députés.

En descendant du trône qu'il avait si glorieusement occupé, Napoléon ne cessa pas d'aimer la France, et il en donna une nouvelle preuve en offrant son épée comme simple général pour combattre ses ennemis.

Mais les hommes de Gand, qui avaient tremblé depuis vingt ans devant Bonaparte, ne pouvaient consentir à ce qu'il se remît de nouveau à la tête de nos armées. Ils repoussèrent sa proposition, et, violant tous les traités, l'obligèrent à quitter immédiatement Paris et à chercher un refuge sur la terre étrangère.

Lorsque Napoléon quitta la capitale, il n'était plus libre : un délégué du Gouvernement provisoire était chargé de l'accompagner à Rochefort.

L'Empereur avait eu d'abord l'intention de s'embarquer pour l'Amérique, mais, changeant d'avis, il fit porter, le 13 juillet, par le général Gourgaud, la lettre suivante au Prince-Régent d'Angleterre :

« Altesse royale, en butte aux factions qui divisent mon pays et à l'inimitié des plus grandes puissances de l'Europe, j'ai terminé ma carrière politique, et je viens, comme Thémistocle, m'asseoir au foyer du peuple britannique. Je me mets sous la protection de ses lois, que je réclame de Votre Altesse Royale, comme du plus puissant, du plus constant et du plus généreux de mes ennemis.

« NAPOLÉON. »

Le 14, M. Maitland, capitaine de la division navale anglaise, déclara que si l'Empereur désirait s'embarquer pour l'Angleterre, il était autorisé à l'y conduire avec tous les égards dus à son rang.

Le 15, Napoléon monta sur le *Bellérophon*.

« Je viens à votre bord, dit-il au capitaine Maitland, me mettre sous la protection des lois de l'Angleterre. »

Le navire qui portait l'Empereur fut retenu neuf jours par les vents contraires; il ne mouilla que le 24 dans la rade de Torbay.

Le 30 juillet, l'amiral anglais, accompagné d'un sous-secrétaire d'État, remit à Napoléon une déclaration ministérielle conçue en ces termes :

« Il ne peut convenir ni à nos devoirs envers notre pays, ni à nos alliés, que le général Bonaparte conserve le moyen de troubler de nouveau la paix du Continent. L'île de Sainte-Hélène a été choisie pour sa future résidence. *Le climat est sain*, et la situation locale permettra qu'on l'y traite avec plus d'indulgence qu'on ne le pourrait faire ailleurs, *vu les précautions indispensables qu'on serait obligé d'employer pour s'assurer de sa personne...* »

Indigné de cette violation flagrante des droit de l'humanité, Napoléon adressa immédiatement une protestation à lord Keith :

« Je proteste solennellement ici, à la face du ciel et des hommes, contre la violence qui m'est faite, contre la violation de mes droits les plus sacrés, en disposant par la force de ma personne et de ma liberté. Je suis venu librement à bord du *Bellérophon*. Je ne suis pas le prisonnier, je suis l'hôte de l'Angleterre. Je suis venu à l'instigation même du capitaine, qui a dit avoir des ordres du Gouvernement de me recevoir et de me conduire en Angleterre avec ma suite, si cela m'était agréable. Je me suis présenté de bonne foi, pour venir me mettre sous la protection des lois de l'Angleterre. Aussitôt assis à bord du *Bellérophon*, je fus sur le foyer du peuple britannique. Si le Gouvernement, en donnant des ordres au capitaine du *Bellérophon* de me recevoir ainsi que ma suite, n'a voulu que me tendre une embûche, il a forfait à l'honneur et flétri son pavillon. Si cet acte se consommait, ce serait en vain que les Anglais voudraient parler désormais de leur loyauté, de leurs lois et de leurs libertés. La foi britannique se trouvera perdue dans l'hospitalité du *Bellérophon*. J'en appelle à l'histoire ; elle dira qu'un ennemi qui fit vingt ans la guerre au peuple anglais, vint librement, dans son infortune, chercher un asile sous ses lois. Quelle plus éclatante preuve pouvait-il lui donner de son estime et de sa confiance ! Mais comment répondit-on en Angleterre à une telle magnanimité ? On feignit de tendre une main hospitalière à cet ennemi ; et quand il se fut livré de bonne foi, on l'immola. »

Le ministère anglais ne daigna pas répondre à cette énergique protestation d'un Souverain qui avait droit à tous les respects dus au malheur. L'histoire a flétri, et la postérité flétrira cette lâche et indigne félonie : et jamais l'Angleterre n'effacera cette tache imprimée à son nom.

Le 6 août, Napoléon fut transféré, sous escorte, à bord du *Northumberland*, où se trouvait le nouveau gouverneur de Sainte-Hélène, l'amiral Cockburn.

Le 17, l'Empereur, passant en vue du Cap de La Hogue, adressa ces paroles à la France, qu'il saluait pour la dernière fois :

« Adieu, s'écria-t-il, adieu, terre des braves ! adieu, chère France ! Quelques traîtres de moins, et tu serais encore la grande nation et la maîtresse du monde. »

. . . .

Le 17 octobre 1815, après deux mois de traversée, Napoléon, accompagné des généraux Bertrand, Gourgaud, Montholon et du comte de Las Cases, descendit dans l'île qui devait lui servir de tombeau !

SAINTE-HÉLÈNE

MORT DE NAPOLÉON

La captivité de Napoléon dura six années, pendant lesquelles il eut à supporter les plus cruelles vexations de la part de sir Hudson-Lowe, nommé gouverneur en remplacement de l'amiral Cockburn.

Des Commissaires, envoyés par les grandes puissances, vinrent aider le farouche geôlier dans les fonctions qu'il remplissait avec une rigueur inouïe.

Par les ordres de ce sicaire du Gouvernement anglais, le comte de Las Cases et son fils furent renvoyés de Saint-Hélène.

Le général Bertrand, le comte et la comtesse de Montholon, le docteur Antomarchi et le fidèle Marchand, valet de chambre de l'Empereur, furent les seuls amis qui obtinrent de rester près du noble exilé.

Napoléon, grâce à sa robuste constitution, résista pendant cinq années aux influences du climat de Sainte-

Hélène. Mais, en septembre 1819, sa santé s'altéra sensiblement. Le docteur Antomarchi ordonna un régime qui ne put être suivi à cause des empêchements apportés par sir Hudson-Lowe.

La maladie fit de rapides progrès, et, le 17 mars 1821, Napoléon, en proie à d'horribles souffrances, disait, en plaçant la main sur son estomac : « C'est un couteau de boucher qu'ils m'ont mis là, et ils ont brisé la lame dans la plaie ! »

Le 2 avril, on aperçut une comète dans la direction de l'Orient : « Une comète, s'écria Napoléon, ce fut le précurseur de la mort de César. »

Le 18, Antomarchi, insistant sur l'urgence d'une médication énergique, Napoléon lui dit avec bonté : « Non, docteur ; l'Angleterre réclame mon cadavre, il ne faut pas la faire attendre. »

Le 19, un mieux sensible se produisit. Les amis fidèles du captif lui en témoignèrent leur satisfaction et lui firent part de leurs espérances. « Vous ne vous trompez pas, leur dit-il, je vais mieux aujourd'hui ; mais je n'en sens pas moins que ma fin approche. Quand je serai mort, chacun de vous aura la douce satisfaction de retourner en Europe. Vous reverrez, les uns vos parents, les autres vos amis, et moi je retrouverai mes braves aux Champs-Elysées. Oui, continua-t-il en haussant la voix : Kléber, Desaix, Bessières, Duroc, Ney, Murat, Masséna, Berthier, tous viendront à ma rencontre ; ils me parleront de ce que nous avons fait ensemble…. Nous causerons de nos guerres avec les Scipion, les Annibal, les César, les Frédéric….. à moins, ajouta-t-il en souriant, qu'on n'ait peur là-bas de voir tant de guerriers ensemble. »

Le docteur Arnold, délégué par le Gouvernement anglais pour s'assurer si Bonaparte était en effet gravement malade, entra sur ces dernières paroles. L'Empereur, après lui avoir détaillé ses souffrances, ajouta :

« C'en est fait, le coup est porté, je touche à ma fin; je vais rendre mon corps à la terre... Approchez, Bertrand; traduisez à monsieur ce que vous allez entendre... N'omettez pas un mot.... J'étais venu m'asseoir au foyer du peuple britanique; je demandais une loyale hospitalité. Contre tout ce qu'il y a de droit sur la terre, on me répondit par des fers. J'eusse reçu un autre accueil d'Alexandre, de l'empereur François, du roi de Prusse lui-même. Mais il appartenait à l'Angleterre de surprendre, d'entraîner les rois, et de donner au monde le spectacle inouï de quatre grandes puissances s'acharnant sur un seul homme. C'est le ministère anglais qui a choisi cet affreux rocher où se consume, en moins de trois ans, la vie des Européens, pour y achever la mienne par un assassinat. Et comment m'a-t-on traité depuis que je suis sur cet écueil? Il n'y a pas une indignité dont on ne se soit fait une joie de m'abreuver. Les plus simples communications de famille, celles même qu'on n'a jamais interdites à personne, m'ont été refusées.... Ma femme, mon fils, ne vivent plus pour moi : on m'a ainsi tenu six ans à la torture du secret... Dans cette île inhospitalière, on m'a donné pour demeure l'endroit le moins fait pour être habité, celui où le climat meurtrier du tropique se fait le plus sentir; il a fallu me renfermer entre quatre cloisons, moi qui parcourais à cheval toute l'Europe! Le Gouvernement britannique m'a assassiné longuement, en détail, avec préméditation, et l'infâme Hudson-Lowe a été son exécuteur des hautes-œuvres.... Ce Gouvernement finira comme la superbe République de Venise. Quant à moi, mourant sur cet affreux rocher, privé des miens, et manquant de tout, je lègue l'opprobre de ma mort à la maison régnante d'Angleterre. »

Le 21, Napoléon fit demander son aumônier : « Je suis né dans la religion catholique, lui dit-il, je veux remplir les devoirs qu'elle impose et recevoir les secours qu'elle administre. »

Le 28 avril, il fit appeler Antomarchi, le chargea de faire l'autopsie de son cadavre et de porter son cœur à sa chère Marie-Louise.

Le 2 mai, la fièvre redoubla d'intensité et fut accompagnée de délire. L'Empereur parlait sans cesse de son fils, de la France et de ses vieux frères d'armes.

Le lendemain matin, se sentant un peu plus calme, il demanda Bertrand et Montholon, ses exécuteurs testamentaires, et leur parla en ces termes :

« Je vais mourir, mes chers amis ; vous retournerez en Europe. Je vous dois des conseils sur la conduite que vous avez à y tenir. Vous avez partagé mon exil ; vous serez fidèles à ma mémoire ; vous ne ferez rien qui puisse la blesser. J'ai sanctionné tous les principes, je les ai infusés dans mes lois, dans mes actes ; il n'y en a pas un seul que je n'aie consacré. Malheureusement, les circonstances étaient graves ; j'ai été obligé de sévir, d'ajourner ; les revers sont venus ; je n'ai pu débander l'arc, et la France a été privée des institutions libérales que je lui destinais. Elle me juge avec indulgence ; elle me tient compte de mes intentions ; elle chérit mon nom, mes victoires : imitez-la, soyez fidèles aux opinions que nous avons défendues, à la gloire que nous avons acquise ; il n'y a, hors de là, que honte et confusion. »

Le 5 mai, dans la matinée, Napoléon tomba dans un sommeil léthargique, pendant qu'un ouragan terrible déracinait presque tous les arbres de l'île.

A cinq heures du soir, il laissa échapper ces mots :

« Tête d'armée ! »

A six heures moins onze minutes, l'âme du Captif de Sainte-Hélène s'échappa de son enveloppe terrestre pour s'envoler dans le sein de Dieu !

. . . .

. . . .

Napoléon était mort ! ! !

. . . .

. . . .

Le procès-verbal suivant, qui constatait le décès de Napoléon Bonaparte, fut dressé le 5 mai 1821.

Procès-verbal du décès de l'Empereur.

« A défaut des officiers de l'état civil de la Famille impériale désignés par les sénatus-consultes y relatifs, nous, comte Bertrand, lieutenant-général, grand maréchal de l'Empereur Napoléon, et comte de Montholon, lieutenant-général, aide-de-camp de Sa Majesté, tous deux agissant comme officiers civils de sa maison, avons rédigé le présent acte, à l'effet de constater qu'aujourd'hui, cinq mai mil huit cent vingt et un, à cinq heures quarante-neuf minutes de l'après-midi, l'Empereur Napoléon est décédé dans ses appartements à Longwood, île Sainte-Hélène, à la suite d'une longue et pénible maladie, dans le sein de la religion catholique, apostolique et romaine, en présence de nous soussignés, et de toutes les personnes de la maison de Sa Majesté, en service à Longwood.

« Longwood, île Sainte-Hélène, 5 mai 1821.

« *Signé* le comte BERTRAND;

« le comte de MONTHOLON. »

Le 6 mai, à six heures du soir, les médecins anglais, après avoir fait l'autopsie du corps, en présence du docteur Antomarchi, rédigèrent un procès-verbal affirmant que : *Napoléon Bonaparte avait succombé à une affection cancéreuse héréditaire.*

Antomarchi refusa de signer le procès-verbal, se fondant sur cette opinion, résultat de l'expérience, que : *Napoléon Bonaparte était mort d'une gastro-entérite produit par le climat de l'île Sainte-Hélène.*

« Le 9, dit M. de Norvins, la pompe funèbre eut lieu dans l'ordre suivant : Napoléon Bertrand, filleul de l'Empereur, fils du grand-maréchal; le chapelain Vignali, revêtu de ses habits sacerdotaux; les docteurs Antomarchi et Arnold; 24 grenadiers anglais, destinés à descendre le corps au bas de la colline; ensuite une voiture de deuil où le corps était placé; derrière elle, le cheval de Napoléon; les exécuteurs testamentaires, comte Bertrand, comte Montholon, et Marchand, premier valet de chambre, et les serviteurs de Napoléon, escortaient à pied le convoi, que la comtesse Montholon suivait en voiture avec sa fille. Là finissait la Famille française.

« Venaient ensuite les membres du Conseil de l'île, le général Coffin, le marquis de Monchenu, commissaires pour la France et l'Autriche; l'amiral et le héros de cette pompe de mort, le Gouverneur; enfin, lady Hudson-Lowe et sa fille, en grand deuil, dans une voiture. 3,000 hommes escortèrent le corps au sortir de Longwood.

« Comme la route ne permettait pas au char funéraire d'arriver jusqu'au lieu de la sépulture, des grenadiers anglais eurent l'honneur de porter sur leurs épaules les dépouilles mortelles du héros. Elles reçurent les prières et la bénédiction du prêtre avant de pénétrer dans le caveau avec les coupes d'argent qui contenaient le cœur et l'estomac, et qui furent placées dans le cercueil descendu dans le funèbre asile. Douze salves d'artillerie apprirent à l'Océan que l'âme de Napoléon avait quitté la terre. Une garde d'officiers anglais fut chargée de veiller sur la sépulture du grand homme. »

On déposa la dépouille mortelle de l'exilé-martyr dans un caveau construit dans une petite vallée pittoresque, surnommée depuis : *Vallée du tombeau.*

. . . .

L'esprit de parti a assayé d'attaquer la mémoire de cet illustre guerrier, de ce savant législateur; mais l'auréole de sa gloire plane au-dessus des passions vulgaires.

TESTAMENT

DE NAPOLÉON

EMPEREUR DES FRANÇAIS

(Déposé en Angleterre).

Ce jourd'hui, 15 avril 1821, à Longwood,
île Sainte-Hélène.

Ceci est mon testament, ou acte de ma dernière volonté :

Je lègue au comte de Montholon deux millions de francs, comme une preuve de ma satisfaction des soins qu'il m'a rendus depuis six ans, et l'indemniser des pertes que son séjour à Sainte-Hélène lui a occasionnées.

Je lègue au comte Bertrand cinq cent mille francs.

Je lègue à Marchand, mon premier valet de chambre, quatre cent mille francs : les services qu'il m'a rendus sont ceux d'un ami ; je désire qu'il épouse une veuve, sœur ou fille d'un officier ou soldat de ma vieille garde.

Je lègue à Saint-Denis cent mille francs.

A Novarre, cent mille francs.

A Pijéron, cent mille francs.

A Archambaud, cinquante mille francs.

A Cursor, vingt-cinq mille francs.

A Chandelle, vingt-cinq mille francs.

A l'abbé Vignali, cent mille francs ; je désire qu'il bâtisse sa maison près de Ponte-Novo de Rostino.

Au comte Las Cases, cent mille francs.

Au comte Lavalette, cent mille francs.

Au chirurgien en chef Larrey, cent mille francs. C'est l'homme le plus vertueux que j'aie connu.

Au général Brayer, cent mille francs.

Au général Lefèvre-Desnouettes, cent mille francs.

Au général Drouot, cent mille francs.

Au général Cambronne, cent mille francs.

Aux enfants du général Mouton-Duvernet, cent mille francs.

Aux enfants du brave Labédoyère, cent mille francs.

Aux enfants du général Girard, tué à Ligny, cent mille francs.

Aux enfants du général Chartran, cent mille francs.

Aux enfants du vertueux général Travot, cent mille francs.

Au général Lallemand l'aîné, cent mille francs.

A Costa di Bastelica, encore cent mille francs.

Au général Clausel, cent mille frans.

Au baron de Menneval, cent mille francs.

A Arnault, auteur de *Marius*, cent mille francs.

Au colonel Marbot, cent mille francs. Je l'engage à continuer à écrire pour la défense de la gloire des armées françaises, et à confondre les calomniateurs et les apostats.

Au baron Bignon, cent mille francs. Je l'engage à écrire l'histoire de la diplomatie française de 1792 à 1815.

A Poggi de Talavo, cent mille francs.

Au chirurgien Emmery, cent mille francs.

Ces sommes seront prises sur les six millions que j'ai placés, en partant de Paris, en 1815, et sur les intérêts à raison de cinq pour cent, depuis juillet 1815 ; les comptes en seront arrêtés avec le banquier par les comtes Montholon, Bertrand et Marchand.

Ces legs, en cas de mort, seront payés aux veuves et enfants, et, au défaut de ceux-ci, rentreront à la masse.

J'institue les comtes Montholon, Bertrand et Marchand mes exécuteurs testamentaires.

Ce présent testament, tout écrit de ma propre main, est signé et scellé de mes armes.

NAPOLÉON.

Le 24 avril 1821, Longwood.

Ceci est mon codicille ou acte de ma dernière volonté :

Sur la liquidation de ma liste civile d'Italie, tels que argent, bijoux, argenterie, linges, meubles, écrins, dont le vice-roi est dépositaire, et qui m'appartenaient, je dispose de deux millions, que je lègue à mes plus fidèles serviteurs. J'espère que, sans s'autoriser d'aucune raison, mon fils Eugène Napoléon les acquittera fidèlement : il ne peut oublier les quarante millions que je lui ai donnés, soit en Italie, soit par le partage de la succession de sa mère.

Au comte Montholon deux cent mille francs, dont il en versera cent mille à la caisse pour le même usage que ci-dessus, pour être employés, selon mes dispositions, à l'acquit de legs de conscience.

Ce codicille est écrit entièrement de ma propre main, signé et scellé de mes armes.

NAPOLÉON.

Le 24 avril 1821, Longwood.

Ceci est encore un codicille, ou acte de ma dernière volonté :

Les neuf mille livres sterling que nous avons donnés au comte et à la comtesse Montholon, doivent, s'ils ont été soldés, être déduits et portés en compte sur les legs que nous lui faisons par nos testaments : s'ils n'ont pas été acquittés, nos billets seront annulés.

Moyennant le legs fait par notre testament au comte Montholon, la pension de vingt mille francs accordée à sa femme est annulée ; le comte Montholon est chargé de la lui payer.

L'administration d'une pareille succession, jusqu'à son entière liquidation, exigeant des frais de bureaux, de courses, de commission, de consultation, de plaidoiries, nous entendons que nos exécuteurs testamentaires retiendront 3 p. 100 sur tous les legs, soit sur les six millions huit cent mille francs, soit sur les sommes portées dans les codicilles.

Les sommes provenant de ces retenues seront déposées dans les mains d'un trésorier, et dépensées sur le mandat de nos exécuteurs testamentaires.

Nous nommons le comte Las Cases, ou à son défaut son fils, et à son défaut le général Drouot, trésorier.

Ce présent codicille est entièrement écrit de notre main, et signé et scellé de nos armes.

NAPOLÉON.

Ce 24 avril 1821, Longwood.

Ceci est mon codicille ou acte de ma dernière volonté.

Sur les fonds remis en or à l'impératrice Marie-Louise, ma très-chère et bien-aimée épouse, à Orléans, en 1814, elle reste me devoir deux millions, dont je dispose par ce présent codicille, afin de récompenser mes plus fidèles serviteurs, que je recommande, au reste, à la protection de ma chère Marie-Louise.

Je lègue deux cent mille francs au comte Montholon, sur lesquels il versera cent mille francs dans la caisse du trésorier, pour le même usage que ci-dessus, pour être employés, selon mes dispositions, à des legs de conscience.

Ce codicille est écrit tout de ma propre main, signé et scellé de mes armes.

NAPOLÉON.

Lettre à M. J. Laffitte.

MONSIEUR LAFFITTE,

Je vous ai remis en 1815, au moment de mon départ de Paris, une somme de près de six millions, dont vous m'avez donné un double reçu; j'ai annulé un des reçus, et je charge le comte de Montholon de vous présenter l'autre reçu, pour que vous ayez à lui remettre, après ma mort, ladite somme, avec les intérêts à raison de 5 p. 100, à dater du 1er juillet 1815, en défalquant les paiements dont vous avez été chargé en vertu d'ordres de moi.

Je désire que la liquidation de votre compte soit arrêtée d'accord entre vous, le comte Montholon, le comte Bertrand et le sieur Marchand; et, cette liquidation réglée, je vous donne, par la présente, décharge entière et absolue de ladite somme.

Je vous ai également remis une boîte contenant mon médaillon; je vous prie de la remettre au comte Montholon.

Cette lettre n'étant à autre fin, je prie Dieu, Monsieur Laffitte, qu'il vous ait en sa sainte et digne garde.

Longwood, île Sainte-Hélène, le 25 avril 1821.

NAPOLÉON.

Ce testament a été présenté, le 10 décembre 1821, à la Cour de prérogative du lord archevêque de Cantorbéry, déposé et enregistré, après l'*Affidavit*, ès-mains de M. Fox, notaire et procureur général de la Cour.

TRANSLATION

DES

CENDRES DE NAPOLÉON Ier

AUX INVALIDES

En 1840, le Gouvernement français, pressé par les vœux unanimes de la nation, se décida enfin à demander à l'Angleterre les cendres de Napoléon.

M. de Rémusat, alors ministre de l'intérieur, fit la communication suivante à la Chambre des Députés, dans la séance du 12 mai 1840 :

« Nous venons vous demander les moyens de faire revenir dignement sur la terre de France les cendres de Napoléon..... Ses restes seront déposés aux Invalides... Il importe à la majesté d'un tel souvenir que cette sépulture auguste ne demeure pas exposée sur une place publique, au milieu d'une foule bruyante et distraite. Il convient qu'elle soit placée dans un lieu silencieux et sacré, où puissent la visiter avec recueillement tous ceux qui respectent la gloire et le génie, la grandeur et l'infortune. Il fut Empereur et Roi; il fut le Souverain légitime de notre pays. A ce titre, il pourrait être inhumé à Saint-Denis; mais il ne faut pas à Napoléon la sépulture ordinaire des rois. Il faut qu'il règne et commande encore dans l'enceinte où vont se reposer les soldats de la patrie, et où iront toujours s'inspirer ceux qui seront appelés à la défendre. Son épée sera déposée sur sa tombe.

« L'art élèvera sous le dôme, au milieu du temple consacré par la religion au dieu des armées, un tombeau digne, s'il se peut, du nom qui doit y être gravé. Ce monument doit avoir une beauté simple, des formes grandes et cet aspect de solidité inébranlable qui semble braver l'action du temps. Il faudrait à Napoléon un monument durable comme sa mémoire. »

Le projet de loi fut adopté par la Chambre des Députés, dans la séance du 26 mai 1840, et par la Chambre des Pairs, le 9 juin de la même année.

La frégate la *Belle-Poule* et la corvette la *Favorite* sortirent de Toulon le 7 juillet, sous les ordres du prince de Joinville.

Les membres de la Commission étaient : MM. le comte de Rohan-Chabot, Commissaire du Roi ; le général comte Bertrand, le général Gourgaud, Emmanuel de Las Cases, député ; Marchand, l'un des exécuteurs testamentaires ; l'abbé Félix Coquereau, MM. Saint-Denis, Noverraz, Pierron et Archambaud, anciens serviteurs de Napoléon.

Le 9 octobre, le prince de Joinville et sa suite débarquèrent dans l'île de Sainte-Hélène.

Le 15, on procéda à la triste et imposante cérémonie de l'exhumation.

Au moment où le corps fut découvert, il y eut parmi les assistants un mouvement d'émotion. L'Empereur avait peu changé et ses traits étaient facilement reconnaissables. Ses mains ne laissaient rien à désirer ; nulle part la plus légère altération. Entre les jambes étaient placés les deux vases d'argent qui renfermaient le cœur et l'estomac.

Le 18, après les cérémonies de l'embaumement, qui furent empreintes d'un caractère de solennité remarquable, la *Belle-Poule* quitta Sainte-Hélène emportant son précieux dépôt.

Le 30 novembre, la frégate jeta l'ancre en vue de Cherbourg.

La France accueillit avec le plus grand enthousiasme les cendres de Napoléon. A Cherbourg, plus de 100,000 personnes, accourues de toutes les parties de l'Europe, vinrent s'agenouiller et prier devant le cercueil. A Rouen, la population se pressait sur les bords du fleuve ; sur tout le parcours de la Seine, ce furent le même empressement et les mêmes manifestations.

Enfin, le 15 décembre, le canon annonça que la dépouille mortelle de Napoléon s'arrêtait sous la grande voûte de l'Arc de Triomphe.

Le long de l'avenue des Champs-Élysées, de la barrière de l'Étoile à la place de la Concorde, s'élevaient des colonnes triomphales ornées de drapeaux, d'aigles et d'écussons. On avait placé à chaque angle du pont de la Concorde une colonne triomphale cannelée, surmontée d'une aigle dorée ; sur le pont huit statues :

La Sagesse, la Force, la Justice, la Guerre, l'Agriculture, l'Éloquence, les Beaux-Arts, le Commerce.

Devant la Chambre des Députés, l'Immortalité.

Sur l'Esplanade des Invalides, trente-deux statues des Rois et des grands Capitaines de France :

Clovis, Charles-Martel, Philippe-Auguste, Charles V, Jeanne-d'Arc, Louis XII, Bayard, Louis XIV, Turenne, Dugay-Trouin, Hoche, La Tour-d'Auvergne, Kellermann, Jourdan, Ney, Lobau, Charlemagne, Hugues-Capet, Louis IX, Charles VII, Duguesclin, François Ier, Henri IV, Condé, Vauban, Marceau, Desaix, Kléber, Lannes, Masséna, Mortier, Mac-Donald.

A dix heures et demie le cortége, composé des illustrations militaires et civiles de la France, se mit en marche. Le maréchal Oudinot, le maréchal Molitor, l'amiral Roussin et le lieutenant-général Bertrand tenaient les quatre cordons d'honneur fixés au poêle impérial.

Le char, porté sur quatre roues dorées, se composait d'un sous-bassement surmonté du mausolée, une draperie de velours or et violet couvrait le socle jusqu'à terre ; à chaque angle, on remarquait une aigle colossale ; seize chevaux panachés et couverts de housses aux armes de l'Empereur traînaient le char, couvert d'un immense crêpe.

A deux heures après-midi, une salve de vingt-un coups de canon annonçait que le corps de Napoléon entrait aux Invalides.

Le cercueil fut déposé à l'entrée du dôme.

Le prince de Joinville dit au roi, son père :

« Sire, je vous présente le corps de l'Empereur Napoléon ! »

Le roi répondit d'une voix émue :

« Je le reçois au nom de la France. »

Sur ces paroles, le général Athalin présenta à Louis-Philippe l'épée de la journée d'Austerlitz.

« Général, dit le roi, en l'offrant au comte Bertrand, voici l'épée de la bataille d'Austerlitz, déposez-la sur le cercueil de l'Empereur Napoléon. »

Immédiatement après la cérémonie, l'épée d'Austerlitz fut remise par l'aide de camp du roi entre les mains du maréchal Moncey. Le vieux gouverneur des Invalides s'écria, en recevant ce don précieux :

« Maintenant, j'ai assez vécu !... »

Le cercueil resta exposé sur le catafalque jusqu'au 6 février 1841 ; il fut alors transféré dans une chapelle ardente.

Depuis cette époque, le corps de Napoléon est placé sous l'un des petits dômes de l'église des Invalides, où il doit rester jusqu'à l'inauguration du mausolée auquel on travaille en ce moment. Quatre invalides veillent nuit et jour aux portes de l'église.

Au milieu du fronton de la chapelle, sur une large plaque en marbre noir, on lit ces paroles, gravées en lettres d'or :

« JE DÉSIRE QUE MES CENDRES REPOSENT SUR LES BORDS DE LA « SEINE, AU MILIEU DE CE PEUPLE FRANÇAIS QUE J'AI TANT AIMÉ. »

La France a rempli ce dernier vœu !... Elle a placé dans le temple de la bravoure le brave des braves, mort pour la nationalité française !

État des services de Napoléon Bonaparte, relevé aux archives de la guerre par ordre de S. Exc. le ministre de la guerre.

Lieutenant dans le corps d'artillerie...............	1ᵉʳ septembre 1785
Capitaine...................................	6 février 1792.
Chef de bataillon...........................	19 octobre 1793.
Général de brigade..........................	6 février 1794.
Général de division..........................	5 octobre 1795.
Commandant en chef l'armée de l'intérieur........	5 octobre 1795.
Commandant de l'armée d'Italie.................	2 mars 1796.
Commandant en chef de l'armée d'Angleterre......	— 1797.
Commandant l'expédition de la Méditerranée et général en chef en Égypte, rentré en France le....	9 octobre 1799.
Premier consul de la République................	9 novembre 1799.

GÉNÉALOGIE

DES

TASCHER DE LA PAGERIE

La famille DE LA PAGERIE (vieille famille noble), originaire de Château-Neuf, en Thimerais, remonte à GUILLAUME DE TASCHER, vivant en 1406, et portant le titre d'écuyer. Il eut de son épouse, JEANNE DE CHAUMONT : —I. IMBERT, auteur de la première branche; — II. PIERRE DE TASCHER, auteur de la deuxième branche.

PREMIÈRE BRANCHE.

II. IMBERT DE TASCHER, fils aîné de Guillaume et de Jeanne de Chaumont, écuyer, seigneur de Romphais et de Brméant, épousa *Marie Dubois*, dont vinrent : — 1. Jean, qui suit; — 2. autre Jean, dit le Jeune; — 3. César; — 4. et Roberte de Tascher, mariée à *Étienne de Racine*.

III. JEAN DE TASCHER, écuyer, seigneur de Romphais et de Malassise, épousa demoiselle Jeanne *de Megardon*, dont il eut : — 1. Charles, qui suit; — 2. Guillaume; — 3. et Claude de Tascher.

IV. CHARLES DE TASCHER, écuyer, seigneur de Malassise, se maria avec demoiselle Isabeau *Desloges*, dont il eut : — 1. Vincent, seigneur de Malassise, dont on ignore la postérité; — 2. Vincent, qui suit; — 3. et Bastide de Tascher.

V. Vincent de Tascher, écuyer, seigneur de la Pagerie, épousa demoiselle Louise *de Racine*, dont il eut : — 1. Isaac, qui suit ; — 2. et Marin de Tascher, tué à la bataille de Saint-Quentin, en 1657.

VI. Isaac de Tascher, écuyer, seigneur de la Pagerie, se maria avec demoiselle Louise de *Phéline*, dont il n'eut que Pierre de Tascher, qui suit.

VII. Pierre de Tascher, écuyer, seigneur de la Pagerie, se maria avec demoiselle Jeanne de *Ronsard*, il en eut : — 1. François, qui suit ; — 2. Jean ; — 3. et Jacques de Tascher. Ces deux derniers morts au service, l'un à Turin, et l'autre à Bergues.

VIII. François de Tascher, écuyer, seigneur de la Pagerie, commandant, en 1674, la noblesse du bailliage de Blois et d'Etampes, se maria avec demoiselle Pétronille *Arnoude*, dont il eut Gaspard de Tascher, qui suit.

IX. Gaspard de Tascher, chevalier, seigneur de la Pagerie, épousa : 1º Demoiselle Edmée-Auriette-Madeleine *du Plessis-Savonnière*; 2° Demoiselle Anne Marguerite *Bodin de Boisrenard*. Du premier lit vinrent : — 1. Gaspard-Joseph, qui suit ; — 2. Agathe ; et du second lit : — 3. Marie-Stanislas de Tascher de la Pagerie, abbé et vicomte d'Abbeville, et plusieurs filles, dont deux ont été reçues à Saint-Cyr avec leurs *preuves de noblesse*.

X. Gaspard-Joseph de Tascher, chevalier, seigneur de la Pagerie, passa à la Martinique, s'y maria, en 1734, avec Marie-Françoise *Boureau de la Chevalerie*, dont il a eu : — 1. Joseph-Gaspard, qui suit ; — 2. Robert-Marguerite, rapporté après la postérité de son aîné ; — 3. Marie-Euphémie-Désirée de Tascher, mariée en 1759 à Alexis-Michel-Auguste de *Renaudin*, chevalier, major des milices de Sainte-Lucie, d'une famille ancienne et militaire, ayant eu, sous Louis XIII, un lieutenant-général des armées ; — 4. Marie-Paule, mariée en 1759 à Louis-Julien *Lejeune-Dagué*, ancien mousquetaire, et chevalier de Saint-Louis ; — 5. et Marie-Françoise-Rose de Tascher.

XI. Joseph-Gaspard de Tascher, chevalier, seigneur de la Pagerie, page de madame la dauphine en 1752, capitaine de dragons, chevalier de Saint-Louis, a épousé à la Martinique, le 8 novembre 1761, demoiselle Rose-Claire *de Vergée de Sanois*, dont il n'a eu que deux filles, savoir : — 1. Marie-Rose-Josephe, née le 24 juin 1763, mariée le 13 décembre 1779 à Alexandre-François-Marie, *vicomte de Beauharnais,* major au régiment de la Sarre ; — 2. et Marie-Françoise de Tascher, née le 3 septembre 1766, qui vécut sans alliance.

XII. ROBERT-MARGUERITE DE TASCHER, second fils de Gaspard-Joseph et de Marie-Françoise Boureau de la Chevalerie, appelé le baron de Tascher, page de madame la dauphine en 1754, chevalier de Saint-Louis, lieutenant des vaisseaux du roi et de MM. les maréchaux de France et commandant les ports et rades de la Martinique, s'est marié dans cette île, en 1770, avec demoiselle *Le Roux de la Chapelle*, dont sont sortis : — 1. Robert-Gaspard, né le 7 février 1773 ; — 2. Louis-Robert, né le 20 octobre 1776 ; — Aimée-Calixte, née le 13 mars 1778 ; — 4. N... de Tascher, né le 24 avril 1780 ; — 5. et Marie-Louise-Marguerite de Tascher, née le 24 mars 1771.

Cette branche a toujours servi, et a donné plusieurs capitaines et lieutenants de cent hommes, et de cinquante hommes d'armes des ordonnances du roi.

DEUXIÈME BRANCHE.

II. PIERRE DE TASCHER, second fils de Guillaume et de Suzanne de Chaumont, épousa demoiselle Robine *de Courtalin*, dont Esprit de Tascher, qui suit :

III. ESPRIT DE TASCHER, écuyer, seigneur de la Hallière, se maria avec demoiselle Renée *de Monceau*, d'où sont sortis : — 1. Gilles, chef d'une branche établie en Guyenne, et d'où sort N... de Tascher, lieutenant au régiment de Flandres, infanterie ; — 2. et Jacques de Tascher, qui suit :

IV. JACQUES DE TASCHER, écuyer, sieur de Beaulieu, se maria avec demoiselle *Charlotte de la Bretonnière*, dont Samuel de Tascher, qui suit :

V. Samuel de Tascher, premier du nom, lequel embrassa la religion prétendue réformée, et se maria, en 1609, avec demoiselle Charlotte-Marie *Poucet*, dont est sorti Samuel de Tascher, qui suit :

VI. Samuel de Tascher, deuxième du nom, écuyer, sieur de Beaulieu, qui se maria avec demoiselle *Marie de Chartres*, dont naquit Samuel de Tascher, qui suit :

VII. Samuel de Tascher, troisième du nom, seigneur de Pouvray, se convertit à la religion catholique, marié avec demoiselle Susanne *de Cosne*, dont : — 1. Pierre-Louis, qui suit ; — 2. Autre Louis-Pierre, curé d'Avézé, au diocèse du Mans ; — et Alexandre de Tascher, mort chevalier de Saint-Louis.

VIII. Pierre-Louis de Tascher, seigneur de Pouvray et de La Salle, épousa, en 1714, demoiselle Brigitte *le Breton*, dont sont nés : — 1. Pierre-Alexandre, qui suit ; — 2. Louis-Samuel, né en 1724, prêtre, prieur de Gaubuge, docteur de Sorbonne, aumônier de S. A. S. Mgr le duc de Penthièvre, mort en 1782 ; — 3. Alexandre-François, né en 1728, ancien capitaine au corps royal d'artillerie, chevalier de Saint-Louis en 1763, et lieutenant de MM. les maréchaux de France à Bellême ; — 4. et Suzanne de Tascher, qui vécut sans alliance.

IX. Pierre-Alexandre de Tascher, chevalier, seigneur de Pouvray et de La Salle, lieutenant de MM. les maréchaux de France à Chartres, et ensuite à Bellesme, est mort en 1767. Il avait épousé : 1° en 1741, demoiselle Louise Recoquillé ; 2° en 1752, *Philiberte de Turin*. Du premier lit sont issus : — 1. Pierre-Jean-Alexandre de Tascher, qui suit ; — 2. Charles-François, rapporté après la postérité de son aîné ; et du second lit ; — 3. Louis-François-Philibert, né en 1754, élevé à l'École royale militaire de Saintonge, infanterie ; — 4. et Philibert-Louis-Alexandre de Tascher, né en 1762.

X. Pierre-Alexandre de Tascher, chevalier, seigneur de Pouvray, de La Salle et de Villiers, né en 1745, premier capitaine au régiment de Penthièvre, dragons, s'est marié en 1777 avec demoiselle Flore *Bigot de Cherelles*, dont : — 1. Pierre-François-Léon, né en 1778, mort ; — 2. Jean-Samuel-Ferdinand, né en 1779 ; — 3. et Marie-Charlotte-Aline de Tascher, née à Orléans, le 21 juillet 1782.

XI. CHARLES-FRANÇOIS DE TASCHER, second fils de Pierre-Alexandre de Tascher et de Louise *de Recoquillé*, sa première femme, chevalier, seigneur de Coutres, né en 1746, aussi capitaine au régiment de Penthièvre, dragons, a épousé, en 1777, demoiselle Louise *de Boullemert*, dont : — 1. Alexandre-Samuel, né en 1778 ; — 2. et Auguste-Pierre-François de Tascher, né à Bellesmes, le 29 juillet 1783.

Les armes de la Famille Tascher ont pour exergue : *D'argent, au chef cousu de même, à trois faces d'azur, chargées chacune de trois sautoirs d'argent, le chef chargé de deux soleils de gueules.*

JOSÉPHINE

(TASCHER DE LA PAGERIE)

IMPÉRATRICE DES FRANÇAIS

> Quel bonheur pour les rois et la terre soumise
> Qu'une femme sensible au trône soit assise!...
>
> (LEGOUVÉ, *Mérite des femmes*.

CHAPITRE PREMIER

Avant-propos. — Naissance de Joséphine. — Son départ de la Martinique. — Mme Renaudin. — Mariage de Joséphine. — Naissance d'Eugène et d'Hortense. — Joséphine présentée à la cour. — Nuages intérieurs. — Départ pour la Martinique. — La mulâtresse Euphémie. — Retour en France. — M. de Beauharnais. — Incarcération de Joséphine. — Mort de M. de Beauharnais.

Parmi les femmes qui ont tenu une place considérable dans l'histoire politique de ces deux derniers siècles, on distingue, sans contredit, Joséphine Tascher de la Pagerie, première femme de Napoléon.

Femme courageuse, épouse dévouée, noble souveraine, elle sut faire admirer la dignité de son caractère et l'élévation de ses sentiments. Ennemie des flatteurs, elle détesta leurs adulations, et ce fut pour elle une consolation, dans les rudes épreuves qu'elle traversa, de n'avoir pas à subir les honteuses hypocrisies des courtisans qui entourent le trône des rois !...

Dieu, dans sa justice impénétrable, a imposé de douloureuses épreuves à cette femme si remarquable. — Après avoir permis qu'elle s'élevât aux plus hautes dignités, il a voulu qu'entourée de toutes les splendeurs et de la vénération publique, son existence fût constamment agitée par les tempêtes politiques et les guerres terribles, qui mettaient en péril les jours de son auguste époux; puis enfin, comme dernière et plus cruelle douleur, il lui était réservé de se sacrifier elle-même pour assurer l'avenir de la France.

C'est la vie de cette noble victime que nous allons retracer.

Joséphine Tascher de la Pagerie naquit à la Martinique, le 23 juin 1763, le jour même où ce pays fut rendu à la France.

Issue d'une des familles les plus honorables de l'île, Joséphine grandit au milieu des bons exemples que lui donnait chaque jour sa famille, et laissa paraître dès son jeune âge, une charité inépuisable envers les malheureux. Commandant à des esclaves, elle sut adoucir, par sa bonté et sa bienveillance, la rigueur de leur position.

Mlle de la Pagerie n'avait pas encore atteint sa quinzième année qu'il fut question de son mariage avec le vicomte de Beauharnais, major dans les armées de S. M. Louis XVI. Son départ fut résolu, et elle quitta son pays natal pour venir vivre en France sous l'égide d'une de ses tantes, Mme Renaudin.

La jeune exilée, après une traversée des plus orageuses, arriva à Marseille, où Mme Renaudin, sa tante, la reçut avec des marques de la plus vive affection.

Quelques jours après son installation à Paris, Joséphine entra à l'abbaye de Panthemont, afin de rétablir sa santé altérée par les fatigues du voyage.

Pendant ce temps, Mme Renaudin s'occupait du mariage de sa nièce.

Après quelques discussions préliminaires de part et d'autre, le mariage entre Mlle de la Pagerie et le vicomte Alexandre de Beauharnais fut décidé, et ne tarda pas à être célébré avec beaucoup d'éclat et de magnificence.

La nouvelle de cette union fut reçue avec beaucoup de joie à la Martinique.

M. de Beauharnais prodigua à sa jeune épouse, âgée de seize ans, les délicates attentions d'un mari tendre et dévoué.

Bientôt les liens de tendresse qui unissaient les deux époux furent encore resserrés par la naissance d'un fils. Joséphine mit au monde Eugène de Beauharnais, par la suite vice-roi d'Italie. — Elle ne tarda pas à lui donner une sœur, Hortense, qu'épousa Louis Bonaparte, frère de l'Empereur Napoléon et qui devint mère de Napoléon III.

M. de Beauharnais, major d'un régiment, jouissait d'une haute considération auprès du roi ; il voulut en profiter pour présenter Joséphine à la cour. Il exprima ce désir à la reine Marie-Antoinette, qui donna immédiatement l'ordre que la vicomtesse de Beauharnais fût reçue avec tous les honneurs dus à son rang.

Joséphine hésitait à paraître à la cour, aimant peu, dans la simplicité de son âme, l'apparat de l'étiquette; mais, vaincue par les instances de son mari, elle consentit à être présentée, et c'est avec une dignité empreinte de douceur qu'elle adressa ses hommages à la reine.

Accueillie dans le monde avec faveur, heureuse dans sa vie domestique, Joséphine semblait pouvoir se promettre un bonheur d'autant plus durable qu'il était alors fondé sur la base solide d'une estime et d'un dévouement réciproques; cependant cette perspective si sereine s'obscurcit. Une femme, sous les faux dehors de l'amitié, parvint à jeter le trouble et la désunion dans ce paisible intérieur. M. de Beauharnais, cédant peu à peu à de perfides conseils, prit la résolution de retirer à sa femme toute part à l'éducation de son fils.

Blessée dans son amour maternel, dans sa dignité de femme, Mme de Beauharnais ressentit vivement cette injure; elle se décida à s'éloigner de ce fils qu'on semblait lui retirer et à chercher dans sa famille les seules consolations que son cœur brisé pût recevoir. — En 1787, elle partit pour la Martinique avec sa fille Hortense.

L'aspect de la riche contrée où s'étaient écoulés les beaux jours de son enfance rendit un peu de calme à la vicomtesse.

Mme de Beauharnais resta trois ans à la Martinique. Pendant son séjour dans cette colonie, elle rencontra souvent une vieille mulâtresse, nommée Euphémie, qui avant son premier départ pour la France, lui avait fait une prédiction que la Providence s'est chargée de réaliser.

Voici quelle était cette prédiction :

« Vous serez unie à un homme blond ; votre étoile vous promet deux alliances. Le premier de vos époux est né à la Martinique, mais il habitera l'Europe et ceindra l'épée, il périra d'une manière tragique. Votre second mari sera très-brun, d'origine européenne, peu fortuné. Cependant il remplira le monde de sa gloire et de sa puissance. Vous deviendrez alors une dame éminente, vous serez plus que reine ; puis après avoir étonné le monde, vous mourrez malheureuse. »

Joséphine, superstitieuse comme toutes les créoles, ne put revoir cette femme sans éprouver une émotion pénible.

Mme de Beauharnais, doucement bercée par l'amour de sa fille et les symphathies de tout le monde, s'endormait dans un heureux calme et ne songeait pas à quitter la Martinique, lorsqu'un insurrection formidable éclata tout à coup, vers le commencement de l'année 1790.

Menacée dans son existence par une troupe de furieux, Joséphine n'eut que le temps de s'embarquer avec sa fille sans pouvoir embrasser sa famille ni emporter les objets de première nécessité. Aussi, pendant la traversée, fut-elle soumise à de rudes privations.—Plus tard, lorsqu'elle se trouva entourée de tout le luxe de sa haute position, elle aimait à se rappeler cette époque de sa vie.

A son arrivée en France, la vicomtesse de Beauharnais fut accueillie avec tendresse par son mari. Il la pria d'oublier des torts qui ne se renouvelleraient plus ; et en effet, à dater de ce moment, leur union ne fut troublée par aucune dissension intérieure.

La Révolution suivait sa marche ascendante. Le vicomte, doué d'un esprit enthousiaste, avait embrassé la cause populaire avec ardeur.

Nommé député aux Etats-Généraux de 1789, par la ville de Blois, il vota constamment avec le Tiers-Etat. Elevé, quelque temps après, à la dignité de Président de l'Assemblée Nationale, il exerça une grande influence dans le monde politique, et ses salons furent le rendez-vous des sommités révolutionnaires.

Joséphine, indulgente et dévouée à toutes les infortunes, se montra sans cesse favorable aux victimes des événements, et employa toujours son crédit pour les soustraire à la persécution et à la mort.

Le vicomte de Beauharnais, après la clôture de l'Assemblée Nationale, fut nommé adjudant-général à l'armée du Nord, et partit pour le camp de Soissons sous les ordres de Custine. Sa conduite fut digne des plus grands éloges, et l'Assemblée législative déclara, par l'organe de ses Commissaires, que M. de Beauharnais avait bien mérité de la patrie.

En 1793, le vicomte refusa le portefeuille de la guerre et donna sa démission de général en chef de l'armée du Rhin, grade auquel il venait d'être promu, malgré son titre de vicomte, qui l'excluait des emplois militaires.

Pendant la Terreur, M. de Beauharnais fut dénoncé comme suspect et dut se réfugier à la Ferté-Imbault. La rage révolutionnaire le poursuivit jusque dans sa retraite. Dénoncé de nouveau, il fut arrêté et conduit à Paris.

Joséphine alla implorer les hommes les plus influents de la Révolution en faveur de son mari. Larmes, prières, supplications, tout fut inutile.; rien ne put les ébranler. Ils poussèrent même la cruauté jusqu'à faire arrêter Mme de Beauharnais, sous le prétexte que son zèle pour sauver la vie de son mari cachait un attachement profond à la royauté. Elle fut incarcérée sous l'inculpation habituelle : *Traître à la République.*

Conduite à la prison des Carmes, rue de Vaugirard, Joséphine se trouva au milieu d'un grand nombre de dames de distinction, que leur titre seul livrait à la fureur des sicaires de la République. Séparée de ses enfants, son cœur se brisait en songeant à leur avenir. Quant à ce qui la concernait, elle était complétement résignée et attendait la mort sans la redouter, sans la désirer.

M. de Beauharnais périt sur l'échafaud le 24 juillet 1794. Quelques jours après, un geôlier remit à Joséphine une lettre que son mari lui avait écrite la veille de sa mort. Ce fut par cette lettre qu'elle apprit la fin de celui à qui elle avait voué son existence.

Mme de Beauharnais faillit mourir de douleur. Pendant plusieurs jours, elle refusa toute nourriture. Heureusement, deux nobles dames qui habitaient le même cachot, Mme d'Aiguillon, dont toute la famille venait de périr sur l'échafaud, et Mme de Fontenay, l'entourèrent de leurs soins et, à force de prévenances, parvinrent à rendre un peu de calme à son âme désolée : « Vivez, lui disait Mme d'Aiguillon, ne fût-ce que pour vos enfants ! »

Enfin, après quelques mois de captivité, le Tribunal révolutionnaire fit signifier à Mme de Beauharnais son acte d'accusation. Elle n'attendait plus que l'arrêt qui devait lui faire partager le sort de son époux, lorsqu'arriva le 9 thermidor. Son jugement n'eut pas lieu et elle fut rendue à la liberté, ainsi qu'un grand nombre de victimes de la fureur révolutionnaire.

CHAPITRE II

Situation précaire de Joséphine. — Désarmement des sections. — Eugène réclame l'épée de son père. — Visite de Joséphine à Napoléon. — Soirées de Barras. — Mariage de Joséphine et de Napoléon. — Départ de Joséphine pour l'Italie. — Son aménité, son dévouement. — Conseils de Joséphine. — Diner de la Malmaison. — Visite à Barras. — Conséquences. — Le 18 Brumaire. — Sentiments de Joséphine pour la France. — Son bon cœur. — Lettre de Cadoudal. — Plaidoyer en faveur du duc d'Enghien. — Surnom de Joséphine. — Elle est sacrée Impératrice. — Fouché. — Détails sur le Divorce. — Le Divorce s'accomplit. — Retraite à la Malmaison.

A sa sortie de prison, Joséphine se trouva dans une véritable gêne. Mme Tallien et Mme Récamier, deux amies, vinrent à son secours et l'aidèrent à supporter une infortune d'autant plus cruelle, qu'elle regrettait amèrement de ne pouvoir donner à ses deux enfants, Eugène et Hortense, un établissement conforme à leur nom et à leur rang.

Le 13 vendémiaire arriva. On ordonna le désarmement des sections ; afin de s'assurer de la stricte exécution de cet ordre, on fit des perquisitions dans toutes les maisons, et on enleva les armes qui s'y trouvaient.

Un matin, on introduisit chez le général Bonaparte un enfant de quinze ans, qui venait, disait-il, réclamer l'épée de son père, mort sur l'échafaud. Cet enfant était Eugène de Beauharnais.

L'expression naïve et enthousiaste de sa demande émut profondément Bonaparte, qui donna l'ordre de lui rendre immédiatement l'épée qu'il demandait. A la vue de cette arme, à laquelle se rattachaient de si glorieux souvenirs, Eugène ne put retenir ses larmes. Il remercia Bonaparte avec effusion, et se retira emportant la promesse que le général s'occuperait de lui. Joséphine, flattée d'un accueil aussi bienveillant de la part d'un général que ses exploits avaient déjà rendu illustre, résolut d'aller dès le lendemain même lui témoigner sa reconnaissance.

Napoléon reçut Mme de Beauharnais avec une vive satisfaction, et lui promit d'aller quelquefois voir son jeune protégé.

Joséphine était alors dans tout l'éclat d'une beauté qui n'appartient qu'aux créoles et que rehaussait encore une rare affabilité et l'esprit le plus aimable. Sa demeure, où l'on avait conservé les traditions de l'élégance et du bon goût, était fréquentée par les personnes de distinction de l'époque et quelques débris de l'ancienne cour, entre autres, MM. de Montesquiou et de Nivernais. Bonaparte, que l'esprit vif et éclairé de Mme de Beauharnais avait séduit, devint aussi l'un de ses visiteurs les plus assidus.

Barras, dont la résidence était à Chaillot, faisait en grand seigneur les honneurs de ses salons ; Mmes de Beauharnais, Tallien, Récamier et le général Bonaparte étaient invités à toutes les soirées du Directeur de la République. Les deux amies de Joséphine remarquèrent l'impression produite par le général sur la belle veuve. Elles résolurent de négocier un mariage, qui, d'après les apparences, promettait les plus heureux résultats. Tout fut bientôt d'accord ; il fut convenu que le général Bonaparte, qui venait d'être nommé au commandement de l'armée d'Italie, épouserait Mme de Beauharnais avant son départ pour cette expédition.

Cette union n'avait pas l'approbation des amis de Joséphine. Ils prétendaient que Mme de Beauharnais avait tort d'unir sa destinée à celle d'un officier qui n'avait, pour tout patrimoine, que *la cape et l'épée*. Joséphine résista à leurs conseils, et, ne consultant que son cœur, donna sa main à celui qui, à défaut de fortune, lui offrait l'assurance d'un bonheur basé sur la tendresse réciproque.

Le mariage fut célébré le 9 mars 1796.

Bonaparte ne put consacrer que fort peu de jours au bonheur domestique. Il dut partir en poste pour rejoindre l'armée d'Italie.

Quelque temps après, alors qu'il eut conquis le Milanais, il écrivit à Joséphine de venir le rejoindre. Elle arriva à Milan en toute hâte, au milieu des manifestations enthousiastes des populations, qui regardaient le général comme leur libérateur.

Ce fut, de la part de Napoléon, un acte de haute sagesse que d'avoir fait venir Joséphine en Italie.

Peu de temps après la réunion des deux époux, Napoléon reçut l'ordre du Directoire de se mettre à la tête de l'expédition d'Egypte. Joséphine sollicita de son mari la faveur de l'accompagner; il refusa. « Mes ennemis ne sont pas en Egypte, lui répondit-il, mais à Paris ; j'ai besoin que tu y restes pour les combattre... »

Pendant le séjour de Bonaparte en Egypte, Joséphine reçut dans ses salons tous les hommes marquants de l'époque ; épouse dévouée, elle comprenait que son aménité devait rallier un grand nombre de partisans à la cause du général.

Cette tactique habile lui valut d'être en butte à une foule de calomnies auxquelles Napoléon n'ajouta nulle croyance.

Enfin, après de nombreuses et douloureuses anxiétés, provoquées par les bruits mensongers répandus à dessein par le Directoire, Joséphine eut le bonheur d'apprendre le succès de l'expédition d'Egypte et le retour de son mari en France.

A cette heureuse nouvelle, elle partit pour aller à sa rencontre. Bonaparte la revit avec bonheur, et lui témoigna affectueusement sa reconnaissance de son dévouement et de sa vigilance à déjouer les trames odieuses de ses ennemis.

Après s'être installé, le héros des Pyramides reprit ses habitudes solitaires et laborieuses, évitant avec soin de s'engager avec aucun des partis qui méditaient le renversement de la République.

Cependant le moment de la chute du Directoire était arrivé ; son autorité était méconnue de tous les honnêtes gens ; la guerre civile venait d'éclater dans plusieurs départements, et l'Europe était coalisée contre la République française.

Joséphine, sachant que son mari était seul capable de rendre à la France le calme et la sécurité, lui conseilla de s'emparer du pouvoir, et lui promit l'assistance des hommes éminents les plus honorables. Napoléon refusa d'abord, arguant de son respect pour le Gouvernement directorial. Joséphine, qui connaissait les intrigues des Directeurs, lui répondit ces paroles :

« Ne vois-tu pas, mon ami, que tu n'es que le jouet
« du Directoire? toi qui as tout fait pour la France, et
« qui as mérité le nom de sauveur de la patrie, ne
« vois-tu pas que l'armée t'est restée fidèle, tandis que
« le Quintumvirat lui refuse les récompenses dont tu
« l'as jugée digne? Quel affront pour le premier guer-
« rier de la terre! Ne vois-tu pas la France, courbée
« sous le joug de ce misérable pouvoir, implorer ton
« assistance? Ne vois-tu pas qu'elle sent ta supériorité
« et qu'elle méprise ceux qui veulent t'avilir à ses
« yeux? Il est temps que tu prennes une résolution
« pour déjouer les projets perfides de tes ennemis.
« Compte sur moi; je vais sonder le précipice, prépa-
« rer les voies, et lorsqu'il en sera temps, nous em-
« ploierons nos amis et la force pour réussir; mais, en
« attendant, dissimulons. »

Ce discours fit une impression profonde sur l'esprit de Bonaparte, et il promit à Joséphine de suivre ses conseils.

Une partie de l'armée accepta la périlleuse mission de soutenir l'entreprise. Il fut décidé, en outre, que le Conseil des anciens nommerait Bonaparte commandant en chef des troupes de Paris.

Une fois ces mesures arrêtées, Joséphine donna un grand dîner à la Malmaison, où furent invités Talleyrand, Rœderer, Réal, Berthier, Lefèvre, Moreau, Macdonald, et plusieurs autres membres de la conjuration. Dans cette réunion, on arrêta un plan, et on désigna les fonctionnaires absents qui devaient prêter leur concours au mouvement. Joséphine se chargea de les voir et de réchauffer le zèle de ceux qui hésiteraient à servir la cause de Bonaparte.

Le plan ainsi convenu, Joséphine se mit en mesure d'organiser l'attaque. Mais la nouvelle parvint à la Malmaison que la conspiration était découverte, et Napoléon sur le point d'être mis en arrestation.

Joséphine partit en toute hâte pour Paris ; elle alla trouver Masséna, et convint avec lui qu'afin de préserver Bonaparte, on lui enverrait une garde dévouée et assez nombreuse pour en imposer à ses ennemis. Cette convention adoptée, elle courut au Directoire et demanda à parler à Barras. Celui-ci la reçut immédiatement, et lui fit l'accueil le plus cordial. Seule avec l'ambitieux Directeur, elle s'exprima ainsi :

« Que signifient ces fables absurdes, que la malveil« lance se plaît à répandre, que le général de l'armée
« d'Égypte aspire à l'autorité suprême?.... Vous le
« savez, Barras, il n'en est rien !... »

Barras hésita un instant, puis répondit qu'il allait faire ajourner la séance jusqu'au moment où les renseignements définitifs seraient parvenus.

Tranquillisée par cette promesse, Joséphine repartit pour la Malmaison.

Vers dix heures du soir, deux messagers d'État apportèrent la nouvelle que le Conseil des anciens, après une séance orageuse, venait de nommer Bonaparte chef des troupes stationnées à Paris.

Après la lecture du message, Napoléon se rendit à l'Assemblée, suivi de son état-major, et y prononça un discours où il déclarait vouloir soutenir la République attaquée par ses ennemis.

Pendant toute la journée du 18 brumaire, Joséphine fut en proie à une anxiété profonde. Un billet lui parvint, qui annonçait la mise hors la loi du général Bonaparte. Éperdue, elle allait partir pour Saint-Cloud, lorsque son fils Eugène arriva à la Malmaison, prit les ordres de sa mère, et se dirigea vers cette résidence. Une heure après, Bonaparte rentrait triomphalement dans Paris. Il venait de sauver la France, en la délivrant des révolutionnaires et des ambitieux de tous les partis.

Joséphine, à cette nouvelle, éprouva un sentiment d'héroïque exaltation. Elle lui témoigna la joie de son succès dans des termes qui prouvent combien elle lui était dévouée et quelle part elle prenait à ses triomphes :

« Toi seul, Bonaparte, lui dit-elle, toi seul dois être
« le sauveur de notre belle patrie ! La France en pleurs
« gémit encore sous le poids de ses longues calamités ;
« ses beaux jours ont disparu comme un éclair dans
« une nuit d'orage. D'une voix expirante, elle appelle
« un héros à son secours... Eh bien ! sois ce héros !
« hâte-toi d'employer ses restes d'existence à lui créer
« une nouvelle vie ; qu'elle sorte, pour ainsi dire, de
« tes mains, jeune de gloire et de félicité ! Enfin, sois
« pour elle un nouveau Prométhée... Ce rôle est su-
« blime, et tu peux le remplir... Viens réédifier nos
« autels ; fais sortir des ruines du temple de Dagon de
« nouvelles colonnes pour soutenir l'Église de nos pères ;
« viens relever nos institutions, épurer nos tribunaux

« et compléter nos lois. C'est ainsi que tu enchaîneras
« les désordres et les crimes de toute nature lancés
« par la main des révolutions, et que tu parviendras à
« cicatriser les plaies de l'État. »

Appelé aux fonctions de premier Consul, Bonaparte, grâce à l'aménité de Joséphine, devint très-populaire. Femme d'esprit et de tact, elle sut lui concilier l'estime de tous les partis, et principalement des émigrés, dont elle plaidait sans cesse la cause auprès de son époux. Aussi, dans leurs entretiens intimes, le premier Consul lui répétait-il souvent : « Si je gagne des batailles, c'est
« vous qui gagnez les cœurs !... »

Joséphine avait acheté la Malmaison ; elle en fit une habitation enchanteresse, où Napoléon venait passer ce qu'il appelait ses jours de congé.

La période du Consulat fut l'époque la plus heureuse de la vie de Joséphine. Par son influence, elle aida puissamment au réveil des arts, et la société retrouva bientôt ce goût des plaisirs délicats qui font le charme de la vie. Ajoutons qu'au milieu des enivrements de la gloire, elle se montra sensible à toutes les infortunes. Elle faisait une pension à la nourrice du Dauphin et distribuait souvent ses libéralités à d'anciens révolutionnaires, dont les antécédents étaient loin de commander la commisération. Soumise aux volontés de son mari, lorsqu'il s'agissait d'obtenir une grâce ou de sauver la vie d'un malheureux, elle déployait une énergie tenace, qui ne cédait que devant l'ordre impérieux de Bonaparte. Elle réussit en plusieurs circonstances, notamment pour MM. de Polignac, de Rivière et Charles d'Hozier, impliqués dans la conspiration de Georges Cadoudal.

Cadoudal lui en témoigna sa reconnaissance dans une lettre qu'il remit, en marchant au supplice, à l'aumônier chargé de l'assister. « Madame, lui disait-il, je
« vous remercie de votre générosité envers moi ; j'au-
« rais trahi mes serments en écoutant vos offres ; c'est
« vous dire, en deux mots, que je n'ai pu les accepter.
« Jouissez du bien que vous faites, de celui qui vous
« reste à faire. Puissiez-vous, madame, ne point oublier
« celui dont le dernier soupir est pour la protectrice
« des Français malheureux.. »

Joséphine échoua également pour le duc d'Enghien. Larmes, prières, supplications, tout fut inutile ; Napoléon livra aux tribunaux cette victime des passions politiques du moment.

Napoléon fut proclamé Empereur en 1804 ; — le Pape vint à Paris pour la cérémonie du sacre.

Bonaparte, après avoir reçu des mains du chef de l'Église la couronne de fer, surmontée d'une croix, la posa sur sa tête, puis la plaça sur celle de Joséphine. Cet événement dissipait tous les bruits de divorce répandus par les courtisans et les ennemis de cette femme si dévouée à l'Empereur.

Joséphine était heureuse ; elle espérait que le titre glorieux qu'elle venait de recevoir exercerait une influence décisive sur l'esprit de son mari, et que Napoléon ne pourrait jamais concevoir la pensée de répudier celle qu'il venait de couronner Impératrice.

Peu de temps après la cérémonie du couronnement, Joséphine partit pour Milan, où elle fut couronnée reine d'Italie. De là elle se rendit à Munich, afin d'assister au mariage du prince Eugène, son fils, avec une princesse de Bavière. Sa fille Hortense avait épousé Louis Bonaparte, frère de Napoléon.

L'Impératrice, par ce double mariage, se trouvait séparée de ses enfants. Elle en éprouva un chagrin violent, et souvent d'abondantes larmes s'échappaient de ses paupières, rougies par l'insomnie.

L'Empereur s'en aperçut, et lui dit, un jour qu'elle était plus triste que de coutume :

« Tu pleures, Joséphine. Si l'absence de tes enfants
« te cause tant de chagrin, juge donc ce que je dois
« éprouver, moi ! L'attachement que tu témoignes pour
« eux me fait sentir bien cruellement le malheur de
« n'en pas avoir »

Ces paroles frappèrent Joséphine au cœur. Elle comprit que l'Empereur revenait à cette idée de divorce qui lui avait déjà causé tant d'appréhensions.

En effet, Napoléon, qui avait longtemps espéré que Joséphine lui donnerait un héritier, prit tout à coup la résolution de rompre une union à jamais stérile.

Fouché fut chargé de la mission d'en instruire l'Impératrice et de négocier le divorce avec elle.

Ce ministre se rendit auprès de Joséphine et lui exposa la volonté de l'Empereur en ces termes :

« Il faut, Madame, que Votre Majesté donne à la
« France et à l'Empereur un grand témoignage de dé-
« voûment. L'Empereur doit laisser après lui des héri-
« tiers qui puissent continuer la dynastie qu'il a fondée;
« dix années de mariage ne permettent plus d'espérer
« des enfants de Votre Majesté. Vous êtes le seul obsta-

« cle, sous ce rapport, à la consolidation du bonheur de
« la France ; daignez suivre le conseil d'un homme qui
« vous est dévoué. La situation singulière dans laquelle
« vous vous trouvez vous impose, au nom de la gloire
« et de l'intérêt de tous, un grand sacrifice. Je sais
« combien il vous sera cruel ; mais votre âme élevée
« saura s'y résigner. L'Empereur ne le consommera
« pas : je connais son attachement pour vous. Soyez
« plus grande qu'il n'est grand ; donnez ce dernier
« gage de votre affection à la patrie et à l'Empereur ;
« l'histoire vous en tiendra compte, et votre place y
« sera marquée au-dessus des femmes les plus illustres
« qui ont occupé le trône de France.

« — Hélas ! répondit Joséphine, descendre du trône
« est peu de chose ; mais perdre en même temps
« l'homme auquel j'ai consacré mes plus chères affec-
« tions, le sacrifice est au-dessus de mes forces !.... »

Fouché insista ; mais Joséphine voulut réfléchir avant de donner une réponse définitive. Elle aimait sincèrement Napoléon, et si elle se décida plus tard à un douloureux sacrifice, ce fut dans l'espérance qu'il doublerait son attachement pour elle.

Du reste, quelle meilleure amie Bonaparte eut-il jamais près de lui, que celle qui lui disait peu de temps avant :

« Cher Napoléon, toi qui t'es placé, par ta valeur,
« au-dessus des premiers capitaines de ton siècle, toi sur
« qui le monde entier jette aujourd'hui les yeux, conviens
« de bonne foi que si quelques éclairs de bonheur ont
« brillé pour toi dans la vie, ce n'est qu'à la Malmaison
« que tu as pu les apercevoir. Qui sait s'il ne t'est pas

« réservé, comme à Sylla, de vivre plus tard en philo-
« sophe? Ah! si tu dédaignais de suivre son exemple,
« c'est peut-être dans ce lieu que tu viendrais un jour
« déplorer la perte de ta fortune et la fragilité des
« honneurs. Là, tu saurais réduire à leur juste valeur
« les louanges que t'auraient prodiguées les hommes ;
« tu maudirais l'ingratitude de la plupart, et, dans ton
« désespoir, tu t'écrierais : *Au moins il me restait
« un ami!* »

Joséphine ne désespérait pas encore de ramener l'Empereur à de meilleurs sentiments à son égard.

Un matin elle alla le trouver; il travaillait avec M. de Talleyrand-Périgord :

« Pardonnez-moi, Bonaparte, lui dit-elle, mais
« jugez quel coup terrible pour une âme aussi sensible
« que la mienne! Je crains d'offenser votre délica-
« tesse, et pourtant mon inquiétude l'emporte. Croyez
« que je vous suis toute dévouée à jamais; croyez que
« je donnerais mon sang pour vous voir constamment
« heureux. Hélas! un triste pressentiment m'assure
« que le bonheur n'est plus fait pour nous deux. Dai-
« gnez vous souvenir au moins qu'il est encore une
« femme qui n'existe que pour vous, qui vous adore
« dans le fond de son âme, tout injuste que vous êtes
« à son égard, qui sera toujours prête à exécuter jus-
« qu'à vos moindres volontés, et qui vous prouvera
« son attachement aux dépens de sa vie.

« — Joséphine, répondit Napoléon, je regrette d'i-
« miter, dans cette occasion, le vainqueur de la Ligue;
« mais je me dois à mes peuples : j'appartiens tout en-
« tier à la gloire. Je l'avoue, il m'en coûte extrême-

« ment de me séparer de toi ; mais ma puissance est
« devenue si colossale, que je dois l'asseoir sur des
« bases dont la solidité soit en harmonie avec le poids
« qu'elles ont à soutenir. Il faut un héritier à l'Empe-
« reur Napoléon, et le sang des rois doit s'enorgueillir
« de s'allier avec le mien. »

Joséphine répliqua : « Tu veux t'illustrer par une
« alliance auguste avec un grand prince. C'est alors
« que l'on verra la jalousie, l'envie et la haine s'armer
« contre toi ; tu t'élèveras chaque jour davantage dans
« l'espoir d'être enfin à l'abri des dangers, et tout à
« coup un nouveau destin, encore caché dans la pro-
« fondeur des nuages, en sortira pour te renverser
« dans la poussière. A la vérité le sang des rois cir-
« cule dans les veines de ta future compagne. Tu vas
« te croire un demi-dieu : orgueilleux mortel, tu vou-
« dras, secondé par tes nombreuses phalanges, si sou-
« vent invincibles, parcourir toutes les contrées de
« l'univers ; mais le vent d'aquilon soufflera sur toi, et,
« comme un atôme, tu disparaîtras de la surface de la
« terre. Cependant, tu prétends enchaîner les peuples
« et les souverains. Prends garde qu'ils ne se réveillent
« de leur assoupissement. Ils s'uniront pour te com-
« battre, et leur vengeance viendra te poursuivre jus-
« que sous les murs de ta capitale. C'est là que le désir
« de la tranquillité de l'Europe et la gloire de tes enne-
« mis leur dicteront un traité qui, en précipitant le
« Colosse d'un trône, le banniront par delà les mers,
« proscriront même jusqu'à son nom. Voilà, voilà le
« trait qui perce le plus sensiblement mon cœur ; voilà

« cette blessure profonde dont je ressentirai toujours
« l'ineffaçable atteinte. »

Ce discours produisit une impression favorable sur
l'esprit de Napoléon. Il parut vouloir changer de résolution, et lui jura qu'il ne romprait jamais les liens qui
l'unissaient à la meilleure des épouses.

« Crains d'être parjure, lui répondit Joséphine, en
« se retirant; et rappelle-toi que je serai toujours ta
« plus constante amie... »

Nous laisserons parler, pour la suite de cet épisode,
Mme Avrillon, dont la position intime auprès de Joséphine nous garantit l'authenticité des moindres détails :

« La nouvelle de la résolution définitive de Napoléon se confirma. Le prince Eugène de Beauharnais fut
appelé. Lorsqu'il arriva à Paris, ce fut un moment de
délire pour sa mère; la pauvre femme abandonnée
semblait se rattacher au seul appui qui lui restât dans
le monde. Dans ces cruelles circonstances, la conduite
du prince fut admirable : il donnait à sa mère tout le
temps dont il pouvait disposer; tous les jours ils restaient plusieurs heures ensemble; enfin il s'efforçait,
par tous les moyens, de la préparer à recevoir, sans
une trop violente secousse, la confidence fatale. Je n'étais point de service le jour où l'Empereur annonça à
l'Impératrice la terrible nouvelle qui devait la mettre au
désespoir. Ce ne fut que le soir, en rentrant, que j'appris que Sa Majesté s'était trouvée mal chez l'Empereur, qu'elle avait été saisie d'une violente attaque de
nerfs et qu'on avait eu beaucoup de peine à la faire revenir. Étant de grand service le lendemain, j'entrai dans
la chambre de l'Impératrice. Je m'approchai de son

lit et je la vis dans un état vraiment digne de pitié; ses yeux, rouges et gonflés, ne témoignaient que trop les larmes qu'elle avait répandues. Ce fut alors qu'elle me raconta tout ce qui s'était passé la veille; elle me dit que l'Empereur lui avait déclaré qu'il s'était décidé à faire prononcer le divorce; et, en ce moment, chacune de ses paroles était interrompue par des sanglots. Elle excusait l'Empereur, contre lequel, dans le premier moment, une expression trop vive lui était échappée. « Il est désolé, me disait-elle, de se séparer de moi; « il me le dit, il m'en a donné des preuves; lui aussi, « il pleurait en me disant : — C'est le plus grand sacri- « fice que j'aie pu faire à la France. — Il m'a dit cela, « reprenait Sa Majesté, et avec quel ton pénétré il me « parlait. Oui, je le sens bien, il lui faut un héritier « de sa gloire, un enfant qui revive en lui, consolide « son Empire.... Je ne puis douter de son attache- « ment, il m'a juré qu'il n'exigerait jamais de moi que « je quittasse la France. » Cette idée de ne point quitter la France, à laquelle Sa Majesté revint plusieurs fois, me parut être le plus grand allégement à sa douleur. J'étais étonnée, après les premières explications, de la voir redevenue presque calme, en me détaillant avec une sorte de fierté tout ce que l'Empereur voulait faire pour elle. — « Il m'a dit encore, répéta-t-elle avec « des larmes d'attendrissement, qu'il serait toujours le « même pour mes enfants, et qu'il viendrait souvent « me voir dans ma retraite. Il permet que j'habite la « Malmaison, il veut que je continue à jouir de la plus « grande considération. »

Enfin, le 16 décembre 1809, à dix heures du soir,

les Corps politiques convoqués se réunirent aux Tuileries avec la Famille Bonaparte. L'Empereur s'avança silencieusement au milieu d'eux, l'Impératrice vint s'asseoir vis-à-vis de lui, à côté de Cambacérès. M. Regnault de Saint-Jean-d'Angély présenta à Joséphine l'acte qui rompait pour toujours son mariage avec Bonaparte.

L'Empereur signa en tremblant cet acte fatal ; — l'Impératrice y apposa aussi sa signature, en jetant sur Napoléon un de ces regards qui exprimaient tout à la fois les tortures de son âme et ses craintes pour l'avenir de celui qui la sacrifiait au bonheur de la France !...

L'Impératrice se retira à la Malmaison.

Aussitôt que la nouvelle du divorce fut officiellement répandue, la route de la Malmaison se couvrit de voitures. Pendant plus d'un mois les visites ne cessèrent pas. Chacun s'empressait d'apporter un hommage consolateur à celle qui s'était faite la protectrice de toutes les infortunes.

L'Empereur, lui-même, lorsqu'il distinguait dans la foule des courtisans qui l'environnaient un de ceux qu'il savait fréquenter assidûment la Malmaison, lui adressait la parole avec bienveillance, s'informait avec intérêt de la santé de l'Impératrice, et souvent même le chargeait de quelque commission pour elle.

Le cœur de l'homme tâchait de cicatriser la blessure faite par la politique du souverain.

Malheureusement, la politique fut impuissante, quand le cœur eût peut-être sauvé Napoléon.

CHAPITRE III

Départ et Retour de Joséphine. — Visite de Napoléon. — Seconde visite. — Conseils. — Lettres. — Départ pour Navarre. — Capitulation de Paris. — Réception des deux Souverains. — Joséphine tombe malade. — On envoie chercher l'abbé Bertrand. — Adieux de Joséphine à ses enfants. — Mort de Joséphine. — Ses Funérailles. — Son Oraison funèbre. — Son Mausolée.

Les conséquences du divorce de Bonaparte ne tardèrent pas à se produire. Le mariage de l'Empereur Napoléon avec Marie-Louise, fille de l'empereur d'Autriche, fut résolu ; et cette princesse devait, dans un délai très-rapproché, arriver à Paris.

Joséphine, craignant de troubler, par sa présence à la Malmaison, le triomphe de sa rivale, se retira dans le domaine de Navarre, qu'elle tenait de la munificence de Bonaparte, ainsi qu'une dotation d'un million et le palais de l'Élysée, comme résidence de ville.

L'Impératrice arriva à Navarre le jour même que Marie-Louise faisait son entrée dans Paris.

Au bout de quelques mois, Joséphine ne pouvant résister au désir de revoir ses enfants, revint à la Malmaison.

Un matin, trois mois environ après le mariage de l'Empereur, un coup de sonnette résonne dans l'antichambre de la triste délaissée; on ouvre : c'est Napoléon!... Il se précipite dans les bras de Joséphine, et lui dit : « Chère amie, je t'ai toujours aimée, je t'aime « encore.... Et toi, m'aimes-tu toujours, malgré les « nouveaux nœuds que j'ai formés, et qui m'ont séparé « de toi? Mais ils ne t'ont pas bannie de mon souve- « nir... » Émue et comme inspirée par la présence de celui à qui elle avait voué son âme, elle prononça ces paroles, qui semblaient être un avertissement de la Providence : « Bonaparte, tu es ramené près de moi « par ce génie protecteur, toujours prêt à t'avertir des « dangers dont tu es menacé! Écoute : tu as rempli « l'univers de l'éclat de ta gloire, tu es parvenu au « faîte des grandeurs; que ce soit assez pour toi. Tu « crois avoir monté tous les degrés du bonheur, et « pourtant il en est encore un; ce degré, tu ne peux « l'atteindre qu'en donnant la paix à tes peuples, car « un homme tel que Napoléon doit s'illustrer à jamais « en fermant les portes du temple de Janus. Alors tu « assures à jamais le bonheur immuable des peuples « soumis à ta domination. ».

Napoléon se contenta de lui répondre : « Je ne puis « suivre tes conseils. »

Joséphine termina l'entrevue par cette prédiction, que le destin s'est malheureusement chargé d'accomplir :

« L'abîme est sous tes pas. Pardonne à mon trou- « ble! mais ton malheur sera bientôt à son comble. »

Maîtresse de la Malmaison et du château de Navarre, Joséphine s'y créa de charmants loisirs. Elle s'adonna à l'étude de l'histoire, de la botanique, de l'agriculture. Le peu de temps qui lui restait était employé à secourir les malheureux et à consoler les infortunes. Elle voyait souvent sa chère Hortense, qui lui faisait part de l'intérêt que lui portait Marie-Louise ; Eugène, vice-roi d'Italie, l'engageait, dans ses lettres, à venir se fixer près de lui, au milieu des sympathies d'un peuple qui la regardait comme une tendre mère.

Joséphine commençait à goûter un peu de calme, lorsqu'une visite de l'Empereur vint raviver toutes ses angoisses. D'aussi loin qu'il l'aperçut, il s'écria :

« Madame, j'apprends à l'instant qu'Alexandre a
« protesté contre la réunion d'Oldembourg à la France,
« et c'en est assez pour lui déclarer la guerre ; je pars
« et je suis venu vous faire mes adieux.

« — Eh quoi ! lui répondit Joséphine, tu es à l'a-
« pogée de ta gloire et tu prétends t'illustrer encore...
« La fortune, qui jusqu'alors a été ta fidèle compagne,
« peut t'abandonner réellement le jour où tu marcheras
« sur Moscou. Tu joues, ô mon ami, ta couronne,
« l'existence de ta Famille et celle de mes enfants.

« — Rassure-toi, Joséphine, tous mes mouvements
« sont calculés, je serai vainqueur, et mon frère
« Alexandre sera bien heureux si je veux lui accorder
« la paix. »

Ainsi que Joséphine l'avait prédit, la victoire se lassa d'être fidèle à l'Empereur, et les bulletins de la campagne de Russie vinrent de nouveau porter le deuil dans le cœur de l'Impératrice.

A peine de retour à Paris, Bonaparte se rendit à la Malmaison, afin de rassurer Joséphine sur son sort et celui de ses fils. Après un entretien où l'homme d'État avait cherché à dissimuler sa douleur, l'ami intime laissa échapper ces paroles confidentielles :

« Cette fois, ma bonne Joséphine, je commence à
« boire à la coupe du malheur. Je veux cependant à
« l'avenir suivre tes conseils ; je m'en reposerai sur toi
« avec une entière confiance. »

Cependant, de nouveaux revers attendaient l'Empereur : les troupes Saxonnes et Wurtembergeoises, composées de sept bataillons, désertèrent nos rangs sous les murs de Leipsick, et la victoire resta à l'ennemi. Les pertes de l'armée française furent innombrables.

Napoléon, cruellement éprouvé par cette défaite, revint en toute hâte à Paris, convoqua le Corps législatif ; les députés firent des représentations pusillanimes.

Joséphine, instruite des menées qui se tramaient contre l'Empereur, lui fit demander une entrevue. Napoléon se rendit immédiatement à la Malmaison. A peine était-il entré dans l'appartement de Joséphine, qu'elle lui dit :

« La plupart de vos courtisans sont réunis pour hâter
« votre ruine ; ils n'attendent que votre chute pour se
« réconcilier avec les Bourbons. Ce ne sont pas les prin-
« ces de cette maison qu'ils chérissent, mais bien la
« fortune et les honneurs dont vous les avez comblés,
« qu'ils veulent conserver, n'importe auprès de qui,
« pourvu que ce soit auprès de l'homme puissant. Que
« leur importe un parjure de plus ? Nos troubles politi-
« ques leur ont appris qu'en révolution il ne faut ja-
« mais s'attacher à un seul maître, et qu'il faut avoir
« un œil assez clairvoyant et même assez rapide pour

« découvrir promptement sur quelle mer va se lancer
« le vaisseau mobile de la fortune, afin de s'y embar-
« quer aussitôt qu'un vent propice en agite les voiles.
« Si vous vouliez m'en croire, vous vous ménageriez
« une retraite sûre en Italie; je vous croirais alors à
« l'abri des factions. Le peuple vous aime, le vice-roi
« n'a rien négligé pour vous y préparer les esprits, au
« lieu qu'en France, vous finirez par succomber sous
« les efforts réunis d'une formidable coalition. Alors la
« fuite vous deviendra impossible. »

Il répondit :

« L'entrée des ennemis sur le territoire sacré de la
« France me prescrit mes devoirs, je saurai les rem-
« plir. Cette occasion semble me servir au delà de mon
« attente; j'en saurai profiter !... »

Napoléon, confiant dans son étoile et dans la valeur de nos soldats, vole à de nouveaux combats; il livre plusieurs batailles, dans lesquelles il est tour à tour vainqueur et vaincu. La coalition étrangère, désespérant de jamais pouvoir le dompter, lui fait proposer un traité de paix, acceptable pour tout autre que le vainqueur de l'Europe; Bonaparte demande à réfléchir avant d'y apposer sa signature.

Joséphine, qu'un secret pressentiment avertit des dangers qui menacent Napoléon, lui fait parvenir la lettre suivante :

« Mon Cher Napoléon,

« Il est temps d'en finir, crois-moi. Le péril où est
« la France demande que tu fasses de grandes con-

« cessions; il y va, tu le sais, de tout ton avenir. Si tu
« daignes m'approuver, dans quelques jours tu seras
« peut-être convaincu de cette maxime de TÉRENCE :

Pecuniam in loco negligere
Maximum interdum est lucrum.

« *Qui sait perdre à propos gagne quelquefois plus*
« *qu'on ne pense.*

« Adieu. »

Enfin, les destinées de la France s'accomplirent. Après une ère aussi glorieuse que celle des Césars, l'étoile du Géant pâlit tout à coup : le nombre avait triomphé de la valeur; les ennemis coalisés étaient aux portes de Paris.

Un avis officieux, parvenu à la Malmaison, instruisit Joséphine du départ de Marie-Louise et du Roi de Rome du château des Tuileries. L'Impératrice, craignant d'être victime des brutalités de la soldatesque étrangère, se décida à partir pour Navarre avec la reine Hortense.

C'est là qu'elle apprit, par un envoyé du duc de Bassano (M. de Maussion, auditeur du Conseil d'État), la capitulation de Paris et la position où se trouvait l'Empereur, auquel on accordait l'île d'Elbe en toute souveraineté.

« Ah! Hortense, s'écria-t-elle en se penchant vers
« sa fille, le voilà donc malheureux! — Comment, il
« est confiné à l'île d'Elbe! ajouta-t-elle. Ah! sans sa
« femme, j'irais m'y enfermer avec lui. »

Lorsque le calme fut rétabli, la reine Hortense, qui

était retournée à Paris, écrivit à sa mère pour l'engager à revenir habiter la Malmaison. Joséphine hésitait encore, lorsqu'elle reçut, par l'intermédiaire de M. de Talleyrand, un message de l'empereur Alexandre et du roi de Prusse qui l'invitait à revenir faire les honneurs d'une habitation où elle avait laissé de si charmants souvenirs.

Joséphine, comprenant qu'un refus pourrait blesser leur susceptibilité et nuire aux intérêts de Napoléon, se décida à retourner à la Malmaison.

A peine arrivée, elle reçut la visite des deux souverains. Alexandre fut plein de prévenances et d'amabilité; il parla de la position de l'Empereur en termes qui laissaient entrevoir sa haute estime pour la femme d'un ennemi vaincu. Le roi de Prusse se montra bienveillant et disposé à toutes les concessions compatibles avec la situation politique du moment.

Joséphine répondit à l'accueil cordial des deux souverains par ces paroles empreintes d'une profonde sagesse :

« Je suis heureuse, ô princes magnanimes, de ce
« que votre générosité a bien voulu condescendre à
« venir voir l'épouse délaissée de Bonaparte. Agréez,
« je vous en prie, tous mes remercîments. Je dois vous
« recommander aussi cette brave armée, qui, pendant
« si longtemps fit des prodiges de valeur, surtout ces
« braves qui forment encore un faisceau auprès du
« vainqueur d'Austerlitz. Ah! puissiez-vous lui rendre
« la liberté! Ses malheurs me l'ont rendu plus cher;
« aussi je vous invoque avec toute la chaleur de mon
« âme. Il est digne, par sa grandeur, par son génie et

« par la gloire dont il s'est couvert toute sa vie, de
« votre auguste bienveillance. En vous rendant clé-
« ments, vous donnerez à l'Europe un exemple de cette
« modération qui seule fait les grands rois et leur as-
« sure un bonheur intérieur mille fois plus durable que
« la puissance que nous avons vu paraître et disparaî-
« tre tant de fois. N'est-il pas, au surplus, privilégié
« par la Providence qui l'a conservé dans tant de
« combats ? Ne serait-ce pas l'irriter que de ne pas le
« traiter en souverain malheureux ? Ah ! votre religion,
« princes illustres, est trop connue du monde entier
« pour qu'on ne doive pas s'attendre à une générosité
« éclatante. Soyez, a dit le sage, terribles dans les
« combats, mais généreux et cléments dans la vic-
« toire. »

Ce langage émut profondément les deux souverains ; ils promirent à Joséphine de traiter l'Empereur avec les plus grands égards.

A partir de ce jour, la Malmaison redevint le rendez-vous de toutes les notabilités politiques.

Napoléon était à l'île d'Elbe.

Joséphine ne put supporter son absence ; elle devint rêveuse et mélancolique. La présence même de ses meilleurs amis ne pouvait vaincre sa tristesse : « Il est
« malheureux, disait-elle, je ne puis plus être heu-
« reuse... »

Tant d'épreuves successives avaient épuisé la santé de l'illustre victime ; il ne lui restait plus assez de force pour supporter ce dernier coup de la Providence. Elle tomba dangereusement malade.

Joséphine ressentit les premières atteintes de la maladie qui devait la conduire au tombeau, à son retour d'une visite qu'elle venait de rendre à la reine Hortense, dans son habitation de Saint-Leu-Taverny.

Le 10 mai, l'Empereur Alexandre et le roi de Prusse étaient venus dîner à la Malmaison. L'Impératrice les reçut elle-même, malgré ses souffrances; mais, dans la soirée, elle fut obligée de se retirer et de confier à sa fille le soin de faire les honneurs de cette royale réunion.

Lorsque les deux souverains furent partis, Joséphine prit sa fille et son fils dans ses bras et leur dit :

« Mes chers enfants, je sens mes organes s'affaiblir;
« chaque jour ajoute encore à mes cuisants chagrins;
« honorée de la présence des vainqueurs de mon
« époux, j'admire leur noble et généreuse conduite
« envers les Français. Mais j'aurais voulu partager
« l'exil de Bonaparte; au moins j'aurais adouci par
« ma présence les jours de douleur qui lui sont ré-
« servés. »

Et, pressant Eugène sur son cœur, elle lui dit :

« Bientôt, cher Eugène, tu n'auras plus de mère;
« bientôt, hélas! tu n'auras plus personne pour t'ai-
« mer aussi tendrement que moi... »

Les médecins furent immédiatement appelés. Ils déclarèrent, après une longue consultation, que la maladie de l'Impératrice était grave.

Le lendemain matin, le prince Eugène et la reine Hortense furent frappés, en entrant dans l'appartement de leur mère, de l'altération de ses traits. Ils allèrent eux-mêmes chercher l'abbé Bertrand, qui vint en toute hâte apporter les consolations de la religion à l'auguste malade.

Dans l'après-midi, elle reçut ses enfants auprès de son lit, et leur dit :

« C'est pour vous, mes enfants, c'est pour vous seuls
« que je désirais la fortune et les honneurs ; car, pour
« moi, j'étais sans ambition. L'attachement de Bona-
« parte me suffisait. O mon Dieu ! vous savez combien
« j'ai aimé cet homme. Ah ! oui, Napoléon, jamais je
« ne pourrai survivre à ton infortune ! Ton délaissement
« absolu, l'ingratitude de ceux qui te devaient tout, la
« trahison de plusieurs que tu nommais tes amis, voilà
« les causes de ma destruction !... voilà ce qui me
« précipite dans la tombe ! »

A ces mots, une crise terrible s'empare de la malade; ses yeux se ferment; ses mains se glaçent et une pâleur mortelle couvre sa figure.

Cependant une réaction s'opère. — Joséphine ouvre les yeux. — L'espoir renaît dans tous les cœurs. — Hélas ! c'était une dernière lueur dont l'éclat ne devait être que passager.

Hortense et Eugène se précipitent sur leur mère. Joséphine les presse pour la dernière fois sur son cœur en leur disant :

« Écoutez, chers enfants, la voix de votre meilleure
« amie : Que ne puis-je survivre à ma douleur ! que ne
« puis-je diriger encore votre avenir, qui me paraît
« encore bien incertain, et c'est ce qui m'afflige ! O ma
« fille bien aimée, ma bonne Hortense, souviens-toi
« que tout est sacrifice sur terre, et, qu'à l'exemple de
« ta mère, tu dois toujours rendre le bien pour le mal.
« La Providence nous éprouve, et ne pas supporter
« avec résignation les peines qu'elle nous envoie, c'est

« se montrer rebelle à sa volonté sainte. La religion
« seule nous soutient dans les calamités, et malheur aux
« princes qui s'en éloignent.

« Pour toi, cher Eugène, toi, le modèle du courage,
« toi qui m'a causé peut-être les seuls vrais moments
« heureux que j'ai eus dans cette vallée d'afflictions,
« rappelle-toi que le plus grand bien pour les princes
« et les peuples, c'est la gloire, pourvu qu'elle ait pour
« objet la félicité publique. Ce n'est pas en suivant les
« écarts des grands hommes que l'on s'élève à une ré-
« putation glorieuse, c'est en imitant leurs vertus. Bien-
« tôt, ajouta-t-elle, je ne serai plus, et je meurs avec
« le regret de ne plus voir celui qui vous avait adoptés
« pour ses enfants. Combien j'aurais de bonheur à le
« trouver au milieu de vous ! »

Puis, sentant ses forces l'abandonner entièrement, elle balbutie d'une voix éteinte cet adieu touchant :

« Adieu, mille fois adieu, chers enfants ; recevez ma
« bénédiction, car je vois que la vie m'échappe. Et toi,
« chère Hortense, donne-moi le portrait de mon époux,
« que je puisse le contempler encore avant de mourir ! »

Et, élevant son âme au ciel, elle adresse à Dieu cette invocation, sublime d'humilité chrétienne :

« Mon Dieu ! sur le point de paraître devant votre
« tribunal suprême, je viens invoquer votre miséri-
« corde. Pardonnez, je vous prie, à mes ennemis tous
« leurs égarements comme je les absous sincèrement de
« tout le mal qu'ils ont cherché à me faire. Je meurs
« victime de mille douleurs que mon âme ne peut plus
« supporter sur la terre. Ô Dieu plein de bonté, veil-
« lez sur mes chers enfants et sur la destinée du héros

« auquel vous avez ôté la puissance; bannissez de son
« esprit cette ambition qui l'a perdu, et faites que, con-
« tent de son sort, il quitte cette vie en bénissant vo-
« tre Providence. Quant à la France, à ce pays que j'ai
« tant aimé, qu'elle vive heureuse et florissante sous
« ses rois légitimes, c'est le vœu le plus ardent de mon
« cœur!..... Napoléon!..... — L'île d'Elbe!..... »

En prononçant ces mots, elle expira. C'était le 29 mai 1814, à onze heures et demie du matin.

La reine Hortense ne put supporter l'émotion d'une perte aussi cruelle; elle tomba évanouie dans les bras de son frère.

Le corps de l'Impératrice fut embaumé par M. Béchard. Il resta exposé sous le vestibule de la Malmaison jusqu'au moment de l'inhumation. Le sixième jour, le corps fut déposé dans un caveau de l'église de Rueil.

La cérémonie des funérailles eut lieu avec la plus grande solennité. Tout ce que Paris renfermait de personnages illustres voulut assister aux obsèques de celle que les grands aimaient pour ses vertus privées, que les malheureux chérissaient pour sa charité inépuisable.

L'empereur de Russie et le roi de Prusse, après la famille, tenaient la tête du cortége; venaient ensuite le prince Meckhlembourg, puis le général Sacken, les maréchaux de France, les officiers français et étrangers, les aides de camp des deux souverains, les sénateurs, un grand nombre d'ecclésiastiques, les préfet et sous-préfets de la Seine, les officiers de la garde nationale, un grand nombre de notabilités venues de tous les points de la France; enfin le peuple, qui voulut rendre ses derniers devoirs à *Sa bonne Impératrice*.

Mgr de Barral, archevêque de Tours, assisté de Mgrs les évêques d'Évreux et de Versailles, célébra l'office divin et prononça l'oraison funèbre.

Nous ne citerons que le dernier paragraphe de cette oraison, véritable chef-d'œuvre d'éloquence chrétienne :

« Noble victime des événements politiques de ce
« monde, elle a toujours désiré le bonheur de la France!
« — Ange de douceur et de charité, elle a continuelle-
« ment répandu ses bienfaits sur toutes les infortunes,
« imploré la clémence humaine pour les victimes des
« haines de partis! — Son plus bel éloge est dans ces
« paroles, prononcées naguère par celui que l'exil re-
« tient lois de nous : « Joséphine est le modèle de toutes
« les vertus comme épouse et comme mère ! — Comme
« Impératrice, elle n'a jamais fait verser une seule
« larme aux Français!.... »

Après ces paroles, accueillies par les sanglots de tout l'auditoire, le corps de l'Impératrice fut déposé dans un caveau placé sur le bas-côté méridional de l'église de Rueil. Une chapelle ardente fut élevée sur ce caveau.

Sous la Restauration, le prince Eugène et la reine Hortense sollicitèrent l'autorisation de faire construire pour leur mère un mausolée dans lequel seraient réunies les dépouilles mortelles de leur oncle, M. Tascher de la Pagerie.

Après bien des hésitations, le Gouvernement consentit enfin à laisser élever ce monument à celle dont le nom était dans toutes les bouches, et le souvenir dans tous les cœurs.

Le travail fut confié aux mains habiles de M. Cartelier, qui le termina en 1826.

Ce monument, tout en marbre blanc, est d'une sévérité remarquable et d'un goût parfait.

Joséphine y est représentée en grandeur naturelle, le manteau impérial sur les épaules; elle est agenouillée sur un coussin.

Au bas du piédestal est tracée une inscription portant ces trois noms :

JOSÉPHINE.

Eugène. — Hortense.

Un service religieux se célèbre à Rueil tous les ans, le 29 mai, pour l'âme de celle qui n'a plus besoin de nos prières.

MARIE-LOUISE

(EX-IMPÉRATRICE DES FRANÇAIS)

ARCHIDUCHESSE DE PARME ET DE PLAISANCE

« La vérité partout et toujours. »

CHAPITRE PREMIER

Naissance. — Mode d'éducation autrichienne. — Première opinion de Marie-Louise sur Napoléon. — Mariage par ambassadeur. — La Toison d'or. — Arrivée en France. — Cérémonies. — Mariage civil et religieux. — Ordonnance concernant la Couronne du Sacre. — Entrée à Paris. — Fêtes. — Grossesse de Marie-Louise. — Société de charité maternelle. — Madame de Montesquiou.

MARIE-LOUISE-Léopoldine-Françoise-Thérèse-Joséphine-Lucie, archiduchesse d'Autriche, fille aînée de François Ier, empereur d'Autriche, et de Marie-Thérèse, fille de Ferdinand IV, roi de Naples, naquit à Vienne, le 12 décembre 1791.

L'histoire des premières années de cette princesse est celle de toutes les archiduchesses autrichiennes. Son éducation fut soumise aux règles invariables d'une cour observant la plus stricte étiquette.

Lorsque Napoléon fit demander la main de Marie-Louise, cette princesse se considéra comme une victime livrée au Conquérant français. Nous citerons à l'appui de cette assertion une confidence faite à cette époque par l'archiduchesse à une de ses amies intimes :
« Napoléon, disait-elle, est l'ennemi de ma famille ; —
« jamais je ne lui pardonnerai d'avoir mis la maison de
« Hapsbourg à deux doigts de sa perte ; — jamais je
« n'oublierai qu'il a forcé mon père de quitter Vienne et
« d'errer de ville en ville, au milieu de la panique d'une
« retraite précipitée. » Dans cette disposition d'esprit, on comprend qu'elle accepta comme un sacrifice l'honneur de s'asseoir sur le trône de France, à côté du plus grand héros de l'univers.

Le projet de contrat fut envoyé à Vienne et remis à l'ambassadeur de France ; on y avait joint les pleins pouvoirs pour signer la convention diplomatique.

L'ambassadeur, à cette époque, était le comte Otto, négociateur des préliminaires de la paix d'Amiens et ministre de France, à Munich, pendant la guerre de 1805.

Quelques difficultés, suscitées par l'Empereur d'Autriche sur la validité du divorce de Napoléon, retardèrent de quelques jours la signature du contrat ; mais la diplomatie ayant aplani tous les obstacles, l'Empereur François-Joseph donna sa signature le 16 février.

Le 27, M. Otto en échangea la ratification avec M. de Metternich.

Le prince de Neufchâtel et de Wagram fut envoyé à Vienne avec le caractère d'ambassadeur extraordinaire.

Il trouva à la frontière le prince Paul Esterhazy, chargé par la cour d'Autriche de le recevoir et de le conduire au Palais impérial, qu'il habita pendant son séjour à Vienne.

Le jour même de son arrivée, l'ambassadeur français fut reçu par l'empereur d'Autriche avec une distinction et une déférence inaccoutumées.

Le lendemain, il remit au prince Charles les pouvoirs de l'Empereur Napoléon pour épouser, en son nom, l'archiduchesse.

Le surlendemain 9 mars, Marie-Louise renonça solennellement, selon l'usage, à la succession impériale, et prêta serment.

Le soir même eut lieu, dans les grands appartements du palais, la signature de l'acte civil du mariage et la remise de la dot, se montant à 500,000 francs.

Le mariage fut célébré, le 11 mars 1810, dans l'église des Augustins. La cérémonie fut suivie d'un banquet, auquel assista, contrairement au cérémonial de la cour de Vienne, l'ambassadeur français.

Le lendemain, le prince de Wagram reçut l'archiduc palatin et l'archiduc Antoine, frères de l'Empereur. Ces deux princes venaient prendre congé de l'ambassadeur et lui porter les derniers adieux de la Famille impériale.

Le jour de la signature du contrat, l'Empereur d'Autriche envoya à Napoléon son portrait entouré de diamants, suspendu au collier de l'Ordre de la Toison-d'Or.

Le 14, la nouvelle Impératrice, après avoir reçu les

adieux de sa famille, fut conduite à sa voiture par l'archiduc Charles.

A son arrivée en France, Marie-Louise fut accueillie avec enthousiasme par toutes les populations ; son voyage de Strasbourg à Compiègne ne fut qu'une ovation. A Strasbourg, elle vit le comte de Metternich, qui se rendait à Paris ; à Vitry, elle reçut le prince de Schwarzemberg et la comtesse de Metternich, qui allaient également à Paris.

Depuis l'entrée en France de l'Impératrice, Napoléon lui adressait chaque jour une lettre, à laquelle il joignait un magnifique bouquet. Elle y répondait avec mesure et dans des termes qui laissaient pressentir qu'elle saurait reconnaître les bons procédés de l'Empereur à son égard.

Près de Soissons, des tentes avaient été dressées pour recevoir l'Impératrice, selon le cérémonial prescrit par l'Empereur ; mais ce cérémonial ne fut pas suivi, et le cortége ne s'arrêta qu'à Compiègne. On fit, dans cette ville, des préparatifs d'un éclat et d'une magnificence extraordinaires, et les autorités s'empressèrent d'accourir pour venir au-devant de Leurs Majestés.

A dix heures du soir, le canon annonça l'arrivée du cortége impérial, qui traversa l'avenue à la lueur des flambeaux et au milieu d'une foule compacte de curieux.

A la descente des voitures, l'Empereur présenta lui-même les princes et les princesses à la nouvelle Impératrice ; les autorités de la ville furent admises aussi à lui rendre leurs hommages. Un groupe de jeunes filles déposa à ses pieds une magnifique corbeille de fleurs accompagnée d'un compliment. Le prince Schwarzemberg, ambassadeur d'Autriche, était présent à cette réception.

A la suite de ce cérémonial, Marie-Louise se retira dans son appartement, où l'Empereur la conduisit. A minuit, il soupa avec elle et la reine de Naples.

La première introduction de Marie-Louise dans l'intérieur du palais se fit le lendemain, dans le cabinet de l'Empereur. A une heure, eut lieu la présentation des dames d'honneur et des officiers de sa maison; ils prêtèrent serment entre ses mains. Vinrent ensuite les colonels et généraux de la garde, les ministres, les grands officiers, les officiers et dames d'honneur faisant partie du voyage de Compiègne.

La cour partit le surlendemain pour Saint-Cloud, où fut célébré le même jour 1er avril le mariage civil. Le mariage religieux eut lieu le lendemain à Paris, dans la grande galerie du Musée du Louvre.

Le matin du jour même où fut célébré à Paris le mariage religieux, l'Empereur assista à la toilette de l'Impératrice. Il ordonna que les deux dames d'honneur posassent, en sa présence, la couronne sur la tête de Marie-Louise. Du reste, cette couronne avait donné lieu à une ordonnance de Napoléon, dont voici le texte :

« Le jour du mariage, l'Impératrice portera la cou-
« ronne du sacre, qui n'est pas belle, mais qui a un
« caractère particulier et que je veux attacher à ma
« dynastie; elle ne doit être portée que dans les plus
« grandes cérémonies. Dans les cérémonies ordinaires,
« l'Impératrice portera la couronne de diamants fer-

« mée, qui n'a aucun caractère, et que je lui fais faire
« avec les diamants de la couronne. Le lendemain du
« mariage, elle portera la couronne de diamants fer-
« mée, pour recevoir.

« Compiègne, le 25 mars 1810.

« Signé, NAPOLÉON. »

La cérémonie du mariage civil terminée, Saint-Cloud donna des fêtes splendides : illuminations générales, jeu des eaux des cascades à la lumière, salves d'artillerie répétées par les Invalides, à Paris.

L'Empereur et l'Impératrice firent leur entrée solennelle à Paris le 2 avril. Un soleil radieux éclairait cette imposante cérémonie. L'Arc de Triomphe de la barrière de l'Étoile, sous lequel passa le Cortége impérial, était figuré par une décoration représentant ce monument tel qu'il est aujourd'hui.

Leurs Majestés furent reçues à la barrière de l'Étoile par le Préfet de la Seine et le Corps municipal. Arrivés au château des Tuileries, l'Empereur et l'Impératrice se reposèrent un instant dans la galerie de Diane, puis se rendirent dans le grand salon d'Apollon du Louvre, où une chapelle avait été disposée. Les reines d'Espagne, de Hollande et de Westphalie, les princesses Pauline et Elisa portaient la queue du manteau de l'Impératrice. Le cardinal Fesch, grand-aumônier, donna la bénédiction nuptiale.

Cette cérémonie terminée, les dames qui avaient posé la couronne sur la tête de l'Impératrice la lui ôtèrent, ainsi que le manteau impérial. L'Empereur donna la main à Marie-Louise, la conduisit sur le balcon du pavillon du milieu, et se plaça à côté d'elle. Un concert instrumental fit entendre son harmonie sous les fenêtres du palais, et fut suivi d'un feu d'artifice qui occupait toute la longueur de la grande avenue des Champs-Élysées.

Le peuple prit une part active à toutes ces fêtes et, par son enthousiasme, en augmenta la splendeur.

Les fêtes terminées, la cour retourna au château de Compiègne, qui avait été meublé avec une magnificence extraordinaire.

La fin de l'année 1810 se partagea en séjours alternatifs à Saint-Cloud, Rambouillet, Trianon, Paris et Fontainebleau. C'est à Fontainebleau que la Cour fut la plus brillante : on y fit de grandes chasses ; il y eut aussi spectacles, concerts et cercles nombreux.

Vers la fin de novembre, la grossesse de l'Impératrice fut déclarée et annoncée au Sénat par un message de l'Empereur. Le baron de Mesgrigny, premier écuyer, fut envoyé à Vienne avec une lettre pour l'empereur d'Autriche, lui annonçant que la grossesse de sa fille venait d'atteindre son cinquième mois. L'Empereur et l'Impératrice d'Autriche chargèrent M. de Mesgrigny d'une lettre de félicitations que ce plénipotentiaire remit à Marie-Louise, en présence de Napoléon.

A l'occasion de la grossesse de l'Impératrice, il y eut spectacle et illuminations. Un *Te Deum* fut chanté dans la chapelle des Tuileries. Douze jeunes filles, dotées par l'Impératrice, furent conduites par les douze maires dans l'Église métropolitaine et assistèrent à une messe d'actions de grâces. Des aumônes furent distribuées ; enfin, on donna la plus grande solennité à cet événement, qui garantissait l'avenir et la sécurité de la France.

L'Empereur, dans la joie de ses espérances, créa une Société de charité maternelle, dont le but était de donner des secours aux femmes en couches indigentes et de pourvoir aux besoins et à l'allaitement de leurs enfants. Marie-Louise en fut nommée protectrice; Mmes de Ségur et de Pastoret furent désignées comme vice-présidentes.

Cette Société était ainsi organisée : mille dames brevetées par l'Impératrice ; quinze dames dignitaires. — Un grand Conseil d'administration siégeait à Paris ; ce Conseil se composait : d'un secrétaire général, qui était le grand-aumônier, et d'un trésorier général. Chaque département de la France avait un Conseil d'administration correspondant avec celui de Paris. Le fonds social était de 500,000 francs de rentes sur le Grand-Livre, fournis par le domaine et par des souscriptions volontaires. Comme on le voit, cette idée, vaste, ainsi que toutes celles qui émanaient de ce génie fécond, avait pour but d'exciter une généreuse émulation, et, par le fait, d'accroître les ressources des établissements de maternité.

L'Empereur, en prévision de l'avenir, nomma une gouvernante des Enfants de France ; son choix se fixa sur Mme de Montesquiou, femme d'une piété sincère, d'une vertu à l'abri de tout reproche, et possédant les qualités désirables pour remplir la haute mission qui lui était confiée.

De fréquents malaises annonçaient la fin de la grossesse de Marie-Louise. L'Empereur l'entourait de la

plus vive sollicitude, la soutenait dans ses bras et l'encourageait, par de douces paroles, à supporter les souffrances préliminaires de la maternité. « J'ai été
« quelquefois, dit M. de Menneval dans ses *Mémoires*,
« témoin de ces scènes de ménage, où éclatait le natu-
« rel aimant de Napoléon, qui n'a pu être accusé d'in-
« sensibilité que par ceux qui ne l'ont pas connu. »

CHAPITRE II

Accouchement et relevailles. — Promenades matinales. — Réunions des souverains à Dresde. — Voyage à Prague. — Fragment de lettre. — Retour à Paris. — Organisation de la Régence. — Lettres-patentes qui la confèrent à Marie-Louise.

Le 20 mars 1811, à huit heures du matin, cent un coups de canon annoncèrent à la France la naissance du roi de Rome.

L'Empereur, dans l'effusion de sa joie, fit lui-même part de cette heureuse nouvelle à toute sa maison (1).

Un mois après son accouchement, Marie-Louise célébra ses relevailles dans la chapelle des Tuileries.

Napoléon fit divers voyages en Belgique, en Hollande et en Normandie, avec Marie-Louise. Au retour de ces voyages, il reprit, à Saint-Cloud et à Compiègne, ses courses à cheval et ses chasses pendant la belle saison des années 1811 et 1812. L'Impératrice assistait à toutes ces fêtes.

Après la signature du traité de paix avec la Prusse

(1) Nous ne parlerons pas ici de l'accouchement de l'impératrice, ni des réceptions, ni des fêtes qui suivirent la naissance de Napoléon II. Ces détails sont consignés dans la nomenclature relative au Roi de Rome.

et l'Autriche, Napoléon, voulant par un suprême effort, conjurer la guerre avec la Russie, conçut le projet d'aller à Dresde, et d'y réunir les alliés. Il parla à l'Impératrice de son intention d'inviter l'empereur d'Autriche à s'y trouver. Marie-Louise approuva beaucoup ce projet, qui lui permettait de revoir son père et sa famille. Notre ambassadeur à Vienne, M. le comte Otto, fut chargé de proposer à l'empereur François-Joseph de venir à Dresde, avec l'impératrice et les archiducs et archiduchesses, frères et sœurs de Marie-Louise. Cette proposition fut immédiatement acceptée par la cour de Vienne.

Napoléon et Marie-Louise firent leur entrée à Dresde aux flambeaux. Leurs Majestés étaient accompagnées du roi et de la reine de Saxe.

Le lendemain de l'arrivée de la Famille impériale française à Dresde, l'empereur et l'impératrice d'Autriche, les archiducs, la reine de Westphalie, le grand-duc de Wurtzbourg, le roi et le prince royal de Prusse, les principaux ministres (MM. de Metternich et Hardenberg), ainsi qu'une grande partie des princes de la Confédération entrèrent dans cette ville aux acclamations de la foule, qui s'était portée en masse sur leur passage.

L'empereur d'Autriche embrassa Napoléon avec effusion ; l'impératrice d'Autriche et les archiducs firent un cordial accueil à Marie-Louise.

Pendant son séjour à Dresde, l'Impératrice des Français fut l'objet des attentions les plus délicates de la part des princes réunis au palais.

Napoléon, plein de prévenances pour Marie-Louise

et heureux d'être agréable à l'empereur d'Autriche, son beau-père, consentit, sur leur prière, à ce que Marie-Louise allât passer un mois à Prague, au milieu de sa famille.

Marie-Louise partit pour Prague, le 4 juin. Son voyage fut une fête continuelle. Partout elle reçut les honneurs réservés aux souverains autrichiens dans les grandes solennités ; et, pendant trois semaines que dura son séjour dans cette ville, sa présence fut célébrée par des banquets, des bals, des promenades, des soirées, où elle occupait toujours la première place.

Marie-Louise, selon la recommandation de Napoléon, correspondait chaque jour avec lui. Le 25 juin, elle écrivait à Paris une lettre dont voici un extrait :

« L'Empereur m'écrit bien souvent ; chaque jour où
« je reçois une lettre est un jour de bonheur pour
« moi... Rien ne peut me consoler de son absence,
« pas même la présence de toute ma famille.... »

Pourquoi faut-il que, quatre années plus tard, l'épouse dévouée, qui écrivait ces lignes, ait froidement abandonné le captif de Sainte-Hélène !... — L'implacable politique a-t-elle forcé la volonté de cette princesse, ou bien l'ingratitude humaine fut-elle cause de cet abandon ? — Nous ne voulons pas résoudre cette question ; la postérité est meilleur juge que nous.

Le 1er juillet, Marie-Louise partit de Prague avec son père, qui l'accompagna jusqu'à Carlsbad. Le 18, elle était de retour à Saint-Cloud.

Après le désastre de Moscou, Napoléon revint à Paris ; le lendemain de son arrivée, il se rendit avec l'Impératrice aux Invalides, passa en revue ses vieux braves, s'informa de leurs besoins, et, parcourant la galerie des plans en relief des places et des ports de guerre, lui fit remarquer le plan du port de Brest, qui venait d'être achevé.

L'Empereur s'occupa immédiatement de constituer la Régence, qu'il désirait confier à Marie-Louise.

M. le baron de Menneval, en sa qualité de secrétaire des commandements de l'Impératrice, reçut, par l'intermédiaire du comte Daru, ministre d'État, l'expédition des lettres-patentes qui conféraient à l'Impératrice le titre de Régente, ainsi que le sénatus-consulte organique de la Régence, et le sénatus-consulte portant fixation du douaire de l'Impératrice-Régente.

CHAPITRE III

Lettre à M. de Menneval. — Réception du Corps diplomatique. — Retour en yacht. — La guerre recommence. — Retour de Napoléon. — Adresse de Marie-Louise à la garde nationale. — Marie-Louise se retire à Rambouillet; elle part pour Blois. — Récompense donnée à la fidélité. — Arrestation de Marie-Louise.

Napoléon, après avoir pourvu à toutes les éventualités politiques, partit de Saint-Cloud le 15 avril 1813, pour se mettre à la tête de son armée. Le matin même de ce départ, l'Impératrice écrivit à M. de Menneval la lettre suivante :

« Vous savez sûrement que l'Empereur est parti.
« Je me plais à penser que vous en éprouvez aussi bien
« du chagrin. Je vous prierai, si M. Fain n'est pas
« parti, de lui dire que je désire bien qu'il me donne
« des nouvelles de l'Empereur; je n'ai pas trouvé le
« moment de le lui dire moi-même. Je vous prierai
« aussi de m'envoyer une copie de la liste des entrées,
« l'Empereur ayant désiré qu'elles soient envoyées
« dans la journée. Je vous prie de croire à toute l'assu-
« rance des sentiments avec lesquels je suis

« Votre très-attachée,
« Louise.

« Saint-Cloud, 15 avril 1813. »

Le premier acte de la Régence de Marie-Louise fut une réception solennelle des grands Corps de l'État. Cette réception eut lieu le dimanche qui suivit le départ de l'Empereur.

Après les combats de Bautzen et de Wurtchen, il y eut une suspension d'armes. Napoléon en profita pour aller passer quelques jours à Mayence; il engagea Marie-Louise à venir l'y trouver. Elle partit de Saint-Cloud, le 23, à dix heures du matin.

L'Impératrice coucha, selon l'itinéraire indiqué par Napoléon, à Châlons et à Metz; elle y donna audience aux principales autorités et arriva à Mayence le 29, à trois heures du matin; l'Empereur arriva le même jour, à six heures du soir.

Marie-Louise parut très-heureuse de revoir Napoléon! Hélas! qui eût pu prévoir l'avenir! Qui eût pu penser que cette affection lui ferait défaut au moment où le sort le frapperait si cruellement!

L'armistice étant terminé, l'Empereur prit congé de Marie-Louise, et, le 1er août, rejoignit son armée.

L'Impératrice partit le 2, montée sur un yacht que le prince de Nassau avait mis à sa disposition; un officier de la maison de ce prince était chargé d'en faire les honneurs. L'Impératrice devait suivre les bords du Rhin et se rendre à Paris, en passant par Aix-la-Chapelle.

Arrivée à Saint-Goar, où elle s'arrêta une journée, l'Impératrice écrivit à Napoléon. Le lendemain, elle continua sa route sur le Rhin, s'arrêtant seulement à Coblentz et à Cologne. Elle arriva, le 5 août, à Aix-la-Chapelle, visita la cathédrale, l'Exposition universelle, et partit pour Saint-Cloud, en passant par Liége, Namur, Soissons et Compiègne. Dans toutes ces villes, Marie-Louise fut reçue avec enthousiasme et félicitée par les principales autorités.

A son arrivée à Saint-Cloud, l'Impératrice trouva Mme de Montesquiou, qui remit entre ses bras le Roi de Rome. C'était un bel enfant, ayant toutes les apparences d'une forte santé. Marie-Louise embrassa son Fils, puis le rendit immédiatement à sa gouvernante, qu'il aimait déjà comme une seconde mère.

L'Empereur, las des tergiversations de la politique étrangère dans le Congrès de Prague, avait recommencé la guerre. La nouvelle de la victoire de Dresde parvint, vers la fin d'août, à l'Impératrice.

Ce succès, qui ranimait le courage de la France, parut être partagé par Marie-Louise, si nous en jugeons par l'extrait d'une lettre qu'elle écrivait, à la date du 2 septembre, au baron de Menneval :

« Vous devez être bien content de tous les détails de
« la belle victoire que l'Empereur vient de remporter ;
« celui qui m'a fait le plus de plaisir est de savoir
« qu'il ne s'est pas exposé. Dieu veuille que cela nous
« amène la paix ! J'en aurais bien besoin, comme
« toutes les personnes qui sont dévouées à l'Empe-
« reur, etc. »

Le désastre essuyé le 30 août à Culm, par le général Vandamme, entraîna la défection de la Bavière, du Wurtemberg et des princes confédérés du Rhin. Des récriminations éclatèrent de toutes parts. Une sourde opposition se manifesta dans l'armée et paralysa les plans gigantesques de l'Empereur.

Napoléon adressa à l'Impératrice, le 30 septembre, la lettre suivante :

« Madame et chère amie, vous irez présider le Sé-
« nat ; vous y tiendrez le discours suivant. Le mi-
« nistre de la guerre fera un rapport, et les orateurs
« du Conseil d'État présenteront le sénatus-consulte
« pour la levée de la conscription. Vous irez dans les
« voitures de parade, avec toute la pompe convenable
« et comme il est d'usage quand je vais au Corps Lé-
« gislatif.

« *Signé* NAPOLÉON.

« Dresde, le 27 septembre 1813. »

Les ordres de l'Empereur furent fidèlement exécutés par Marie-Louise, qui montra, en cette circonstance, beaucoup de tact.

Une nouvelle bataille fut livrée avec succès ; et, à l'occasion de la victoire de Hanau, l'Empereur écrivit à Marie-Louise la lettre suivante :

« Madame et très-chère épouse, je vous envoie
« vingt drapeaux pris par nos armées aux batailles de
« Wachau, de Leipzig et de Hanau ; c'est un hom-
« mage que j'aime à vous rendre. Je désire que vous
« y voyiez une marque de ma grande satisfaction de
« votre conduite pendant la Régence que je vous ai
« confiée. Cette lettre n'étant à autre fin, je prie Dieu
« qu'il vous ait en sa sainte et digne garde.

« *Signé* NAPOLÉON.

« A Francfort, le 1ᵉʳ novembre 1813. »

Huit jours après, l'Empereur était de retour à Saint-

Cloud, embrassant sa femme et son fils, seule consolation au milieu des soucis et des appréhensions qui agitaient son âme.

Une affaire décisive se préparait. Napoléon, en moins de six semaines, avait réalisé tout ce que le génie humain, la volonté, l'énergie et l'activité pouvaient créer de ressources.

Enfin, le 23 janvier 1814, l'Empereur réunit, au Palais des Tuileries, les officiers de la garde nationale, et leur présenta l'Impératrice et le Roi de Rome :

« Je pars, leur dit-il ; je vais combattre l'ennemi. Je
« vous confie ce que j'ai de plus cher, l'Impératrice
« ma femme, et le Roi de Rome mon Fils... »

Le 27 février, à la suite des batailles de Montmirail, Vauchamp et Montereau, le ministre de la guerre présenta à l'Impératrice dix drapeaux enlevés aux Russes, Prussiens et Autrichiens. Marie-Louise reçut ces trophées avec des marques de satisfaction, et répondit d'une manière fort remarquable au discours qui lui fut adressé par le Ministre.

Le 12 février, c'est-à-dire quelques jours avant l'issue de la bataille de Montmirail, l'Impératrice écrivait à M. de Menneval la lettre suivante :

« Bonne nouvelle ! l'Empereur a détruit le corps
« d'Yorck, et lui a pris son matériel ; le reste est enfoncé dans les chemins de traverse. L'Empereur devait coucher à la Ferté-sous-Jouarre, et se portait
« bien. Voilà ce que mande M. Anatole (de Montesquiou) à l'archichancelier, à trois heures et demie.
« Je m'empresse de vous l'écrire, en vous priant de

« croire à tous les sentiments d'estime de votre très-
« affectionnée.

« Louise. »

Les événements se succédaient avec rapidité, et plusieurs revers successifs avaient permis aux armées ennemies d'arriver jusqu'aux portes de Paris. Un Conseil privé s'assembla et décida, d'après l'avis de l'Empereur, que l'Impératrice devrait se retirer, avec son Fils, à Rambouillet.

Le départ fut arrêté pour le 29 mars, à huit heures du matin.

Au jour fixé, Marie-Louise était, dès sept heures, habillée et prête à partir avec son Fils. A dix heures, le Ministre de la guerre l'invita à monter de suite en voiture, avec le Roi de Rome, si elle voulait échapper à de grands dangers. L'Impératrice fit ses adieux aux personnes qui l'entouraient avec beaucoup de présence d'esprit et de fermeté. En passant dans la grande avenue des Champs-Élysées, elle salua, pour la dernière fois, le château impérial, auquel elle disait un éternel adieu.

Partie des Tuileries le 29, à midi, avec son Fils, Marie-Louise s'acheminait, le cœur navré, vers Rambouillet.

Elle arriva le même jour dans cette ville, d'où elle partit pour aller coucher à Chartres.

Le 30 mars, Marie-Louise reçut à Vendôme une lettre de l'Empereur, lui annonçant la reddition de Paris; cette lettre contenait l'ordre de se diriger sur Blois.

L'Impératrice partit immédiatement pour Blois, où elle séjourna jusqu'au 8 avril.

Le séjour de Marie-Louise dans cette ville ne fut marqué par aucun acte politique important.

Elle se borna, dans l'attente des événements, à récompenser la fidélité des officiers de sa maison.

Le 8 avril, les Frères de l'Empereur vinrent, dans la matinée, trouver Marie-Louise, la supplièrent, dans l'intérêt de sa sûreté et de celle du Roi de Rome, de quitter Blois, de se retirer au delà de la Loire et d'y établir le siége de son Gouvernement. L'Impératrice, non-seulement résista à leurs prières, mais encore menaça de recourir à la violence si l'on voulait forcer sa volonté.

Trois heures après cette démarche, un Commissaire russe se présentait avec l'ordre de s'assurer de la personne de l'Impératrice et de son Fils, et de les conduire tous deux à Orléans.

Dès cet instant, la séparation de Marie-Louise et de Napoléon fut irrévocablement prononcée. L'Empereur François-Joseph imposa sa volonté à sa fille. Cette princesse crut bien faire en sacrifiant ses devoirs d'épouse à l'autorité paternelle ! Ce n'est pas à nous de juger sa conduite ! Seulement, nous dirons qu'il est, dans l'humanité, un principe qui domine tous les autres : le Dévouement au Malheur !

CHAPITRE IV

Marie-Louise à Orléans. — Entrevue avec François-Joseph. — Elle est nommée duchesse de Parme et part pour Vienne. — Installation à Schœnbrünn. — Avis de la reine de Sicile. — Marie-Louise va aux eaux d'Aix. — Elle refuse de rejoindre Napoléon. — Elle fait les honneurs du Congrès. — Elle apprend que Napoléon a quitté l'île d'Elbe. — Elle conduit son Fils à Vienne. — Lettre de Napoléon. — Un incident. — Marie-Louise à Naples. — Mariage de la main gauche. — Mort de Marie-Louise. — Appréciation de son caractère.

Le 9 avril, à dix heures du matin, l'Impératrice, après avoir reçu le comte de Schouwaloff, partit de Blois pour Orléans, avec son Fils. Elle était accompagnée des Princes et Princesses de la Famille impériale.

Après un voyage accidenté, pendant lequel les dernières voitures de sa suite furent pillées par les Cosaques, Marie-Louise arriva à Orléans, à six heures du soir. Elle fut reçue par les autorités civiles et militaires; son entrée fut saluée par des cris de : *Vive l'Impératrice! Vive l'Empereur!*

Le lendemain, jour de Pâques, l'Impératrice reçut le duc de Cadore, de retour de sa mission auprès de l'empereur d'Autriche. La lettre de François-Joseph, que lui remit ce diplomate, était énigmatique et laissait pressentir ses intentions futures vis-à-vis de Napoléon. Marie-Louise conçut un instant le projet d'aller rejoindre son époux, et de partir avec lui pour l'île d'Elbe ; mais une dépêche, annonçant que les États de Parme lui étaient concédés et que l'empereur son père mandait sa présence à Rambouillet, fit changer sa résolution.

L'Impératrice partit d'Orléans le 12, à huit heures du soir, et arriva le lendemain, à midi, à Rambouillet, exténuée de fatigue. Là, elle apprit que l'empereur d'Autriche ne devait venir à Paris que le 14, et qu'il ne serait à Rambouillet que le 16.

Avertie de l'approche de François-Joseph, Marie-Louise vint le recevoir à la porte du Palais, suivie de son Fils, des officiers et des dames de sa maison.

L'Impératrice, très-émue, saisit vivement le Roi de Rome et le jeta dans les bras de son père, en prononçant quelques mots en allemand. L'empereur d'Autriche embrassa son Petit-Fils, et le remit entre les mains de sa gouvernante, Mme de Montesquiou.

L'empereur François-Joseph partit de Rambouillet après un séjour de vingt-quatre heures. Ce qui se passa entre lui et Marie-Louise, tout le monde l'ignore ; mais, ce qu'il y a de positif, c'est qu'à partir de ce moment, la conduite de l'Impératrice changea tout à coup vis-à-vis de Napoléon, et qu'elle fut entièrement soumise à la politique de l'Autriche.

Marie-Louise reçut, avant son départ pour Vienne, la visite de l'empereur de Russie et du roi de Prusse. Son langage fut digne, et elle parut faire comprendre à ces deux souverains, en des termes ménagés, que leur visite pouvait ne pas être d'une complète opportunité.

Le **25** avril, l'Impératrice, que l'on avait nommée **d**uchesse de Parme, reçut les adieux de son père, et partit avec le Roi de Rome pour Vienne. Arrivée à Provins, elle écrivit à Napoléon : sa lettre fut mise à la poste sous le couvert du général Bertrand, au bureau de poste de cette ville. Le voyage de l'Impératrice dans toute l'Allemagne fut une ovation générale ; mais ces hommages s'adressaient à la princesse autrichienne et non pas à l'Impératrice des Français. Pour les Français eux-mêmes, d'ailleurs, elle n'était plus que l'*ex-Impératrice*.

L'ex-Impératrice revenait donc à Vienne avec les mêmes idées qu'elle avait quatre années auparavant. Une principauté lui était offerte et la perspective de jours désormais plus tranquilles ; mais le souvenir des grandeurs souveraines qu'elle avait perdues, et peut-être aussi le remords de sa faiblesse, devaient plus d'une fois se mêler à sa nouvelle existence.

L'ex-Impératrice fut reçue à Schœnbrünn par la famille impériale autrichienne avec l'apparence d'une franche cordialité.

Le lendemain de son installation au Palais, Marie-Louise s'occupa d'organiser sa maison. Quelques jours après, elle reçut la visite de la Reine de Sicile, sa grand'mère, qui venait de quitter Palerme à la suite d'une Révolution. Cette Princesse, qui, pendant la prospérité de Napoléon, lui avait été hostile, disait un jour à l'ex-Impératrice, en apprenant les manœuvres de la cour d'Autriche pour priver l'Empereur de toute relation avec sa femme : « Il faut attacher les draps de « votre lit à la fenêtre et vous échapper sous un dégui-

« sement. Voilà ce que je ferais à votre place ; car,
« lorsqu'on est mariée, c'est pour la vie. » Une telle
énergie de caractère n'était pas dans l'esprit de l'archiduchesse autrichienne, et la reine de Sicile passa
à ses yeux pour une femme excentrique.

Marie-Louise menait une vie paisible à Schœnbrünn ;
elle consacrait ses matinées à l'éducation du Roi de
Rome. L'après-midi, elle montait à cheval ou faisait
des promenades à pied dans les magnifiques jardins de
cette résidence.

Le 15 juin, Marie-Louise partit de Schœnbrünn
pour aller au-devant de son père ; elle s'arrêta à Siegartskirken, où l'impératrice d'Autriche l'avait précédée. L'empereur François-Joseph y arriva le même
jour, et reçut sa fille dans la même chambre où Napoléon, en 1805, avait reçu la députation qui lui présenta
les clefs de la ville. Après un court entretien, la duchesse de Parme monta dans la calèche avec son père
et l'accompagna jusqu'au dernier relais, où elle descendit, et partit d'avance, afin de préparer la réception.

L'empereur et l'impératrice d'Autriche séjournèrent
à Schœnbrünn jusqu'au départ de Marie-Louise pour
les eaux d'Aix, qui eut lieu quelques jours après. Le
général comte de Niepperg fut désigné par la cour de
Vienne pour accompagner la duchesse de Parme.

Pendant les cinq semaines que Marie-Louise passa
à Vienne, elle reçut plusieurs lettres de Napoléon ;
l'une par l'intermédiaire du général Kolher, de retour
de l'île d'Elbe, où il avait accompagné l'Empereur en
qualité de commissaire autrichien ; les autres lui furent
remises par M. de Menneval, à qui elles avaient été

adressées par le général Bertrand. L'ex-Impératrice répondit exactement à toutes ces lettres et dans des termes affectueux.

Le jour de son départ pour les eaux d'Aix, la duchesse de Parme fit venir le docteur Franck, médecin de l'empereur d'Autriche, et lui confia le Roi de Rome.

Marie-Louise prit, pour le voyage d'Aix, le nom de duchesse de Colorno, une des plus illustres maisons du duché de Parme.

La duchesse de Colorno descendit à Aix chez M. Chevalley, dont la maison était située hors de la ville. Elle trouva, en arrivant, MM. Corvisart et Isabey, deux fidèles, qui l'attendaient. Mme de Montebello n'arriva que dans les premiers jours d'août.

L'ex-Impératrice resta deux mois environ à Aix, d'où elle partit pour Vienne, selon l'ordre transmis par l'empereur d'Autriche à M. de Niepperg. Elle passa par Sécherons, où elle reçut M. de Menneval, qu'elle devait revoir à Berne; elle reçut aussi M. Hurault de Sorbée, officier de Napoléon, chargé d'une lettre dans laquelle l'exilé de l'île d'Elbe faisait part à Marie-Louise de son désir qu'elle vînt le rejoindre.

M. Hurault de Sorbée échoua dans sa mission, et partit de suite pour Paris.

La duchesse de Parme passa deux jours à Berne, où vint la retrouver M. de Menneval. L'intention de la duchesse était, en retournant à Vienne, de traverser les petits cantons.

A son arrivée à Vienne, Marie-Louise trouva tous les souverains réunis pour le Congrès; elle y fut l'objet des ovations et des prévenances de toutes sortes de la part des illustres étrangers qui habitaient le château impérial.

Une fête brillante fut donnée par l'empereur d'Autriche aux empereurs et aux rois de l'Europe ; Marie-Louise en fit les honneurs. Elle fut présentée par l'impératrice d'Autriche à la czarine, ainsi qu'aux grandes duchesses de Russie. Le czar, le roi de Bavière, et successivement tous les rois et reines, princes et princesses réunis à Vienne pour le Congrès, témoignèrent les plus grands respects à l'archiduchesse Marie-Louise.

A son retour à Schœnbrünn, Marie-Louise reprit le train de vie qu'elle menait avant son voyage. Seulement, elle n'écrivait plus à Napoléon ; une défense formelle de son père avait paralysé sa volonté à l'égard de l'Exilé de l'île d'Elbe. M. de Menneval se chargea de faire parvenir à Napoléon des nouvelles de sa femme et de son Fils. Courageuse initiative, qui honore au plus haut point ce fidèle serviteur de la cause impériale.

Le 7 mars 1815, à deux heures de l'après-midi, la nouvelle que l'Empereur avait quitté l'île d'Elbe parvint à Schœnbrünn ; elle fut apportée par l'abbé Zaiguelius, curé de la paroisse Saint-Louis de Vienne, qui venait rendre visite à Mme de Montesquiou. Marie-Louise était en promenade quand cette nouvelle arriva. Lorsqu'elle l'apprit, elle fut en proie à une vive émotion, et parut craindre que, l'entreprise ne réussissant pas, cela ne compromît sa position de duchesse de Parme et l'avenir de son Fils. Elle partit immédiatement pour Vienne, où elle trouva l'empereur d'Autriche dans un état de surexcitation impossible à décrire. Il venait de donner l'ordre de mettre en mouvement toute la marine italienne, et de faire marcher de suite une armée de cent quatre-vingt mille hommes sur l'Italie. Le prince de Schwarzemberg était chargé de commander cette expédition.

Lorsque la nouvelle de la rentrée en France de Napoléon fut officielle, l'ex-Impératrice écrivit une lettre à M. de Metternich, dans laquelle elle déclarait formellement être étrangère aux projets de l'Empereur des Français, et réclamait la protection des alliés. Cette déclaration fut immédiatement portée à la connaissance des souverains et de leurs plénipotentiaires assemblés au Congrès.

M. de Menneval présenta à Marie-Louise quelques observations au sujet de cette déclaration ; elle répondit qu'elle ne pouvait se mettre en état de rebellion avec sa famille, et que, du reste, l'intérêt de son Fils l'obligeait à agir ainsi.

L'empereur François-Joseph, craignant que l'on ne parvînt à enlever le Roi de Rome, ordonna à Marie-Louise de conduire son Fils à Vienne, afin qu'il fût désormais élevé sous ses yeux.

L'ex-Impératrice obéit aux ordres de son père ; elle partit pour Vienne avec le Roi de Rome, le remit entre les mains de l'empereur d'Autriche, et repartit pour Schœnbrünn.

Pendant ce temps, Napoléon écrivit à Marie-Louise qu'il rentrait en France appelé par le vœu du peuple, qu'il serait le 8 mars à Paris, et qu'il l'y attendait avec son Fils à la fin du mois. Cette lettre fut remise à la duchesse de Parme, qui crut ne pas devoir obtempérer au vœu de son époux.

Quelques jours après, le général Niepperg partit pour l'Italie, laissant, dans une missive adressée à Marie-Louise, des appréciations et des conseils politiques sur la situation des affaires de l'Europe. Du reste, il s'établit, à partir de ce moment, une correspondance très-suivie entre ce général et la duchesse de Parme.

Un incident qui mérite d'être rapporté se passa vers cette époque à Vienne. Au moment où Marie-Louise sortait du palais impérial, deux hommes parlant français dirent assez haut pour que cette princesse l'entendît :

« Cette dame a grand tort de remplir ici le rôle d'es-
« pion auprès de son père ; elle ferait beaucoup mieux
« de retourner en France pour aller vivre avec son
« mari. »

La duchesse de Parme parut profondément blessée de ces paroles, qui, pour être un peu crues dans la forme, n'en étaient pas moins vraies au fond.

Les Autrichiens étant parvenus à rétablir l'ordre dans les États de Parme, Marie-Louise voulut en prendre possession ; mais l'empereur d'Autriche s'y opposa, et cette fois encore le sentiment filial l'emporta sur l'ambition de la souveraine.

Après les désastres de 1815, le général Niepperg revint à Vienne, couvert des lauriers conquis en Italie, continuer son rôle de directeur exclusif des volontés de Marie-Louise.

Enfin, un an après la chute de l'Empire français, il

fut permis à la duchesse de Parme de prendre possession de ses États.

Marie-Louise fit son entrée solennelle dans sa capitale, ayant à ses côtés M. le comte de Niepperg, son chevalier d'honneur et le dépositaire de son autorité.

Depuis cette époque, l'ex-Impératrice devint totalement étrangère à la France.

Elle épousa, par un mariage morganatique, le comte de Niepperg, dont elle eut trois enfants.

On ignore si ce mariage eut lieu du vivant de Napoléon ; mais le mystère dont cette princesse entoura la naissance de ses enfants autorise des conjectures défavorables.

Veuve du comte de Niepperg, Marie-Louise épousa le comte de Bombelle, dont le père, émigré français, avait pris du service en Autriche, et qui, lors de son veuvage, entra dans les ordres, et mourut évêque d'Amiens.

Marie-Louise mourut à Parme en décembre 1847.

Nous n'ajouterons pas un mot sur le caractère de cette princesse autrichienne ; les faits sont plus éloquents que nous, et nous craindrions de manquer d'urbanité envers une femme que son titre d'épouse de Napoléon Ier recommande à nos respects.

NAPOLÉON II

ROI DE ROME.

> « Le dévouement au pays renferme tous
> « les autres »
>
> (*Opuscule écrit par Napoléon II.*)

CHAPITRE PREMIER

Prolégomènes. — La naissance. — Le berceau. — Le baptême. — Première enfance. — Le château du roi de Rome. — Le portrait. — Marie-Louise régente. — Lettre de Napoléon. — Le départ des Tuileries. — En Allemagne. — La cour de Schœnbrünn. — Une entrevue. — Souvenir d'un Fils. — Premières infortunes. — L'éducation du duc de Reichstadt.

Comme prolégomènes à l'histoire de Napoléon II, Roi de Rome, duc de Reichstadt, nous extrayons le passage suivant du remarquable ouvrage d'un écrivain distingué (1) :

« Malheureux héritier d'un grand homme, hélas ! il lui manqua à lui, ce que Dieu n'a pas refusé à son Cousin, les dédommagements de l'avenir après les malheurs du passé, les sourires par lesquels la fortune nous fait oublier quelquefois ses colères, le rayon du soleil qui,

(1) M. Guy de l'Hérault.

si tardif qu'il soit, luit si pur et si doux après une longue tempête.

« Lamentable destinée ! « Ma tombe et mon berceau seront bien rapprochés l'un de l'autre, » disait dans ses derniers jours le Prince infortuné, et, en effet, cette existence si pleine d'éclatantes promesses, cette jeune et bouillante intelligence où l'on reconnaissait déjà avec émotion les éclairs du génie paternel, cette vie d'un Enfant sur la tête duquel rayonnaient toutes les auréoles, tout ce qui frappe l'esprit de l'homme, l'illustration de la race par sa mère, et par son Père la grandeur du talent, tout cela s'éteignait prématurément à l'âge de vingt et un ans. »

Cette citation nous amène tout naturellement au récit d'une existence trop tôt moissonnée.

Vers le commencement de l'année 1811, l'état prospère et avancé de la grossesse de Marie-Louise promettait à la France un descendant de la dynastie Napoléonienne.

Le 20 mars 1811, le canon des Invalides annonça au peuple la naissance de l'Héritier présomptif du trône impérial, qui reçut au berceau le titre de *Roi de Rome*.

Nous empruntons à M. de Menneval tous les détails relatifs à l'accouchement de Marie-Louise :

« Les premières douleurs, dit cet écrivain, s'étaient déclarées la veille au soir ; elles furent supportables jusqu'au jour ; elles cessèrent alors, et l'Impératrice put s'endormir. L'Empereur avait passé la nuit auprès d'elle ; voyant qu'elle reposait, il remonta dans son appartement et se mit au bain. Une heure après, l'Impératrice fut éveillée par des douleurs très-vives, qui faisaient présager que l'accouchement serait prochain ; mais le docteur Dubois ne tarda pas à s'apercevoir qu'il serait très-laborieux, parce que l'enfant se présentait de côté. L'Empereur était dans une parfaite sécurité, lorsque M. Dubois ouvrit brusquement la porte et annonça, tout troublé, à Napoléon que les préliminaires de l'accouchement lui donnaient de très-vives inquiétudes. Sans lui répondre, l'Empereur s'élança hors du bain, passa à la hâte une robe de chambre, et, suivi de l'accoucheur, descendit chez l'Impératrice. Il s'approcha du lit en dissimulant son inquiétude, embrassa tendrement sa femme, et l'encouragea par les mots les plus rassurants. Les douleurs augmentaient d'intensité. L'Impératrice était frappée de terreur, et criait qu'on allait la sacrifier. L'Empereur était dans une extrême agitation ; il dit que si l'enfant ne pouvait venir à bien, *il fallait, avant tout, qu'on sauvât la mère.* Enfin, après les efforts les plus douloureux, cet enfant si désiré vint au jour ; c'était un Fils ; mais il ne donnait aucun signe de vie. L'Empereur, rassuré sur l'état de la mère, avait reporté toute sa sollicitude sur son Fils ; il contemplait avec une vive anxiété cet enfant en apparence inanimé, quand un faible cri que poussa ce dernier fit évanouir ses inquiétudes. Les membres de la Famille impériale, les grands dignitaires, les principaux officiers et les dames de la cour avaient été mandés au palais lorsque les premières douleurs se firent sentir ; mais, vers cinq heures du matin, M. Dubois ayant pensé que la délivrance pourrait n'avoir lieu que dans vingt-quatre heures, l'Empereur avait renvoyé tout le monde. Mmes de Montebello, de Luçay et de Montesquiou étaient seules restées avec le médecin, les dames d'annonce et les femmes de chambre. L'archichancelier accourut en toute hâte, et successivement arrivèrent le prince de Neufchâtel, toute la cour, et les principaux fonctionnaires de l'État qui devaient être témoins de l'accouchement. L'Empereur, dans l'effusion de sa joie, annonça lui-même la naissance de son Fils à toute sa maison. Il était encore ému du spectacle douloureux de l'accouchement de l'Impératrice, et il disait qu'il aurait préféré assister à une bataille. La nouvelle de cet heureux événement s'était répandue dans Paris avec une rapidité miraculeuse. Quand le bourdon de Notre-Dame et le canon l'annoncèrent, une foule considérable était déjà rassemblée dans le jardin, sous les fenêtres du palais. Les spectateurs, dont le nombre grossissait à chaque instant, semblaient craindre de troubler le repos de l'auguste accouchée, et leur silence témoignait de leur sympathie. L'Empereur contemplait avec attendrissement un spectacle si doux pour lui.

« Les officiers de la maison impériale, des pages et des courriers allèrent porter cette nouvelle aux grands corps de l'État, aux bonnes villes, et aux ambassadeurs français et étrangers. Le corps municipal de Paris et celui de Turin votèrent des pensions aux pages porteurs de cette communication si désirée. »

Le lendemain, le Sénat, le Corps législatif, les principaux fonctionnaires, les ambassadeurs furent admis à présenter leurs félicitations et leurs compliments à Napoléon.

Le comte Frochot, Préfet de la Seine, offrit, au nom de la ville de Paris, pour le nouveau-né, un magnifique berceau en vermeil, exécuté d'après le dessin du célèbre Prudhon, et représentant un vaisseau.

Le même jour, le grand chancelier de la Légion-d'Honneur et celui de la Couronne de Fer déposèrent sur le berceau de l'impérial Enfant les cordons de ces ordres.

Quelques jours après, l'ambassadeur d'Autriche remit, de la part de son maître, la grande décoration de l'Ordre de Saint-Étienne pour le jeune Empereur des Français.

La naissance du Roi de Rome fut célébrée dans toute la France par des fêtes publiques où éclata la joie populaire.

Les souverains de l'Europe s'associèrent diplomatiquement à cet enthousiasme universel. Les uns adressèrent directement leurs vœux à l'Empereur ; les autres envoyèrent des ambassadeurs extraordinaires.

Le baptême eut lieu peu de temps après dans l'église métropolitaine de Paris.

L'Empereur d'Autriche, selon l'antique usage, fut le parrain. Le grand-duc de Wurtzbourg avait été chargé de le représenter.

Mmes Lætitia, mère de l'Empereur et la reine Hortense, remplaçant la reine de Naples absente, tinrent le Prince Impérial, en qualité de marraines, sur les fonts baptismaux.

Après la cérémonie, Napoléon prit son fils des mains de Marie-Louise et, l'élevant dans ses bras, le montra avec attendrissement au peuple, qui encombrait la vieille basilique.

Des applaudissements éclatèrent de toutes parts. La

foule remerciait l'Empereur d'une démarche qui semblait demander pour le descendant de sa dynastie une nouvelle consécration, la consécration populaire.

Mme de Montesquiou, femme d'un esprit supérieur et d'un caractère énergique, fut nommée gouvernante de l'impérial Enfant.

Napoléon, voulant attacher à la personne de son Fils un souvenir durable, conçut le projet de faire élever un palais qui portât le nom de : *Château du Roi de Rome.*

L'emplacement choisi par l'Empereur fut la rampe de Chaillot, en face de l'École-Militaire.

M. Fontaine, architecte, devait en dresser le plan et le lui soumettre ; mais les événements politiques empêchèrent l'érection de ce monument, qui, pour la beauté et la vue, eût été sans rival dans le monde entier.

En 1812, la veille de la bataille de la Moskowa, M. de Bausset, Préfet du palais, apporta à Napoléon le portrait du Roi de Rome, gravé d'après un tableau de Gérard.

Le jeune Prince y était représenté à demi couché dans son berceau ; un sceptre et un globe lui servaient de jouets.

Après la désastreuse campagne de Russie, l'Empereur revint à Paris pour réorganiser son armée. Les dangers extérieurs étaient immenses : il s'agissait de soutenir le choc de toute l'Europe coalisée. Mais les plus graves préoccupations peut-être pour l'âme de Napoléon venaient de la politique intérieure ; il ne se dissimulait pas les embarras possibles avant que la revanche éclatante qu'il méditait ne fût prise, ni ceux surtout qui se produiraient si le sort venait encore à le trahir.

Dans ces prévisions, il institua, par lettres-patentes, datées du 30 mars, l'Impératrice Marie-Louise Régente de France; le roi Joseph, son frère, lieutenant-général de l'Empire, et le prince Cambacérès, premier chancelier de la Régence.

Une scène touchante eut lieu aux Tuileries, quelques jours avant le départ de Napoléon pour l'armée du Rhin.

L'Empereur faisait part à quelques-uns de ses Conseillers de ses espérances au sujet de la campagne d'Allemagne, lorsque l'huissier de cabinet annonça le Roi de Rome.

L'enfant, à peine entré, s'échappa des mains de sa gouvernante, courut vers Napoléon, l'enlaça de ses petits bras et couvrit son visage de baisers.

L'Empereur le serra sur sa poitrine avec effusion, et, le plaçant sur ses genoux, lui dit, en le frappant doucement sur la joue : « Nous te bâtissons un beau palais. » Puis, le cœur serré par une poignante émotion, il ajouta, en remettant l'enfant aux mains de sa gouvernante : « Oui, nous te bâtissons un palais; et si le sort vient encore nous trahir, tu n'auras pas même une chaumière. »

Malheureusement, ces prévisions se réalisèrent. La campagne de 1813 fut contraire à nos armes, et Napoléon revint à Saint-Cloud, le 9 novembre, embrasser sa femme et son Fils, seule consolation qu'il pût goûter au milieu des rudes épreuves que le sort lui imposait.

Enfin, l'Empereur ouvrit la mémorable campagne de 1814, où son génie militaire enfanta des merveilles.

Avant de sortir de Paris, il réunit, le 23 janvier, au

palais des Tuileries, les officiers des légions de la garde nationale, et, leur présentant l'Impératrice et le Roi de Rome, il leur dit : « Je pars, messieurs ; je vais combattre l'ennemi ; je vous confie ce que j'ai de plus cher, l'Impératrice ma femme, et le Roi de Rome mon fils. »

Cette campagne commença par des victoires. Le 27 février, le ministre de la guerre présenta à Marie-Louise dix drapeaux russes, prussiens et autrichiens, pris à Montmirail et à Montereau. Le Roi de Rome, lorsqu'il aperçut les drapeaux autrichiens, dit à Mme de Montesquiou, en les désignant : « A-t-on montré ceux-là à maman ? »

C'est vers cette époque que Bonaparte écrivit une lettre au roi Joseph, dans laquelle il laissait percer ses pressentiments sur l'avenir et exprimait toute sa sollicitude pour le sort de son Fils :

« Mon cher frère, lui écrivait-il, conformément aux instructions verbales que je vous ai données et à l'esprit de toutes mes lettres, vous ne devez pas permettre que, dans aucun cas, l'Impératrice et le Roi de Rome tombent entre les mains de l'ennemi. Je vais manœuvrer de manière qu'il serait possible que vous fussiez plusieurs jours sans avoir de mes nouvelles. Si l'ennemi s'avançait sur Paris avec des forces telles que toute résistance devînt impossible, faites partir dans la direction de la Loire la Régente et mon Fils, les grands dignitaires, les ministres, les grands officiers de la Couronne, le baron de la Bouillerie et le trésor. Ne quittez pas mon Fils, et rappelez-vous que je préférerais le savoir dans la Seine plutôt que dans les mains des ennemis de la France. Le sort d'Astyanax, prisonnier des Grecs, m'a toujours paru le sort le plus malheureux de l'histoire. »

Cette lettre, dont on s'exagéra le sens, fut fatale à la cause de l'Empereur. Car, lorsque Marie-Louise, flottant entre tous les avis divers, allait peut-être se décider à rester à Paris, le roi Joseph, invoquant la lettre de son frère, força l'Impératrice à partir pour Rambouillet avec son Fils.

Un fait digne de remarque, c'est que l'intuition enfantine du Roi de Rome s'opposait à ce départ. « N'allez pas à Rambouillet, criait-il à sa mère; c'est un vilain château, restons ici. Je ne veux pas quitter ma maison, ajoutait-il en se débattant dans les bras de l'écuyer de service, je ne veux pas m'en aller! Puisque l'Empereur est absent, c'est moi qui suis le maître. »

Marie-Louise installa le conseil de Régence dans la ville de Blois, et publia le décret suivant, seul acte authentique de ce Gouvernement éphémère.

« Palais impérial de Blois, le 7 avril 1814.

« Français !

« Les événements de la guerre ont mis la capitale au pouvoir de l'étranger.

« L'Empereur, accouru pour la défendre, est à la tête de ses armées si souvent victorieuses; elles sont en présence de l'ennemi sous les murs de Paris.

« C'est de la résidence que j'ai choisie et des ministres de l'Empereur qu'émaneront les seuls ordres que vous puissiez reconnaître.

« Toute ville au pouvoir de l'ennemi cesse d'être libre; toute direction qui en émane est le langage de l'étranger, celui qu'il convient à ses vues hostiles de propager.

« Vous serez fidèles à vos serments; vous écouterez la voix d'une princesse qui fut remise à votre bonne foi, qui n'oubliera point qu'elle est Française, et qui fait sa gloire d'être associée au Souverain que vous avez choisi.

« Mon Fils était moins sûr de vos cœurs au temps de nos prospérités. Ses droits et sa personne sont sous votre sauvegarde.

« *Signé* L'Impératrice. »

Le 10 avril, Napoléon abdiquait à Fontainebleau, et, quelques jours plus tard, il s'embarquait pour l'île d'Elbe.

Marie-Louise ne parut que faiblement affectée du départ de son auguste Époux, départ qui privait son Fils de la succession au trône impérial. Elle éprouva seulement une vive émotion quand elle reçut, à Rambouillet, la visite de son père.

Tout le monde, en France, crut que Marie-Louise suivrait Napoléon en exil. Il n'en fut rien; l'Impératrice autrichienne partit de France, le 25 avril, pour l'Allemagne.

En arrivant à Bâle, le Roi de Rome s'écria :

« Ah! je vois bien que je ne suis plus roi, mon grand-père m'a retiré tous mes pages. »

Pendant un relais, dans le Tyrol, un vieux débris de la glorieuse phalange impériale pleurait en regardant l'épouse et le Fils de son Empereur.

— Tu pleures, mon brave? lui dit le comte de Cosi,

officier autrichien de la suite de Marie-Louise. — Eh! sans doute, répondit le vétéran ; comment ne serait-on pas attendri, à la vue de cette pauvre femme, veuve d'un Empereur vivant et mère d'un Roi détrôné?

Marie-Louise arriva au palais de Schœnbrünn et fut reçue avec tout le cérémonial des cours allemandes.

Quelques mois après, elle partit pour les eaux d'Aix, confiant le sort de son fils aux courtisans de l'Empereur François-Joseph.

Après quelques mois de séjour dans cette ville, elle revint à Schœnbrünn auprès du Roi de Rome, dont heureusement l'état physique et intellectuel n'avait pas souffert de l'absence de sa mère.

Soudain la nouvelle du débarquement de l'île d'Elbe arriva à Vienne, où les souverains étaient réunis.

Ce fut un coup de foudre pour l'empereur d'Autriche. Il ordonna aussitôt que toutes les fêtes fussent suspendues, et, à dater de ce jour, les séances du Congrès furent entourées d'un mystère impénétrable.

L'Empereur, à peine installé aux Tuileries, réclama sa femme et son Fils à l'Autriche.

On répondit à cette demande toute naturelle par un refus. Quant à Marie-Louise, il suffira de rapporter quelques-unes de ses paroles à ce sujet pour faire voir l'esprit qui la dominait :

« Nous échangeâmes, dit M. de Menneval, quelques pourparlers avec l'Impératrice sur son refus de se réunir à Napoléon, et quand je lui objectai qu'il pourrait se présenter telles éventualités qui rendissent son retour obligatoire en France, elle me répliqua sèchement : « que le droit de son père n'allait pas jusque-là ! »

Le Roi de Rome ne montra pas la froideur de sa mère. Lorsqu'il apprit, par des indiscrétions, le départ de Napoléon de l'île d'Elbe, il se jeta à genoux et répéta plusieurs fois avec émotion ces paroles : « Mon Dieu ! veillez sur mon père ! »

Le lendemain de cette circonstance, Mme de Montesquiou fut brutalement révoquée de ses fonctions, et le Roi de Rome dut partir pour Vienne accompagné de la veuve du général Métrowski, sa nouvelle gouvernante.

On éloigna également du jeune prince tous les Français. M. de Menneval fut compris dans cette mesure, dictée par la politique implacable du Cabinet de Vienne.

Pendant que l'Autriche éloignait du prince impérial tout ce qui pouvait lui rappeler la gloire de son père, le glas de Waterloo sonnait pour la France.

Napoléon, atterré par une défaite due à la fatalité et à la trahison, abdiquait une seconde fois la Couronne impériale en faveur de son Fils.

Cet acte ne reçut point d'exécution.

L'Empereur fut exilé à Sainte-Hélène.

Dans cette île où, excepté quelques serviteurs fidèles (1), Napoléon semblait être abandonné du monde entier, une main amie lui fit remettre un paquet renfermant une boucle de cheveux et une lettre du Roi de Rome.

Nous n'avons pas besoin de dire avec quelle joie le martyr de Sainte-Hélène accueillit ces précieux souve-

(1) MM. Bertrand, Montholon, Gourgaud et Las Cases.

nirs de son Fils chéri. Il les montrait sans cesse à ses amis et les couvrait de ses baisers.

Cinq ans plus tard, ces mêmes souvenirs étaient déposés sur le lit d'agonie du noble Exilé et recevaient la consécration de ses dernières larmes ! . . . . .

. . . .

. . . .

Quittons un instant le rocher de Sainte-Hélène et retournons à Vienne.

Marie-Louise avait été nommée duchesse de Parme.

Par une convention internationale du 18 juin 1817, il fut décidé que, non-seulement le Roi de Rome ne porterait plus le nom de Napoléon, mais encore qu'il ne pourrait jamais hériter du duché ni du titre de duc de Parme.

En échange de ces honteuses spoliations, S. M. l'empereur François-Joseph daigna lui accorder le titre de duc de Reichstadt et les terres de ce nom en Bohême.

Enfin, ce malheureux enfant, dépouillé de ses droits, déshérité d'un nom illustre, se vit, pour comble d'infortune, privé de la présence de sa mère.

Marie-Louise quitta Vienne pour les États de Parme, et ne fit, jusqu'à la mort de son Fils, que de courtes apparitions en Autriche.

Il ne resta au roi de Rome, pour toute consolation, que la froide affection de son grand-père, vieillard sceptique, dont le cœur s'était usé au contact de la diplomatie.

Jetons maintenant un coup d'œil rapide sur l'éducation donnée au jeune Prince.

La direction en fut confiée au comte Maurice de Dietrichstein, créature dévouée de Metternich. Sous cette direction étaient placés deux précepteurs : le capitaine Foresti, chargé de l'enseignement militaire; M. Collin, de l'enseignement classique et littéraire.

Cette éducation consista à ne mettre sous les yeux du Roi de Rome que des ouvrages où la vérité historique était complétement tronquée, et où l'Empereur, son père, portait le nom de *marquis de Bonaparte, général en chef de S. M. Louis XVIII.*

Le jeune Prince, dont l'instinct filial et l'élévation de sentiments protestaient contre de telles monstruosités, dut comprimer l'élan de sa pensée.

Il s'était aperçu que M. de Metternich avait placé près de lui des espions chargés de surveiller ses moindres actions et de prendre note de ses paroles; de là vint cet air taciturne et réservé qui faisait dire aux courtisans du vieil empereur d'Autriche que le duc de Reichstadt était dissimulé.

Comme complément à cet aperçu de l'éducation du Roi de Rome, nous emprunterons quelques pages aux *Mémoires de M. de Montbel,* ex-ministre de Charles X, et ami de M. de Metternich :

« . . . . . L'éducation préparatoire aux études classiques dura, pour le Prince, jusqu'au moment où il eut atteint sa huitième année. Avant cette époque, nous nous contentions de l'exercer, par de nombreuses lectures, à la connaissance des langues française, anglaise et italienne.

« A l'âge de huit ans, M. Collin lui enseigna les premiers éléments des langues anciennes. Ce travail l'intéressait peu, il y apportait plus d'intelligence que d'ardeur ; ses pensées se dirigeaient avec toute leur énergie vers les études relatives à l'art militaire, qu'on fit marcher de front avec les premières.

« Son goût prononcé pour la guerre avait engagé l'empereur à céder à sa demande de porter l'uniforme; avant même qu'il eût atteint sa septième année, on lui donna l'habit de simple soldat. Il apprit le maniement des armes avec un grand zèle et une véritable application, et quand, pour le récompenser de sa bonne conduite et de son exactitude à l'exercice, on lui accorda les insignes du grade de sergent, il fut au comble de la joie et courut se vanter à ses jeunes amis de l'avancement qu'il avait obtenu par son mérite. Il parcourut plus tard les degrés de la hiérarchie militaire, et apprit ainsi jusqu'aux détails les plus minutieux du service.

« A l'âge de douze ans, il était déjà arrivé à un degré d'instruction élevé. Le baron d'Obenaus lui fit suivre un cours de philologie latine, appliqué plus particulièrement à l'étude développée des *Odes* et de l'*Art poétique d'Horace*, à l'explication des *Annales* de Tacite et des *Commentaires* de César sur la guerre des Gaules, ouvrage de prédilection pour le duc, qui le préférait à toutes les autres productions des auteurs latins. A ces études, succédèrent celle de la philosophie, l'enseignement de l'histoire et du droit naturel, politique et administratif. Le Prince aimait particulièrement à s'occuper des spéculations historiques; il y portait de la pénétration et une grande justesse de jugement. Sa mémoire était excellente pour les événements et pour les noms ; il n'en était pas de même pour les dates et généralement pour tout ce qui s'exprime par des chiffres.

« Vers la fin de sa douzième année, on commença à lui donner des leçons de mathématiques. Il s'occupa avec fruit de l'étude de la géométrie et des opérations trigonométriques pour la levée des cartes. On l'accoutumait à faire des travaux sur le terrain, et le duc put offrir à l'empereur une carte topographique d'une partie de l'Autriche, dressée et exécutée par lui-même avec beaucoup d'exactitude et de précision. Elle représentait les contrées situées entre Vienne, Neudorf et Gumpolttkirchen.

« Il reçut ensuite du major Weiss des leçons de fortification provisoire et permanente.

« L'étude des langues et des littératures modernes ne fut pas oubliée. Il eut pendant longtemps un professeur habile, M. Podevin, que la mort enleva malheureusement en 1825, et qui fut remplacé par M. Barthélemy. C'est particulièrement sous cette direction qu'il s'occupait de l'étude approfondie des classiques français ; il s'accoutumait à les analyser et à les apprécier dans leurs plus parfaits ouvrages. Il avait cultivé sa mémoire en apprenant beaucoup de fragments de la *Henriade*, des tragédies de Racine et de Corneille. Comme son père, le génie mâle de Corneille le frappait surtout; mais, en général, il goûtait peu la poésie. Il n'appréciait que la vérité et l'élévation des pensées ; il ne concevait pas qu'il y eût un mérite spécial dans l'harmonie des expressions et une séduction puissante dans le rhythme cadencé.

« La Bruyère était celui des auteurs français qu'il préférait ; il relisait et méditait avec soin ses *Caractères ;* il admirait la profondeur de ses observations. Cette prédilection tenait essentiellement à la nature de son esprit. Peu confiant, peut-être par suite de sa position qu'il jugeait avec discernement, il portait sur les hommes un regard scrutateur ; il savait les interroger, les examiner, il les devinait. Ses idées à leur égard étaient généralement sévères ; mais souvent nous étions obligés de reconnaître la vérité et la justesse de ses observations.

« Le jeune Prince s'occupa aussi avec suite et succès de la littérature allemande. Il en connaissait les grands poëtes, parmi lesquels il distinguait Gœthe et surtout Schiller ; il savait beaucoup de passages de ses tragédies ; il admirait dans ses personnages leur caractère d'individualité et la chaleur de leur langage passionné. Il a beaucoup travaillé sur la guerre de *Trente ans,* ouvrage de ce beau génie. Le goût particulier du Prince l'a porté à lire avec intérêt les écrits volumineux de Schmidt, de Muller et d'autres historiens allemands.

« Il eut pour professeur spécial de littérature italienne l'abbé Pina, Piémontais. Entre tous les poëtes de ce pays, le jeune homme préférait le *Tasse ;* il savait des stances nombreuses de la *Jérusalem,* dont il admirait l'éclatante poésie.

« Il étudia la physique et les diverses sciences naturelles qui s'y rattachent, sous la direction de M. Baumgartner, professeur de l'Université, auteur d'un Cours de physique très-estimé.

« L'enseignement religieux lui était donné par le prélat de la cour, Wagner, homme de mœurs douces et exemplaires et d'une vaste érudition dans la plupart des connaissances humaines. Il avait écrit pour le Prince un recueil d'instructions dogmatiques et morales. Deux fois par semaine, il lui donnait des leçons que les manières persuasives du professeur rendaient intéressantes à l'élève. Il ne négligeait pas de lui présenter des instructions relatives à sa situation particulière et aux devoirs qu'elle lui imposait.

« On remarqua toujours chez ce jeune Prince tant de réflexion, qu'à proprement parler, il n'a presque pas eu d'enfance. Vivant habituellement avec des personnes d'un âge différent du sien, il semblait se plaire dans leur conversation. Sans avoir dans ses premières années rien d'extraordinaire, son intelligence était néanmoins précoce, sa répartie aussi vive que juste ; il s'exprimait avec précision et un choix de termes remarquables par leur exactitude et leur élégance. Ayant une connaissance profonde de la théorie des langues française et allemande, il écrivait, en général, très-purement et d'une manière distinguée : quelquefois, au contraire, avec une négligence de style qui altérait alors jusqu'à son orthographe, ce qui était en opposition absolue avec son instruction très-réelle et ses lectures si vastes et si assidues.

« Il nous a toujours traités avec bonté, mais sans ces épanchements affectueux qui n'étaient pas dans ses habitudes. Depuis la fin de son éducation, je l'ai souvent visité jusqu'aux jours qui précédèrent immédiatement sa mort ; même dans ses moments les plus pénibles, il me témoignait une satisfaction bienveillante de me revoir. Toutes ces qualités m'ont fait conserver de ce prince un profond et religieux souvenir.

« Montbel. »

CHAPITRE II

La Mort d'un Père. — Œuvres du Roi de Rome. — Opuscules.

Pour commencer ce chapitre, relatif à la seconde période de la vie du Roi de Rome, nous retracerons la façon touchante dont ce Prince reçut, à l'âge de dix ans, la nouvelle de la mort de son auguste Père.

Cette nouvelle parvint à Schœnbrünn le 22 juillet 1821. Le capitaine Forseti fut chargé par l'empereur d'Autriche d'apprendre au duc de Reichstadt la perte douloureuse qu'il venait de faire.

Le Fils de Napoléon, qui, malgré son jeune âge, n'avait pas cessé un instant de songer à l'auteur de ses jours, éclata en sanglots et ne put proférer que ces paroles, entrecoupées par les larmes : « Pauvre père! pauvre père!... » Puis, une sombre tristesse s'empara de lui, et ni soins, ni prévenances ne purent de longtemps faire luire le moindre rayon de joie sur son visage morne et abattu.

Il porta le deuil de son Père bien au delà des délais accoutumés. Un jour, un des courtisans de l'empereur

François-Joseph lui fit observer que les lois de l'étiquette s'opposaient à cette prolongation de deuil ; le Roi de Rome répondit : « L'étiquette a été dictée par l'orgueil humain, tandis que l'amour filial a été dicté par Dieu !... »

Nous arrivons à l'époque où le jeune Prince commençait à devenir homme.

A dix-huit ans, ses traits, complétement formés, rappelaient à la fois ceux de son Père et de sa mère. Il avait le front développé et le regard d'aigle de Napoléon ; le bas du visage et les cheveux blonds de Marie-Louise.

Plus grand que l'Empereur, d'une régularité de traits remarquable, il représentait un type de beauté sérieuse, douce et mélancolique.

Quant au moral, nous laisserons parler M. Prokesch, admis, à cette époque, dans l'intimité du Roi de Rome :

« Il avait, dit cet officier autrichien, une puissance de compréhension qui plongeait jusqu'au fond d'une idée quand il l'avait saisie. Il était éminemment doué de la faculté d'esprit qu'on exprime en allemand par cette figure : « *Frapper juste le clou sur la tête.* »

Maintenant, pour faire mieux connaître encore le héros de cette histoire, nous laisserons un instant de côté les récits des écrivains qui ont approché le Roi de Rome. Nous ferons connaître ce Prince infortuné par ses œuvres ; — ses œuvres qui ne sont pas, comme pour son immortel Père, des batailles gagnées, des conquêtes, des réformes civilisatrices, des institutions fécondes en progrès sublimes, mais tout simplement de belles pensées, de nobles aspirations de l'âme, dictées par les élans d'un cœur généreux.

Ce sont ces pages intéressantes que nous allons placer sous les yeux de nos lecteurs, pages dont l'essence prouvera, même aux sceptiques les plus endurcis, que ce noble rejeton était digne de sa race.

Nous commençons cette nomenclature par la lettre suivante, que le Roi de Rome écrivait à une princesse autrichienne, lettre qui démontre que le Fils de Napoléon avait plongé un regard scrutateur dans l'âme de l'astucieux Metternich :

« Grondez-moi et félicitez-moi, jamais je n'ai été si violemment tenté de dire à cet homme tout ce que je pense de son prétendu dévouement; mais jamais non plus je n'ai senti au même degré combien l'empire qu'on a sur soi donne de force et d'avantages. Figurez-vous deux maîtres d'escrime commençant un assaut par le salut des armes. Du premier coup d'œil, le prince avait démêlé que, ce jour-là, j'avais l'intention de rester moi.

« Avec le tact que vous lui connaissez, il n'a gardé de l'étiquette que ces nuances qui suffisent pour dessiner les positions respectives. De mon côté, j'ai jugé tout d'abord la direction de l'attaque. Il comptait sur une surprise; je l'ai laissé s'engager sur ce terrain; de sorte qu'à l'instant même où il épiait quelque saillie de ma vivacité, il s'est trouvé lui-même à découvert. Le vieux diplomate a fait le bonhomme... J'avoue que j'ai eu peur; mais je crois n'en avoir rien laissé paraître. Alors il a changé d'allure, et il a repris ce masque immobile qui couvre tout. Il y a dans le vrai une telle puissance, tout s'y accompagne et s'y complète si naturellement, que, pour se laisser prendre aux ruses les plus subtiles, il faut vraiment qu'on soit sous l'empire de quelque forte préoccupation.

« Le prince est un grand comédien. Chez lui la vérité n'est qu'une contre-ruse. Il est souple avec dignité ; quelquefois on serait tenté de croire qu'on lui a confié ce qu'il devine ; mais comme il parle *faux*, une note mal attaquée le trahit... on reconnaît l'ennemi à son accent étranger dès qu'il veut prendre le langage des saintes affections. . . . .
. . . .

« Dès le début de notre entretien, il laissa percer un peu d'aigreur ; je vis bien qu'il tenait à savoir si j'avais eu quelques nouvelles de France ; je me contentai de lui répondre : Votre police est si bien faite ! Par une transition des plus adroites, et en passant par les choses les plus indifférentes, il en est venu à des choses qui me regardent personnellement, sans craindre même d'entrer dans quelques détails que je voudrais pouvoir oublier. Pour ne rien vous cacher, j'ai eu à rougir devant lui de faiblesses que je déplore ; mais j'ai eu la mortification de reconnaître que les écarts les plus secrets de ma jeunesse étaient notés par un contrôle supérieur. Ainsi, mes fautes même ne m'appartiennent pas ! A cet étrange aveu, j'ai cru que la patience allait m'échapper ; ma mémoire m'a retracé tout ce que je dois à la haine politique du prince. J'ai vu repasser devant moi tous mes souvenirs d'enfance, gracieux ou heurtés comme ma destinée. Mme de Montesquiou et l'ombre abhorrée du comte de Niepperg, à côté de l'image de mon père mourant... Je croyais entendre cette voix si chère me défendre de ne jamais oublier la France; et j'avais devant moi l'ennemi irréconciliable de sa dynastie. Je serrai avec force la poignée de mon épée. Lorsque, de cette hauteur, mon regard descendit sur le prince, je me sentis au cœur un immense mépris; le prince me salua froidement et disparut.

« Vous allez me répéter que toutes ces émotions me tuent; qu'après tout, le prince fait son métier de premier ministre, et que je fais d'une manière pitoyable celui de prétendant.

« Que toutes ces petitesses me pèsent! Oh! si, une fois, je pouvais de tout mon sang marquer ma place dans ce monde qui attend! Si un jour, fût-ce en me voyant tomber, on pouvait dire : C'était bien le Fils de Celui qui a rempli le monde de son nom! J'entends des pas! Il faut que le triomphateur futur dérobe cette lettre aux amis qui l'écoutent respirer... »

Le Roi de Rome, ainsi que nous l'avons déjà dit, préférait à tous les autres livres latins les *Commentaires de César*. Les nombreuses méditations du Prince sur ce livre fécondèrent sa jeune imagination; et, dans ses heures de loisir, il produisit un travail remarquable, qui étonne par la précocité, la maturité et l'élévation de la pensée.

Cet Opuscule, dont nous reproduisons ici quelques fragments, mérite une place d'honneur dans le Livre d'or des écrivains philosophes :

« Les succès de César dans les Gaules, écrivait-il,
« tiennent à des causes diverses. Sans doute la haute
« aptitude du général doit être mise en première ligne;

« mais elle fut singulièrement aidée par les factions
« qui divisaient les Gaules, et par l'intervention des
« Germains, non moins hostiles aux Gaulois qu'aux
« Romains eux-mêmes.

« Pourquoi cette inimitié profonde entre deux peu-
« ples que le courant d'un fleuve semble unir autant
« que séparer? Les haines de peuple à peuple sont-
« elles une conséquence naturelle de la différence des
« races? Non, sans doute, mais les grands fleuves, les
« bras de mer, les chaînes de montagnes ont d'abord
« protégé des associations isolées. Les premiers rap-
« ports entre les tribus voisines ont été marqués par
« des expéditions armées. De part et d'autre le senti-
« ment de la défense a conseillé l'attaque, et les haines
« nationales se sont formées sous l'influence continue
« de ces violations réciproques.

« L'aptitude guerrière des Gaulois se révèle par
« leur facilité à s'approprier ce qu'une longue expé-
« rience avait appris aux Romains pour le retranche-
« ment des camps, l'attaque et la défense des places
« fortes. Si les institutions nationales leur avaient per-
« mis d'adopter l'organisation de la légion, non moins
« braves que leurs adversaires, ils auraient eu sur eux
« l'avantage du nombre.

« La tribu gauloise se transportait, pour ainsi dire,
« dans le camp; les rangs, les rapports s'y réglaient
« sur l'échelle des influences locales. Le Romain, au
« contraire, était à son rang dans la cohorte, ce que la
« cohorte était dans la légion, ce que la légion était
« dans le corps d'armée : un ressort dont la puissance
« était calculée dans la pensée du chef. Une discipline

« sévère circonscrivait l'action individuelle dans des
« limites précises : de là ce culte du drapeau qui a
« produit de si grandes choses; mais de là aussi ce
« sentiment presque exclusif du devoir militaire qui,
« substituant le soldat au citoyen, a enfanté les guerres
« civiles.

« En voyant le courage des Gaulois, César comprit
« que, s'il triomphait des barbares, la République
« tomberait à ses pieds. Du fond de la Gaule, il tenait
« les yeux fixés sur les Comices, arrêtant ou activant
« la guerre, selon les besoins de sa politique. Les
« *Commentaires* sont un admirable exposé des faits;
« mais, pour connaître César tout entier, il faut con-
« sulter les autres historiens, et surtout Plutarque.

« Plus d'une fois l'impétuosité gauloise mit les lé-
« gions en péril ; mais ces échecs partiels n'atteigni-
« rent que les lieutenants de César, qui sut presque
« toujours fixer la victoire par le judicieux emploi de
« la réserve. Le système qui consiste à ne faire don-
« ner au début de l'action qu'une partie des forces
« disponibles, pour faire agir le reste en temps op-
« portun sur un point donné, étonnait les barbares.
« Le rôle de leurs chefs était plus individuel; chacun
« d'eux se montrait jaloux de briller en tête du con-
« tingent qui l'avait suivi, tandis que les lieutenants
« de César, rompus à la discipline romaine, et con-
« fiants dans le génie du général, voyaient le succès
« dans l'obéissance. Du côté des Romains, une armée
« exercée et brave, et un commandement unique ; du
« côté des Gaulois, un seul lien, la haine du joug, et
« autant d'inspirations devant l'ennemi que de chefs

« influents : l'issue d'un tel conflit ne pouvait être dou-
« teuse, et cependant la lutte dura dix années.

« César tirait un meilleur parti de son infanterie que
« de sa cavalerie. Le fantassin s'efface plus dans l'en-
« semble ; les masses d'infanterie sont comme le corps
« du plan militaire ; le cavalier agissant surtout comme
« complément de force, l'emploi de ses ressources
« laisse beaucoup à ses inspirations ; l'infanterie pré-
« pare la victoire, la cavalerie l'achève.

« Quelquefois les motifs que donne César pour en-
« treprendre une expédition paraissent plus spécieux
« que solides ; on dirait qu'il craint d'avoir trop tôt
« fini. Pour expliquer sa conduite devant l'Italie qui
« pressent en lui un maître, il a recours à des précau-
« tions, dont il sème son récit avec une négligence
« calculée ; mais comme la vérité est une, il tombe de
« temps en temps dans des contradictions manifestes :
« ici, la loi défend aux Gaulois de s'occuper des af-
« faires politiques ; plus loin, le peuple arrête les mar-
« chands étrangers pour apprendre des nouvelles.
« Enfin, il présente les Gaulois comme si naturelle-
« ment légers, qu'ils rompent les traités et se confé-
« dèrent sans motifs et par manière de passe-temps.
« On retrouve les véritables mobiles de cette préten-
« due inconsistance dans le discours que César prête
« aux chefs exhortant leurs soldats à mourir pour la
« liberté. On ne peut se défendre d'une admiration
« plus forte que l'horreur à la lecture de l'allocution
« de Critognatus à la garnison d'Alesia

« Le passage subit de la confiance au décourage-
« ment dans les légions est trop souvent indiqué dans les

« *Commentaires* pour qu'on ne puisse, sans injustice,
« attribuer aux Romains, du moins sous ce rapport,
« une supériorité sur les Gaulois.

« On sent bien que César exagère à dessein les effets
« de la terreur dans les rangs de son armée ; le triom-
« phe, au milieu d'une situation presque désespérée, en
« ressort avec plus d'éclat, et le vainqueur en reçoit ce
« caractère surhumain que les hommes aiment à recon-
« naître dans ceux qui président à leurs destinées ;
« mais, tout en faisant la part des influences secrètes
« qui altèrent la véracité du récit, il reste cette impres-
« sion générale que les Gaulois portaient dans la lutte
« un sentiment plus vif de la liberté et une vocation
« plus instinctive dans la guerre.

« Les Romains, au temps de la guerre des Gaules,
« s'étaient déjà mesurés contre les colonies grecques
« de l'Italie, contre l'Épire, la Sicile, l'Espagne. Le
« plus grand capitaine de l'antiquité, Annibal, avait,
« par ses succès et ses défaites, complété leur expé-
« rience militaire ; ils avaient emprunté des vaincus
« leurs armes offensives et défensives, leur système de
« défense et d'attaque, le mécanisme de la phalange ;
« c'est avec ces moyens réunis qu'ils se présentèrent
« devant les Gaulois. Ils avaient encore sur ces der-
« niers l'avantage de la science des campements, des
« approvisionnements réguliers et d'une solde fixe, la-
« quelle, avec l'avancement par ancienneté et la per-
« spective de la retraite pour le vétéran, donnait au ser-
« vice militaire toute la consistance d'une profession.

« Le courage des Gaulois n'était pas inférieur à celui
« des Romains ; mais ils se nuisaient par le nombre :

« chacun voulait combattre en même temps; leurs
« forces n'étaient point assez ménagées ; quand un
« soldat était fatigué, toute l'armée l'était. Souvent,
« ils usaient leur énergie à défendre un point faible
« ou à l'attaque d'un retranchement dont l'assiette
« défiait tous les moyens d'agression.

« Les changements de front, les diversions si familières
« aux Romains, la discipline qui leur permettait de
« combattre en se repliant et de saisir en pleine re-
« traite tous les avantages du terrain pour reprendre
« l'offensive ; en un mot, l'ensemble de tous ces
« moyens étonnait leurs adversaires, qui regardaient
« la bataille comme perdue dès qu'elle se prolongeait
« au delà des limites d'une force d'homme.

« Il était d'ailleurs d'une politique habile de persua-
« der aux Romains que les Gaulois se décourageaient
« facilement et qu'on avait bon marché d'eux après le
« premier choc. »

Comme complément à cette reproduction d'un *Opuscule* digne de l'admiration des hommes sérieux, nous rapporterons ce passage, qui annonçait chez le descendant de Napoléon une sagacité rare et un ardent amour pour la France :

« Les Français de nos jours ont hérité du dévoue-
« ment et des instincts guerriers de leurs ancêtres; ils
« ont porté la pénétration qui les distingue dans la
« théorie de l'art de la guerre ; les travaux des Vauban,
« des Carnot, des Jomini resteront comme l'expression
« la plus élevée du génie et de la science stratégique.
« Les campagnes de Condé et de Turenne peuvent

« être comparées aux beaux faits d'armes de Gustave-
« Adolphe, du prince Eugène et de Frédéric II.

« Nul peuple n'a un sentiment plus exquis de l'hon-
« neur. Sous un chef éprouvé, leur résolution s'anime
« au péril. Dans la retraite de Ney, ils ont triomphé de
« toutes les formes de dangers par tous les genres de
« courage. A leurs yeux, la gloire des armes couvre
« tout. Ils se dévoueront pour une belle cause perdue;
« mais ils s'estiment trop pour se sacrifier dans l'inté-
« rêt des passions mesquines.

« Leur prétendue inconstance n'est qu'un change-
« ment d'impressions motivé par un changement dans
« les choses. Ils vous admiraient hier, ils ne vous esti-
« ment plus aujourd'hui; vous n'êtes plus ce que vous
« étiez, comment resteraient-ils les mêmes? Leur en-
« thousiasme est tombé avec votre masque. »

Ce passage, empreint d'un caractère d'autant plus remarquable qu'il est dû à la plume d'un philosophe de dix-huit ans, explique toutes les tourmentes révolutionnaires qui ont agité notre pays depuis un demi-siècle. Il est tout un enseignement pour les vieux hommes politiques, qui accusent la France de scepticisme, et qui seuls, par leurs folles ambitions, furent la cause des commotions politiques qui ont renversé les Gouvernements.

Mais achevons les citations de ce remarquable Opuscule, par quelques pensées philosophiques du Roi de Rome, au sujet des hommes et des événements politiques :

« La corruption des peuples commence ordinairement par le haut; les révolutions remettent les choses à leur place.

« Le dévouement au pays renferme tous les autres.

« Le crime est moins ignoble que l'hypocrisie ; on peut combattre l'un; il faut, pour atteindre l'autre, froisser le manteau de la vertu.

« Les vérités morales sont comme les axiômes, qui servent à démontrer, mais ne se démontrent pas. La conscience relève de Dieu seul.

« Les masses ont un sens moral, collectif; le génie a l'intelligence de cette langue.

« Les grandes âmes se sentent portées à imiter les actions qu'elles admirent.

« Les faveurs injustes décourageraient le mérite s'il n'était au-dessus de toute récompense.

« Les âmes basses ne pardonnent ni une injure ni un bienfait.

« Plus on est grand, plus il en coûte de se baisser.

« Les institutions politiques doivent être fondées dans la prévision que les princes seront médiocres.

« Les grandes choses profitent rarement à ceux qui les ont faites.

« Ce qui fait supporter le présent, c'est l'ignorance de l'avenir.

« L'homme change dans les différentes phases de la vie : l'espoir, qui ne l'abandonne jamais et dont les inspirations sont infinies, serait un piège de la Providence s'il n'était le garant d'un meilleur avenir.

« Il est si naturel d'espérer, que le désespoir mène à la démence. »

CHAPITRE III

La santé du Roi de Rome s'affaiblit. — M. de Metternich. — M. Barthélemy à Vienne — La Révolution de Juillet. — Une Circulaire. — La comtesse Camérata. — La Réunion diplomatique de 1831. — Réponse au duc de Raguse. — Lettre à l'Archiduchesse Sophie. — Élans étouffés dans leur germe. — Le Roi de Rome commandant un régiment hongrois.

Le Roi de Rome venait d'atteindre sa seizième année ; il était d'une taille élancée et fortement constitué. Cependant, malgré ces apparences robustes, la figure du jeune Duc portait l'empreinte d'une souffrance interne dont l'œil de la science seul pouvait pénétrer la cause. On expliquait généralement cette langueur apparente par les longues heures que le Prince consacrait aux travaux de cabinet.

Par moment, le Fils de l'Empereur voulait adopter un autre mode d'existence moins fatigant et plus récréatif. Mais des influences supérieures le détournaient, dans une bonne intention, sans doute, de ce dessein, et le pauvre reclus affrontait de nouveau les dangers de cette vie trop laborieuse.

Enfin, la santé du Roi de Rome parut s'affaiblir tout

à coup, et les médecins prescrivirent, sinon un repos absolu, du moins de nombreuses distractions.

Le prince de Metternich songea, sur cet avis, à lancer dans le monde le Fils de Napoléon. Il choisit pour cette mission un homme que, par sa brutalité et ses extravagances, on avait surnommé *Héliogabale*. Le prince don Miguel enfin fut nommé menin du Roi de Rome.

Une cause qui réagit puissamment sur la santé du Fils de Napoléon, fut l'ordre tyrannique, donné par M. de Metternich, de ne laisser pénétrer près de lui aucun Français.

On a peine à croire à un tel procédé de la part d'un ministre autrichien envers le Fils de celui qui était Français par la naissance, par le génie et la bravoure!

Les choses en étaient à ce point quand éclata, en France, la révolution de Juillet.

Cette nouvelle fut, pour le Roi de Rome, comme une lueur d'espérance.

Malheureusement, le Prince, sur le point d'atteindre sa vingtième année, était d'une santé débile. Son état inspirait même aux médecins des craintes sérieuses. On redoutait une phthisie de la trachée artère.

Mais, comment se fait-il que le premier acte de la révolution de Juillet n'ait pas été le rappel de l'héritier du grand Napoléon?

Parce que la révolution fut étouffée dans son germe;

Parce que deux cents députés, sans mandat, s'arrogèrent impunément le droit de donner un Gouvernement à la France.

Ajoutons encore : parce que le roi-citoyen fit clandestinement répandre dans tous les départements la circulaire suivante, dont la teneur mensongère est habilement colorée des apparences de la vérité :

« Ce n'est pas le Fils de Napoléon, dit-on, c'est l'élève de M. de Metternich qui monterait sur le trône de France ! Qu'a donc fait ce jeune homme qui puisse le recommander à l'estime et aux choix de ses concitoyens ? Il ne s'est révélé encore que par des succès de coulisses et de boudoirs. On dirait qu'il a renié son pays et son père, que la qualité de Français flatte moins son orgueil que le titre de prince autrichien. Voulez-vous donc commettre les destinées publiques aux mains d'un automate qui ne gouvernerait que sous l'influence d'un cabinet étranger ? A quoi donc servirait alors d'avoir abattu Charles X ? Il n'y a plus de Roi de Rome, il ne reste que le duc de Reichstadt. »

Cette tactique fut, à notre avis, la seule cause qui empêcha, à cette époque, le rétablissement de l'Empire.

Ici se place naturellement le récit d'une aventure qui fit sensation à la cour autrichienne.

La comtesse Camérata, nièce de l'Empereur Napoléon et fille d'Élisa Bacciochi, avait conçu le téméraire projet d'enlever son Cousin et de le conduire en France.

Un soir, elle rencontra le Roi de Rome au moment où il entrait dans l'appartement d'un de ses gouverneurs, le baron Obenaus. Saisissant la main du jeune Prince, elle la porta vivement à ses lèvres et la baisa avec le plus profond respect. Surpris de cette muette manifestation et prenant la comtesse pour une solliciteuse, il allait lui demander le but de sa visite, lorsqu'elle prit la parole en ces termes :

« Prince, voilà plusieurs mois que je cherche l'occasion de vous voir et de vous entretenir ; puisque le ciel me l'accorde aujourd'hui, écoutez-moi, je vous en prie... Êtes-vous un prince français, ou bien un archiduc autrichien ? Au nom des horribles tourments auxquels les rois de l'Europe ont condamné votre Père, songez que vous êtes son Fils, que ses regards mourants se sont fixés sur votre image... Profitez d'un moment opportun qui peut-être ne se représentera plus... La France vous attend, vous appelle ; mettez le pied sur la frontière et de là vous serez porté en triomphe jusqu'à Paris, comme Napoléon à son retour de l'île d'Elbe. J'ai d'avance tout disposé pour une prompte fuite. Ce soir, dans une heure, nous quitterons l'Autriche, si vous voulez ; dans quelques jours nous serons à Strasbourg, et dans une semaine, le sceptre impérial sera entre vos mains... Dites, mon Prince, le voulez-vous ? »

Une flamme subite illumina le visage du Roi de Rome, et il s'écria avec enthousiasme :

« Moi, en France ! moi, Empereur ! »

Puis, la défiance s'emparant de son âme, il répondit de nouveau avec froideur :

« Je ne sais ce que vous voulez dire, madame. Je ne pense nullement à aller en France. D'ailleurs, ajouta-t-il avec intention, je ne vous connais pas. »

« — Vous ne me connaissez pas, répliqua-t-elle, je suis votre cousine, la comtesse Camérata... »

Malheureusement, le Prince ne devinant pas le côté sérieux de cette offre courageuse, hésita à tenter une entreprise dirigée par une femme que les vieux diplomates autrichiens qualifiaient de tête extravagante.

Il lui fit cette réponse, qui, quoique empreinte d'une froide politesse, ne laissait aucun doute sur ses intentions futures :

« Pardon, madame, je ne puis vous entendre plus longtemps... Revenez me voir... »

Quelques mois après cette entrevue, eut lieu, chez lord Cowley, ambassadeur d'Angleterre, la grande réunion diplomatique du mois de janvier 1831, où le duc de Reichstadt fut admis officiellement, contrairement aux habitudes de la cour d'Autriche, qui n'admettait ce Prince qu'aux réunions impériales et aux fêtes de cour.

Le Roi de Rome rencontra dans cette assemblée le duc de Raguse (maréchal Marmont), qui avait été autrefois au service de son Père. Ne se souvenant que des services rendus à la cause de l'Empereur par ce général, et désireux, d'ailleurs, de causer avec lui des premières campagnes de Napoléon, le duc de Reichstadt lui adressa la parole en ces termes :

« Monsieur le maréchal, je ne saurais vous exprimer quelle satisfaction j'éprouve en voyant l'un des généraux les plus illustres qui ont combattu sous les ordres de mon Père; vous avez été son aide de camp dans ses premières campagnes; vous le suiviez en Italie, en Égypte et en Allemagne. J'ai étudié attentivement son histoire, je désirerais vous interroger sur plusieurs faits. »

— « Je suis à vos ordres, monseigneur », répondit le duc de Raguse.

Après en avoir référé à M. de Metternich, le maréchal eut plusieurs entretiens avec le duc de Reichstadt.

Du reste, le ministre autrichien n'avait rien à redouter de ces conférences, car M. de Raguse, en adroit diplomate, n'épargnait pas les critiques les plus amères sur la conduite politique de Napoléon. Il poussait même la complaisance envers la cour d'Autriche jusqu'à enchaîner les appréciations du passé avec les études du présent et les aspirations de l'avenir.

Nous citerons, à ce propos, une remarquable réponse du Roi de Rome au duc de Raguse sur les récents événements de France :

« Je comprends et j'admets, jusqu'à un certain point,
« le principe du droit divin, dit le duc de Reichstadt ;
« mais ce que je ne puis admettre, c'est ce qu'on vient
« de faire. Au nom d'une nécessité, d'une raison d'État
« fort douteuse, quelques hommes se sont arrogé le
« pouvoir de donner un roi à la France sans son consen-
« tement formel. C'est un crime de lèse-souveraineté ;
« des mains de Charles X tombé, la souveraineté était
« passée à la nation tout entière. On devait respecter
« son droit et la consulter, ou bien se souvenir que
« c'était à moi qu'elle avait donné la couronne en
« 1804.... Du reste, je suis prêt pour les éventualités ;
« mais ce à quoi je ne consentirai jamais, c'est à jouer
« un rôle d'aventure, à servir de prétexte à des expé-
« riences politiques. Le Fils de Napoléon doit avoir trop
« de grandeur pour servir d'instrument, et dans des
« événements de ce genre, je ne veux pas être une
» avant-garde, mais une réserve, c'est-à-dire arriver
« comme secours, en rappelant de grands souvenirs. »

Quelques jours après, le maréchal racontant que, dans la guerre d'Espagne, des grenadiers de la garde royale avaient voulu donner au prince de Carignan, en récompense de ses exploits au siége du Trocadéro, des épaulettes de laine, Napoléon II répliqua avec véhémence :

« En Russie, un général qui a manqué à son devoir,
« on le fait soldat; en France, quand on veut honorer
« un prince qui a fait le sien, on le nomme grena-
« dier. »

Puis il ajouta, en étouffant un soupir :

« Cela me rappelle les soldats de l'armée d'Italie,
« nommant mon père caporal pour le récompenser de
« ses premières victoires ! »

Lors du départ du maréchal, le duc de Reichstadt lui envoya son portrait en souvenir de leurs courtes relations. Il était ainsi représenté :

A mi-corps, assis vis-à-vis du buste de son Père, ayant l'air d'écouter avec intérêt en dehors du tableau. Au bas étaient écrits de sa main les quatre vers que, dans *Phèdre*, Hippolyte adresse à Théramène :

> Attaché près de moi par un zèle sincère,
> Tu me contais alors l'histoire de mon père ;
> Tu sais combien mon âme, attentive à ta voix,
> S'échauffait au récit de ses nobles exploits.
> . . . .
> . . . .

Depuis ce moment, deux seules idées fixes dominèrent Napoléon II : LA FRANCE et SON PÈRE ! — Comme preuve à l'appui de cette assertion, nous mettons sous les yeux de nos lecteurs la lettre que ce Prince écrivait à l'archiduchesse Sophie, le 5 mai 1831, dixième anniversaire de la mort de Napoléon Ier :

« Mon cœur vous cherche.... aux époques solennelles
« de la vie, je pense à Dieu et à vous.

« Aujourd'hui la place Vendôme est plus fière de ses
« aigles; le laurier abaisse ses palmes attristées sous la
« main pieuse de quelque vétéran de l'Empire, et de
« nobles femmes viennent déposer sur ces trophées
« muets des couronnes d'immortelles.

« C'est un beau sacerdoce que celui de la gloire !
« Parmi toutes ces personnes que je crois voir s'em-
« presser autour du gardien de la colonne, il en est
« sans doute qui ignorent dans quel lieu de l'Europe
« reposent les restes d'un père, d'un amant, d'un fils....
« La jeunesse et l'âge mûr de ceux qui ont vu la Répu-
« blique et l'Empire n'ont été qu'un long combat. Que
« de sang versé ! que d'héroïsme ! Non, il est impossi-
« ble que de si grandes choses aient pour dernier résul-
« tat une misérable combinaison d'intérêt matériel !

« Un grand peuple ne se résignera jamais à dorer de
« ses mains l'affront national.

« Je n'ai point de haine au cœur pour l'Autriche ; ce
« peuple est bon ; mais on l'a tellement apprivoisé au
« joug, qu'il ignore jusqu'à son énergie. C'est la consé-
« quence d'agglomérations fortuites dont le passé et les
« intérêts sont divers, et dont la politique essaie en vain
« de faire un tout homogène : en un mot, le cœur de
« cet Empire est trop petit pour les membres... D'ail-
« leurs, l'Autriche n'est que ma nourrice, la France est
« ma mère. Vous m'avez dit vous-même que vous
« m'approuviez de penser ainsi.

« J'ai eu hier une joie bien pure, et j'ai besoin de
« vous la redire : j'étais dans la campagne, galopant de
« toute la vitesse de mon cheval. Le pauvre animal
« était tout baigné de sueur. Je descends près d'une
« petite ferme, à un quart de mille du village de S....
« Un jardin bien soigné entourait l'habitation ; j'atta-
« che ma monture en dehors et j'entre pour demander
« quelques rafraîchissements; je traverse la première
« salle sans rencontrer personne... Une porte était
« entr'ouverte : j'entre avec précaution, dominé par je
« ne sais quel pressentiment; mon premier regard ren-
« contre une jeune femme couronnant un buste de
« fleurs : c'était l'ange qui veille sur ma destinée,
« souriant à l'image de mon Père... Un bruit de che-
« vaux me fit ressouvenir que les gens de ma suite al-
« laient nous surprendre. Je n'eus que le temps de flé-
« chir le genou devant l'image auguste et de baiser une
« main généreuse. Je m'élançai à cheval avant qu'au-
« cun regard fût venu profaner le sanctuaire où la
« plus noble des femmes couronnait, en présence d'un
« orphelin qui fut le Roi de Rome, le front de Napo-
« léon.

« Honneur à celle qui, inaccessible aux passions du
« présent, a jugé l'ennemi de sa famille comme le ju-
« gera la postérité !..... Mais comment avez-vous fait
« pour deviner que je viendrais là ? Après tout, je suis
« bien simple de m'étonner : ne tenez-vous pas le fil
« mystérieux qui me conduit ? Je vous sens venir sans
« vous voir, et vous me devinez quand je souffre...
« Oh ! dites-le moi, car vous devez le savoir, y aurait-
« il autre chose à inscrire sur ma tombe que deux

« dates à côté d'un nom ! Hélas ! quant à mes titres,
« la fortune, en gravant le second sur le premier, a
« tellement mêlé les caractères, que l'histoire elle-
« même les confondra...... Rome, Reichstadt, quel
« contraste ! quelle confusion !..... Ayez compassion,
« mais ne riez pas de mes folies..... Quand j'écris la
« première lettre de mon duché, je suis toujours tenté
« d'achever le nom de mon royaume éphémère.

« Puissiez-vous trouver quelque chose de généreux
« jusque dans mes superstitions ! Placé si près d'un
« astre lumineux, comment me résigner à n'être qu'une
« tache sur son disque ? »

Vers cette époque, éclatèrent les troubles d'Italie. Le Roi de Rome voulut, suivant les aspirations de son âme, voler à la défense de la cause italienne. La politique ombrageuse de l'Autriche s'y opposa.

Un événement grave survint : les sujets de Marie-Louise, mécontents de la conduite de ses ministres, MM. de Niepperg et de Bombelles, la chassèrent de ses États de Parme.

Cette fois encore, l'empereur d'Autriche ordonna à son petit-Fils de rester étranger à toute lutte politique, quelle qu'en fût l'origine.

Puis, comme moyen de calmer l'ardeur belliqueuse du jeune duc, il le nomma commandant d'un régiment d'infanterie hongroise !....

Lui, l'héritier des Césars ; lui, digne par son rang et son courage d'être le chef des phalanges françaises, commandant d'un régiment hongrois ! . . . . .
. . . .
. . . .

Le coup fut cruel pour le jeune duc, et le frappa au cœur. . . . .

Malheureusement les blessures de l'âme réagirent sur le corps ! . . . .

. . . .
. . . .

CHAPITRE IV

La maladie. — Lettre à la princesse Sophie. — Arrivée de Marie-Louise. —
Le 22 mars 1832.

Dans le courant du mois d'août 1831, le Prince fut atteint d'une fièvre catarrhale. Les médecins prescrivirent le repos le plus absolu et le séjour de Schœnbrünn.

Les prescriptions de la science furent ponctuellement suivies. Déjà le Roi de Rome commençait à se sentir beaucoup mieux, quand vinrent les grandes chasses royales, qui ont lieu au mois de septembre. Il voulut y assister malgré la défense expresse des médecins. Le froid, l'humidité, la fatigue empirèrent son état, et un jour qu'il revenait d'assister aux obsèques du général Siégenthal, il rentra à Schœnbrünn en proie à une fièvre rhumatique, catarrhale et bilieuse. Il passa ainsi tout l'hiver alternant entre la maladie et la convalescence. Mais, vers le mois d'avril, son état inspira les plus vives inquiétudes.

Un soir qu'il était allé se promener au Prater en calèche découverte, par un temps froid et humide, il perdit tout à coup connaissance, et on le ramena à Schœnbrünn dans l'état le plus alarmant.

Les médecins déclarèrent que le Prince était atteint

d'une fluxion de poitrine, et qu'aussitôt sa convalescence un voyage à Naples était indispensable.

Ce voyage fut autorisé.

Malheureusement, il était trop tard ! La faiblesse du malade ne permettait point son déplacement.

C'est dans cet état de souffrance et de dépérissement physique qu'il écrivit à l'archiduchesse Sophie cette lettre, où la passion et la poésie sont unies à de sérieuses et profondes réflexions :

« Vous me promettez de brûler cette lettre après l'avoir lue... Mais pourquoi cette recommandation ? vous l'auriez fait de vous-même, j'en suis sûr.

« Si le contenu ne regardait que moi, ma prière serait moins pressante. Lisez, et ne vous étonnez plus du progrès rapide du mal qui me mine.

« Il y a déjà quelque temps, j'avais remarqué dans le service des jardins de Schœnbrünn un homme qui se trouvait presque toujours sur mon passage quand je me promenais seul. Sa taille était au-dessus de la moyenne ; ses mouvements, sans être lents, semblaient obéir au rhythme militaire ; une magnifique blessure partageait son front, et complétait l'aspect martial de cette mâle figure. Cet homme m'attirait sans que je pusse en démêler la cause. La première fois que je voulus lui parler, j'étais avec le comte Dietrichstein ; il porta sa main à son oreille, et me fit de la tête un signe qui voulait dire : Je suis sourd. Nous continuâmes notre promenade, et comme je me retournai pour l'examiner encore, je le vis agenouillé sur une plate-bande pour arracher quelques herbes ; mais dès qu'il s'aperçut de mon mouvement, il porta rapidement l'index à ses deux yeux, sans doute pour me faire comprendre que, s'il avait perdu l'ouïe, il avait la vue bonne.

« Vous savez qu'à force de précautions, *on m'a rendu circonspect, j'allais dire méfiant*... : je me dis en moi-même : Oh! cet homme est là pour m'épier, ou il espère m'être utile. Dans l'un ou l'autre cas, je dois m'abstenir de tous rapports avec lui ; c'est mon intérêt, s'il me trompe ; c'est le sien, si son dévouement est réel.

« Un soir que le docteur parlait d'un air animé au prince de Metternich, je remarquai que le jardinier écoutait attentivement leur conversation. On ne se méfiait pas plus de lui à Schœnbrünn qu'on ne le ferait d'un animal domestique. Je n'avais pas même la ressource de connaître son nom ; à quoi servirait-il à un sourd d'en avoir un ? Plus tard seulement j'appris qu'il s'appelait Pierre. J'étais sûr qu'il ne m'avait point aperçu ; je passai et repassai plusieurs fois sans avoir l'air de faire attention à lui : enfin je le vis qui passait le râteau sur une allée vers laquelle je me dirigeai ; puis il arrosa profondément les abords de l'endroit où il s'était arrêté, excepté d'un seul côté, celui-là même qui se trouvait sur mon chemin.

« Je m'approchai lorsqu'il fut à quelque distance, et je distinguai des caractères tracés sur le sable. Ma curiosité était fortement excitée : je lus ces mots en français : *Un diplomate et un médecin, c'est trop de moitié.*

« Le prince était déjà tout près de nous, que j'étais encore à rêver sur le sens de ces caractères énigmatiques ; je m'approchai comme pour le saluer, en bouleversant avec mon pied la dépêche du vétéran.

« Je ne sais si le prince avait eu soupçon de quelque

chose, ou si la prudence arrêta les démarches du balafré ; toujours est-il que depuis ce temps il paraissait aussi soigneux de m'éviter, qu'il s'était montré ingénieux à multiplier nos rencontres.

« Il y a environ trois semaines, je le vis occupé à planter quelques boutures : je l'abordai d'un air indifférent ; il feignit de son côté de ne pas s'apercevoir que j'étais là... Jamais je n'oublierai cette scène : il assujettissait un tuteur pour protéger un jeune laurier... ce rapprochement allégorique m'émut profondément, j'oubliai son infirmité et je lui dis en français :

« — Pierre, croyez-vous que ce jeune arbrisseau réussisse ?

« — Oui, Sire, me répondit-il, pourvu que les insectes n'en dévorent pas les racines.

« A ce mot *Sire*, je crus que le sang allait jaillir de mon front.

« — Comment attacherez-vous l'élève au tuteur ? poursuivis-je.

« Il tira de son sein une attache ; c'était un ruban rouge ; la croix d'honneur y était suspendue.

« — Celui-ci ne déteindra pas ! continua-t-il d'un ton solennel. Votre père l'a attaché sur ma poitrine à Waterloo....

« — Tais-toi, si tu m'aimes, m'écriai-je.

« La figure de cet homme avait pris une expression sublime. Je crus voir le génie de la France, la personnification de l'honneur dans ce soldat dévoué... J'oubliai tout, et nous tombâmes dans les bras l'un de l'autre.

« — Fils de mon Empereur, murmura-t-il en sanglottant, que faites-vous sur cette terre ennemie ? Ne voyez-vous pas qu'ils vous tueront? Ignorez-vous ce qui se passe en France? les Bourbons sont chassés; la branche cadette chancelle sur le trône; montrez-vous, c'est assez de votre nom.

« Je tremblai de saisissement; un frisson de gloire parcourut mes veines.... tout à coup un léger bruit se fit entendre. Pierre leva la tête avec fierté, sa main semblait chercher une arme absente.

« — Sire, dit-il enfin, dans huit jours, à minuit, à la même place, je retrouverai le Fils de Napoléon, ou je dirai adieu à un archiduc d'Autriche.

« C'en était trop, la fièvre m'a repris le même soir... je veux tout vous dire, car vous m'approuverez ou vous m'excuserez... ma misérable nature me fait défaut maintenant que ma résolution est prise; la fatalité est sur moi : le sacrifice de mon père sera complet.

« Je serais mort plutôt mille fois que de manquer au rendez-vous : je dis au médecin que je me sentais mieux et qu'une promenade à cheval me ferait du bien. Je rentrai tard à Schœnbrünn après avoir distancé mes gens. On me croyait rentré. Je m'enfonçai dans le parc.

« Minuit sonnait; oubliant ma faiblesse, j'enfonçai l'éperon dans le flanc de mon cheval, et le dernier coup de l'horloge retentissait lorsque j'arrivai au lieu indiqué.

« D'abord, je ne vis personne; la lune, qui paraissait par intervalles, projetait l'ombre des massifs dans les allées, et changeait tellement l'aspect du parc, que j'avais peine à me reconnaître. Un doute involontaire traversa mon esprit..... Enfin, au détour d'une allée, j'aperçus un homme armé portant l'uniforme des grenadiers de la vieille garde. Il me fit le salut militaire avec l'allure d'un homme qui a longtemps triomphé. La croix de la Légion-d'Honneur brillait sur sa poitrine et trois chevrons blasonnaient son bras.

« — Sire, me dit-il d'une voix ferme, que dirai-je de votre part à ceux qui vous attendent ?

« L'idée que je pourrais commander de tels hommes, la réalisation de tous mes rêves, la dette de gloire que m'a léguée mon père, et, pour tout dire, l'horreur indicible que j'ai au cœur de *mourir en prison*, toutes ces idées, tous ces sentimens confus traversèrent à la fois mon esprit.... Mes yeux s'obscurcirent et je tombai sans connaissance.

« Quand je revins à moi, j'étais dans mon lit ; je démêlai dans les regards de ceux qui me soignaient un redoublement d'inquiétude. Enfin, j'entendis votre voix dans une chambre voisine : j'allais demander qu'on vous fît entrer ; mais j'étais si faible que je tombai en défaillance.

« Aucun de ceux qui m'entourent ne m'a parlé de la scène du parc.... *Était-ce un songe*, un pressentiment que je vais bientôt rejoindre mon père ? Ma tête se perd.... Par pitié laissez-moi mon illusion ; ne me dites pas que j'étais en délire quand j'ai entendu le vieux soldat m'appeler *Sire !*

« Je me trouve dans un état indéfinissable ; à une faiblesse extrême succède tout à coup une exaltation fébrile qui ressemble à un délire suivi. Ceux qui m'entourent semblent n'avoir soin que de mon corps ; ils ne savent pas ou ils feignent d'ignorer que le mal de l'âme a réagi sur l'enveloppe, et que chacune de mes douleurs physiques répond à une souffrance analogue de ma nature morale. L'inutilité de mon traitement me décourage ; je sens que la vie m'échappe, je souhaite même d'abréger les tourments de l'épreuve ; et l'instant d'après, je lutte avec une sorte de désespoir contre l'idée de la destruction ; je voudrais concentrer toutes les puissances de mon être matériel dans la plénitude d'un sentiment vif. Il me semble que l'agonie du Fils de l'Empereur doit se terminer par un cri et non par un soupir.

« Mais à qui pourrais-je communiquer ces derniers rêves d'un mourant ? Je retrouve jusque dans la sollicitude dont je suis l'objet, la mesure d'un dévouement vulgaire. J'ai été tyrannisé toute ma vie; aujourd'hui les docteurs de la Faculté ont remplacé Metternich.

« Ils savent bien qu'ils me tourmentent en pure perte, et, au lieu de laisser la nature achever son œuvre, ils gâtent, par leurs prescriptions, les moments de répit qu'elle me laisserait.

« Mais ils ne connaissent pas toutes les ruses d'un mourant : quand je veux leur échapper, je leur laisse croire que je repose, et je profite de la solitude pour réfléchir sur le double mystère de la vie et de la mort dont je vais trouver le secret dans le sein de Dieu ; mais plus souvent, je l'avoue, j'aime à me replier sur moi-même et à faire le compte de mes courtes joies dans la vie de contrainte qui m'a été faite. C'est vous dire qu'après avoir été mon guide et ma force quand je sentais bouillonner dans mon sein la sève de ma jeunesse, vous êtes encore ma consolation, à présent, qu'à défaut d'espérance, je n'ai plus qu'à me réfugier dans mes souvenirs.

« Vous vous rappelez l'orage d'avant-hier ; cette

scène imposante m'a vivement frappé ; j'ai besoin de vous la raconter ou plutôt de me la raconter à moi-même ; les affections fortes aiment les redites ; le sentiment est-il autre chose que le renouvellement des mêmes désirs, des mêmes craintes, de ces jouissances intimes dont la source ne tarit jamais ?

« Au reste, vous me passerez cette fantaisie ; quand la maladie est sans espoir, on permet tout au mourant.

« Mais toutes ces digressions m'entraînent... c'est de l'orage que j'ai à vous parler. Vous savez qu'on m'avait transporté dans le parc : le soleil rayonnait avec force ; mais il y avait dans ce calme apparent de la nature, je ne sais quoi de solennel ; c'était comme le recueillement d'une âme forte à l'instant qui précède le danger.

« Tout à coup les feuilles tremblèrent, et deux vols de nuages parcoururent le ciel dans la direction de l'ouest et du midi. Tous les chants se turent, et les oiseaux regagnèrent à tire-d'aile leurs nids menacés. A gauche du pavillon, la pluie tombait par torrents, tandis que de la fenêtre opposée on voyait les pins, éclairés par le soleil, projeter sur le sol leurs ombres gigantesques. Un murmure sourd, semblable à une basse majestueuse, formé des mille roulements des tonnerres lointains, accompagnait les voix aiguës des vents qui tiraient une note de chaque obstacle, un frémissement de chaque feuille.

« Ce que les hommes appellent le repos n'est que l'ordre et l'harmonie dans le mouvement : cette harmonie est la fin de la nature : quand elle est troublée, elle se rétablit bientôt par une crise. La foudre formait au-dessus de nous comme une couronne de feu : il semblait que le ciel et la terre s'élançaient l'un vers l'autre, et que tous les éléments sympathiques tendaient à se réunir. D'abord, j'admirai sans analyse, car toutes les puissances de mon être étaient sous le charme de ce spectacle imposant ; mais bientôt, lorsque le vent d'est eut réagi, jetant sur ce ciel d'un gris moins sombre comme des lanières d'azur, lorsque les plantes commencèrent à redresser leurs tiges lourdes de pluie, j'interrogeai mes impressions, et je me souvins qu'en me montrant l'horizon enflammé, vous m'aviez dit ces mots sublimes : Au delà, le ciel est pur !

« Vous aviez donc compris tout ce qui se passait en moi ? Ma vie a été un orage continuel... Hélas ! après la tempête la verdure est plus belle, la terre plus féconde ; le calme riant de la nature semble se compléter encore par la puissance du contraste ; mais pour moi, c'est dans un autre monde que le repos m'attend !

« La grandeur de ce pronostic m'effraie. Que serai-je dans un autre monde ? Je comprends que l'esprit et la matière sont deux principes divers ; mais je ne puis séparer l'un de l'autre dans l'appréciation de mon être ; il y a plus, si je m'isole en esprit des conditions qui composent le moi, je crois sentir que je me dépouille de mon individualité, et mon orgueil murmure, même en m'élevant à une nature supérieure qui ne serait plus ce que j'ai été.

« Pourquoi mon âme souffre-t-elle quand mon corps souffre ? Pourquoi cette solidarité si intime entre les puissances morales et les organes qui leur obéissent ? Par quel mystère, en dehors de ma volonté, le mécanisme de mon être obéit-il à des lois constantes dont le résultat est l'harmonie, et dont le trouble a pour conséquence la maladie et la mort?

« Il serait triste de songer que l'âme humaine n'est que la résultante du jeu si complexe de l'organisme, et qu'elle s'évanouit avec les phénomènes qui l'ont produite !

« Quand l'orage grondait sur ma tête, ces réflexions venaient malgré moi m'assaillir; je sentais tous les principes élémentaires lutter en moi comme dans la nature; je n'étais plus qu'une partie du grand tout, et il me semblait que mon âme s'échappait pour se réunir à l'âme universelle. Mais, bientôt après, en voyant le soleil couchant caresser la verdure des arbres et se jouer dans les perles suspendues aux feuilles, un élan de reconnaissance me ramena aux vérités consolantes du Christianisme. Je m'inclinai avec foi devant les mystères qui confondent la raison humaine. La voix de la création retentit dans mon âme comme un hymne; je compris que l'Être infini peut renfermer en lui tous les êtres, sans cesser d'être lui, et que le mérite de nos œuvres, sans lequel la vie future ne serait qu'une métempsychose païenne, constitue notre individualité dans le temps et dans l'éternité.

« C'est surtout lorsque l'on touche au terme, qu'il est consolant de croire; mais, je vous le jure, si ma raison refusait l'espérance, j'aimerais mieux sortir de ce monde dans le doute de l'inconnu, que d'essayer de me faire illusion par un sentiment qui ne serait plus qu'une pure faiblesse. »

Achevons de retracer la fin de cette existence regrettée de tous.

Marie-Louise, informée du danger qui menaçait les

jours de son Fils, accourut en toute hâte. A la vue des ravages causés par la maladie, elle éprouva une douleur cruelle. Quant au Prince, il reçut sa mère avec aménité, et ne laissa percer aucun sentiment d'amertume dans ses paroles.

L'état du Roi de Rome ne donnant plus le moindre espoir à la science, on voulut, suivant la coutume de la famille impériale d'Autriche, que le saint viatique lui fût administré devant toute la cour assemblée.

L'archiduchesse Sophie se chargea de préparer le courageux malade à cette triste cérémonie.

« Elle eut lieu, dit M. de Montbel, au milieu du
« plus morne recueillement; quant au Prince, il accom-
« plit ce solennel devoir religieux avec une pieuse rési-
« gnation et une force d'âme qui pénétra d'admiration
« tous les assistants. »

Le 22 mars, vers trois heures et demie du matin, le duc de Reichstadt se dressa tout à coup sur son séant, et s'écria : « Ma mère ! ma mère ! à moi ! je me meurs ! » L'achiduchesse Sophie et Marie-Louise accoururent; il retomba épuisé dans leurs bras ! . . . .

. . . .

L'agonie commença ! et, à cinq heures et quelques minutes, le baron de Molh, grand dignitaire du palais impérial, reçut le dernier soupir de cette illustre victime de la tyrannie autrichienne.

Le 22 mars 1832 fut un jour de deuil pour la France; l'héritier direct de Napoléon Ier venait de descendre dans la tombe ! . . . .

L'empereur d'Autriche fit graver sur la tombe de son petit-Fils une épitaphe latine, dont voici la traduction :

« *A l'éternelle mémoire de* JOSEPH-CHARLES-FRANÇOIS, *duc* DE REICHSTADT, *fils de* NAPOLÉON, *Empereur des Français, et de* MARIE-LOUISE, *Archiduchesse d'Autriche, né à Paris le 20 mars 1811.*

« *Dès son berceau, il fut salué du nom de* ROI DE ROME; *il fut doué de toutes les facultés de l'esprit et de tous les avantages du corps : sa taille était haute, son visage paré de tous les charmes de la jeunesse, ses discours pleins d'affabilité ; il avait montré une aptitude étonnante dans l'étude et les exercices militaires.*

« *Atteint par une maladie de poitrine, il a été enlevé par la mort la plus déplorable, à Schœnbrünn, près de Vienne, le 22 juillet 1832.* »

Quelques instants avant de rendre son âme à Dieu, le Roi de Rome avait dicté lui-même, à ceux qui entouraient son lit de mort, l'épitaphe suivante, préférable, par l'élévation de la pensée, à celle qui fut inscrite sur sa tombe :

« CI-GÎT LE FILS DU GRAND NAPOLÉON! IL NAQUIT ROI DE ROME, ET MOURUT COLONEL AUTRICHIEN !... »

. . . .

Napoléon II était Prince français par le cœur ; il fut condamné à vivre en Prince autrichien ! — Son Père lui avait préparé le premier trône du monde ; — l'implacable politique autrichienne lui creusa une tombe !

Mais l'Éternel, dans sa justice impénétrable, avait marqué de son sceau le Prince illustre qui devait venger la mémoire du Roi de Rome et continuer la tradition impériale : « Tout pour la France !... »

DEUXIÈME PARTIE

I

JOSEPH-NAPOLÉON BONAPARTE

> « J'aime la France comme ma famille. »
> (JOSEPH-NAPOLÉON BONAPARTE.)

Naissance. — Première vocation. — Mariage de Joseph. — Sa mission à Rome. — Il est nommé membre, puis secrétaire du Conseil des Cinq-Cents. — Il passe au Conseil d'État. — Il signe différents traités. — Lettre de Moreau. — Services rendus par Joseph. — Il fait partie du grand Conseil de la Légion-d'Honneur. — Concordat de Rome. — Traité avec les puissances. — Il est nommé héritier du trône. — Il prend le commandement de l'Armée. — Joseph, roi de Naples. — Son règne. — Joseph, roi d'Espagne. — Son règne; ses luttes; bataille de Vittoria. — Lettre de Joseph à Napoléon. — Joseph revient en France; il est nommé lieutenant-général de l'Empire. — Il accompagne l'Impératrice à Blois. — Il se retire en Suisse. — Les Cent-Jours. — Départ pour les États-Unis. — Il ne cesse pas d'être citoyen français. — Retour en Europe. — Arrivée à Florence. — Adresse à la Chambre des Députés. — Mort de Joseph Bonaparte. — Nom sous lequel il vécut dans ses dernières années.

Joseph-Napoléon Bonaparte, frère aîné de l'Empereur Napoléon Ier, naquit à Corte, le 5 janvier 1768. Il fit ses études, avec beaucoup de distinction, au collége d'Autun, en Bourgogne.

Il montra de bonne heure du goût pour la carrière des armes; mais, cédant aux sollicitations pressantes de son père, il y renonça et fut nommé, en 1792, membre de l'Administration de la Corse dont Paoli était Président.

Lorsque les Anglais se rendirent maîtres de la Corse, Joseph se retira en France ; et, en 1794, il épousa Mlle Julie Clary, fille d'un des principaux armateurs de Marseille.

En 1797, il fut nommé ministre plénipotentiaire à Parme, puis à Rome. Il entama directement avec le Pape Pie VI des négociations qui furent contrecarrées par l'influence de l'Autriche. Une révolte éclata : sa résidence fut violée par les troupes papales, et le général Duphot fut tué à ses côtés.

Le ministre plénipotentiaire n'ayant pas reçu les satisfactions qu'il demandait, partit pour Paris. Le Directoire approuva sa conduite et donna aussitôt l'ordre à ses troupes d'occuper les États Pontificaux.

On proposa à Joseph l'ambassade de Prusse ; il refusa. Quelques jours après, il fut nommé membre du Conseil des Cinq-Cents.

L'élévation de ses sentiments, la justesse de son esprit et la modération qu'il porta dans toutes les affaires, le firent nommer secrétaire du Conseil.

Au commencement du Consulat, Joseph passa au Conseil d'État. En cette qualité, il négocia avec MM. Rœdcrer et de Fleurieu le traité du 30 septembre 1800, qui liait les intérêts de la France et des États-Unis.

Le 9 février 1801, il signa, comme ministre plénipotentiaire de France, la paix de Lunéville.

« On a remarqué dans le cours de cette négociation, dit un écrivain, que, tandis qu'en vertu d'une suspension d'armes, conclue par les généraux en chef en Italie, Mantoue restait aux Autrichiens, une convention, conclue à Lunéville par les plénipotentiaires, mettait l'armée française en possession de cette place importante. »

C'est à ce propos que Joseph reçut du général Moreau une lettre ainsi conçue :

« Citoyen Ministre,

« J'ai reçu votre lettre du 6 de ce mois et la copie de l'armistice que vous avez conclu avec M. de Cobentzel. Recevez mon compliment pour la manière dont vous avez assiégé et pris Mantoue, sans quitter Lunéville. »

Le 25 mars 1802, il signa le traité d'Amiens, conclu entre la France et l'Angleterre.

Le premier, il eut l'idée de détruire la piraterie des États barbaresques.

En récompense de ses services, Joseph fut nommé sénateur en 1803, et membre du Grand-Conseil de la Légion-d'Honneur.

Il signa le Concordat de Rome, d'accord avec Cretet, ministre de l'intérieur, et l'abbé Bernier ; il reçut aussi les pouvoirs de la France pour traiter, avec la Russie, l'Autriche, la Prusse et la Bavière, des garanties relatives aux changements survenus dans l'Empire germanique.

En 1804, à la proclamation de l'Empire, le Sénat décréta que Joseph et ses enfants hériteraient du trône impérial, à défaut de descendance de Napoléon Ier.

Vers la même époque, il refusa le trône de Lombardie, et resta à Paris, à la tête des affaires, pendant la campagne d'Autriche.

Les souverains ayant rompu le traité qui liait Naples à la France, Joseph reçut de Napoléon l'ordre de prendre le commandement de l'armée et d'envahir le royaume de Naples.

Malgré les troupes russes, anglaises et napolitaines, Joseph s'empara de Capoue.

Le 15 février 1806, il fit son entrée à Naples, et fut reçu comme un libérateur. Quelques mois après, une députation du Sénat français lui apporta la nouvelle que l'Empereur, par un décret, l'avait proclamé roi des Deux-Siciles.

Le règne du nouveau monarque fut inauguré par des réformes qui lui attirèrent la reconnaissance du peuple.

Joseph, en effet, détruisit la féodalité et le brigandage, changea le système des impôts, rétablit l'ordre dans les finances, créa l'Administration, réconcilia les grands avec le peuple, ouvrit des routes sur tous les points, embellit la capitale, réorganisa l'armée et la marine, chassa les Anglais du royaume, et prit Gaëte, Scylla, Reggio, Maratea et Amantia.

A son arrivée à Naples, les revenus publics s'élevaient à 7 millions de ducats; ils furent portés à 14 millions. La dette publique était de 100 millions; il en acquitta la moitié et trouva les moyens d'éteindre le reste.

Des dissensions ayant éclaté parmi les membres de la maison régnante d'Espagne, elles laissèrent prévoir à l'Empereur Napoléon des embarras politiques qu'il était nécessaire d'éviter; il appela aussitôt son frère

Joseph à Bayonne. Là il lui apprit qu'il l'avait choisi pour régénérer la Péninsule.

Joseph voulut sonder lui-même l'esprit des Espagnols. Il visita tous les membres de la Junte ; et lorsqu'on lui eut persuadé que son acceptation mettrait un terme à tous les troubles, assurerait l'indépendance de la monarchie, l'intégrité du territoire, sa liberté et son bonheur, il accepta.

Joseph arriva à Madrid le 2 mai 1808. Toutes les puissances, sauf l'Angleterre, reconnurent son avénement.

Il rassembla d'abord les représentants des diverses classes de la société et les éclaira sur les motifs qui l'avaient appelé à la couronne d'Espagne, sur sa conduite et sur ses projets. Mais l'influence de l'Angleterre paralysa son pouvoir ; il dut quitter Madrid, et il n'y revint que le 22 janvier 1809, après les combats de Burgos, Tudella et Sommo-Sierra. Tous les habitants prêtèrent alors serment de fidélité. Le roi Joseph promit la réunion des Cortès, choisit ses ministres parmi les gens désignés par l'opinion, reconnut la dette publique, encouragea l'industrie nationale et décida l'achèvement du canal de Guadarrama.

Malheureusement la guerre civile continuait toujours. L'armée française, malgré la sanglante bataille de Talaveyra contre les Anglo-Espagnols, ne pouvait amener le rétablissement de la paix. Et cependant, au milieu du désordre des partis, Joseph songeait à des améliorations urgentes pour le bonheur du peuple. Ainsi, il recula les douanes aux frontières, détermina le système municipal, prépara les lois relatives à l'éducation publique, et répartit une indemnité de 100 millions de réaux entre ceux des Espagnols qui avaient éprouvé des pertes pendant la guerre.

Mais en vain il battit les rebelles à Oçana, il ne put les dompter.

D'un autre côté Napoléon ayant eu besoin de ses troupes pour la guerre d'Allemagne, le roi d'Espagne, désespéré de voir avorter toutes ses idées généreuses, envoya à son frère le duc de Santa-Fé et le marquis d'Almenara, chargés de lui apprendre sa détermination de quitter un pays où il ne pouvait ni faire le bien, ni empêcher le mal.

L'Empereur, se trouvant dans une position très-difficile, s'opposa aux intentions de Joseph. Vainement ce dernier se rendit-il lui-même à Paris; il dut revenir à Madrid, comprenant que l'honneur lui commandait de ne pas quitter son poste.

La guerre des *guérillas*, guerre de broussailles et d'escarmouches, continua plus forte que jamais. Elle était encouragée par l'or des Anglais et l'exaspération des habitants, fatigués de l'état incertain des choses.

Joseph, dont les bonnes intentions ne furent jamais contestées, même des Espagnols, exécuta les volontés de son frère avec une grande énergie. Les ressources manquèrent, et, à Vittoria, 30,000 Français seulement se mesurèrent avec plus de 100,000 ennemis. Longtemps la victoire fut disputée; mais le général Clauzel, sur lequel on comptait pour décider de l'action, n'ayant pu se trouver à la bataille, Joseph céda aux instances des conseillers espagnols qui lui étaient dévoués, et opéra sa retraite en bon ordre.

L'Espagne était perdue pour lui. Il rentra en France et fut nommé lieutenant général de l'Empire et Conseiller de l'Impératrice-Régente.

Lorsque l'étranger s'approcha de Paris, il reçut de Napoléon l'ordre de faire partir le Roi de Rome et l'Impératrice. Il les accompagna à Chartres, puis à Blois.

L'abdication de Fontainebleau le força de se retirer en Suisse. Le 19 mars 1815, ayant appris le débarquement de son frère, il se hâta de le rejoindre à Paris. Là, il le seconda puissamment. Mais Waterloo arriva, et, une fois encore, Joseph dut chercher un asile sur la terre étrangère.

Il s'embarqua à la Rochelle et s'établit dans le Jersey, un des États de l'Union, à Poente-Breeze. Toutefois, il ne cessa pas un instant d'être citoyen français, comme le témoigne une lettre de M. Dickerson, gouverneur de l'État de New-Jersey, en date du 28 janvier 1817. Ses domaines, qui devinrent considérables, furent sans cesse ouverts aux patriotes d'Europe qui s'adressèrent à lui.

En 1830, Joseph protesta contre le Gouvernement de Juillet et envoya l'adresse suivante à Messieurs de la Chambre des Députés (1) :

« MESSIEURS,

« Les mémorables événements qui ont relevé en France les couleurs nationales et détruit l'ordre de choses établi par l'étranger dans l'ivresse du succès, ont montré la nation dans son véritable jour ; la grande capitale a ressuscité la grande nation.

(1) Le duplicata de cette pièce est déposé dans les archives de Mᵉ Pierre, S. du Ponceau, notaire public à Philadelphie. (*Note des auteurs.*)

« Proscrit loin du sol de la patrie, je m'y serais présenté aussitôt que cette lettre, si je n'avais lu, parmi tant de noms avoués par la libéralité de la nation, celui d'un prince de la maison de Bourbon. Les événements des derniers jours de juillet ont mis dans tout son jour cette vérité historique : il est impossible à une maison régnante par le droit divin de se maintenir sur le trône lorsqu'elle en a été expulsée une fois par la nation, parce qu'il n'est pas possible que des princes nés avec la prétention d'avoir été prédestinés pour régir un peuple s'élèvent au-dessus des préjugés de leur naissance.... Aussi le divorce entre la maison de Bourbon et le peuple français avait-il été prononcé, et rien au monde ne pouvait détruire les souvenirs du passé : tant de sang, de combats, de gloire, de progrès dans tous les genres de civilisation; tant de prodiges opérés par la nation, sous l'influence des doctrines libérales, étaient des brandons de discorde tous les jours rallumés entre les gouvernants et les gouvernés. Fatigués de tant de révolutions et désireux de trouver la paix sous une charte donnée et acceptée comme ancre de salut après tant d'orages, les bons esprits étaient en vain disposés à tous les sacrifices : plus puissante que les hommes, la force des choses était là, et rien ne pouvait mettre d'accord les hommes d'autrefois, restés stationnaires, et ceux qu'une révolution de trente ans avait grandis et régénérés. En vain le duc d'Orléans abjure sa maison au moment de ses malheurs : Bourbon lui-même, rentré en France l'épée à la main avec les Bourbons à la suite des étrangers; qu'importe que son père ait voté la mort du roi, son cousin, pour se mettre en sa place? qu'importe que le frère de Louis XVI le nomme lieutenant-général du royaume et régent de son petit-fils? en est-il moins Bourbon? en a-t-il moins la prétention de devoir être appelé au trône par le droit de sa naissance? est-ce bien sur le choix du peuple, ou sur le droit divin qu'il compte pour s'asseoir au trône de ses ancêtres? ses enfants penseront-ils autrement? et le passé et le présent ne font-ils pas assez prévoir quel sera l'avenir sous une branche de cette maison? le 14 juillet, le 10 août n'annonçaient-ils pas assez les derniers jours de juillet 1830? et ces journées à leur tour ne menacent-elles pas la nation d'un nouveau 28 juillet, à une époque plus ou moins rapprochée?

« Non, messieurs, jamais les princes institués par le droit divin ne pardonnent à ceux auxquels ils sont redevables; tôt ou tard, ils les punissent des bienfaits qu'ils en ont reçus; leur orgueil ne plie que devant l'auteur du droit divin, parce qu'il est invisible; les annales de toutes les nations nous redisent ces vérités; elles ressortent assez de l'histoire de notre propre révolution; elles sont écrites en lettres de sang sur les murs de la capitale. A quoi ont servi et le milliard prodigué aux ennemis de la patrie et les condescendances de tous les genres dont on a salué les hommes d'autrefois?

« Vous construiriez sur le sable si vous oubliiez ces éternelles vérités; vous seriez comptables à la nation, à la postérité, des nouvelles calamités auxquelles vous les livreriez : non, messieurs, il n'y a de légitime sur la terre que les Gouvernements avoués par les nations; les nations les créent et les détruisent selon leurs besoins; les nations seules ont des droits; les individus, les familles particulières ont seulement des devoirs a remplir.

« La Famille de Napoléon a été appelée par trois millions cinq cent mille votes : si la nation croit dans son intérêt de faire un autre choix, elle en a le pouvoir et le droit, mais *elle seule*. Napoléon II a été proclamé par la Chambre des Députés de 1815, qui a reconnu en lui un droit conféré par la nation; j'accepte pour lui toutes les modifications décrétées par la Chambre de 1815, qui fut dissoute par les baïonnettes étrangères. J'ai des données positives pour savoir que Napoléon II serait digne de la France; c'est comme Français surtout que je désire que l'on reconnaisse les titres incontestables qu'il a au trône, tant que *la nation n'aura pas adopté* une autre forme de Gouvernement. Seul, pour être légitime dans la véritable acception du mot, c'est-à-dire légalement et volontairement élu par le peuple, il n'a pas besoin d'une nouvelle élection; toutefois, la nation est maîtresse de confirmer ou de rejeter des titres

qu'elle a donnés, *si telle est sa volonté :* jusque-là, messieurs, vous vous devez à Napoléon II, et jusqu'à ce que l'Autriche le rende aux vœux de la France, je m'offre à partager vos périls, vos efforts, vos travaux, et, à son arrivée, à lui transmettre la volonté, les exemples, les dernières dispositions de son Père mourant victime des ennemis de la France, sur le rocher de Sainte-Hélène. Ces paroles m'ont été adressées sous la plume du général Bertrand : « Dites à mon Fils qu'il se rappelle avant
« tout qu'il est Français, qu'il donne à la nation autant de
« liberté que je lui ai donné d'égalité ; la guerre étrangère ne
« me permit pas de faire tout ce que j'aurais fait à la paix gé-
« nérale. Je fus perpétuellement en dictature ; mais je n'ai eu
« qu'un mobile dans toutes mes actions : l'amour et la gloire
« de la grande nation ; qu'il prenne ma devise : *Tout pour le*
« *peuple français,* puisque tout ce que nous avons été, c'est par
« le peuple. »

« Messieurs, j'ai rempli un devoir qui me paraît sacré. Puisse la voix d'un proscrit traverser l'Atlantique et porter au cœur de ses compatriotes la conviction qui est dans le sien !... *La France seule* a le droit de juger le Fils de Napoléon ; le Fils de cet homme de la nation peut seul réunir tous les partis dans une Constitution vraiment libérale et conserver la tranquillité de l'Europe ; le successeur d'Alexandre n'ignore pas que ce prince est mort avec le regret d'avoir éloigné le Fils de Napoléon ; le nouveau roi d'Angleterre a un grand devoir à remplir, celui de laver son règne de l'opprobre dont se sont couverts les geôliers ministériels de Sainte-Hélène ; les sentiments de l'empereur d'Autriche ne sauraient être douteux, ceux du peuple français sont pour Napoléon II.

« La liberté de la presse est le triomphe de la vérité ; c'est elle qui doit porter la lumière dans toutes les consciences ; qu'elle parle et que la volonté de la grande nation s'accomplisse, j'y souscris de cœur et d'âme.

« *Signé :* Joseph-Napoléon BONAPARTE,
comte DE SURVILLIERS.

« New-York, le 18 septembre 1830. »

La Chambre des députés répondit à cette lettre par une décision qui proscrivait la Famille Bonaparte de France.

Après bien des difficultés et un séjour de quelques années à Londres, Joseph rejoignit sa Famille à Florence.

Mais la lutte et le chagrin l'avaient brisé; il jouit peu de temps du bonheur de cette réunion, et mourut à l'âge de soixante-dix-sept ans, le 28 juillet 1844.

Joseph avait pris le titre de comte de Survilliers; c'est sous ce nom qu'il vécut en Amérique et pendant ses dernières années.

II

LUCIEN BONAPARTE

PRINCE DE CANINO.

« L'indépendance est la noblesse du cœur. »

Naissance de Lucien. — Premières années. — Son caractère. — Ses premiers emplois — Saint-Maximin. — Il est nommé Commissaire des Guerres. — Ses voyages. — Son entrée aux Chambres. — Ses travaux. — Brumaire. — Mariage. — Lucien ministre. — Physionomie de Lucien. — Sa brouille avec Napoléon. — Il fait partie du Tribunat; il est nommé grand officier de la Légion-d'Honneur. — Nouvelle brouille. — Entrevue de Mantoue. — Lucien fait un poème. — Arrestation de Lucien par les Anglais — Il est conduit à Ludlow. — Les Cent-Jours. — L'exil. — Mort de Lucien; sa prophétie.

Lucien Bonaparte, frère de l'Empereur Napoléon Ier, naquit en 1775, fit ses études au collége d'Autun, puis à l'École militaire de Brienne, et enfin au séminaire d'Aix, en Provence.

Il venait à peine d'entrer dans sa quinzième année, que la Corse fut déclarée partie intégrante de la France, le 30 novembre 1789; mais, comme il l'a dit lui-même, l'éducation continentale qu'il avait reçue l'avait rendu entièrement Français, et la réunion de la Corse ne fit que combler ses vœux les plus chers.

Le caractère ardent de Lucien se fit remarquer de bonne heure entièrement à son avantage. Il fut l'objet de l'attention particulière de Paoli, qui l'appelait *son petit philosophe*. Mais, lorsque le général Paoli trahit son serment en livrant l'île aux Anglais et fit proscrire la Famille Bonaparte à cause de son ardent dévouement à la France, Lucien, tout pénétré des mêmes sentiments que partageaient d'ailleurs une foule de ses compatriotes, n'hésita pas à le quitter ; il fut nommé alors chef d'une députation chargée d'aller traiter à Paris la position politique de la Corse. On le voit, quoique bien jeune, il inspirait une grande confiance aux hommes éminents de son pays.

Pendant son séjour à Marseille, il fut témoin d'actes si horribles commis par le parti révolutionnaire, qu'il crut ne pas devoir poursuivre sa route jusqu'à Paris. Il se préparait donc à retourner en Corse, lorsque l'arrivée de sa Famille fugitive changea ses résolutions.

Pour venir en aide à sa mère, il accepta le modeste emploi de garde-magasin des vivres, à Saint-Maximin.

Napoléon, son frère, alors officier d'artillerie, consacra au même but la plus forte partie de ses appointements.

La petite ville de Saint-Maximin conserve encore le souvenir de ce que Lucien fit pour elle. Il la préserva des horreurs révolutionnaires, et plus d'une famille lui dut la vie.

Lucien quitta Saint-Maximin pour le poste plus important d'inspecteur, dans une administration militaire. Le lieu de sa résidence fut Saint-Chamas. A peine y était-il installé qu'il fut saisi et conduit dans les prisons d'Aix. Son frère obtint de Barras un ordre d'élargissement, et Lucien, sans place, se retira à Marseille. Quelques mois après, Napoléon ayant été promu au commandement de Paris, Lucien partit pour la capitale avec le titre de commissaire des guerres.

Pendant le cours de 1796, il parcourut tour à tour, en cette qualité, Munich, Bruxelles et la Hollande; c'est dans ces voyages qu'il acquit, par son caractère aimable et obligeant, l'amitié des généraux Tilly et Eblé.

En 1798, Lucien fut nommé à l'unanimité représentant de la ville d'Ajaccio au Conseil des Cinq-Cents, où il fut admis, quoiqu'il n'eût que vingt-quatre ans. Trois mois après, il attaqua le Directoire qui voulait faire des changements dans la Constitution de la République Cisalpine; combattit l'observance forcée des décadis, s'opposa avec énergie à l'impôt du sel, fit un rapport relatif aux dilapidations qui avaient lieu dans les différents services de la guerre et demanda des secours pour les veuves et les enfants des défenseurs de la patrie.

L'acte qui lui fait le plus d'honneur, c'est son refus de voter la loi qui concernait la peine des émigrés; cette peine c'était la mort. Lucien la rejeta, quoique toute l'opposition se réunît aux directoriaux pour la faire passer.

Les travaux de Lucien au Corps Législatif sont immenses. Son talent d'orateur persuadait les assemblées; son discours sur l'impôt du sel est à lui seul un chef-d'œuvre. Il fut un des plus ardents dans la lutte de l'ordre, et reçut plus d'un mandat important dans les diverses Commissions qui s'organisèrent.

Nous passerons rapidement sur sa carrière législative en 1799. Dans cette année, il fit un remarquable rapport au nom de la Commission des Sept; il combattit la proposition de Jourdan, qui demandait que la patrie fût déclarée en danger, et que les Chambres elles-mêmes se déclarassent en permanence.

A dater de ce moment, l'existence politique de Lucien se rallie complétement à celle de son frère Napoléon.

Nous ne reproduirons pas ici les détails de brumaire qui le concernent; on les trouvera tout entiers dans l'Histoire de Napoléon Ier.

Toutefois, nous constaterons que, pendant ces journées, il fit preuve d'un grand courage.

Lucien avait épousé Mlle Christine Boyer, alors qu'il était à Saint-Maximin. Il avait pour elle une affection profonde, que lui rendit bien, d'ailleurs, l'épouse fidèle, douce et dévouée.

Lorsqu'elle mourut, il fut inconsolable, et ordonna qu'un monument lui fût élevé dans le parc de Plessis-Chamas. Ce monument était en bronze et surmonté du buste en marbre de Mme Bonaparte, posé sur un cippe et entouré d'ornements et de bas-reliefs.

Après brumaire, Lucien reçut le portefeuille du ministère de l'intérieur. Il donna une vie nouvelle à l'organisation bureaucratique, et l'administration acquit, sous sa direction, une énergie et une élévation qui la firent respecter.

C'est à lui que les restes de Turenne,—profanés lors de la violation des caveaux de Saint-Denis, — durent d'être transférés aux Invalides.

Comme homme, Lucien avait reçu de la nature une physionomie expressive et distinguée. Il était myope, et, malgré cet inconvénient, ses yeux étaient pleins de vivacité et d'audace. Sa taille était élancée; il parlait avec aisance sur tous les sujets, et son esprit était d'une finesse excessive.

Des ennemis acharnés étant parvenus à brouiller les deux frères, Napoléon et Lucien, ce dernier crut devoir se démettre de ses fonctions de ministre de l'intérieur, et accepta l'ambassade d'Espagne. La douceur de ses manières lui valut en peu de temps l'estime de la famille royale espagnole, et lui permit d'arracher à l'influence anglaise ce royaume qui, sous une apparence de neutralité, fut dès lors dévoué à la France.

En 1801, Lucien quitta son ambassade. En mars 1802, il fut nommé membre du Tribunat, participa au Concordat, à la fondation de la Légion-d'Honneur, et fut appelé à siéger à l'Institut.

Tout annonçait une réconciliation entre les deux frères, lorsqu'il épousa Mlle de Bleschamp: une rupture eut lieu; et Lucien se retira à Milan (1804).

Plus tard, une entrevue eut lieu à Mantoue. Nous la laissons raconter à M. de Menneval, qui en fut témoin·

« Après avoir pris les ordres de l'Empereur, dit-il, j'allai chercher Lucien Bonaparte à l'auberge où il était descendu, vers neuf heures du soir. Je l'amenai au cabinet de l'Empereur, en passant par une entrée secrète, selon le désir qu'il m'avait exprimé de n'être vu de personne. L'entrevue des deux frères se prolongea longtemps après minuit. Lucien, en quittant l'Empereur, était extrêmement ému, et avait le visage baigné de larmes. Je le reconduisis jusqu'à son auberge ; là j'appris que l'Empereur lui avait fait les instances les plus pressantes pour le rappeler en France ou pour le placer sur un trône étranger, mais que les conditions qu'il lui imposait blessaient ses affections domestiques et son indépendance politique. Il me chargea de faire ses adieux à l'Empereur, peut-être pour toujours, ajouta-t-il. L'Empereur, trouvant son frère inébranlable, lui avait donné du temps pour réfléchir à ses propositions. Il chargea ses frères et les ministres Talleyrand et Fouché de renouveler ses instances auprès de lui. Ils ne purent rien obtenir. Napoléon regretta d'être privé de la coopération d'un homme dont il estimait hautement le caractère et les rares talents ; mais il ne voulut rien relâcher de ses prétentions. L'empressement avec lequel Lucien vint se ranger auprès de son frère lorsqu'il fut malheureux, par la seule impulsion du dévouement fraternel, est son plus bel éloge. »

Dans son exil, Lucien s'occupa de littérature et composa un poëme sur Charlemagne. Ce poëme devait comporter vingt-quatre chants. Trois seulement furent écrits en 1807 ; en 1810, lorsqu'il quitta l'Italie, neuf étaient terminés, et, en 1813, ce laborieux travail fut mené à son terme. C'est en Angleterre qu'il fut imprimé.

Dans sa terre de Canino, près de Viterbe, Lucien donna aussi une forte impulsion à l'agriculture, et partagea sa vie entre cette occupation, la littérature et l'éducation de ses enfants.

En 1810, par suite de ses brouilles incessantes avec son frère, Lucien s'embarqua pour les États-Unis. Un navire anglais l'arrêta et le conduisit à Malte. Peu de temps après, on le fit passer en Angleterre en qualité de prisonnier de guerre, et on lui assigna pour demeure Ludlow, dans le Shropshire.

Devenu libre par la paix de Paris, Lucien retourna en Italie en 1814. Le 27 mai, le Saint-Père éleva pour lui en Principauté la terre de Canino.

Pendant les Cent-Jours, Lucien revint à Paris. Sa conscience lui commandait de venir en aide à son frère. Il fut nommé ministre. Seul avec Carnot, il comprit que Napoléon devait reconquérir un pouvoir illimité; il conseilla même de recommencer un 18 brumaire et de se saisir d'une nouvelle dictature.

Malheureusement, son opinion ne prévalut pas.

Après la chute de l'Empire, Lucien retourna en exil à sa terre de Canino, où il s'occupa de la publication du premier volume de ses *Mémoires*. Cet ouvrage, interrompu par la mort de son auteur, fut livré de nouveau à la publicité par la Princesse de Canino, en 1845, avec un extrait du second volume, intitulé *le 18 Brumaire*. Lucien fit paraître, en 1799, un roman, intitulé : *Stellina;* en 1819, un poëme épique en douze chants, *la Cérénéide, ou la Corse délivrée;* enfin, quelques années plus tard, un ouvrage en vers français sur les vases étrusques.

C'est en 1840 que s'éteignit cet homme éminent, épuisé par le chagrin et le regret d'être éloigné de sa patrie.

Mais, avant de mourir, il eut la suprême consolation de connaître le décret qui ramenait en France les cendres de son frère.

« Napoléon mort, dit-il, ouvrirait-il donc la route de France aux vivants ? »

. . . .
. . . .

La prophétie de Lucien s'est réalisée.

III

LOUIS BONAPARTE

« Tout ce qui est factieux se cache,
« tout ce qui est Français se montre. »

Un mot. — Naissance de Louis Bonaparte. — Ses premières armes. — Mission en France. — Louis Bonaparte, orateur. — Passages d'un discours. — Mariage de Louis. — Ses Enfants. — Ascension successive. — Il est appelé au trône de Hollande. — Son administration. — Son abdication. — Il se fixe en Italie. — Publication d'un Livre. — Douleurs paternelles. — Le Prince Louis-Napoléon. — Le Roi Louis demande à voir son Fils. — Refus. — Évasion du Prince. — Cruauté de la diplomatie. — Mort du Roi Louis. — Réflexion. — Vœu accompli.

Il existe quelquefois, au milieu des éventualités de la vie et de la fortune, qu'un homme aux vues modestes, sans ambition, né seulement, à ce qu'il semble, pour les plaisirs vrais des lettres et de l'amitié, se trouve entraîné malgré lui dans le mouvement des affaires publiques. Alors, si Dieu ne lui a pas refusé les talents nécessaires, son esprit s'élève, son cœur se retrempe dans les labeurs mêmes qui lui répugnent et sous lesquels il semblait devoir fléchir; il apparaît tout autre à ceux qui l'avaient connu avant ces solennelles épreuves ; et, à défaut de l'éclat que peut seul donner le génie, il tient du moins une place honorable parmi ceux à qui est confié le soin de diriger les nations.

C'est ce qui arriva à Louis Bonaparte, frère de l'Empereur Napoléon Ier, et père du Souverain que la France voit avec orgueil à la tête de son Gouvernement, Napoléon III.

Louis Bonaparte naquit le 2 septembre 1779, à Ajaccio. A l'âge de quinze ans, il était sous-lieutenant d'état-major. Quelque temps après, il fut nommé lieutenant et aide de camp du général Bonaparte.

C'est en cette qualité qu'il assista aux mémorables conquêtes de l'Italie et de l'Égypte.

Chargé d'une mission en France, dont il s'acquitta avec habileté, Louis fut nommé chef d'escadron, puis colonel. Sa sagesse, sa modération et son dévouement lui valurent ce rapide avancement.

Ce n'étaient point les seules qualités du jeune Louis Bonaparte ; il eut plus d'une fois l'occasion d'en montrer d'autres ; il fit preuve notamment d'un véritable talent oratoire, lors du discours qu'il prononça, comme Ministre de l'Intérieur, le 1er vendémiaire an IX, dans le temple de Mars.

Nous extrayons quelques passages de ce discours :

« Tel est, citoyens, le danger des chocs populaires : les éléments les plus opposés s'amalgament et semblent se réconcilier ; les actions viles, odieuses, criminelles, précèdent et suivent les mouvements les plus généreux.

« C'est ainsi que les biens et les maux s'enchaînent dans la vie : la nature ne nous donne pas ses faveurs, presque toujours elle nous les vend..... N'exigeons pas plus de bienfaisance des révolutions humaines; et puisqu'enfin la nôtre nous a donné une véritable République, oublions les secousses douloureuses au milieu desquelles elle fut conçue : il n'est plus temps, aujourd'hui qu'elle prospère, de lui reprocher les malheurs qui ont enveloppé son berceau.....

« Mais si les premiers jours de la République, marqués du sceau de la grandeur, ont frappé l'univers d'admiration, combien ce sentiment n'a-t-il pas dû s'accroître depuis ce jour du dix-huit (1), où la sagesse triompha du délire, et devint la modératrice de la force? Combien depuis, l'état de l'Empire ne s'est-il pas amélioré? Quel spectacle offrait-il avant cette époque mémorable?

Ce qu'avaient décidé six ans de victoires était redevenu douteux; l'Italie était perdue; déjà commençaient à renaître ces mesures désastreuses qui épuisent les ressources d'une année pour les besoins d'un jour, et qui dessèchent tous les sources de l'industrie; un emprunt forcé menaçait déjà les faibles restes de la fortune publique; enfin, toutes les factions réveillées étaient prêtes à s'élancer dans l'arène, et les craintes de l'avenir étaient encore plus terribles que les maux présents.

« Le 18 brumaire a lui! les divisions ont disparu: tout ce qui est factieux se cache, tout ce qui est Français se montre; tout ce qui ne veut que l'intérêt d'un parti est écarté ou contenu; tout ce qui aime la gloire de la patrie est accueilli et protégé. L'ordre est rétabli dans l'intérieur; la liberté des cultes n'est plus un vain

(1) Dix-huit brumaire.

mot, et la Victoire, un moment infidèle, est ramenée par le Génie aux pieds de la Liberté.....

« Les mœurs, les usages et les lois varient sans cesse : les Empires les plus stables n'ont que des formes passagères ; mais l'héroïsme et la vertu sont de tous les siècles.

« Cet exemple, sans doute, ne deviendra jamais nécessaire aux générations futures, et nos grands capitaines recueilleront successivement leur hommage. Le monument érigé ce matin ne sera jamais détruit par l'ingratitude de nos enfants, parce qu'il n'est point consacré à la puissance et à l'orgueil. Là, nos enfants s'assembleront d'âge en âge ; ils se plairont à répéter les paroles de Desaix, tombant sur le champ de bataille, comme Turenne ; l'accent de l'imprécation ranimera leurs voix au souvenir de l'assassinat Kléber ; et des bords du Nil et du Pô, ces deux grandes ombres, consolées, reviendront avec plaisir au milieu de leurs neveux reconnaissans.....

« Non, notre espérance ne sera pas trompée : le repos, la liberté, les sciences, les lumières, les beaux-arts, toutes les idées libérales prospéreront.

« Le siècle qui commence sera le *grand siècle*..... J'en jure par le peuple, dont je suis aujourd'hui l'organe, par la sagesse de ses premiers magistrats, par l'union des citoyens : les grandes destinées de la France seront accomplies ! »

Le 3 janvier 1802, Louis épousa Hortense de Beauharnais, âgée de dix-neuf ans. Il eut de ce mariage trois enfants :

1° *Napoléon-Charles* BONAPARTE, né à Paris, le

10 octobre 1802, prince royal de Hollande, mort à La Haye, le 5 mai 1807 ;

2° *Napoléon-Louis* BONAPARTE, grand-duc de Berg et de Clèves, né à Paris, le 11 octobre 1804, mort à Forli, sans postérité, le 17 mars 1831. Il avait épousé la princesse Charlotte, fille du roi Joseph Bonaparte ;

3° *Charles-Louis-Napoléon* BONAPARTE, né à Paris, le 20 avril 1808. Depuis, Napoléon III, Empereur des Français.

Louis fut successivement nommé général de brigade, général de division, Conseiller d'État, Prince, grand Connétable de l'Empire et colonel-général des carabiniers.

Le 24 mars 1806, il fut appelé au trône de Hollande.

Il acquit en peu de temps, par son administration vraiment paternelle, l'estime et la sympathie de ses sujets. Il prit même à tel point la défense de son peuple, qu'un refroidissement étant survenu entre la cour de Hollande et la cour de France, Louis préféra renoncer à sa couronne plutôt que de sacrifier à sa première patrie l'intérêt de ses sujets.

Il abdiqua donc en faveur de son fils, le prince Napoléon Louis, et se retira en Autriche sous le pseudonyme de comte de Saint-Leu.

En 1813, il s'établit en Suisse ; mais les événements de 1814 le forcèrent de gagner l'Italie, où il se fixa définitivement, à Rome d'abord, puis à Florence.

C'est là qu'il publia ses *Réflexions historiques et documents sur le gouvernement de Hollande;* c'est-à-dire la justification de tout ce qu'il avait accompli pendant le temps qu'il était resté sur le trône des Pays-Bas. En outre, il se livra tout entier à l'étude de la philosophie et des belles-lettres, sans jamais regretter le pouvoir.

Le roi Louis fut bientôt soumis à de cruelles épreuves. La mort de son fils aîné d'abord l'affecta très-vivement. Quelques années après, l'emprisonnement du prince Louis-Napoléon à Ham renouvelant des chagrins que le temps n'avait pu affaiblir, acheva de briser une santé déjà menacée.

Sentant sa fin prochaine, il ne voulut pas mourir sans embrasser encore une dernière fois son fils, prisonnier depuis cinq ans.

Il intercéda auprès du Gouvernement français. Le ministère Duchâtel refusa d'obtempérer à des instances aussi légitimes.

C'est alors que le prince Louis-Napoléon, cédant à la voix impérieuse de l'amour filial, forma le projet de s'évader du château de Ham. L'évasion réussit, et le Prince se réfugia à Londres.

A cette nouvelle, le roi Louis, quoique fort souffrant, se rendit à Livourne, afin de hâter l'entrevue qui devait consoler ses derniers jours.

Mais la diplomatie refusa un passeport au Prince. Le roi Louis ne put supporter ce dernier coup, et mourut d'une congestion cérébrale, le 25 juillet 1846.

Louis Bonaparte avait, dans son testament, témoigné le désir d'être enterré à Saint-Leu-Taverny, près de son père.

Ce vœu fut accompli en 1847.

Il y a des douleurs de famille qui laissent des traces cuisantes dans le cœur des hommes. Le prince Louis-

Napoléon a dû se souvenir qu'on lui avait refusé le dernier adieu d'un père !...

Peu de temps après, un vote de l'Assemblée constituante rappelait la Famille Bonaparte dans cette France d'où elle était bannie depuis trente-trois ans.

IV

JÉRÔME BONAPARTE

> « Je suis Français, mes premiers devoirs
> « sont pour la France. »
> (JÉRÔME BONAPARTE.)

Naissance. — Premières armes. — Missions confiées à Jérôme. — Premier Mariage. — Jérôme, nommé capitaine, est envoyé en Algérie. — Il devient chef d'escadre. — Son courage. — Jérôme contre-amiral et Prince Français, puis général de division. — Conquête de la Silésie. — Villes prises. — Formation de la Westphalie. — Jérôme en est nommé roi. — Second mariage de Jérôme. — Administration. — Améliorations. — Il reprend un commandement dans l'armée. — Il fournit des régiments. — Sa réponse aux ennemis de la France. — Il revient à Paris. — Départ pour Trieste. — Retour. — Ses hauts faits pendant les Cent-Jours. — Il est blessé. — Il échappe à la mort, grâce à Fouché. — Trahison du roi de Wurtemberg. — Différents séjours en exil. — Douleurs de famille. — Jérôme demande à rentrer en France. — Fin de sa proscription. — Jérôme est nommé Conseiller de la Régence.

Jérôme Bonaparte, le plus jeune frère de Napoléon Ier, naquit à Ajaccio, le 15 novembre 1784.

Il fit ses études au Collège de Juilly.

C'était un esprit méditatif et son caractère était d'une douceur extraordinaire.

Il entra dans la marine, et fut nommé aspirant, en 1799. Il fit sa première campagne dans la Méditerranée.

Par un acte de courage, il amarina le vaisseau anglais le *Sweftshure*, qui combattait l'*Indivisible*, vaisseau français.

Cette prise lui valut le grade de lieutenant, et le commandement de l'*Epervier*.

Chargé par le Gouverneur de l'île Saint-Domingue d'une mission pour le premier Consul, il s'acquitta de sa tâche avec beaucoup d'habileté; et, de retour aux Antilles, il établit une croisière devant la rade de Saint-Pierre de la Martinique.

Quelque temps après, il épousa, à Baltimore, miss Patterson, héritière d'un des plus riches négociants de la ville.

Ce mariage fut annulé plus tard par Napoléon, qui permit toutefois à son frère de reconnaître un fils né de cette union.

En 1805, Jérôme Bonaparte fut nommé capitaine de vaisseau et chargé de réclamer, à Alger, les prisonniers français et génois.

Il réussit complétement dans cette mission.

En récompense de ses services, il fut nommé au commandement d'une escadre et reçut l'ordre de l'Empereur de ravitailler les ports français des Antilles.

Pendant la traversée, il eut à subir une tempête des plus terribles. L'escadre se dispersa. Jérôme Bonaparte, cherchant à réunir ses vaisseaux, rencontra un convoi marchand de navires anglais, l'attaqua et s'empara d'une grande partie des équipages ennemis.

De retour sur les côtes de France, Jérôme tomba au milieu d'une escadre anglaise, commandée par l'amiral Keith.

Après une lutte opiniâtre, il parvint à entrer, malgré l'ennemi, dans le port de Concarneau, en Bretagne.

A son arrivée à Paris, Jérôme fut nommé contre-amiral et Prince français.

Quelque temps après, il suivit son frère Napoléon en Allemagne, avec le grade de général de division.

Après la bataille d'Iéna, le Prince Jérôme, à la tête du 9e corps de la grande armée, fut chargé d'achever la conquête de la Silésie.

Ce prince prit les six forteresses qui gardent ce territoire : Glogau, Breslau, Brieg, Neisse, Schweidnitz et Glatz. Cette brillante conquête permit à l'Empereur d'ériger le royaume de Westphalie, avec le duché de Brunswick, le Hanovre, l'Électorat de Hesse-Cassel, et les Principautés d'Halberstadt, de Magdebourg et Verden, de Minden et Osnabruck, et de le donner à son frère le Prince Jérôme.

Le 23 août 1807, le roi de Westphalie épousa la princesse Catherine, fille aînée de Frédéric, roi de Wurtemberg.

De cette union naquirent trois enfants :

1° *Napoléon-Jérôme-Charles Bonaparte*, prince de Montfort, né à Trieste, le 24 août 1814, décédé en mai 1847 ;

2° *Mathilde-Lœtitia-Wilhelmine Bonaparte*, princesse de Montfort, née à Trieste le 27 mai 1820, mariée en 1841 au prince Anatole Demidoff ;

3° *Napoléon-Joseph-Charles-Paul Bonaparte*, né à Trieste le 9 septembre 1822.

Le roi Jérôme s'occupa activement d'introduire dans ses États les réformes que semblait demander son peuple.

Il supprima les dîmes, les corvées et les usages féodaux.

Il établit la conscription militaire, qui n'existait pas avant lui; émancipa les juifs; adopta le Code Napoléon, et encouragea le commerce et l'industrie.

Pendant la campagne de Russie, il commandait l'aîle droite de la grande armée et prit part aux premières opérations qui eurent lieu sur le Niémen.

A la bataille de Leipsick, lorsque les Saxons et les Wurtembergeois, profitant d'un moment favorable à leur lâche trahison, tournèrent contre nous leurs canons et leurs chevaux, un souverain du Nord fit proposer au roi Jérôme de trahir son frère.

« — Je suis Français, répondit le roi de Westphalie, mes premiers devoirs sont pour la France. »

La force des événements obligea le roi Jérôme de quitter sa couronne; il le fit sans regrets, et vint offrir ses services à la France.

Napoléon Ier abdiqua.

Au retour de l'île d'Elbe, le Prince Jérôme quitta Trieste, où il s'était retiré et revint à Paris rejoindre l'Empereur, qui lui donna le commandement d'un corps d'armée et lui ordonna de franchir la Sambre. Il culbuta les Prussiens à Montignies et à Marchienne-au-Pont, entra dans Charleroy et fut blessé à la ferme des Quatre-Bras.

Le 18 juin, à la bataille de Waterloo, il donna des preuves de valeur et de dévouement. Chargé d'attaquer le château d'Hougoumont, défendu par les meilleures troupes de l'armée anglaise, il s'en empara, fut repoussé, puis le reprit et ne put s'y maintenir qu'en mettant le feu aux bâtiments.

Après le désastre de Waterloo, le Prince Jérôme alla demander l'hospitalité au roi de Wurtemberg, son beau-père : il ne trouva que la captivité. — Cette action déshonore Frédéric aux yeux de l'histoire.

En 1816, il obtint enfin de s'établir en Autriche, sous le titre de prince de Montfort.

En 1823, il se fixa à Rome ; en 1831, à Florence.

Pendant son exil, le Prince Jérôme fut cruellement éprouvé. Il vit descendre successivement dans la tombe la reine Catherine, sa femme, Joseph et Louis Bonaparte, ses frères, et son fils aîné Napoléon-Joseph.

En 1847, dévoré du désir de revoir la France, il adressa une pétition à la Chambre des Députés ; dans cette pétition, il demandait pour sa Famille du service dans l'armée et pour lui la gloire de mourir sur le sol français.

Grâce à l'énergie du Prince de la Moskowa, aux généraux Gourgaud, Pelet et Pernetti, le dernier frère de Napoléon obtint l'autorisation de rentrer en France. Cette nouvelle lui fut transmise à Bruxelles, où il se trouvait alors avec son fils, par M. de Rumigny, ambassadeur en Belgique.

Le Prince Jérôme Bonaparte eut le bonheur de revoir sa patrie, après trente-deux ans de proscription.

Cette rentrée a été le signal de la gloire nouvelle de la Famille Bonaparte.

Depuis la révolution de 1848, il est resté toujours le parent dévoué, et quelquefois le conseiller de Napoléon III.

Au début de la guerre que nous venons de soutenir contre l'Autriche, il fut appelé dans les Conseils du Gouvernement. Napoléon III, confiant dans sa haute expérience, le nomma, par un décret en date du 10 mai 1859, Conseiller de la Régence.

Maintenant que la paix avec l'Autriche a rendu à la France son Chef bien-aimé, le Prince Jérôme Bonaparte a repris son modeste rôle d'ami de l'Empereur Napoléon III.

V

LE PRINCE

NAPOLÉON BONAPARTE

> « Ma place est au milieu des soldats, pour
> « soutenir l'honneur de la France. »
> *(Lettre du Prince Napoléon à S. M. Napo-
> léon III, 25 février 1855.)*

Naissance. — Premières années. — Séjour à Florence. — Séjour et départ de l'École militaire de Wurtemberg. — Retour en France. — Le Prince Napoléon est nommé député de la Corse. — Ses votes. — Il est nommé Prince du sang. — Le Prince Napoléon général de division. — Lettre à l'Empereur. — Départ en Orient. — Le fléau. — Courage du Prince. — Son rappel. — Il se fait porter au camp. — L'Alma. — Le plateau d'Inkermann. — La Tchernaïa. — Le Prince succombe à la fatigue et à la maladie. — Il est rappelé en France. — Parenthèse. — Rapport de l'Exposition universelle. — Mission à Berlin. — Le ministère de l'Algérie. — Mariage du Prince Napoléon. — Il est chargé d'un commandement à l'armée d'Italie. — Proclamation aux Toscans. — Rapport à l'Empereur. — Paix de Villafranca. — Le Prince reste au commandement du corps d'observation. — Perles autour du médaillon.

Le Prince NAPOLÉON-JOSEPH-CHARLES BONAPARTE, issu du mariage de Jérôme Bonaparte avec la princesse Dorothée-Frédérique-Catherine de Wurtemberg, est né à Trieste, le 9 septembre 1822. Son enfance se passa à Rome, où la plupart des membres de la Famille impériale étaient réunis.

En 1831, à la suite de l'insurrection de la Romagne,

le Prince Napoléon Bonaparte fut forcé de quitter les États-Romains. Il partit pour Florence, et y séjourna jusqu'en 1835, année pendant laquelle il perdit sa mère.

Le Prince Jérôme, qui voulait donner à son Fils une éducation digne du nom illustre qu'il portait, l'envoya à l'École militaire de Louisbourg, dans le Wurtemberg.

Il sortit de cette École à l'âge de dix-huit ans, et parcourut successivement l'Allemagne, l'Espagne et l'Angleterre.

En 1845, le Prince obtint du Gouvernement français la permission de passer quatre mois en France.

En 1847, la Chambre des Députés força le ministère à autoriser Jérôme Bonaparte et son Fils à séjourner sur le territoire français.

Les deux Princes habitaient Paris lorsque la révolution de Février éclata.

Le Fils du Prince Jérôme se rendit, le 24 février, à l'Hôtel-de-Ville, et offrit ses services à la République, pour la défense de la patrie et le maintien de l'ordre.

Le 26, il écrivit ces lignes au Gouvernement provisoire :

« Citoyens, au moment de la victoire du peuple, je me suis rendu à l'Hôtel-de-Ville. Le devoir de tout bon citoyen est de se réunir autour du Gouvernement provisoire de la République, et je tiens à être un des premiers à le faire, heureux si mon patriotisme peut être utilement employé. »

Au mois d'avril 1848, il fut élu membre de l'Assemblée Constituante, dans le département de la Corse.

A l'Assemblée nationale, le Prince Napoléon ne démentit pas son origine. Il parla en faveur de l'Italie, défendit la cause de la Pologne et vota contre la proposition qui exilait de France la famille des Bourbons.

En 1849, il proposa à l'Assemblée nationale une amnistie en faveur des insurgés de juin, déportés sans jugement.

Cette proposition fut rejetée par la Commission, que présidait M. Piscatory.

Il combattit avec véhémence les odieuses calomnies répandues à dessein, par les divers partis, sur la Famille Bonaparte :

« Quelles que soient les haines que nous ayons subies en 1815, disait-il, jamais, jusqu'ici, on n'avait accusé les Bonaparte de répandre en France l'argent de l'étranger. »

Lors de la promulgation de l'Empire, Napoléon III déclara, par un sénatus-consulte : *le Prince Jérôme et son Fils, Napoléon-Bonaparte, seuls Princes français et Princes du sang; et seuls aptes à succéder à la Couronne, en cas de non-héritiers directs.*

Au début de la guerre contre la Russie, le Prince Napoléon écrivit à l'Empereur une lettre empreinte des plus nobles sentiments ; elle est datée du 25 février 1855. La voici :

« Sire,

« Au moment où la guerre va éclater, je viens prier Votre Majesté de me permettre de faire partie de l'expédition qui se prépare. Je ne demande ni commandement important, ni titre qui me distingue ; le poste qui me semblera le plus honorable sera celui qui me rapprochera le plus de l'ennemi. L'uniforme que je suis si fier de porter m'impose des devoirs que je serai heureux de remplir, et je veux gagner le haut grade que votre affection et ma position m'ont donné. Quand la nation prend les armes, Votre Majesté trouvera, j'espère, que ma place est au milieu des soldats; et je la prie de me permettre d'aller me ranger parmi eux pour soutenir le droit et l'honneur de la France. »

Le 10 avril, le Prince quitta Paris; il était accompagné de Véli-Pacha, ambassadeur ottoman. Le 17, il s'embarqua sur le *Rolland*, et arriva le 1er mai à Constantinople.

L'armée d'Orient se composait de cinq divisions, sous les ordres du maréchal Saint-Arnaud. Le Prince Napoléon fut chargé du commandement de la troisième division.

Dans le courant du mois de juillet, le choléra sévit avec violence dans les rangs de l'armée française. Le Prince Napoléon, au milieu de cette horrible calamité, déploya un courage et un sang-froid remarquables. Il organisa lui-même les ambulances, et pas un convoi de malades ne partit sans qu'il se fût assuré de sa sécurité. Il ramena sa division décimée à Varna, et ne consentit à retourner à Constantinople, prendre quelques jours d'un repos nécessaire au rétablissement de sa santé, que lorsque ses soldats furent hors de tout danger.

Le maréchal Saint-Arnaud rappela le Prince, qui dut reprendre le commandement de sa division, en marche pour l'expédition de Crimée.

Affaibli par la maladie, ne pouvant plus monter à cheval, il se fit porter au camp; là il fut accueilli par les acclamations enthousiastes des troupes.

A la bataille de l'Alma, la division du Prince Napoléon culbuta le centre de l'armée russe, et, par une manœuvre aussi prompte qu'habile, contribua puissamment au succès de cette brillante journée.

Dans les premiers jours de novembre, le Prince demanda au général Canrobert le commandement des colonnes qui devaient livrer l'assaut de Sébastopol. Ce poste périlleux lui fut accordé.

Le 5, à l'affaire du plateau d'Inkermann, le Prince Napoléon prit l'initiative, défendit nos lignes, fortement menacées par les sorties continuelles des Russes, repoussa complétement l'ennemi et lui fit essuyer des pertes considérables.

Ce fut encore une des batteries du Prince Napoléon qui, des hauteurs de la Tchernaïa, porta la mort dans les rangs de l'armée ennemie, déjà en déroute, et amoncela les cadavres de ceux qui avaient juré d'y creuser le tombeau de la France.

Après cette victoire, le Prince, épuisé par la fièvre et la maladie, fut obligé de rentrer à Constantinople.

Peu de temps après, il revint en France.

On a cherché à interpréter faussement ce retour. Cependant, le Prince Napoléon n'est rentré que d'après l'ordre précis de l'Empereur et lorsque le duc de Cambridge et les deux grands-ducs de Russie avaient déjà quitté le champ de bataille.

De retour à Paris, le Prince s'occupa de l'élaboration du *Rapport de l'Exposition Universelle*. Cet ouvrage, formant trois volumes, fait époque parmi les œuvres de l'esprit humain appliqué au progrès industriel.

En 1856, il entreprit un voyage scientifique dans les mers polaires.

En 1857, l'Empereur chargea le Prince Napoléon d'une importante mission. Il s'agissait d'aplanir les difficultés survenues entre la Prusse et la Province de Neufchâtel. Les ressources de la diplomatie avaient été impuissantes à terminer ce débat, et la paix de l'Europe paraissait sérieusement menacée. Le Prince, muni des instructions du Gouvernement, partit pour Berlin. En peu de jours, il obtint la solution d'un différend qui semblait ne devoir se terminer que par les armes.

A la suite de cette mission, l'Empereur, voulant utiliser les hautes apacités de son Cousin, lui confia le ministère de l'Algérie.

Nous empruntons à un biographe distingué (1) des détails relatifs aux améliorations apportées dans la Colonie de l'Algérie par le nouveau ministre :

« Le Prince, dit M. Castille, a cherché à donner à ces intérêts lointains une vie qui leur fût propre, en les affranchissant des entraves que la centralisation administrative leur avait imposées. Par lui, les Préfectures de l'Algérie furent constituées dans les mêmes conditions que nos Préfectures de France, et les Conseils généraux fonctionnèrent pour la première fois à Alger, Oran et Constantine. A proprement parler, la Constitution civile de l'Algérie date du mémorable décret qui a institué ces Conseils généraux, et pour lequel le Prince a dû lutter contre des résistances et des préjugés obstinés. En ce qui concerne les Colonies, le Prince a poursuivi la réforme d'un système économique emprunté aux plus

(1) Hippolyte Castille.

vieilles traditions du passé, qui, liant d'une manière indissoluble la production agricole de nos colonies avec la production industrielle de la métropole, enlève à l'une et à l'autre leur liberté d'action et leurs véritables éléments de progrès. »

Au commencement de l'année 1859, le Prince Napoléon a épousé la Princesse Clotilde de Savoie, fille du roi Victor-Emmanuel. Cette union, avec une Princesse qui unit aux grâces de la jeunesse les charmes de l'esprit, a été accueillie par la France et l'Italie avec les marques de la plus vive sympathie.

Le 23 avril 1859, alors que la France, en la personne de son auguste Empereur, proclamait l'indépendance de l'Italie, le Prince Napoléon fut investi du commandement en chef d'un corps d'armée spécial.

Le Prince arriva à Livourne le 1er juin. Il publia la proclamation suivante, adressée aux habitants de la Toscane :

« Braves Toscans,

« L'Empereur m'envoie dans vos pays, sur la demande de vos représentants, pour y soutenir la guerre contre nos ennemis, les oppresseurs de l'Italie.

« Ma mission est exclusivement militaire; je n'ai pas à m'occuper et je ne m'occuperai pas de votre organisation intérieure.

« Napoléon III a déclaré qu'il n'avait qu'une seule ambition, celle de faire triompher la cause sacrée de l'affranchissement d'un peuple, et qu'il ne serait jamais influencé par des intérêts de famille.

« Il a dit que le seul but de la France, satisfaite de sa puissance, était d'avoir à ses frontières un peuple ami qui lui devra sa régénération.

« Si Dieu nous protége et nous donne la victoire, l'Italie se constituera librement, et, en comptant désormais parmi les nations, elle affermira l'équilibre de l'Europe.

« Songez qu'il n'est pas de sacrifices trop grands lorsque l'indépendance doit être le prix de vos efforts, et montrez au monde, par votre union et par votre modération, autant que par votre énergie, que vous êtes dignes d'être libres.

« Le Prince commandant en chef le 5ᵉ corps de l'armée d'Italie.

« Signé : NAPOLÉON (Jérôme). »

De Livourne, le Prince se rendit, le 29 juin, à Valeggio, où il reçut l'ordre de se porter sur Vérone, pendant que l'armée sarde commencerait le siége de Peschiera.

Le 4 juillet, il adressa le rapport suivant à l'Empereur :

« Quartier général, à Goïto, le 4 juillet 1859.

« Sire,

« Jusqu'à ce jour, la mission du 5ᵉ corps, dont Votre Majesté a daigné me confier le commandement, a été politique et militaire.

« Seule, la division d'Autemarre, retenue à l'armée de Votre Majesté, a été assez heureuse pour qu'un de ses régiments, le 3ᵉ de zouaves, engagé avec l'ennemi, se couvrît de gloire à Palestro. Un autre, le 93ᵉ, a eu aussi le bonheur de combattre à Montebello.

« Le 5ᵉ corps, en se réunissant en Toscane, avait pour mission politique :

« 1° De maintenir ce duché dans la ligne de conduite tracée par Votre Majesté, c'est-à-dire de ne pas laisser dégénérer l'expression du sentiment patriotique, et surtout d'organiser militairement toutes les ressources que l'on pouvait tirer de ce pays, ainsi que des duchés de Parme et de Modène ;

« 2° De contraindre, par la présence du drapeau français sur les frontières de la Romagne, le gouvernement autrichien à observer strictement la neutralité dans les États du Pape;

« 3° De garantir les habitants contre un retour offensif de l'Autriche, et de leur permettre de faire éclater sans entraves l'expression de leur sympathie pour la cause de l'indépendance italienne et de leur reconnaissance pour les bienveillantes intentions du Gouvernement de Votre Majesté.

« La mission militaire du 5e corps était :

« 1° D'empêcher un corps autrichien de faire une pointe sur la Toscane, et de priver l'ennemi des précieuses ressources de l'Italie centrale;

« 2° De menacer le flanc gauche de l'armée autrichienne en compromettant ses lignes de retraite, et hâter son abandon des duchés de Parme et de Modène dès après la première victoire de l'armée alliée.

«Ces divers buts ont été atteints heureusement, et sans coup-férir, par la présence seule à Livourne, à Florence, aux débouchés des Apennins, des troupes du 5e corps.

« 1° Au point de vue politique :

« La Toscane a joui de la plus grande tranquillité sans que sa liberté fût troublée. Sous la protection du drapeau français, l'armée toscane, désorganisée après le 27 avril, a pu se réorganiser assez vite pour qu'aujourd'hui elle donne au 5e corps un appoint de 8 à 10,000 soldats armés, équipés, et prêts à se mesurer avec l'ennemi; pour qu'une division de volontaires, aux ordres du général Mezzacapo, s'organise également à Florence sans que le pays soit privé du régiment des gendarmes toscans, fort de 2,000 hommes, et suffisant pour maintenir la tranquillité; en outre, la neutralité n'a pas été violée par l'ennemi dans les États pontificaux.

« Enfin, l'enthousiasme qui s'est produit dans tous les lieux parcourus par le 5e corps, depuis le jour de son débarquement à Livourne jusqu'à celui de sa jonction avec l'armée de Votre Majesté; les ovations qu'il a reçues, lui et son chef, à Livourne, à Florence, à Lucques, à Massa, à Parme, et dans les localités petites ou grandes où il a dû s'arrêter, sont un témoignage authentique et qui ne saurait manquer de produire un effet moral considérable.

« 2° Au point de vue militaire :

« La présence du 5ᵉ corps en Toscane, ou plutôt d'une division d'infanterie, d'une brigade de cavalerie et de neuf batteries, a retenu les corps autrichiens qui, des bords du Mincio, semblaient prêts à se jeter sur les riches plaines qui avoisinent la rive droite du Pô; la présence de ce corps, prêt à déboucher sur l'armée autrichienne, a imprimé à cette armée une crainte assez vive pour qu'elle se soit hâtée, dès après la bataille de Magenta, d'abandonner Ancône, Bologne, et successivement toutes les positions sur la rive droite du Pô, faisant sauter des ouvrages qui avaient coûté beaucoup de temps et d'argent.

« Tels sont, Sire, les résultats qui ont été la conséquence de l'envoi par Votre Majesté du 5ᵉ corps en Toscane et dans les duchés. Il me reste à faire connaître en peu de mots à Votre Majesté les opérations, malheureusement jusqu'à ce jour toutes pacifiques, de la partie de ce corps réunie en Toscane.

« Le 12 mai dernier, la presque totalité de la 1ʳᵉ division du 5ᵉ corps (division d'Autemarre) débarquait à Gênes.

« Je me trouvais moi-même dans cette ville avec une partie de mon état-major.

« Le 14, le 3ᵉ de zouaves, de la division d'Autemarre, est envoyé à Bobbio.

« Le 17, le 5ᵉ corps, moins la division d'Autemarre, reçoit de Votre Majesté l'ordre de se rendre à Livourne, où doivent être transportées directement de France les troupes de la 2ᵉ division (Uhrich), arrivant de Paris. La brigade de cavalerie légère du général de Lapérouse reçoit également l'ordre de s'embarquer pour Livourne, tandis que la division d'Autemarre est détachée provisoirement du 5ᵉ corps au 1ᵉʳ corps à Voghera.

« Le 23 mai, je débarquai à Livourne, où ne tardaient pas à se concentrer la 2ᵉ division, la brigade de cavalerie, l'artillerie divisionnaire, l'artillerie de réserve et le parc arrivant de France.

« Le 31 mai, je transportais mon quartier-général à Florence; la 1ʳᵉ brigade de la 2ᵉ division, la cavalerie, l'artillerie et tous les services administratifs se concentraient dans cette ville, tandis que la 2ᵉ brigade se portait de Lucques à Pistoja, occupant par des postes avancés tous les débouchés des Apennins et le nœud des routes. Le général toscan Ulloa portait, sur mon ordre, la brigade organisée de sa division également aux débouchés principaux de la Romagne.

« Le 12 juin, le but politique que Votre Majesté voulait d'abord et avant tout atteindre par la présence du 5ᵉ corps étant accompli, il me fut permis de commencer mon mouvement pour rallier la division d'Autemarre et me joindre à l'armée de Votre Majesté.

« Tandis que je dirigeais la division toscane sur Parme, par le duché de Modène et par la route du Col de l'Abetone, je fis marcher les troupes françaises qui se trouvaient de Lucques à San-Marcello et à Florence, par Lucques, Massa, Pontremoli et Parme.

« Cette marche de seize jours, effectuée dans des conditions atmosphériques souvent peu favorables, m'a permis de constater la vigueur et l'excellente discipline des troupes de Votre Majesté.

« La division Uhrich (14ᵉ bataillon de chasseurs, 18ᵉ, 26ᵉ, 90ᵉ et 82ᵉ de ligne), les 6ᵉ et 8ᵉ de hussards de la brigade Lapérouse, l'escadron des guides toscans que j'ai joint à notre cavalerie, les neuf batteries divisionnaires ou de la réserve, les deux batteries du parc du 5ᵉ corps, ont dû marcher sous une température très-élevée, et, plusieurs fois, ces troupes ont eu à supporter de violents orages, qui ont grossi les torrents et présenté certaines difficultés.

« L'état sanitaire s'est maintenu dans les conditions les plus favorables, et je n'ai eu qu'à me louer de la discipline parfaite maintenue dans tous les corps par les chefs et par les officiers.

« Le contact avec les populations n'a donné lieu à aucune plainte.

« Le passage du Pô à Casal-Maggiore, à 12 kilomètres de Mantoue, ainsi que la construction du pont de bateaux, ont été faits avec intelligence, activité et zèle.

« Les troupes que j'amène à Votre Majesté, et qui opèrent

aujourd'hui avec l'armée principale à Goïto, seront dignes, je n'en doute pas, de celles qui, plus heureuses, ont déjà battu l'ennemi.

« Le prince commandant le 5ᵉ corps de l'armée d'Italie.

« NAPOLÉON (Jérôme). »

Ce rapport, empreint d'une haute sagesse et d'un patriotisme sincère, est, à notre point de vue, un des actes les plus remarquables du Prince Napoléon.

Quelques jours après, au moment où le 5ᵉ corps s'apprêtait à faire le siége de Vérone, l'entrevue de Villafranca eut lieu.

L'Empereur Napoléon III chargea le Prince Napoléon de la difficile et délicate mission d'aller à Vérone discuter avec l'Empereur d'Autriche les bases de la paix, et donner aux différents points les développements nécessaires.

Avant de terminer un portrait historique qui a sa place parmi les gloires du siècle, nous citerons quelques traits qui feront ressortir encore cette belle figure.

Le Prince a des principes d'économie sociale très-avancés et qui honorent l'élévation de ses vues en même temps qu'ils dénotent des études approfondies. Il professe un grand amour des nationalités méconnues ou opprimées.

Ennemi de l'éclectisme, en matière d'art, il demande à l'artiste une école, quelle qu'elle soit. Il n'admet, en principe politique, que deux formes sociales : l'antiquité romaine, ou la forme positive des sociétés du XIXᵉ siècle.

Philosophe distingué, écrivain émérite, artiste éminent, l'Académie des Beaux-Arts devait lui ouvrir ses portes.

Il a été, en effet, appelé, dans le courant de l'année 1858, à occuper le fauteuil laissé vacant à l'Institut (Section des Beaux-Arts) par la mort de M. de Pastoret.

« Cette faculté de pouvoir descendre dans les détails les plus infimes des choses était une des qualités transcendantes de l'Oncle du Prince Napoléon, a dit un contemporain, et l'on peut affirmer qu'elle n'avait pas peu contribué à lui assurer une incontestable supériorité sur les hommes qui l'entouraient. »

VI

MATHILDE-LÆTITIA-WILHELMINE
BONAPARTE

« Les grâces de la femme en font une déesse. »
(VOLTAIRE.)

Naissance. — Éducation d'une mère. — Imagination et travail. — Illustre alliance. — Le prince Demidoff. — Son origine. — Résolution à l'égard des enfants qui pourront naître. — Disgrâce et rentrée en faveur du Prince Anatole. — Séparation. — Pension ordonnée par le Czar. — Appréciation de l'histoire. — Rentrée en France de la Princesse Mathilde. — Grâce et beauté. — Soirées de l'Hôtel présidentiel. — La Princesse est nommée Altesse. — La Princesse artiste peintre. — Elle expose au Salon. — Charité cachée. — Résidence habituelle.

Mathilde-Lætitia-Wilhelmine, d'abord connue sous le nom de Princesse de Montfort, titre pris par son père, le Prince Jérôme Bonaparte, à la chute de l'Empire, naquit à Trieste le 27 mai 1820.

Alors la Famille du grand Napoléon était en exil, et les premières années de Mathilde s'écoulèrent loin du sol chéri de la patrie.

Elle grandit sous l'égide de sa mère, dont elle hérita de la beauté, de l'esprit et de la bonté. Une éducation brillante développa en elle d'éminentes qualités.

L'imagination de la jeune fille se porta principalement vers les beaux-arts, et le travail, joint à l'aptitude naturelle, devait plus tard produire d'heureux fruits.

Une Bonaparte, malgré le temps d'arrêt imposé à la puissance de la Famille par les événements, ne pouvait former qu'une illustre alliance.

Le 10 octobre 1841, la Princesse de Montfort épousa, à Florence, le Prince russe Anatole Demidoff de San-Donato.

Le Prince Anatole est né en 1810, et fils de Nicolas Demidoff, célèbre par ses campagnes et sa prodigieuse fortune.

En se mariant, elle obtint de son époux, qui professait le rit grec, que ses enfants seraient élevés dans la religion catholique. La précaution fut inutile : la Princesse Mathilde n'eut jamais d'enfants.

Cette condescendance attira pendant quelque temps au Prince la disgrâce du Czar.

En 1845, à la suite de différends graves survenus entre elle et son mari, la séparation eut lieu par consentement mutuel.

L'empereur de Russie, qui avait toujours apprécié les hautes qualités de la Princesse Mathilde et avait pour elle une estime profonde, ordonna au Prince Anatole de payer, chaque année, à son épouse, une pension de deux cent mille roubles.

Pendant la captivité de Louis-Napoléon à Ham, la princesse Mathilde employa tout le crédit que pouvaient lui donner son nom, sa naissance, sa beauté et sa fortune pour faire sortir son Cousin de prison. Elle s'adressa successivement au roi, aux princes, aux princesses, aux ministres ; elle n'obtint que des promesses vagues et des paroles évasives.

En 1847, la Princesse Mathilde, profitant de l'autorisation qui était accordée à la Famille Bonaparte, rentra en France.

Bientôt sa beauté et sa grâce la firent reine des salons.

On la rechercha pour son esprit, et les grands artistes se plurent à causer avec elle de ce qui concernait le domaine si riche des beaux-arts.

Elle occupait un des premiers rangs de la société parisienne, lorsque Louis-Napoléon, son Cousin, fut élu, en 1848, Président de la République.

Pour faire les honneurs du Palais présidentiel, Louis-Napoléon ne pouvait faire un plus aimable choix que la Princesse Mathilde.

Les personnes qui avaient alors l'honneur d'être reçues à l'Élysée gardent encore le souvenir de son affabilité et de sa grâce parfaite.

L'Empire vint, et la Princesse Mathilde dut céder son sceptre de fêtes à Sa Majesté l'Impératrice.

Napoléon III comprit sa Cousine parmi les membres de la *Famille impériale*, et lui donna le titre d'Altesse impériale.

Depuis cette époque, la Princesse a consacré sa vie aux beaux-arts.

Nous disions tout à l'heure que le travail, joint à l'aptitude naturelle, devait produire d'heureux fruits. En effet, la Princesse est peintre, l'un de nos premiers peintres, même. Elle a souvent exposé ses œuvres au Salon, et chacun s'arrête devant ses toiles, empreintes de ce que les maîtres appellent le vernis du talent.

Nous n'entrerons pas dans le détail des nombreux bienfaits répandus par la Princesse Mathilde ; son cœur, ardent à la charité, s'entoure du plus profond mystère; et, si l'indiscrétion nous a fait connaître de touchants épisodes, nous n'en devons la confidence qu'aux dévouements qu'elle a su inspirer.

La résidence de la Princesse Mathilde, pendant la saison d'été, est à Saint-Gratien, près du lac d'Enghien.

C'est une ravissante demeure, dont l'hôtesse, de l'avis de tous les gens de goût, fait les honneurs avec une grâce exquise.

VII

MARIE-ANNE-ÉLISA BONAPARTE

> « L'exaltation des vertus forme la supériorité des femmes. »

Les trois sœurs. — Naissance. — Caractère. — Mariage et postérité. — Réflexions. — Napoléon apprécie Élisa. — Elle est nommée Princesse régnante de Lucques. — Modestie du Prince Félix. — Savoir politique et administratif d'Élisa. — Elle est nommée Grande-Duchesse de Toscane. — Titres de gloire. — Dévouement à Napoléon. — Souvenirs de Toscane. — Élisa se retire à Trieste. — Abnégation. — Elle veut rejoindre son frère à Sainte-Hélène. — Mort d'Élisa.

L'Empereur Napoléon Ier eut trois sœurs : MARIE-ANNE-ÉLISA ; — MARIE-PAULINE ; — MARIE-ANNONCIADE-CAROLINE. Toutes trois étaient douées d'une supériorité remarquable ; mais l'aînée surtout, Marie-Anne-Élisa, a laissé de glorieux souvenirs.

Élisa naquit à Ajaccio, le 3 janvier 1777.

Dès ses premières années, son caractère décidé, ardent et observateur, dénota la puissance de volonté et d'énergie dont elle donna plus tard de si grandes preuves.

Le 5 mars 1797, Élisa s'unit par les liens du mariage à Félix de Baciocchi.

Elle eut de cette union deux enfants :

La Princesse Napoléone-Élisa, mariée, en 1824, au comte Camerata ;

Et le Prince Jérôme-Charles, mort à Rome.

La nature avait doué Élisa de l'exaltation des vertus de son sexe. On ne saurait mieux la comparer qu'à ces vaillantes patriciennes de l'ancienne Rome qui, au milieu des dangers de la nation, réchauffaient le patriotisme des citoyens et assuraient le triomphe de la République.

Napoléon Ier sut apprécier les hautes qualités de sa sœur. Par un décret, en date du 24 juin 1805, Élisa fut nommée Princesse régnante de Lucques et Piombino.

Le Prince Félix de Baciocchi, homme de mœurs douces et paisibles, s'inclina devant la haute intelligence de sa femme, et lui laissa le soin de gouverner la Principauté.

Élisa possédait un profond savoir politique et administratif.

D'un coup d'œil, elle embrassa toutes les améliorations nécessaires au bonheur de ses sujets.

La même fermeté de caractère, la même activité dévorante l'accompagnèrent en Toscane, quand elle fut nommée Grande-Duchesse.

Dans son nouveau gouvernement, elle protégea l'agriculture, cette première richesse des nations, et, courageuse jusqu'à l'héroïsme, elle entreprit la destruction des bandits, dont la Toscane était infestée à cette époque.

Comprenant les bienfaits de l'éducation, elle répandit dans les classes pauvres le goût de l'étude.

Elle aimait et appréciait les hommes de talent, et tout ce qui avait un mérite supérieur dans les lettres et dans les sciences était certain de trouver auprès d'elle un sympathique accueil.

Au milieu de sa puissance, elle ne perdit pas de vue un instant qu'elle devait son élévation à son frère Napoléon. Aussi avait-elle pour lui un dévouement sans bornes et une tendresse poussée jusqu'à l'adoration.

A la chute de son gouvernement, qui eut lieu après le désastre de 1815, la Princesse Élisa emporta le regret universel de son peuple. Elle laissa en Toscane des traits ineffaçables de capacité et de grandeur d'âme ; et maintenant encore, on ne parle d'elle, dans ce pays, qu'avec admiration et respect.

Elle se retira d'abord dans les États de l'Église, avec Madame Lætitia et le Cardinal Fesch ; puis à Trieste, où le Roi Jérôme et la Reine Caroline Murat vinrent la rejoindre.

Dans cette résidence, elle prit le nom de Comtesse de Campignano.

L'Empereur Napoléon était à Sainte-Hélène, privé de toutes ressources.

Élisa l'apprit, vendit les seuls bijoux qui lui restaient de son opulence, et mit tout ce qu'elle possédait à la disposition de son frère bien-aimé.

Bien mieux, elle sollicita la faveur d'aller à Sainte-Hélène adoucir les souffrances de l'illustre Captif.

L'Empereur s'y opposa; il ne voulait pas, disait-il, compromettre la santé de ceux qui lui étaient chers.

Élisa Bonaparte mourut en exil, le 7 août 1820, à l'âge de quarante-deux ans et cinq mois.

VIII

MARIE-PAULINE BONAPARTE

« La charité est la plus belle parure des femmes. »

Naissance. — Premier mariage. — Qualités de Pauline. — Sa beauté. — Elle suit son époux à Saint-Domingue. — Mort du général Leclerc. — Courage de l'épouse. — Elle revient en France. — Second mariage. — Mort de son fils. — Séparation. — Voyages. — Pauline se rend à l'île d'Elbe. — Dévouement fraternel. — Amitié de Pie VII. — Maladie. — Rapprochement des époux. — Mort de Pauline.

Marie-Pauline Bonaparte, duchesse de Guastalla, surnommée, à cause de la générosité de son cœur, *la bonne Pauline*, nacquit à Ajaccio, le 20 octobre 1780.

Elle épousa, en premières noces, le général Leclerc (Emmanuel), dont elle eut un fils.

Pauline possédait au plus haut degré toutes les belles qualités qui constituent la perfection de la femme.

Elle ne voulut jamais connaître le prix des richesses, et se livra avec un élan sublime à cette sainte vertu qu'on nomme la charité. Elle fonda un grand nombre d'établissements de bienfaisance, et les infortunes particulières qu'elle secourut pendant le cours de sa vie sont incalculables. Cette Princesse, dont le cœur était un trésor de bonté, joignait à sa sollicitude pour les malheureux une façon aimable de faire accepter qui doublait encore le prix de ses belles actions.

Pauline était artiste et chérissait les arts. Jamais les hommes de lettres ne recherchèrent en vain sa protection.

Comme physique, Pauline était d'une exquise beauté.

Le sculpteur Canova, chargé de faire sa statue, nous a laissé un chef-d'œuvre de pureté académique.

Vers la fin de 1801, Pauline suivit à Saint-Domingue son mari, qui allait combattre les nègres rebelles.

Déjà les révoltés étaient vaincus, lorsque le général Leclerc, atteint de la fièvre jaune, expira le 2 novembre 1802.

Pauline, en cette circonstance, fit preuve d'un grand courage et se montra à la hauteur du dévouement qui formait le fond de son caractère.

Malgré un danger imminent, elle resta au chevet de son époux jusqu'au moment suprême de la séparation éternelle; puis, après lui avoir fermé les yeux, elle revint en France, accompagnée de son fils, qu'elle n'avait pas quitté un seul instant.

Le 6 novembre 1803, Napoléon Ier maria de nouveau Pauline au Prince Borghèse, illustre Patricien romain.

A peine engagée dans ces nouveaux liens, elle eut le

malheur de perdre son fils. Ce fut, pour son cœur, si cruellement éprouvé, une douleur bien amère que cette perte !

La jalousie, suscitée au Prince Borghèse par de mauvais conseillers, amena une séparation entre les deux époux.

Pauline, fière de son honneur, se résigna.

Loin de prendre en haine l'humanité, qui l'attaquait dans ses affections intimes, elle donna une plus grande latitude encore à sa générosité, et les malheureux eurent sans cesse l'occasion de la bénir.

Elle voyagea, pendant quelques années, successivement en France et en Italie.

Dévouée à Napoléon, elle se rendit à Paris dès qu'elle apprit le retour de l'île d'Elbe.

Pour lui être utile, elle vendit, comme sa sœur Élisa, ses bijoux et ses diamants; comme sa sœur aussi, elle voulut partager le sort du Captif de Sainte-Hélène. L'Angleterre lui refusa cette faveur.

Retirée à Rome, le Pape Pie VII lui donna des marques continuelles de sa haute amitié. Ce Pontife chercha sans cesse à adoucir en elle les chagrins de Famille; mais la chute de son frère avait frappé au cœur celle qui portait si dignement le nom de Bonaparte.

Elle tomba dangereusement malade, et ni le vivifiant climat de Pise, où elle passa plusieurs mois, ni le retour de son mari à son chevet de souffrance, ne purent la rappeler à la vie.

Le Prince Borghèse la fit transporter à Florence, afin de lui prodiguer ses soins.

Là, Pauline vit pour ainsi dire l'existence s'échapper

peu à peu de son corps... L'âme était morte depuis que Napoléon Ier avait quitté la terre !

Pauline expira le 9 juin 1825, à l'âge de quarante-quatre ans et quelques mois.

IX

JOACHIM MURAT

« Le stoïque courage est le propre des grandes âmes. »

Naissance. — Joachim s'engage. — Son rapide avancement. — Il est nommé général de brigade, — est blessé. — Campagne d'Égypte. — Il fait prisonnier Mustapha-Pacha. — Le 18 brumaire. — Récompense. — Mariage. — Descendance. — Action d'éclat. — Joachim, maréchal de France, grand-amiral, Prince de l'Empire. — Campagne d'Autriche. — Il est nommé grand-duc de Berg et de Clèves. — Campagne de Prusse. — Joachim en Espagne. — Joachim, roi de Naples. — Expédition de Russie. — L'escadron sacré. — Une faute. — Joachim veut la réparer. — Punition. — Il se réfugie en France. — Sa tête mise à prix. — Il passe en Corse. — Détails. — Il veut reconquérir son Royaume. — Débarquement. — Joachim est pris. — Son jugement. — Sa mort. — Dernier souvenir.

Il existe des hommes pour lesquels le danger n'est qu'une chimère et le péril un jeu.

Tel était Joachim Murat, né à La Bastide, près Cahors, le 25 mars 1767.

Joachim, poussé par une vocation réelle pour l'état militaire, s'engagea en 1791, malgré ses parents, dans les chasseurs à cheval.

Actif, intelligent et brave, son avancement ne pouvait manquer d'être rapide.

L'année suivante, il était lieutenant, et le 18 novembre 1793, il fut nommé chef de brigade, puis aide-de-camp du général en chef Bonaparte.

Pendant la campagne d'Italie, il fit des prodiges de valeur à Montenotte, Ceva, Mondovi, et le 10 mai 1796, il fut nommé général de brigade sur le champ de bataille.

Il fut blessé au combat de Saint-Georges ; mais, à peine eut-il repris ses forces, qu'il recommença ses exploits dans les plaines de Rivoli, au Tagliamento et à Gradisca.

Murat suivit Bonaparte en Egypte. Là, il fut nommé général de division. Sa témérité héroïque faillit lui coûter la vie. Mustapha-Pacha lui tira un coup de pistolet à bout portant et le manqua ; mais Murat fit prisonnier le général turc.

Murat contribua puissamment à la victoire politique du 18 brumaire. Ce fut lui qui, à la tête de ses grenadiers, dispersa le Conseil des Cinq-Cents.

Tant de dévouement à la cause de Bonaparte méritait une récompense.

Le 29 décembre 1799, Murat épousa Marie-Annonciade-Caroline Bonaparte, sœur cadette du premier Consul, et âgée de dix-sept ans.

De cette union naquirent quatre enfants :

Napoléon-Achille-Charles-Louis, Prince royal des Deux-Siciles, né le 21 janvier 1801, mort le 15 avril 1847 ;

Lœtitia-Josèphe, née le 25 avril 1802, mariée au prince Pepoli;

Lucien-Charles-Joseph-François-Napoléon, né le

16 mars 1803, élu, en 1848, représentant du peuple à à l'Assemblée nationale;

Louise-Julie-Caroline, née le 22 mars 1805, mariée, à Ravenne, au comte Rasponi.

Joachim battit, en 1800, les Autrichiens à Verceil, les chassa de Milan, et contribua puissamment au succès de la bataille de Marengo.

En 1801, il fut nommé au commandement en chef de l'armée du Midi, et chassa les Napolitains des Etats de l'Eglise.

A la proclamation de l'Empire, Murat fut nommé maréchal de France, puis Gouverneur de Paris, et, quelque temps après, grand amiral et Prince de l'Empire.

Dans la campagne de 1805 contre l'Autriche, Murat, commandant en chef la cavalerie, battit l'ennemi à Wertingen, Languenau, Herisheim, Lamback, Amstetten et s'empara de Vienne. Il écrasa, à Olmütz, l'avant-garde de l'armée russe, qui essayait de faire sa jonction avec les Autrichiens, et fit des prodiges de valeur à la célèbre bataille d'Austerlitz.

En 1806, Joachim Murat reçut, à titre de récompense nationale, la souveraineté du grand-duché de Berg, de Clèves et d'Anspach.

Dans son décret du 15 mars, Napoléon déclarait conférer cette haute distinction au Prince Murat, en considération de son dévouement et de son courage héroïque.

Vers la même époque, la Prusse déclara la guerre à la France. Murat ouvrit la campagne, battit l'ennemi à Scleitz, se couvrit de gloire à Iéna, s'empara d'Erfürth et poursuivit le cours de ses exploits, aussi éclatants que féconds en résultats.

Le fait le plus remarquable de cette campagne fut l'assaut de Lubeck. La ville était défendue par Blücher. Murat s'empara de la ville, fit 10,000 prisonniers et força le reste de la garnison à déposer les armes.

En Pologne, il s'empara de Varsovie, de Wittemberg, et rendit célèbre, à la bataille d'Eylau, la charge de cavalerie qui, depuis lors, est considérée comme une des plus belles pages de la tactique militaire.

Au commencement de la guerre d'Espagne, Murat fut nommé général en chef de l'armée des Pyrénées.

Le 2 mai 1808, il entrait à Madrid.

Par un décret de Napoléon, en date du 1er août 1808, Murat fut proclamé Roi de Naples, en remplacement de Joseph Bonaparte, son beau-frère, appelé au trône d'Espagne.

Il monta sur le trône sous le nom de Joachim-Napoléon. Un des premiers actes de son pouvoir, fut de donner un nouvel essor aux améliorations entreprises par le roi Joseph et de détruire le ridicule qui s'était attaché à l'armée napolitaine, en lui inculquant un esprit nouveau et en l'organisant d'après les cadres de l'armée française.

Les événements ne lui donnèrent pas le temps d'achever son œuvre.

Joachim fut mandé par Napoléon, en 1812, pour faire partie de l'expédition de Russie.

Pendant cette campagne, le Roi de Naples recueillit de nouveaux lauriers. Smolensk, Grodnowo, la Moskowa et le Kremlin conservent encore le souvenir de son intrépidité et de sa bouillante ardeur.

Dans cette malheureuse campagne, Murat forma l'*escadron sacré*, composé de généraux et de colonels, qui escorta l'Empereur au delà de la Bérésina.

Joachim fit la campagne de Saxe en 1813 ; mais, l'armée française ayant été trahie, il reprit la route de son royaume, après avoir promis toutefois à Napoléon de porter secours au Prince Eugène, attaqué en Italie par les Autrichiens.

Malheureusement, Murat céda à des influences de famille et oublia sa promesse.

L'Autriche triompha.

Plus tard, voulant réparer ce qu'il appelait lui-même sa trahison, il envahit les États de l'Église et livra bataille aux Autrichiens.

Cette précipitation lui fut fatale. Accablé de toutes parts, chassé de ses États, Joachim se réfugia à Aubagne, près Toulon.

La Reine Caroline et ses enfants tombèrent au pouvoir de l'Autriche.

Le Roi Murat espérait rejoindre l'armée française, lorsqu'il apprit le désastre de Waterloo.

Dès lors, sa tête fut mise à prix. Le marquis de Rivière, auquel Murat avait autrefois sauvé la vie, fut chargé par Louis XVIII d'exécuter cet ordre barbare.

Le marquis de Rivière, oubliant les services rendus, promit 50,000 fr. à celui qui lui livrerait le Roi de Naples.

Traqué par la Police de Louis XVIII, il résolut de se mettre sous la protection des empereurs de Russie et d'Autriche. Son départ était fixé ; mais, soit fatalité, soit trahison de la part du capitaine du navire qui devait l'éloigner des côtes de France, le 23 août 1815, après avoir couru des dangers sans nombre, il débarqua en Corse, sous le nom de comte de Campo-Melle.

A Bastia, il fut reconnu et acclamé par la population.

Réclamé par les autorités légitimistes, il se réfugia à Ajaccio. Son entrée dans cette ville fut presqu'un triomphe.

Doué d'une imagination ardente, Murat voulut tenter de reconquérir son trône. Aidé de partisans dévoués, il prépara l'expédition.

Sur ces entrefaites, le prince de Metternich lui offrit un asile dans les États de son souverain.

Comme cet asile n'était que la prison, Joachim refusa et s'embarqua pour Naples, à la tête de sept felouques, commandées par le Maltais Barbara, officier de marine, et 250 soldats qui s'étaient dévoués à son sort.

Malgré une traversée des plus orageuses et l'infâme trahison de l'officier Barbara, Joachim débarqua au Pizzo.

Là, il fut arrêté et jeté dans une prison.

A la nouvelle de l'arrestation de Murat, la haine du roi Ferdinand IV se réveilla ; et, par un décret daté du 9 octobre 1815, il le fit traduire devant une Commission militaire.

Le Roi Joachim protesta énergiquement ; mais la Commission se réunit, et les juges, qui devaient presque tous leur fortune à Murat, votèrent la peine de mort.

Joachim ne fit paraître aucune émotion à la lecture de cette sentence inique.

A l'heure suprême, son courage ne l'abandonna pas. Il ne voulut pas qu'on lui bandât les yeux, et dit aux soldats, d'une voix vibrante : « Soldats, sauvez la tête, visez au cœur ! »

Quelques secondes après, Murat tombait frappé de plusieurs balles en pleine poitrine.

Il était âgé de quarante-huit ans et six mois.

Il fut inhumé dans la cathédrale du Pizzo.

Les témoins qui ont assisté à ses derniers moments remarquèrent qu'il tenait dans sa main droite un médaillon : c'était le portrait de sa femme, Caroline Bonaparte.

MARIE-LÆTITIA-RAMOLINO

BONAPARTE

MÈRE DE L'EMPEREUR NAPOLÉON Ier

> « Je ne connais pas deux lois; moi, mes
> « Enfants et ma Famille, nous ne connaissons
> « que celle du devoir et de l'honneur. »
>
> *(Paroles de Madame BONAPARTE, adressées
> à Paoli, en 1793.)*

Naissance de Marie-Lætitia. — Sa Famille. — Son origine. — Mariage de Marie-Lætitia. — Ses enfants. — Caractère de Marie-Lætitia. — Mme Bonaparte quitte la Corse avec son mari pendant l'insurrection. — Rentrée des époux à Ajaccio. — Citation de l'ouvrage de Louis-Bonaparte. — Complément de cette citation. — Proposition de Paoli à Mme Bonaparte. — Sa réponse. — Elle vient en France avec sa Famille. — Elle prend le titre de *Madame Mère*. — Elle est nommée Protectrice des Établissements de charité. — Esprit d'ordre de Mme Bonaparte. — Ses motifs. — Fragments d'une lettre que Mme Bonaparte écrit à M. de Las Cases. — Dévouement d'une mère pour son fils. — Retraite de Mme Bonaparte. — Sa haine pour les étrangers. — Sublime résolution. — Douloureuses épreuves de Mme Lætitia Bonaparte. — Ses pensées à ce sujet. — Accident. — Mort de Mme Bonaparte. — Son éloge funèbre.

MARIE-LÆTITIA RAMOLINO naquit à Ajaccio, le 24 août 1750. Sa Famille, issue des comtes de Colatto, était originaire d'Italie.

Marie-Lætitia se maria, vers le commencement de l'année 1767, avec CHARLES-MARIE BONAPARTE, natif d'Ajaccio.

Elle eut de ce mariage treize enfants, dont cinq moururent en bas-âge.

Les huit autres sont :

1° JOSEPH, roi de Naples et d'Espagne ; 2° NAPOLÉON-BONAPARTE, Empereur des Français, mort à Sainte-Hélène ; 3° LUCIEN BONAPARTE, Prince de Canino ; 4° MARIE-ANNE-ELISA, Princesse de Piombino et de Lucques ; 5° LOUIS-NAPOLÉON, roi de Hollande ; 6° MARIE-PAULINE, Princesse de Borghèse ; 7° CAROLINE-ANNONCIADE, Reine de Naples, épouse de Murat ; 8° le Prince JÉROME BONAPARTE, ancien roi de Westphalie, né le 15 novembre 1784.

Mme Bonaparte, une des plus belles femmes de son temps, joignait à l'indépendance du caractère une énergie peu commune.

Pendant la guerre des libéraux, en Corse, elle se réfugia, avec son mari, sur le sommet del Monte-Rotondo. L'insurrection soumise, les deux époux rentrèrent à Ajaccio.

On lit dans l'ouvrage publié, en 1820, par Louis Bonaparte (1), le passage suivant, relatif à ces événements :

« La Famille Bonaparte vint habiter la Provence lorsque Paoli, commandant en Corse, trahit son serment et livra l'île aux Anglais (1793). Les Bonaparte préférèrent voir leurs maisons incendiées, leurs terres dévastées, et perdre leur fortune, à l'alliance des ennemis de leur patrie. »

Nous devons ajouter, pour compléter ce récit, que Mme Bonaparte, suivie de ses enfants, erra fort longtemps sur les côtes de Corse avant de pouvoir s'embarquer

---

(1) Documents historiques sur la Corse.

pour la Provence, et que Paoli, informé des dangers qui la menaçaient, lui fit proposer de renoncer à ses projets, « qui devaient, disait-il, amonceler sur sa Famille des calamités sans nombre. »

Lætitia Bonaparte lui répondit, avec cette fierté qui est l'apanage des grandes âmes :

« Je ne connais pas deux lois ; moi, mes Enfants et ma Famille, nous ne connaissons que celle du devoir et de l'honneur. »

Mme Bonaparte vint à Paris avec toute sa Famille en 1800, dans les premiers jours du Consulat.

A l'avénement de Napoléon au Trône impérial, Marie-Lætitia prit le titre de MADAME MÈRE, et fut nommée, par un décret de l'Empereur : *Protectrice générale des Établissements de Charité.*

La mère de Napoléon possédait dans son intérieur un esprit d'ordre et d'économie fort rare à cette époque de grandes prodigalités. Un ami intime de la maison en fit un jour la remarque : « Qui sait, répondit-elle en désignant ses fils, si, un jour, je ne serai pas obligée de donner du pain à tous ces rois.

En 1814, Madame Mère, sur l'invitation du Saint-Père, se retira à Rome.

Après le désastre de Waterloo, elle remit à Napoléon tout ce qu'elle possédait, afin qu'il pût rétablir ses affaires. Plus tard, elle écrivait à M. de Las Cases, qui l'informait des privations qu'endurait l'Empereur à Sainte-Hélène : « Toute ma fortune est à la disposition de mon fils; je me réduirais à n'être qu'une simple servante, s'il le fallait. »

Mme Lætitia envoya au noble exilé des sommes considérables; mais les geôliers anglais interceptèrent ces dons, offerts par le dévouement d'une Mère.

Mme Bonaparte avait acheté le palais Rinuccini, à Rome, où elle vivait dans une solitude profonde. « Quand j'ai vu mon fils précipité du trône, disait-elle à quelques fidèles amis; que je l'ai vu envoyé, par les Anglais, à Sainte-Hélène, où je savais bien qu'ils me le tueraient, je me suis dit : Toi, la mère de cet homme, tu dois maintenant oublier le monde, il n'y a plus de plaisirs pour toi; ton fils est malheureux, tu seras désormais triste et retirée. »

Elle ne reçut dans cette demeure ni Anglais, ni Autrichiens, ni Prussiens, ni Russes; les Français seuls y étaient admis et entourés des attentions les plus délicates.

Du côté des affections de Famille, la vie de Marie-Lætitia Bonaparte ne fut qu'une longue et douloureuse épreuve. Elle perdit successivement Murat, Napoléon, Élisa Baciocchi, Pauline Borghèse; puis, en 1827, un fils de Lucien, jeune homme doué d'une intelligence supérieure; en 1831, le fils aîné de Louis, qu'elle affectionnait beaucoup; en 1832, le duc de Reichstadt, son petit-fils bien-aimé; en 1833, le fils unique de Félix de Baciocchi, qui mourut en peu d'heures d'une chute de cheval. « Ils meurent tous, écrivait-elle au cardinal Fesch; moi seule, je reste; je suis comme un arbre qui perd ses feuilles. Est-ce qu'il faudra que je les enterre tous après les avoir mis au monde? Je n'ai plus de larmes pour les pleurer. La volonté de Dieu soit faite! »

En 1830, Mme Bonaparte fit une chute en se promenant et se cassa la cuisse. A dater de cette époque, elle ne sortit plus de son appartement.

Le 2 février 1836, à l'âge de quatre-vingt-six ans, Marie-Lætitia Bonaparte rendit son âme à Dieu. Le cardinal Fesch, son frère utérin, l'assista dans ses derniers instants.

« La noble femme, dit un écrivain, qui engendra Napoléon, s'est éteinte dans l'exil; mais elle est morte au pied du Capitole, et la cloche de ce mont sacré a sonné son agonie; il n'y avait que le Capitole qui pût mener dignement le deuil de la Mère de Napoléon. »

L'éloge funèbre de cette femme héroïque est tout entier dans ces paroles.

LE CARDINAL FESCH

ONCLE DE L'EMPEREUR NAPOLÉON Ier.

> « Le savoir et les vertus expliquent les hautes dignités conférées par l'Église. »

La Famille Bonaparte a ses fastes dans l'Église. — Naissance du Cardinal Fesch. — Vocation. — Rentrée dans la vie civile.. — Emplois. — Reprise de l'habit ecclésiastique. — Dignités. — Le Cardinal envoyé extraordinaire. — Il reçoit le grand cordon de la Légion-d'Honneur et le titre de membre du Sénat. — Le Cardinal Primat d'Allemagne, Primat des Gaules et Archevêque de Lyon. — Il prend la défense du Pape. — Il se retire dans son diocèse. — Exil et rentrée en France. — Nouvel exil. — Goût dominant du Cardinal. — Sa collection de tableaux. — Offre au Gouvernement français. — Refus. — Testament du Cardinal. — Sa mort. — Inhumation.

Ce n'est pas seulement dans les annales du trône que la Famille Bonaparte a produit ses illustrations : c'est encore dans les fastes de l'Église que nous trouvons un de ses membres, remarquable par ses hautes capacités.

Nous voulons parler du Cardinal-Archevêque Fesch. Joseph Fesch naquit le 3 janvier 1763. Il était frère utérin de Madame Lætitia Ramolino, et, par conséquent, oncle maternel de Napoléon Ier.

Sa vocation le porta, dès l'âge de raison, à embrasser l'état ecclésiastique. Il se prépara donc au sacerdoce, et fit de sérieuses études au séminaire d'Aix, en Provence.

La révolution de 1793, en renversant les autels, le força de rentrer dans la vie civile, et jusqu'à la fin du siècle dernier, il occupa successivement les postes de garde-magasin de l'armée et de Commissaire des guerres.

Lorsque des jours plus calmes brillèrent pour l'Église, Joseph Fesch reprit l'habit ecclésiastique. Ses hautes connaissances théologiques, sa piété exemplaire, le conduisirent au trône archiépiscopal de Lyon. En 1803, après le Concordat, l'archevêque de Lyon reçut des mains du Saint-Père Pie VII, le chapeau de Cardinal.

Après le couronnement de l'Empereur Napoléon Ier, et à la suite d'une mission extraordinaire à Rome, mission dont il s'acquitta avec honneur, le Cardinal reçut le grand-cordon de la Légion d'honneur et le titre de membre du Sénat.

En 1806, il fut nommé coadjuteur et successeur du Prince primat d'Allemagne.

En 1808, Napoléon lui conféra la dignité de Primat des Gaules.

En 1809, il fut appelé au siége archiépiscopal de Paris ; mais il préféra rester à Lyon.

Le Concile de Paris allait s'ouvrir : le Cardinal Fesch en fut nommé Président, et prit la défense du Pape, prisonnier à Fontainebleau.

Cet acte souleva le mécontentement de l'Empereur, et le Cardinal se retira dans son diocèse.

Au renversement de l'Empire, le Saint-Père offrit à Joseph Fesch une généreuse hospitalité. Il se retira à Rome, avec sa sœur, madame Lætitia.

En 1815, le Cardinal revint à Paris siéger à la

Chambre des Pairs, et officia à l'assemblée du Champ-de-Mai.

Au désastre de Waterloo, il fut obligé de reprendre la route de l'exil, et revint à Rome, où il retrouva la bienveillante amitié du Saint-Père.

Pendant les vingt-quatre années que dura son exil, Joseph Fesch partagea ses instants entre les soins dus à Dieu et à l'Église, et le goût dominant qu'il avait pour les beaux-arts.

Le Cardinal possédait, en 1830, une des plus belles galeries de l'Europe. Il offrit au Gouvernement français tous ses chefs-d'œuvre, s'il voulait abroger la loi de proscription qui pesait sur la Famille Bonaparte. Le Gouvernement de Louis-Philippe refusa.

En outre de l'intérêt que le Cardinal Fesch portait aux membres de sa Famille, il avait une affection particulière pour son neveu Joseph.

Il l'institua, par testament, son légataire universel, après avoir toutefois distrait de sa fortune une quantité considérable de dons qui devaient améliorer bien des existences malheureuses.

Le Cardinal Fesch portait un vif attachement à sa ville natale, et, du fond de son exil, dirigeait, à Ajaccio, la construction d'une École d'arts et métiers. Avant de mourir, il introduisit dans son testament un codicille, par lequel il chargeait la ville d'Ajaccio de la direction de cet établissement.

Il déclarait, en outre, léguer à la capitale de la Corse, pour subvenir aux frais de l'École : 1° les arrérages de ses divers traitements; 2° une partie de ses propriétés territoriales; 3° les cent meilleurs tableaux de sa galerie, au choix de peintres connus; 4° une collection précieuse de statues en plâtre; 5° sept mille volumes de sa bibliothèque; 6° ses plus riches ornements sacerdotaux.

Il laissait également une forte somme, destinée à l'entretien des Écoles chrétiennes des Sœurs de Saint-Joseph, et à l'ouverture de nouvelles Écoles gratuites à l'usage des classes ouvrières.

Malheureusement, une transaction que la ville fut forcée de faire rendit nulle la plus grande partie des dernières dispositions de l'illustre Cardinal.

Le cardinal Fesch mourut à Rome, le 13 mai 1839, à l'âge de soixante-dix-huit ans. Ses restes furent déposés dans l'église de Saint-Laurent in Lucina. Il avait manifesté, dans son testament, la volonté d'être enterré au milieu de ses concitoyens.

Ce vœu fut accompli en 1851.

Les cendres du Cardinal Fesch et de sa sœur, Madame Mère, furent transportées de Civita-Vecchia à Ajaccio, sur la frégate *le Vauban*, et inhumées dans l'église du Palais Fesch.

La munificence de S. M. Napoléon III a pourvu aux frais de la chapelle qui se construit en ce moment, sous l'habile direction de M. Paccard, architecte du palais de Fontainebleau.

Fidèle serviteur de Dieu, homme de bien, parent dévoué, théologien distingué, bienfaiteur de l'humanité, tels sont les titres que le Cardinal Fesch a légués à la postérité, en descendant dans la tombe.

FAMILLE ADOPTIVE

DE

L'EMPEREUR NAPOLÉON Ier

(GÉNÉALOGIE DES BEAUHARNAIS)

La Maison de Beauharnais est issue de Guillaume de Beauharnais, seigneur de Mirmion et de La Chaussée, marié, le 20 janvier 1390, à Marguerite de Bourges. C'est à ce seigneur que remonte la généalogie de cette Maison, qui, en 1764, était représentée par deux frères : FRANÇOIS et CLAUDE.

CLAUDE DE BEAUHARNAIS, COMTE DES ROCHES-BARITAUD, qui forme la seconde branche.

FRANÇOIS DE BEAUHARNAIS, gouverneur et lieutenant-général pour le roi, à la Martinique, chevalier de Saint-Louis, et qualifié de haut et puissant Seigneur, naquit à La Rochelle, le 8 février 1714. Il obtint du roi, en juillet 1756, des lettres-patentes qui érigeaient en marquisat la châtellenie de La Ferté-Aurin, sous la dénomination de La Ferté-Beauharnais. Il était, à cette époque, chef d'escadre des armées navales. Il eut, de son mariage, deux fils.

Le premier, FRANÇOIS, marquis DE BEAUHARNAIS, député aux États-généraux en 1789, ambassadeur en Italie et en Espagne sous Napoléon, lieutenant-général sous la Restauration, mort sans postérité mâle; épousa : 1º MARIE-FRANÇOISE DE BEAUHARNAIS, sa cousine germaine ; 2º la baronne DE COHAUSEN.

Du premier lit :

ÉMILIE-LOUISE DE BEAUHARNAIS, mariée, en 1798, au comte de Lavalette, ancien aide de camp de Napoléon, Conseiller d'État, directeur général des postes. Condamné à mort, le 24 novembre 1815, et sauvé par sa femme la veille de l'exécution.

Du second lit :

1° AUGUSTE-EUGÉNIE-FRANÇOISE, COMTESSE DE BEAUHARNAIS, dame chanoinesse du Chapitre royal de Bavière, décédée à Paris en 1831 ;

2° HORTENSE-LOUISE-FRANÇOISE, MARQUISE DE BEAUHARNAIS, dame chanoinesse du Chapitre royal de Munich, née en 1812; veuve, le 24 juin 1846, de Henri-Sigefroid-Richard, comte de Querelles; remariée, en 1848, à François-Armand-Rupert Laity, ancien élève de l'École polytechnique, qui fut, en 1849, officier d'ordonnance du Président de la République, actuellement Sénateur.

Alexandre, vicomte DE BEAUHARNAIS, frère puîné du précédent, nommé député par la noblesse de Blois, en 1789, fut victime des fureurs du Tribunal Révolutionnaire, le 24 juillet 1794. Il avait épousé MARIE-ROSE-JOSÉPHINE TASCHER DE LA PAGERIE, née à la Martinique, le 24 juin 1763 ; remariée à Napoléon Bonaparte, le 8 mars 1796; morte à la Malmaison, Impératrice des Français, le 29 mai 1814.

Le vicomte laissa deux enfants de son mariage avec Joséphine Tascher de la Pagerie : EUGÈNE DE BEAUHARNAIS, né le 3 septembre 1780; la REINE HORTENSE, née le 10 avril 1783; morte en Suisse, le 3 octobre 1837.

EUGÈNE DE BEAUHARNAIS fut adopté par Napoléon Ier, qui le nomma vice-roi d'Italie, Prince de Venise et grand-duc héréditaire de Francfort.

Eugène épousa la fille du roi Maximilien de Bavière. En 1817, le roi, son beau-père, lui conféra, avec le titre de Duc de Leuchtenberg et de Prince d'Eichstædt, celui d'Altesse Royale.

Par ordre du roi de Bavière, la maison d'Eugène de Beauharnais fut reconnue la première maison princière de la monarchie bavaroise. L'acte qui lui confère ce droit porte : que les honneurs et priviléges attachés aux titres de duc de Leuchtenberg et de prince d'Eichstædt appartiendront à perpétuité à sa descendance.

Par un autre acte, en date de 1818, Eugène de Beauharnais fut élevé à la dignité, ainsi que ses descendants, de premier Pair héréditaire (Reichsrathe) de la Couronne de Bavière.

I. LEUCHTENBERG.

1° AUGUSTE-CHARLES-EUGÈNE, Prince de d'Eischtædt et Duc de Leuchtenberg, né le 9 décembre 1810; marié, le 26 janvier 1835, à la reine de Portugal, Dona Maria da Gloria; décédé à Lisbonne la même année, sans postérité.

2° Maximilien-Joseph-Eugène-Auguste de Beauharnais, Duc de Leuchtenberg et Prince d'Eichstædt, né le 10 octobre 1817, lieutenant-général au service de Russie, commandant la première division de cavalerie légère de la garde, titré, depuis son mariage, Altesse Impériale; marié, le 14 juillet 1839, à Marie Nicolaewna, grande-duchesse, fille aînée de l'empereur de Russie, née le 18 août 1819, Duchesse de Leuchtenberg et Princesse d'Eichstædt.

De ce mariage : 1° Nicolas-Maximilianowitch, né le 4 août 1843, titré par un ukase : Altesse Impériale; — 2° Eugène-Maximilianowitch, né le 17 février 1847; — 3° Serge-Maximilianowitch, né le 20 décembre 1849; — 4° Marie-Maximilianowna, Princesse de Leuchtenberg, née le 16 octobre 1841, titrée par un ukase : Altesse Impériale; — 5° Eugénie-Maximilianowna, née le 1er avril 1845.

SŒURS DU DUC :

1° Joséphine-Maximilienne-Eugénie, née le 14 mars 1807; mariée le 19 juin 1823. (Reine de Suède.) — 2° Amélie, née le 31 juillet 1812; mariée, le 2 août 1829, à don Pedro, empereur du Brésil; veuve le 24 septembre 1834; — 3° Théodelinde-Louise-Eugénie-Napoleone, née le 13 avril 1814; mariée, le 8 février 1841, à Guillaume, comte de Wurtemberg.

MÈRE DU DUC DE LEUCHTENBERG.

(Épouse d'Eugène de Beauharnais).

Auguste-Amélie, duchesse douairière, née le 21 juin 1788, fille de feu Maximilien-Joseph, roi de Bavière; mariée, le 13 janvier 1806, au Prince Eugène de Beauharnais; veuve le 21 février 1824.

Armes des Ducs de Leuchtenberg :

D'argent, à la face d'azur.

SECONDE BRANCHE, DITE DES COMTES DES ROCHES-BARITAUD.

Claude de Beauharnais Ier du nom de cette branche, comte des Roches-Baritaud, né à Rochefort, le 16 janvier 1717, qualifié haut et puissant seigneur dans les actes qui le concernent, chevalier de Saint-Louis et capitaine de vaisseau, obtint du roi des lettres-patentes, en date du mois de juin 1759, portant érection de la châtellenie des Roches-Baritaud en comté. Il mourut chef d'escadre, et avait épousé, le 1er mars 1753, Marie-Anne-Françoise Mouchard de Chaban, connue dans le monde littéraire sous le nom de comtesse Fanny de Beauharnais.

De ce mariage :

1º Claude de Beauharnais II ;
2º Marie-Françoise, première femme du marquis François de Beauharnais ;
3º Anne-Amédée, mariée le 21 août 1781, à André-Horace-François, marquis de Barral, maréchal des camps et armées du roi. Dont deux fils :

Claude de Beauharnais IIe du nom, comte des Roches-Baritaud, né à La Rochelle, le 26 septembre 1756, membre du Sénat, comte de l'Empire, Chevalier d'honneur de l'Impératrice Marie-Louise, grand officier de la Légion-d'Honneur, chevalier de Saint-Louis ; créé Pair de France par Louis XVIII. Mort le 10 janvier 1819, sans postérité mâle. Avait épousé :

1º Claude-Françoise-Gabrielle-Adrienne de Lezay-Marnezia ;
2º Mademoiselle Fortin, fille de M. Fortin, ancien capitaine de cavalerie, puis mousquetaire du roi, chevalier de Saint-Louis.

Du premier lit :

Stéphanie-Louise-Adrienne de Beauharnais, grande-duchesse de Bade.

Du second lit :

Joséphine-Désirée de Beauharnais, mariée, le 7 novembre 1832, à Adrien-Hippolyte, marquis de Quiqueran-Beaujeu, ancien capitaine de cavalerie, issu d'une maison des plus distinguées de Provence ; mentionnée par les historiens de Provence et du Comtat Venaissin, comme ayant été décorée des premières charges de l'État à la cour des rois de Naples et comtes de Provence des deux maisons d'Anjou. La maison de Quiqueran-Beaujeu a donné à l'Ordre de Malte, un Grand-Prieur de Saint-Gilles, plusieurs Commandeurs et Chevaliers.

Armes des Comtes des Roches-Baritaud :

D'argent, à la fasce de sable, surmontée de trois merlettes du même.

Devise :

Aultre ne sers.

LA REINE HORTENSE

(HORTENSE DE BEAUHARNAIS)

FILLE ADOPTIVE DE NAPOLÉON Ier.

> « Une mère ne vit que pour son enfant. »
> (Mme CAMPAN).

Femmes célèbres de l'antiquité. — Naissance de la Reine Hortense. — Éducation. — Mariage. — Nomination au trône de Hollande. — Mort d'un fils. — Lettre de Napoléon. — Hortense revient à Saint-Cloud. — Campagne de France. — Rôle de la Reine Hortense. — Entrevue avec le Czar. — Mort de Joséphine. — Hortense se retire à Saint-Leu-Taverny. — Hortense est inquiétée. — Les Cent-Jours. — Actes de bienfaisance. — Lettre de la duchesse d'Orléans. — Hortense se réfugie en Suisse. — Lettre de la duchesse de Bade. — Elle se retire en Thurgovie. — Elle perd son second fils. — Situation précaire. — Lettre à M. Belmontet. — Elle vient à Paris. — Retour à Arenenberg. — Premières atteintes de la maladie. — Lettre au Prince Louis. — Louis-Napoléon accourt au chevet de sa mère. — Agonie de la Reine Hortense. — Ses dernières paroles. — Sa mort. — Son mausolée. — Inscription.

Si la nature a donné la faiblesse physique aux femmes, elle leur a accordé aussi la consolation d'enfanter parfois des héros.

Dans l'antiquité, nous citerons la mère des Gracques; dans les temps modernes, Mme Lætitia, mère du héros d'Austerlitz; et la reine Hortense, mère de Napoléon III.

Hortense de Beauharnais naquit, le 10 avril 1783,

du général vicomte Alexandre de Beauharnais et de Joséphine Tascher de la Pagerie, depuis Impératrice des Français.

L'éducation d'Hortense fut confiée à Mme Campan. Sous cette institutrice célèbre, la studieuse élève fit de rapides progrès.

Les talents, l'esprit, l'affabilité et la simplicité gracieuse d'Hortense attirèrent autour d'elle une foule de prétendants. Mais, le premier Consul n'ayant pas d'enfants de Joséphine, en prévision de l'hérédité du pouvoir dans sa Famille, fit épouser Hortense-Eugénie de Beauharnais, à son frère Louis Bonaparte.

Le mariage eut lieu le 3 janvier 1802.

De cette union naquirent trois enfants ;

1° *Napoléon-Charles Bonaparte*, né le 10 octobre 1802, mort à La Haye, le 5 mars 1807 ;

2° *Napoléon-Louis, Prince Royal de Hollande*, né le 11 octobre 1804, mort à Forli, le 17 mars 1831 ;

3° *Charles-Louis-Napoléon*, né à Paris le 20 avril 1808, actuellement Empereur des Français, sous le titre de Napoléon III.

Le 24 mars 1806, le prince Louis Bonaparte fut nommé Roi de Hollande.

La Reine Hortense vit avec regret cette élévation, qui l'éloignait de sa mère et de l'Empereur, qu'elle affectionnait beaucoup. Elle éprouvait aussi du déplaisir de quitter une Cour où elle était adorée.

Mais il s'agissait de l'intérêt de ses enfants : elle se résigna donc à subir cette royauté étrangère.

Sur le trône de Hollande, Hortense resta toujours

Française. « A quoi bon être Reine, écrivait-elle à sa mère, quand on n'est plus en France. »

Vers cette époque, la Reine Hortense fut douloureusement frappée dans ses affections maternelles. Une maladie cruelle lui enleva son fils aîné.

Joséphine accourut immédiatement auprès de sa fille, et tâcha, par de douces consolations, d'atténuer l'amertume de sa douleur.

Napoléon lui écrivit, à ce sujet, la lettre suivante :

« Ma Fille,

« Tout ce qui me revient de La Haye m'apprend que vous n'êtes pas raisonnable. Quelque légitime que soit votre douleur, elle doit avoir des bornes. N'altérez pas votre santé, prenez des distractions, et sachez que la vie est semée de tant d'écueils et peut souvent être la source de tant de maux, que la mort n'est pas le plus grand de tous. »

L'Impératrice ramena Hortense à Saint-Cloud. Mais, ni les splendeurs de la Cour impériale, ni les attentions délicates dont cette Princesse fut l'objet de la part de sa Famille, ne purent atténuer dans son cœur le chagrin de la perte qu'elle venait de faire.

Pendant la campagne de France, la Reine Hortense s'opposa avec énergie au départ de Marie-Louise et du Roi de Rome. « Ma sœur, disait-elle, vous savez qu'en quittant Paris, vous neutralisez la défense et vous perdez votre couronne. »

Malgré ces sages conseils, Marie-Louise partit avec son fils pour Rambouillet.

Ce départ causa un découragement général dans Paris. La Reine Hortense, informée de ces détails par le colonel de la garde nationale (1), écrivit immédiatement à cet officier : « Dites à la garde nationale que, si elle veut défendre la capitale, je m'engage à y rester avec mes enfants. »

Mais la garde nationale ne put résister à la trahison. La Reine Hortense dut quitter Paris et rejoindre sa mère au château de Navarre.

Peu de jours après ce départ forcé, Hortense alla trouver Marie-Louise à Rambouillet, et la supplia, au nom du Roi de Rome, de défendre sa Couronne. La fille de l'Empereur d'Autriche la reçut avec froideur et lui répondit : « Qu'elle ne pouvait rien, devant obéir à l'autorité paternelle. »

La sœur d'Eugène de Beauharnais, voyant que tout espoir était perdu, retourna auprès de sa mère, qui venait d'apprendre l'exil de l'Empereur à l'île d'Elbe.

Un instant, la Reine Hortense forma le projet d'aller rejoindre, avec ses deux fils, l'auguste Exilé. Mais, Mlle Cochelet lui ayant transmis l'assurance positive de la protection de l'Empereur de Russie, elle retourna à Paris, dans le but de servir les intérêts de Napoléon auprès du Czar.

La première entrevue de la Reine Hortense avec l'autocrate russe fut très-froide. « Je ne me suis souvenue que de mon pays, dit-elle à sa mère. » Néanmoins, l'empereur Alexandre lui donna des marques d'une haute estime, et s'occupa même de ses intérêts personnels et de la position de ses enfants, indignement spoliés.

Au milieu des événements politiques qui menaçaient

(1) Le comte Regnauld Saint-Jean-d'Angely.

l'existence de la Famille Bonaparte, une cruelle épreuve était réservée à la Reine Hortense. Sa mère, noble et fidèle compagne de Napoléon, mourut à la Malmaison, le 29 mai 1814.

Cette perte fut un deuil public pour la France.

La Reine Hortense, en proie à une douleur poignante, se retira avec ses enfants à Saint-Leu-Taverny.

Le prince de Talleyrand fit inquiéter la fille adoptive de Napoléon par la Police de S. M. Louis XVIII. « La Reine Hortense, disait au roi ce rusé diplomate, vaut à elle seule toute une armée pour Bonaparte. »

Lorsque l'Empereur, de retour de l'île d'Elbe, eut repris possession de son trône, la Reine Hortense fit, avec ses deux fils, en l'absence de Marie-Louise et du Roi de Rome, les honneurs du château des Tuileries.

Possédant la confiance de Napoléon et exerçant sur son esprit une heureuse influence, Hortense parvint à adoucir bien des infortunes.

Nous citerons particulièrement deux actes qui honorent au plus haut point la mémoire de cette auguste Princesse :

La duchesse douairière d'Orléans, par suite d'un accident, n'ayant pu suivre Louis XVIII à Gand, s'adressa à la Reine Hortense pour obtenir l'autorisation et les moyens de rester en France.

Cette bonne Reine intercéda auprès de Napoléon, et obtint pour la duchesse d'Orléans, non-seulement la permission de résider sur le sol français, mais encore une pension de 400,000 fr. payable sur la cassette de l'Empereur.

La duchesse d'Orléans lui exprima sa reconnaissance en ces termes :

« MADAME,

« Je suis vraiment peinée que le mauvais état de ma santé me mette dans l'impuissance d'exprimer à Votre Majesté, comme je le voudrais, les profonds sentiments que m'inspire l'intérêt dont vous avez entouré ma position. Elle est toujours pénible. Ma jambe n'est encore susceptible d'aucun mouvement. Je ne veux cependant pas différer d'exprimer à Votre Majesté et à Sa Majesté l'Empereur, près de qui j'ose vous prier d'être mon interprète, tous les sentiments de gratitude que conserve, Madame, votre servante,

« LOUISE-MARIE-ADÉLAÏDE DE BOURBON PENTHIÈVRE,
« *Douairière d'Orléans.* »

La Reine Hortense réussit également pour la duchesse de Bourbon-Condé, mère du duc d'Enghien. L'Empereur lui accorda immédiatement une pension de 200,000 fr., et l'autorisa à résider en France.

Pendant que cette Princesse s'occupait de secourir les grandes et les petites infortunes, le désastre de Waterloo plongeait la Famille impériale et la France dans le deuil.

Au milieu de ce désastre, l'infortunée Reine fut en butte à l'ingratitude et à la méchanceté des partis. Son voyage à travers les départements insurgés fut hérissé de périls, et il lui fallut vaincre les plus grands obstacles pour gagner le sol étranger.

Arrivée en Suisse, elle résolut de se fixer à Genève. Les autorités de la ville s'opposèrent à ce dessein. Hortense partit alors pour Aix, en Savoie, où elle séjourna jusqu'au 28 novembre 1815, époque à laquelle, ayant obtenu des passeports pour traverser le territoire helvétique, elle se rendit à Constance, où elle arriva le 7 décembre.

Le lendemain même de son installation, le Grand-Duc lui fit notifier qu'elle eût à ne pas fixer sa résidence dans cette ville.

La Reine Hortense écrivit à sa Cousine, la Grande-Duchesse Stéphanie de Bade, pour se plaindre d'un procédé aussi rigoureux. Malheureusement, la Grande-Duchesse elle-même se trouvait dans une position difficile. Son nom de Beauharnais la désignait aux fureurs des partisans de la Sainte-Alliance ; néanmoins, elle écrivit à sa Cousine la lettre suivante :

« Prenez patience et tenez-vous tranquille ; peut-être, au printemps, les choses s'arrangeront à la satisfaction de tout le monde. D'ici là, les passions seront calmées et bien des événements oubliés. »

La Reine Hortense, pour se soustraire à la Police autrichienne, dut accepter l'hospitalité qu'on lui offrait en Thurgovie. Elle acheta, en février 1817, le château d'Arenenberg, qu'elle fit restaurer complétement.

Peu de temps après, elle se fixa à Augsbourg, où elle passa quatre années.

La reine Hortense était de retour à Arenenberg quand la Révolution de juillet éclata.

Tout le monde en France crut au rappel de la dynastie napoléonienne. Malheureusement, la nation ne fut pas consultée, et deux cents députés, sans aucun mandat, s'arrogèrent le droit de donner un souverain à la France.

Le premier acte du Gouvernement de juillet fut l'abrogation de la loi du 15 janvier 1816, relative aux proscrits. Seulement, l'article 4, *qui prononçait l'exil de la Famille Bonaparte*, fut maintenu.

Pendant l'insurrection de la Romagne, la Reine Hortense eut la douleur de perdre son fils aîné; il mourut à Forli, le 17 mars 1831. La malheureuse mère partit pour la Suisse, emmenant avec elle le Prince Louis-Napoléon.

Cruellement éprouvée par les événements politiques, et craignant pour les jours de son dernier fils, Hortense se fixa définitivement à Arenenberg. Une lettre de cette Princesse, adressée à M. Belmontet, prouve que l'illustre Exilée pouvait à peine vivre avec ses revenus :

« Ma position de fortune, écrivait-elle à cet ami dévoué, m'oblige à rester l'hiver sur ma montagne, exposée à tous les vents. Qu'est-ce que cela à côté des horribles souffrances de l'Empereur sur les rochers de Sainte-Hélène? La résignation est la vertu des femmes, et le courage celle des mères. Je ne me plaindrais pas si mon fils, à son âge, ne se trouvait privé de toute société et complétement isolé, sans autre distraction que le travail assidu auquel il s'est voué. Son courage et sa force d'âme égalent sa pénible et triste destinée. Quelle nature généreuse! Quel bon et digne jeune homme! Je l'admirerais si je n'étais sa mère. Je suis bien fière de l'être. Je jouis autant de la noblesse de son caractère que je souffre de ne pouvoir donner à sa vie plus de douceur. Il était né pour de belles choses, il en était digne... Nous avons le projet d'aller passer deux mois à Genève : du moins, *il entendra parler français;* ce sera une agréable distraction pour lui. La langue maternelle, n'est-ce pas déjà la patrie !.....

« HORTENSE. »

En 1836, la Reine Hortense apprend la tentative de Strasbourg et l'arrestation de son fils. Quoique très-souffrante, et malgré la loi d'exil qui pèse sur la Famille Bonaparte, cette courageuse Princesse part immédiatement pour Paris.

Arrivée à Vitry, elle apprend que le Prince Louis ne sera pas mis en jugement, mais conduit dans un port de mer et transporté en Amérique.

Rassurée sur le sort de son Fils, Hortense repartit immédiatement pour Arenenberg. Presque aussitôt après son arrivée, elle ressentit les premières atteintes de la maladie qui devait, un an plus tard, la conduire au tombeau.

Louis-Napoléon venait à peine de s'installer à New-Yorck, qu'il reçut de sa mère la lettre suivante :

« Mon cher Fils,

« On doit me faire prochainement une opération absolument nécessaire. Si elle ne réussissait pas, je t'envoie par cette lettre ma bénédiction. Nous nous retrouverons, n'est-ce pas? dans un meilleur monde, où tu ne viendras me rejoindre que le plus tard possible, et tu penseras qu'en quittant celui-ci je ne regrette que toi, que ta bonne tendresse, qui seule m'y a fait trouver quelque charme. Cela sera une consolation pour toi, mon cher ami, de penser que par tes soins tu as rendu ta mère heureuse autant qu'elle pouvait l'être ; tu penseras à toute mon affection pour toi et tu auras du courage.

« Pense qu'on a toujours un œil bienveillant et clairvoyant sur ce qu'on laisse ici-bas, mais bien sûr on se retrouve. Crois à cette douce idée; elle est trop nécessaire pour ne pas être vraie. Je te presse sur mon cœur, mon cher ami ; je suis bien calme, bien résignée, et j'espère encore que nous nous reverrons dans ce monde-ci. Que la volonté de Dieu soit faite.

« Ta tendre mère.

« Hortense.

« Ce 3 avril 1837. »

Cette terrible nouvelle fut un coup de foudre pour le Prince.

Il quitta immédiatement New-York, et, après avoir surmonté toutes les résistances de la diplomatie française, arriva enfin au château d'Arenenberg, le 5 août 1837.

La Reine Hortense, dont l'âme était torturée par la douleur, sembla renaître à la vue de son Fils bien-aimé. Mais, hélas! c'était une dernière lueur, qui devait bientôt s'éteindre.

Le Prince Louis-Napoléon ne quitta pas jour et nuit, pendant un mois, le chevet de sa mère.

Le moment de la séparation éternelle étant venu, Hortense prit dans ses mains glacées celles de son Fils, et lui dit :

« Mon enfant, suis ta destinée, et que l'étoile de l'Empereur te conduise !... J'ai foi dans la prédiction de ton Oncle !... J'aurais voulu vivre jusque-là !.... »

Après avoir prononcé ces paroles, elle tomba dans un profond assoupissement. Tout à coup, elle s'éveilla; et, prenant le Prince dans ses bras, lui dit d'une voix éteinte :

« Adieu, Louis, adieu !... Je veillerai sur toi !... »

Louis-Napoléon se jeta sur le corps de sa mère et le pressa convulsivement sur son cœur !

Hélas! ce n'était plus qu'un cadavre !

. . . .
. . . .

La Reine Eugénie-Hortense de Beauharnais était âgée de cinquante-quatre ans lorsqu'elle expira, au château d'Arenenberg, le 3 octobre 1837.

Sa dépouille mortelle fut ramenée en France par le comte Tascher de la Pagerie, et déposée, selon son dernier vœu, à côté de sa mère, dans l'église de Rueil.

Le Prince Louis-Napoléon ne put obtenir du Gouvernement de Louis-Philippe d'Orléans l'autorisation d'accompagner en France le cercueil de celle qui avait protégé autrefois la douairière d'Orléans !...

Louis-Napoléon, pendant sa captivité au fort de Ham, fit élever dans l'église de Rueil, un monument funèbre à la mémoire de sa mère.

La Reine Hortense est représentée à genoux, les mains croisées, dans l'attitude de la résignation. Sur une des faces du mausolée, on lit, en lettres d'or gravées dans le marbre, cette inscription :

A LA REINE HORTENSE

LE PRINCE NAPOLÉON-LOUIS BONAPARTE.

EUGÈNE DE BEAUHARNAIS

« La loyauté est le chemin de l'honneur. »

Portrait du Prince Eugène. — Son enfance. — Eugène soutient sa Sœur. — Commencement de fortune. — Preuves précoces de valeur. — Avancement rapide. — Eugène, vice-roi d'Italie. — Opinion de M. Wouters. — Améliorations et perfectionnements. — M. Mésan. — Mariage du Prince Eugène. — Victoires en Italie. — Héroïque exemple. — Eugène à Vienne, à Wagram. — 13ᵉ bulletin. — Campagne de Russie. — Titres à l'immortalité. — Dernière lutte en Italie. — Regrets et admiration. — Eugène en Bavière. — Ses nouveaux titres. — Il recouvre l'apanage de sa mère. — Maladie du Prince Eugène. — Sa mort. — Eloge funèbre.

« Notre siècle, a dit un historien célèbre, est fécond en hommes braves et loyaux. »

C'est le portrait d'un de ces hommes que nous allons essayer de crayonner dans ce tableau des grandes figures de la Famille Bonaparte.

Eugène de Beauharnais naquit à Paris, le 3 septembre 1780.

Son enfance n'offrit rien de remarquable, sinon qu'il paraissait être enclin à la témérité et posséder une volonté énergique.

Eugène venait d'atteindre sa treizième année lorsque son père, le vicomte de Beauharnais, fut traduit devant le Tribunal révolutionnaire, condamné à mort et exécuté, le 24 juillet 1794.

Sa mère, Joséphine Tascher de la Pagerie, vicomtesse de Beauharnais, fut également mise en prison, et ne dut son salut qu'à l'avénement du Directoire.

Pendant la captivité de la vicomtesse, Eugène se plaça comme compagnon chez un menuisier, et, par son travail, soutint sa sœur Hortense. Il n'abandonna cette pénible position qu'à la mise en liberté de Joséphine.

La vicomtesse put alors rentrer en possession de sommes importantes qui lui étaient dues pour des biens non confisqués, et rendre à ses enfants le rang que leur naissance leur avait acquis dans la société.

Nous avons raconté, dans l'Histoire de Napoléon Ier, de quelle manière Eugène alla réclamer au général Bonaparte l'épée de son père. Ce fut le commencement de sa fortune et de celle de sa Famille.

A l'âge de quinze ans, Eugène, rempli d'un noble élan, suivit Bonaparte en Italie et en Égypte.

Il donna des preuves précoces de sa valeur dans les différents combats qui eurent lieu à Malte, à Alexandrie, à Aboukir.

A Malte, surtout, il se distingua particulièrement et prit un drapeau appartenant à la garnison de La Valette.

En 1799, il fut nommé capitaine. A dater de ce moment, son avancement fut rapide.

Il passa successivement chef d'escadron, en 1800;

colonel en 1802 ; général de brigade en 1804, et toujours sur le champ de bataille, après une victoire.

L'année 1805 fut heureuse pour lui, car l'Empereur l'appela tour à tour, comme récompense de son seul mérite, à la dignité de Prince français, et enfin, le 6 août de la même année, il fut nommé Vice-Roi d'Italie.

On pouvait croire qu'Eugène était trop jeune pour un poste aussi périlleux que celui de Vice-Roi, car il atteignait à peine sa vingt-quatrième année. Mais ses actes, marqués au coin de la sagesse, et son caractère empreint d'une loyauté énergique, lui attirèrent immédiatement l'estime et la sympathie du peuple qu'il était appelé à gouverner.

Nous citerons à l'appui de notre appréciation sur le caractère du Prince Eugène, l'opinion d'un écrivain distingué (1) :

« Plein d'intelligence, actif, infatigable dans le travail, affable, Eugène porta sur le trône, dès le premier jour, des vertus propres à honorer la nouvelle Couronne italienne et à lui acquérir les sympathies de la nation. »

Une fois en possession de son royaume, Eugène organisa l'institution judiciaire de l'Italie, créa une véritable armée et répartit légalement les impôts. Il trouva pour toutes ces améliorations un appui sincère dans un conseiller placé près de lui par l'Empereur, M. Mésan.

Si nous ajoutons à cela, le culte relevé, la police prudemment constituée, des hôpitaux et des asiles créés, les lois adaptées aux mœurs et aux nécessités de l'époque, l'instruction, les arts, les sciences et les

(1) M. Wouters.

belles-lettres encouragés et récompensés, nous n'aurons encore qu'une faible partie de ce que fit le Prince Eugène pendant le Gouvernement de sa Vice-Royauté, qui dura huit années.

Aussi a-t-il laissé en Italie un souvenir impérissable que n'a pu effacer l'Autriche, malgré ses efforts incessants pour détruire le germe de liberté semé dans ce pays par le Prince Eugène.

Le 14 février 1806, Eugène épousa la princesse Auguste-Amélie, fille du roi de Bavière, Maximilien-Joseph.

Il eut d'elle six enfants; dont l'aînée, Joséphine, épousa, en 1823, le prince royal de Suède, fils de Charles XIV (Bernadotte).

En 1809, appelé au commandement de l'armée d'Italie, Eugène battit les Autrichiens, le 8 mai, sur les bords de la Piave. Cette victoire coûta à l'archiduc Jean 10,000 hommes, tués ou blessés ou prisonniers, 15 pièces de canon et 30 caissons.

Aussi brave que Murat, Eugène de Beauharnais s'élançait dans la mêlée, entraînant les soldats par son héroïque exemple.

Il culbuta de nouveau, le 11 mai, les Autrichiens à San-Danielo; le 17, il les battit à Tarvis, fit 3,000 prisonniers et prit 17 pièces de canon; le 25, il les vainquit à San-Michele, leur fit 5,000 prisonniers, mit 2,000 hommes hors de combat et rejoignit la grande armée à Vienne.

Le 14 juin, il entra en Hongrie, et gagna la mémorable bataille de Raäb, dans la même position où, près d'un siècle et demi auparavant, Montecuculli avait remporté une victoire signalée sur les Turcs.

Après la bataille de Wagram, le 13e bulletin de l'armée s'exprime ainsi :

« Le Prince Eugène a montré dans cette campagne le sang-froid et le coup d'œil qui constituent les grands capitaines. »

La campagne de Russie allait commencer. Eugène fut nommé général en chef du quatrième corps.

Les batailles de Smolensk, de la Moskowa, de la Bérésina lui acquirent une gloire immortelle et inscrivirent son nom dans les fastes héroïques de l'histoire.

Rentré dans ses États d'Italie, il soutint, en 1814, une lutte impossible, à cause du petit nombre de braves qui lui étaient restés; mais, s'il dut abandonner sa couronne, il l'abandonna le front haut, la conscience à l'abri de tout reproche et emportant le regret et l'admiration de tout un peuple qu'il avait régénéré.

Le Prince Eugène se retira, à Munich, auprès de son beau-père, qui lui donna pour résidence le château d'Ismaring et les titres de Duc de Leuchtenberg et Pair héréditaire de la Couronne de Bavière.

Seul des membres de la Famille Bonaparte, Eugène de Beauharnais put obtenir de Louis XVIII une partie de l'héritage de sa mère.

Grâce à l'intervention du roi de Bavière, on lui fit parvenir à sa résidence la somme de 668,000 francs (1).

Mais, brisé par les événements, réduit à l'inactivité et à l'impuissance, la grande âme du Prince Eugène s'éteignit peu à peu. Une maladie de langueur s'empara de son corps, et le chagrin creusa sa tombe. Une

---

(1) Liquidation définitive des droits d'apanage de l'Impératrice Joséphine, échus avant l'acte d'abdication de Fontainebleau, en 1814.

congestion cérébrale, suite de la maladie du Prince, l'enleva à sa Famille, le 21 février 1824.

Le grand Eugène, ainsi l'avait surnommé le peuple français, avait alors quarante-deux ans et six mois.

L'éloge funèbre d'Eugène de Beauharnais se résume en ce peu de mots : BRAVE JUSQU'A LA TÉMÉRITÉ ; FRANC, LOYAL, GÉNÉREUX ET DÉVOUÉ JUSQU'A L'HÉROÏSME !

STÉPHANIE-LOUISE-ADRIENNE
DE BEAUHARNAIS

GRANDE-DUCHESSE DOUAIRIÈRE DE BADE

TANTE DE S. M. NAPOLÉON III

> « Il est des Familles où les vertus
> « sont traditionnelles... »

Naissance de la Grande-Duchesse. — Sa parenté avec Joséphine. — Acte d'adoption qui déclare la Princesse Stéphanie fille adoptive de Napoléon Ier. — Mariage de la Princesse Stéphanie avec le Prince Frédéric de Bade. — Haute mission de la Grande-Duchesse. — Sa fidélité à l'Empereur. — *La Bonne Duchesse.* — Mort du Grand-Duc. — Filles de la Grande-Duchesse. — Alliances illustres. — Amour du peuple badois pour sa Souveraine. — Titre de Tante de Napoléon III, que porte la Grande-Duchesse. — Ses vertus. — Le blason des anciens preux. — Grands-Ducs de Bade. — Livre d'or de la postérité.

Stéphanie-Louise-Adrienne de Beauharnais, Grande-Duchesse douairière de Bade, naquit à Paris, le 28 août 1789.

Nièce de l'Impératrice Joséphine, Stéphanie-Louise-Adrienne de Beauharnais fut déclarée, par un acte d'adoption relatif à la Famille de Beauharnais, fille adoptive de Napoléon Ier.

Elle épousa, le 8 avril 1806, le Prince Louis-Charles-Frédéric de Bade, né le 8 juin 1786.

Appelée par une auguste alliance à monter sur un trône, cette Princesse s'est montrée toujours digne, dans les différentes phases de son pouvoir, de la haute mission que la Providence lui a confiée. Lors des revers qui atteignirent la Famille Bonaparte, elle resta fidèle au malheur, malgré les persécutions dont elle fut menacée, et tâcha d'adoucir, par de sages consolations, l'infortune de ceux qui l'avaient aimée dans leur prospérité.

« La fidélité, a dit un écrivain, est la grandeur d'âme des femmes. » La Princesse Stéphanie est une femme dans toute l'acception du mot, et, dans le Duché de Bade, pas une épouse, pas une mère ne passent un jour sans adresser au ciel des vœux pour la conservation des jours de « *la bonne Duchesse* », comme le peuple badois l'a surnommée, dans son langage empreint d'une franche naïveté.

Le Grand-Duc de Bade mourut le 8 décembre 1818, laissant entre les mains de sa veuve les rênes du Gouvernement.

La Grande-Duchesse avait eu, de son mariage avec le Prince Charles-Louis-Frédéric, trois filles : 1° la Princesse Louise-Amélie-Stéphanie, née le 5 juin 1811 ; mariée, le 9 novembre 1830, au prince Gustave de Wasa; 2° la Princesse Joséphine-Frédérique-Louise, née le 21 octobre 1813 ; mariée, le 21 octobre 1834, au Prince Charles de Hohenzollern-Sigmaringen ; 3° la Princesse Marie-Élisabeth-Amélie-Caroline, née le 11 octobre 1817 ; mariée, le 23 février 1843, au marquis de Douglas, duc d'Hamilton.

Tel est l'exposé rapide des principaux faits concernant cette Famille, française d'esprit et de cœur, qui contracta, comme on le voit, des alliances avec les plus illustres et les plus anciennes maisons de l'Europe.

La Princesse Stéphanie, douairière de Bade, existe encore. Elle est entourée des bénédictions de sa Famille, de l'amour de son peuple et de l'estime de tous les souverains de l'Europe.

Le titre de Tante de S. M. Napoléon III viendrait encore ajouter à la gloire de cette auguste Princesse, si déjà elle n'était couronnée d'une auréole de vertus que nul éclat ne saurait rehausser davantage.

NOBLESSE OBLIGE était inscrit jadis sur le blason de nos anciens preux ; la Princesse Stéphanie de Bade, par sa grandeur d'âme, a gravé d'avance cette exergue sur la page réservée aux grands-ducs de Bade, dans le Livre d'or de la postérité.

Au moment où ces lignes ont été écrites, la postérité a commencé pour S. A. la Grande-Duchesse Stéphanie de Bade.

Pour mieux constater les regrets causés par sa perte, nous reproduisons ici le discours du vice-président de la seconde Chambre de Bade :

« MESSIEURS,

« Depuis notre dernière réunion, une perte cruelle nous a frappés et a rempli nos cœurs d'une profonde tristesse.

« Mme la Grande-Duchesse Stéphanie, Altesse Impériale, est morte dans une ville lointaine où elle était allée chercher le rétablissement de sa santé.

« Dans les plus beaux jours de sa jeunesse, elle était devenue notre première Grande-Duchesse, et le pays entier avait reconnu et vénérait en elle la plus noble des femmes et le plus brillant ornement du trône, bien que le cours des événements politique eût rendu plus d'une fois sa position difficile.

« Doué des dons les plus rares de l'intelligence, d'une piété sincère et d'une grande bonté, et en même temps des plus brillantes qualités extérieures et de la plus gracieuse bienveillance, Mme la Grande-Duchesse attirait et fixait tous les cœurs, et sa bienfaisance consolait des milliers de malheureux.

« Pendant plus d'un demi-siècle elle a partagé notre sort, et dans plus d'une circonstance difficile elle a contribué à donner aux événements une direction favorable aux intérêts du pays.

« Quoique appartenant par sa naissance à la France, Mme la Grande-Duchesse s'est conduite en toutes circonstances comme une princesse allemande, et le tact le plus exquis, qui ne peut trouver sa source que dans un noble cœur, l'a aidée à sortir de difficiles épreuves.

« De terribles décrets de la Providence l'ont frappée dans notre pays, mais tous les maux qui se sont appesantis sur elle, elle les a supportés avec une fermeté, un courage de princesse et de chrétienne fait pour exciter l'admiration.

« Notre respect et notre amour l'ont accompagnée pendant tout le cours de son existence, ils la suivront dans la tombe : nous conserverons toujours pour elle un souvenir fidèle et plein de reconnaissance.

« J'ai la conviction que tous les membres de cette chambre partagent ces sentiments du fond du cœur et qu'ils voudront bien les exprimer en se levant de leurs siéges.

TROISIÈME PARTIE

NAPOLÉON III

(LOUIS-NAPOLÉON BONAPARTE)

EMPEREUR DES FRANÇAIS

> « Lorsqu'on a l'honneur d'être à la tête d'un
> « grand peuple comme le peuple français, il y
> « a un moyen infaillible de faire de grandes
> « choses : c'est de les vouloir. »
>
> (LOUIS-NAPOLÉON *au peuple français*,
> 6 août 1840.)

CHAPITRE PREMIER

Portrait physique et moral de Louis-Napoléon. — Naissance. — Éducation. — Affection de Napoléon Ier. — Anecdotes. — Caractère chevaleresque. — Louis-Napoléon en Suisse, puis à Rome. — Insurrection de la Romagne. — Participation de Louis-Napoléon et de son frère. — Lettres à la Reine Hortense. — Le Prince perd son frère. — Il tombe malade lui-même. — Dévouement d'une mère. — Louis et Hortense à Paris. — Révolution en Pologne. — Le Prince demande du service en France. — Refus du Gouvernement. — Travaux littéraires. — Opinion d'Armand Carrel. — Espionnage. — Lettres. — Le Prince est nommé capitaine en Suisse. — Bruit de mariage. — Lettres à ce sujet. — Séjour à Londres. — Amis dévoués. — Dessein de reconquérir la souveraineté populaire. — Proclamation. — Affaire de Strasbourg. — Louis-Napoléon est trahi. — Lettre à une mère. — On s'empare du Prince. — On le conduit à Paris. — M. Delessert. — Ordre d'embarquement. — Le Prince arrive à New-Yorck.

La plus grande figure de la Famille Impériale, après Napoléon Ier, est, sans contredit, Napoléon III, Empereur des Français.

Louis-Napoléon Bonaparte semble avoir puisé dans l'héroïsme de son origine la grandeur de sa mission comme Souverain de la France. Né sur les marches d'un Trône, bercé sur les genoux d'un Empereur, éprouvé plus tard par des vicissitudes sans nombre, le Fils de la Reine Hortense apparaît aux hommes entouré d'une auréole mystérieuse dont l'analyse échappe à l'œil du philosophe observateur.

Examinons le portrait physique de cet homme qui est à la fois un héros et un législateur.

La figure de Napoléon III, insensible en apparence, cache une âme ardente et passionnée ; ses yeux, privés d'animation extérieure, résorbent la profondeur de sa pensée ; son front, qui semble assombri par les épreuves de la vie, est le réceptacle d'une conception vaste, d'un génie profond et calculateur ; ses lèvres, fines et délicates, expriment à la fois la discrétion et une volonté énergique basée sur la réflexion ; sa parole, ménagée et lente, laisse entrevoir la rectitude de ses idées et la sagesse de ses résolutions. En un mot, comme le dit un écrivain politique contemporain (1) :

« Louis-Napoléon a en lui quelque chose d'Auguste et de Titus, sous les traits de Werther, ce type de la rêverie allemande. »

Au portrait physique, nous ajouterons le portrait moral.

L'Empereur possède une très-grande supériorité d'intelligence, voilée par des dehors modestes. Il pense et ne discute jamais sa pensée ; sa décision est prise avant toute espèce de délibération. Napoléon domine les hommes sans les humilier, une très-grande aménité

---

(1) M. De La Guéronnière.

de cœur dissimulant chez lui les allures vivaces de l'esprit.

Complétement maître de lui, il calcule froidement les actes les plus audacieux. Le cœur de Napoléon III obéit à sa tête, son esprit ne concevant que des idées généreuses que son âme ratifie d'avance.

En un mot, la grandeur même de sa nature existe par la puissance de son bon sens.

Nous allons maintenant retracer d'une main rapide les faits glorieux qui se rattachent à l'existence d'épreuves et de combats de Celui qui a commencé par la prison de Ham pour arriver aux Tuileries.

Louis-Napoléon Bonaparte, né à Paris, le 20 avril 1808, est le troisième fils de Louis Bonaparte, ex-roi de Hollande, frère de Napoléon Ier, et d'Hortense-Eugénie de Beauharnais, fille de l'Impératrice Joséphine. Il fut baptisé à Fontainebleau, en 1811, par le Cardinal Fesch, son oncle; l'Empereur et l'Impératrice tinrent le royal Enfant sur les fonts baptismaux.

La Reine Hortense, femme d'un esprit supérieur, imprima, dès leur plus jeune âge, une éducation grave et sévère à ses deux fils. Louis-Napoléon fut donc élevé sans mollesse et reçut une instruction populaire. Son premier gouverneur fut M. l'abbé Bertrand.

Plus tard, M. Lebas, professeur à l'Athénée de Paris et maître de Conférences à l'École normale, fut chargé de diriger les études classiques du jeune Prince. Il acquit rapidement de nombreuses connaissances, et apprit le grec, le latin et les langues vivantes, en très-peu de temps.

Napoléon Ier, dans les courts instants que lui laissaient

les affaires de l'État, faisait venir Louis dans son cabinet, causait affectueusement avec lui, et s'amusait souvent à lui faire réciter des fables, que le jeune Prince commentait avec un esprit de critique qui faisait sourire l'Empereur et excitait parfois son admiration.

La veille de son départ pour la campagne de Waterloo, Napoléon dejeûnait à l'Élysée avec la Reine Hortense et ses deux fils ; Louis s'approche tout à coup de l'Empereur, s'agenouille devant lui et se met à verser d'abondantes larmes. « — Qu'as-tu, Louis? lui demande Napoléon, d'une voix émue? — Sire, répond celui-ci avec un accent de profonde tristesse, on m'a dit que vous partiez pour la guerre. Oh! ne partez pas, je vous en supplie! — Eh! pourquoi ne veux-tu pas que je parte, reprend l'Empereur, ce n'est pas la première fois que je vais à la guerre; pourquoi t'affliger? Ne crains rien, je reviendrai bientôt. — Oh! s'écrie l'enfant, c'est que ces méchants alliés veulent vous tuer. Laissez-moi aller avec vous. »

Napoléon, ému, dit, en rendant le Prince à la Reine Hortense : « Embrassez-le ; il aura une belle âme !... Du reste, c'est peut-être l'unique espoir de ma race. » Touchantes paroles, dont la réalisation fait aujourd'hui le bonheur de la France !

Louis-Napoléon se livra, dès ses plus tendres années, aux exercices gymnastiques qui assouplissent le corps. Il apprit successivement l'escrime, l'équitation, le tir au pistolet et la natation.

Aussi courageux qu'audacieux, Napoléon ne connaît pas le danger quand il s'agit de sauver la vie de ses semblables.

Nous citerons, entre autres de ses traits d'audace, les deux suivants, qui prouvent la bonté de son cœur et le chevaleresque de son caractère.

Voici le premier :

Un jour, Louis-Napoléon se promenait à cheval aux environs d'Arenenberg, sur le plateau du lac de Constance. Tout à coup, son attention est attirée par le bruit d'une calèche que deux chevaux, ayant pris le mors aux dents, entraînaient vers un précipice. Une dame et deux enfants étaient dans la voiture. Napoléon voit le danger, lance son cheval à toute bride à travers les buissons et les ravins, atteint la calèche sur le bord de l'abîme, saisit la bride des chevaux, et, par une étreinte vigoureuse, arrête la voiture et délivre la dame et les deux enfants d'un danger imminent.

Le deuxième fait se passa pendant l'hiver de 1828 à 1829.

Le Prince se trouvait chez sa tante, la Grande-Duchesse Stéphanie de Bade. Une promenade avait été organisée sur les bords du Rhin avec ses deux Cousines, la Princesse Joséphine et la Princesse Marie de Bade; plusieurs personnages marquants de la Cour en faisaient partie. La conversation s'engagea sur l'ancienne galanterie française, dont la devise était : DIEU, MON ROI ET MA DAME !

Louis-Napoléon soutenait vivement la discussion, affirmant que les Français n'avaient pas dégénéré. « Dans tous les temps, ajoutait-il, les dévouements ne manquent pas aux femmes qui savent les inspirer. »

Au même instant, une fleur se détache des cheveux de la Princesse Marie et va s'engloutir dans le Necker fleuve qui se jette à cet endroit dans le Rhin, et produit l'effet de la mer en pleine tempête.

« Cher Cousin, dit l'imprudente interlocutrice, en montrant au Prince la chétive fleur flottant sur l'abîme, autrefois c'eût été une excellente occasion pour un preux chevalier. — Oh! ma Cousine, répliqua Napoléon, c'est un défi?... Eh bien! je l'accepte.... »

A ces mots, il se jette tout habillé dans le fleuve, et, après une lutte de quelques instants, reparaît aux yeux émerveillés des spectateurs, tenant à la main la palme de son intrépidité.

« Tenez, belle Cousine, dit-il, en mettant le pied sur le rivage, voici votre fleur! Mais, pour Dieu, oubliez, je vous prie, vos anciens chevaliers. »

En regard de l'acte de courage, se trouvait la leçon. En effet, si parfois la galanterie oblige à beaucoup sacrifier aux dames; en revanche, les dames ne doivent jamais abuser de leurs caprices.

Louis-Napoléon, loin de sa patrie, se préparait ainsi, par de rudes épreuves, des actes audacieux, des études sérieuses et de mûres réflexions, aux éventualités d'un avenir glorieux.

Lorsque la Révolution de juillet éclata, le Prince Louis habitait la Suisse.

Le noble Proscrit salua avec enthousiasme le triomphe de la cause populaire. Un instant, il espéra rentrer dans sa patrie. Mais le Gouvernement de juillet, craignant la volonté nationale, décréta de nouveau l'exil de la Famille Bonaparte.

Louis-Napoléon se rendit à Rome avec sa mère et y passa l'hiver de 1830. Vers cette époque, une insurrection formidable éclata dans la Romagne; le but de cette insurrection était d'anéantir la domination autrichienne en Italie. Les deux frères (1), répondant à l'appel des patriotes italiens, offrirent leurs concours à la cause de l'indépendance.

Louis Bonaparte se met à la tête d'une poignée de braves, et, muni d'une seule pièce de canon, s'empare de Civita-Castellane. De là, il rejoint son frère aîné à Bologne, et soutient une lutte désespérée contre les hordes autrichiennes.

Il écrivit de Bologne les lignes suivantes à sa mère :

« Votre affection comprendra notre détermination ; nous avons contracté des engagements que nous ne pouvons manquer de remplir. Pourrions-nous rester sourds à la voix des malheureux qui nous appellent?... Nous portons un nom qui oblige ! »

Malgré une défense héroïque et une retraite qui fait le plus grand honneur aux deux Bonaparte, l'Autriche, s'appuyant sur des forces supérieures, resta triomphante. Le général Armandi écrivait au sujet de cette campagne, à la Reine Hortense :

« Soyez fière, Madame, d'être la mère de tels fils. Toute leur conduite, dans ces tristes circonstances, est une série d'actions de dévouement et de courage. L'histoire s'en souviendra ! »

Au milieu de ces événements, une douleur cruelle vient frapper Louis Bonaparte. Il perd, à Forli, son frère aîné, subitement enlevé par une fluxion de poitrine. Frappé dans une de ses plus chères affections, le Prince tombe gravement malade à Ancône.

(1) Napoléon-Louis et Louis-Napoléon.

A la nouvelle de la mort de son fils aîné et de la maladie de Louis Bonaparte, Hortense accourt en toute hâte ; mais l'armée autrichienne venait d'entrer dans la ville d'Ancône. La Reine Hortense, puisant dans son amour maternel une ingénieuse inspiration, fait courir le bruit que le Prince s'est réfugié en Grèce, et, à force de prudence et de discrétion, parvient à le soustraire à la fureur des soldats autrichiens.

Enfin, à la faveur d'un déguisement, elle gagne l'Espagne avec son fils. De là, voulant arriver promptement en Suisse, elle entre en France, malgré le décret de proscription contre la Famille Impériale, et vient s'installer rue de la Paix, hôtel de Hollande, d'où elle écrit à Louis-Philippe pour l'informer de sa présence à Paris.

M. Casimir Périer, Président du Conseil des ministres, se rendit immédiatement auprès de la Reine Hortense. Cette Princesse le reçut avec une dignité calme et lui dit :

« Monsieur le ministre, je suis mère; je n'avais qu'un moyen de sauver mon Fils, venir en France; j'y suis venue. Je n'ignore pas le danger que nous courons; ma vie et celle de mon enfant sont dans vos mains : prenez-les, si vous les voulez. »

Le ministre accorda, au nom du roi Louis-Philippe, l'autorisation de séjourner huit jours en France, sous la condition expresse d'un strict incognito.

Le délai expiré, Hortense partit avec son Fils et arriva à Londres, où le Prince retomba gravement malade.

Après quelques mois de séjour en Angleterre, Louis

Bonaparte, dont la santé s'était rétablie, se mit en route avec sa mère pour Arenenberg, charmante résidence, située sur les bords du lac de Constance.

Une révolution venait d'éclater en Pologne. Les chefs de l'insurrection offrirent à Louis-Napoléon la Couronne de Stanislas, en récompense de son dévouement à la cause polonaise.

Le Prince refusa cette haute faveur, en ces termes :

« Je ne puis accepter d'être votre roi ; j'appartiens, avant tout, à la France ; d'ailleurs, je servirai plus efficacement la sainte cause de la Pologne en combattant à vos côtés comme volontaire. »

Après ce refus, Louis-Napoléon partit immédiatement pour Varsovie ; mais il fut arrêté en route par la nouvelle de la prise de cette ville et la défection de la France à la cause polonaise.

Rendu à la vie calme, le Prince écrivit à Louis-Philippe pour réclamer l'honneur de servir dans l'armée comme simple citoyen français. Le roi-citoyen crut ne pas devoir répondre à une demande basée sur la justice et le patriotisme.

ouis-Napoléon prit son parti et consacra ses loisirs à l'élaboration d'œuvres qui révèlent en lui, non-seulement un écrivain philosophe, mais encore un observateur profond et un critique distingué (1).

Le Prince publia, en 1832, sous le titre de *Considérations politiques et littéraires sur la Suisse*, un livre remarquable, qui lui fit déférer, par le Gouverne-

---

(1) Nous avons ajouté, à la suite des Portraits que nous traçons de *la Famille impériale*, une Notice sur les *Œuvres littéraires* de Louis-Napoléon.
(Note des Auteurs).

ment du pays auquel il avait consacré son travail, le titre honorifique de : *Citoyen de la République helvétique.*

Armand Carrel, rédacteur en chef du *National*, disait, en parlant des OEuvres de Louis-Napoléon :

« Les ouvrages de Louis Bonaparte annoncent une bonne tête et un noble caractère. Il y a de profonds aperçus, qui dénotent de sérieuses études et une grande intelligence des temps nouveaux. »

Vers cette époque, le Roi de Rome rendit le dernier soupir. La mort de ce Prince laissait, comme héritiers directs de Napoléon Ier : *Joseph, son frère aîné ;* — après lui, *Louis, l'ancien Roi de Hollande,* et son fils, *Louis-Napoléon, aujourd'hui Empereur des Français.*

Le roi Louis-Philippe fit sonder les intentions du Prince, et on lui rapporta que Louis-Napoléon n'avait qu'une seule pensée : *la gloire et le bonheur de la France !*

Du reste, il exprimait cette pensée d'une façon toute particulière dans deux lettres adressées à M. Louis Belmontet, et dont voici la teneur :

« Arenenberg, ce 10 avril 1832.

« Mon cher Louis,

« Nous souffrons des ravages que le choléra fait en France. Pauvre patrie ! elle avait assez de maux sans cela.

« Il est donc vrai que l'infortune a ses avantages ! elle rend les hommes meilleurs ; elle retrempe leur âme et leur montre en beau la nature humaine, en leur faisant connaître des âmes nobles et généreuses, pour lesquelles le malheur a plus de prestige que le pouvoir et la grandeur.

« Souffrir grandit.

« Louis-Napoléon Bonaparte. »

« Arenenberg, mai 1833.

« Mon cher Louis,

« Mon portrait vous a donc fait plaisir! J'en suis touché. Regardez-le souvent, et pensez, en le voyant, que c'est celui d'un homme qui ne transigera jamais avec aucun ennemi de la France, qui se dévouera toujours à la cause de la liberté, sans regarder derrière lui, et qui demeurera constamment fidèle aux devoirs de son nom, à l'honneur de la patrie, et à ses braves amis.

« Louis-Napoléon Bonaparte. »

Deux années plus tard, en juin 1834, Louis-Napoléon fut nommé, par le Gouvernement helvétique, capitaine d'artillerie au régiment de Berne.

En 1835, lors de l'avénement de Dona Maria au trône de Portugal, on proposa la main de cette jeune reine à Louis-Napoléon.

Le Prince déclina cette insigne faveur dans une lettre dont voici les termes :

« Arenenberg, 14 décembre 1835.

« Plusieurs journaux ont accueilli la nouvelle de mon départ pour le Portugal comme prétendant à la main de Dona Maria. Quelque flatteuse que soit, pour moi, la supposition d'une union avec une jeune reine, belle et vertueuse, veuve d'un Cousin qui m'était cher, il est de mon devoir de réfuter un tel bruit, puisqu'aucune démarche à moi connue n'a pu y donner lieu.

« Je dois même ajouter que, malgré le vif intérêt qui s'attache aux destinées d'un peuple qui vient d'acquérir ses libertés, je refuserais l'honneur de partager le trône de Portugal si le hasard voulait que quelques personnes jetassent les yeux sur moi.

« La belle conduite de mon père, qui abdiqua, en 1810, parce qu'il ne pouvait allier les intérêts de la France avec ceux de la Hollande, n'est pas sortie de mon esprit. Mon père m'a prouvé, par son grand exemple, combien la patrie est préférable à un trône étranger. Je sens, en effet, que, habitué dès mon enfance à chérir mon pays par-dessus tout, je ne saurais rien préférer aux intérêts français.

« Persuadé que le grand nom que je porte ne sera pas toujours un titre d'exclusion aux yeux de mes compatriotes, puisqu'il leur rappelle quinze années de gloire, j'attends avec calme, dans un pays hospitalier et libre, que le peuple rappelle dans son sein ceux qu'exilèrent, en 1815, douze cent mille étrangers. Cet espoir de servir un jour la France comme citoyen et comme soldat fortifie mon âme, et vaut à mes yeux tous les trônes du monde.

« Recevez, etc.

« Louis-Napoléon Bonaparte.

Il écrivait, vers la même époque, à M. Belmontet, les lettres suivantes, entièrement confidentielles :

« Arenenberg, novembre 1834.

« Toujours loin de ma patrie, privé de tout ce qui peut rendre la vie intéressante pour un cœur mâle, je dois rester homme en dépit du sort, et mes seules consolations sont dans les études fortes.

« Adieu ; songez quelquefois à toutes les idées poignantes qui doivent me froisser le cœur lorsque je rêve au grand passé de la France, et quand je vois le présent si vide d'avenir. Il faut bien du courage pour marcher seul, comme on peut, au but que l'âme s'est tracé. N'importe, il ne faut pas désespérer, l'honneur français a tant d'éléments de vitalité ! L'Empereur connaissait bien ce grand peuple qu'il aimait tant. »

« Arenenberg, août 1835. »

« .... Ma vie n'a été jusqu'ici marquée que par des tristesses profondes et par des vœux étouffés. Le sang de Napoléon se révolte dans mes veines de ne pouvoir couler pour la gloire nationale. Jusqu'à présent, ma vie n'a eu de remarquable que ma naissance. Le soleil de la gloire a rayonné sur mon berceau. Hélas! c'est tout. Qui peut se plaindre lorsque l'Empereur a tant souffert? La confiance dans le sort, voilà mon seul espoir: l'épée de l'Empereur, voilà mon seul soutien ; une belle mort pour la France, voilà mon ambition.

« Adieu ; pensez aux pauvres exilés qui ont sans cesse les yeux tournés du côté de la France, et croyez que mon cœur battra toujours quand on lui parlera de gloire, de patrie, d'honneur et de dévouement.

« Louis-Napoléon Bonaparte. »

Louis-Napoléon, dans son exil, se trouvait en rapport avec un grand nombre d'officiers français. Il voyait fort souvent aussi un lieutenant-colonel en retraite, qui devint un de ses partisans les plus éprouvés, et figura dans l'affaire de Strasbourg.

Les conseils des amis dévoués à la cause impériale et la situation politique de la France à cette époque, vis-à-vis de l'étranger, inspirèrent à Louis-Napoléon le dessein de reconquérir la souveraineté populaire et de rendre à la France le rang qui lui appartenait dans les Conseils de l'Europe.

Les personnes choisies pour seconder le Prince dans cette entreprise périlleuse furent : M. Fialin de Persigny, jeune homme ardent et croyant au bonapartisme du peuple ; le lieutenant Laity, serviteur dévoué et énergique ; le colonel Vaudrey, qui dirigeait par intérim la garnison de Strasbourg ; le comte de Gricourt ; le commandant Parquin et une trentaine d'officiers faisant partie de la garnison.

Le 28 octobre, à dix heures du soir, Louis-Napoléon entra à Strasbourg, réunit chez le colonel Vaudrey tous ceux qui devaient prendre part à l'entreprise, et leur communiqua les proclamations suivantes :

PREMIÈRE PROCLAMATION.

AU PEUPLE FRANÇAIS.

« Français !

« On vous trahit ; vos intérêts politiques, vos intérêts commerciaux, votre gloire, sont vendus à l'étranger.

« Et par qui ? Par des hommes qui ont profité de votre belle révolution, et qui en renient tous les principes. Est-ce donc pour avoir un Gouvernement sans parole, sans honneur, sans générosité; des institutions sans force, des lois sans liberté, une paix sans prospérité et sans calme, enfin un présent sans avenir, que nous avons combattu depuis quarante ans?

« En 1830, on imposa un Gouvernement à la France sans consulter ni le peuple de Paris, ni le peuple des provinces, ni l'armée française : tout ce qui a été fait sans vous est illégitime.

« *Un Congrès national, élu par tous les citoyens, peut seul avoir le droit de choisir ce qui convient le mieux à la France.*

« Fier de mon origine populaire, fort de quatre millions de votes qui m'appelaient au trône, je m'avance devant vous comme un représentant de la souveraineté du peuple.

« Il est temps qu'au milieu du chaos des partis, une voix nationale se fasse entendre : il est temps qu'au cri de la liberté trahie, vous renversiez le joug honteux qui pèse sur notre belle France. Ne voyez-vous pas que les hommes qui règlent nos destinées sont encore les traîtres de 1814 et de 1815, les bourreaux du maréchal Ney?

« Pouvez-vous avoir confiance en eux?

« Ils font tout pour complaire à la Sainte-Alliance : pour lui obéir, ils ont abandonné les peuples nos alliés; pour se soutenir, ils ont armé le frère contre le frère; ils ont ensanglanté nos villes, ils ont foulé aux pieds nos sympathies, nos volontés, nos droits.

« Les ingrats, ils ne se souviennent des barricades que pour préparer les forts; méconnaissant la grande nation, ils rampent devant les puissants et insultent les faibles. Notre vieux drapeau tricolore s'indigne d'être plus longtemps entre leurs mains.

« Français! que le souvenir du grand Homme qui fit tant pour la gloire et la prospérité de la patrie vous ranime. Confiant dans la sainteté de ma cause, je me présente à vous, le testament de l'Empereur Napoléon d'une main, son épée d'Austerlitz de l'autre. Lorsqu'à Rome, le peuple vit les dépouilles ensanglantées de César, il renversa ses hypocrites oppresseurs. Français! Napoléon est plus grand que César; il est l'emblème de la civilisation au xixe siècle.

« Fidèle aux maximes de l'Empereur, je ne connais d'intérêts que les vôtres, d'autre gloire que celle d'être utile à la France et à l'humanité. Sans haine, sans rancune comme sans esprit de parti, j'appelle sous l'Aigle de l'Empereur tous ceux qui sentent un cœur français battre dans leur poitrine.

« J'ai voué mon existence à l'accomplissement d'une grande mission. Du rocher de Sainte-Hélène, un rayon du soleil mourant a passé dans mon âme ; je saurai garder ce feu sacré ; je saurai vaincre ou mourir pour la cause du peuple.

« Hommes de 1789, hommes du 20 mars 1815, hommes de 1830, levez-vous ! Voyez qui vous gouverne ; voyez l'Aigle, emblème de gloire, symbole de liberté, et choisissez !

« Vive la France !

« NAPOLÉON. »

DEUXIÈME PROCLAMATION.

A L'ARMÉE.

« Soldats !

« Le moment est venu de recouvrer votre ancienne splendeur. Faits pour la gloire, vous pouvez moins que d'autres supporter plus longtemps le rôle honteux qu'on vous fait jouer. Le Gouvernement qui trahit nos intérêts civils voudrait aussi ternir notre honneur militaire. L'insensé ! croit-il que la race des héros d'Arcole, d'Austerlitz, de Wagram, soit éteinte ?

« Voyez le lion de Waterloo encore debout sur nos frontières ; voyez Huningue privée de ses défenses ; voyez les grades de 1815 méconnus ; voyez la Légion-d'Honneur prodiguée aux intrigants et refusée aux braves ; voyez notre drapeau.... il ne flotte nulle part où nos armées ont triomphé. Voyez enfin, partout trahison, lâcheté, influence étrangère, et écriez-vous avec moi : Chassons les barbares du Capitole ?

« Soldats ! reprenez ces Aigles que nous avions dans nos grandes journées ; les ennemis de la France ne peuvent en soutenir les regards ; ceux qui nous gouvernent ont déjà fui devant elles ! Délivrer la patrie des traîtres et des oppresseurs, protéger les droits du peuple, défendre la France et ses alliés contre l'invasion, voilà la route où l'honneur vous appelle, voilà votre sublime mission.

« Soldats français ! quels que soient vos antécédents, venez tous vous ranger sous le drapeau tricolore régénéré; il est l'emblème de vos intérêts et de votre gloire. La patrie divisée, la liberté trahie, l'humanité souffrante, la gloire en deuil comptent sur vous; vous serez à la hauteur des destinées qui vous attendent!

« Soldats de la République, soldats de l'Empire, que mon nom réveille en vous votre ancienne ardeur. Et vous, jeunes soldats, qui êtes nés comme moi au bruit du canon de Wagram, souvenez-vous que vous êtes les enfants des soldats de la grande armée. Le soleil de cent victoires a éclairé notre berceau : que nos hauts faits ou notre trépas soient dignes de notre naissance! du haut du ciel, la grande ombre de Napoléon guidera nos bras, et, contente de nos efforts elle s'écriera : ILS ÉTAIENT DIGNES DE LEURS PÈRES.

« Vive la France!

« NAPOLÉON. »

Le 30, à cinq heures du matin, le Prince se met à la tête d'un groupe d'officiers, entre à la caserne et dit aux soldats rangés en carré, en leur montrant l'Aigle, que portait un des officiers :

« SOLDATS!

« Voici le symbole de la gloire française. Pendant quinze ans, il a conduit nos pères à la victoire; il a brillé sur tous les champs de bataille; il a traversé toutes les capitales de l'Europe. Soldats! ralliez-vous à ce noble étendard; je le confie à votre honneur, à votre courage; marchons ensemble contre les traîtres et les oppresseurs de la patrie, au cri de *Vive la France!* »

Cette harangue est accueillie par les cris mille fois répétés de : *Vive l'Empereur! vive Napoléon!*

La victoire semblait assurée. M. de Persigny est chargé d'arrêter le Préfet de Strasbourg; M. Lombard de faire imprimer les proclamations ; le lieutenant Piétri a l'ordre de s'emparer du télégraphe, et le lieutenant Laity doit se rendre au quartier des Pontonniers, afin de les préparer à accepter les nouveaux événements.

Louis-Napoléon, suivi du colonel Vaudrey et de M. Parquin, monte à l'appartement de M. Voirol, général commandant la division de Strasbourg, et lui ordonne de se tenir à sa disposition. Le général refuse, ajoutant qu'il va se mettre à la tête de la garnison et repousser la révolte par les armes : « La garnison n'est plus à vos ordres, lui répond le colonel Vaudrey, vous êtes notre prisonnier. »

Après cette démarche, le Prince se rend à la caserne Finckmatt, où se trouvait le 46e régiment d'infanterie de ligne.

A la vue de Louis-Napoléon, tous les soldats se mettent à crier : *Vive l'Empereur ! vive Napoléon !*

D'un autre côté, le 3e régiment d'artillerie et le bataillon de pontonniers se mettaient en marche pour se réunir au 4e.

Un instant, le Prince crut sa cause gagnée.

Mais un événement imprévu vint changer les espérances préconçues en une cruelle déception.

Le lieutenant Pleignier, officier du 46e, et le colonel Taillandier, descendent en toute hâte dans la cour de la caserne et persuadent aux soldats qu'ils sont la dupe d'une mystification : « Ce n'est pas le Neveu de l'Empereur, s'écrient-ils, c'est le neveu du colonel Vaudrey ; nous le reconnaissons. »

Cette ruse, qu'un grand nombre d'écrivains qualifient d'une façon très-sévère, réussit complétement. Les soldats, de dévoués qu'ils étaient au Prince Louis, devinrent hostiles à un aventurier s'affublant d'un nom d'emprunt pour leur faire jouer une comédie ridicule.

Louis-Napoléon, indigné d'un pareil outrage, veut soutenir son droit. Une lutte s'engage, lutte inégale, dans laquelle le Prince et ses amis sont faits prisonniers et conduits à la citadelle.

La première pensée du courageux Captif fut d'écrire à M. Voirol une lettre, dans laquelle il assumait sur lui la responsabilité de l'entreprise et appelait sur sa personne toutes les rigueurs de la loi.

Après cet acte de générosité, il écrivit à sa mère la lettre suivante :

« MA CHÈRE MÈRE,

« Vous avez dû être bien inquiète de ne pas recevoir de mes nouvelles, vous qui me croyez chez ma Cousine ; mais votre inquiétude redoublera lorsque vous apprendrez que j'ai tenté à Strasbourg un mouvement qui a échoué. Je suis en prison, ainsi que d'autres officiers ; c'est pour eux seuls que je suis en peine, car moi, en commençant une telle entreprise, j'étais préparé à tout.

« Ne pleurez pas, ma mère, je suis victime d'une belle cause, d'une cause toute française : plus tard, on me rendra justice et on me plaindra.

« Hier dimanche, à cinq heures, je me suis présenté devant le 4e d'artillerie, qui m'a reçu aux cris de *vive l'Empereur!* Nous avions détaché du monde. Le 46e a résisté, nous nous sommes trouvés pris dans la cour de la caserne. *Heureusement, il n'y a pas de sang français répandu;* c'est ma consolation dans mon malheur ! Courage, ma mère, je saurai soutenir jusqu'au bout l'honneur du nom que je porte.

« Adieu, ne vous attendrissez pas inutilement sur mon sort. La vie est peu de chose; *l'honneur et la France sont tout pour moi.*

« Je vous embrasse de tout mon cœur.

« Votre tendre et respectueux fils,

« Louis-Napoléon Bonaparte.

« Strasbourg, le 1ᵉʳ novembre 1836. »

Le 9 novembre, à 7 heures du soir, une escorte vint chercher Louis-Napoléon et le conduisit à la Préfecture de Strasbourg, où se trouvaient MM. Voirol et Choppin d'Arnouville. Par ordre, le Prince dut monter dans une chaise de poste, qui le conduisit à Paris.

Le 11 novembre, la voiture où était renfermé Louis-Napoléon franchissait le seuil de la Préfecture de police.

M. Delessert annonça au Neveu de Napoléon qu'il allait être conduit dans un port de mer et transporté aux États-Unis.

Le Prince protesta énergiquement contre cette illégalité, et demanda à être jugé selon les lois du pays. M. Delessert lui répliqua que les ordres du Gouvernement étaient formels et qu'il fallait obéir.

Deux heures plus tard, Louis-Napoléon fut conduit à Lorient, et, de là, embarqué sur la frégate l'*Andromède.*

Après cinq mois de navigation, le Fils de la Reine Hortense débarqua à New-York.

Telle fut l'issue de cet héroïque coup de main, qui échoua devant une intrigue de caserne.

CHAPITRE II

Séjour aux États-Unis. — Départ pour Arenenberg. — Le Gouvernement français demande l'expulsion de la Suisse du Prince Louis-Napoléon. — Lettre au Président du Conseil de Thurgovie. — Le Prince se rend à Londres. — Publication d'un livre. — Protestation de Louis-Napoléon au sujet des armes de Napoléon Ier. — Situation politique de la France. — Tentative de Boulogne. — Préparatifs. — Proclamations. — Cour de Haute-Justice. — Condamnation du Prince.

Louis-Napoléon débarqua aux États-Unis, le 30 mars 1837.

Après un mois de séjour, et au moment où il s'apprêtait à visiter l'Amérique septentrionale, le Prince reçut de la Reine Hortense une lettre qui lui apprenait sa maladie, et son désir de le revoir une dernière fois avant de mourir.

Louis-Napoléon partit immédiatement pour Arenenberg, et arriva assez à temps pour recevoir le dernier baiser d'une mère adorée.

Le séjour du Prince en Suisse inquiéta le Gouvernement de Louis-Philippe; M. de Montebello (1), oubliant un instant les traditions de famille, signifia, en qualité d'ambassadeur, aux autorités fédérales, d'avoir à

(1) Fils du maréchal Lannes.

expulser, sur-le-champ, Louis-Napoléon du territoire Helvétique.

Le Conseil de Thurgovie résista à la demande du Gouvernement français.

M. de Montebello envoya à la Diète une note menaçante et donna l'ordre au général Aymar, commandant de Lyon, de se mettre en marche.

Mais le Prince Louis, cédant aux généreuses inspirations de son cœur, refusa une hospitalité qui devait entraîner sa patrie adoptive dans un conflit fatal, et vint habiter, pour la deuxième fois, l'Angleterre.

Avant son départ, qui eut lieu le 22 septembre 1838, l'illustre Proscrit écrivit la lettre suivante au Président du Conseil de Thurgovie :

« MONSIEUR LE LANDAMANN,

« Lorsque la note du duc de Montebello fut adressée à la Diète, je ne voulus pas subir les exigences du Gouvernement français : car il m'importait de prouver, par mon refus de m'éloigner, que j'étais revenu en Suisse sans manquer à aucun engagement, que j'avais le droit d'y résider, et que j'y trouverais aide et protection.

« La Suisse a montré depuis deux mois, par ses protestations énergiques, et maintenant par les décisions des grands Conseils qui se sont assemblés jusqu'ici, qu'elle était prête à faire les plus grands sacrifices pour maintenir sa dignité et son droit. Elle a su faire son devoir comme nation indépendante ; je saurai faire le mien, et demeurer fidèle à la voix de l'honneur. On peut me persécuter, mais jamais m'avilir.

« Le Gouvernement français ayant déclaré que le refus de la Diète d'obtempérer à sa demande serait le signal d'une conflagration dont la Suisse pourrait être la victime, il ne me reste plus qu'à quitter un pays où ma présence est le sujet d'aussi injustes prétentions, où elle serait le sujet d'aussi grands malheurs.

« Je vous prie donc, Monsieur le Landamann, d'annoncer

au Directoire fédéral que je partirai dès qu'il aura obtenu des ambassadeurs des diverses puissances les passeports qui me sont nécessaires pour me rendre dans un lieu où je trouverai un asile assuré.

« En quittant aujourd'hui volontairement le seul pays où j'avais trouvé en Europe appui et protection, en m'éloignant des lieux qui m'étaient devenus chers à tant de titres, j'espère prouver au peuple suisse que j'étais digne des marques d'estime et d'affection qu'il m'a prodiguées. Je n'oublierai jamais la noble conduite des Cantons qui se sont prononcés si courageusement en ma faveur, et le souvenir de la généreuse protection que m'a accordée le Canton de Thurgovie restera surtout profondément gravé dans mon cœur.

« J'espère que cette séparation ne sera pas éternelle, et qu'un jour viendra où je pourrai sans compromettre les intérêts de deux nations qui doivent rester amies, retrouver l'asile où vingt ans de séjour et de droits acquis m'avaient créé une seconde patrie.

« Soyez, Monsieur le Landamann, l'interprète de mes sentiments de reconnaissance envers les Conseils, et croyez que la pensée d'épargner des troubles à la Suisse peut seule adoucir les regrets que j'éprouve de la quitter.

« Recevez, etc.

« LOUIS-NAPOLÉON BONAPARTE. »

Arrivé à Londres, Louis-Napoléon reprit ses habitudes laborieuses et publia un livre intitulé : *Les Idées Napoléoniennes* (1).

Cet ouvrage, qui renferme des idées profondes d'économie sociale, des considérations de premier ordre sur la mission des Gouvernements comme représentants de la nation, eut un grand retentissement en Europe.

Il se passa, vers cette époque, un incident politique qui fit sensation dans les cercles diplomatiques.

Le général Bertrand avait reçu de Napoléon Ier, à

(1) Nous en donnons plus loin quelques extraits dans la *Notice sur les Ouvrages du Prince Louis-Napoléon Bonaparte*.

Sainte-Hélène, ses armes, avec mission de les remettre au Roi de Rome.

Ce glorieux legs se composait : 1° de l'épée que Napoléon portait à la bataille d'Austerlitz ; 2° de deux paires de pistolets d'arçon d'un riche travail ; 3° de l'épée en forme de glaive qu'il avait au Champ-de-Mai; 4° d'un sabre ayant appartenu à Jean Sobieski ; 5° d'un poignard donné jadis par le Pape à Lavalette, grand maître de l'Ordre de Malte.

Lors de la translation des cendres de Napoléon, Joseph Bonaparte et Louis-Napoléon eurent la généreuse pensée de faire hommage de ses armes à la nation française.

En conséquence, le général Bertrand fut autorisé à les remettre, de la part des Princes exilés, au Gouverneur des Invalides, afin qu'elles fussent déposées soit sur le Tombeau de Napoléon, soit sous la colonne Vendôme.

Par un malentendu regrettable, le général Bertrand remit entre les mains du roi Louis-Philippe ce précieux héritage de la Famille Impériale.

Cette dérogation flagrante à la volonté des héritiers de Napoléon Ier, amena, de leur part, une protestation énergique.

Voici celle du Prince Louis-Napoléon :

PROTESTATION

DU PRINCE LOUIS-NAPOLÉON, AU SUJET DES ARMES DE L'EMPEREUR.

« Je m'associe du fond de mon âme à la protestation de mon oncle Joseph. Le général Bertrand, en remettant les armes de ma Famille au roi Louis-Philippe, a été la victime d'une étrange illusion. L'épée d'Austerlitz ne doit pas être en des mains ennemies ; il faut qu'elle puisse être encore brandie au jour du danger pour la gloire de la France. Qu'on nous prive de notre patrie, qu'on retienne nos biens, qu'on ne se montre généreux qu'envers les morts, nous savons souffrir sans nous plaindre tant que notre honneur n'est pas attaqué ; mais donner à un heureux de Waterloo les armes du vaincu, c'est trahir les devoirs les plus sacrés, c'est forcer les opprimés d'aller dire aux oppresseurs : Rendez-nous ce que vous avez usurpé !

« LOUIS-NAPOLÉON BONAPARTE.

« Londres, 9 juin 1840. »

. . . .

Ici se place l'acte le plus audacieux de la vie de Louis-Napoléon.

La *question d'Orient* s'agitait dans les Conseils de l'Europe depuis une année, et les puissances du Nord, réunies à l'Angleterre, venaient de signer un traité sans la participation de la France.

Le ministre des affaires étrangères, M. Thiers, avait cru devoir répondre à cet acte illégal par un *casus belli*. Mais Louis-Philippe, dont la devise était : la *paix à tout prix*, changea son ministère et accepta *les faits accomplis*.

Louis-Napoléon, comprenant l'indignation de l'opinion publique devant cet acte de honteuse faiblesse, et poussé par les conseils de ses amis, par les promesses des principaux chefs de l'armée, crut le moment opportun de tenter une seconde fois, aux dépens de sa vie, d'arracher son pays au joug d'un Gouvernement pusillanime et de relever l'honneur français, grossièrement outragé par les puissances de l'Europe.

Il fréta un bateau à vapeur (1), et invita ses amis à venir l'y rejoindre.

La petite troupe qui accompagnait le Prince comptait dans ses rangs : le vieux général Montholon ; MM. de Persigny et Laity ; MM. de Mésonan, Bataille, de Montauban, Laborde, Forestier, d'Ornano, Baciocchi et le docteur Conneau.

On embarqua le 3 août, dans la soirée. Le 6, à trois heures du matin, le débarquement eut lieu sur la plage de Wimereux, petit port situé à une heure de Boulogne.

Louis-Napoléon se mit immédiatement en marche sur Boulogne.

Pendant la traversée, le Prince avait préparé ces deux proclamations, adressées au peuple et à l'armée :

PREMIÈRE PROCLAMATION.

AU PEUPLE FRANÇAIS.

« Français !

« Les cendres de l'Empereur ne reviendront que dans une France régénérée ! Les mânes du grand Homme ne doivent pas être souillés par d'impurs et hypocrites hommages. Il faut que la gloire et la liberté soient debout, à côté du cercueil de Napoléon ; il faut que les traîtres à la patrie aient disparu !

« Qu'ont-ils fait, ceux qui vous gouvernent, pour avoir des droits à votre amour ! Ils vous ont promis la paix, et ils ont amené la guerre civile et la guerre désastreuse d'Afrique ; ils

(1) *Le Château d'Édimbourg.*

vous ont promis la diminution de l'impôt, et tout l'or que vous possédez n'assouvirait pas leur avidité ; ils vous ont promis une administration intègre, et ils ne règnent que par la corruption ; ils vous ont promis la liberté, et ne protégent que les priviléges et les abus ; ils s'opposent à toute réforme ; ils n'enfantent qu'arbitraire et anarchie ; ils ont promis la stabilité, et, depuis dix ans, ils n'ont rien établi ; enfin, ils ont promis qu'ils défendraient avec conscience notre honneur, nos droits, nos intérêts, et ils ont partout vendu notre honneur et abandonné nos droits. Il est temps que tant d'iniquités aient leur terme ; il est temps d'aller leur demander ce qu'ils ont fait de cette France si grande, si généreuse, si unanime en 1830.

« Agriculteurs, ils vous ont laissé pendant la paix de plus forts impôts que ceux que Napoléon prélevait pendant la guerre.

« Industriels et commerçants, vos intérêts sont sacrifiés aux exigences étrangères ; on emploie à corrompre l'argent dont l'Empereur se servait pour encourager vos efforts et vous enrichir.

« Enfin, vous tous, classes laborieuses et pauvres, qui êtes en France le refuge de tous les sentiments nobles, souvenez-vous que c'est parmi vous que Napoléon choisissait ses lieutenants, ses maréchaux, ses ministres, ses princes, ses amis ; appuyez-moi de votre concours, et montrons au monde que ni vous ni moi n'avons dégénéré.

« J'espérais comme vous que, sans révolution, nous pourrions corriger les mauvaises influences du Pouvoir ; mais, aujourd'hui, tout espoir s'est évanoui. Depuis dix ans, on a changé dix fois de ministère ; on en changerait dix fois encore que les maux et les misères de la patrie seraient toujours les mêmes.

« Lorsqu'on a l'honneur d'être à la tête d'un peuple comme le peuple français, il y a un moyen infaillible de faire de grandes choses, c'est de le vouloir.

« Il n'y a en France, aujourd'hui, que violence d'un côté, que licence de l'autre. Je veux rétablir l'ordre et la liberté ; je veux, en m'entourant de toutes les sommités du pays, sans exception, en m'appuyant sur la volonté et les intérêts des masses, fonder un édifice inébranlable.

« Je veux donner à la France des alliances véritables, une

paix solide, et non la jeter dans les hasards d'une guerre générale.

« Français! je vois devant moi l'avenir brillant de la patrie.

« Je sens derrière moi l'ombre de l'Empereur, qui me pousse en avant; je ne m'arrêterai que lorsque j'aurai repris l'épée d'Austerlitz, remis les Aigles sur nos drapeaux et le peuple dans ses droits. »

« Louis-Napoléon. »

DEUXIÈME PROCLAMATION.

A L'ARMÉE.

« Soldats!

« La France est faite pour commander, et elle obéit; vous êtes l'élite du peuple, et l'on vous traite comme un vil troupeau. Vous êtes faits pour protéger l'honneur national, et c'est contre vos frères qu'on tourne vos armes! Ils voudraient, ceux qui vous gouvernent, avilir le noble métier de soldat? Vous vous êtes indignés, et vous avez cherché ce qu'étaient devenues les aigles d'Arcole, d'Austerlitz, d'Iéna : ces aigles, les voilà! je vous les rapporte; reprenez-les; avec elles, vous aurez gloire, honneur, fortune, et, ce qui est plus que tout cela, la reconnaissance et l'estime de vos concitoyens.

« Soldats! vos acclamations, lorsque je me présentai à vous à Strasbourg, ne sont pas sorties de ma mémoire. Je n'ai pas oublié les regrets que vous manifestiez sur ma défaite.

« Entre vous et moi, il y a des liens indissolubles : nous avons les mêmes haines et les mêmes amours, les mêmes intérêts et les mêmes ennemis.

« Soldats! la grande ombre de l'Empereur Napoléon vous parle par ma voix : hâtez-vous, pendant qu'elle traverse l'Océan, de renvoyer les traîtres et les oppresseurs; montrez-lui, à son arrivée, que vous êtes les dignes fils de la grande armée, et que vous avez repris ces emblèmes sacrés qui, pendant quarante ans, ont fait trembler les ennemis de la France, parmi lesquels étaient ceux qui vous gouvernent aujourd'hui.

« Soldats! aux armes! Vive la France!

« Louis-Napoléon. »

« Une fois entrée dans Boulogne, dit un écrivain, la troupe expéditionnaire, composée d'une soixantaine d'hommes, se dirigea vers la haute ville, où se trouve la citadelle. Tout allait d'abord à souhait, l'éveil était donné, une foule d'hommes du peuple et de soldats criaient : « Vive Louis-Napoléon ! » quand une rixe engagée entre des militaires de différents corps, au sujet d'un officier, vint ruiner subitement les chances de l'expédition.

« Les hommes qui s'étaient associés à cette entreprise hardie voulaient forcer leur chef à la retraite ; mais Louis-Napoléon résistait à toutes leurs prières, « décidé qu'il était, disait-il, à mourir sur cette terre de France, d'où il se voyait exilé depuis si longtemps. » En dépit de sa vigoureuse opposition, ils l'entraînèrent vers le rivage. Malheureusement, il était trop tard ; à peine les fugitifs se furent-ils jetés dans un canot, espérant pouvoir regagner *le Château-d'Édimbourg*, mouillé à un quart de lieue, que la garde nationale fit feu. Louis-Napoléon reçut, pour sa part, trois balles, dont deux n'atteignirent que ses vêtements ; la troisième lui fit une contusion au bras. L'embarcation chavira ; tous ceux qui la montaient tombèrent à la mer ; la garde nationale continua à tirer sur les naufragés qui se débattaient dans les flots, et l'un d'eux fut tué presque à bout portant.

« Louis-Napoléon fut pris avec cinquante-quatre hommes de sa suite.

« Enfermé d'abord dans la citadelle de Boulogne, il fut transféré, par ordre du Gouvernement, à la Conciergerie, et placé dans la cellule de l'assassin Fieschi. »

Une ordonnance de Louis-Philippe convoqua la Cour

des Pairs, sous le titre de Haute Cour de Justice, pour juger le Prince Louis-Napoléon et ses complices comme coupables du crime de haute trahison.

« Ainsi se dénoua, dit un historiographe (1), cette seconde tentative pour remettre la nation en possession d'elle-même. Ce ne fut encore cette fois, si nous pouvons nous exprimer ainsi, qu'une autre carte de visite envoyée à l'adresse de la France par le Neveu de l'Empereur. La France la reçut et la garda religieusement. »

(1) M. Guy.

CHAPITRE III

Procès du Prince Louis-Napoléon devant la Cour des Pairs. — Sa défense. — MM. Berryer et Ferdinand Barrot.—Jugement.—Emprisonnement à Ham.—MM. Conneau et Montholon. — Deux lettres du Prince. — Rigoureuse captivité. — Protestation. — Occupation des loisirs. — Ouvrages du Prince. — Lettre de Béranger. — Bruit d'amnistie. — Lettre à M. Duchâtel. — Lettre au Roi. — Conditions inacceptables du Gouvernement. — Évasion du Prince. — Arrivée en Angleterre. — Lettre à M. de Saint-Aulaire. — Mort du Roi Louis.— Douleur du Prince. — Il vit dans la retraite et écrit un nouvel ouvrage.

Le Gouvernement français nomma des Commissaires instructeurs, chargés d'interroger le Prince Louis-Napoléon.

Ces Commissaires furent : MM. Gérard, Decazes et Pasquier ; tous les trois avaient occupé des postes éminents sous Napoléon 1er (1).

Après une instruction minutieuse, l'Héritier légitime de l'Empire comparut, le 26 septembre 1840, sous l'accusation du crime de RÉBELLION CONTRE LE SOUVERAIN DE LA FRANCE, devant la Cour des Pairs, composée en grande partie d'anciens serviteurs du régime impérial.

(1) M. Decazes avait été secrétaire du roi de Hollande ; — le maréchal Gérard, favori de Napoléon ; — M. Pasquier, Préfet de police, Auditeur au Conseil d'État, Maître des Requêtes et Directeur général des Ponts-et-Chaussées sous l'Empire.

Interrogé par le Président, Louis-Napoléon répondit en ces termes :

« Pour la première fois de ma vie il m'est enfin permis d'élever la voix en France et de parler librement à des Français.

« Malgré les gardes qui m'entourent, malgré les accusations que je viens d'entendre, plein des souvenirs de ma première enfance, en me trouvant dans les murs du Sénat, au milieu de vous que je connais, Messieurs, je ne peux croire que vous ayez ici l'espoir d'entendre une justification, ni que vous puissiez être mes juges.

« Une occasion m'est offerte d'expliquer à mes concitoyens ma conduite, mes intentions, mes projets, ce que je pense, ce que je veux.

« Sans orgueil comme sans faiblesse, si je rappelle les droits déposés par la nation dans les mains de ma Famille, c'est uniquement pour expliquer les devoirs que ces droits nous ont imposés à tous.

« Depuis cinquante ans que le principe de la souveraineté du peuple a été consacré en France par la plus puissante révolution qui se soit faite dans le monde, jamais la volonté nationale n'a été proclamée aussi solennellement, n'a été constatée par des suffrages aussi nombreux et aussi libres, que pour l'adoption des Constitutions de l'Empire.

« La nation n'a jamais révoqué ce grand acte de sa souveraineté, et l'Empereur l'a dit : *Tout ce qui a été fait sans elle est illégitime*. Aussi, gardez-vous de croire que, me laissant aller au mouvement d'une ambition personnelle, j'aie voulu tenter en France, malgré le pays, une restauration impériale. J'ai été formé par de plus hautes leçons, et j'ai vécu sous de plus nobles exemples.

« Je suis né d'un père qui descendit du trône sans regret, le jour où il ne jugea plus possible de concilier avec les intérêts de la France les intérêts du peuple qu'il avait été appelé à gouverner.

« L'Empereur, mon oncle, aima mieux abdiquer l'Empire que d'accepter, par des traités, les frontières restreintes qui devaient exposer la France à subir les dédains et les menaces que l'étranger se permet aujourd'hui. Je n'ai pas respiré un jour dans l'oubli de tels enseignements. La proscription imméritée et cruelle qui, pendant vingt ans, a traîné ma vie des marches du trône sur lesquelles je suis né, jusqu'à la prison, d'où je sors en ce moment, a été impuissante à irriter comme à fatiguer mon cœur : elle n'a pu me rendre étranger un seul jour à la gloire, aux droits, aux intérêts de la France. Ma conduite, mes convictions s'expliquent.

« Lorsqu'en 1830, le peuple a reconquis sa souveraineté, j'avais cru que le lendemain de la conquête serait loyal, comme la conquête elle-même, et que les destinées de la France étaient à jamais fixées. Mais le pays a fait la triste expérience des dernières années. J'ai pensé que le vote de quatre millions de citoyens, qui avaient élevé ma Famille, nous imposait au moins le devoir de *faire appel à la nation et d'interroger sa volonté.* J'ai cru même que si, au sein du Congrès national que je voulais convoquer, quelques prétentions pouvaient se faire entendre, j'aurais le droit d'y réveiller les souvenirs éclatants de l'Empire, d'y parler du frère aîné de l'Empereur, de cet homme vertueux qui, avant moi, en est le digne héritier, et de *placer en face de la France, aujourd'hui affaiblie, passée sous silence dans le Congrès des rois,* la France d'alors, si forte au dedans, au dehors si puissante et si respectée. La nation eût répondu : république ou monarchie, Empire ou royauté. De sa libre décision dépend la fin de nos maux, le terme de nos dissensions.

« Quant à mon entreprise, je le répète, je n'ai point eu de complice ; seul, j'ai tout résolu : personne n'a connu à l'avance ni mes projets, ni mes ressources, ni mes espérances. Si je suis coupable envers quelqu'un, c'est envers mes amis ; toutefois, qu'ils ne m'accusent pas d'avoir abusé légèrement de courages et de dévouements comme les leurs ; ils comprendront les motifs d'honneur et de prudence qui ne me permettent pas de révéler à eux-mêmes combien étaient étendues et puissantes mes raisons d'espérer un succès.

« Un dernier mot, Messieurs. Je représente devant vous un principe, une défaite, une cause. Le principe, c'est la souveraineté du peuple ; la cause, celle de l'Empire ; la défaite, Waterloo ! Le principe, vous l'avez reconnu ; la cause, vous l'avez servie ; la défaite, vous avez voulu la venger. Non, il n'y a pas désaccord entre vous et moi, et je ne veux pas croire que je puisse être dévoué à porter la peine des défections d'autrui.

« Représentant d'une cause politique, je ne puis accepter, comme juge de mes volontés et de mes actes, une juridiction politique. Vos formes n'abusent personne dans la lutte qui s'ouvre ; il n'y a qu'un vainqueur et un vaincu. Si vous êtes les hommes du vainqueur, je n'ai pas de justice à attendre de vous, et je ne veux pas de générosité. »

Ce discours, empreint d'une noble franchise, était non pas une défense, mais un réquisitoire énergique contre les actes des Gouvernements qui s'étaient succédé depuis vingt-cinq ans.

Le Procureur général, surpris par la vigueur de cette attaque, et ne pouvant y répondre victorieusement, crut devoir se livrer à une critique acerbe des moyens employés par Louis-Napoléon pour faire réussir une aussi gigantesque entreprise : « Moyens, disait-il, aussi faibles que ridicules... »

M. Berryer, défenseur du Prince, rétorqua avec supériorité cette plaidoirie, fausse en principe, dans un discours dont voici la teneur :

« Vous faites allusion, s'écria-t-il, à la faiblesse des moyens, à la pauvreté de l'entreprise, au ridicule de l'espérance du succès. Eh bien ! si le succès fait tout, vous qui êtes des hommes, qui êtes même les premiers de l'État, qui êtes les membres d'un grand corps politique, je vous dirai : Il y a un arbitre inévitable, éternel, entre tout juge et tout accusé. Avant de juger devant cet arbitre, et à la face du pays, qui entendra vos arrêts, dites-vous, sans avoir égard à la faiblesse des moyens, le droit, les lois, la Constitution devant les yeux, la main sur la conscience, devant Dieu et devant nous qui vous connaissons, dites: S'il eût réussi, s'il eût triomphé, ce droit, au nom duquel était tenté le projet de Boulogne, je l'aurais renié, j'aurais refusé toute participation à ce pouvoir, je l'aurais méconnu, je l'aurais repoussé. — Moi, j'accepte cet arbitrage suprême, et quiconque devant Dieu, devant le pays, se lèvera et me dira : S'il eût réussi, j'aurais nié ce droit! celui-là je l'accepte pour juge. »

Personne ne répondit à cet appel du défenseur à la conscience humaine.

M. Ferdinand Barrot, autre avocat de Louis-Napoléon, prit la parole en ces termes :

« La pensée qui a présidé, dit-il, à l'entreprise de Boulogne, est une pensée d'ordre. Est-il donc vrai, comme le prétend le ministère public, que le Prince Louis-Napoléon soit venu réclamer les droits d'une dynastie et redemander un sceptre et une couronne? Eh mon Dieu ! quelle est donc la pauvre ambition que peuvent aujourd'hui tenter une couronne et un sceptre? Non, ce ne sont pas ces joyaux de la souveraineté qu'ambitionnait le Prince. M. le procureur général n'a pas bien inventorié la succession impériale, s'il n'y a vu que ces hochets; en cherchant à côté, au-dessus, il y aurait trouvé quelque chose de mieux, la gloire nationale, nos frontières reculées, le pays respecté partout et donnant son avis à haute voix dans les affaires du monde : n'est-ce rien? Oh! pourquoi aujourd'hui parler de gloire? il n'est pas temps encore. Mais si un jour l'insulte soulevait la nation, alors ce serait bien le moment de rappeler ces temps de fièvre héroïque où nous allions frapper à toutes les capitales de l'Europe!...

« Messieurs les Pairs, le fait que vous avez à juger est au nombre de ceux qu'on ne qualifie justement que le lendemain : qu'il réussisse, c'est une révolution ; qu'il échoue, c'est un crime. »

Malgré ces éloquentes plaidoiries, le Prince Louis-Napoléon fut reconnu coupable par la Cour des Pairs.

La *peine de mort* devait être appliquée, suivant la loi.

La Cour des Pairs n'osa pas se charger d'une telle responsabilité. Elle créa une peine exceptionnelle.

Le Prince Louis-Napoléon fut condamné :

A la détention perpétuelle dans une forteresse, située sur le territoire continental du royaume.

Le 6 octobre 1840, à quatre heures de l'après-midi, le greffier de la Cour des Pairs vint dans la prison lire au Prince sa sentence.

A minuit, un colonel de la garde municipale vint chercher Louis-Napoléon, monta en voiture avec lui et l'accompagna jusqu'à la forteresse de Ham, où le Prince devait subir sa condamnation.

Louis-Napoléon n'avait pu obtenir, malgré ses instances, de voir personne avant son départ de Paris.

Heureusement, trois de ses fidèles amis, le docteur Conneau, le lieutenant d'Ornano et le général Montholon, condamnés dans l'affaire de Boulogne (1), obtinrent la faveur de partager sa prison, et purent ainsi adoucir, par une mutuelle amitié, les premiers instants d'une rigoureuse captivité.

L'illustre Captif supporta avec un courage stoïque sa nouvelle infortune. Nous en trouvons une preuve dans deux lettres écrites par lui à cette époque. Nous les rapportons :

« Ham, le 21 novembre 1840.

« Mon cher Monsieur Ferdinand Barrot,

« Je profite d'une occasion pour me rappeler à votre souvenir, et vous prier de vouloir bien faire paraître, dans les journaux, la lettre ci-jointe, que le général Montholon a écrite au Président du Conseil. Je voudrais que cette lettre ne parût qu'environ huit jours avant la translation des cendres, et qu'on ne pût pas croire qu'elle vient d'ici. Si vous me répondez, n'ayez

(1) Le premier, à cinq années de détention ; — le second, à dix ans ; — le troisième, à vingt années de la même peine.

pas l'air d'avoir reçu de lettre de moi ; car celle-ci vous parviendra par contrebande, et toutes les lettres que je reçois et que j'écris sont lues et analysées.

« Je ne puis guère me louer de la manière dont on a été pour moi depuis que je suis ici. Pas le moindre égard, et la surveillance la plus active, jointe aux mesures les plus inutiles de précaution. Les ministres de Charles X étaient mieux traités que nous... Cependant, je voudrais être encore plus mal, si cela pouvait inspirer quelque sympathie à mes compatriotes et servir au triomphe de ma cause, que je crois être celle des intérêts populaires et de la civilisation européenne. Je sais qu'on voudrait m'envoyer en Amérique, parce que ma présence ici inquiète. Dans l'armée surtout, il y a beaucoup de sympathie pour moi. Mais, comme ma translation en Amérique serait une illégalité, j'espère que mes amis protesteraient, quoique dans le malheur on ait bien peu d'amis.

« Adieu, croyez que je n'oublierai jamais, etc.

« Louis-Napoléon. »

« Ham, le 13 janvier 1841.

« Milady,

« Je reçois seulement aujourd'hui votre lettre du 1ᵉʳ janvier, parce que, étant en anglais, il a fallu qu'elle fût envoyée au ministère à Paris, afin qu'elle y fût lue. Je suis bien sensible à votre bon souvenir, et c'est avec douleur que je pense que jamais, auparavant, vos lettres ne m'étaient parvenues. Je n'ai reçu de Gore-House qu'une lettre du comte d'Orsay, auquel je me suis empressé de répondre lorsque j'étais à la Conciergerie. Je regrette vivement qu'on ait intercepté ma réponse, car je lui témoignais toute ma reconnaissance de l'intérêt qu'il prend à mes malheurs. Je ne vous ferai pas le récit de tout ce que j'ai souffert : votre âme poétique et votre noble cœur ont deviné tout ce qu'a de cruel une position où la défense a des limites infranchissables, et là justification des réserves obligées. Dans ce cas, la seule consolation contre toutes les calomnies et contre les rigueurs du sort, c'est de sentir dans le fond de son cœur *une voix qui vous absout*; c'est de recevoir des témoignages de sympathie de la part de ces natures exceptionnelles qui, comme vous, Madame, se séparent de la foule par l'élévation de leurs sentiments, par l'indépendance de leur caractère, et ne font pas dépendre leurs affections et leur jugement des caprices de la fortune et de la fatalité du sort.

« Je suis depuis trois mois au fort de Ham, avec le général Montholon et le docteur Conneau ; mais toute communication avec l'extérieur est défendue : personne encore n'a pu obtenir de venir me voir. Je vous enverrai, un de ces jours, la vue de la citadelle, que j'ai faite d'après une petite lithographie, car je ne connais pas, vous le pensez bien, le fort vu au dehors.

« Ma pensée se reporte souvent sur les lieux que vous habitez, et je me rappelle avec plaisir les moments que j'ai passés dans votre aimable société, que le comte d'Orsay embellit encore par sa spirituelle et franche gaîté. Cependant je ne désire pas sortir des lieux où je suis, car ici je suis à ma place : avec le nom que je porte, il me faut l'ombre d'un cachot, ou la lumière du Pouvoir.

« Si vous daignez, Madame, m'écrire quelquefois et me donner des détails de la société de Londres, vous me ferez le plus grand plaisir, etc., etc.

« Louis-Napoléon. »

La captivité du Prince était fort dure. Des ordres venus de Paris avaient enjoint au gouverneur de la forteresse de mettre Louis-Napoléon au secret et de ne laisser pénétrer près de lui que les personnes munies d'un permis du Ministre, légalisé par le Commissaire de police.

Lorsque le Captif se promenait sur le rempart, dans un espace très-restreint, il était accompagné d'un gardien, qui avait ordre de surveiller ses moindres actions.

Bref, le règlement de la prison était tellement rigoureux pour le Prince, que le général Montholon écrivait à un de ses amis :

« Ce qui m'afflige le plus pour mon pays, c'est de penser que l'Empereur n'a pas été si maltraité par les Anglais, dans une prison anglaise, que ne l'est son Neveu, par des Français, dans une prison française. »

Louis-Napoléon supporta d'abord sans se plaindre les tortures qu'on lui faisait endurer.

« Je m'occupe beaucoup, disait-il dans la lettre du 12 janvier 1842, à M. Barrot, de sorte que j'oublie ma prison et me ris des entraves humaines. Le bonheur est beaucoup plus dans l'imagination que dans la réalité ; et comme je porte avec moi mon monde imaginaire, formé de souvenirs et d'espérances, je me sens tout aussi fort dans l'isolement que dans la foule. »

Mais, les mesures de rigueur exercées envers le Neveu de l'Empereur, devenant de plus en plus vexatoires, il crut devoir, dans une protestation pleine de noblesse et de fierté, flétrir la conduite de ses geôliers.

Voici le texte de cette protestation :

« Citadelle de Ham, 22 mai 1841.

« Pendant les neuf mois que j'ai passés dans les mains du Gouvernement français, je me suis patiemment soumis à ses indignes traitements de tout genre ; je ne veux pas, cependant, garder un plus long silence, qui semblerait une adhésion aux mesures oppressives dont je suis l'objet.

« Ma position doit être considérée sous deux points de vue : l'un moral, et l'autre légal. Quant au premier, le Gouvernement, qui a reconnu la légitimité du Chef de ma Famille, est forcé de me reconnaître comme Prince, et de me traiter comme tel.

« La politique a des droits que je ne prétends pas contester : que le Gouvernement agisse à mon égard comme envers un ennemi, qu'il me prive des moyens de lui nuire, je n'aurai pas à me plaindre ; mais en même temps sa conduite sera inconséquente s'il me traite comme un prisonnier ordinaire, moi, fils d'un roi, Neveu d'un Empereur, et allié à tous les souverains de l'Europe.

« Quand j'en appelle aux alliances étrangères, je n'ignore pas qu'elles n'ont jamais protégé le vaincu, et que le malheur brisé tous les nœuds ; mais le Gouvernement français devrait reconnaître le principe qui m'a fait ce que je suis, car c'est par ce principe qu'il existe lui-même. La souveraineté du peuple a fait mon oncle Empereur, mon père Roi, et m'a fait Prince français par ma naissance. N'ai-je donc pas droit au respect et aux égards de tous ceux pour qui la voix d'un grand peuple, la gloire et l'infortune sont quelque chose?

« Si, pour la première fois de ma vie, je m'appuie sur le hasard qui a présidé à ma naissance, c'est que la fierté convient à ma position actuelle, et que j'ai acheté les anciennes faveurs du sort au prix de vingt-sept ans de souffrances et de chagrins.

« En ce qui touche ma position légale, la Cour des Pairs a créé pour moi une pénalité exceptionnelle.

« En me condamnant à un emprisonnement perpétuel, on n'a fait que légaliser le décret du destin, qui voulait que je fusse prisonnier de guerre. On a essayé d'adoucir la politique par l'humanité, en m'infligeant la peine la moins dure pour le plus long temps possible.

« Mais, dans l'application, le Gouvernement est allé au delà des intentions que j'aime à attribuer à mes juges. Accoutumé, dès ma jeunesse, à une vie simple, je ne me plains pas de l'inconvenante médiocrité dans laquelle on me place : mais ce dont je me plains, c'est d'être la victime de mesures vexatoires, que ne commande en rien le soin de ma surveillance.

« Durant les premiers mois de ma captivité, toute espèce de communication avec le dehors m'était interdite, et, au dedans, j'étais astreint à l'isolement le plus rigoureux. Depuis que plusieurs personnes ont été autorisées à me voir, ces mesures restrictives d'intérieur ne peuvent plus avoir d'objet, et c'est cependant lorsqu'elles sont devenues inutiles qu'on affecte d'en augmenter la rigueur.

« Tout ce qui sert à mon usage personnel est, chaque jour, soumis à l'examen le plus minutieux.

« Le zèle de mon unique et fidèle serviteur, qui a été autorisé à me suivre, est entravé par des obstacles de tout genre.

« Un tel système de terreur a été mis en œuvre dans la garnison et parmi les employés du château, que nul n'ose lever les yeux sur moi, et il faut ici à un homme beaucoup de courage pour être simplement poli.

« Comment en serait-il autrement, lorsqu'un regard est considéré comme un crime, et que ceux qui voudraient adoucir ma position sans manquer à leur devoir, sont dénoncés à l'autorité et menacés de perdre leur place ? Au milieu de cette France que le Chef de ma Famille a rendue si grande, je suis traité comme l'était un excommunié au xiiie siècle. Chacun fuit à mon approche, et l'on semble redouter mon contact, comme si mon souffle même était contagieux.

« Cette insultante inquisition, qui me poursuit jusque dans ma chambre, qui s'attache à mes pas lorsque je vais respirer l'air dans un coin du fort, ne s'arrête pas à ma personne; elle veut encore pénétrer jusqu'à mes pensées. Les effusions de mon cœur, dans les lettres que j'adresse à ma Famille, sont soumises au plus sévère contrôle ; et si quelqu'un m'écrit en termes trop sympathiques, la lettre est confisquée et son auteur dénoncé au Gouvernement.

« Par une foule de moyens trop longs à énumérer, il semble que l'on prenne à tâche de me faire sentir ma captivité à chaque minute du jour, et de faire retentir à mes oreilles ce cri funèbre et incessant : *Malheur aux vaincus !*

« On remarquera qu'aucune des mesures dont je parle n'a été pratiquée à l'égard des ministres de Charles X, dont j'occupe aujourd'hui le triste appartement. Et cependant, ces ministres n'étaient pas nés sur les marches du trône; ils n'avaient pas été condamnés à un simple emprisonnement: leur suprême sentence paraissait devoir les destiner à un sort plus rigoureux que le mien ; et enfin, ils ne représentaient pas une cause que la France entoure d'un souvenir de vénération.

« Le traitement que j'endure est donc tout à fait injuste, illégal et inhumain.

« Si l'on croit arriver ainsi à me réduire, on se trompe. Ce n'est pas l'outrage, c'est la bienveillance qui subjugue les cœurs de ceux qui savent souffrir.

« LOUIS-NAPOLÉON BONAPARTE. »

Comme nous l'avons dit précédemment, le Prince charmait les ennuis de sa captivité par l'étude de l'art militaire, des sciences et de l'histoire.

Il publia, en 1841, ses *Fragments historiques*, ouvrage en tête duquel se trouve une Préface, dont nous donnons ici un extrait :

« Loin de moi, dit-il, la pensée de recommencer une polémique où les passions luttent toujours avec plus de succès que la raison ; il me suffit, pour venger mon honneur, de prouver que si je me suis embarqué audacieusement sur une mer orageuse, ce n'est pas sans avoir d'avance médité sur les causes et les effets des révolutions, sur les écueils de la réussite comme sur les gouffres du naufrage.

« Pendant qu'à Paris on déifie les restes mortels de l'Empereur, moi, son Neveu, je suis enterré vivant dans une étroite enceinte. Mais j'ai appris à ne pas m'étonner de l'inconséquence des hommes, et je remercie le ciel de m'avoir donné comme refuge, après tant d'épreuves cruelles, une prison sur le sol français. Soutenu par une foi ardente et par une conscience pure, je m'enveloppe dans mon malheur avec résignation, et je me console du présent en voyant l'avenir de mes ennemis écrit en caractères ineffaçables dans l'histoire de tous les peuples. »

Louis-Napoléon fit également paraître, en 1842, un remarquable travail sur la question des sucres, qui servit de base aux observations présentées à cette époque, aux Chambres, par les conseils généraux.

En mai 1843, le Prisonnier de Ham adressa à l'Académie des Sciences de Paris une *Théorie explicative de la pile de Volta,* qui obtint les honneurs de l'insertion dans les procès-verbaux académiques.

Il fit encore paraître, à la fin de cette même année, une lettre adressée à M. Chapuis-Montlaville, en réponse à une diatribe sur le Consulat et l'Empire, publiée par M. de Lamartine. Nous citerons seulement quelques passages de cet Opuscule, qui révélait chez le Neveu de Napoléon non-seulement une connaissance approfondie des temps actuels, mais encore une sérieuse étude de l'antiquité :

« Il est pénible, disait le Prince, de voir un homme de génie comme M. de Lamartine, méconnaître de si grandes vérités et maltraiter aussi injustement une époque immortelle. Mais, comment s'en étonner, lorsqu'on se souvient qu'il y a un an le député de Mâcon, dans un discours à ses commettants, se plut à nier l'action de Rome sur la civilisation du monde, et attribua à Carthage une influence qu'elle n'eut jamais? Le poëte qui oublie que, nous autres peuples de l'Occident, nous devons tout à Rome, tout jusqu'à notre langue, à laquelle lui-même prête un nouveau lustre, ce poëte, dis-je, peut aussi oublier la gloire civile, l'influence civilisatrice de l'Empereur; car les traces du génie de Rome, comme les traces du génie de Napoléon, sont gravées en caractères ineffaçables sur notre sol comme dans nos lois.

« Je ne puis comprendre qu'un homme qui accepte le magnifique rôle d'avocat des intérêts démocratiques, reste insensible aux prodiges enfantés par la lutte de toutes les aristocraties européennes contre le Représentant de la Révolution; qu'il soit inflexible pour ses erreurs, sans pitié pour ses revers, lui, dont la voix harmonieuse a toujours des accents pour plaindre les malheurs, pour excuser les fautes des Bourbons. Eh quoi! M. de Lamartine trouve des regrets et des larmes pour les violences du ministre Polignac, et son œil reste sec et sa parole amère, au spectacle de nos Aigles tombant à Waterloo, et de notre Empereur plébéien mourant à Sainte-Hélène!

« C'est au nom de la vérité historique, la plus belle chose qu'il y ait au monde après la Religion, que M. de Lamartine vous a adressé sa lettre; c'est au nom de cette même vérité que je vous adresse la mienne. L'opinion publique, reine de l'univers, jugera qui de nous deux a saisi sous son véritable aspect l'époque du Consulat et de l'Empire. »

Au commencement de l'année 1844, Louis-Napoléon publia une brochure intitulée : *Réflexions sur le mode de recrutement de l'armée.*

Quelques mois plus tard, il faisait éditer son Livre sur l'*Extinction du paupérisme.*

Cet ouvrage, écrit en faveur des classes laborieuses,

expose un magnifique plan d'*Organisation du travail*; il fut le sujet d'une lettre adressée à l'auteur par le grand Poëte populaire :

« L'idée développée par vous dans cet écrit, disait au Prince l'immortel Béranger, est une des mieux conçues pour arriver à l'amélioration du sort des classes laborieuses. Ce n'est pas dans ma retraite que je puis juger du mérite des calculs dont vous appuyez vos plans; mais des rêves de même sorte ont souvent traversé mon cerveau, et m'ont mis à même d'apprécier tout ce qu'il y a de généreux dans ce projet. Par une coïncidence dont je m'enorgueillis, les utopies de mon coin du feu ressemblent de tous points à ce que vous avez si clairement exposé, en l'appuyant d'arguments si irrésistibles.

« Je vous parle ici, Prince, de mes méditations sur ce sujet, beaucoup moins pour en tirer vanité que pour vous faire juger du plaisir que m'a causé la lecture de votre ouvrage.

« Il y a de la grandeur à savoir songer comme vous le faites, au milieu des soucis et des souffrances de la captivité, aux misères d'une si grande partie de vos concitoyens. C'est la plus noble manière d'occuper vos instants, et c'est aussi la plus digne du grand nom que vous portez. Vous ferez ainsi sentir à nos hommes d'Etat qu'il est odieux de tarder aussi longtemps à vous rendre à la liberté et à votre pays. »

Louis-Napoléon s'occupa encore, au milieu de ses travaux littéraires, de résoudre le laborieux problème du percement de l'Isthme de Panama. M. Castellon, envoyé de Nicaragua auprès du Gouvernement français, vint visiter le Captif de Ham et lui proposa de le mettre à la tête de cette gigantesque entreprise, qui devait réunir les deux Océans (1).

Le dernier ouvrage du Prince, pendant sa captivité, fut l'*Histoire de l'artillerie*, œuvre éminemment remarquable, qui fait école parmi les hommes spéciaux.

---

(1) Cette offre, étant subordonnée à l'élargissement du Prince Louis, ne put avoir alors de résultat définitif.   (*Note des auteurs.*)

En 1845, de vagues rumeurs d'amnistie circulèrent dans les régions diplomatiques. Louis-Napoléon, informé de ces bruits par des amis intimes, leur répondit :

« Si l'on devait ouvrir demain les portes de ma prison en m'annonçant que je suis libre et que je puis m'asseoir comme citoyen au foyer national, dans cette France qui ne répudierait plus aucun de ses enfants, certes, un torrent de joie viendrait inonder mon cœur ; mais, si l'on m'offrait d'échanger mon sort actuel pour un nouvel exil, je refuserais sans hésitation, car j'y verrais une aggravation de peine. »

Quelques mois plus tard, le Prince apprit l'état désespéré de son père (Louis, ancien roi de Hollande). Le frère de l'Empereur, atteint d'une maladie qui ne laissait aucun espoir de guérison, désirait revoir une dernière fois son Fils avant de mourir.

La tendresse filiale l'emporta sur les considérations politiques. Louis-Napoléon écrivit à M. Duchâtel, ministre de l'intérieur, la lettre suivante :

« Monsieur, mon père, dont l'âge et les infirmités réclament mes soins, a demandé au Gouvernement de m'autoriser à aller les lui rendre. Sa démarche n'a pas été suivie de résultat : d'après ce que j'entends dire, on exige de moi des garanties formelles. En pareille circonstance, ma détermination ne saurait être douteuse, et je suis prêt à faire tout ce qui sera compatible avec mon honneur pour parvenir à offrir à mon père les consolations auxquelles il a droit de ma part.

« Je vous déclare donc, Monsieur, que si le Gouvernement français consent à me permettre le voyage de Florence, pour y remplir ce devoir sacré, je promets, sur l'honneur, de revenir et de me remettre à sa disposition aussitôt qu'il m'en exprimera le désir.

« Recevez, etc.
« L.-N. Bonaparte. »

Le Conseil des ministres, après délibération, se déclara incompétent.

Le Captif de Ham, plaçant, cette fois encore, le devoir du fils avant la rigidité de l'homme d'État, écrivit directement au roi une lettre, dont voici la teneur :

« Ham, 14 janvier 1846.

« Sire,

« Ce n'est pas sans une vive émotion que je viens m'adresser à Votre Majesté pour lui demander la permission de quitter la France pour un temps très-court. Depuis cinq ans, le bonheur de respirer l'air de ma patrie a compensé pour moi les tourments de la captivité. Mais l'âge et les infirmités de mon père réclament impérieusement mes soins. Il a fait appel au concours de personnes bien connues par leur attachement à Votre Majesté, et il est de mon devoir de joindre mes efforts aux siens.

« Le Conseil des ministres n'a pas pensé que la question fût de sa compétence. Je m'adresse donc à vous, plein de confiance dans l'humanité de vos sentiments, et je soumets ma requête à votre haute appréciation.

« Votre Majesté, j'en suis convaincu, comprendra une démarche qui, d'avance, engage ma gratitude, et, touchée de l'isolement d'un Proscrit qui a su gagner sur le trône l'estime de toute l'Europe, exaucera les vœux de mon père et les miens.

« Je vous prie, etc., etc.

« L.-N. BONAPARTE. »

Le Gouvernement, en réponse à cette lettre, fit proposer au Prince Louis-Napoléon de lui accorder ce qu'il demandait à des conditions incompatibles avec son titre de Prince de la Famille Bonaparte.

« Je mourrai en prison, répondit-il, si une sévérité sans exemple me réduit à ce triste sort, mais rien ne me déterminera à dégrader mon caractère. Mon père, au surplus, dont la devise a toujours été : *Fais ce que dois, advienne que pourra*, regarderait, j'en suis sûr, ma liberté comme trop chèrement acquise au prix de ma dignité et du respect que je dois à mon nom. »

Louis-Napoléon renonça alors à l'espérance d'obtenir du Gouvernement l'autorisation de rendre les derniers devoirs à son père. Et cependant, chaque jour, la voix de l'illustre mourant appelait à son lit de mort un Fils bien-aimé.

Le Prince ne put résister plus longtemps à la voix impérieuse de l'amour filial; il résolut de s'évader.

Le docteur Conneau et M. Charles Thélin, deux amis dévoués, furent chargés de préparer l'évasion.

Nous empruntons les détails abrégés de cet événement à un écrivain très-estimé (1) :

« Le 25 mai au soir, Charles Thélin avait eu soin de retenir à Ham un cabriolet pour le lendemain, prétextant un voyage à faire à Saint-Quentin. Deux jours avant, le 23 du même mois, des voyageurs anglais étant venus rendre visite au Prince dans sa prison, lui avaient, sur sa demande, prêté leurs passeports.

« Le 26, à sept heures du matin, Louis-Napoléon, après avoir coupé ses moustaches et son impériale, s'être noirci avec de la peinture les mains et le visage, passa par-dessus son gilet une grosse chemise de toile coupée à la ceinture, se couvrit d'une blouse et d'un pantalon bleu, plaça sur sa tête une perruque noire et une mauvaise casquette, chaussa des sabots, mit dans sa bouche une pipe de terre, et posa une planche sur son épaule, comme font les menuisiers.

« Ainsi vêtu en ouvrier, le Prince descendit l'escalier qui conduisait à son appartement, précédé de Charles

(1) M. Guy.

Thélin, qui avait demandé la veille au commandant du fort la permission de sortir pour aller à Saint-Quentin. Tenant sa planche de manière à masquer son visage, il traversa les cours, la loge du concierge, et franchit enfin la dernière grille, non sans avoir risqué plusieurs fois d'être reconnu durant ce court trajet, tantôt par les sentinelles, tantôt par les ouvriers employés depuis quelques jours au château pour des travaux de réparations. »

. . . .

Louis-Napoléon était enfin libre, après cinq années de captivité.

. . . .

En sortant du fort de Ham, le Prince monta en voiture avec M. Charles Thélin, passa par Saint-Quentin, Valenciennes, Bruxelles, Ostende, et arriva en Angleterre.

Aussitôt débarqué à Londres, Louis-Napoléon écrivit la lettre suivante à M. de Saint-Aulaire, ambassadeur près du Gouvernement anglais :

« Monsieur le Comte,

« Je viens déclarer avec franchise à l'homme qui a été l'ami de ma mère, qu'en m'échappant de ma prison je n'ai eu nullement le projet de recommencer contre le Gouvernement français des tentatives qui m'ont été si désastreuses; mon seul but a été d'aller voir mon vieux père.

« Avant de prendre cette détermination, j'ai épuisé tous les moyens de sollicitation pour obtenir la permission d'aller à Florence, et j'ai offert toutes les garanties compatibles avec mon honneur. Mais, mes démarches ayant été repoussées, j'ai fait ce que firent sous le règne de Henri IV, dans des circonstances semblables, les ducs de Guise et de Nemours.

« Je vous prie d'informer le Gouvernement français de mes

intentions pacifiques, et j'espère que cette déclaration, toute spontanée de ma part, hâtera la délivrance des amis que j'ai laissés en prison.

« Londres, ce 28 mai 1846.

« L.-N. BONAPARTE. »

Malheureusement, le but que s'était proposé le Prince en s'évadant ne put être atteint. Le grand-duc de Toscane, auquel l'illustre Exilé s'était adressé pour obtenir des passeports, fit répondre : « que l'influence française ne lui permettait pas de tolérer, même pendant vingt-quatre heures, le séjour de Louis-Napoléon à Florence. »

Le roi de Hollande expira quelques mois après, sans avoir pu embrasser son Fils.

Louis-Napoléon, cruellement affligé de la perte qu'il venait de faire, vécut, depuis cette époque jusqu'en 1848, dans une profonde retraite, aux environs de Londres.

Il publia ses *Mélanges politiques*, ouvrage d'une haute portée et qui annonçait prématurément la grandeur du génie qui devait un jour planer sur la France.

CHAPITRE IV

Le Prince rentre en France. — Lettre au Gouvernement provisoire. — Le Prince quitte encore la France. — Elections. — Louis-Napoléon, représentant. — Lettre aux électeurs. — Ordre d'arrestation. — Missive à l'Assemblée. — Admission du Prince à l'Assemblée. — Sa démission. — Nouvelles élections. — Nouveau refus. — Succès dans cinq départements. — Le Prince accepte le mandat qu'on lui confie. — Entrée à l'Assemblée constituante. — Discours. — Décision relative à l'élection du Président de la République. — Amendement Thouret. — Il est rejeté. — M. Clément Thomas. — Réponse que fait Louis-Napoléon. — Manifeste du Prince. — Élection du 10 décembre. — Consécration par l'Assemblée. — Programme politique. — Nouveau ministère.

Louis-Napoléon habitait l'Angleterre, lorsque la Révolution de Février éclata.

Cette Révolution déchirant de plein droit la loi de proscription, le Prince rentra immédiatement en France.

Le 28 février, il adressa la lettre suivante au Gouvernement provisoire.

« Paris, ce 28 février 1848.

« Messieurs,

« Le peuple de Paris ayant détruit, par son héroïsme, les derniers vestiges de l'invasion étrangère, j'accours de l'exil pour me ranger sous le drapeau de la République qu'on vient de proclamer.

« Sans autre ambition que celle de servir mon pays, je viens annoncer mon arrivée aux membres du Gouvernement provisoire, et les assurer de mon dévouement à la cause qu'ils représentent, comme de ma sympathie pour leurs personnes.

« Agréez, Messieurs, l'assurance de ces sentiments.

« Louis-Napoléon Bonaparte. »

Une démarche aussi désintéressée, de la part de l'Héritier du Trône impérial, devait exciter au plus haut point l'admiration des membres du Gouvernement. Il n'en fut point ainsi. Ce Pouvoir éphémère conçut des défiances; et, pour calmer les inquiétudes de certains démocrates exaltés, crut devoir s'adresser à la générosité du Prince, en le priant, *dans l'intérêt de l'ordre*, de vouloir bien reprendre la route de l'exil.

Louis-Napoléon, ne voulant pas que son nom servît de prétexte aux fauteurs de désordre, repartit pour l'Angleterre, après avoir adressé au Gouvernement cette réponse :

« Paris, ce 29 février 1848.

« Messieurs,

« Après trente-trois années d'exil et de persécutions, je croyais avoir acquis le droit de retrouver un foyer sur le sol de la patrie.

« Vous pensez que ma présence à Paris est maintenant un sujet d'embarras; je m'éloigne donc momentanément. Vous verrez dans ce sacrifice la pureté de mes intentions et de mon patriotisme.

« Recevez, Messieurs, l'assurance de mes sentiments de haute estime et de sympathie.

« L.-N. Bonaparte. »

Au mois d'avril 1848, on procéda à l'élection des représentants à l'Assemblée Constituante, par le suffrage universel.

Le Prince, voulant accomplir jusqu'au bout le sacrifice qu'il s'était imposé, ne se porta pas candidat à l'Assemblée nationale.

Néanmoins, la France, qui n'avait pas oublié les services rendus jadis à la cause du peuple par la Famille Bonaparte, confia à trois de ses membres le mandat représentatif (1).

Des attaques systématiques, sorties du sein de la Montagne, avaient lieu, chaque jour, à l'Assemblée, contre la Famille Bonaparte.

La nation, aux élections du 6 juin (2), protesta contre les calomnies des ennemis de l'ordre, en nommant, dans quatre départements (3), le Prince Louis-Napoléon représentant du peuple, sans qu'il se fût porté candidat.

Immédiatement après sa nomination, le Prince adressa la lettre suivante à ses électeurs :

« Londres, 11 juin 1848.

« Citoyens,

« Vos suffrages me pénètrent de reconnaissance. Cette marque de sympathie, d'autant plus flatteuse que je ne l'avais point sollicitée, vient me trouver au moment où je regrettais de rester inactif, alors que la patrie a besoin du concours de

---

(1) Le Prince Napoléon-Bonaparte (fils du Prince Jérôme); Pierre Bonaparte (fils de Lucien), et Lucien Murat, furent nommés à l'élection du 23 avril, représentants du peuple : les deux premiers, par le département de la Corse, le troisième par le département du Lot. (*Note des auteurs.*)

(2) Élections qui avaient pour but de remplacer les représentants nommés en double dans plusieurs départements.

(3) La Seine, l'Yonne, la Sarthe et la Charente-Inférieure.

tous ses enfants pour sortir des circonstances difficiles où elle se trouve placée. Votre confiance m'impose des devoirs que je saurai remplir. Nos intérêts, nos sentiments, nos vœux sont les mêmes. Enfant de Paris, aujourd'hui représentant du peuple, je joindrai mes efforts à ceux de mes collègues pour rétablir l'ordre, le crédit, le travail, pour assurer la paix extérieure, pour consolider les institutions démocratiques, et concilier entre eux des intérêts qui semblent hostiles aujourd'hui, parce qu'ils se soupçonnent et se heurtent, au lieu de marcher ensemble vers un but unique, la prospérité et la grandeur du pays. Le peuple est libre depuis le 24 février; il peut tout obtenir sans avoir recours à la force brutale. Rallions-nous donc autour de l'autel de la patrie, sous le drapeau de la République, et donnons au monde le grand spectacle d'un peuple qui se régénère sans violence, sans guerre civile, sans anarchie.

« L.-N. BONAPARTE. »

En réponse à cet acte de désintéressement, la Commission exécutive donna l'ordre au ministre de l'intérieur d'adresser une dépêche télégraphique à tous les Préfets, leur enjoignant : *de faire arrêter le Prince Louis-Napoléon, dans toutes les localités soumises à leur juridiction.*

Puis, comme il fallait expliquer aux yeux de la nation un tel abus de pouvoir, la Commission vint déclarer à l'Assemblée nationale « qu'elle ne considérait pas comme abrogée la loi de bannissement, du 10 avril 1832, à l'égard des membres de la Famille Bonaparte, dont la nomination, comme Représentants, n'avait pas encore obtenu la sanction de l'Assemblée. » La Commission déclarait, en outre, qu'elle était résolue à faire exécuter cette loi envers Louis-Napoléon Bonaparte.

Le Prince, vivement froissé des intentions de la Commission exécutive, envoya deux lettres à l'Assemblée nationale ; l'une adressée aux représentants, et l'autre à leur Président (**1**).

Les voici toutes deux :

« Citoyens Représentants,

« J'apprends par les journaux qu'on a proposé, dans les bureaux de l'Assemblée, de maintenir contre moi seul la loi d'exil qui frappe ma Famille depuis 1816 : je viens demander aux représentants du peuple pourquoi je mériterais une semblable peine :

« Serait-ce pour avoir toujours publiquement déclaré que, dans mes opinions, la France n'était l'apanage ni d'un homme, ni d'une famille, ni d'un parti ?

« Serait-ce parce que, désirant faire triompher sans anarchie ni licence le principe de la souveraineté nationale, qui seul pouvait mettre un terme à nos dissensions, j'ai deux fois été victime de mon hostilité contre le Gouvernement que vous avez renversé ?

« Serait-ce pour avoir consenti, par déférence pour le Gouvernement provisoire, à retourner à l'étranger après être accouru à Paris au premier bruit de la Révolution ?

« Serait-ce pour avoir refusé, par désintéressement, les candidatures à l'Assemblée qui m'étaient proposées, résolu de ne retourner en France que lorsque la nouvelle Constitution serait établie et la République affermie ?

« Les mêmes raisons qui m'ont fait prendre les armes contre le Gouvernement de Louis-Philippe, me porteraient, si on réclamait mes services, à me dévouer à l'Assemblée, résultat du suffrage universel.

« En présence d'un roi élu par deux cents Députés, je pouvais me souvenir que j'étais l'Héritier d'un Empire fondé par quatre millions de Français.

« En présence de la souveraineté nationale, je ne peux et ne veux revendiquer que mes droits de citoyen français ; mais

---

(1) Ces lettres parurent, le jour même, dans toutes les feuilles périodiques.

(*Note des auteurs*).

ceux-là, je les réclamerai sans cesse, avec l'énergie que donne à un cœur honnête le sentiment de n'avoir jamais démérité de la patrie.

« Recevez, Messieurs, etc.

« Votre concitoyen,

« L.-N. Bonaparte. »

« Monsieur le Président,

« Je partais pour me rendre à mon poste, quand j'apprends que mon élection sert de prétexte à des troubles déplorables et à des erreurs funestes. *Je n'ai pas cherché l'honneur d'être représentant du peuple,* parce que je savais les soupçons injurieux dont j'étais l'objet; je rechercherais encore moins le pouvoir. *Si le peuple m'imposait des devoirs, je saurais les remplir.*

« Mais je désavoue tous ceux qui me prêtent des intentions ambitieuses que je n'ai pas. Mon nom est un symbole d'ordre, de nationalité, de gloire, et ce serait avec la plus vive douleur que je le verrais servir à augmenter les troubles et les déchirements de la patrie. Pour éviter un tel malheur, je resterais plutôt en exil. Je suis prêt à tous les sacrifices pour le bonheur de la France.

« Ayez la bonté, Monsieur le Président, de donner communication de ma lettre à l'Assemblée. Je vous envoie une copie de mes remercîments aux électeurs.

« Recevez, etc.

« L.-N. Bonaparte.

« Londres, 11 juin 1848. »

L'Assemblée nationale, après une discussion orageuse où les divers partis descendirent tour à tour dans l'arène, prononça à une très-forte majorité, et contrairement au vœu émis par la Commission exécutive, l'admission de Louis-Napoléon comme représentant du peuple.

Le Prince, informé, à Londres, des événements qui

se passaient à Paris, adressa aussitôt, pour éviter toute espèce de conflit, sa démission de représentant au Président de l'Assemblée :

« Londres, le 15 juin 1848.

« Monsieur le Président,

« J'étais fier d'avoir été élu représentant à Paris et dans trois autres départements : c'était, à mes yeux, une ample réparation pour trente années d'exil et six ans de captivité ; mais les soupçons injurieux qu'a fait naître mon élection, mais les troubles dont elle a été le prétexte, mais l'hostilité du Pouvoir exécutif, m'imposent le devoir de refuser un honneur qu'on croit avoir été obtenu par l'intrigue.

« Je désire l'ordre et le maintien d'une République sage, grande, intelligente ; et, puisque, involontairement, je favorise le désordre, je dépose, non sans de vifs regrets, ma démission entre vos mains.

« Bientôt, je l'espère, le calme renaîtra et me permettra de rentrer en France, comme le plus simple des citoyens, et aussi comme un des plus dévoués au repos et à la prospérité de son pays.

« Recevez, etc.

« L.-N. BONAPARTE. »

Cet acte tira momentanément la Commission de la fausse position qu'elle s'était créée vis-à-vis de l'Assemblée. Mais les nouvelles élections de la Corse, provoquées par l'option de M. Abbatucci pour le département du Loiret, ramenèrent la question de l'admission du Prince au sein de la représentation nationale à son point de départ.

La Corse, sur 38,197 votans, donna au Neveu de l'Empereur : 37,036 suffrages.

L'Assemblée fut donc appelée, une deuxième fois, à ratifier l'élection du Prince Louis.

Une nouvelle lettre, à la date du 8 juillet, annonça à la Constituante que l'élu de la Corse, pour les mêmes motifs qu'il avait déjà exposés, refusait le titre de représentant du peuple.

Au mois de septembre, les élections recommencèrent. Cinq départements (1) nommèrent Louis-Napoléon représentant du peuple à une majorité formidable.

Le Prince crut devoir accepter, cette fois, le mandat qui lui était confié.

Le 26 septembre, Louis-Napoléon Bonaparte prit place, sur les bancs de l'Assemblée nationale, à côté de ses nouveaux collègues. Son admission ne souleva aucune contestation. Lorsqu'elle fut prononcée, il se leva, et prit la parole en ces termes :

« Citoyens Représentants,

« Il ne m'est pas permis de garder le silence après les calomnies dont j'ai été l'objet. J'ai besoin d'exprimer hautement, et dès le premier jour où il m'est permis de siéger dans cette enceinte, les vrais sentiments qui m'animent et qui m'ont toujours animé.

« Après trente-trois ans de proscription et d'exil, je retrouve enfin ma patrie et mes droits de citoyen. La République m'a fait ce bonheur ; qu'elle reçoive mon serment de reconnaissance et de dévouement, et que les généreux compatriotes qui m'ont porté dans cette enceinte soient bien certains qu'ils me verront toujours dévoué à cette noble tâche, qui est la nôtre à tous : assurer l'ordre et la tranquillité, premier besoin du pays,

---

(1) La Seine, l'Yonne, la Charente-Inférieure, la Moselle et la Corse.

développer les institutions démocratiques que le peuple a le droit de réclamer.

« Longtemps, messieurs, je n'ai pu consacrer à mon pays que les méditations de l'exil et de la captivité. Aujourd'hui, la carrière où vous marchez m'est ouverte. Recevez-moi dans vos rangs, chers collègues, avec le sentiment d'affectueuse sympathie qui m'anime moi-même. Ma conduite, vous ne devez pas en douter, sera toujours inspirée par un dévouement respectueux à la loi; elle prouvera à tous ceux qui ont tenté de me noircir que nul plus que moi n'est dévoué à la défense de l'ordre et à l'affermissement de la République. »

Cette allocution fut accueillie par les bravos unanimes de l'Assemblée.

. . . .

La Commission, nommée par les représentants pour l'élaboration de la Constitution républicaine, présenta, au bout de trois mois, à l'Assemblée constituante, cette œuvre dont on connaît les résultats.

Le 5 octobre, on entama la discussion de l'article relatif au mode d'élection du Président de la République.

Trois systèmes étaient proposés :

1° Faire nommer le Président de la République par le peuple, au moyen du suffrage universel;

2° Faire nommer, par l'Assemblée, une espèce de Président du Conseil, pour un temps illimité et révocable à volonté.

3° Faire nommer, par l'Assemblée, un Président irrévocable, mais à temps limité.

La Constituante se prononça, par 627 voix contre 130, en faveur du premier système (1).

---

(1) Nomination du Président de la République par le suffrage universel.

Le vote relatif à l'élection du Président de la République fut fixé au 10 décembre 1848.

Les membres de la Montagne, furieux de voir la cause de l'ordre triompher de la démagogie, proposèrent, par l'organe de M. Antony Thouret, un amendement ainsi conçu :

« Aucun membre des familles qui ont régné sur la France ne pourra être élu Président ou vice-Président de la République. »

Louis-Napoléon, justement irrité d'une mesure qui attaquait sa dignité personnelle et ses droits de citoyen, prit la parole :

« Citoyens,

« Je ne viens pas repousser l'amendement. Certainement j'ai été assez récompensé en recouvrant tout à coup mes droits de citoyen, pour n'avoir maintenant aucune autre ambition.

« Je ne viens pas non plus réclamer pour ma conscience contre les calomnies qu'on se plaît à répandre, contre ce nom de Prétendant qu'on s'obstine à me donner. Mais c'est au nom des trois cent mille électeurs qui m'ont donné itérativement leurs suffrages, que je viens désavouer ce nom qu'on me jette toujours à la tête. »

L'amendement du représentant montagnard fut rejeté, ainsi que vingt-quatre autres propositions rédigées dans le même esprit.

Un vote si positif, émis par des représentants nommés le lendemain de la Révolution de Février, aurait dû faire réfléchir les démocrates exaltés. Il n'en fut rien.

Un représentant, qui avait occupé un poste éminent sous le Gouvernement provisoire (1), monta à la tri-

---

(1) M. Ferdinand Flocon.

bune et contesta, en termes peu parlementaires, les droits du Prince Louis-Napoléon à la candidature de Président de la République.

Le Prince, absent lors de cette injurieuse interpellation, se présenta le lendemain même à l'Assemblée, et répondit aux paroles de M. Ferdinand Flocon par le discours suivant :

« Citoyens Représentants,

« L'incident regrettable qui s'est élevé hier à mon sujet ne me permet pas de me taire. Je déplore profondément l'obligation où je suis de parler encore de moi, car il me répugne de vous entretenir sans cesse de questions personnelles, alors que nous n'avons pas un moment à perdre pour nous occuper des graves intérêts de la patrie.

« Je ne parle pas ici de mes sentiments et de mes opinions ; je les ai déjà manifestés, et jamais personne n'a pu encore douter de ma parole.

« Quant à ma conduite parlementaire, de même que je ne me permettrai jamais de demander compte à aucun de mes collègues de celle qu'il aura choisie, de même je ne reconnais à personne le droit de m'interpeller sur la mienne. Ce compte, je ne le dois qu'à mes commettants.

« De quoi m'accuse-t-on? D'accepter du sentiment populaire une candidature que je n'ai pas recherchée. Eh bien ! oui, je l'accepte, cette candidature qui m'honore. Je l'accepte, parce que des élections successives et le décret unanime de l'Assemblée contre la proscription de ma Famille, m'autorisent à croire que la France regarde mon nom comme pouvant servir à la consolidation de la société.

« Ceux qui m'accusent d'ambition connaissent peu mon cœur. Si un devoir impérieux ne me retenait pas ici, si les sympathies de mes concitoyens ne me consolaient de l'animosité de quelques attaques et de l'impétuosité même de quelques défenses, il y a longtemps que j'aurais regretté l'exil.

« On voudrait que j'eusse montré de grands talents, et occupé brillamment cette tribune. Mais il n'est donné qu'à peu de personnes d'apporter une parole éloquente au service d'idées justes et saines. N'y a-t-il qu'un seul moyen de servir le pays ? Ce qu'il lui faut surtout, c'est un Gouvernement stable, intelligent, ferme, sage, qui pense plus à guérir les maux de la société qu'à les venger. Quelquefois on triomphe mieux par une conduite habile et prudente que par les baïonnettes, de théories non fondées sur l'expérience et sur la raison.

« Citoyens Représentants, on veut, je le sais, semer mon chemin d'écueils et d'embûches. Je n'y tomberai pas ; je suivrai la voie que je me suis tracée, sans m'inquiéter, sans m'irriter. Je saurai montrer toujours le calme d'un homme résolu à faire son devoir. Je ne veux que mériter l'estime de l'Assemblée Nationale et de tous les hommes de bien, la confiance de ce peuple magnanime qu'on a si légèrement traité hier. »

Ce discours, dont la sagesse égalait la modération, posait régulièrement la candidature du Prince Louis à la Présidence de la République.

Le 27 novembre 1848, Louis-Napoléon adressa à ses concitoyens un Manifeste dont voici la teneur :

A MES CONCITOYENS.

« Pour me rappeler de l'exil, vous m'avez nommé Représentant du peuple. A la veille d'élire le premier Magistrat de la République, mon nom se présente à vous comme symbole d'ordre et de sécurité.

« Ces témoignages d'une confiance si honorable s'adressent, je le sais, bien plus à ce nom qu'à moi-même qui n'ai rien fait encore pour mon pays ; mais plus la mémoire de l'Empereur me protége et inspire vos suffrages, plus je me sens obligé de vous faire connaître mes sentiments et mes principes. Il ne faut pas qu'il y ait d'équivoque entre vous et moi.

« Je ne suis pas un ambitieux qui rêve tantôt l'Empire et la guerre, tantôt l'application de théories subversives. Élevé dans des pays libres, à l'école du malheur, je resterai toujours fidèle aux devoirs que m'imposeront vos suffrages.

« Si j'étais Président, je ne reculerais devant aucun danger, devant aucun sacrifice, pour défendre la société si audacieusement attaquée ; je me dévouerais tout entier, sans arrière-pensée, à l'affermissement d'une République sage par ses lois, honnête par ses intentions, grande et forte par ses actes.

« Je mettrais mon honneur à laisser, au bout de quatre ans, à mon successeur le pouvoir affermi, la liberté intacte, un progrès réel accompli.

« Quel que soit le résultat de l'élection, je m'inclinerais devant la volonté du peuple, et mon concours est acquis d'avance à tout Gouvernement juste et ferme, qui rétablisse l'ordre dans les esprits comme dans les choses ; qui protége efficacement la religion, la famille, la propriété, bases éternelles de tout état social ; qui provoque les réformes possibles, calme les haines, réconcilie les partis, et permette ainsi à la patrie inquiète de compter sur un lendemain.

« Rétablir l'ordre, c'est ramener la confiance, pourvoir par le crédit à l'insuffisance passagère des ressources, restaurer les finances, ranimer le commerce.

« Protéger la religion et la famille, c'est assurer la liberté des cultes et la liberté de l'enseignement.

« Protéger la propriété, c'est maintenir l'inviolabilité des produits de tous les travaux ; c'est garantir l'indépendance et la sécurité de la possession, fondements indispensables de la liberté civile.

« Quant aux réformes possibles, voici celles qui me paraissent les plus urgentes :

« Admettre toutes les économies qui, sans désorganiser les services publics, permettent la diminution des impôts les plus onéreux au peuple ; encourager les entreprises, qui, en développant les richesses de l'agriculture, peuvent, en France et en Algérie, donner du travail aux bras inoccupés ; pourvoir à la vieillesse des travailleurs par des institutions de prévoyance ; introduire dans nos lois industrielles les modifications qui tendent non à ruiner le riche au profit du pauvre, mais à fonder le bien-être de chacun sur la prospérité de tous.

« Restreindre, dans de justes limites, le nombre des emplois qui dépendent du Pouvoir, et qui, souvent, font d'un peuple libre un peuple de solliciteurs. Éviter cette tendance funeste qui entraîne l'État à exécuter lui-même ce que les particuliers peuvent faire aussi bien et mieux que lui. La centralisation des intérêts est dans la nature du despotisme. La nature de la République repousse le monopole.

« Enfin, préserver la liberté de la presse des deux excès qui la compromettent toujours : l'arbitraire et sa propre licence.

« Avec la guerre, point de soulagement à nos maux. La paix serait donc le plus cher de mes désirs. La France, lors de sa première Révolution, a été guerrière, parce qu'on l'a forcée de l'être. A l'invasion, elle répondit par la conquête. Aujourd'hui qu'elle n'est pas provoquée, elle peut consacrer ses ressources aux améliorations pacifiques, sans renoncer à une politique loyale et résolue. Une grande nation doit se taire ou ne jamais parler en vain.

« Songer à la dignité nationale, c'est songer à l'armée, dont le patriotisme si noble et si désintéressé a été souvent méconnu. Il faut, tout en maintenant les lois fondamentales, qui font la force de notre organisation militaire, alléger et non aggraver le fardeau de la conscription. Il faut veiller au présent et à l'avenir, non-seulement des officiers, mais aussi des sous-officiers et des soldats, et préparer aux hommes qui ont servi longtemps sous les drapeaux une existence assurée.

« La République doit être généreuse et avoir foi dans son avenir : aussi, moi qui ai connu l'exil et la captivité, j'appelle de tous mes vœux le jour où ma patrie pourra, sans danger, faire cesser toutes les proscriptions et effacer les dernières traces de nos discordes civiles.

« Telles sont, mes chers concitoyens, les idées que j'apporterais dans l'exercice du pouvoir, si vous m'appeliez à la Présidence de la République.

« La tâche est difficile, la mission immense, je le sais; mais je ne désespérerais pas de l'accomplir en conviant à l'œuvre, sans distinction de parti, les hommes que recommandent à l'opinion publique leur haute intelligence et leur probité.

« D'ailleurs, quand on a l'honneur d'être à la tête du peuple français, il y a un moyen infaillible de faire le bien, c'est de le vouloir.

« LOUIS-NAPOLÉON BONAPARTE. »

Cette profession de foi produisit un effet magique sur l'esprit des populations, et groupa, autour de la candidature du Neveu de l'Empereur, tous les hommes qui voulaient sincèrement le respect de *l'ordre dans la liberté.*

Enfin, le 10 décembre, la voix du peuple, *vox populi, vox Dei*, se fit entendre.

Louis-Napoléon Bonaparte fut élu Président de la République par :

Cinq millions quatre cent trente-quatre mille deux cent-vingt-six électeurs français (1).

La vérification des élections eut lieu, par l'Assemblée nationale, dans la séance du 20 décembre 1848.

Après cette vérification, le général Cavaignac, Chef du Pouvoir exécutif, remit entre les mains de l'Assemblée les pouvoirs qu'elle lui avait confiés temporairement, ainsi que la démission collective des ministres.

Alors, M. Armand Marast, Président de l'Assemblée constituante, se leva et prononça d'une voix accentuée la formule suivante :

« *Au nom du Peuple Français, je proclame* Charles-Louis-Napoléon Bonaparte *Président de la République jusqu'au mois de mai* 1852. »

---

(1) Le général Cavaignac, chef du Pouvoir exécutif, obtint : 1,448,107 suffrages. — M. Ledru-Rollin, candidat montagnard : 379,119. — M. Raspail, candidat socialiste : 36,920. — M. Lamartine, candidat poétique : 17,910. — M. Changarnier, candidat fusioniste : 4,790. *(Note des auteurs.)*

Après avoir prêté serment de fidélité à la République, le Prince lut le programme politique suivant :

« Citoyens Représentants,

« Les suffrages de la nation et le serment que je viens de prêter commandent ma conduite future : mon devoir est tracé, je le remplirai en homme d'honneur.

« Je verrai des ennemis de la patrie dans tous ceux qui tenteraient de changer, par des voies illégales, ce que la France entière a établi.

« Entre vous et moi, citoyens Représentants, il ne saurait y avoir de véritables dissentiments. Nos volontés, nos désirs sont les mêmes.

« Je veux, comme vous, rasseoir la société sur ses bases, affermir les institutions démocratiques, et rechercher tous les moyens propres à soulager les maux de ce peuple généreux et intelligent qui vient de me donner un témoignage si éclatant de sa confiance.

« La majorité que j'ai obtenue, non-seulement me pénètre de reconnaissance, mais elle donnera au Gouvernement nouveau la force morale sans laquelle il n'y a pas d'autorité. Avec la paix et l'ordre, notre pays peut se relever, guérir ses plaies, ramener les hommes égarés, et calmer les passions.

« Animé de cet esprit de conciliation, j'ai appelé près de moi des hommes honnêtes, capables et dévoués au pays, assuré que, malgré les diversités d'origine politique, ils sont d'accord pour concourir avec vous à l'application de la Constitution, au perfectionnement des lois, à la gloire de la République.

« La nouvelle administration, en entrant aux affaires, doit remercier celle qui l'a précédée des efforts qu'elle a faits pour transmettre le pouvoir intact, pour maintenir la tranquillité publique. La conduite de l'honorable général Cavaignac a été digne de la loyauté de son caractère et de ce sentiment du devoir qui est la première qualité du Chef d'un État.

« Nous avons, citoyens Représentants, une grande tâche à remplir : c'est de fonder une République dans l'intérêt de tous, et un Gouvernement juste, ferme, qui soit animé d'un sincère amour du progrès, sans être réactionnaire ou utopiste.

« Soyons les hommes du pays, non les hommes d'un parti, et, Dieu aidant, nous ferons du moins le bien, si nous ne pouvons faire de grandes choses. »

En descendant de la tribune, Louis-Napoléon quitta le Palais législatif et se rendit à l'Élysée. Il était accompagné de MM. Le Breton, Degousée et Bureaux de Puzy (1).

Aussitôt après s'y être installé, le Président de la République fit publier la liste du nouveau ministère qu'il venait de composer.

La Voici :

M. Odilon-Barrot (1), ministre de la justice, chargé de présider le Conseil en l'absence du Président de la République; M. Drouyn de l'Huys, ministre des affaires étrangères; M. de Falloux, à l'instruction publique et aux cultes; M. Léon de Malleville, à l'intérieur; M. Bixio, à l'agriculture et au commerce; M. Léon Faucher, aux travaux publics; M. le général Rulhières, à la guerre; M. de Tracy, à la marine et aux colonies; M. Hippolyte Passy, aux finances.

Louis-Napoléon était, de par le vœu unanime de la nation, investi de la plus haute fonction administrative de la République.

La France avait payé sa dette de reconnaissance à la Famille Bonaparte, et la cause de l'ordre était gagnée.

---

(1) Questeurs de l'Assemblée nationale.
(1) C'est après bien des efforts et des pourparlers que M. Abbatucci amena M. Barrot à se rallier au Prince.

CHAPITRE V

Entrée au Pouvoir de Louis-Napoléon. — Il s'occupe de l'armée, des classes laborieuses, visite les hôpitaux, les ateliers des divers quartiers de Paris, la Cité ouvrière du 2ᵉ arrondissement. — Paroles du Prince au sujet de cet établissement. — Message du Président à l'Assemblée législative. — Révolte de la Montagne. — Le Pape rétabli sur son trône. — Proclamation des Montagnards. — Insurrection du 13 juin. — Ridicule dictature des démagogues. — Défaite de l'insurrection. — Fuite de M. Ledru-Rollin. — Courage de Louis-Napoléon. — Proclamation du Président de la République au peuple français. — Le Pape nomme une Commission pour gouverner à Rome. — Conduite injuste de cette commission. — Lettre du Prince-Président à M. Edgard Ney. — Voyage de Louis-Napoléon dans les départements de la France. — Changement de ministère. — Message du Président à l'Assemblée. — Colère des chefs de la majorité. — Dernière phase de l'Assemblée législative. — Nouveau Message du Président de la République. — Proposition d'un vote de censure contre le Chef du Pouvoir exécutif. — Ordre du jour pur et simple. — Réélection du Président de la République. — Candidats proposés. — Message du Prince à l'Assemblée. — L'Assemblée se proroge au mois de novembre. — Réouverture de l'Assemblée. — Message présidentiel. — Proposition des membres de la majorité. — Autre proposition. — Rejet de cette dernière proposition. — Présentation, par le ministre de l'intérieur, du projet d'abrogation de la loi du 31 mai. — Rejet de ce projet. — Faible majorité. — Proposition de deux décrets par les questeurs de l'Assemblée. — But de ces décrets. — Ce que devait faire le Président de la République. — De quel côté était le bon droit et la justice.

Aussitôt son entrée au Pouvoir, Louis-Napoléon s'occupa spécialement du sort de l'armée et des classes laborieuses. Il se fit rendre compte de l'état de nos fabriques et de notre industrie, de la situation des bureaux de bienfaisance et des établissements de charité.

Dès les premiers mois de l'année 1849, l'Élu du

10 décembre visita les principaux ateliers de Paris, le Musée d'artillerie, les salles de campement militaire, examinant avec un soin minutieux la literie, la nourriture, l'habillement, ainsi que les conditions hygiéniques dans lesquelles vivaient nos soldats.

Il rendit aussi visite à l'Hôtel-Dieu, au Val-de-Grâce, à l'hôpital du Gros-Caillou et à la Salpêtrière, alors encombrés par les victimes du choléra.

Au mois d'octobre, il continua ses visites dans les ateliers du faubourg Saint-Antoine, ainsi qu'aux autres établissements industriels des divers quartiers de Paris.

Vers les premiers jours de novembre, le Prince vint voir les constructions de la Cité ouvrière du 2e arrondissement. Il exprima le vœu qu'on édifiât un grand nombre de ces établissements, « destinés, disait-il, à moraliser le peuple et à augmenter son bien-être. »

Le 7 juin 1849, le Président de la République présenta à l'Assemblée législative (1) le Message suivant, qui témoignait déjà du rétablissement de la prospérité publique (2) :

« Mon élection à la première Magistrature de la République avait fait naître des espérances qui n'ont point encore pu toutes se réaliser.

« Jusqu'au jour où vous vous êtes réunis dans cette enceinte, le Pouvoir exécutif ne jouissait pas de la plénitude de ses prérogatives constitutionnelles. Dans une telle position, il lui était difficile d'avoir une marche bien assurée. Néanmoins, je suis resté fidèle à mon Manifeste.

---

(1) Cette Assemblée venait d'être nouvellement nommée par le suffrage universel.

(2) L'abondance des matières et l'étendue de notre ouvrage nous forcent à ne donner que les principaux passages de ce remarquable Exposé de la situation politique de la France à cette époque. *(Note des auteurs.)*

« A quoi, en effet, me suis-je engagé en acceptant les suffrages de la nation :

« A défendre la société, audacieusement attaquée ; à affermir une République sage, grande, honnête ; à protéger la famille, la religion, la propriété ; à provoquer toutes les améliorations et toutes les économies possibles ; à protéger la presse contre l'arbitraire et la licence ; à diminuer les abus de la centralisation ; à effacer les traces de nos discordes civiles ; enfin, à adopter à l'extérieur une politique sans arrogance comme sans faiblesse.

....

« Notre devoir est de faire la part entre les idées fausses et les idées vraies qui jaillissent d'une Révolution ; puis, cette séparation faite, il faut se mettre à la tête des unes et combattre courageusement les autres. La vérité se trouvera en faisant appel à toutes les intelligences, en ne repoussant rien avant de l'avoir approfondi, en adoptant tout ce qui aura été soumis à l'examen des hommes compétents et aura subi l'épreuve de la discussion.

« D'après ce que je viens d'exposer, deux sortes de lois seront présentées à votre approbation : les unes pour rassurer la société et réprimer les excès, les autres pour introduire partout des améliorations réelles........................

« J'appelle sous le drapeau de la République et sur le terrain de la Constitution tous les hommes dévoués au salut du pays. Je compte sur leur concours et sur leurs lumières pour m'éclairer, sur ma conscience pour me conduire, sur la protection de Dieu pour accomplir ma mission.

« Louis-Napoléon Bonaparte. »

Huit jours après la publication de ce Manifeste, dont la teneur devait rassurer tous les honnêtes gens, le parti démagogique, qui avait obtenu quelques victoires dans les départements du centre de la France, leva l'étendard de la révolte.

Le prétexte de cette révolte fut l'ordre donné par le Président de la République, au général Oudinot, de rétablir le Pape sur le Trône pontifical. Cette mesure, qui assurait d'une manière définitive le succès de l'expédition romaine, avait en même temps pour but de défendre l'honneur de notre drapeau, attaqué deux mois avant par un vote de l'Assemblée Constituante.

Le 13 juin, une proclamation signée par la minorité factieuse de l'Assemblée (1), était affichée dans Paris, et paraissait en tête de tous les journaux démagogiques. La voici :

« Le Président de la République et les ministres sont hors de la Constitution. La partie de l'Assemblée qui s'est rendue leur complice par son vote, s'est mise hors la Constitution. La garde nationale se lève, les ateliers se ferment ; que nos frères de l'armée se souviennent qu'ils sont citoyens, et que, comme tels, le premier de leurs devoirs est de défendre la Constitution.

« Que le peuple entier soit debout ! »

Ainsi que les chefs de la Montagne l'avaient annoncé, l'insurrection éclata dans la journée du 13 juin.

L'issue de cette échauffourée d'un parti aux abois (2) fut le triomphe complet de la cause de l'ordre sur celle de l'anarchie.

Le principal chef de ce mouvement (3), après avoir essayé d'installer une ridicule dictature dans le local du Conservatoire, s'enfuit misérablement par le carreau d'un vasistas, heureusement assez large pour laisser passer le fougueux Montagnard.

De son côté, Louis-Napoléon n'était pas resté étran-

---

(1) Cent menbres environ avaient signé ce Manifeste. L'assemblée législative était composée de 750 représentants. (*Note des Auteurs.*)
(2) Le parti montagnard.
(3) M. Ledru-Rollin.

ger à la défense de nos institutions. Dès le matin du 13 juin, il sortit à cheval de l'Elysée, parcourut la ligne des boulevards, le faubourg Saint-Antoine, les rues Saint-Martin et Saint-Denis, en un mot, tous les endroits où l'insurrection avait cru devoir planter son étendard. Il ne rentra au Palais présidentiel qu'à dix heures du soir, alors que toute crainte d'un nouveau mouvement avait entièrement disparu.

Le soir même du 13 juin, le Prince-Président envoya au *Moniteur* cette énergique proclamation, qui fut affichée le lendemain sur les murs de Paris :

LE PRÉSIDENT DE LA RÉPUBLIQUE

AU PEUPLE FRANÇAIS.

« Quelques factieux osent encore lever l'étendard de la révolte contre un Gouvernement légitime, puisqu'il est le produit du suffrage universel.

« Ils m'accusent d'avoir violé la Constitution, moi qui ai supporté depuis six mois, sans en être ému, leurs injures, leurs calomnies et leurs provocations.

« La majorité de l'Assemblée elle-même est le but de leurs outrages.

« L'accusation dont je suis l'objet n'est qu'un prétexte, et la preuve, c'est que ceux qui m'attaquent me poursuivaient déjà avec la même haine, avec la même injustice, alors que le peuple de Paris me nommait Représentant, et le peuple de la France Président de la République.

« Ce système d'agitation entretient dans le pays le malaise et la méfiance, qui engendrent la misère.

« Il faut qu'il cesse.

« *Il est temps que les bons se rassurent, et que les méchants tremblent.*

« La République n'a pas d'ennemis plus implacables que ces hommes qui, perpétuant le désordre, nous forcent à changer la

France en un camp, nos idées d'amélioration et de progrès en préparatifs de lutte et de défense.

« Élu par la nation, la cause que je défends est la vôtre ; c'est celle de vos familles, de vos propriétés ; celle du pauvre comme du riche ; celle de la civilisation tout entière.

« Je ne reculerai devant rien pour la faire triompher.

« LOUIS-NAPOLÉON BONAPARTE. »

Le Pape, rétabli sur son trône par la puissance de nos armes, avait nommé une Commission composée de Cardinaux, pour gouverner la ville de Rome jusqu'à son retour.

Malheureusement, cette Commission oublia son but. Au lieu de s'occuper des réformes commandées par la situation, elle se laissa entraîner à d'injustes représailles envers le parti vaincu, et poussa même la témérité jusqu'à publier une proclamation où le nom de la France était systématiquement omis.

Louis-Napoléon, justement blessé de l'injure faite à nos braves soldats, écrivit à ce sujet une lettre à M. Edgard Ney (1).

Cette lettre, qui obtint l'approbation universelle, révèle le caractère du Patriote de Forli. Nous la reproduisons dans toute son intégrité :

A M. EDGARD NEY, A ROME.

« Mon cher Ney,

« La République Française n'a pas envoyé une armée à Rome pour y étouffer la liberté italienne, mais au contraire pour la régler en la préservant de ses propres excès, et pour lui donner une base solide, en remettant sur le Trône pontifical le

(1) Son officier d'ordonnance.

Prince qui s'était placé hardiment à la tête de toutes les réformes utiles.

« J'apprends avec peine que les intentions bienveillantes du Saint-Père, comme notre propre action, restent stériles en présence de passions et d'influences hostiles. On voudrait donner comme base à la rentrée du Pape, la proscription et la tyrannie. Dites de ma part au général Rostolan qu'il ne doit pas permettre qu'à l'ombre du drapeau tricolore, on commette aucun acte qui puisse dénaturer le caractère de notre intervention.

« Je résume ainsi le rétablissement du Pouvoir temporel du Pape : *amnistie générale, sécularisation de l'Administration, Code Napoléon, et Gouvernement libéral.*

J'ai été personnellement blessé, en lisant la proclamation des trois Cardinaux, de voir qu'il n'était pas même fait mention du nom de la France, ni des souffrances de nos braves soldats.

« Toute insulte faite à notre drapeau ou à notre uniforme me va droit au cœur, et je vous prie de bien faire savoir que si la France ne vend pas ses services, elle exige au moins qu'on lui sache gré de ses sacrifices et de son abnégation. Lorsque nos armées firent le tour de l'Europe, elles laissèrent partout, comme trace de leur passage, la destruction des abus de la féodalité et des germes de liberté : il ne sera pas dit qu'en 1849, une armée française ait pu agir dans un autre sens, ni amener d'autres résultats.

« Dites au général de remercier, en mon nom, l'armée de sa noble conduite. J'ai appris avec peine que, physiquement même, elle n'était pas traitée comme elle devait l'être. Rien ne doit être négligé pour établir convenablement nos troupes.

« Recevez, mon cher Ney, l'assurance de ma sincère amitié.

« Louis-Napoléon Bonaparte. »

Le 6 juillet 1849, le Président de la République partit pour un voyage dans les départements de la France. Il visita successivement un grand nombre de villes (1),

---

(1) Chartres, Douai, Ham, Tours, Angers, Nantes, Saumur, Le Havre Rouen, Louviers et Elbeuf.

et partout, sur son passage, laissa entrevoir aux populations un avenir plus heureux pour la France.

Le 31 octobre 1849, à la suite d'un changement de ministère, provoqué par les intrigues des partis, le Prince Louis-Napoléon envoya le Message suivant à l'Assemblée législative :

Élysée, 31 octobre 1849.

MESSAGE DU PRÉSIDENT DE LA RÉPUBLIQUE

« Monsieur le Président,

« Dans les circonstances graves où nous nous trouvons, l'accord qui doit régner entre les différents Pouvoirs de l'État ne peut se maintenir que si, animés d'une confiance mutuelle, ils s'expliquent franchement l'un vis-à-vis de l'autre. Afin de donner l'exemple de cette sincérité, je viens faire connaître à l'Assemblée quelles sont les raisons qui m'ont déterminé à changer le ministère, et à me séparer d'hommes dont je me plais à proclamer les services éminents, et auxquels j'ai voué amitié et reconnaissance.

« Pour raffermir la République, menacée de tous côtés par l'anarchie, pour assurer l'ordre plus efficacement qu'il ne l'a été jusqu'à ce jour, pour maintenir à l'extérieur le nom de la France à la hauteur de sa renommée, il faut des hommes qui, animés d'un dévouement patriotique, comprennent la nécessité d'une direction unique et ferme et d'une politique nettement formulée, qui ne compromettent le Pouvoir par aucune irrésolution, qui soient aussi préoccupés de ma propre responsabilité que de la leur, et de l'action que de la parole.

« Depuis bientôt un an, j'ai donné assez de preuves d'abnégation pour qu'on ne se méprenne pas sur mes intentions véritables. Sans rancune contre aucune individualité, contre aucun parti, j'ai laissé arriver aux affaires les hommes d'opinions les plus diverses, mais sans obtenir les heureux résultats que j'attendais de ce rapprochement. Au lieu d'opérer une fusion de nuances, je n'ai obtenu qu'une neutralisation de forces. L'unité de vues et d'intentions a été entravée, l'esprit de conciliation pris pour de la faiblesse. A peine les dangers de la rue étaient-ils passés, qu'on a vu les partis relever leur drapeau, réveiller leurs rivalités et alarmer le pays en semant l'inquiétude.

« Au milieu de cette confusion, la France, inquiète parce qu'elle ne voit pas de direction, cherche la main, la volonté, le drapeau de l'Élu du 10 décembre. Or, cette volonté ne peut être sentie que s'il y a communauté entière d'idées, de vues, de convictions, entre le Président et ses ministres, et si l'Assemblée elle-même s'associe à la pensée nationale dont l'élection du Pouvoir exécutif a été l'expression.

» Tout un système a triomphé au 10 décembre, car le nom de Napoléon est à lui seul tout un programme. Il veut dire : à l'intérieur, autorité, religion, bien-être du peuple; à l'extérieur, dignité nationale. C'est cette politique, inaugurée par mon élection, que je veux faire triompher avec l'appui de l'Assemblée et celui du peuple. Je veux être digne de la confiance de la nation, en maintenant la Constitution que j'ai jurée. Je veux inspirer au pays, par ma loyauté, ma persévérance et ma fermeté, une confiance telle, que les affaires reprennent et qu'on ait foi dans l'avenir. La lettre d'une Constitution a sans doute une grande influence sur les destinées d'un pays, mais la manière dont elle est exécutée en exerce une encore plus grande peut-être. Le plus ou moins de durée du Pouvoir contribue, certes, puissamment à la stabilité des choses; mais c'est aussi par les idées et les principes que le Gouvernement sait faire prévaloir, que la société se rassure.

« Relevons donc l'autorité sans inquiéter la vraie liberté. Calmons les craintes en domptant hardiment les mauvaises passions, et en donnant à tous les nobles instincts une direction utile. Affermissons le principe religieux, sans rien abandonner des conquêtes de la Révolution, et nous sauverons le pays, malgré les partis, les ambitions et même les imperfections que nos institutions pourraient renfermer. »

« Louis-Napoléon Bonaparte. »

Ce Message, chef-d'œuvre de dignité et de modération, fut accueilli avec colère par les chefs de la majorité ; mais une main puissante tenait leurs ambitions en échec, et, cette fois encore, ils durent courber la tête.

Nous ne retracerons pas ici les nombreuses luttes qui eurent lieu dans le sein de l'Assemblée législative antérieurement aux événements du 2 décembre 1851, nous raconterons seulement la dernière phase de cette Assemblée, qui succomba sous le poids de son impuissance et de sa stérilité.

Le 24 janvier 1851, le Président de la République, à propos d'un vote émis six jours avant (1), envoya un nouveau Message au Président de l'Assemblée législative :

Paris, 24 janvier 1851.

A Monsieur le Président de l'Assemblée Nationale Législative.

« Monsieur le Président,

« L'opinion publique, confiante dans la sagesse de l'Assemblée et du Gouvernement, ne s'est pas émue des derniers incidents ; néanmoins, la France commence à souffrir d'un désaccord qu'elle déplore. Mon devoir est de faire ce qui dépendra de moi pour en prévenir les résultats fâcheux.

« L'union des deux Pouvoirs est indispensable au repos du pays. Mais, comme la Constitution les a rendus indépendants, la seule condition de cette union est une confiance réciproque.

« Pénétré de ce sentiment, je respecterai toujours les droits de l'Assemblée, en maintenant intactes les prérogatives du Pouvoir que je tiens du peuple.

« Pour ne point prolonger une dissidence pénible, j'ai accepté, après le vote récent de l'Assemblée, la démission d'un ministère qui avait donné au pays, à la cause de l'ordre, des gages éclatants de dévouement.

---

(1) Ce vote, rendu le 18 janvier, à propos de la destitution du général Changarnier, avait entraîné la chute du ministère.

« Voulant, toutefois, reformer un cabinet avec des chances de durée, je ne pouvais prendre ses éléments dans une majorité née de circonstances exceptionnelles, et je me suis vu, à regret, dans l'impossibilité de trouver une combinaison parmi les membres de la minorité, malgré son importance.

« Dans cette conjoncture, et après de vaines tentatives, je me suis résolu à former un ministère de transition, composé d'hommes spéciaux, n'appartenant à aucune fraction de l'Assemblée, et décidés à se livrer aux affaires sans préoccupation de parti. Les hommes honorables qui acceptent cette tâche patriotique auront des droits à la reconnaissance du pays.

« L'Administration continuera donc, comme par le passé. Les préventions se dissiperont au souvenir des déclarations solennelles du Message du 12 novembre. La majorité réelle se reconstituera; l'harmonie sera rétablie, sans que les deux Pouvoirs aient rien sacrifié de la dignité qui fait leur force.

« La France veut avant tout le repos, et elle attend de ceux qu'elle a investis de sa confiance une conciliation sans faiblesse, une fermeté calme, l'impassibilité dans le droit.

« Agréez, Monsieur le Président, etc.

« LOUIS-NAPOLÉON BONAPARTE. »

A la lecture de ce document, la coalition éclata en menaces contre le Président de la République. Un membre obscur de la majorité (1) proposa un vote de censure contre le Chef du Pouvoir exécutif. L'Assemblée repoussa cette proposition en adoptant l'ordre du jour pur et simple.

Au milieu des luttes ardentes du parlementarisme, nous arrivons, comme on le voit, à la fin de l'année 1851.

L'époque fixée pour la réélection du Président de la République approchait; les chefs des divers partis proposaient déjà leurs candidats à cette haute fonction.

(1) M. Howyn-Tranchère.

Voici les noms des candidats mis en avant par la *nouvelle majorité* (1) :

MM. de Joinville, de Larochejaquelein, Cavaignac, Ledru-Rollin, Grévy et le montagnard Nadaud.

En réponse à ces démonstrations des ennemis de la République, le Prince Président adressa, le 12 novembre, un Message à l'Assemblée législative. Il terminait ce document par ces paroles, échos de l'ardent patriotisme de son cœur :

« .....J'ai souvent déclaré, lorsque l'occasion s'est offerte d'expliquer publiquement ma pensée, que je considérerais comme de grands coupables ceux qui, par ambition personnelle, compromettraient le peu de stabilité que nous garantit la Constitution. C'est ma conviction profonde; elle n'a jamais été ébranlée. Les ennemis seuls de la tranquillité publique ont pu dénaturer les plus simples démarches qui naissent de ma position.

« Comme premier Magistrat de la République, j'étais obligé de me mettre en relation avec le clergé, la magistrature, les agriculteurs, les industriels, l'administration, l'armée, et je me suis empressé de saisir toutes les occasions de leur témoigner ma sympathie et ma reconnaissance pour le concours qu'ils me prêtent; et surtout si mon nom et mes efforts ont concouru à raffermir l'esprit de l'armée, de laquelle je dispose seul, d'après les termes de la Constitution, c'est un service, j'ose le dire, que je crois avoir rendu au pays, car toujours j'ai fait tourner au profit de l'ordre mon influence personnelle.

« La règle invariable de ma vie politique sera, dans toutes les circonstances, de faire mon devoir, rien que mon devoir.

« Il est aujourd'hui permis à tout le monde, excepté à moi, de vouloir hâter la révision de la Constitution. Ce vœu ne s'adresse qu'au Pouvoir législatif. Quant à moi, Élu du peuple, ne relevant que de lui, je me conformerai toujours à ses volontés légalement exprimées.

---

(1) Les chefs des partis dynastiques avaient cru devoir voter avec les montagnards et former ainsi une nouvelle majorité.

« L'incertitude de l'avenir fait naître, je le sais, bien des appréhensions, en réveillant bien des espérances : sachons tous faire à la patrie le sacrifice de ces espérances, et ne nous occupons que de ses intérêts. Si, dans cette session, vous votez la révision de la Constitution, une Constituante viendra refaire nos lois fondamentales et régler le sort du Pouvoir exécutif. Si vous ne la votez pas, le peuple, en 1852, manifestera solennellement sa volonté nouvelle. Mais, quelles que puissent être les solutions de l'avenir, entendons-nous, afin que ce ne soit jamais la passion, la surprise ou la violence qui décident du sort d'une grande nation. Inspirons au peuple l'amour du repos, en mettant du calme dans nos délibérations; inspirons-lui la religion du droit, en ne nous en écartant jamais nous-mêmes; et alors, croyez-le, le progrès des mœurs politiques compensera le danger d'institutions créées dans des jours de défiances et d'incertitudes.

« Ce qui me préoccupe surtout, soyez-en persuadés, ce n'est pas de savoir qui gouvernera la France en 1852, c'est d'employer le temps dont je dispose, de manière à ce que la transition, quelle qu'elle soit, se fasse sans agitation et sans trouble.

« Le but le plus digne d'une âme élevée n'est point de rechercher, quand on est au Pouvoir, par quels expédients on s'y perpétuera, mais de veiller sans cesse aux moyens de consolider, à l'avantage de tous, les principes d'autorité et de morale qui défient les passions des hommes et l'instabilité des lois.

« Je vous ai loyalement ouvert mon cœur; vous répondrez à ma franchise par votre confiance, à mes bonnes intentions par votre concours, et Dieu fera le reste.

« Louis-Napoléon Bonaparte. »

Au commencement d'août 1851, l'Assemblée législative, voulant, sans doute, retremper son esprit dans les aspirations de ses électeurs, avait prorogé ses séances au mois de novembre.

Le 4 novembre 1851, jour de la réouverture de l'Assemblée, Louis-Napoléon adressa aux représentants un nouveau Message, dont nous extrayons les passages suivants :

« Une vaste conspiration démagogique s'organise en France et en Europe. Les sociétés secrètes cherchent à étendre leurs ramifications jusque dans les moindres communes ; tout ce que les partis renferment d'insensé, de violent, d'incorrigible, sans être d'accord sur les hommes ni les choses, s'est donné rendez-vous en 1852, non pour bâtir, mais pour renverser.

« Dans un tel état de choses, mon devoir est le même aujourd'hui qu'hier. Il consiste à maintenir l'ordre, à faire disparaître toute cause d'agitation, afin que les résolutions qui décideront de notre sort soient conçues dans le calme et adoptées sans contestation.

« Ces résolutions ne peuvent émaner que d'un acte décisif de la souveraineté nationale, puisqu'elles ont toutes pour base l'élection populaire. Eh bien ! je me suis demandé s'il fallait, en présence du délire des passions, de la confusion des doctrines, de la division des partis, alors que tout se ligue pour enlever à la morale, à la justice, à l'autorité leur dernier prestige ; s'il fallait, dis-je, laisser ébranlé et incomplet le seul principe qu'au milieu du chaos général la Providence ait maintenu debout pour nous rallier. Quand le suffrage universel a relevé l'édifice social, par cela même qu'il substituait un droit à un fait révolutionnaire, est-il sage d'en restreindre plus longtemps la base ? Enfin, je me suis demandé si, lorsque des Pouvoirs nouveaux viendront présider aux destinées du pays, ce n'était pas d'avance compromettre leur stabilité que de laisser un prétexte de discuter leur origine et de méconnaître leur légitimité.

« Le doute n'était pas possible, et, sans vouloir m'écarter un instant de la politique d'ordre que j'ai toujours suivie, je me suis vu obligé, bien à regret, de me séparer d'un ministère qui avait toute ma confiance, pour en choisir un autre, composé également d'hommes honorables, connus par leurs sentiments conservateurs, mais qui voulussent admettre la nécessité de rétablir le suffrage universel sur la base la plus large possible.

« Il vous sera donc présenté un projet de loi qui restitue au principe toute sa plénitude.

. . . .

« Ici une raison décisive appelle votre attention.

« Le rétablissement du vote universel sur sa base rationnelle donne une chance de plus d'obtenir la révision de la Constitution. Vous n'avez pas oublié pourquoi, dans la session dernière, les adversaires de cette révision se refusaient à la voter. Ils s'appuyaient sur cet argument qu'ils savaient rendre spécieux : La Constitution, disaient-ils, œuvre d'une Assemblée issue du suffrage de tous, ne peut pas être modifiée par une Assemblée née du suffrage restreint. Que ce soit là un motif réel ou un prétexte, il est bon de l'écarter et de pouvoir dire à ceux qui veulent lier le pays à une Constitution immuable : « Voilà le suffrage universel rétabli. »

« La majorité de l'Assemblée, soutenue par deux millions de pétitionnaires, par le plus grand nombre des Conseils d'arrondissement, par la presque totalité des Conseils généraux, demande la révision du Pacte fondamental. Avez-vous moins confiance que nous dans l'expression de la volonté populaire? La question se résume donc ainsi pour tous ceux qui souhaitent le dénouement pacifique des difficultés du jour.

. . . .

« La proposition que je vous fais, Messieurs, n'est ni une tactique de parti, ni un calcul égoïste, ni une résolution subite ; c'est le résultat de méditations sérieuses et d'une conviction profonde. Je ne prétends pas que cette mesure fasse disparaître toutes les difficultés de la situation. Mais à chaque jour sa tâche. Aujourd'hui, rétablir le suffrage universel, c'est enlever à la guerre civile son drapeau, à l'opposition son dernier argument. Ce sera fournir à la France la possibilité de se donner des institutions qui assurent son repos. Ce sera rendre aux pouvoirs à venir cette force morale qui n'existe qu'autant qu'elle repose sur un principe consacré et sur une autorité incontestable.

« Recevez, Messieurs, etc.

« Louis-Napoléon Bonaparte. »

Comme on le voit, le programme politique de ce Message était le rétablissement du suffrage universel et la conservation de la politique d'ordre et de conciliation inaugurée avec la Présidence.

Les membres de la nouvelle majorité répondirent à cet acte par des menées sourdes et une opposition systématique à toutes les mesures proposées par le Prince Président pour le maintien de la sécurité publique.

Fidèle à l'esprit de son Message, Louis-Napoléon fit présenter, par le ministre de l'intérieur, un projet d'abrogation de la loi du 31 mai.

Ce projet, dicté au chef du Pouvoir par le sentiment populaire, fut repoussé, le 13 novembre 1851, à la faible majorité de TROIS VOIX.

Vers la fin du même mois, les questeurs de l'Assemblée proposèrent deux décrets : *Lesquels remettaient entre les mains du Président de la Législative, le commandement des forces de l'armée et de la garde nationale, faisant partie de la 1re division militaire, et enjoignaient à tout commandant de n'obéir qu'aux ordres du général chargé de la sûreté de l'Assemblée.*

Évidemment, le but de ces propositions était de déposséder le Chef du Pouvoir exécutif du mandat qu'il tenait de la sanction populaire.

Disons mieux, les partis dynastiques complottaient dans l'ombre *la mise en accusation du Président de la République!*

Que devait faire l'Élu de six millions de suffrages, devant la conduite déloyale de ces représentants violant leur mandat ?

Il devait en appeler à la sagesse du pays.

Car le pays seul, dans cette solennelle circonstance, pouvait légalement prononcer de quel côté se trouvait le bon droit et la justice.

CHAPITRE VI

Le 2 Décembre. — Arrestations. — Actes d'autorité. — Opinion de M. Granier de Cassagnac. — Réunion de 200 Députés. — M. Benoît d'Azy. — La Haute-Cour de Justice. — Fin des résistances. — Belle conduite des troupes. — Vains efforts du Comité Socialiste. — La tranquilité est rétablie. — Appel à la nation. — Vote en faveur de la Présidence pour dix ans. — Discours du Prince. — Hommage à l'Éternel.

Le 2 décembre 1851, dès six heures du matin, trois bataillons de ligne entouraient l'Assemblée nationale.

Vers huit heures, les régiments composant les trois divisions de l'armée de Paris vinrent occuper le quai d'Orsay, le Carrousel, le Jardin des Tuileries, la place de la Concorde et les Champs-Élysées.

Environ à la même heure, des Commissaires de Police, munis de mandats officiels, procédèrent à l'arrestation de : MM. Changarnier, Cavaignac, La Moricière, Le Flô, Bedeau, Charras, Thiers, Greppo, Charles Lagrange, Baze, et d'un grand nombre de chefs de sociétés secrètes.

En même temps, l'autorité faisait placarder sur les murs de Paris les actes suivants :

Composition du Ministère.

M. de Morny, intérieur; M. Fould, finances; M. Rouher, justice; M. Magne, travaux publics; M. Lacrosse, marine;

M. Lefebvre-Duruflé, commerce; M. Saint-Arnauld, guerre; M. Fortoul, instruction publique; M. Turgot, affaires étrangères.

DÉCRET.

AU NOM DU PEUPLE FRANÇAIS.

« Le Président de la République,

« Décrète :

« Article premier. — L'Assemblée nationale est dissoute.

« Art. 2. — Le suffrage universel est rétabli. La loi du 31 mai est abrogée.

« Art. 3. — Le Peuple français est convoqué dans ses Comices, à partir du 14 décembre jusqu'au 21 décembre suivant.

« Art. 4. — L'état de siége est décrété dans l'étendue de la 1re division militaire.

« Art. 5. — Le Conseil d'État est dissous.

« Art. 6. — Le ministre de l'intérieur est chargé de l'exécution du présent décret.

« Fait au palais de l'Élysée, le 2 décembre 1851.

« LOUIS-NAPOLÉON BONAPARTE.

« *Le Ministre de l'intérieur,*

« DE MORNY. »

PROCLAMATION A L'ARMÉE.

« SOLDATS !

« Soyez fiers de votre mission ; vous sauverez la patrie, car je compte sur vous, non pour violer les lois, mais pour faire respecter la première loi du pays, la souveraineté nationale, dont je suis le légitime représentant.

« Depuis longtemps vous souffriez comme moi des obstacles qui s'opposaient et au bien que je voulais vous faire et aux démonstrations de votre sympathie en ma faveur. Ces obstacles sont brisés. L'Assemblée a essayé d'attenter à l'autorité que je tiens de la nation entière; elle a cessé d'exister.

« Je fais un loyal appel au Peuple et à l'armée, et je leur dis : ou donnez-moi les moyens d'assurer votre prospérité, ou choisissez un autre à ma place.

« En 1830 comme en 1848, on vous a traités en vaincus. Après avoir flétri votre désintéressement héroïque, on a dédaigné de consulter vos sympathies et vos vœux, et cependant vous êtes l'élite de la nation. Aujourd'hui, en ce moment solennel, je veux que l'armée fasse entendre sa voix.

« Votez donc librement comme citoyens; mais, comme soldats, n'oubliez pas que l'obéissance passive aux ordres du Chef du Gouvernement est le devoir rigoureux de l'armée, depuis le général jusqu'au soldat. C'est à moi, responsable de mes actions devant le Peuple et devant la postérité, de prendre les mesures qui me semblent indispensables pour le bien public.

« Quant à vous, restez inébranlables dans les règles de la discipline et de l'honneur. Aidez, par votre attitude imposante, le pays à manifester sa volonté dans le calme et la réflexion. Soyez prêts à réprimer toute tentative contre le libre exercice de la souveraineté du Peuple.

« Soldats ! je ne vous parle pas des souvenirs que mon nom rappelle. Ils sont gravés dans vos cœurs. Nous sommes unis par des liens indissolubles. Votre histoire est la mienne. Il y a entre nous dans le passé communauté de gloire et de malheur; il y aura dans l'avenir communauté de sentiments et de résolutions pour le repos et la grandeur de la France.

« Fait au palais de l'Élysée, le 2 décembre 1851.

« *Signé* : Louis-Napoléon Bonaparte. »

PROCLAMATION AU PEUPLE FRANÇAIS.

« Français !

« La situation actuelle ne peut durer plus longtemps. Chaque jour qui s'écoule aggrave les dangers du pays. L'Assemblée, qui devait être le plus ferme appui de l'ordre, est devenue un foyer de complots. Le patriotisme de trois cents de ses membres n'a pu arrêter ses fatales tendances. Au lieu de faire des lois dans l'intérêt général, elle forge des armes pour la guerre civile; elle attente au Pouvoir que je tiens directement du Peuple; elle encourage toutes les mauvaises passions; elle compromet le repos de la France. Je l'ai dissoute, et je rends le Peuple entier juge entre elle et moi.

« La Constitution, vous le savez, avait été faite dans le but d'affaiblir d'avance le Pouvoir que vous alliez me confier. Six millions de suffrages furent une éclatante protestation contre elle, et cependant je l'ai fidèlement observée. Les provocations, les calomnies, les outrages m'ont trouvé impassible. Mais aujourd'hui que le pacte fondamental n'est plus respecté de ceux-là même qui l'invoquent sans cesse, et que les hommes qui ont déjà perdu deux monarchies veulent me lier les mains afin de renverser la République, mon devoir est de déjouer leurs perfides projets, de maintenir la République et de sauver le pays, en invoquant le jugement solennel du seul souverain que je reconnaisse en France: le Peuple!

« Je fais donc un appel loyal à la nation tout entière, et je vous dis : Si vous voulez continuer cet état de malaise qui nous dégrade et compromet notre avenir, choisissez un autre à ma place, car je ne veux plus d'un Pouvoir qui est impuissant à faire le bien, me rend responsable d'actes que je ne puis empêcher, et m'enchaîne au gouvernail, quand je vois le vaisseau courir vers l'abîme.

« Si, au contraire, vous avez encore confiance en moi, donnez-moi les moyens d'accomplir la grande mission que je tiens de vous.

« Cette mission consiste à fermer l'ère des révolutions, en satisfaisant les besoins légitimes du Peuple et en le protégeant contre les passions subversives. Elle consiste surtout à créer des institutions qui survivent aux hommes, et qui soient enfin des fondations sur lesquelles on puisse asseoir quelque chose de durable.

« Persuadé que l'instabilité du Pouvoir, que la prépondérance d'une seule Assemblée, sont les causes permanentes de trouble et de discorde, je soumets à vos suffrages les bases fondamentales suivantes d'une Constitution que les Assemblées développeront plus tard :

« 1° Un Chef responsable nommé pour dix ans ;

« 2° Des ministres dépendant du Pouvoir exécutif seul ;

« 3° Un Conseil d'État formé des hommes les plus distingués, préparant les lois, et en soutenant la discussion devant le Corps législatif ;

« 4° Un Corps législatif discutant et votant les lois, nommé par le suffrage universel, sans scrutin de liste qui fausse l'élection ;

« 5° Une seconde Assemblée, formée de toutes les illustrations du pays, Pouvoir pondérateur, gardien du pacte fondamental et des libertés publiques.

« Ce système, créé par le Premier Consul, au commencement du siècle, a déjà donné à la France le repos et la prospérité ; il les lui garantirait encore.

« Telle est ma conviction profonde. Si vous la partagez, déclarez-le par vos suffrages. Si, au contraire, vous préférez un Gouvernement sans force, monarchique ou républicain, emprunté à je ne sais quel passé ou à quel avenir chimérique, répondez négativement.

« Ainsi donc, pour la première fois depuis 1804, vous voterez en connaissance de cause, en sachant bien pour qui et pour quoi.

« Si je n'obtiens pas la majorité de vos suffrages, alors je provoquerai la réunion d'une nouvelle Assemblée, et je lui remettrai le mandat que j'ai reçu de vous.

« Mais si vous croyez que la cause dont mon nom est le symbole, c'est-à-dire la France régénérée par la Révolution de 89 et organisée par l'Empereur, est toujours la vôtre, proclamez-le en consacrant les pouvoirs que je vous demande.

« Alors, la France et l'Europe seront préservées de l'anarchie, les obstacles s'aplaniront, les rivalités auront disparu, car tous respecteront, dans l'arrêt du Peuple, le décret de la Providence.

« Fait au palais de l'Élysée, le 2 décembre 1851.

« LOUIS-NAPOLÉON BONAPARTE. »

Ces mesures avaient été exécutées avec une telle promptitude, que Paris se réveilla, le 2 décembre, sous l'émotion d'un immense fait politique accompli comme par enchantement.

Il n'y eut alors qu'un cri dans la population : «*L'Assemblée n'a que ce qu'elle mérite!* »

Du reste, ces actes, révolutionnaires dans la forme, étaient au fond combinés avec sagesse, et assuraient dans l'avenir le triomphe de l'ordre.

Nous citerons, à l'appui de notre opinion, celle d'un publiciste distingué (1) :

« Quoi de plus simple, de plus naturel, de plus universellement désiré qu'un Pouvoir un peu durable, afin qu'il ait le temps de rasseoir la société, ébranlée par tant et de si profondes secousses?

« Quoi de plus stérile, de plus irritant, de plus révolutionnaire en soi que ce régime parlementaire, sous lequel les Assemblées délibérantes entravaient toutes les affaires, agitaient sans cesse les passions des partis, entraient perpétuellement en lutte avec le Gouvernement, le déconsidéraient et l'affaiblissaient dans l'opinion publique?

« Qui n'applaudira, au contraire, à des Assemblées calmes, laborieuses, contrôlant, éclairant, aidant le Chef de l'Etat, au lieu de le miner et de le combattre? Et qui ne sent que le suffrage universel, exercé à la commune, entre gens qui se connaissent et qui s'estiment, loin de l'influence des Comités directeurs, arrachera la France des mains des vieux partis, et enverra

---

(1) M. Granier de Cassagnac.

aux Assemblées des hommes dévoués aux intérêts publics, et non aux brigues, aux coteries et aux conspirations?

« Les grandes mesures prises par le Président, la loyauté avec laquelle il faisait, sous la protection de l'armée, un appel au bon sens, au patriotisme, à la volonté libre de tous les citoyens, devaient donc frapper et frappèrent en effet tout le monde d'étonnement et d'admiration. »

Une réunion, composée de deux cents députés (1), eut lieu, dans la matinée du 2 décembre, à la mairie du dixième arrondissement. M. de Morny, ministre de l'intérieur, donna immédiatement l'ordre de la dissoudre, et même de l'enlever en cas de résistance.

Le général Forcy fut chargé de cette mission.

Après des pourparlers inutiles, le général donna l'ordre d'employer la force. Un Commissaire de Police s'empara de M. Benoît d'Azy, qui remplissait alors les fonctions de président, et le fit descendre du bureau de cette Assemblée improvisée. Dès lors, toute résistance cessa, et les représentants, placés entre quatre files de soldats, furent conduits sans obstacle à la caserne d'Orsay.

Le soir même, les ex-représentants furent transférés au Mont-Valérien et à Vincennes.

La Haute-Cour de Justice s'était réunie aussi, dans la journée du 2, au Palais, afin de rédiger une protestation. Deux Commissaires de Police, accompagnés d'un bataillon de la garde municipale, entrèrent dans la salle des délibérations et sommèrent la Cour de se retirer.

(1) Légitimistes et Orléanistes.

La Haute-Cour se sépara aussitôt, abandonnant, sans être signé, l'acte qui faisait le but de la réunion.

« Ainsi se terminèrent, dit un écrivain, toutes les tentatives de résistance de la journée, tentatives partielles, sans résolution, sans écho, fondées sur l'absence complète et évidente de tout danger sérieux pour leurs auteurs; car, le 24 février, les deux Assemblées législatives, le Conseil d'État, la Cour des comptes s'étaient laissé dissoudre sans résistance; les orateurs politiques, qui avaient de belles occasions de faire des harangues, n'en avaient prononcé aucune; pas une seule légion de la garde nationale ne s'était réunie pour protester. Et cependant, le 24 février, il ne s'agissait pas d'un appel loyal fait au pays, sous la protection de l'armée et de l'administration tout entière; le 24 février, tout s'écroulait, Gouvernement, lois, finances, sécurité publique et privée; et tous les foudres d'éloquence et de guerre qui venaient de s'insurger devant Louis-Napoléon Bonaparte, maintenant l'ordre et sauvant la société, s'étaient tus et s'étaient enfuis devant la démagogie s'imposant à la France et menaçant l'Europe. »

Dans les journées qui suivirent le 2 Décembre, des insurrections partielles eurent lieu sur plusieurs points de la capitale. Elles furent promptement réprimées par les troupes, dont la tenue, pendant ces événements, fut irréprochable.

Ajoutons que les membres de la Montagne, seuls, prirent part à ces mouvements insurrectionnels, et que les proclamations du Comité socialiste, loin de grossir le parti de l'émeute, éloignèrent du mouvement tous les honnêtes gens qui auraient pu se laisser entraîner à soutenir une cause à jamais perdue aux yeux de la nation.

Du reste, les mesures les plus énergiques furent prises par l'autorité, et le Prince-Président se mit lui-même à la tête des troupes, pour comprimer les démagogues révoltés.

Le 6 décembre, la tranquillité était complétement rétablie et le commerce rendu à son activité habituelle.

Le 10 décembre, Louis-Napoléon adressa au Peuple français une proclamation dans laquelle il invitait la nation, par un vote universel, à se prononcer librement sur l'acte du 2 décembre. La voici :

RÉPUBLIQUE FRANÇAISE.

Proclamation du Président de la République au Peuple français.

« Français,

« Les troubles sont apaisés. Quelle que soit la décision du peuple, la société est sauvée. La première partie de ma tâche est accomplie; l'appel à la nation pour terminer les luttes des partis, ne faisait, je le savais, courir aucun risque sérieux à la tranquillité publique.

« Pourquoi le Peuple se serait-il soulevé contre moi?

« Si je ne possède plus votre confiance, si vos idées ont changé, il n'est pas nécessaire d'avoir recours à l'insurrection: il suffit de déposer dans l'urne un vote contraire. Je respecterai toujours l'arrêt du Peuple.

« Mais tant que la nation n'aura pas parlé, je ne reculerai devant aucun effort, devant aucun sacrifice pour déjouer les tentatives des factieux. Cette tâche, d'ailleurs, m'est rendue facile.

« D'un côté, l'on a vu combien il était insensé de lutter contre une armée unie par les liens de la discipline, animée par le sentiment de l'honneur militaire et par le dévouement à la patrie.

« D'un autre côté, l'attitude calme des habitants de Paris, la réprobation dont ils flétrissaient l'émeute, ont témoigné assez hautement pour qui se prononçait la capitale.

« Dans ces quartiers populeux, où naguère l'insurrection se recrutait si vite parmi les ouvriers dociles à ses entraînements, l'anarchie, cette fois, n'a pu rencontrer qu'une répugnance profonde pour ses détestables excitations. Grâces en soient rendues à l'intelligente et patriotique population de Paris! Qu'elle se persuade de plus en plus que mon unique ambition est d'assurer le repos et la prospérité de la France.

« Qu'elle continue de prêter son concours à l'autorité, et bientôt le pays pourra accomplir, dans le calme, l'acte solennel qui doit inaugurer une ère nouvelle pour la République.

« Fait au palais de l'Élysée, le 8 décembre 1851.

« Louis-Napoléon Bonaparte. »

Le vote pour l'élection du Président de la République, selon le plébiscite du 2 décembre, fut fixé au 20 du même mois.

Le 31 décembre, à huit heures du soir, la Commission consultative nommée par le Prince-Président pour procéder au recensement général des votes, se transporta à l'Élysée. M. Baroche, président de la Commission, remit au Prince Louis-Napoléon l'extrait du procès-verbal constatant que, pour les quatre-vingt-six départements, l'Algérie, l'armée et la marine, le résultat se traduisait ainsi :

Votants	8,116,773
Oui	7,439,216
Non	640,737
Annulés comme irréguliers	36,820

Le Prince accueillit ce vote significatif du Peuple français en sa faveur par le discours suivant :

« Messieurs,

« La France a répondu à l'appel loyal que je lui avais fait. Elle a compris *que je n'étais sorti de la légalité que pour rentrer dans le droit.* Plus de sept millons de suffrages viennent de m'absoudre en justifiant un acte qui n'avait d'autre but que d'épargner à la France et peut-être à l'Europe des années de troubles et de malheurs. Je vous remercie d'avoir constaté officiellement combien cette manifestation était nationale et spontanée.

« Si je me félicite de cette immense adhésion, ce n'est pas par orgueil, mais parce qu'elle me donne la force de parler et d'agir ainsi qu'il convient au Chef d'une grande nation comme la nôtre. — Je comprends toute la grandeur de ma mission nouvelle, je ne m'abuse pas sur ses graves difficultés. Mais, avec un cœur droit, avec le concours de tous les hommes de bien, qui, ainsi que vous, m'éclaireront de leurs lumières et me soutiendront de leur patriotisme, avec le dévouement éprouvé de notre vaillante armée, enfin avec cette protection que demain je prierai solennellement le ciel de m'accorder encore, j'espère me rendre digne de la confiance que le Peuple continue de mettre en moi. J'espère assurer les destinées de la France en fondant des institutions qui répondent à la fois et aux instincts démocratiques de la nation, et à ce désir exprimé universellement d'avoir désormais un Pouvoir fort et respecté. En effet, donner satisfaction aux exigences du moment, en créant un système qui reconstitue l'autorité sans blesser l'égalité, sans fermer aucune voie d'amélioration, c'est jeter les véritables bases du seul édifice capable de supporter plus tard une liberté sage et bienfaisante. »

Le lendemain de cette solennelle réception, l'Élu du 20 décembre s'agenouillait, dans l'église Notre-Dame, devant l'image de Celui qui donne la force et la sagesse pour gouverner les nations.

CHAPITRE VII

La Constitution. — Deux décrets de sûreté publique. — Biens de la famille d'Orléans — Décrets de sécurité. — Mesures humanitaires. — Aumôniers des dernières prières. — La Médaille militaire. — Ouverture du Sénat et du Corps législatif. — Drapeaux distribués aux troupes. — Rétablissement du Ministère de la Police. — Lettre à M. de Maupas. — Clôture de la session législative. — Actes administratifs de Louis-Napoléon comme Président de la République.

Le 14 janvier 1852, le Prince Louis-Napoléon proclama la Constitution, édictée en vertu des pouvoirs conférés au Président de la République par la souveraineté nationale.

En voici le texte :

CONSTITUTION

FAITE EN VERTU DES POUVOIRS DÉLÉGUÉS PAR LE PEUPLE FRANÇAIS A LOUIS-NAPOLÉON BONAPARTE,

PAR LE VOTE DES 20 ET 21 DÉCEMBRE 1851.

Le Président de la République,
Considérant que le Peuple Français a été appelé à se prononcer sur la résolution suivante :
« Le Peuple veut le maintien de l'autorité de Louis-Napoléon Bonaparte, et lui donne les pouvoirs nécessaires pour

« faire une Constitution d'après les bases établies dans sa pro-
« clamation du 2 décembre; »

Considérant que les bases proposées à l'acceptation du Peuple étaient :

1º Un Chef responsable nommé pour dix ans; 2º des ministres dépendant du Pouvoir exécutif seul; 3º un Conseil d'Etat formé des hommes les plus distingués, préparant les lois, et en soutenant la discussion devant le Corps législatif; 4º un Corps législatif discutant et votant les lois, nommé par le suffrage universel, sans scrutin de liste qui fausse l'élection; 5º une seconde Assemblée formée de toute les illustrations du pays, pouvoir pondérateur, gardien du Pacte fondamental et des libertés publiques;

Considérant que le peuple a répondu affirmativement par sept millions cinq cent mille suffrages;

Promulgue la Constitution dont la teneur suit :

TITRE PREMIER.

Article 1er. — La Constitution reconnaît, confirme et garantit les grands principes proclamés en 1789, et qui sont la base du droit public des Français.

TITRE II.

Formes du Gouvernement de la République.

Art. 2. — Le Gouvernement de la République française est confié pour dix ans au prince Louis-Napoléon Bonaparte, Président actuel de la République.

Art. 3. — Le Président de la République gouverne au moyen des Ministres, du Conseil d'Etat, du Sénat et du Corps législatif.

Art. 4. — La puissance législative s'exerce collectivement par le Président de la République, le Sénat et le Corps législatif.

TITRE III.

Du Président de la République.

Art. 5. — Le Président de la République est responsable devant le peuple français, auquel il a toujours le droit de faire appel.

Art. 6. — Le Président de la République est le Chef de l'Etat. Il commande les forces de terre et de mer, déclare la guerre, fait les traités de paix, d'alliance et de commerce, nomme à tous les emplois, fait les règlements et décrets nécessaires pour l'exécution des lois.

Art. 7. — La justice se rend sous son nom.

Art. 8. — Il a seul l'initiative des lois.

Art. 9. — Il a le droit de faire grâce.

Art. 10. — Il sanctionne et promulgue les lois et les sénatus-consultes.

Art. 11. Il présente, tous les ans, au Sénat et au Corps législatif, par un Message, l'état des affaires de la République.

Art. 12. — Il a le droit de déclarer l'état de siége dans un ou plusieurs départements, sauf à en référer au Sénat dans le plus bref délai. — Les conséquences de l'état de siége sont réglées par la loi.

Art. 13. — Les ministres ne dépendent que du Chef de l'Etat; ils ne sont responsables que chacun en ce qui le concerne des actes du Gouvernement; il n'y a point de solidarité entre eux; ils ne peuvent être mis en accusation que par le Sénat.

Art. 14. — Les ministres, les membres du Sénat, du Corps législatif et du Conseil d'Etat, les officiers de terre et de mer, les magistrats et les fonctionnaires publics, prêtent le serment ainsi conçu : *Je jure obéissance à la Constitution et fidélité au Président.*

Art. 15. — Un sénatus-consulte fixe la somme allouée annuellement au Président de la République pour toute la durée de ses fonctions.

Art. 16. — Si le Président de la République meurt avant l'expiration de son mandat, le Sénat convoque la nation pour procéder à une nouvelle élection.

Art. 17. — Le Chef de l'Etat a le droit, par un acte secret, et déposé aux archives du Sénat, de désigner au peuple le nom du citoyen qu'il recommande, dans l'intérêt de la France, à la confiance du peuple et à ses suffrages.

Art. 18. — Jusqu'à l'élection du nouveau Président de la République, le président du Sénat gouverne avec le concours des ministres en fonctions, qui se forment en Conseil de Gouvernement, et délibèrent à la majorité des voix.

TITRE IV.

Du Sénat.

Art. 19. — Le nombre des sénateurs ne pourra excéder cent cinquante; il est fixé, pour la première année, à quatre-vingt.

Art. 20. — Le Sénat se compose : 1º des cardinaux, des maréchaux, des amiraux; 2º des citoyens que le Président de la République juge convenable d'élever à la dignité de sénateur.

Art. 21. — Les sénateurs sont inamovibles et à vie.

Art. 22. — Les fonctions de sénateurs sont gratuites : néanmoins, le Président de la République pourra accorder à des sénateurs, en raison de services rendus et de leurs position de fortune, une dotation personnelle, qui ne pourra excéder trente mille francs par an.

Art. 23. — Le président et les vice-présidents du Sénat sont nommés par le Président de la République, et choisis parmi les sénateurs. — Ils sont nommés pour un an. — Le traitement du président du Sénat est fixé par un décret.

Art. 24. — Le Président de la République convoque et proroge le Sénat. Il fixe la durée de ses sessions par un décret. — Les séances du Sénat ne sont pas publiques.

Art. 25. — Le Sénat est le gardien du Pacte fondamental et des libertés publiques. Aucune loi ne peut être promulguée avant de lui avoir été soumise.

Art. 26. — Le Sénat s'oppose à la promulgation : 1º des lois qui porteraient atteinte ou qui seraient contraires à la Constitution, à la religion, à la morale, à la liberté des cultes, à la liberté individuelle, à l'égalité des citoyens devant la loi, à l'inviolabilité de la propriété, et au principe de l'inamovibilité de la magistrature; 2º de celles qui pourraient compromettre la défense du territoire.

Art. 27. — Le Sénat règle, par un sénatus-consulte : 1º la Constitution des colonies et de l'Algérie ; 2º tout ce qui n'a pas été prévu par la Constitution, et qui est nécessaire à sa marche; 3º le sens des articles de la Constitution qui donnent lieu à différentes interprétations.

Art. 28. — Ces sénatus-consultes seront soumis à la sanction du Président de la République, et promulgués par lui.

Art. 29. — Le Sénat maintient ou annule tous les actes qui lui sont déférés comme inconstitutionnels par le Gouvernement, ou dénoncés pour la même cause par les pétitions de citoyens.

Art. 30. — Le Sénat peut, dans un rapport adressé au Président de la République, poser les bases d'un projet de loi d'un grand intérêt national.

Art. 31. — Il peut également proposer des modifications à la Constitution. Si la proposition est adoptée par le Pouvoir exécutif, il y est statué par un sénatus-consulte.

Art. 32. — Néanmoins, sera soumise au suffrage universel toute modification aux bases fondamentales de la Constitution, telles qu'elles ont été posées dans la proclamation du 2 décembre et adoptées par le Peuple français.

Art. 33. — En cas de dissolution du Corps législatif, et jusqu'à une nouvelle convocation, le Sénat, sur la proposition du Président de la République, pourvoit, par des mesures d'urgence, à tout ce qui est nécessaire à la marche du Gouvernement.

TITRE V.

Du Corps législatif.

Art. 34. — L'élection a pour base la population.

Art. 35. — Il y aura un député au Corps législatif à raison de trente-cinq mille électeurs.

Art. 36. — Les députés sont élus par le suffrage universel, sans scrutin de liste.

Art. 37. — Ils ne reçoivent aucun traitement.

Art. 38. — Ils sont nommés pour six ans.

Art. 39. — Le Corps législatif discute et vote les projets de lois et l'impôt.

Art. 40. — Tout amendement adopté par la Commission, chargée d'examiner un projet de loi, sera renvoyé, sans discussion, au Conseil d'Etat par le président du Corps législatif. Si l'amendement n'est pas adopté par le Conseil d'Etat, il ne pourra pas être soumis à la délibération du Corps législatif.

Art. 41. — Les sessions ordinaires du Corps législatif durent trois mois. Ses séances sont publiques; mais la demande de cinq membres suffit pour qu'il se forme en Comité secret.

Art. 42. — Le compte-rendu des séances du Corps législatif par les journaux ou tout autre moyen de publication ne consistera que dans la rédaction du procès-verbal, dressé à l'issue de chaque séance par les soins du président du Corps législatif.

Art. 43. — Le président et les vice-présidents du Corps législatif sont nommés, par le Président de la République, pour un an; ils sont choisis parmi les députés. Le traitement du président du Corps législatif est fixé par un décret.

Art. 44. — Les ministres ne peuvent être membres du Corps législatif.

Art. 45. — Le droit de pétition s'exerce auprès du Sénat; aucune pétition ne peut être adressée au Corps législatif.

Art. 46. — Le Président de la République convoque, ajourne, proroge et dissout le Corps législatif. En cas de dissolution, le Président de la République doit en convoquer un nouveau dans le délai de six mois.

TITRE VI.
Du Conseil d'Etat.

Art. 47. — Le nombre des conseillers d'Etat en service ordinaire est de quarante à cinquante.

Art. 48. — Les conseillers d'Etat sont nommés par le Président de la République, et révocables par lui.

Art. 49. — Le Conseil d'Etat est présidé par le Président de la République, et, en son absence, par la personne qu'il désigne comme vice-président du Conseil d'Etat.

Art. 50. — Le Conseil d'Etat est chargé, sous la direction du Président de la République, de rédiger les projets de lois et les règlements d'administration publique, et de résoudre les difficultés qui s'élèvent en matière d'administration.

Art. 51. — Il soutient, au nom du Gouvernement, la discussion des projets de lois devant le Sénat et le Corps législatif.
— Les conseillers d'Etat chargés de porter la parole au nom du Gouvernement, sont désignés par le Président de la République.

Art. 52. — Le traitement de chaque conseiller d'Etat est de 25,000 fr.

Art. 53. — Les ministres ont rang, séance et voix délibérative au Conseil d'Etat.

TITRE VII.

De la Haute-Cour de justice.

Art. 54. — Une Haute-Cour de justice juge, sans appel ni recours en cassation, toutes personnes qui auront été renvoyées devant elle comme prévenues de crimes, attentats ou complots contre le Président de la République ou contre la sûreté intérieure et extérieure de l'Etat. — Elle ne peut être saisie qu'en vertu d'un décret du Président de la République.

Art. 55. — Un sénatus-consulte déterminera l'organisation de cette Haute-Cour.

TITRE VIII.

Dispositions générales et transitoires.

Art. 56. — Les dispositions des Codes, lois et règlements existants, qui ne sont pas contraires à la présente Constitution, restent en vigueur jusqu'à ce qu'il y soit légalement dérogé.

Art. 57. — Une loi déterminera l'organisation municipale. Les maires seront nommés par le Pouvoir exécutif, et pourront être pris hors du Conseil municipal.

Art. 58. — La présente Constitution sera en vigueur à dater du jour où les grands Corps de l'Etat qu'elle organise seront constitués.

Les décrets rendus par le Président de la République, à partir du 2 décembre jusqu'à cette époque, auront force de loi.

Fait au palais des Tuileries, le 14 janvier 1852.

Louis-Napoléon Bonaparte.

Vu et scellé du grand sceau.

Le garde des sceaux, ministre de la justice,

E. Rouher.

Cette Constitution, qui assurait, pour de longues années, la stabilité de nos institutions sociales et fermait l'ère corrompue du parlementarisme, fut accueillie avec enthousiasme par la nation française.

Quelques jours avant la promulgation de ce grand

acte gouvernemental, Louis-Napoléon avaient rendu deux décrets : *Qui expulsaient du territoire français tous les hommes ayant pris une part active aux dernières luttes politiques contre la cause de l'ordre et des lois* (1).

Ces deux actes furent hautement approuvés par les hommes honnêtes de tous les partis, qui désiraient voir cesser les luttes révolutionnaires. —

Une autre mesure de sûreté publique fut prise, à la même époque, par l'Élu du 20 décembre. Cette mesure, qui, d'après nous, est un acte de haute et sage politique, ordonnait la vente des biens de la famille d'Orléans (2).

Du reste, le Neveu de l'Empereur ne voulut pas que le produit de cette vente entrât dans les caisses de l'État ; il décida que les fonds provenant de la liquidation des biens du roi-citoyen fussent consacrés *à l'assainissement des logements d'ouvriers, à des dotations au profit de nos braves soldats ;* enfin, au soulagement des infortunes de ce peuple que la royauté de juillet avait adulé dans les premiers jours de sa puissance.

Le 8 décembre 1851, le Prince Louis-Napoléon avait encore rendu les deux décrets suivants, qui protégeaient la sécurité des citoyens :

« Le Président de la République,

« Considérant que la France a besoin d'ordre, de travail et de sécurité ; que depuis un trop grand nombre d'années la

---

(1) Dans ces décrets étaient indiqués les noms des expulsés, appartenant, presque tous, à la minorité factieuse de l'ex-Assemblée législative.

(*Note des Auteurs*).

(2) Voir le décret relatif à la vente des biens de la famille d'Orléans, après la Notice sur les ouvrages de Napoléon III.

la société est profondément inquiétée et troublée par les machinations de l'anarchie, ainsi que par les tentatives insurrectionnelles des affiliés aux sociétés secrètes et repris de justice, toujours prêts à devenir des instruments de désordre;

« Considérant que, par ses constantes habitudes de révolte contre les lois, cette classe d'hommes, non-seulement compromet la tranquillité, le travail et l'ordre public, mais encore autorise d'injustes attaques et de déplorables calomnies contre la saine population ouvrière de Paris et de Lyon;

« Considérant que la législation actuelle est insuffisante, et qu'il est nécessaire d'y apporter des modifications, tout en conciliant les devoirs de l'humanité avec les intérêts de la sécurité générale;

« Décrète :

« Art. 1er. — Tout individu placé sous la surveillance de la haute police, qui sera reconnu coupable du délit de rupture de ban, pourra être transporté, par mesure de sûreté générale, dans une colonie pénitentiaire, à Cayenne ou en Algérie. La durée de la transportation sera de cinq années au moins, et de dix ans au plus.

« Art. 2. — La même mesure sera applicable aux individus reconnus coupables d'avoir fait partie d'une société secrète.

« Art. 3. — L'effet du renvoi sous la surveillance de la haute police sera, à l'avenir, de donner au Gouvernement le droit de déterminer le lieu dans lequel le condamné devra résider, après qu'il aura subi sa peine.

« L'Administration déterminera les formalités propres à constater la présence continue du condamné dans le lieu de sa résidence.

« Art. 4. — Le séjour de Paris et celui de la banlieue de cette ville sont interdits à tous les individus placés sous la surveillance de la haute police.

« Art. 5. — Les individus désignés dans l'article précédent seront tenus de quitter Paris et la banlieue dans le délai de dix jours, à partir de la promulgation du présent décret, à moins qu'ils n'aient obtenu un permis de séjour de l'Administration; il sera délivré à ceux qui la demanderont une feuille de route et de secours, qui réglera leur itinéraire jusqu'à leur domicile d'origine, ou jusqu'au lieu qu'ils auront désigné.

« Art. 6. — En cas de contravention aux dispositions prescrites par les art. 4 et 5 du présent décret, les contrevenants pourront être transportés, par mesure de sûreté générale, dans une colonie pénitentiaire, à Cayenne ou en Algérie.

« Art. 7. — Le individus transportés en vertu du présent décret seront assujettis au travail par l'établissement pénitentiaire ; ils seront privés de leurs droits civils et politiques ; ils seront soumis à la juridiction militaire ; les lois militaires leur seront applicables. Toutefois, en cas d'évasion de l'établissement, les transportés seront condamnés à un emprisonnement qui ne pourra excéder le temps pendant lequel ils auraient encore à subir la transportation. Ils seront soumis à la discipline et à la subordination militaires envers leurs chefs et surveillants civils ou militaires, pendant la durée de l'emprisonnement.

« Art. 8. — Des règlements du Pouvoir exécutif détermineront l'organisation de ces colonies pénitentiaires.

« Art. 9. — Les ministres de l'intérieur et de la guerre sont chargés, chacun en ce qui le concerne, de l'exécution du présent décret.

« Fait à Paris, à l'Élysée, le 8 décembre 1851.

« Louis-Napoléon Bonaparte. »

Le Prince-Président compléta ces mesures d'ordre social par un décret du 28 mars 1852, ordonnant : *La fermeture des bagnes et la transportation des galériens à la Guyane française, pour s'y livrer à la culture des forêts et aux travaux d'utilité publique.* Le même décret accordait : *A tout condamné, dont la bonne conduite serait signalée à l'autorité, la permission de faire venir sa famille auprès de lui ; plus, la concession d'un terrain dont il pourrait devenir propriétaire, après un délai fixé par les règlements.*

De tels actes ne peuvent se commenter. L'homme d'État qui, par des lois sages, rend au cœur du condamné une des trois sublimes vertus chrétiennes, l'Espérance, se place au-dessus de tout éloge.

Le 21 mars 1852, le *Moniteur* insérait dans ses colonnes le décret suivant :

« Le Président de la République,

« Considérant que le nombre des membres du Clergé paroissial de Paris ne permet pas d'accompagner tous les morts jusqu'au cimetière, et qu'ainsi beaucoup de familles, notamment celles qui sont indigentes et peu aisées, sont privées des dernières prières de l'Eglise ;

« Considérant qu'il importe de remédier promptement à cet état de chose d'une manière conforme à la charité chrétienne ;

« Décrète :

« Art. 1er. — Il est attaché à chacune des trois succursales de la Trinité, Saint-Ambroise et Saint-Jacques-du-Haut-Pas, à Paris, deux vicaires qui, sous le titre d'aumôniers des dernières prières, seront spécialement et exclusivement chargés dans les cimetières du Nord, du Sud et de l'Est, auprès desquels ils résideront, de recevoir gratuitement, quand la demande en sera faite, les corps qui ne seraient point accompagnés par le clergé, de les conduire jusqu'à la tombe, et de réciter les dernières prières de l'Église.

« Art. 2. — Le traitement de ces aumôniers est fixé à douze cents francs. »

Cette décision, avant tout égalitaire, accordait aux familles déshéritées des dons de la fortune les consolations de la religion, bien précieuses dans ces moments cruels, où la douleur fait quelquefois maudire l'humanité et blasphémer la Providence.

Quelques mois avant, le Prince-Président avait créé

une distinction nouvelle pour nos soldats, *la Médaille militaire*.

La distribution des premières médailles eut lieu aux Tuileries, le 21 mars. Louis-Napoléon prononça, à ce sujet, une allocution, dont nous donnons les principaux passages :

« Soldats,

« ...... Quand on est témoin comme moi de tout ce qu'il y a de dévouement, d'abnégation et de patriotisme dans les rangs de l'armée, on déplore souvent que le Gouvernement ait si peu de moyens de reconnaître de si grandes épreuves et de si grands services.

« L'admirable institution de la Légion-d'Honneur perdrait de son prestige si elle n'était renfermée dans de certaines limites. Cependant, combien de fois n'ai-je pas regretté de voir des soldats et des sous-officiers rentrer dans leurs foyers sans récompense, quoique, par la durée de leur service, par leurs blessures, par des actions dignes d'éloges, ils eussent mérité un témoignage de satisfaction de la patrie ? C'est pour le leur accorder que j'ai institué cette médaille. . . . .
. . . .

« Elle pourra être donnée à ceux qui se seront réengagés après s'être bien conduits pendant le premier congé, à ceux qui auront fait quatre campagnes, ou bien à ceux qui auront été blessés ou cités à l'ordre de l'armée. Elle leur assurera cent francs de rente viagère : c'est peu, certainement ; mais ce qui est beaucoup, c'est le ruban que vous porterez sur la poitrine, et qui dira à vos camarades, à vos familles, à vos concitoyens, que celui qui le porte est un brave.

« Cette médaille ne vous empêchera pas de prétendre à la croix de la Légion-d'Honneur, si vous en êtes jugés dignes ; au contraire, elle sera comme un premier degré pour l'obtenir, puisqu'elle vous signalera d'avance à l'attention de vos chefs.
. . . .

« Soldats, cette distinction est bien peu de chose, je le répète, au prix des services immenses qu'ici et en Afrique vous rendez à la France ; mais recevez-la comme un encouragement à maintenir intact cet esprit militaire qui vous honore ; portez-la comme une preuve de ma sollicitude pour vos intérêts, de mon amour pour cette grande famille militaire dont je m'énorgueillis d'être le Chef, parce que vous en êtes les glorieux enfants. »

Le 29 du même mois, le Chef du Pouvoir exécutif ouvrait la session du Sénat et du Corps législatif, par un discours qui fait époque dans nos annales parlementaires :

« MESSIEURS LES SÉNATEURS, MESSIEURS LES DÉPUTÉS,

« La Dictature que le peuple m'avait confiée cesse aujourd'hui. Les choses vont reprendre leur cours régulier. C'est avec un sentiment de satisfaction réelle que je viens proclamer ici la mise en vigueur de la Constitution ; car ma préoccupation constante a été non-seulement de rétablir l'ordre, mais de le rendre durable en dotant la France d'institutions appropriées à ses besoins.

« Il y a quelques mois à peine, vous vous en souvenez, plus je m'enfermais dans le cercle étroit de mes attributions, plus on s'efforçait de le rétrécir encore, afin de m'ôter le mouvement et l'action. Découragé souvent, je l'avoue, j'eus la pensée d'abandonner un Pouvoir ainsi disputé. Ce qui me retint, c'est que je ne voyais pour me succéder qu'une chose : l'anarchie. Partout, en effet, s'exaltaient des passions ardentes à détruire, incapables de rien fonder. Nulle part, ni une institution, ni un homme à qui se rattacher ; nulle part, un droit incontesté, une organisation quelconque, un système réalisable.

« Aussi, lorsque, grâce au concours de quelques hommes courageux, grâce surtout à l'énergique attitude de l'armée, tous les périls furent conjurés en quelques heures, mon premier soin fut de demander au peuple des institutions. Depuis trop longtemps, la société ressemblait à une pyramide qu'on aurait retournée et voulu faire reposer sur son sommet : je l'ai replacée sur sa base. Le suffrage universel, seule source du droit dans de pareilles conjonctures, fut immédiatement rétabli; l'autorité reconquit son ascendant ; enfin, la France, adoptant les dispositions principales de la Constitution que je lui soumettais, il me fut permis de créer des Corps politiques, dont l'influence et la considération seront d'autant plus grandes, que leurs attributions auront été sagement réglées.

« Parmi les institutions politiques, en effet, celles-là seules ont de la durée, qui fixent d'une manière équitable la limite où chaque Pouvoir doit s'arrêter. Il n'est pas d'autre moyen d'arriver à une application utile et bienfaisante de la liberté. Les exemples n'en sont pas loin de nous.

« Pourquoi, en 1814, a-t-on vu avec satisfaction, en dépit de nos revers, inaugurer le régime parlementaire? C'est que l'Empereur, ne craignons pas de l'avouer, avait été, à cause de la guerre, entraîné à un exercice trop absolu du Pouvoir

« Pourquoi, au contraire, en 1851, la France applaudit-elle à la chute de ce même régime parlementaire? C'est que les Chambres avaient abusé de l'influence qui leur avait été donnée, et que, voulant tout dominer, elles compromettaient l'équilibre général.

« Enfin, pourquoi la France ne s'est-elle pas émue des restrictions apportées à la liberté de la presse et à la liberté individuelle? C'est que l'une avait dégénéré en licence, et que l'autre, au lieu d'être l'exercice légal du droit de chacun, avait, par d'odieux excès, menacé le droit de tous.

« Cet extrême danger, pour les démocraties surtout, de voir sans cesse des institutions mal définies sacrifier tour à tour le pouvoir ou la liberté, a été parfaitement apprécié par nos pères, il y a un demi-siècle, lorsqu'au sortir de la tourmente révolutionnaire, et après le vain essai de toute espèce de régimes, ils proclamèrent la Constitution de l'an VIII, qui a servi de modèle à celle de 1852. Sans doute, elle ne sanctionne par toutes les libertés, mais elle en consacre aussi de bien réelles. Le lendemain des révolutions, la première garantie pour un peuple ne consiste pas dans l'usage immodéré de la tribune et de la presse; elle est dans le droit de choisir le Gouvernement qui lui convient. Or, la nation française a donné, peut-être pour la première fois, au monde le spectacle imposant d'un grand peuple votant en toute liberté la forme de son Gouvernement.

« Ainsi, le Chef de l'État que vous avez devant vous est bien l'expression de la volonté populaire ; et devant moi, que vois-je deux Chambres : l'une, élue en vertu de la loi la plus libérale qui existe au monde ; l'autre, nommée par moi, il est vrai, mais indépendante aussi, puisqu'elle est inamovible.

« Autour de moi, vous remarquez des hommes d'un patriotisme et d'un mérite reconnus, toujours prêts à m'appuyer de leurs conseils, à m'éclairer sur les besoins du pays.

« Cette Constitution, qui, dès aujourd'hui, va être mise en pratique, n'est donc pas l'œuvre d'une vaine théorie et du despotisme ; c'est l'œuvre de l'expérience et de la raison. Vous m'aiderez, Messieurs, à la consolider, à l'étendre, à l'améliorer.

« Je ferai connaître au Sénat et au Corps législatif l'exposé de la situation de la République. Ils y verront que partout la confiance a été rétablie, que partout le travail a repris, et que, pour la première fois, après un grand changement politique, la fortune publique s'est accrue au lieu de diminuer.

« Depuis quatre mois, il a été possible à mon Gouvernement d'encourager bien des entreprises utiles, de récompenser bien des services, de secourir bien des misères, de rehausser même la position de la plus grande partie des principaux fonctionnaires, et tout cela sans aggraver les impôts ou déranger les prévisions du budget, que nous sommes heureux de vous présenter en équilibre.

« De pareils faits et l'attitude de l'Europe, qui a accueilli avec satisfaction les changements survenus, nous donnent le juste espoir de la sécurité pour l'avenir. Car, si la paix est garantie au dedans, elle l'est également au dehors. Les puissances étrangères respectent notre indépendance, et nous avons tout intérêt à conserver avec elles des relations amicales. Tant que l'honneur de la France ne sera pas engagé, le devoir du Gouvernement sera d'éviter avec soin toute cause de perturbation en Europe, et de tourner tous nos efforts vers les améliorations intérieures, qui peuvent seules procurer l'aisance aux classes laborieuses et assurer la prospérité du pays.

« Et maintenant, Messieurs, au moment où vous vous associez avec patriotisme à mes travaux, je veux vous exposer franchement qu'elle sera ma conduite.

« En me voyant rétablir les institutions et les souvenirs de l'Empire, on a répété souvent que je désirais rétablir l'Empire même. Si telle était ma préoccupation constante, cette transformation serait accomplie depuis longtemps. Ni les moyens ni les occasions ne m'ont manqué.

« Ainsi, en 1848, lorsque six millions de suffrages me nommèrent Président de la République, en dépit de la Constituante, je n'ignorais pas que le simple refus d'acquiescer à la Constitution pouvait me donner un Trône; *mais une élévation qui devait nécessairement entraîner de graves désordres ne me séduisit pas.*

« Au 13 juin 1849, il m'était également facile de changer la forme du Gouvernement. Je ne le voulus pas.

« Enfin, au 2 décembre, si des considérations personnelles l'eussent emporté sur les graves intérêts du pays, j'eusse d'abord demandé au peuple, qui ne l'eût pas refusé, un titre pompeux. Je me suis contenté de celui que j'avais.

« Lors donc que je puise des exemples dans le Consulat et l'Empire, c'est que là surtout je les trouve empreints de nationalité et de grandeur. Résolu aujourd'hui, comme avant, de faire tout pour la France, rien pour moi, je n'accepterais de modifications à l'état présent des choses que si j'y étais contraint par une nécessité évidente. D'où peut-elle naître? Uniquement de la conduite des partis. S'ils se résignent, rien ne sera changé; mais si, par de sourdes menées, ils cherchaient à saper les bases de mon Gouvernement; si, dans leur aveuglement, ils niaient la légitimité du résultat de l'élection populaire; si enfin ils venaient sans cesse, par leurs attaques, mettre en question l'avenir du pays; alors, mais seulement alors, il pourrait être raisonnable de demander au peuple, au nom du repos de la France, un nouveau titre qui fixât irrévocablement sur ma tête le Pouvoir dont il m'a revêtu.

« Mais ne nous préoccupons pas d'avance de difficultés qui n'ont, sans doute, rien de probable. Conservons la République; elle ne menace personne, elle peut rassurer tout le monde. Sous sa bannière, je veux inaugurer de nouveau une ère d'oubli et de conciliation, et j'appelle, sans distinction, tous ceux qui veulent concourir avec moi au bien public.

« La Providence, qui jusqu'ici a si visiblement béni mes efforts, ne voudra pas laisser son œuvre inachevée. Elle nous animera tous de ses inspirations, et nous donnera le courage et la orce nécessaires pour consolider un ordre de choses qui assusera le bonheur de notre patrie et le repos de l'Europe. »

. . . .

Le 28 juin, le Président de la République clôturait la session législative par ce Message :

Message du Prince-Président de la République.

« Élysée National, 28 juin 1852.

« Messieurs,

« Au moment où la session de 1852 va se clore, je tiens à vous remercier de votre concours et du loyal appui que vous avez donné à nos institutions nouvelles. Vous avez su résister à ce qu'il y a de plus dangereux parmi les hommes réunis, l'entraînement d'esprit de corps, et toute susceptibilité écartée, vous vous êtes occupés des grands intérêts du pays, comprenant que le temps des discours passionnés et stériles était passé, que celui des affaires était venu.

« L'application d'un nouveau système rencontre toujours des difficultés : vous en avez fait la part. Si le travail a semblé manquer à vos premières séances, vous avez compris que le désir d'abréger la durée de ma dictature et mon empressement à vous appeler autour de moi en devaient être la cause, en privant mon Gouvernement du temps nécessaire à la préparation des lois qui devaient vous être soumises.

« La conséquence naturelle de cet état de choses exceptionnel était l'accumulation des travaux à la fin de la session. Néanmoins, la première épreuve de la Constitution, d'origine toute française, a dû vous convaincre que nous possédions les conditions d'un Gouvernement fort et libre. Le Pouvoir n'est plus ce but immobile contre lequel les diverses oppositions dirigeaient impunément leurs traits. Il peut résister à leurs attaques, et désormais suivre un système sans avoir recours à l'arbitraire ou à la ruse. D'un autre côté, le contrôle des Assemblées est sérieux, car la discussion est libre et le vote de l'impôt décisif.

« Quant aux imperfections que l'expérience aura fait connaître, notre amour du bien public tendra sans cesse à en affaiblir les inconvénients, jusqu'à ce que le Sénat ait prononcé.

« Dans l'intervalle de la session, j'appliquerai tous mes soins à rechercher les besoins du pays et à préparer des projets qui permettent de diminuer les charges de l'Etat sans rien compromettre des services publics. A votre rentrée, je vous ferai connaître le résultat de nos travaux et l'état général des affaires, par le Message que la Constitution m'oblige à vous adresser tous les ans.

« En retournant dans vos départements, soyez les échos fidèles du sentiment qui règne ici : la confiance dans la conciliation et la paix. Dites à vos commettants qu'à Paris, ce cœur de la France, ce centre révolutionnaire, qui répand tour à tour sur le monde la lumière ou l'incendie, vous avez vu un peuple immense s'appliquant à faire disparaître les traces des révolutions et se livrant avec joie au travail, avec sécurité à l'avenir. Lui qui naguère, dans son délire, était impatient de tout frein, vous l'avez vu saluer avec acclamation le retour de nos aigles, symbole d'autorité et de gloire.

« A ce spectacle imposant, où la religion consacrait par ses bénédictions une grande fête nationale, vous avez remarqué son attitude respectueuse. Vous avez vu cette armée si fière, qui a sauvé le pays, se relever encore dans l'estime des hommes, en s'agenouillant avec recueillement devant l'image de Dieu, présentée du haut de l'autel.

« Cela veut dire qu'il y a en France un Gouvernement animé de la foi et de l'amour du bien, qui repose sur le peuple, source de tout pouvoir ; sur l'armée, source de toute force ; sur la religion, source de toute justice.

« Recevez l'assurance, etc.

« Louis-Napoléon. »

Le 10 mai, le Prince-Président, en exécution d'un décret promulgué antérieurement par lui (1), distribuait

---

(1) Ce décret, daté du mois de décembre 1851, rendait à l'armée française le glorieux symbole de notre épopée militaire : l'aigle de Wagram, d'Eylau et d'Austerlitz.

à l'armée les nouveaux drapeaux français, ornés de l'aigle impériale.

Le discours du Prince, à ce sujet, se terminait ainsi :

« ..... Soldats, reprenez donc ces aigles, non comme une menace contre les étrangers, mais comme le symbole de notre indépendance, comme le souvenir d'une époque héroïque, comme le signe de noblesse de chaque régiment.

Reprenez ces aigles, qui ont si souvent conduit nos pères à la victoire, et jurez de mourir, s'il le faut, pour les défendre...... »

Le 22 janvier 1852, Louis-Napoléon instituait le ministère de la Police générale et le ministère d'État, heureuse réminiscence du Régime impérial (1). Le Prince crut devoir, dans une lettre écrite à M. de Maupas, expliquer lui même le but qu'il voulait atteindre en réédifiant cette Administration. La voici :

Lettre du Prince-Président à M. de Maupas.

« Monsieur le Ministre,

Au moment où vous allez organiser le ministère de la Police générale, je désire que l'idée dominante qui me fait juger cette organisation nécessaire vous soit toujours présente, et que vous demeuriez bien pénétré de l'esprit suivant lequel elle doit être mise en pratique.

« Aujourd'hui, quoique responsable, le Président de la République ne peut, à l'aide des seuls moyens officiels, connaître

(1) Par un décret, en date du même jour, M. Casabianca fut nommé ministre d'État; M. de Maupas, ministre de la Police générale; M. Abbatucci, ministre de la Justice; M. le comte Fialin de Persigny, ministre de l'Intérieur, et M. Bineau, ministre des Finances.

que très-imparfaitement l'état général du pays. Il ignore comment fonctionnent les divers rouages de l'Administration, si les mesures arrêtées avec les ministres s'exécutent conformément à l'intention qui les a dictées, si l'opinion publique applaudit aux actes du Gouvernement ou les désapprouve ; il ignore enfin quels sont, dans les diverses localités, les écarts à réprimer, les négligences à stimuler, les améliorations indispensables à introduire. En effet, il n'a pour s'éclairer que les renseignements souvent contradictoires, toujours insuffisants, des divers ministères.

« L'Administration de la guerre, celle des finances, ont un contrôle : le ministère de l'intérieur, qui est le seul politique, n'en a pas. Lorsqu'un ordre est transmis à un Préfet, il faut s'en rapporter à ce préfet lui-même pour savoir si l'exécution a été ce qu'elle devait être. Supposez des conflits entre les diverses autorités, comment, sur des informations incomplètes et nécessairement partiales, juger qui a raison, qui il faut réprimander ou punir ?

« D'un autre côté, la surveillance se trouvant trop localisée, renfermée dans une sphère trop étroite, exercée par des agents indépendants les uns des autres, et sans lien direct avec le pouvoir central, les délits, les crimes, les complots ne sauraient être ni prévus ni réprimés d'une manière efficace.

« Dans l'état actuel des choses, il n'existe aucune organisation qui constate avec rapidité et certitude l'état de l'opinion publique, car il n'en est aucune qui en ait la mission exclusive, qui dispose des moyens pour le bien faire, qui, désintéressée dans toutes les questions politiques, ait le pouvoir d'être impartiale, de dire la vérité et de la transmettre.

« Pour suppléer à cette lacune, il faut reprendre le décret du 2 messidor an XII, c'est-à-dire distraire du ministère de l'intérieur, absorbé par trop de soins divers, la direction de la Police générale, et lui donner une organisation simple, uniforme, obéissant à une seule impulsion.

« A cet effet, il suffira de créer sept à huit inspecteurs généraux, embrassant dans leurs attributions plusieurs divisions militaires, et correspondant directement avec le ministre. Ils auront sous leurs ordres des inspecteurs spéciaux, qui eux-mêmes seront en rapports suivis avec les Commissaires des villes, lesquels, aujourd'hui éparpillés sur tous les points de la France, ne sont que les agents des municipalités.

« De cette manière, le ministre de la Police sera à la tête de fonctionnaires hiérarchiquement subordonnés les uns aux autres, mais qui n'en obéiront pas moins aux autorités civiles, depuis le maire jusqu'au Préfet.

« Il surveillera tout sans rien administrer ; il ne diminuera pas le pouvoir des Préfets, il ne le partagera pas ; ses agents seconderont les diverses autorités, les éclairant d'abord, et le Gouvernement ensuite sur tout ce qui concerne les services publics.

« Sans doute, sous un ordre de choses ne représentant que des intérêts privilégiés, un semblable ministère pourrait inspirer des appréhensions, mais, sous un Gouvernement dont la mission est de satisfaire les intérêts généraux, il ne doit rien avoir que de rassurant pour tous.

« Ce ne sera donc pas un ministère de provocation et de persécution, cherchant à dévoiler les secrets des familles, voyant partout le mal pour le plaisir de le signaler, interrompant les relations des citoyens entre eux, et faisant planer partout le soupçon et la crainte : ce sera, au contraire, une institution essentiellement protectrice, principalement animée de cet esprit de bienveillance et de modération qui n'exclut pas la fermeté. Elle n'intimidera que les ennemis de la société. En résumé, son rôle est de surveiller, au point de vue de l'humanité, de la sécurité publique, de l'utilité générale, des améliorations à introduire, des abus à supprimer, toutes les parties du service public. Alors, elle fournira au Gouvernement le moyen le plus puissant de faire le bien.

« C'est à vous, monsieur le ministre, qui m'avez donné tant de preuves de votre discernement, de votre courage dans les moments difficiles, et de votre dévouement, que je confie cette noble et importante mission de faire parvenir sans cesse jusqu'à moi la vérité, qu'on s'efforce trop souvent de tenir éloignée du Pouvoir.

« Recevez, etc.

« Louis-Napoléon Bonaparte. »

Nous terminerons ce chapitre par un exposé sommaire des mesures administratives dues à l'initiative du Prince Louis-Napoléon et exécutées sous son Administration, comme Président de la République (1) :

Organisation des grands corps de l'État, CONSEIL D'ÉTAT, SÉNAT, CORPS LÉGISLATIF. — *La loi électorale.* — *Décret sur la garde nationale.* — *Le culte catholique rétabli dans le Panthéon.* — *Primes aux Sociétés de secours mutuels.* — *Création de lavoirs et bains à bon marché.* — *Décrets sur la Légion-d'Honneur, les officiers généraux, la gendarmerie.* — *Travaux pour améliorer la Navigation.* — *Achèvement du Louvre.* — *Travaux relatifs aux chemins de fer de ceinture, de Lyon à Avignon, de Paris à Lyon, de Dijon à Besançon, de Dôle à Salins.* — *Lignes télégraphiques.* — *Décret pour le rétablissement des titres de noblesse.* — *Conversion du 5 p. 100 en 4 1/2.* — *Réduction du droit d'octroi sur les boissons.* — *Loi du Crédit foncier.* — *Création de Chambres consultatives d'agriculture.* — *Décrets relatifs à la décentralisation, sur le traitement des préfets.* — *Organisation des tribunaux de commerce.* — *Réunion des douanes aux contributions indirectes.* — *Création des commissaires de police cantonnaux.* — *Restauration du serment politique.* — *Amélioration de la Sologne.* — *Extinction du banditisme en Corse.* — *Mise en liberté d'Abd-el Kader.* — *Création de l'Institut agronomique de Versailles.* — *Nouveaux tarifs de douanes, etc. sur les Docks, etc., etc.*

(1) Nous ne pouvons passer sous silence les ministres éminents qui ont secondé le Prince dans cette grande œuvre, tels que : MM Abbatucci, de Persigny, de Saint-Arnaud, Bineau, Ducos, etc. (*Note des auteurs*).

Ce tableau abrégé des actes gigantesques accomplis en moins de trois années, alors que l'effervescence des partis n'était pas encore entièrement calmée, explique suffisamment l'enthousiasme du peuple pour le génie qu'il avait appelé à sa tête.

Aussi comprend-on sans peine que la France, cette nation aux instincts nobles et généreux, ait placé la Couronne impériale sur le front de Louis-Napoléon Bonaparte.

CHAPITRE VIII

Rentrée de Louis-Napoléon à Paris. — Adresse du Conseil municipal. — Message au Sénat. — Sénatus-consulte pour le rétablissement du Régime impérial. — Adoption. — Convocation des Corps constitués. — Réponse de Louis-Napoléon. — Enthousiasme des populations. — Extrait du *Moniteur*. — Résultat du vote pour l'Empire. — Discours du Prince. — Dons au sujet de l'avénement de l'Empire. — Amnistie. — Les Princes Jérôme et Napoléon désignés comme successeurs au Trône impérial.—Discours de l'Empereur concernant son mariage. — Mariage civil et religieux. — Réflexions.

Le 16 octobre 1852, après un voyage de trois mois dans les départements du midi de la France, Louis-Napoléon rentrait à Paris au milieu des manifestations enthousiastes de la population.

« Jamais, dit un écrivain (1), monarque ne se vit salué par une joie plus spontanée que celle dont Paris offrit ce jour-là le spectacle. La grande capitale, qui connaissait, par les journaux, les ovations de la province, n'avait pas voulu demeurer en arrière de ce mouvement unanime d'opinion que provoquait partout, depuis un mois, la présence du Prince. Louis-Napoléon fut accueilli, on peut le dire, en Empereur, quoiqu'il ne le fût pas encore légalement. »

(1) M. Guy.

Le même jour, le Conseil municipal de Paris faisait remettre au Prince-Président l'Adresse suivante, expression des nombreuses Adresses envoyées, depuis deux mois, par tous les départements :

« Prince,

« Le Conseil municipal de Paris vient avec empressement saluer votre retour ; il vient se féliciter avec vous du triomphe dont chacun de vos pas a été marqué dans ce glorieux voyage.

« Si la plus noble jouissance, après celle de sauver son pays, est de le trouver reconnaissant, quel bonheur a rempli votre cœur ! Partout le sentiment du service rendu, partout l'applaudissement et les acclamations du peuple ! Où les discordes civiles avaient semé le désespoir et la mort, vous avez porté la consolation, l'espérance et la vie !

« Prince, la France vous remettait, il y a quelques mois, le droit suprême de lui donner des lois. Aujourd'hui, la voix du peuple, après avoir consacré le 2 décembre, demande que le Pouvoir qui vous a été confié s'affermisse, et que sa stabilité soit la garantie de l'avenir.

« La Ville de Paris est heureuse de s'associer à ce vœu, non dans votre intérêt, Prince, et pour ajouter à votre gloire, n'y en a pas de plus grande que d'avoir sauvé la patrie, mais dans l'intérêt de tous, et pour que la mobilité des institutions ne laisse désormais à l'esprit de désordre, ni espérance, ni prétexte.

« Vous avez devancé la France quand il s'est agi de l'arracher au péril ; maintenant que, guidée par ses souvenirs, inspirée par son amour, elle vous ouvre une voie nouvelle, suivez-la. »

Cette Adresse fut suivie de celles du Tribunal de Commerce, de la Chambre des Courtiers de commerce, du Tribunal civil, de la Cour d'appel et des Corporations ouvrières de Paris et de la Banlieue.

Le Prince, cédant au vœu unanime de la nation, convoqua, pour le 4 novembre, le Sénat, afin qu'il décidât si la modification à la Constitution du 14 janvier devait être soumise à la sanction du pays.

A midi, le Sénat, réuni dans la salle des délibérations, recevait, par l'organe de M. Achille Fould, communication du Message suivant :

« Messieurs les Sénateurs,

« La nation vient de manifester hautement sa volonté de rétablir l'Empire. Confiant dans votre patriotisme et vos lumières, je vous ai convoqués pour délibérer légalement sur cette grave question, et vous remettre le soin de régler le nouvel état de choses. Si vous l'adoptez, vous penserez sans doute, comme moi, que la Constitution de 1852 doit être maintenue, et alors les modifications reconnues indispensables ne toucheront en rien aux bases fondamentales.

« Le changement qui se prépare portera principalement sur la forme; et cependant, reprendre le symbole impérial est pour la France d'une immense signification. En effet, dans le rétablissement de l'Empire, le peuple trouve une garantie à ses intérêts et une satisfaction à son juste orgueil : ce rétablissement garantit ses intérêts en assurant l'avenir, en fermant l'ère des révolutions, en consacrant encore les conquêtes de 89. Il satisfait son juste orgueil parce que, relevant avec liberté et avec réflexion ce qu'il y a trente-sept ans l'Europe entière avait renversé par la force des armes, au milieu des désastres de la patrie, le peuple venge noblement ses revers sans faire de victimes, sans menacer aucune indépendance, sans troubler la paix du monde.

« Je ne me dissimule pas, néanmoins, tout ce qu'il y a de redoutable à accepter aujourd'hui et à mettre sur la tête la couronne de Napoléon; mais mes appréhensions diminuent par la pensée que, représentant à tant de titres la cause du peuple et la volonté nationale, ce sera la nation qui, en m'élevant au Trône, se couronnera elle-même.

« Louis-Napoléon Bonaparte. »

La lecture du Message fut accueillie par des marques d'une sympathique adhésion. Le Sénat nomma une Commission chargée de rédiger un projet de sénatus-consulte, portant le rétablissement du Régime impérial.

Deux jours après, M. Troplong, rapporteur de la Commission, présentait son Rapport, dont la concluclusion était le sénatus-consulte qui suit :

SÉNATUS CONSULTE.

« Article 1er. — La Dignité impériale est rétablie.

« Louis-Napoléon Bonaparte est Empereur, sous le nom de Napoléon III.

« Art. 2. — La Dignité impériale est héréditaire dans la descendance directe et légitime de Louis-Napoléon Bonaparte, de mâle en mâle, par ordre de primogéniture, et à l'exclusion perpétuelle des femmes et de leur descendance.

« Art. 3. — Louis-Napoléon Bonaparte, s'il n'a pas d'enfant mâle, peut adopter les enfants et descendants légitimes dans la ligne masculine des frères de l'Empereur Napoléon Ier. — Les formes de l'adoption sont réglées par un sénatus-consulte. — Si, postérieurement à l'adoption, il survient à Louis-Napoléon des enfants mâles, ses fils adoptifs ne pourront être appelés à lui succéder qu'après ses descendants légitimes. — L'adoption est interdite aux successeurs de Louis-Napoléon et à leur descendance.

« Art. 4. — Louis-Napoléon Bonaparte règle, par un décret organique, adressé au Sénat et déposé dans ses archives, l'ordre de succession au Trône dans la Famille Bonaparte, pour le cas où il ne laisserait aucun héritier direct, légitime ou adoptif.

« Art. 5. — A défaut d'héritier légitime ou d'héritier adoptif de Louis-Napoléon Bonaparte et des successeurs en ligne collatérale, qui prendront leur droit dans le décret organique susmentionné, un sénatus-consulte, proposé au Sénat par les Ministres formés en conseil de Gouvernement, avec l'adjonction des présidents en exercice du Sénat, du Corps législatif et du Conseil d'Etat, et soumis à l'acceptation du peuple, nomme l'Empereur, et règle dans sa Famille l'ordre héréditaire de mâle en mâle, à l'exclusion perpétuelle des femmes et de leur descendance. — Jusqu'au moment où l'élection du nouvel Empereur est consommée, les affaires de l'Etat sont gouvernées par les ministres en fonctions, qui se forment en Conseil de Gouvernement et délibèrent à la majorité des voix.

« Art. 6. — Les membres de la Famille de Louis-Napoléon Bonaparte appelés éventuellement à l'hérédité, et leur descendance des deux sexes font partie de la Famille impériale. Un sénatus-consulte règle leur position. Ils ne peuvent se marier sans l'autorisation de l'Empereur. Leur mariage fait sans autorisation emporte privation de tout droit à l'hérédité, tant pour celui qui l'a contracté que pour ses descendants.—Néanmoins, s'il n'existe pas d'enfants de ce mariage, en cas de dissolution pour cause de décès, le Prince qui l'aurait contracté recouvre ses droits à l'hérédité.

« Louis-Napoléon Bonaparte fixe les titres et la condition des autres membres de sa Famille.

« L'Empereur a pleine autorité sur tous les membres de sa Famille : il règle leurs devoirs et leurs obligations par des statuts qui ont force de loi.

« Art. 7. — La Constitution du 14 janvier 1852 est maintenue dans toutes celles de ses dispositions qui ne sont pas contraires au présent sénatus-consulte : il ne pourra y être apporté de modification que dans les formes et par les moyens qu'elle a prévus.

« Art. 8. — La proposition suivante sera présentée à l'acceptation du peuple français. — « Le peuple veut le rétablissement
« de la Dignité impériale dans la personne de Louis-Napoléon
« Bonaparte, avec hérédité dans sa descendance directe, légi-
« time ou adoptive, et lui donne le droit de régler l'ordre de
« succession au Trône dans la Famille Bonaparte, ainsi qu'il est
« prévu par le sénatus-consulte du 7 novembre 1852. »

Ce projet de sénatus-consulte fut adopté par le Sénat, à la majorité de : QUATRE-VINGT-SIX VOIX sur QUATRE-VINGT-SEPT votants.

Le même jour, un décret paraissait dans le *Moniteur*. Ce décret convoquait le peuple dans ses Comices, pour les 21 et 22 novembre, à l'effet : *d'adopter ou de rejeter, par OUI ou par NON, la proposition contenue dans le sénatus-consulte qui précède*.

Le 7 novembre, un deuxième décret convoquait le Corps législatif pour le 25 du même mois, afin de constater la régularité des votes, de faire le recensement des suffrages et d'en proclamer le résultat définitif.

Le matin de la promulgation de ces décrets, le Prince-Président avait répondu, en ces termes, aux membres du Sénat, venus en corps, au palais de Saint-Cloud, pour lui présenter le résultat de leurs délibérations :

« Messieurs les Sénateurs,

« Je remercie le Sénat de l'empressement avec lequel il a répondu au vœu du pays, en délibérant sur le rétablissement de l'Empire et en rédigeant le sénatus-consulte qui doit être soumis à l'acceptation du peuple.

« Lorsqu'il y a quarante-huit ans, dans ce même palais, dans cette même salle, et dans des circonstances analogues, le Sénat vint offrir la Couronne au Chef de ma Famille, l'Empereur répondit par ces paroles mémorables : « *Mon esprit ne serait plus avec ma postérité du jour où elle cesserait de mériter l'amour et la confiance de la grande nation.* »

« Eh bien ! aujourd'hui, ce qui touche le plus mon cœur, c'est de penser que l'esprit de l'Empereur est avec moi, que sa pensée me guide, que son ombre me protége, puisque, par une démarche solennelle, vous venez, au nom du peuple français, me prouver que j'ai mérité la confiance du pays. Je n'ai pas besoin de vous dire que ma préoccupation constante sera de travailler avec vous à la grandeur et à la prospérité de la France. »

. . . .

Le jour du vote solennel arriva.

Jamais, de l'avis de tous les hommes politiques indépendants, manifestation nationale ne s'était produite aussi unanimement sur tous les points du territoire français.

Pour donner à nos lecteurs un aperçu de l'enthousiasme populaire en faveur du Neveu de Napoléon Ier, nous citerons quelques lignes, empruntées au *Moniteur* de cette époque :

« Des malades, des infirmes, des paralytiques, disait cette feuille, se sont fait transporter dans la salle du scrutin. Un ouvrier de la rue des Vinaigriers (ancien foyer de socialisme), affaissé sous le poids de la maladie, s'est fait porter auprès de l'urne, et, en déposant son vote, a répondu à une question bienveillante du Président : — On ne saurait trop faire pour celui qui a sauvé la France...

« Des aveugles en grand nombre (sept dans une seule section) sont venus voter, conduits par leurs femmes et leurs enfants.

« Dans le 8e arrondissement, le général Despaux, vieillard de quatre-vingt-onze ans, est arrivé en voiture pour déposer son vote. Il a essayé de monter dans la salle du scrutin, située au premier étage, mais ses forces ont trahi son courage, et il a été contraint de s'asseoir dans le vestibule. Le bureau, informé de ce fait, s'est transporté en corps auprès du général avec l'urne destinée à recueillir ce vote. Cette scène a ému tous les assistants. »

Le 1er décembre 1852, le Sénat, le Conseil d'Etat et le Corps législatif se rendirent à Saint-Cloud et remirent entre les mains de Louis-Napoléon Bonaparte le résultat du vote des 21 et 22 novembre.

Ce résultat proclamait :

Louis-Napoléon Bonaparte, Empereur des Français, sous le titre de **Napoléon III**, par : **Sept millions quatre cent trente-neuf mille deux cent seize suffrages.**

Louis-Napoléon répondit en ces termes aux discours qui lui furent adressés, dans cette solennelle réception, par MM. Mesnard, vice-président du Sénat, et Billault, président du Corps législatif :

« Messieurs,

« Le nouveau règne que vous inaugurez aujourd'hui n'a pas pour origine, comme tant d'autres dans l'histoire, la violence, la conquête ou la ruse. Il est, vous venez de le déclarer, le résultat légal de la volonté de tout un peuple, qui consolide au milieu du calme ce qu'il avait fondé au sein des agitations. Je suis pénétré de reconnaissance envers la nation qui, trois fois, en quatre années, m'a soutenu de ses suffrages, et, chaque fois, n'a augmenté sa majorité que pour accroître mon pouvoir.

« Mais plus le Pouvoir gagne en étendue et en force vitale, plus il a besoin d'hommes éclairés comme ceux qui m'entourent chaque jour, d'hommes indépendants comme ceux auxquel je m'adresse, pour m'aider de leurs conseils, pour ramener mon autorité dans de justes limites, si elle pouvait s'en écarter jamais.

« Je prends, dès aujourd'hui, avec la Couronne, le nom de Napoléon III, parce que la logique du peuple me l'a déjà donné dans ses acclamations, parce que le Sénat l'a proposé légalement, et parce que la nation entière l'a ratifié.

« Est-ce à dire, cependant, qu'en acceptant ce titre, je tombe dans l'erreur reprochée au Prince qui, revenant de l'exil, déclara nul et non avenu tout ce qui s'était fait en son absence? Loin de moi un semblable égarement. Non-seulement je reconnais les Gouvernements qui m'ont précédé, mais j'hérite en quelque sorte de ce qu'ils ont fait de bien ou de mal; car les Gouvernements qui se succèdent sont, malgré leurs origines différentes, solidaires de leurs devanciers. Mais plus j'accepte tout ce que, depuis cinquante ans, l'histoire nous transmet avec son inflexible autorité, moins il m'était permis de passer sous silence le règne glorieux du Chef de ma famille, et le titre régulier, quoique éphémère, de son Fils, que les Chambres proclamèrent dans le dernier élan du patriotisme vaincu. Ainsi donc, le titre de Napoléon III n'est pas une de ces prétentions dynastiques et surannées, qui semblent une insulte au bon sens et à la vérité; c'est l'hommage rendu à un Gouvernement qui fut légitime et auquel nous devons les plus belles pages de notre histoire moderne. Mon règne ne date pas de 1815; il date de ce moment même où vous venez me faire connaître les suffrages de la nation.

« Recevez donc mes remercîments, Messieurs les Députés, pour l'éclat que vous avez donné à la manifestation de la volonté nationale, en la rendant plus évidente par votre contrôle, plus imposante par votre déclaration. Je vous remercie aussi, Messieurs les Sénateurs, d'avoir été les premiers à m'adresser vos félicitations, comme vous avez été les premiers à formuler le vœu populaire.

« Aidez-moi tous à asseoir, sur cette terre bouleversée par tant de révolutions, un Gouvernement stable, qui ait pour bases: la religion, la justice, la probité, *l'amour des classes souffrantes.*

« Recevez ici le serment que rien ne me coûtera pour assurer la prospérité de la patrie, et que, tout en maintenant la paix, je ne céderai rien de tout ce qui touche à l'honneur et à la dignité de la France. »

La République de 1848 avait vécu !

La nation française, fatiguée des intrigues des partis, venait de replacer, par un vote énergique, la Dynastie Napoléonienne sur le Trône Impérial, renversé, en 1815, par la coalition étrangère.

Louis-Napoléon ne voulut pas, selon la coutume de ses devanciers, que son avénement fût célébré par des réjouissances publiques. Il ordonna que les sommes destinées à cet usage fussent distribuées aux classes laborieuses et souffrantes.

Le 3 décembre, il visitait l'Hôtel-Dieu et le Val-de-Grâce, et remettait la somme de 10,000 fr. à chaque directeur de ces deux établissements. Le même jour, il envoyait une somme de 200,000 francs au Ministre de l'intérieur, avec ordre de la répartir entre les familles qui retireraient leurs enfants des hospices de l'enfance abandonnée (1). Il ordonnait aussi la création, aux frais de sa cassette particulière, de trois bains et lavoirs publics dans les trois plus pauvres quartiers de Paris.

L'Empereur combla la mesure de ses bienfaits par une amnistie en faveur de tous les condamnés politiques, à la seule condition, toutefois, que chaque amnistié prît l'engagement de respecter les lois de son pays.

Le 18 décembre 1852, Louis-Napoléon, en vertu du sénatus-consulte du 17 novembre, ratifié par le vote

---

(1) Les *Enfants-Trouvés*.

des 21 et 22 du même mois, qui le proclamait Empereur des Français, conférait à son oncle Jérôme, frère de Napoléon Ier, le titre de Prince français, ainsi qu'à son fils Napoléon-Joseph Bonaparte; il les désignait aussi, tous deux, comme ses successeurs au Trône Impérial, dans le cas où il viendrait à mourir sans avoir laissé d'héritier direct, légitime ou adoptif.

Cet acte, qui plaçait, par droit de succession, sur la tête de deux illustres membres de la Famille Impériale, la Couronne de France, devait, bientôt, n'être qu'une éventualité en face du grand événement qui allait s'accomplir.

Depuis le jour de son élévation à l'Empire, S. M. Napoléon III avait pris la résolution de se choisir une compagne, afin d'assurer les destinées futures du pays qui venait de lui confier le soin de son bonheur et de sa prospérité.

Le mariage de l'Empereur était donc devenu, pour lui, une haute question d'État, à laquelle il devait se soumettre. Mais, tout en s'y soumettant, Napoléon III désirait concilier les vœux de la France avec les sympathies de son cœur.

Après de mûres réflexions, et lorsqu'il eut fixé son choix, l'Empereur convoqua, le 22 janvier 1853, les Corps constitués, et s'exprima en ces termes :

« Messieurs,

« Je me rends au vœu si souvent manifesté par le pays, en venant vous annoncer mon mariage.

« L'union que je contracte n'est pas d'accord avec les traditions de l'ancienne politique : c'est là son avantage.

« La France, par ses révolutions successives, s'est toujours brusquement séparée du reste de l'Europe ; tout Gouvernement sensé doit chercher à la faire rentrer dans le giron des vieilles monarchies. Mais ce résultat sera bien plus sûrement atteint par une politique droite et franche, par la loyauté des transactions, que par des alliances royales, qui créent souvent de fausses sécurités et substituent l'intérêt de famille à l'intérêt national. D'ailleurs, les exemples du passé ont laissé dans l'esprit du peuple des croyances superstitieuses ; il n'a pas oublié que, depuis soixante ans, les princesses étrangères n'ont monté les degrés du Trône que pour voir leur race dispersée ou proscrite par la guerre ou par la révolution. Une seule femme a semblé porter bonheur et vivre plus que les autres dans les souvenir du peuple, et cette femme, épouse modeste et bonne du général Bonaparte, n'était pas issue d'un sang royal.

« Il faut cependant le reconnaître : en 1810, le mariage de Napoléon Ier avec Marie-Louise fut un grand événement; c'était un gage pour l'avenir, une véritable satisfaction pour l'orgueil national, puisqu'on voyait l'antique et illustre maison d'Autriche, qui nous avait si longtemps fait la guerre, briguer l'alliance du Chef élu du nouvel Empire. Sous le dernier règne, au contraire, l'amour-propre du pays n'a-t-il pas eu à souffrir lorsque l'héritier de la Couronne sollicitait infructueusement, pendant plusieurs années, l'alliance d'une maison souveraine, et obtenait enfin une princesse accomplie, sans doute, mais seulement dans des rangs secondaires et dans une autre religion?

« Quand, en face de la vieille Europe, on est porté, par la force d'un nouveau principe, à la hauteur des anciennes dynasties, ce n'est pas en vieillissant son blason et en cherchant à s'introduire à tout prix dans la famille des rois, qu'on se fait accepter. C'est bien plutôt en se souvenant toujours de son origine, en conservant son caractère propre, et en prenant franchement vis-à-vis de l'Europe la position de parvenu, titre glorieux lorsqu'on parvient par le libre suffrage d'un grand peuple.

« Ainsi obligé de s'écarter des précédents suivis jusqu'à ce jour, mon mariage n'était plus qu'une affaire privée ; il restait seulement le choix de la personne. Celle qui est devenue l'objet de ma préférence est d'une naissance élevée. Française par le cœur, par l'éducation, par le souvenir du sang que versa son père pour la cause de l'Empire, elle a, comme Espagnole, l'avantage de ne pas avoir en France de famille, à laquelle il faille donner honneurs et dignités. Douée de toutes les qualités de l'âme, elle sera l'ornement du Trône, comme au jour du danger elle deviendrait un de ses courageux appuis. Catholique et pieuse, elle adressera au Ciel les mêmes prières que moi pour le bonheur de la France; gracieuse et bonne, elle fera revivre, dans la même position, j'en ai le ferme espoir, les vertus de l'Impératrice Joséphine.

« Je viens donc, Messieurs, dire à la France : J'ai préféré une femme que j'aime et que je respecte à une femme inconnue, dont l'alliance eût eu des avantages mêlés de sacrifices. Sans témoigner de dédain pour personne, je cède à mon penchant, mais après avoir consulté ma raison et mes convictions. Enfin, en plaçant l'indépendance, les qualités du cœur, le bonheur de famille au-dessus des préjugés dynastiques et des calculs de l'ambition, je ne serai pas moins fort, puisque je serai plus libre.

« Bientôt, en me rendant à Notre-Dame, je présenterai l'Impératrice au peuple et à l'armée; la confiance qu'ils ont en moi assure leur sympathie à celle que j'ai choisie; et vous, Messieurs, en apprenant à la connaître, vous serez convaincus que, cette fois encore, j'ai été inspiré par la Providence. »

La lecture de ce document, d'une très-grande valeur historique, par les tendances progressives qui y sont exprimées, fut accueillie par un immense cri de : *Vive l'Empereur!*

La célébration du mariage civil de S. M. Napoléon III avec Marie-Eugénie de Montijo de Guzman et Porte-Carréro, comtesse de Téba, se fit, aux Tuileries, le 29 janvier 1853.

Le lendemain eut lieu la cérémonie religieuse dans l'église de Notre-Dame. Monseigneur l'archevêque de Paris officia lui-même et donna la bénédiction nuptiale aux deux augustes époux.

Après la cérémonie, le Cortége impérial rentra aux Tuileries, au milieu des acclamations enthousiastes de la population et des cris mille fois répétés de : *Vive Napoléon III! vive l'Impératrice!*

Le soir, Paris et la banlieue témoignaient leur joie par de splendides illuminations.

. . . .

Maintenant, que plusieurs années se sont écoulées depuis la consécration de cette union, nous sommes heureux de pouvoir dire : Marie-Eugénie de Téba, comprenant la puissance des exemples qui descendent de haut, a porté sur le Trône toutes les vertus qui honorent les souveraines, et fait aimer, par ses bienfaits, cette autorité que l'Empereur sait si bien faire craindre et respecter.

CHAPITRE IX

Les Lieux-Saints. — Le testament de Pierre le Grand. — Menschikoff. — Ultimatum. — Hostilités. — L'amiral Nakimoff à Sinope. — Discours de Napoléon III aux Chambres. — Organisation de l'armée d'Orient. — Débarquement des troupes. — Prise de Bomarsund. — Mort du maréchal Saint-Arnaud. — Canrobert. — Pélissier. — Napoléon expose la situation de la France. — La Garde impériale. — Prise de Sébastopol. — Faits d'armes. — Alexandre II. — Napoléon III et le Corps Législatif. — Le Congrès de Paris. — Admission de la Prusse au Congrès. — Traité de Paris. — Naissance du Prince impérial. — Députation des Corps constitués. — Ouverture de la session législative.

Vers le commencement de l'année 1853, un différend s'éleva entre l'Empereur de Russie et le Sultan Abdul-Medjidh, au sujet de la possession des sanctuaires de Jérusalem, de Bethléem, de Nazareth et autres lieux sanctifiés par la présence de Jésus-Christ.

Le véritable but de ce différend, qui avait pour prétexte la défense du rit grec, était la réalisation de ce passage du Testament de Pierre le Grand :

« S'étendre, sans relâche, vers le nord, le long de la Baltique, ainsi que vers le sud, le long de la mer Noire : approcher le plus possible de Constantinople et des environs. Celui qui y régnera sera le vrai souverain du monde. En conséquence, susciter des guerres continuelles, tantôt à la Turquie, tantôt à la Perse. »

Poursuivant donc la pensée de conquête de son aïeul, Nicolas Ier envoya, le 2 mars 1853, l'amiral prince Menschikoff à la cour du Sultan, en qualité d'ambassadeur extraordinaire. Ce diplomate était porteur de l'ultimatum suivant :

Ordre à la Porte-Ottomane de régler la question des sanctuaires à l'avantage des Grecs ;

D'encourager, par un SENED, *ou convention, le* STATU QUO *strict des priviléges du culte grec russe.*

La Porte répondit à cet ultimatum : *qu'elle consentait à accorder sa protection aux chrétiens du rit grec ; mais qu'elle ne pouvait en faire l'objet d'un traité spécial, sans compromettre son indépendance et sa souveraineté.*

Comme la Turquie repoussait, par cette réponse, les prétentions de la cour de Russie, un corps d'armée russe passa le Pruth, le 3 juillet, et envahit les Provinces danubiennes.

Le 23 octobre suivant, après de nombreuses propositions d'arrangements, qui échouèrent toutes devant les réticences de la diplomatie russe, les hostilités commencèrent.

Le 30 novembre 1853, à la suite de plusieurs combats où l'armée turque, commandée par Omer-Pacha, se couvrit de gloire, le vice-amiral Namikoff attaqua subitement la ville de Sinope, s'en empara, la réduisit en cendres, et détruisit entièrement la flotille turque, équipée sous les ordres d'Osman-Pacha.

En face d'une éventualité qui ne tendait rien moins qu'à la perte de l'Empire ottoman, nécessaire à l'équilibre européen, l'Empereur des Français, après d'inutiles négociations, crut devoir, de concert avec la Grande-Bretagne, déclarer la guerre à la Russie.

Le 2 mars 1854, l'Empereur fit lui-même l'ouverture de la session du Corps législatif, et s'exprima en ces termes :

« Messieurs,

« Nous avons vu, en Orient, au milieu d'une paix profonde, un souverain exiger tout à coup de son voisin, plus faible, des avantages nouveaux, et, parce qu'il ne les obtenait pas, envahir deux de ses provinces. Seul, ce fait devait mettre les armes aux mains de ceux que l'iniquité révolte. Mais nous avions aussi d'autres raisons d'appuyer la Turquie. La France a autant et peut-être plus d'intérêt que l'Angleterre à ce que l'influence de la Russie ne s'étende pas indéfiniment sur Constantinople ; car, régner sur Constantinople, c'est régner sur la Méditerranée, et personne de vous, Messieurs, je le pense, ne dira que l'Angleterre seule a de grands intérêts dans cette mer, qui baigne 300 lieues de nos côtes. D'ailleurs, cette politique ne date pas d'hier ; depuis des siècles, tout Gouvernement national, en France, l'a soutenue ; je ne la déserterai pas.

« Qu'on ne vienne donc plus nous dire : Qu'allez-vous faire à Constantinople ? Nous y allons avec l'Angleterre pour défendre la cause du Sultan, et, néanmoins, pour protéger les droits des chrétiens ; nous y allons pour défendre la liberté des mers et notre juste influence dans la Méditerranée. Nous y allons, avec l'Allemagne, pour l'aider à conserver le rang dont on semblait vouloir la faire descendre, pour assurer ses frontières contre la prépondérance d'un voisin trop puissant. Nous y allons enfin avec tous ceux qui veulent le triomphe du bon droit, de la justice et de la civilisation. »

Par un décret daté du 15 mars, le maréchal Leroy de Saint-Arnaud, ministre de la guerre, fut nommé général en chef de l'armée d'Orient. Les amiraux Perceval-Deschênes et Charles Napier reçurent également l'ordre de conduire une imposante escadre dans la Baltique.

Le 13 septembre 1854, après une heureuse traversée, les troupes françaises, anglaises et ottomanes débarquèrent à Eupatoria, culbutèrent les Russes à l'Alma et se dirigèrent sur Sébastopol.

Le 15 août, le général Baraguay-d'Hilliers, avec le concours des flottes anglo-françaises, avait fait diversion dans la Baltique et s'était emparé de la citadelle de Bomarsund, la plus importante des îles d'Aland (1).

Ce succès décisif des armées navales faisait espérer une issue prochaine à notre intervention en Orient.

Malheureusement, le maréchal Saint-Arnaud, atteint du choléra à la bataille de l'Alma, le 26 septembre 1854, avait été forcé de remettre son commandement au général Canrobert (2). Ce dernier continua l'organisation du siége de Sébastopol jusqu'au 19 mai 1855, époque à laquelle il fut remplacé par le général Pélissier.

Pendant que les armées alliées se couvraient de gloire à Inkermann, sur les rives de la Tchernaïa, Napoléon III s'occupait de pourvoir à leur entretien par de hautes mesures financières.

Le 26 décembre 1854, il exposa dans les termes suivants, à l'ouverture de la session législative, la situation financière et politique de la France :

---

(1) Ce haut fait valut au général Baraguay-d'Hilliers le bâton de maréchal de France.

(2) L'illustre maréchal fut transporté mourant à bord du navire le *Berthollet*, et rendit le dernier soupir quelques heures après.

(*Note des Auteurs*).

« Messieurs,

« Depuis votre dernière réunion, de grands faits se sont accomplis. L'appel que j'ai adressé au pays pour couvrir les frais de la guerre a été si bien entendu, que le résultat a même dépassé mes espérances. Nos armes ont été victorieuses dans la Baltique comme dans la mer Noire. Deux grandes batailles ont illustré notre drapeau. Un éclatant témoignage est venu prouver l'intimité de nos rapports avec l'Angleterre; le Parlement a voté des félicitations à nos généraux et à nos soldats . . . .

« L'armée d'Orient a, jusqu'à ce jour, tout souffert et tout surmonté. L'épidémie, l'incendie, la tempête, les privations, une place sans cesse ravitaillée, défendue par une artillerie formidable de terre et de mer, deux armées ennemies supérieures en nombre, rien n'a pu affaiblir son courage ni arrêter son élan. Chacun a noblement fait son devoir, depuis le maréchal, qui a semblé forcer la mort à attendre qu'il eût vaincu, jusqu'au soldat et au matelot, dont le dernier cri, en expirant, était un vœu pour la France, une acclamation pour l'Élu du pays. Déclarons-le donc ensemble, l'armée et la flotte ont bien mérité de la patrie . . . .

« Mes efforts ont eu pour but de mettre les dépenses au niveau des recettes, et le budget ordinaire vous sera présenté en équilibre; les ressources de l'emprunt seules feront face aux besoins de la guerre.

« Vous verrez avec plaisir que nos revenus n'ont pas diminué. L'activité industrielle se soutient; tous les grands travaux d'utilité publique se continuent, et la Providence a bien voulu nous donner une récolte qui satisfait à nos besoins . . . .

« La lutte qui se poursuit, circonscrite par la modération et la justice, tout en faisant palpiter les cœurs, effraie si peu les intérêts, que bientôt, des diverses parties du globe, se réuniront ici tous les produits de la paix. Les étrangers ne pourront manquer d'être frappés du saisissant spectacle d'un pays qui, comptant sur la protection divine, soutient avec énergie une guerre à six cents lieues de ses frontières, et qui développe avec la même ardeur ses richesses intérieures; un pays où la guerre n'empêche pas l'agriculture et l'industrie de prospérer, les arts de fleurir, et où le génie de la nation se révèle dans tout ce qui peut faire la gloire de la France. »

Dans les premiers jours de 1855, la garde impériale fut désignée pour faire partie de l'armée d'Orient. Le 9 janvier, Napoléon III adressait à cette glorieuse phalange, avant son départ, l'allocution suivante :

« Soldats,

« Le peuple français, par sa souveraine volonté, a ressuscité bien des choses qu'on croyait mortes à jamais, et aujourd'hui l'Empire est reconstitué. D'intimes alliances existent avec nos anciens ennemis. Le drapeau de la France flotte avec honneur sur ces rives lointaines, où le vol audacieux de nos aigles n'était pas encore parvenu. La garde impériale, représentation héroïque de la gloire et de l'honneur militaires, est ici devant moi, entourant l'Empereur, ainsi qu'autrefois, portant le même uniforme, le même drapeau, et ayant surtout dans le cœur les mêmes sentiments de dévouement à la patrie. Recevez donc ces drapeaux, qui vous conduiront à la victoire comme ils y ont conduit vos pères, comme ils viennent d'y conduire vos camarades. Allez prendre votre part de ce qui reste encore de dangers à surmonter et de gloire à recueillir. Bientôt, vous aurez reçu le noble baptême que vous ambitionnez, et vous aurez concouru à planter nos aigles sur les murs de Sébastopol. »

Enfin, le 8 septembre 1855, après un siége d'une année, le maréchal Pélissier donna l'ordre de livrer l'assaut de Sébastopol.

« Le bastion central, dit un écrivain, le grand redan, la tour Malakoff, le petit redan du carénage sont attaqués simultanément. Aux deux extrémités de cette ligne immense, l'ennemi résiste avec ténacité ; les Anglais ne peuvent se maintenir dans e grand redan; la division Levaillant échoue dans le bastion central et la division Dulac devant les ouvrages du carénage; mais les divisions La Motterouge et Mac-Mahon, soutenues par les réserves que leur envoie incessamment le général Bosquet, gagnent du terrain dans Malakoff et dans la courtine voisine. A quatre heures et demie, les Russes renoncent à se défendre; ils ne se préoccupent plus que d'évacuer la ville après l'avoir dévastée. »

Le soir même de cette victoire, de nombreuses salves d'artillerie annonçaient à la France que Sébastopol, ce formidable rempart de l'autocratie russe, avait été détruit par la valeur des armées alliées.

Pendant que nous entrions en vainqueurs dans Sébastopol, le général d'Allonville remportait une victoire à Koughil; l'amiral Bruat s'emparait de la forteresse de Kinburn, après quelques heures de bombardement; Omer-Pacha débarquait en Asie-Mineure avec 15,000 hommes, traversait l'Ingour, prenait la route de Kutaïs et forçait les généraux William et Vassy-Pacha à signer la reddition de Kars.

D'un autre côté, la Sardaigne, signataire de la convention conclue, le 10 avril 1854, entre la France, l'Angleterre et la Turquie, avait envoyé en Crimée un corps d'armée, qui avait glorieusement combattu et puissamment contribué au succès de nos armes.

De si éclatantes victoires, jointes à la sanction morale des grandes puissances européennes, donnèrent à réfléchir au nouveau czar Alexandre II (1); aussi, le

(1) Son père, Nicolas Ier, était mort, le 2 mars 1855, au milieu des événements de la guerre d'Orient.

16 janvier 1856, déclara-t-il accepter, comme devant servir de bases à un traité de paix, les propositions de l'Autriche, ainsi conçues :

1° Le Protectorat russe sera aboli sur les Provinces danubiennes; 2° la liberté du Danube et de ses embouchures sera efficacement assurée; 3° la mer Noire, neutralisée, sera interdite à toutes les marines militaires; 4° les immunités des sujets chrétiens de la Porte seront consacrées, sans toutefois porter atteinte à l'indépendance et à la dignité de la Couronne du Sultan; 5° les puissances belligérantes se réservent le droit de produire, dans un Congrès européen, des conditions particulières, en sus des quatre garanties.

Aussitôt cette déclaration officiellement connue, on suspendit, de part et d'autre, les hostilités. Un Congrès fut résolu et Paris désigné comme lieu de réunion. Les plénipotentiaires nommés furent : pour la France, le comte Colonna Waleski et le baron de Bourqueney; pour l'Autriche, le comte de Buol-Schauenstein et le baron de Hübner; pour la Grande-Bretagne, le comte de Clarendon et lord Cowley; pour la Russie, le comte Orloff et le baron de Brunow; pour la Sardaigne, le comte de Cavour et le marquis Pes de Villamarina; pour la Turquie, le grand-visir Aali-Pacha et Mehemed-Bey. La Prusse, ayant constamment refusé de se prononcer, ne fut pas d'abord appelée à faire partie du Congrès.

Le 13 mars, pendant que les négociations se poursuivaient, Napoléon III adressait les paroles suivantes au Corps législatif :

« Un grand fait d'armes est venu terminer, en faveur des armées alliées, une lutte acharnée, sans exemple dans l'histoire. L'opinion de l'Europe, depuis ce moment, s'est plus ouvertement prononcée. Partout nos alliances se sont étendues et affermies. Le troisième emprunt a été couvert sans difficultés. Le pays m'a prouvé de nouveau sa confiance en souscrivant pour une somme cinq fois plus forte que celle que le demandais.

« La Reine de la Grande-Bretagne, voulant donner une preuve de sa confiance, de son estime pour notre pays, et rendre nos relations plus intimes, est venue en France. L'accueil enthousiaste qu'elle y a reçu a dû lui prouver combien les sentiments inspirés par sa présence étaient profonds et de nature à fortifier l'alliance des deux peuples.

« Le Roi de Piémont, qui, sans regarder derrière lui, avait embrassé notre cause, avec cet élan courageux qu'il avait déjà montré sur le champ de bataille, est venu aussi, en France, consacrer une union déjà cimentée par la bravoure de ses soldats.

« Ces souverains ont pu voir un pays naguère si agité et si déshérité de son rang dans les Conseils de l'Europe, aujourd'hui prospère, paisible et respecté, faisant la guerre, non pas avec le délire momentané de la passion, mais avec le calme de la justice et l'énergie du devoir. Ils ont vu la France, qui envoyait deux cent mille hommes à travers les mers, convoquer, en même temps, à Paris tous les arts de la paix, comme si elle eût voulu dire à l'Europe :

« *La guerre actuelle n'est encore pour moi qu'un épisode; mes idées et mes forces sont en partie toujours dirigées vers les arts et la paix. Ne négligeons rien pour nous entendre, et ne me forcez pas à jeter sur les champs de bataille toutes les ressources et toute l'énergie d'une grande nation.* »

« Cet appel semble avoir été entendu, et l'hiver, en suspendant les hostilités, a favorisé l'intervention de la diplomatie. L'Autriche se résolut à une démarche décisive, qui apportait dans les délibérations toute l'influence du souverain d'un vaste Empire. La Suède se lia plus étroitement à l'Angleterre et à la France par un traité qui garantissait l'intégrité de son territoire. Enfin, de tous les Cabinets arrivèrent à Saint-Pétersbourg des conseils ou des prières. L'Empereur de Russie, héritier d'une situation qu'il n'avait pas faite, sembla animé d'un sincère désir de mettre fin aux causes qui avaient amené ce sanglant conflit. Il accepta avec détermination les propositions transmises par l'Autriche. L'honneur des armes une fois satisfait, c'était s'honorer aussi que de déférer au vœu nettement formulé de l'Europe.

« Aujourd'hui, les plénipotentiaires des puissances belligérantes et alliées sont réunies à Paris pour décider des conditions de la paix. L'esprit de modération ou d'équité qui les anime tous doit nous faire espérer un résultat favorable ; néanmoins, attendons avec dignité la fin des Conférences, et soyons également prêts, s'il le faut, soit à tirer de nouveau l'épée, soit à tendre la main à ceux que nous avons loyalement combatus. . . . . »

Conformément aux conventions que nous avons indiquées précédemment, le Congrès s'ouvrit à Paris, le lundi 15 février 1856, sous la présidence du comte Waleski. Les séances se succédèrent rapidement. Dans celle du 12 mars, l'admission de la Prusse fut décidée, et, à dater du 18, les barons de Manteuffel et Hatzfeldt vinrent représenter cette puissance au Congrès.

Dans un traité, signé le 30 mars, les puissances belligérantes stipulèrent l'échange des prisonniers de guerre et l'évacuation du territoire conquis en Russie. Il était établi en outre que : « dans le cas où un dissentiment éclaterait entre la Porte et une ou plusieurs des autres puissances signataires du traité, toutes seraient mises en mesure d'exercer une active médiation ; la liberté du Danube était assurée ; la mer Noire neutralisée ; la frontière de Bessarabie rectifiée ; une Commission spéciale chargée de régler le sort de la Moldavie et de la Valachie, qui échappaient au Protectorat moscovite. »

Enfin, par un traité définitif et spécial, en date du

15 avril 1856, l'Angleterre, l'Autriche et la France s'engagèrent à garantir, conjointement et séparément, l'indépendance et l'intégrité de l'Empire ottoman : « Toute infraction au traité du 30 mars sera considérée par elles comme un *casus belli*. Elles s'entendront avec la Sublime-Porte pour les mesures qui seront devenues nécessaires, et régleront entre elles, sans délai, l'emploi à faire de leurs forces militaires et navales. »

Ainsi s'est terminée cette lutte héroïque qui a coûté à la France 84,000 hommes, à l'Angleterre 48,000, aux Piémontais 5,000, et à la Russie plus de 200,000.

Le 5 juillet 1856, la Crimée était entièrement évacuée, et il ne restait plus, pour compléter l'œuvre de pacification, qu'à déterminer l'organisation des Provinces danubiennes.

Grâce à la sage modération de l'Empereur Napoléon III, toutes les difficultés furent aplanies.

Pendant que s'accomplissaient, à l'extérieur, de si graves événements, *un successeur au Trône impérial naissait, à Paris, le 16 mars 1856, à trois heures un quart du matin.*

Le Sénat vint présenter en corps ses félicitations à Napoléon III.

L'Empereur répondit en ces termes :

« Monsieur le Président du Sénat,

« Le Sénat a partagé ma joie en apprenant que le ciel m'avait donné un Fils (1), et vous avez salué comme un événement heureux la venue au monde d'un *Enfant de France*. C'est avec intention que je me sers de ce mot. En effet, l'Em-

---

(1) Les détails relatifs à la naissance du Prince impérial et à son baptême sont rapportés dans la nomenclature qui termine cet ouvrage.

pereur Napoléon, mon Oncle, qui avait appliqué au nouveau système créé par la révolution tout ce que l'ancien régime avait de grand et d'élevé, avait repris cette ancienne dénomination des Enfants de France. C'est qu'en effet, Messieurs, lorsqu'il naît un héritier destiné à perpétuer un système national, cet Enfant n'est pas seulement le rejeton d'une famille, mais il est véritablement encore le Fils du pays tout entier, et ce nom lui indique ses devoirs. Si cela était vrai sous l'ancienne monarchie, qui représentait plus exclusivement les classes privilégiées, combien, à plus forte raison, aujourd'hui que le souverain est l'élu de la nation, ce premier citoyen du pays est le représentant des intérêts de tous... »

Le Corps législatif envoya également une députation, à laquelle Napoléon III fit cette réponse :

« Monsieur le Président du Corps législatif,

« J'ai été bien touché de la manifestation de vos sentiments à la naissance du Fils que la Providence a bien voulu m'accorder. Vous avez salué en lui l'espoir, dont on aime à se bercer, de la perpétuité d'un système qu'on regarde comme la plus sûre garantie des intérêts généraux du pays; mais les acclamations unanimes qui entourent son berceau ne m'empêchent pas de réfléchir sur la destinée de ceux qui sont nés et dans le même lieu et dans des circonstances analogues. Si j'espère que son sort sera plus heureux, c'est que d'abord, confiant dans la Providence, je ne puis douter de sa protection en la voyant relever, par un concours de circonstances extraordinaires, tout ce qu'il lui avait plu d'abattre il y a quarante ans, comme si elle avait voulu vieillir, par le martyre et par le malheur, une nouvelle Dynastie sortie des rangs du peuple. Ensuite, l'histoire a des enseignements que je n'oublierai pas. Elle me dit, d'une part, qu'il ne faut jamais abuser des faveurs de la fortune; d'un autre, qu'une Dynastie n'a de chance de stabilité que si elle reste fidèle à son origine en s'occupant uniquement des intérêts populaires pour lesquels elle a été créée. »

Le 16 février 1857, s'ouvrit la session du Corps législatif. L'Empereur y prononça un discours remarquable. Nous en extrayons ce passage, qui trace la situation prospère de la France avant les événements d'Italie :

« La France, sans froisser les droits de personne, a repris dans le monde le rang qui lui convenait, et peut se livrer avec sécurité à tout ce que produit de grand le génie de la paix. Que Dieu ne se lasse pas de la protéger, et bientôt l'on pourra dire de notre époque ce qu'un homme d'État, historien illustre et national, a écrit du Consulat : « *La satisfaction était partout, et quiconque n'avait pas dans le cœur les mauvaises passions des partis, était heureux du bonheur public.* »

CHAPITRE X

La France et l'Autriche. — Le Cabinet de Turin. — Le Désarmement. — Envoi des divisions militaires. — Déclaration au Peuple français. — Napoléon III quitte Paris — L'Impératrice régente. — Ordre du jour. — Entrevue de Napoléon et de Victor-Emmanuel. — Montebello. — Les généraux Forey et Beuret. — Palestro; le 3ᵉ zouaves. — Mesure concernant les blessés. — Palestro et Turbigo. — Magenta. — Les généraux Cler et Espinasse. — Ordre du jour. — Entrée à Milan. — Proclamation aux Italiens. — Melegnano. — Solferino. — Dépêche à l'Impératrice. — Résultats de la journée. — Ordre du jour. — Courage de Napoléon III. — Suspension d'armes. — Dépêche. — Termes de la suspension. — Ordre du jour. — Entrevue de Napoléon III et de l'empereur d'Autriche. — Paix de Villafranca. — Napoléon l'annonce à ses soldats. — Résumé de la Guerre. — Retour de l'Empereur. — Sa réponse aux grands Corps de l'État. — Opinion d'un écrivain. — La Médaille commémorative. — La Rentrée des troupes. — L'Amnistie. — Décrets du Règne impérial.

Au mois de janvier 1859, la situation politique de la France, vis-à-vis de l'Autriche, semblait faire pressentir une rupture prochaine entre ces deux puissances. Le motif de cette rupture prenait sa source dans les dissentiments qui existaient de longue date entre l'empereur d'Autriche et le roi de Piémont.

Le 22 avril, *le Moniteur* annonçait officiellement que l'Autriche refusait de consentir au *désarmement général*, proposé par l'Angleterre, et sommait le Cabinet de Turin d'avoir à désarmer, dans les trois jours qui suivraient la notification de son *ultimatum*, sous peine de voir les frontières sardes envahies par les troupes autrichiennes.

En présence d'une agression aussi brusque, qui brisait toutes les négociations diplomatiques, Napoléon III crut devoir ordonner la concentration de plusieurs divisions sur les frontières de la Sardaigne et la formation de quatre corps d'armée (1).

Un cinquième corps, dit d'observation, fut placé sous le commandement du Prince Napoléon ; le général Regnault de Saint-Jean-d'Angely reçut celui de la garde impériale.

Napoléon III se réservait le commandement en chef.

L'embarquement des troupes s'effectua à Toulon, le 25 avril.

Quelques jours avant, un corps d'armée avait franchi les Alpes et était entré à Turin avant que le délai fixé par l'*ultimatum* autrichien fût expiré.

Le 3 mai, l'Empereur, voulant préciser, aux yeux de la nation, le but de la guerre, adressait au Peuple français la déclaration suivante :

« FRANÇAIS,

« L'Autriche, en faisant entrer son armée sur le territoire du roi de Sardaigne, notre allié, nous déclare la guerre. Elle viole ainsi les traités, la justice, et menace nos frontières. Toutes les grandes puissances ont protesté contre cette agression. Le Piémont ayant accepté les conditions qui devaient assurer la paix, on se demande quelle peut être la raison de cette invasion soudaine : c'est que l'Autriche a amené les choses à cette extrémité, qu'il faut qu'elle domine jusqu'aux

---

(1) Le premier, sous les ordres du maréchal Baraguey-d'Hilliers ; le deuxième fut confié au général Mac-Mahon ; le troisième, au maréchal Canrobert, et le quatrième, au général Niel.

Alpes, ou que l'Italie soit libre jusqu'à l'Adriatique; car, dans ce pays, tout coin de terre qui demeure indépendant est un danger pour son pouvoir.

« Jusqu'ici, la modération a été la règle de ma conduite; maintenant, l'énergie devient mon premier devoir.

« Que la France s'arme et dise résolûment à l'Europe :
« Je ne veux pas de conquête, mais je veux maintenir sans
« faiblesse ma politique nationale et traditionnelle; j'observe
« les traités, à condition qu'on ne les violera pas contre moi;
« je respecte le territoire et les droits des puissances neutres;
« mais j'avoue hautement ma sympathie pour un peuple dont
« l'histoire se confond avec la nôtre, et qui gémit sous l'op-
« pression étrangère. »

« La France a montré sa haine contre l'anarchie; elle a voulu me donner un pouvoir assez fort pour réduire à l'impuissance les fauteurs de désordre et les hommes incorrigibles de ces anciens partis qu'on voit sans cesse pactiser avec nos ennemis; mais elle n'a pas pour cela abdiqué son rôle civilisateur. Ses alliés naturels ont toujours été ceux qui veulent l'amélioration de l'humanité, et quand elle tire l'épée, ce n'est point pour dominer, mais pour affranchir.

« Le but de cette guerre est donc de rendre l'Italie à elle-même, et non de la faire changer de maître, et nous aurons à nos frontières un peuple ami qui nous devra son indépendance.

« Nous n'allons pas en Italie fomenter le désordre ni ébranler le Pouvoir du Saint-Père, que nous avons replacé sur son Trône, mais le soustraire à cette pression étrangère qui s'appesantit sur toute la Péninsule, contribuer à y fonder l'ordre sur des intérêts légitimes satisfaits.

« Nous allons enfin sur cette terre classique, illustrée par tant de victoires, retrouver les traces de nos pères; Dieu fasse que nous soyons dignes d'eux!

« Je vais bientôt me mettre à la tête de l'armée. Je laisse en France l'Impératrice et mon Fils. Secondée par l'expérience et les lumières du dernier frère de l'Empereur, elle saura se montrer à la hauteur de sa mission.

« Je les confie à la valeur de l'armée, qui reste en France pour veiller sur nos frontières, comme pour protéger le foyer domestique; je les confie au patriotisme de la garde nationale; je les confie enfin au peuple tout entier, qui les entourera de cet amour et de ce dévouement dont je reçois chaque jour tant de preuves.

« Courage donc et union ! Notre pays va encore montrer au monde qu'il n'a pas dégénéré. La Providence bénira nos efforts ; car elle est sainte aux yeux de Dieu la cause qui s'appuie sur la justice, l'humanité, l'amour de la patrie et de l'indépendance.

« Palais des Tuileries, 3 mai 1859.

« NAPOLÉON. »

Sept jours après, l'Empereur quittait Paris pour se mettre à la tête des armées. C'était le 10 mai. — Toutefois, avant de partir, il confia, par lettres-patentes, le titre de Régente à Sa Majesté l'Impératrice.

D'autres lettres conférèrent à S. A. I. le Prince Jérôme le droit de présider, en l'absence de la Régente, le Conseil privé et le Conseil des ministres.

Le 12 mai, Napoléon III débarquait à Gênes et faisait afficher cet ordre du jour :

« SOLDATS !

« Je viens me mettre à votre tête pour vous conduire au combat. Nous allons seconder la lutte d'un peuple revendiquant son indépendance et le soustraire à l'oppression étrangère. C'est une cause sainte qui a les sympathies du monde civilisé.

« Je n'ai pas besoin de stimuler votre ardeur : chaque étape vous rappellera une victoire. Dans la voie sacrée de l'ancienne Rome, les inscriptions se gravaient sur le marbre, pour rappeler au peuple ses hauts faits; de même aujourd'hui, en passant par Mondovi, Marengo, Lodi, Castiglione, Arcole, Rivoli, vous marcherez dans une autre voie sacrée, au milieu de ces glorieux souvenirs.

« Conservez cette discipline sévère, qui est l'honneur de

l'armée. Ici, ne l'oubliez pas, il n'y a d'ennemis que ceux qui se battent contre vous. Dans la bataille, demeurez compactes et n'abandonnez pas vos rangs pour courir en avant. Défiez-vous d'un trop grand élan, c'est la seule chose que je redoute.

« Les nouvelles armes de précision ne sont dangereuses que de loin. Elles n'empêcheront pas la baïonnette d'être, comme autrefois, l'arme terrible de l'infanterie française.

« Soldats! faisons tous notre devoir, et mettons en Dieu notre confiance. La patrie attend beaucoup de vous. Déjà d'un bout de la France à l'autre retentissent ces paroles d'un heureux augure : « La nouvelle armée d'Italie sera digne de sa sœur aînée. »

« Gênes, 12 mai 1859.

« Napoléon. »

Le lendemain, l'Empereur eut une entrevue avec le roi Victor-Emmanuel. A dater de ce moment, l'Italie, complétement rassurée, ne douta plus de la victoire et compta sur une sage indépendance.

Le 20 mai, l'armée d'Italie inaugurait son entrée en campagne par le combat et la prise de Montebello. Dans cette lutte acharnée, contre un ennemi supérieur en nombre, le général Forey, ainsi qu'un grand nombre d'officiers, se couvrirent de gloire.

La mort du général Beuret fut l'événement le plus douloureux de la journée. Brave sans forfanterie, le général était aimé des soldats, et sa perte fut vivement sentie dans tous les rangs de l'armée.

Ce combat, qui rappelle la fameuse bataille livrée au même endroit par le premier Consul Bonaparte, en 1800 (1), n'était pourtant que le prélude des faits

---

(1) Le général Lannes y reçut le titre de duc de Montebello.

héroïques qui devaient illustrer bientôt nos phalanges.

Le 30 mai, eut lieu une nouvelle victoire. En voici le détail emprunté au bulletin officiel, daté de Verceil, 1ᵉʳ juin.

« La journée d'hier a été signalée par un nouveau fait d'armes, à Palestro. L'armée de S. M. le roi de Sardaigne, après avoir repoussé l'ennemi sur tout son front, a eu un instant sa droite débordée par les Autrichiens, qui menaçaient le pont de bateaux jeté sur la Sésia, au moyen duquel le maréchal Canrobert devait opérer sa jonction avec le roi.

« L'Empereur ayant envoyé au roi le 3ᵉ zouave, ce régiment fut chargé d'arrêter cette attaque. Déjà les Autrichiens avaient mis huit pièces de batterie en arrière d'un canal profond, dont le passage, sur un pont étroit, est couvert par un moulin et défendu par des rizières.

« Le 3ᵉ zouaves, commandé par son brave colonel de Chabron, après avoir jeté un coup d'œil sur la position, et avant que le roi ait eu le temps de le faire appuyer par du canon, s'est élancé sans faire feu sur la batterie ennemie, a tué à la baïonnette ou jeté à l'eau les compagnies de soutien placées en deçà du canal, s'est emparé des pièces et a fait cinq cents prisonniers. Le 3ᵉ zouaves a payé ce succès par un officier, vingt soldats tués et deux cents blessés, dont dix officiers. »

La glorieuse journée de Palestro fut mise à l'ordre du jour de l'armée par l'Empereur.

Le lendemain de la victoire de Montebello, les Autrichiens voulurent reprendre leurs positions ; mais ils échouèrent dans leur tentative et essuyèrent une nouvelle défaite.

Napoléon venait de décréter, le 26 mai, une mesure dont la teneur prouve la générosité de son caractère et son respect profond pour les lois de l'humanité.

La voici :

« L'Empereur, voulant diminuer, autant qu'il dépend de lui, les maux que la guerre entraîne avec elle, et donner l'exemple de la suppression des rigueurs qui ne sont pas nécessaires, a ordonné que tous les prisonniers blessés seront rendus à l'ennemi sans échange, dès que leur état leur permettra de retourner dans leur pays. »

Napoléon avait jusque-là laissé au roi Victor-Emmanuel le soin de repousser l'ennemi du territoire sarde, lui prêtant seulement le concours de ses troupes. A dater de ce moment, il se chargea du commandement en chef des armées française et sarde.

Le 4 juin, après les combats de Palestro et Turbigo, où l'armée française resta maîtresse du terrain, eut lieu la bataille de Magenta, sous le commandement, en en personne, de Napoléon III.

Une victoire complète fut le résultat de cette journée, douloureusement achetée par la perte des généraux Cler et Espinasse.

L'ennemi perdit 20,000 hommes, tués ou blessés ; on lui fit 7,000 prisonniers ; on lui prit deux drapeaux et trois canons. Les pertes de l'armée françaises furent de 4,000 hommes, tués ou blessés, et un canon pris par les Autrichiens.

A l'issue de cette bataille mémorable, le général Mac-

Mahon fut nommé maréchal de France et duc de Magenta.

Le 8 juin, l'Empereur Napoléon publia l'ordre du jour suivant :

« Soldats !

« Il y a un mois, confiant dans les efforts de la diplomatie, j'espérais encore la paix, lorsque, tout à coup, l'invasion du Piémont par les troupes autrichiennes nous appela aux armes. Nous n'étions pas prêts. Les hommes, les chevaux, le matériel, les approvisionnements manquaient, et nous devions, pour secourir nos alliés, déboucher à la hâte, par petites fractions, au delà des Alpes, devant un ennemi redoutable et préparé de longue main.

« Le danger était grand; l'énergie de la nation et votre courage ont suppléé à tout. La France a retrouvé ses anciennes vertus, et, unie dans un même but comme en un seul sentiment, elle a montré la puissance de ses ressources et la force de son patriotisme. Voici dix jours que les opérations ont commencé, et déjà le territoire piémontais est débarrassé de ses envahisseurs.

« L'armée alliée a livré quatre combats heureux et remporté une victoire décisive, qui lui ont ouvert les portes de la capitale de la Lombardie. Vous avez mis hors de combat plus de trente-cinq mille Autrichiens, pris dix-sept canons, deux drapeaux, huit mille prisonniers; mais tout n'est pas terminé; nous aurons encore des luttes à soutenir, des obstacles à vaincre.

« Je compte sur vous. Courage donc, braves soldats de l'armée d'Italie! Du haut du ciel, vos pères vous contemplent avec orgueil!

« Napoléon. »

Le même jour, Napoléon III entrait triomphalement à Milan.

Quelques instants après, on affichait, sur les murs de

la ville, une proclamation adressée par l'Empereur aux peuples Italiens. En voici les termes :

« Italiens,

« La fortune de la guerre me conduisant aujourd'hui dans la capitale de la Lombardie, je viens vous dire pourquoi j'y suis.

« Lorsque l'Autriche attaqua injustement le Piémont, je résolus de soutenir mon allié, le roi de Sardaigne : l'honneur et les intérêts de la France m'en faisaient un devoir. Vos ennemis, qui sont les miens, ont tenté de diminuer la sympathie universelle qu'il y avait en Europe pour votre cause, en faisant croire que je ne faisais la guerre que par ambition personnelle ou pour agrandir le territoire de la France.

« S'il y a des hommes qui ne comprennent pas leur époque, je ne suis pas du nombre. Dans l'état éclairé de l'opinion publique, on est plus grand aujourd'hui par l'influence morale qu'on exerce, que par des conquêtes stériles, et cette influence morale, je la recherche avec orgueil, en contribuant à rendre libre une des plus belles parties de l'Europe. Votre accueil m'a déjà prouvé que vous m'aviez compris. Je ne viens pas ici, avec un système préconçu, pour déposséder les souverains, ni pour vous imposer ma volonté ; mon armée ne s'occupera que de deux choses : combattre vos ennemis et maintenir l'ordre intérieur ; elle ne mettra aucun obstacle à la libre manifestation de vos vœux légitimes.

« La Providence favorise quelquefois les peuples comme les individus, en leur donnant l'occasion de grandir tout à coup, mais c'est à la condition qu'ils sachent en profiter. Profitez donc de la fortune qui s'offre à vous ! Votre désir d'indépendance, si longtemps exprimé, si souvent déçu, se réalisera si vous vous en montrez dignes. Unissez-vous donc dans un seul but : l'affranchissement de votre pays. Organisez-vous militairement. Volez sous les drapeaux du roi Victor-Emmanuel, qui vous a déjà si noblement montré la voie de l'honneur. Souvenez-vous que, sans discipline, il n'y a pas d'armée, et, animés du feu sacré de la patrie, ne soyez aujourd'hui que soldats; demain, vous serez citoyens libres d'un grand pays.

« Fait au quartier impérial de Milan, le 8 juin 1859.

« NAPOLÉON, »

Cinq jours après, et à la suite du combat de Melegnano (Marignan), l'Empereur livrait, à Solferino, une nouvelle bataille, plus importante encore que celle de Magenta.

L'ennemi occupait les plus fortes positions; son armée, réunie sur les bords du Mincio, se composait de 250,000 hommes, commandés par l'empereur François-Joseph.

La bataille commença le 24 juin, à quatre heures du matin. La lutte dura seize heures, et se termina par une victoire éclatante remportée sur les Autrichiens. La dépêche suivante fut affichée dans Paris, le lendemain 25.

L'EMPEREUR A L'IMPÉRATRICE.

« Cavriana, le 24 juin 1859, 9 h. 15 m. du soir.

« Grande bataille et grande victoire ! — Toute l'armée autrichienne a donné. — La ligne de bataille avait cinq lieues d'étendue. Nous avons enlevé toutes les positions, pris beaucoup de canons, de drapeaux et de prisonniers. Les autres détails sont impossibles pour le moment. La bataille a duré de quatre heures du matin à huit heures du soir.

« NAPOLÉON. »

Ce combat prit le nom de bataille de Solferino (1).
Voici les résultats de cette victoire :

35,000 Autrichiens tués ou blessés; la prise de

(2) Le général Niel, aide-de-camp de l'Empereur, en récompense de sa bravoure et de ses talents militaire, fut nommé maréchal de France, à l'issue du combat.

30 pièces de canon, 3 drapeaux; 7,000 prisonniers et l'abandon par l'ennemi de toutes les positions qu'il avait prises sur la rive droite du Mincio. L'armée française eut 12,000 soldats tués ou blessés, et 720 officiers mis hors de combat, parmi lesquels 150 furent tués.

L'armée sarde éprouva des pertes considérables. Ajoutons que le Roi Victor-Emmanuel, pendant toute la campagne d'Italie, s'est montré le digne fils de la maison de Savoie, et que l'armée piémontaise, sous les ordres de son illustre chef, s'est acquis des titres à l'estime de la postérité.

Le 25 juin, l'Empereur adressait à son armée un ordre du jour, dont nous extrayons les passages suivants :

« L'ennemi, qui avait cru nous rejeter au delà de la Chiesa, a repassé le Mincio. Vous avez su, comme toujours, défendre dignement l'honneur de la France.

« Solferino surpasse les éclatants souvenirs de Lonato et de Castiglione. Pendant seize heures, vous avez repoussé les efforts de 250,000 hommes. Votre élan n'a été arrêté ni par la nombreuse artillerie de l'ennemi, ni par des positions formidables.

. . . .

« La patrie qui vous remercie de votre bravoure et de votre persévérance, déplore le sort de ceux de ses enfants qui sont tombés.

« NAPOLÉON. »

Napoléon III se montra, dans la journée de Solferino, à la hauteur des plus braves généraux des temps anciens et modernes. « Il fut présent, dit un écrivain, partout où se trouvait le danger, et déploya une tactique et un courage qui dénotent, non-seulement un immense génie militaire, mais encore une audace qui assure le succès des batailles ! »

L'armée française se préparait à de nouvelles victoires, lorsqu'une suspension d'armes fut conclue entre les parties belligérantes et annoncée par cette dépêche, adressée, le 7 juillet, à l'Impératrice :

L'Empereur a l'Impératrice.

« Une suspension d'armes est convenue entre l'Empereur d'Autriche et moi.

« Des Commissaires vont être nommés pour en assurer la durée et les clauses.

« Napoléon. »

Le lendemain, les conditions de cette suspension étaient signées, à Villafranca, par les majors des armées belligérantes (1).

Le terme de la suspension fut fixé au 15 août ; on stipula, en outre, que les bâtiments de commerce, sans distinction de pavillon, circuleraient librement dans l'Adriatique.

Le 10 juillet, Napoléon III adressait à ses troupes, de son quartier-général de Valeggio, l'ordre du jour suivant :

« Soldats,

« Une suspension d'armes a été conclue, le 8 juillet, entre les parties belligérantes, jusqu'au 15 août prochain. Cette trêve vous permet de vous reposer de vos glorieux travaux,

(1) Le maréchal Vaillant, au nom de l'Empereur Napoléon ; le général Della-Roca, au nom du roi de Sardaigne, et le lieutenant feld-maréchal Hess, au nom de l'empereur d'Autriche.

et de puiser, s'il le faut, de nouvelles forces pour continuer l'œuvre que vous avez si bravement inaugurée par votre courage et votre dévouement. Je retourne à Paris, et je laisse le commandement provisoire de mon armée au maréchal Vaillant, major-général. Mais, dès que l'heure des combats aura sonné, vous me reverrez au milieu de vous pour partager vos dangers.

« NAPOLÉON. »

Le lendemain 11., eut lieu, à Villafranca, une entrevue entre l'Empereur Napoléon III et l'empereur d'Autriche.

Nous empruntons à une source authentique le récit de cette entrevue :

« A neuf heures moins un quart, Napoléon III arrivait à Villafranca. Ce n'était pas sans dessein que Sa Majesté avait pris cette avance ; elle en profita pour marcher au-devant de l'empereur d'Autriche, et dépassa la ville de cinq ou six cents mètres.

« François-Joseph ne tarda pas à paraître, et, s'apercevant que le vainqueur venait si noblement à sa rencontre, il pressa l'allure de son cheval. En s'abordant, les deux souverains échangèrent une poignée de main.

« François-Joseph parut touché de l'accueil souriant, des manières franches et ouvertes de l'Empereur Napoléon, et il y répondit de la façon la plus courtoise.

« Les deux souverains restèrent un moment seuls au milieu de la route. Des deux côtés, l'escorte avait opéré un mouvement rétrograde : celle de l'Empereur Napoléon se composait des officiers de sa maison et de son état-major, de l'escadron des cent-gardes et d'un escadron de guides, revêtus de leurs brillants uniformes de grande cérémonie. L'empereur d'Autriche portait un képi et une tunique bleue ; il était suivi de son état-major, d'un escadron de gardes-nobles et d'un escadron de uhlans.

« Après quelques minutes d'entretien particulier, les deux Empereurs se présentèrent réciproquement les officiers de leur état-major ; l'on vit alors les chefs des deux armées rivales se rapprocher et confondre leurs rangs, et le maréchal Vaillant, par exemple, converser avec le baron de Hess.

« Cependant Napoléon III et François-Joseph, chevauchant côte à côte vers Villafranca, entrèrent ensemble dans la ville, et disparurent l'un et l'autre dans la cour d'une maison de modeste apparence, fixée pour l'entrevue. Ils restèrent enfermés ensemble pendant près de deux heures. »

A onze heures trois quarts, Napoléon III rentrait à son quartier-général, d'où il adressait à l'Impératrice la dépêche suivante :

« La paix est signée entre l'Empereur d'Autriche et moi.

« Les bases de la paix sont :

« Confédération italienne sous la Présidence honoraire du Pape.

« L'Empereur d'Autriche cède ses droits sur la Lombardie à l'Empereur des Français, qui les remet au roi de Sardaigne.

« L'Empereur d'Autriche conserve la Vénétie, mais elle fait partie intégrante de la Confédération italienne.

« Amnistie générale.

« NAPOLÉON. »

Ainsi se termina, en moins de trois heures et sans le secours de la diplomatie, cette lutte, dont l'issue fut le triomphe des libertés italiennes sur le despotisme autrichien.

L'Empereur, avant de quitter son armée, pour retourner en France, lui annonça en ces termes la fin de la guerre :

« Soldats,

« Les bases de la paix sont arrêtées avec l'empereur d'Autriche ; le but principal de la guerre est atteint : l'Italie va devenir, pour la première fois, une grande nation. Une Confédération de tous les États de l'Italie, sous la présidence honoraire du Saint-Père, réunira en faisceau les membres d'une même famille ; la Vénétie reste, il est vrai, sous le sceptre de l'Autriche : elle sera néanmoins une province italienne faisant partie de la Confédération.

« La réunion de la Lombardie au Piémont nous crée, de ce côté des Alpes, un allié puissant, qui nous devra son indépendance ; les Gouvernements restés en dehors du mouvement ou rappelés dans leurs possessions, comprendront la nécessité de réformes salutaires. Une amnistie générale fera disparaître les traces des discordes civiles. L'Italie, désormais maîtresse de ses destinées, n'aura plus qu'à s'en prendre à elle-même si elle ne progresse pas régulièrement dans l'ordre et la liberté.

« Vous allez bientôt retourner en France ; la patrie, reconnaissante, accueillera avec transport ces soldats qui ont porté si haut la gloire de nos armes à Montebello, à Palestro, à Turbigo, à Magenta, à Marignan et à Solferino ; qui, en deux mois, ont affranchi le Piémont et la Lombardie, et ne se sont arrêtés que parce que la lutte allait prendre des proportions qui n'étaient plus en rapport avec les intérêts que la France avait dans cette guerre formidable.

« Soyez donc fiers de vos succès, fiers des résultats obtenus, fiers surtout d'être les enfants bien-aimés de cette France qui sera toujours la grande nation, tant qu'elle aura un cœur pour comprendre les nobles causes et des hommes comme vous pour les défendre.

« Au quartier impérial de Valeggio, le 12 juillet 1859.

« Napoléon. »

Résumons maintenant cette guerre de soixante jours :
10 mai 1859, départ de l'Empereur pour l'armée. — 12 mai, arrivée de l'Empereur à Gênes ; entrevue avec le roi de Sardaigne. — 20 mai, victoire de Montebello. — 30 mai, victoire de Palestro. — 1ᵉʳ juin, passage du Tessin. — 3 juin, victoire de Turbigo. — 4 juin, victoire de Magenta. — 6 juin, entrée de l'Empereur à Milan. — 8 juin, victoire de Marignan. — 18 juin, entrée de l'Empereur à Brescia. — 24 juin, victoire de Solferino. — 26 juin, passage du Mincio. — 8 juillet, suspension d'armes. — 12 juillet, entrevue des deux Empereurs ; signature de la paix, qui régénère l'Italie et constitue, pour l'affranchissement de ce pays, une Confédération italienne, sous la Présidence honoraire du Pape.

Tels sont les résultats de la glorieuse campagne d'Italie, qui placent Napoléon III au premier rang des souverains et des généraux de notre siècle, et inscrit dans les Fastes de la gloire le nom d'une myriade de héros !

Le 19 juillet, l'Empereur était de retour au palais de Saint-Cloud. Les grands Corps de l'Etat lui ayant présenté leurs félicitations, il leur répondit en ces termes :

« Messieurs,

« En me retrouvant au milieu de vous, qui, pendant mon absence, avez entouré l'Impératrice et mon Fils de tant de dévouement, j'éprouve le besoin de vous remercier d'abord, et ensuite de vous expliquer quel a été le mobile de ma conduite.

« Lorsque, après une heureuse campagne de deux mois, les armées française et sarde arrivèrent sous les murs de Vérone, la lutte allait inévitablement changer de nature, tant sous le rapport militaire que sous le rapport politique. J'étais fatalement obliger d'attaquer de front un ennemi retranché derrière de grandes forteresses, protégé contre toute diversion, sur ses flancs, par la neutralité des territoires qui l'entouraient ; et, en commençant la longue et stérile guerre des siéges, je trouvais en face l'Europe en armes, prête soit à disputer nos succès, soit à aggraver nos revers.

« Néanmoins, la difficulté de l'entreprise n'aurait ni ébranlé ma résolution, ni arrêté l'élan de mon armée, si les moyens n'eussent pas été hors de proportion avec les résultats à atteindre. Il fallait se résoudre à briser hardiment les entraves opposées par les territoires neutres, et alors accepter la lutte sur le Rhin comme sur l'Adige. Il fallait partout franchement se fortifier du concours de la Révolution. Il fallait répandre encore un sang précieux, qui n'avait que trop coulé déjà ; en un mot, pour triompher, il fallait risquer ce qu'il n'est permis à un Souverain de mettre en jeu que pour l'indépendance de son pays.

« Si je me suis arrêté, ce n'est donc pas par lassitude ou par épuisement, ni par abandon de la noble cause que je voulais servir, mais parce que, dans mon cœur, quelque chose parlait plus haut encore : l'intérêt de la France.

« Croyez-vous donc qu'il ne m'en ait pas coûté de mettre un frein à l'ardeur de nos soldats, qui, exaltés par les victoires, ne demandaient qu'à marcher en avant?

« Croyez-vous qu'il ne m'en ait pas coûté de retrancher ouvertement, devant l'Europe, de mon programme, le territoire qui s'étend du Mincio à l'Adriatique?

« Croyez-vous qu'il ne m'en ait pas coûté de voir dans des cœurs honnêtes, de nobles illusions se détruire, de patriotiques espérances s'évanouir?

Nous terminerons cette glorieuse phase du Règne impérial, par l'appréciation d'un écrivain sur les talents militaires de Napoléon III :

« Avant la guerre d'Italie, l'Empereur Napoléon III ne s'était encore révélé à la France que comme un profond politique et un grand administrateur. La guerre d'Italie vient de lui mettre au front une nouvelle auréole. Il a dirigé toutes les opérations de cette campagne avec une prudence, une sagesse et une énergie qui ont surpris son état-major et dérouté les plus habiles tacticiens de l'Autriche. En deux mois, il a conquis la Lombardie, qu'il a noblement remise au roi Victor-Emmanuel, et si, comme il le fait entendre lui-même, l'Europe ne s'était point interposée, on l'eût vu donner une suite glorieuse à cette expédition, si brillamment inaugurée. Doit-on louer le courage qu'il a déployé à Magenta, à Solferino, partout enfin où il y avait un danger à courir, une gloire à acquérir ? — Ce serait lui faire injure : il est Français, et c'est tout dire. Ce qui n'est pas donné à tous, ce qu'il vient de nous révéler, ce sont les talents d'un grand général. »

Le 11 août 1859, Napoléon III créa une Médaille commémorative de la campagne d'Italie ; le 14, il était acclamé par les représentants de la France entière, venus à Paris pour assister à la rentrée des troupes victorieuses. Enfin, le successeur de Napoléon Ier vient de mettre le comble à sa grandeur par le décret d'amnistie que nous reproduisons :

« NAPOLÉON,

« Par la grâce de Dieu et la volonté nationale, Empereur des Français,
« A tous présents et à venir, salut :
« Avons décrété et décrétons ce qui suit :
« Art. 1er. Amnistie pleine et entière est accordée à tous les

individus qui ont été condamnés pour crimes et délits politiques, ou qui ont été l'objet de mesures de sûreté générale.

« Art. 2. Notre garde des sceaux, ministre de la justice, et notre ministre de l'intérieur, sont chargés de l'exécution des présentes.

« Fait au palais des Tuileries, le 16 août 1859.

« NAPOLÉON.

La clémence dans le triomphe est la plus belle vertu des Empereurs et des Rois. Ce que l'Europe remarque, dans le Souverain qui nous gouverne, c'est la suprême modération qui caractérise tous ses actes. L'amnistie lui attirera l'amour de ses sujets, comme la régénération de la Ville de Paris, et surtout l'achèvement du Louvre lui ont attiré l'admiration du monde entier.

———

Nous ajouterons, comme complément à ce rapide exposé de la Vie de Napoléon III, la nomenclature des principaux décrets administratifs qui ont illustré la phase impériale de 1853 à 1859 :

Décret allouant quatre millions pour subventions aux travaux d'utilité communale, dans le but d'occuper les classes ouvrières. (Novembre 1853.) — *Deux nouveaux décrets qui ouvrent un crédit de quatre millions, pour subvention aux travaux d'utilité communale.* (Février 1854.) — *Décret organisant le Crédit foncier de France.* (Juillet 1854.) — *Création d'une dotation au profit de l'armée; avantages accordés aux réengagements; augmentation des pensions de retraite.* (Avril 1855.) — *Décret portant que des aumôniers seront attachés à l'armée.* (Mars 1854.) — *Décret relatif à l'établissement, sur le domaine de la Couronne, à Vincennes et au Vésinet, de deux Asiles pour les ouvriers convalescents, ou qui auraient été mutilés dans leurs travaux.* (Mars 1855.) — *Loi sur le drainage.* (Juin 1854 et juillet 1856.) — *Décret qui augmente le traitement des archevêques, évêques et vicaires généraux.* (Janvier 1853.) — *Décret qui augmente le traitement des aumôniers attachés aux hôpitaux militaires.* (Janvier 1855.) — *Décret sur la décentralisation administrative en Algérie.* (Décembre 1856.) — *Décret ordonnant l'exécution des dispositions testamentaires de l'Empereur Napoléon Ier.* (Juin 1855.)

PRINCIPAUX TRAVAUX EXÉCUTÉS DANS PARIS PAR L'INITIATIVE DE NAPOLÉON III :

Achèvement du Louvre et sa réunion au château des Tuileries; monument à l'archevêque de Paris; achèvement du Tombeau de l'Empereur Napoléon Ier; prolongation de la rue de Rivoli; construction, aux Champs-Élysées, du Palais de l'Industrie; travaux du bois de Boulogne; ouverture des boulevards de Sébastopol, du Nord, du Trône, de Saint-Marcel, du faubourg Saint-Germain, de l'Alma; construction des Halles centrales; Hôtel du Timbre; restauration des bassins de Versailles et de Saint-Cloud, de la Bibliothèque Sainte-Geneviève et des salons du Louvre; églises Sainte-Clotilde, Saint-Eugène; les casernes

Napoléon et du Prince-Eugène; agrandissement de l'École Militaire, etc., etc.

De tels actes parlent d'eux-mêmes et sont la réalisation des promesses de Celui qui, naguère, prononçait ces paroles profondes et convaincues :

« Lorsque, soutenu par le vœu et le sentiment populaire, on monte les degrés d'un Trône, on s'élève, par la plus grave des responsabilités, au-dessus de la région infime où se débattent des intérêts vulgaires; et l'on a pour premiers mobiles, comme pour derniers juges, Dieu, sa conscience et la postérité ! »

NOTICE

SUR LES ÉCRITS

DE

NAPOLÉON III

(LOUIS-NAPOLÉON BONAPARTE)

Louis-Napoléon Bonaparte (Napoléon III) a pris place parmi les profonds penseurs et les écrivains les plus distingués de notre siècle.

L'ensemble de ses écrits, en dehors de toute appréciation politique, le met non-seulement au premier rang des littérateurs philosophes, mais encore démontre, d'une manière évidente, qu'aucun homme de son âge et dans une position aussi éprouvée, n'a plus écrit que lui, sur plus de matières diverses, avec plus de fertilité d'idées, avec plus d'instruction solide, avec plus de gravité d'esprit, avec plus de continuité et d'application.

Nous allons donner un faible aperçu des écrits de Louis-Napoléon; leur éloge est tout entier dans le style et l'esprit qui les a dictés; nous nous abstiendrons donc de toute appréciation, laissant à nos lecteurs le soin de juger et de prononcer.

I. **Rêveries politiques.** (Brochure publiée en 1832.) — Cette brochure est la première publication de Louis-Napoléon. Elle consiste en un projet de Constitution, précédé de quelques développements préliminaires en forme d'exposé de motifs.

En voici deux fragments:

« Je voudrais, dit l'auteur, un Gouvernement qui procurât tous les avantages de la République, sans entraîner les mêmes inconvénients; un Gouvernement qui fût fort sans despotisme, libre sans anarchie, indépendant sans conquêtes.

. . . .

« Les secours publics, disait-il encore, sont une dette sacrée. La société doit la subsistance aux citoyens malheureux, soit en leur procurant du travail, soit en assurant les moyens d'exister à ceux qui sont hors d'état de travailler. »

II. **Considérations politiques et militaires sur la Suisse.** (Brochure publiée en 1833.) — Cet ouvrage, dont le titre indique le sujet, traite de l'organisation politique et militaire de la Suisse.

« Il est impossible, dit l'écrivain, dans un passage où il parle de la double question politique et militaire relative à ce pays, de reconnaître un système bon pour tous les peuples; et vouloir étendre indistinctement à tous les mêmes institutions est une idée fausse et malheureuse. Chaque nation a ses mœurs, ses habitudes, sa langue, sa religion ; chacune a son caractère particulier, un intérêt différent, qui dépend de sa position géographique ou de sa statistique. S'il y a des maximes bonnes pour les peuples, il n'y a pas de système bon pour tous. »

Cette publication valut à son auteur une haute distinction, dont la Suisse avait autrefois honoré le maréchal Ney, celle de : *Citoyen honoraire de la République helvétique.*

III. **Manuel d'artillerie.** (Un fort volume, publié en 1835.) — Cette œuvre, qui a pris place parmi les livres militaires classiques, sert encore, en Suisse, à l'instruction des officiers d'artillerie et du génie.

IV. **Idées napoléoniennes.** (Un volume, publié en 1839.) — C'est une savante étude sur l'Empire, donnant l'explication de son esprit, l'analyse de ses institutions, la nomenclature de ses créations, ses principes, ses moyens, ses obstacles et son but définitif. Nous en extrayons quelques passages :

« . . . La liberté n'était pas, dit-on, assurée par les lois impériales ! Son nom n'était pas, il est vrai, en tête de toutes les lois, ni affiché à tous les carrefours ; mais chaque loi de l'Empire en préparait le règne paisible et sûr . . . .

« . . . Quand, dans un pays, il y a des partis acharnés les uns contre les autres, des haines violentes, il faut que ces partis disparaissent, que ces haines s'apaisent, avant que la liberté soit possible. . . . .

« Lorsqu'il n'y a plus ni esprit public, ni religion, ni foi politique, il faut recréer au moins une de ces trois choses avant que la liberté soit possible . . . .

« Lorsque des changements successifs de Constitution ont ébranlé le respect dû à la loi, il faut recréer l'influence légale avant que la liberté soit possible.

« Lorsque les anciennes mœurs ont été détruites par une révolution sociale, il faut en recréer de nouvelles, d'accord avec les nouveaux principes, avant que la liberté soit possible.

. . . .

« . . . Il faut plaindre les peuples qui veulent récolter avant d'avoir labouré le champ, ensemencé la terre, et donné le temps à la plante de germer, d'éclore et de mûrir. . . .

. . . .

« . . . Il y a trente ans, il fallait deviner et préparer, maintenant il ne s'agit que de voir juste et de recueillir. On ne saurait copier ce qui s'est fait, parce que les imitations ne produisent pas toujours les ressemblances. En lisant l'histoire des peuples, il faut en tirer des principes généraux, sans s'astreindre servilement à suivre pas à pas une trace qui n'est pas empreinte sur le sable, mais sur un terrain plus élevé, les intérêts de l'humanité. »

V. **Analyse de la question des sucres.** (Brochure publiée en 1842.) Ce travail est, à notre avis, la meilleure des nombreuses dissertations dont cette question a été l'objet.

VI. **Extinction du Paupérisme.** (Brochure de 80 pages, publiée en 1845.) Cet écrit, dont l'élévation de pensée égale la richesse du style, est le développement du système émis en faveur des classes pauvres, par l'auteur dans son premier ouvrage (*Rêveries politiques*). Les ouvriers de Paris crurent devoir adresser une lettre de remerciements à l'Écrivain qui avait si noblement défendu leur cause. Louis-Napoléon leur répondit en ces termes :

« Un témoignage de sympathie de la part d'hommes du peuple, dit-il, me semble cent fois plus précieux que ces flatteries officielles que prodiguent aux puissants les soutiens de tous les régimes. Aussi, m'efforcerai-je toujours de mériter les éloges et de travailler dans les intérêts de cette immense majorité du peuple, qui n'a aujourd'hui ni droits politiques ni bien-être assuré, quoiqu'elle soit la source reconnue de tous les droits et de toutes les richesses. »

VII. **Le passé et l'avenir de l'Artillerie.** (3 volumes in-8º, publiés en 1846.) Cet ouvrage est un résumé de tout ce qui a été publié depuis des siècles, sur les opérations militaires des peuples, depuis l'invention de la poudre jusqu'à nos jours. Après la lecture des trois volumes, on est amené à conclure que son auteur n'a pas dû consulter moins de cinq cents manuscrits, de tous les siècles, pour produire son œuvre, remarquable sous le point de vue technique de l'art et la vérité de la tradition historique.

VIII. **Mélanges.** (Brochure publiée en 1846). Cette brochure renferme les Lettres de Louis Bonaparte sur l'histoire, la politique et les événements auxquels il a pris part; ses traductions de l'italien et de l'allemand, et surtout Schiller, son auteur de prédilection.

Comme on le voit, Louis-Napoléon, aujourd'hui Empereur des Français, n'a pas publié moins de douze volumes, tous écrits au point de vue de l'utilité pratique et toujours en faveur de la prospérité et de la gloire de la nation française. Ces ouvrages resteront à la postérité, comme un souvenir impérissable de la Dynastie napoléonienne.

DÉCRET

Portant que les membres de la Famille d'Orléans seront tenus de vendre tous les biens qui leur appartiennent en France.

22 janvier 1852.

Le Président de la République,

Considérant que tous les Gouvernements qui se sont succédé ont jugé indispensable d'obliger la famille qui cessait de régner à vendre les biens meubles et immeubles qu'elle possédait en France ;

Qu'ainsi, le 12 janvier 1816, Louis XVIII contraignit les membres de la Famille de l'Empereur Napoléon de vendre leurs biens personnels dans le délai de six mois, et que, le 10 avril 1832, Louis-Philippe en agit de même à l'égard des princes de la famille aînée des Bourbons ;

Considérant que de pareilles mesures sont toujours d'ordre et d'intérêt publics ;

Qu'aujourd'hui, plus que jamais, de hautes considérations politiques commandent impérieusement de diminuer l'influence que donne à la famille d'Orléans la possession de près de trois cents millions d'immeubles en France ;

Décrète :

Art. 1er. Les membres de la famille d'Orléans, leurs époux, épouses et leurs descendants, ne pourront posséder aucuns meubles et immeubles en France : ils seront tenus de vendre, d'une manière définitive, tous les biens qui leur appartiennent dans l'étendue du territoire de la République.

Art. 2. Cette vente sera effectuée dans le délai d'un an, à partir, pour les biens libres, du jour de la promulgation du présent décret, et pour les biens susceptibles de liquidation ou discussion, à partir de l'époque à laquelle la propriété en aura été irrévocablement fixée sur leur tête.

Art. 3. Faute d'avoir effectué la vente dans les délais ci-dessus, il y sera procédé à la diligence de l'Administration des Domaines, dans la forme prescrite par la loi du 10 avril 1832.

Le prix des ventes sera remis aux propriétaires ou à tous autres ayants-droit.

Fait au palais des Tuileries, le 22 janvier 1852.

Signé : Louis-Napoléon.

DÉCRET

Qui restitue au Domaine de l'Etat les biens meubles et immeubles qui sont l'objet de la donation faite, le 7 août 1830, par le roi Louis-Philippe.

22 janvier 1852.

Le Président de la République,

Considérant que, sans vouloir porter atteinte au droit de propriété dans la personne des princes de la famille d'Orléans, le Président de la République ne justifierait pas la confiance du peuple français s'il permettait que des biens qui doivent appartenir à la nation soient soustraits au Domaine de l'Etat ;

Considérant que, d'après l'ancien droit public de la France, maintenu par le décret du 21 septembre 1790 et par la loi du 8 novembre 1814, tous les biens qui appartenaient aux princes lors de leur avénement au Trône étaient de plein droit et à l'instant même réunis au domaine de la Couronne ;

Qu'ainsi le décret du 21 septembre 1790, de même que la loi du 8 novembre 1814, portent :

« Les biens particuliers du prince qui parvient au Trône, « et ceux qu'il avait pendant son règne, à quelque titre que « ce soit, sont de plein droit et à l'instant même unis au Do-« maine de la Nation, et l'effet de cette union est perpétuel « et irrévocable ; »

Que la consécration de ce principe remonte à des époques fort reculées de la monarchie ; qu'on peut, entre autres, citer l'exemple de Henri IV : ce prince ayant voulu empêcher, par des lettres-patentes du 15 avril 1590, la réunion de ses biens au domaine de la Couronne, le Parlement de Paris refusa d'enregistrer ces lettres-patentes, aux termes d'un arrêt du 15 juillet 1591, et Henri IV, applaudissant plus tard à cette fermeté, rendit, au mois de juillet 1601, un édit qui révoquait ses premières lettres-patentes ;

Considérant que cette règle fondamentale de la monarchie a été appliquée sous les règnes de Louis XVIII et de Charles X, et reproduite dans la loi du 15 janvier 1825 ;

Qu'aucun acte législatif ne l'avait révoquée le 9 août 1830, lorsque Louis-Philippe a accepté la Couronne ; qu'ainsi, par le fait seul de cette acceptation, tous les biens qu'il possédait à cette époque sont devenus la propriété incommutable de l'Etat ;

Considérant que la donation universelle sous réserve d'usufruit, consentie par Louis-Philippe au profit de ses enfants, à l'exclusion de l'aîné de ses fils, le 7 août 1830, le jour même où la royauté lui avait été déférée, et avant son acceptation, qui eut lieu le 9 du même mois, a eu uniquement pour but d'empêcher la réunion au domaine de l'Etat des biens considérables possédés par le prince appelé au Trône ;

Que, plus tard, lorsqu'il fut connu, cet acte souleva la conscience publique ;

Que, si l'annulation n'en fut pas prononcée, c'est qu'il

n'existait pas, comme sous l'ancienne monarchie, une autorité compétente pour réprimer la violation des principes du droit public, dont la garde était anciennement confiée aux Parlements;

Qu'en se réservant l'usufruit des biens compris dans la donation, Louis-Philippe ne se dépouillait de rien et voulait seulement assurer à sa famille un patrimoine devenu celui de l'Etat;

Que la donation elle-même, non moins que l'exclusion du fils aîné, dans la prévoyance de l'avénement au Trône de ce fils, était, de la part du roi Louis-Philippe, la reconnaissance la plus formelle de cette règle fondamentale, puisqu'il fallait tant de précautions pour l'éluder,

Qu'on exciperait vainement de ce que l'union au Domaine public des biens du prince ne devait résulter que de l'acceptation de la Couronne par celui-ci, et de ce que cette acceptation n'ayant eu lieu que le 9 août, la donation consentie, le 7 du même mois, avait dû produire son effet;

Considérant qu'à cette dernière date, Louis-Philippe n'était plus une personne privée, puisque les deux Chambres l'avaient déclaré roi des Français, sous la seule condition de prêter serment à la Charte;

Que, par suite de cette acceptation, il était roi dès le 7 août, puisque ce jour-là la volonté nationale s'était manifestée par l'organe des deux Chambres, et que la fraude à une loi d'ordre public n'existe pas moins lorsqu'elle est concertée en vue d'un fait certain qui doit immédiatement se réaliser;

Considérant que les biens compris dans la donation du 7 août, se trouvant irrévocablement incorporés au Domaine de l'Etat, n'ont pu en être distraits par les dispositions de l'art. 22 de la loi du 2 mars 1832;

Que ce serait, contrairement à tous les principes, attribuer un effet rétroactif à cette loi que de lui faire valider un acte radicalement nul, d'après la législation existante à l'époque où cet acte a été consommé;

Que, d'ailleurs, cette loi, dictée dans un intérêt privé par les entraînements d'une politique de circonstance, ne saurait prévaloir contre les droits permanents de l'Etat et les règles immuables du droit public;

Considérant, en outre, que, les droits de l'Etat ainsi revendiqués, il reste encore à la famille d'Orléans plus de cent millions avec lesquels elle peut soutenir son rang à l'étranger,

Considérant aussi qu'il est convenable de continuer l'allocation annuelle de trois cent mille francs, portée au budget pour le douaire de la duchesse d'Orléans;

Décrète :

Art. 1er. Les biens meubles et immeubles qui sont l'objet de la donation faite, le 7 août 1830, par le roi Louis-Philippe, sont restitués au Domaine de l'Etat.

Art. 2. L'Etat demeure chargé du paiement des dettes de la Liste civile du dernier règne.

Art. 3. Le douaire de trois cent mille francs alloué à la duchesse d'Orléans est maintenu.

Art. 4. Les biens faisant retour à l'Etat, en vertu de l'article 1er, seront vendus en partie, à la diligence de l'Administration des Domaines, pour le produit en être réparti ainsi qu'il suit :

Art. 5. Dix millions sont alloués aux Sociétés de secours mutuels autorisées par la loi du 15 juillet 1850.

Art. 6. Dix millions seront employés à améliorer les logements des ouvriers, dans les grandes villes manufacturières.

Art. 7. Dix millions seront affectés à l'établissement d'institutions de crédits fonciers, dans les départements qui réclameront cette mesure en se soumettant aux conditions jugées nécessaires.

Art. 8. Cinq millions serviront à établir une Caisse de retraite, au profit des desservants les plus pauvres.

Art. 9. Le surplus des biens énoncés dans l'article 1er sera réuni à la dotation de la Légion-d'Honneur, pour le revenu en être affecté aux destinations suivantes, sauf, en cas d'insuffisance, à y être pourvu par les ressources du budget.

Art. 10. Tous les officiers, sous-officiers et soldats de terre et de mer, en activité de service, qui seront à l'avenir nommés ou promus dans l'Ordre national de la Légion-d'Honneur, recevront, selon leur grade dans la Légion, l'allocation annuelle suivante :

Les légionnaires (comme par le passé)....	250 fr.
Les officiers...........................	500
Les commandeurs.......................	1,000
Les grands-officiers	2,000
Les grand'croix.......................	3,000

Art. 11. Il est créé une Médaille militaire donnant droit à cent francs de rente viagère, en faveur des soldats et sous-officiers de l'armée de terre et de mer placés dans les conditions qui seront fixées par un règlement ultérieur.

Art. 12. Un château national servira de maison d'éducation aux filles ou orphelines indigentes des familles dont les chefs auraient obtenu cette médaille.

Art. 13. Le château de Saverne sera restauré et achevé, pour servir d'asile aux veuves des hauts fonctionnaires civils et militaires morts au service de l'Etat.

Art. 14. En considération des présentes, le Président de la République renonce à toute réclamation au sujet des confiscations prononcées, en 1814 et en 1815, contre la Famille Bonaparte.

Art. 15. Les ministres sont chargés, chacun en ce qui le concerne, de l'exécution du présent décret.

Fait au palais des Tuileries, le 22 janvier 1852.

Signé Louis-Napoléon.

ORIGINE

DE LA

FAMILLE DE

S. M. L'IMPÉRATRICE

C'est à la maison de Guzman, l'une des plus glorieuses d'Europe, et dont l'origine remonte aux premiers temps de la monarchie espagnole, qu'appartient Sa Majesté Eugénie, Impératrice des Français.

L'un de ses ancêtres, Alonzo Perez de Guzman, surnommé *el Bueno,* a sa place marquée dans l'histoire, comme exemple d'héroïsme et de dévouement à son pays. Perez de Guzman préféra, en 1295, voir tuer son fils plutôt que de rendre à l'ennemi la ville de Tarifa, dont il était gouverneur. Aussi est-ce avec raison que le peuple espagnol a donné aux Guzman cette devise que, depuis, ils ont conservée : « *Mon roi pèse plus que mon sang.* »

Gonzalve de Cordoue, le *grand capitaine* ; — Antoine de Lève, général de Charles-Quint ; — les familles de Medina-Cœli, de Medina-Sidonia, de Las-Torres, d'Olivarès sont alliées à la maison de Guzman, qui, en outre, a donné une reine au Portugal, *Dona Luiza-Francisca de Guzman*, qui épousa, en 1633, le duc de Bragance, roi en 1640.

S. M. l'Impératrice descend aussi de la maison d'Acuna, issue de Fruela, roi de Léon, des Asturies et de Gallice. — Pierre d'Acuna, second fils du premier duc d'Escalone, marquis de Villena, et de Marie, héritière de Porto-Carrero, ajouta ce dernier nom au sien, et forma cette branche, qui souvent porta le nom seul de Porto-Carrero. Son fils fut seigneur de Montijo ; et le fils de ce dernier reçut, en 1697, de Charles, le titre de comte du même nom.

Le duc de Saint-Simon, cet écrivain digne de foi, nous apprend de quelle manière la maison d'Acuna remonte à une origine royale. Nous reproduisons sa déduction :

« La maison d'Acuna, dit-il, fort nombreuse en branches
« tant espagnoles que portugaises, et la maison de Silva, pré-
« tendent sortir de la même origine aussi illustre qu'ancienne,
« et y sont autorisées par les meilleurs auteurs, qui les font
« masculinement descendre de Fruela, par le *rico hombre* Pé-
« lage Peluez, duquel sont masculinement sortis Gomez Paez
« de Silva, dont toute la maison de Silva est descendue, et
« Ferdinand Paez qui, le premier, prit le nom d'Acuna, du
« lieu d'Acuna-Alta qu'Alphonse I er, roi de Portugal, lui avait
« donné, et duquel toute sa postérité conserva le nom. La
« septième génération masculine de ce Ferdinand Paez, sei-
« gneur d'Acuna, fut Martin Vasquez de Acuna, qui fut comte
« de Valence, et épousa Thérèse, fille d'Alphonse Tellez
« Giron, dont il eut un fils, qui porta le nom de Tellez Giron.
« Celui-ci épousa l'héritière de la maison Pachéco, et en eut
« deux fils : l'aîné, Jean, porta le nom de Pachéco, de sa
« mère, et Pierre, le cadet, prit le nom de Giron, de la mère
« de son père. L'aîné de ces deux frères est le chef de la
« branche aînée de toute la maison d'Acuna Pachéco, duc
« d'Escalone. »

L'historien Victor du Hamel nous donne encore les détails suivants :

« La grande et illustre maison de Porto-Carrero, comtes
« de Montijo, dont était le célèbre cardinal qui, sous Char-
« les II d'Autriche, exerça une si haute influence sur les
« destinées de l'Espagne, descend en ligne directe et mascu-

« line de l'antique famille patricienne, qui donna, en 1339, le
« premier doge à Gênes. Le frère de ce doge, Gilles Bocané-
« gra, ayant été envoyé par lui, en 1340, au secours d'Al-
« phonse II, roi de Castille, lui rendit de grands services con-
« tre les Maures ; il fut fait amiral et comte de Palma, et s'é-
« tablit en Espagne. Son petit-fils épousa Françoise Porto-
« Carrero, et ses descendants adoptèrent ce dernier nom. »

On le voit, l'arbre généalogique de la famille de Montijo est fécond en personnages illustres.

Le grand-père de l'Impératrice Eugénie rendit d'importants services, en diplomatie, au roi d'Espagne Charles III; son père, le comte de Montijo, duc de Peñaramba, se rangea sous le drapeau de la France, et, par sa bravoure, appela sur lui l'attention de Napoléon Ier.

Après l'abdication du Héros des batailles, le comte de Montijo rentra en Espagne. De nombreuses inimitiés l'accueillirent d'abord ; mais M. de Montijo sut inspirer une telle confiance dans son jugement sûr et dans ses capacités supérieures, qu'il fut appelé au Sénat, l'un des premiers, lorsque l'Espagne voulut renouveler ses institutions.

« Maître d'une fortune considérable, a dit un écrivain, le comte de Montijo fit toujours un noble usage de ses richesses. Les sociétés bienfaisantes, les idées utiles et nouvelles, les entreprises philanthropiques n'invoquaient jamais vainement son concours. Pas une ne se produisait qu'il ne l'aidât de son crédit ou de sa bourse. Son hospitalité était aussi connue que sa munificence. Son hôtel de Madrid s'ouvrait à tous les étrangers, et, de préférence, aux Français en voyage, qui se louaient tous de l'accueil cordial et affable dont ils étaient l'objet. Malheureusement, les blessures reçues à la guerre abrégèrent cette vie si digne et si belle. M. de Montijo mourut en 1839, âgé de moins de cinquante ans, et le meilleur éloge que nous puissions faire de lui, c'est de dire qu'il obtint et mérita l'estime de tous les partis politiques qui divisent l'Espagne, de ceux-là même qui l'avaient persécuté. »

Mme de Montijo, mère de Sa Majesté Eugénie, descend des Kirk-Patrick de Glasburn, noble famille écossaise, qui, après la chute des Stuarts, alla s'établir en Espagne. Mme de Montijo est née en Andalousie.

EUGÉNIE

IMPÉRATRICE DES FRANÇAIS

« Elle sera l'ornement du Trône, comme, aux jours du danger, elle en deviendra le plus courageux appui. »

(Paroles de Napoléon III).

Double garantie offerte à la nation. — Naissance de l'Impératrice. — Le comte de Montijo. — Mot de Napoléon III. — Portrait physique. — Éducation. — Le 29 Janvier 1854. — Mariage civil et religieux. — Lettre au Préfet de la Seine. — Les jeunes filles pauvres. — L'opinion publique. — Belles actions. — Institutions philanthropiques. — La Corbeille de mariage. — Les Salles d'asile. — Le Prince Impérial. — Souscription publique. — Lettre du ministre de l'Intérieur. — Orphelinat du Prince Impérial. — Les Inondés. — Les Livrets de Caisse d'épargne.

Sur le plus beau Trône du monde, à côté du héros dont la pensée continuelle est le bonheur de son peuple, la Providence, — toujours logique en ses desseins, — a placé l'ange gardien des vertus privées, la femme qui fait chérir lorsqu'on a admiré.

L'Empereur Napoléon III, loin de suivre les errements de la dynastie bourbonnienne, qui s'alliait diplomatiquement, a pris une épouse selon son cœur, et le peuple français tout entier a battu des mains.

Marie-Eugénie de Guzman Fernandez de Cordova Leiva et la Cerda, comtesse de Montijo, naquit à

Grenade, le 5 mai 1826. Elle est fille du comte de Montijo et de Marie-Manuele Kirck-Patrick de Glasburn.

Elle appartient à l'une des plus vieilles noblesses d'Espagne, ainsi que le prouve la notice précédente.

Avant de s'asseoir sur le Trône Impérial, S. M. l'Impératrice avait déjà des titres à la reconnaissance et à l'affection du peuple français.

Son père, le comte de Montijo, duc de Peñaramba, servit dans l'armée française comme colonel d'artillerie. —C'était pendant la guerre de la Péninsule ;—il rendit de signalés services.

Bien mieux, en 1814, aux buttes Saint-Chaumont, il combattit valeureusement pour la défense de Paris, et ne se retira que lorsque tout était perdu pour la cause de Napoléon Ier.

Le comte de Montijo avait un noble caractère ; il l'a transmis à son enfant ; il lui a donné surtout ce courage dans les circonstances extrêmes qui a fait dire à Napoléon III, en parlant de l'Impératrice :

« Elle sera l'ornement du Trône, comme, aux jours du danger, elle en deviendra le plus courageux appui. »

Si l'on trace le portrait physique de Sa Majesté Eugénie, il est impossible de lui refuser une beauté artistique.

Ses cheveux blonds encadrent divinement une physionomie sympathique, et la pureté des traits dénote, chez cette princesse, la beauté de l'âme.

Ses yeux sont expressifs et brillants. Le sourire enchanteur qui plane sur ses lèvres donne une valeur sans égale aux généreuses actions qu'elle accomplit sans cesse.

L'éducation de l'Impératrice est digne de sa haute naissance. Aussi, son intelligence supérieure aidant, il n'est pas étonnant qu'elle apprécie à sa juste valeur le vrai point de vue de chaque chose.

Tel est le secret de la confiance que l'Empereur Napoléon III témoigne à l'Impératrice, dans les circonstances difficiles.

Mais aussi l'Impératrice possède un grand cœur, et nous en trouvons la preuve dans les bienfaits qu'elle répand autour d'elle.

En un mot, grâces de la personne, élévation de sentiments, la nature lui a tout donné.

C'est le 29 janvier 1853 qu'eut lieu le mariage de Napoléon III avec Marie-Eugénie de Guzman.

Lorsque l'Empereur fit connaître à la France ce projet d'union, d'unanimes adhésions furent envoyées de tous les départements.

Le mariage civil eut lieu aux Tuileries; la cérémonie religieuse s'accomplit dans la vieille Basilique de Paris. L'archevêque officiait. Sur le chemin du cortége se pressait une foule immense, et l'Impératrice dut être contente, car, dans ce jour de joyeux avénement, la gaîeté resplendissait sur tous les visages.

Le Conseil municipal de la ville de Paris résolut, en cette circonstance, d'offrir à sa Souveraine une parure en diamants.

Lorsqu'elle eut connaissance de ce projet, Sa Majesté s'empressa d'envoyer à M. le Préfet de la Seine la lettre suivante :

« Monsieur le Préfet,

« Je suis bien heureuse d'apprendre la généreuse décision

du Conseil municipal de Paris, qui manifeste ainsi son adhésion sympathique à l'union que l'Empereur contracte. J'éprouve néanmoins un sentiment pénible, en pensant que le premier acte public qui s'attache à mon nom, au moment de mon mariage, soit une dépense considérable pour la Ville de Paris.

« Permettez-moi donc de ne point accepter votre don, quelque flatteur qu'il soit pour moi; vous me rendrez plus heureuse en employant, en charités, la somme que vous aviez fixée pour l'achat de la parure que le Conseil municipal voulait m'offrir. Je désire que mon mariage ne soit l'occasion d'aucune charge nouvelle pour le pays auquel j'appartiens désormais, et la seule chose que j'ambitionne, c'est de partager, avec l'Empereur, l'amour et l'estime du peuple français. »

« EUGÉNIE. »

« Paris, ce 28 janvier 1853.

Pour offrir cette parure de diamants, le Conseil municipal avait voté la somme de 600,000 francs. Pour accéder aussi au désir exprimé par l'Impératrice, les Conseillers municipaux décidèrent que cette somme serait employée à fonder un Établissement pour les jeunes filles pauvres.

Dans cet Établissement, elles devaient recevoir une éducation professionnelle, et n'en sortir que pour être convenablement placées. L'Impératrice le prit sous sa protection, et il a conservé son nom.

A dater de ce moment, l'opinion publique était fixée sur le cœur de Sa Majesté. On crut voir revivre la mère de Napoléon III; l'émotion gagna les fibres populaires, et on se rappela *la bonne Reine Hortense*.

Jetons maintenant un coup d'œil sur les institutions philanthropiques créées par Sa Majesté l'Impératrice.

A la date du 2 février 1853, c'est-à-dire quelques jours après son mariage, elle établit les *Sociétés de Charité Maternelle,* sous sa Présidence et sous sa Protection.

A ce sujet, nous allons citer un abandon généreux, dont les familles conserveront toujours le souvenir.

Il est d'usage, lors des unions souveraines, de placer dans la corbeille de mariage une bourse contenant une somme destinée aux premières dépenses. — Au lieu de cette bourse, l'Empereur plaça dans la corbeille un portefeuille contenant 250,000 francs.

L'Impératrice consacra la somme entière aux œuvres de charité. — 100,000 fr. furent répartis entre les Sociétés maternelles, destinées à recevoir les femmes en couches et à pourvoir aux besoins de leurs enfants; — les 150,000 autres francs servirent à fonder de nouveaux lits à l'hospice des Incurables, en faveur des pauvres infirmes.

D'après un rapport du ministre de l'Intérieur, le nombre des pauvres mères secourues a été, en 1853, de 10,504. Le nombre des Sociétés de charité maternelle s'est élevé à 56, et leurs recettes se sont élevées à 625,780 francs, dont 100,000 francs accordés par S. M. l'Impératrice.

Le 16 mai 1854, Sa Majesté prit sous sa Protection les Salles d'asile; — Elle institua un Comité central pour leur propagation, et décerna vingt-cinq médailles à son effigie, aux meilleures directrices de ces Établissements si utiles à l'enfance. Cet encouragement a donné d'heureux résultats.

En mars 1855, Sa Majesté fit remettre, conjointement avec l'Empereur, 10,000 francs aux familles des soldats et marins qui avaient péri dans le naufrage de la *Sémillante*.

Au mois de juin de la même année, l'Impératrice fit distribuer encore 10,000 francs aux habitants pauvres qui avaient, dans plusieurs départements, souffert des inondations.

L'année suivante, arriva un événement que la France attendait depuis longtemps avec la plus grande anxiété.

Le 16 mars 1856, Sa Majesté l'Impératrice mit au monde un Fils.

Ce Fils reçut le nom de NAPOLÉON-EUGÈNE-LOUIS-JEAN-JOSEPH BONAPARTE.

A cette occasion, les habitants de Paris ouvrirent une souscription, afin d'offrir à l'Impératrice et au Prince Impérial une marque profonde de leur dévouement.

S. Exc. M. le ministre de l'Intérieur répondit, au nom de Sa Majesté, aux Présidents des Comités, qui voulurent envoyer les signatures à la Souveraine aimée, une lettre que nous reproduisons. Elle porte la date du 25 mai 1856 :

« L'Impératrice acceptera avec gratitude ces volumes de signatures, éloquents témoignages des sentiments d'affection de la population parisienne. Mais, quant aux sommes produites par la souscription, vous lui permettrez d'en faire, comme des 600,000 fr. votés, lors du mariage, par le Conseil munici pal, une œuvre de bienfaisance pour les enfants du peuple. Patronne des Sociétés de charité maternelle et des Salles d'asile, Elle désire placer sous le Patronage de son Fils les pauvres orphelins; Elle veut que le malheureux ouvrier, enlevé prématurément à sa famille, emporte au moins, en mourant, la consolante pensée que la bienveillance impériale veillera sur ses enfants.

Mais il ne s'agit pas seulement de leur assurer la ressource ordinaire d'une maison de refuge, l'Impératrice a puisé dans son cœur une idée plus touchante ; sous le Patronage du Prince impérial, une Commission permanente et gratuite, présidée par le ministre de l'intérieur, recherchera en même temps dans Paris et les orphelins et les honnêtes ménages d'ouvriers qui, moyennant une subvention annuelle, voudront prendre chez eux ces pauvres enfants, les élever, leur donner une nouvelle famille et l'apprentissage d'un état. Cette œuvre, sans autres frais que ceux de l'allocation même, qui pour chaque enfant devra toujours être largement calculée, profitera presque autant à la famille adoptive qu'à l'orphelin qui lui sera confié, et l'Impératrice aura ainsi réalisé la pieuse et délicate pensée de donner à ces pauvres petits êtres que la mort a privés de leur soutien, non pas l'abri d'un hospice, mais l'appui, l'affection, les soins d'une nouvelle famille.

« Au revenu produit annuellement par le montant de la souscription placé en rentes sur l'État, l'Empereur, chaque année, et jusqu'à ce que son Fils puisse le faire lui-même, ajoutera sur sa cassette les 30,000 fr. nécessaires pour que cent orphelins au moins soient toujours ainsi patronnés... »

C'est ainsi que fut fondé l'*Orphelinat du Prince Impérial*, l'une des plus belles institutions du XIXe siècle.

En juin 1856, Sa Majesté l'Impératrice donna encore 20,000 francs de secours pour les inondés; elle y ajouta 10,000 fr. au nom du Prince impérial.

Toujours portée à secourir le peuple, se conformant

à la pensée de l'Empereur, elle fit distribuer six livrets de Caisse d'épargne aux élèves de l'Association philotechnique pour l'instruction gratuite des ouvriers.

Napoléon III en accorda six également.

Le 14 janvier 1858, une terrible catastrophe vint éprouver l'héroïsme de l'Impératrice.

Un attentat odieux, tramé par la démagogie, dans les tavernes de Londres, fut commis sur la personne de l'Empereur Napoléon III, au moment où il entrait à l'Opéra avec l'Impératrice.

Au milieu de l'explosion des bombes fulminantes, qui semaient la mort autour de Leurs Majestés et brisaient l'impériale voiture, l'Impératrice répondit aux personnes qui suppliaient l'Empereur de ne point entrer dans le théâtre :

« Montrons-leur que nous sommes plus braves qu'eux. »

Sur ces mots, elle prend résolument le bras de l'Empereur, et, d'un pas ferme, l'accompagne dans la loge impériale, où Leurs Majestés sont accueillies par des cris enthousiastes.

Au début de la campagne d'Italie, l'Empereur, avant de quitter le sol français pour aller se mettre à la tête de nos armées, nomma l'Impératrice : *Régente de France.*

Dans la haute dignité dont Elle fut investie, l'Impératrice, soit qu'elle eût à présenter le Prince Impérial aux grands Corps de l'État, soit qu'elle eût à présider le Conseil privé, déploya, en toute circonstance, la douceur de la femme, la dignité de la souveraine et la sollicitude de la mère. Ajoutons que, grâce au respect et à l'admiration qu'elle a su inspirer, la Régence a plané sur la France comme une auréole bienfaisante.

Maintenant, que la paix est rendue au monde, l'Impératrice peut goûter, près de son noble époux, les joies de la famille, qui sont, pour cette auguste Princesse, une douce compensation des inquiétudes gouvernementales.

NAPOLÉON-EUGÈNE-LOUIS-JEAN-JOSEPH

BONAPARTE

PRINCE IMPÉRIAL

« Le passé et le présent sont la garantie de l'avenir ! »

Coutume des Cours de France. — Réunion des grands Corps de l'État. — Naissance du Prince Impérial. — Cérémonies. — Le parrain et la marraine. — Les pauvres ne sont pas oubliés. — Le représentant du Saint-Père. — La Grande-Duchesse Stéphanie de Bade. — Le Baptême. — Leurs Majestés parrain et marraine de 3,600 enfants. — L'Orphelinat du Prince Impérial. — Considérations sur l'avenir.

La coutume existe, en France, d'annoncer par cent un coups de canon la naissance d'un Prince impérial. Vingt et un coups seulement apprennent aux populations la naissance d'une Princesse.

Or, le 15 mars 1856, un samedi, le peuple parisien attendait avec anxiété la nouvelle qui devait assurer l'avenir de l'Empire. Sa Majesté l'Impératrice souffrait des premières douleurs de l'enfantement, et chacun formait des vœux pour sa prochaine délivrance.

Le Corps municipal s'était réuni en permanence à l'Hôtel-de-Ville, et les grands Corps politiques, administratifs et judiciaires se tenaient prêts à saluer l'Impérial Enfant.

Pendant toute la nuit, la foule resta sur la place du Carrousel, dans une fébrile impatience ; enfin, le 16 mars 1856, à trois heures et quart du matin, S. M. l'Impératrice mit au monde un Fils.

Cent un coups de canon suscitèrent la joie universelle, et des dépêches apprirent à la France, dans la même journée, qu'elle pouvait hardiment croire à la Dynastie napoléonienne.

L'Enfant impérial fut, aussitôt après sa naissance, présenté à l'Empereur, à l'Impératrice, à la Famille impériale, au Ministre d'État et au Garde-des-Sceaux, par Madame l'amirale Bruat, gouvernante des Enfants de France.

Ensuite, M. le Ministre d'État, assisté du Président du Conseil d'État, établit sur le Registre de l'État civil de la Famille impériale, la constatation de la naissance. Ce procès-verbal eut lieu conformément à l'article 8 du sénatus-consulte du 25 décembre 1852, et à l'article 13 du statut impérial du 21 juin 1853.

L'Héritier de Napoléon III reçut les noms de : NAPOLÉON-EUGÈNE-LOUIS-JEAN-JOSEPH BONAPARTE.

A midi, le Prince impérial fut ondoyé dans la Chapelle des Tuileries, par Mgr l'évêque de Nancy. Sa Majesté l'Empereur signa sur les Registres qui contenaient l'acte de baptême, et qui lui furent présentés par M. le Curé de Saint-Germain-l'Auxerrois.

Le Parrain du Prince fut le Souverain Pontife ; la marraine, S. M. la Reine de Suède.

La Ville de Paris voulut que les pauvres prissent

part à la fête, et M. le Préfet de la Seine décida spontanément, d'accord avec le Conseil municipal, qu'une somme de 200,000 fr. serait votée pour être distribuée aux classes les plus nécessiteuses.

Le baptême officiel de l'Impérial enfant fut fixé au 11 juin suivant.

Le Saint-Père désigna, pour le représenter à la cérémonie, avec le titre de légat *à latere*, le Cardinal Constantin Patrizi, évêque d'Albano, Préfet de la Congrégation des Rites, Archiprêtre de la Basilique de Sainte-Marie-Majeure, Préfet de la Congrégation de la Résidence des évêques, Vicaire général de Sa Sainteté.

S. A. I. et R. la Grande-Duchesse Stéphanie de Bade fut chargée par la Reine de Suède de la représenter comme marraine.

Le 11 juin, Paris était pavoisé ; la cérémonie fut splendide, et en tout point digne de la grandeur du Règne impérial.

Ce que la France renferme d'illustre et de célèbre avait pris place dans la vieille cathédrale de Notre-Dame, et l'archevêque de Paris reçut, à l'entrée de l'église, le Légat, représentant du Saint-Père, l'Empereur et l'Impératrice.

L'Église, ce jour-là, avait déployé toutes ses pompes, et le Clergé présentait un remarquable coup d'œil, qui forçait à songer à la puissance de Dieu.

Le soir, la capitale de la France était illuminée et des réjouissances publiques avaient lieu dans toutes les communes de l'Empire.

En mémoire d'un événement aussi solennel, il se passa

un fait qui n'a pas encore d'antécédent dans les annales du Trône.

L'Empereur et l'Impératrice décidèrent qu'ils seraient parrain et marraine des enfants nés le même jour que le Prince Impérial.

Trois mille six cents demandes furent présentées; les titres de ces demandes furent vérifiés avec soin, et le ministre d'État et de la Maison de l'Empereur envoya à chaque famille, par l'intermédiaire des Préfets, un certificat constatant la faveur accordée aux nouveaux-nés.

Depuis ce jour, le Prince Impérial grandit sous les yeux d'une mère à laquelle la Providence a accordé les douces prévoyances de la maternité.

L'Impératrice s'applique surtout à graver dans le cœur de son enfant ce sublime écho de Dieu qu'on appelle la charité. C'est ainsi, qu'en son nom, elle donne à pleines mains, et qu'elle a fondé cet établissement si utile qu'on nomme : *l'Orphelinat du Prince Impérial.*

L'Empereur, de son côté, veille avec un soin constant sur l'éducation de son Fils. Il veut l'habituer de bonne heure à apprécier l'armée, ce sanctuaire de la gloire française. Aussi a-t-il fait entrer le Prince Impérial dans un régiment de grenadiers, dont il vient d'être nommé sous-officier.

La popularité s'attache aux souverains qui comprennent les idées d'une grande nation et veillent sans cesse à son bonheur. A ce titre, la Famille Impériale est éminemment populaire.

Nous ne pouvons, pauvres mortels que nous sommes, déchirer le voile de l'avenir. Notre intelligence ne peut nous offrir que des déductions basées sur les faits qui s'accomplissent.

Si la gloire présente de la France nous permet donc les déductions futures, nous entrevoyons plusieurs règnes de gloire et de prospérité.

« L'enfant, a dit un philosophe, est un composé des vertus ou des vices du père et de la mère. »

Le Prince Impérial doit être appelé, à son tour, à une ère splendide, car il a sous les yeux, pour exemples : le courage et le génie de son Père, la charité et la perfection de sa Mère.

Dieu bénit les familles qui s'honorent elles-mêmes; le peuple bénit les souverains dont il est l'unique pensée.

FIN.

TABLE ANALYTIQUE

DES MATIÈRES

	PAGES.
LETTRE A S. A. LE PRINCE IMPÉRIAL......................................	
ORIGINE DE LA FAMILLE BONAPARTE..............................	1 à 12

PREMIÈRE PARTIE.

NAPOLÉON BONAPARTE. — CHAPITRE Ier. — Coup d'œil rétrospectif. — Portrait physique et moral. — Ce que peuvent produire de généreuses paroles. — Mme Lœtitia. — Naissance de Napoléon 1er........ 13 à 17

CHAPITRE II. — Premières années. — L'Archidiacre Lucien. — L'Ecole de Brienne. — Études et amusements. — Note de M. de Kéralio. — Entrée à l'École militaire de Paris. — Un Souvenir. — Premier essai de génie administratif... 18 à 21

CHAPITRE III. — Bonaparte lieutenant. — Souvenir de Valence. — Bonaparte littérateur. — Insurrection corse. — Paoli. — Expédition de Sardaigne. — Soulèvement de l'Est et du Midi. — Siége de Toulon. — Bonaparte est blessé. — Sa nomination au grade de général de brigade. — Prise de Saorgio. — Le député Aubry. — Le Comité de salut public rappelle Bonaparte. — Sieyès. — La Convention. — Le 13 Vendémiaire. — Bonaparte commandant en chef l'armée de l'intérieur. 22 à 32

CHAPITRE IV. — Napoléon, général en chef de l'armée d'Italie. — Son mariage avec Joséphine. — La coalition. — L'armée d'Italie. — Hautsfaits d'armes. — Discours aux soldats. — Armistice de Turin. — Entrée à Plaisance. — Nouvel armistice. — Passage du pont de Lodi. — Arrêté du Directoire et réponse de Bonaparte. — Entrée à Milan. — Proclamation à l'armée. — Prise de Pavie. — Lettre de Bonaparte à l'astronome Oriani. — Il protége les sciences et les arts. — Siége de Mantoue. — Ténacité du Cabinet autrichien. — Défaite de l'armée autrichienne à Bassano. — Politique du Directoire. — Hommage rendu au génie de Bonaparte par le général Clarke............................. 33 à 50

CHAPITRE V. — Réorganisation de l'armée autrichienne. — Reprise de la lutte. — Passage de l'Adige — Le pont d'Arcole. — Résultat des trois journées. — Refus d'un armistice avec l'Autriche. — Disposition de l'armée française et de l'armée autrichienne. — Rivoli. — Prise de Mantoue. — Ancône. — Traité avec le Saint-Père. — Proclamation à l'armée. — Proposition de paix. — Bonaparte marche sur Vienne. — Traité préliminaire de Leoben. — Soulèvement de Vérone. — Politique de Bonaparte vis-à-vis de l'Italie.................................. 51 64

CHAPITRE VI. — Le 18 fructidor. — Lettre de Bonaparte. — La porcelaine du comte de Cobentzel. — Traité de Campo-Formio. — Congrès de Radstadt. — Réception de Bonaparte au Luxembourg. — Discours de Talleyrand, Bonaparte et Barras. — Fêtes. — La rue de la Victoire. — Projets de Bonaparte. — Expédition d'Égypte; forces de l'Expédition. — Proclamation. — Prise de Malte. — Prise d'Alexandrie. — Kléber est blessé. — Bataille des Pyramides. — Désastre d'Aboukir. — Organisation de l'Égypte. — Révolte du Caire. — Soumission de la Haute-Égypte. — Peste de Jaffa. — Courage de Bonaparte. — Saint-Jean-d'Acre. — Tentative d'assassinat. — Revanche d'Aboukir — Instructions données à Kléber. — Bonaparte revient en France. — Accueil qui lui est fait. — Son autorité. — Démission du Directoire. — Les Corps Législatifs à Saint-Cloud. — Le 18 brumaire. — Belle conduite de Lucien. — Décision des Conseil épurés. — Le Consulat. — La Commission constitutive. — Le Consulat pour dix ans. — Constitution de l'an VIII.. 65 à 95

CHAPITRE VII. — Passage des Alpes. — Entrée à Milan. — Montebello. — Marengo. — Eugène de Beauharnais. — Armistice avec l'Autriche. — Institutions données à l'Italie. — Retour de Napoléon à Paris. — Fêtes — Lois de l'État. — Code Napoléon. — Paix de Lunéville. — Conspirations. — Paix d'Amiens. — Consulat à vie. — Vote populaire. — Le duc d'Enghien. — L'Empire héréditaire. — Nominations des dignitaires. — Choix des Armes de l'Empire. — Suffrages de la nation confirmant l'hérédité impériale............................... 96 à 126

CHAPITRE VIII. — Le Sacre. — Distribution des Aigles. — Ouverture du Corps législatif. — Lettre au roi d'Angleterre. — Vœu de l'Italie. — Napoléon fait connaître ses vues politiques. — Il reçoit la Couronne de fer. — Il présente Eugène de Beauharnais comme vice-roi d'Italie. — Projet des puissances coalisées. — Les hostilités commencent. — Harangue au Sénat. — Deux proclamations. — Elchingen, — Ulm. — Largesses à l'armée. — Austerlitz. — Mort du général Valhubert. — Visite de l'Empereur d'Autriche. — Partage des États par Napoléon. — Ultimatum du roi de Prusse. — Iéna. — Entrée à Berlin. — Acte de clémence de Napoléon. — Conquête de la Silésie. — Entrée des troupes à Varsovie. — Eylau. — Quartiers d'hiver. — Friedland. — Tilsitt. .... 127 à 165

CHAPITRE IX. — Mariage du roi de Westphalie. — Suppression du Tribunat. — Décrets et Arrêtés, de 1805 à 1806. — Administration des finances. — Le drame politique de la Péninsule. — Joseph, roi d'Espagne et des Indes. — Murat, roi de Naples. — Rencontre des deux Empereurs à Erfurth. — Napoléon entre en Espagne. — Combats. — Capitulation de Madrid. — Serment de fidélité. — Retour de Napoléon. — Union de l'Angleterre et de l'Allemagne contre la France. — Défaite de Pfeffenhofen. — Eckmülh. — Ratisbonne. — Capitulation de Vienne. — Essling. — Lannes est mortellement blessé. — Jonction de l'armée d'Italie. — Wagram. — Paix de Schœnbrünn .... 166 à 185

CHAPITRE X. — Confins de l'Empire. — Alliances. — Prévisions de l'Empereur. — Divorce avec Joséphine. — Demande en mariage de Marie-Louise. — Cérémonies. — Bénédiction nuptiale. — Voyages. — Naissance du Roi de Rome. — Abdication du Roi Louis. — Lettre de

Napoléon. — Il refuse l'élection du prince de Ponte-Corvo. — Rupture du traité de Tilsitt. — Refus d'entrevue. — Discours aux Troupes. — Passage du Niémen. — Smolensk. — Bataille de la Moskowa. — Le 29e bulletin. — Passage de la Bérésina. — Retour de l'Empereur à Paris. — Conspiration Mallet. — Nouveaux préparatifs de guerre. — Explications au Corps législatif. — Défection de la Prusse. — Lutzen et Bautzen. — Armistice. — M. de Metternich. — Ultimatum. — Dresde. Nouvelle levée. — Paroles énergiques.................................. 186 à 209

CHAPITRE XI. — Les Coalisés. — Départ de Paris. — Blücher à Béthune. — Congrès de Châtillon. — Ultimatum. — Réponse de l'Empereur. — Champaubert. — Montmirail. — Vauchamps. — Montereau. — Belle parole. — Marche sur Troyes. — M. de Saint-Aignan. — Suspension d'armes. — Occupation de Reims. — Retraite sur Vitry. — Jonction des Alliés par Lyon et Dijon. — Napoléon part pour Paris. — Il est trop tard. — Les Alliés devant Paris. — Défense énergique des Habitants. — Capitulation. — Napoléon part pour Fontainebleau...................... 210 à 218

CHAPITRE XII. — Défections. — Abdication de l'Empereur. — Proclamation aux Soldats. — Signature de l'Abdication. — Traité relatif au sort de l'Empereur. — Droit réservé. — Garde d'honneur. — Adieux de Fontainebleau. — Arrivée à Porto-Ferrago. — Avénement de Louis XVIII. — Intention des Souverains coalisés. — Napoléon quitte l'Ile d'Elbe. — Marche triomphale. — Entrée à Paris. — Proclamations répandues. — Soumission et Adresses des Corps constitués. — Lettre aux Souverains. — Assemblée du Champ-de-Mars. — Acte additionnel à la Constitution. — Adresses des Chambres. — Réponse de l'Empereur. — Il rejoint l'Armée. — Défection de Bourmont. — L'Armée passe la Sambre. — Ligny. — Waterloo. — Décisions des Chambres. — Abdication nouvelle. — On refuse à Napoléon de servir son pays. — Il se met sous la sauvegarde de l'Angleterre. — Il se rend à bord du *Bellérophon*. Trahison. — Départ pour Sainte-Hélène...................... 219 à 239

SAINTE-HÉLÈNE. — MORT DE NAPOLÉON............................ 240 à 246
TESTAMENT DE NAPOLÉON.. 247 à 250
TRANSLATION DES CENDRES DE NAPOLÉON........................... 251 à 254
GÉNÉALOGIE DES TASCHER DE LA PAGERIE......................... 255 à 256

JOSÉPHINE (TASCHER DE LA PAGERIE). — CHAPITRE PREMIER. — Avant-propos. — Naissance de Joséphine. — Son départ de la Martinique. — Mme Renaudin. — Mariage de Joséphine. — Naissance d'Eugène et d'Hortense. — Joséphine présentée à la cour. — Nuages intérieurs. — Départ pour la Martinique. — La mulâtresse Euphémie. — Retour en France. — M. de Beauharnais. — Incarcération de Joséphine. — Mort de M. de Beauharnais......................... 257 à 268

CHAPITRE II. — Situation précaire de Joséphine. — Désarmement des sections. — Eugène réclame l'épée de son père. — Visite de Joséphine à Napoléon. — Soirées de Barras. — Mariage de Joséphine et de Napoléon. — Départ de Joséphine pour l'Italie. — Son aménité, son dévouement. — Conseils de Joséphine. — Diner de la Malmaison. — Visite à Barras. — Conséquences. — Le 18 Brumaire. — Sentiments de Joséphine pour la France. — Son bon cœur. — Lettre de Cadoudal. — Plaidoyer en faveur du duc d'Enghien. — Surnom de Joséphine. — Elle est sacrée Impératrice. — Fouché. — Détails sur le Divorce. — Le Divorce s'accomplit. — Retraite à la Malmaison................ 269 à 284

CHAPITRE III. — Départ et Retour de Joséphine. — Visite de Napoléon. — Seconde visite. — Conseils. — Lettres. — Départ pour Navarre. — Capitulation de Paris. — Réception des deux Souverains. — Joséphine tombe malade. — On envoie chercher l'abbé Bertrand. — Adieux de Joséphine à ses enfants. — Mort de Joséphine. — Ses Funérailles. — Son Oraison funèbre. — Son Mausolée...................... 285 à 298

MARIE-LOUISE. — Chapitre Ier. — Naissance. — Mode d'éducation autrichienne. — Première opinion de Marie-Louise sur Napoléon. — Mariage par ambassadeur. — La Toison d'or. — Arrivée en France. — Cérémonies. — Mariage civil et religieux. — Ordonnance concernant la Couronne du Sacre. — Entrée à Paris. — Fêtes. — Grossesse de Marie-Louise. — Société de charité maternelle. — Madame de Montesquiou... 299 à 307

Chapitre II. — Accouchement et relevailles. — Promenades matinales. — Réunions des souverains à Dresde. — Voyage à Prague. — Fragment de lettre. — Retour à Paris. — Organisation de la Régence. — Lettres-patentes qui la confèrent à Marie-Louise...................... 308 à 311

Chapitre III. — Lettre à M. de Menneval. — Réception du Corps diplomatique. — Retour en yacht. — La guerre recommence. — Retour de Napoléon. — Adresse de Marie-Louise à la garde nationale. — Marie-Louise se retire à Rambouillet; elle part pour Blois. — Récompense donnée à la fidélité. — Arrestation de Marie-Louise........... 312 à 318

Chapitre IV. — Marie-Louise à Orléans. — Entrevue avec François-Joseph. — Elle est nommée duchesse de Parme et part pour Vienne. — Installation à Schœnbrünn. — Avis de la reine de Sicile. — Marie-Louise va aux eaux d'Aix. — Elle refuse de rejoindre Napoléon. — Elle fait les honneurs du Congrès. — Elle apprend que Napoléon a quitté l'île d'Elbe. — Elle conduit son Fils à Vienne. — Lettre de Napoléon. — Un incident. — Marie-Louise à Naples. — Mariage de la main gauche. — Mort de Marie-Louise. — Appréciation de son caractère............. 319 à 327

NAPOLÉON II (Roi de Rome). — Chapitre Ier. — Prolégomènes. — La naissance. — Le berceau. — Le baptême. — Première enfance. — Le château du roi de Rome. — Le portrait. — Marie-Louise régente. — Lettre de Napoléon. — Le départ des Tuileries. — En Allemagne. — La cour de Schœnbrünn. — Une entrevue. — Souvenir d'un Fils. — Premières infortunes. — L'éducation du duc de Reichstadt........... 329 à 347

Chapitre II. — La Mort d'un Père. — Œuvres du Roi de Rome. — Opuscules.. 348 à 359

Chapitre III. — La santé du Roi de Rome s'affaiblit. — M. de Metternich. — M. Barthélemy à Vienne. — La Révolution de Juillet. — Une Circulaire. — La comtesse Camérata. — La Réunion diplomatique de 1831. — Réponse au duc de Raguse. — Lettre à l'Archiduchesse Sophie. — Élans étouffés dans leur germe. — Le Roi de Rome commandant un régiment hongrois... 360 à 370

Chapitre IV. — La maladie. — Lettre à la princesse Sophie. — Arrivée de Marie-Louise. — Le 22 mars 1832............................... 371 à 382

DEUXIÈME PARTIE

I. — JOSEPH-NAPOLÉON BONAPARTE. — Naissance. — Première vocation. — Mariage de Joseph. — Sa mission à Rome. — Il est nommé membre, puis secrétaire du Conseil des Cinq-Cents. — Il passe au Conseil d'État. — Il signe différents traités. — Lettre de Moreau. — Services rendus par Joseph. — Il fait partie du grand Conseil de la Légion-d'Honneur. — Concordat de Rome. — Traité avec les puissances. — Il est nommé héritier du Trône. — Il prend le commandement de l'Armée. — Joseph, roi de Naples. — Son règne. — Joseph, roi d'Espagne. — Son règne; ses luttes; bataille de Vittoria. — Lettre de Joseph à Napoléon. — Joseph revient en France; il est nommé lieutenant-général de l'Empire. — Il accompagne l'Impératrice à Blois. — Il se retire en Suisse. — Les Cent-Jours. — Départ pour les États-Unis. — Il ne cesse pas d'être citoyen français. — Retour en Europe. — Arrivée à Florence. — Adresse à la Chambre des Députés. — Mort de Joseph Bonaparte. — Nom sous lequel il vécut dans ses dernières années.. 383 à 393

II. — LUCIEN BONAPARTE (Prince de Canino). — Naissance de Lucien. — Premières années. — Son caractère. — Ses premiers emplois. — Saint-Maximin. — Il est nommé Commissaire des Guerres. — Ses voyages. — Son entrée aux Chambres. — Ses travaux. — Brumaire. — Mariage. — Lucien ministre. — Physionomie de Lucien. — Sa brouille avec Napoléon. — Il fait partie du Tribunat; il est nommé grand officier de la Légion-d'Honneur. — Nouvelle brouille. — Entrevue de Mantoue. — Lucien fait un poème. — Arrestation de Lucien par les Anglais. — Il est conduit à Ludlow. — Les Cent-Jours. — L'exil. Mort de Lucien; sa prophétie.................................... 395 à 402

II. — LOUIS BONAPARTE. — Un mot. — Naissance de Louis Bonaparte. — Ses premières armes. — Mission en France. — Louis Bonaparte, orateur. — Passages d'un discours. — Mariage de Louis. — Ses enfants. — Ascension successive. — Il est appelé au Trône de Hollande. — Son administration. — Son abdication. — Il se fixe en Italie. — Publication d'un Livre. — Douleurs paternelles. — Le Prince Louis-Napoléon. — Le Roi Louis demande à voir son Fils. — Refus. — Évasion du Prince Louis-Napoléon. — Cruauté de la diplomatie. — Mort du Roi Louis. — Réflexion. — Vœu accompli............... 403 à 409

IV. — JÉRÔME BONAPARTE. — Naissance. — Premières armes. — Missions confiées à Jérôme. — Premier Mariage. — Jérôme, nommé capitaine, est envoyé en Algérie. — Il devient chef d'escadre. — Son courage. — Jérôme contre-amiral et Prince Français, puis général de division. — Conquête de la Silésie. — Villes prises. — Formation de la Westphalie. — Jérôme en est nommé roi. — Second mariage de Jérôme. — Administration. — Améliorations. — Il reprend un commandement dans l'armée. — Il fournit des régiments. — Sa réponse aux ennemis de la France. — Il revient à Paris. — Départ pour Trieste. — Retour. — Ses hauts faits pendant les Cent-Jours. — Il est blessé. — Il échappe à la mort, grâce à Fouché. — Trahison du roi de Wurtemberg. — Différents séjours en exil. — Douleurs de famille. — Jérôme demande à rentrer en France. — Fin de sa proscription. — Jérôme est nommé Conseiller de la Régence.. 411 à 416

V. — LE PRINCE NAPOLÉON BONAPARTE. — Naissance. — Premières années. — Séjour à Florence. — Séjour et départ de l'École militaire de Wurtemberg. — Retour en France. — Le Prince Napoléon est nommé député de la Corse. — Ses votes. — Il est nommé Prince du sang. — Le Prince Napoléon général de division. — Lettre à l'Empereur. — Départ en Orient. — Le fléau. — Courage du Prince. — Son rappel. — Il se fait porter au camp. — L'Alma. — Le plateau d'Inkermann. — La Tchernaïa. — Le Prince succombe à la fatigue et à la maladie. — Il est rappelé en France. — Rapport de l'Exposition universelle. — Mission à Berlin. — Le ministère de l'Algérie. — Mariage du Prince Napoléon. — Il est chargé d'un commandement à l'armée d'Italie. — Proclamation aux Toscans.

— Rapport à l'Empereur. — Paix de Villafranca. — Le Prince reste au commandement du corps d'observation. — Perles autour du médaillon.. 417 à 429

VI. — MATHILDE-LÆTITIA-WILHELMINE BONAPARTE. — Naissance. — Éducation d'une mère. — Imagination et travail. — Illustre alliance. — Le prince Demidoff. — Son origine. — Résolution à l'égard des enfants qui pourront naître. — Disgrâce et rentrée en faveur du Prince Anatole. — Séparation. — Pension ordonnée par le Czar. — Appréciation de l'histoire. — Rentrée en France de la Princesse Mathilde. — Grâce et beauté. — Soirées de l'Hôtel présidentiel. — La Princesse est nommée Altesse Impériale. — La Princesse artiste peintre. — Elle expose au Salon. — Charité cachée. — Résidence habituelle. 431 à 434

VII. — MARIE-ANNE-ÉLISA BONAPARTE. — Les trois sœurs. — Naissance. — Caractère. — Mariage et postérité. — Réflexions. — Napoléon apprécie Élisa. — Elle est nommée Princesse régnante de Lucques. — Modestie du Prince Félix. — Savoir politique et administratif d'Élisa. — Elle est nommée Grande-Duchesse de Toscane. — Titres de gloire. — Dévouement à Napoléon. — Souvenirs de Toscane. — Élisa se retire à Trieste. — Abnégation. — Elle veut rejoindre son frère à Sainte-Hélène. — Mort d'Élisa.. 435 à 438

VIII. — MARIE-PAULINE BONAPARTE. — Naissance. — Premier mariage. — Qualités de Pauline. — Sa beauté. — Elle suit son époux à Saint-Domingue. — Mort du général Leclerc. — Courage de l'épouse. — Elle revient en France. — Second mariage. — Mort de son fils. — Séparation. — Voyages. — Pauline se rend à l'île d'Elbe. — Dévouement fraternel. — Amitié de Pie VII. — Maladie. — Rapprochement des époux. — Mort de Pauline................................... 439 à 442

IX. — JOACHIM MURAT. — Naissance. — Joachim s'engage. — Son rapide avancement. — Il est nommé général de brigade. — Il est blessé. — Campagne d'Égypte. — Il fait prisonnier Mustapha-Pacha. — Le 18 brumaire. — Récompense. — Mariage. — Descendance. — Action d'éclat. — Joachim, maréchal de France, grand-amiral, Prince de l'Empire. — Campagne d'Autriche. — Il est nommé grand-duc de Berg et de Clèves. — Campagne de Prusse. — Joachim en Espagne. — Joachim, roi de Naples. — Expédition de Russie. — L'escadron sacré. — Une faute. — Joachim veut la réparer. — Punition. — Il se réfugie en France. — Sa tête mise à prix. — Il passe en Corse. — Détails. — Il veut reconquérir son Royaume. — Débarquement. — Joachim est pris. — Son jugement. — Sa mort. — Dernier souvenir.. 43 447

MARIE-LÆTITIA RAMOLINO BONAPARTE (Mère de Napoléon Ier). — Naissance de Marie-Lætitia. — Sa Famille. — Son origine. — Mariage de Marie-Lætitia. — Ses enfants. — Caractère de Marie-Lætitia. — Mme Bonaparte quitte la Corse avec son mari pendant l'insurrection. — Rentrée des époux à Ajaccio. — Citation de l'Ouvrage de Louis-Bonaparte. — Complément de cette citation. — Proposition de Paoli à Mme Bonaparte. — Sa réponse. — Elle vient en France avec sa Famille. — Elle prend le titre de *Madame Mère*. — Elle est nommée Protectrice des Établissements de charité. — Esprit d'ordre de Mme Bonaparte. — Ses motifs. — Fragments d'une lettre que Mme Bonaparte écrit à M. de Las Cases. — Dévouement d'une mère pour son fils. — Retraite de Mme Bonaparte. — Sa haine pour les étrangers. — Sublime résolution. — Douloureuses épreuves de Mme Lætitia Bonaparte. — Ses pensées à ce sujet. — Accident. — Mort de Mme Bonaparte. — Son éloge funèbre.. 451 à 455

LE CARDINAL FESCH (Oncle de Napoléon I*er*). — La Famille Bonaparte a ses fastes dans l'Église. — Naissance du Cardinal Fesch — Vocation. — Rentrée dans la vie civile. — Emplois. — Reprise de l'habit ecclésiastique. — Dignités. — Le Cardinal envoyé extraordinaire. — Il reçoit le grand Cordon de la Légion-d'Honneur et le titre de membre du Sénat. — Le Cardinal Primat d'Allemagne, Primat des Gaules et Archevêque de Lyon. — Il prend la défense du Pape. — Il se retire dans son diocèse. — Exil et rentrée en France. — Nouvel exil. — Goût dominant du Cardinal. — Sa collection de tableaux. — Offre au Gouvernement français. — Refus. — Testament du Cardinal. — Sa mort. — Inhumation.. 457 à 46

FAMILLE ADOPTIVE DE NAPOLÉON I*er*.

GÉNÉALOGIE DES BEAUHARNAIS..................................... 461 à 46

LA REINE HORTENSE (Fille adoptive de Napoléon I*er*). — Femmes célèbres de l'antiquité. — Naissance de la Reine Hortense. — Éducation. — Mariage. — Nomination au Trône de Hollande. — Mort d'un fils. — Lettre de Napoléon. — Hortense revient à Saint-Cloud. — Campagne de France. — Rôle de la Reine Hortense. — Entrevue avec le Czar. — Mort de Joséphine. — Hortense se retire à Saint-Leu-Taverny. — Hortense est inquiétée — Les Cent-Jours. — Actes de bienfaisance. — Lettre de la duchesse d'Orléans. — Hortense se réfugie en Suisse — Lettre de la grande-duchesse de Bade. — Elle se retire en Thurgovie. — Elle perd son second fils. — Situation précaire. — Lettre à M. Belmontet. — Hortense vient à Paris. — Retour à Arenenberg. — Premières atteintes de la maladie. — Lettre au Prince Louis. — Louis-Napoléon accourt au chevet de sa mère. — Agonie de la Reine Hortense. — Ses dernières paroles. — Sa mort. — Son mausolée. — Inscription. 465 à 475

EUGÈNE DE BEAUHARNAIS. — Portrait du Prince Eugène. — Son enfance. — Eugène soutient sa Sœur. — Commencement de fortune. — Preuves précoces de valeur. — Avancement rapide. — Eugène, vice-roi d'Italie. — Opinion de M. Wouters. — Améliorations et perfectionnements. — M. Mésan. — Mariage du Prince Eugène. — Victoires en Italie. — Héroïque exemple. — Eugène à Vienne, à Wagram. — 13e bulletin. — Campagne de Russie. — Titres à l'immortalité. — Dernière lutte en Italie. — Regrets et admiration. — Eugène en Bavière. — Ses nouveaux titres. — Il recouvre l'apanage de sa mère. — Maladie du Prince Eugène. — Sa mort. — Éloge funèbre................ 477 à 482

STÉPHANIE-LOUISE-ADRIENNE DE BEAUHARNAIS (Tante de S. M. Napoléon III), Grande-Duchesse Douairière de Bade. — Naissance de la Grande-Duchesse. — Sa parenté avec Joséphine. — Acte d'adoption qui déclare la Princesse Stéphanie fille adoptive de Napoléon I*er*. — Mariage de la Princesse Stéphanie avec le Prince Frédéric de Bade. — Haute mission de la Grande-Duchesse. — Sa fidélité à l'Empereur. — *La Bonne Duchesse*. — Mort du Grand-Duc. — Filles de la Grande-Duchesse. — Alliances illustres. — Amour du peuple badois pour sa Souveraine. — Titre de Tante de Napoléon III, que porte la Grande-Duchesse. — Ses vertus. — Le blason des anciens preux. — Grands-Ducs de Bade. — Livre d'or de la postérité......................... 483 à 485

TROISIÈME PARTIE.

NAPOLÉON III. — CHAPITRE I*er*. — Portrait physique et moral de Louis-Napoléon. — Naissance. — Éducation. — Affection de Napoléon I*er*. — Anecdotes. — Caractère chevaleresque. — Louis-Napoléon en Suisse.

puis à Rome. —Insurrection de la Romagne. — Participation de Louis-Napoléon et de son frère. — Lettres à la Reine Hortense. — Le Prince perd son frère. — Il tombe malade lui-même. — Dévouement d'une mère. — Louis et Hortense à Paris. — Révolution en Pologne. — Le Prince demande du service en France.— Refus du Gouvernement.— Travaux littéraires. — Opinion d'Armand Carrel. — Espionnage. — Lettres. — Le Prince est nommé capitaine en Suisse. — Bruit de mariage. — Lettres du Prince à ce sujet. — Séjour à Londres. — Amis dévoués. — Dessein de reconquérir la souveraineté populaire. — Proclamation.— Affaire de Strasbourg. — Louis-Napoléon est trahi. — Lettre à une mère. — On s'empare du Prince. — On le conduit à Paris. — M. Delessert. — Ordre d'embarquement. — Le Prince arrive à New-York....... 487 à 506

Chapitre II. — Séjour aux États-Unis. — Départ pour Arenenberg. — Le Gouvernement français demande l'expulsion du Prince Louis-Napoléon du territoire suisse. — Lettre au Président du Conseil de Thurgovie. — Le Prince se rend à Londres. — Publication d'un Livre.— Protestation de Louis-Napoléon au sujet des armes de Napoléon Ier. — Situation politique de la France. — Tentative de Boulogne. — Préparatifs. — Proclamations. — Cour de Haute-Justice. — Condamnation du Prince.. 507 à 516

Chapitre III. — Procès du Prince Louis-Napoléon devant la Cour des Pairs. — Sa défense. — MM. Berryer et Ferdinand Barrot. — Jugement. — Emprisonnement à Ham. — MM. Conneau et Montholon. — Deux lettres du Prince. — Rigoureuse captivité. — Protestation. — Occupation des loisirs. — Ouvrages du Prince. — Lettre de Béranger. — Bruit d'amnistie. — Lettre à M. Duchâtel. — Lettre au Roi. — Conditions inacceptables du Gouvernement. — Évasion du Prince. — Arrivée en Angleterre. — Lettre à M. de Saint-Aulaire. — Mort du Roi Louis. — Douleur du Prince.— Il vit dans la retraite et écrit un nouvel ouvrage. 517 à 535

Chapitre IV. — Le Prince rentre en France. — Lettre au Gouvernement provisoire. — Le Prince quitte encore la France. — Elections. — Louis-Napoléon, représentant.— Lettre aux électeurs.— Ordre d'arrestation. — Missive à l'Assemblée. — Admission du Prince à l'Assemblée. — Sa démission. — Nouvelles élections. — Nouveau refus. — Succès dans cinq départements. — Le Prince accepte le mandat qu'on lui confie. — Entrée à l'Assemblée constituante. — Discours. — Décision relative à l'élection du Président de la République. — Amendement Thouret.— Il est rejeté. — M. Clément Thomas. — Réponse que fait Louis-Napoléon. — Manifeste du Prince.— Élection du 10 décembre. — Consécration par l'Assemblée. — Programme politique. — Nouveau ministère... 536 à 552

Chapitre V. — Entrée au Pouvoir de Louis-Napoléon. — Il s'occupe de l'armée, des classes laborieuses, visite les hôpitaux, les ateliers des divers quartiers de Paris, la Cité ouvrière du 2e arrondissement. — Paroles du Prince au sujet de cet établissement. — Message du Président à l'Assemblée législative. — Révolte de la Montagne. — Le Pape rétabli sur son Trône — Proclamation des Montagnards. — Insurrection du 13 juin. — Ridicule dictature des démagogues. — Défaite de l'insurrection.— Fuite de M. Ledru-Rollin. — Courage de Louis-Napoléon. — Proclamation du Président de la République au peuple français. — Le Pape nomme une Commission pour gouverner à Rome. — Conduite injuste de cette Commission. — Lettre du Prince-Président à M. Edgard Ney. — Voyage de Louis-Napoléon dans les départements de la France.— Changement de ministère. — Message du Président à l'Assemblée. — Colère des chefs de la majorité. — Dernière phase de l'Assemblée législative. — Nouveau Message du Président de la République. — Proposition d'un vote de censure contre le Chef du Pouvoir exécutif. — Ordre du jour pur et simple. — Réélection du Président de la République. — Candidats proposés. — Message du Prince à l'Assemblée. — L'Assemblée se proroge au mois de novembre. — Réouverture de l'Assemblée. — Message présidentiel. — Proposition des membres de la majorité. — Autre proposition. — Rejet de cette dernière proposition. — Présentation, par le ministre de l'intérieur, du projet d'abrogation de la loi du 31 mai. — Rejet de ce projet. — Faible majorité. — Proposition de deux décrets par les questeurs de l'Assemblée. — But de ces décrets. — Ce que devait faire le Président de la République. — De quel côté était le bon droit et la justice.... 553 à 569

Chapitre VI. — Le 2 Décembre. — Arrestations. — Actes d'autorité. — Opinion de M. Granier de Cassagnac. — Réunion de 200 Députés. — M. Benoit d'Azy. — La Haute-Cour de Justice. — Fin des résistances. — Belle conduite des troupes. — Vains efforts du Comité Socialiste. — La tranquillité est rétablie. — Appel à la nation. — Vote en faveur de la Présidence pour dix ans. — Discours du Prince. — Hommage à l'Éternel... 570 à 58

Chapitre VII. — La Constitution. — Deux décrets de sûreté publique. — Biens de la famille d'Orléans. — Décrets de sécurité. — Mesures humanitaires. — Aumôniers des dernières prières. — La Médaille militaire. — Ouverture du Sénat et du Corps législatif. — Drapeaux distribués aux troupes. — Rétablissement du Ministère de la Police. — Lettre à M. de Maupas. — Clôture de la session législative. — Actes administratifs de Louis-Napoléon comme Président de la République.... 581 à 603

Chapitre VIII. — Rentrée de Louis-Napoléon à Paris. — Adresse du Conseil municipal. — Message au Sénat. — Sénatus-consulte pour le rétablissement du Régime impérial. — Adoption. — Convocation des Corps constitués. — Réponse de Louis-Napoléon. — Enthousiasme des populations. — Extrait du *Moniteur*. — Résultat du vote pour l'Empire. — Discours du Prince. — Dons au sujet de l'avènement de l'Empire. — Amnistie. — Les Princes Jérôme et Napoléon désignés comme successeurs au Trône impérial. — Discours de l'Empereur concernant son mariage. — Mariage civil et religieux. — Réflexions................ 604 à 617

Chapitre IX. — Les Lieux-Saints. — Le testament de Pierre le Grand. — Menschikoff. — Ultimatum. — Hostilités. — L'amiral Nakimoff à Sinope. — Discours de Napoléon III aux Chambres. — Organisation de l'armée d'Orient. — Débarquement des troupes. — Prise de Bomarsund. — Mort du maréchal Saint-Arnaud. — Canrobert. — Pélissier. — Napoléon expose la situation de la France. — La Garde impériale. — Prise de Sébastopol. — Faits d'armes. — Alexandre II. — Napoléon III et le Corps législatif. — Le Congrès de Paris. — Admission de la Prusse au Congrès. — Traité de Paris. — Naissance du Prince impérial. — Députation des Corps constitués. — Ouverture de la session législative. 618 à 630

Chapitre X. — La France et l'Autriche. — Le Cabinet de Turin. — Le désarmement. — Envoi des divisions militaires. — Déclaration au Peuple français. — Napoléon III quitte Paris. — L'Impératrice-Régente. — Ordre du jour. — Entrevue de Napoléon III et de Victor-Emmanuel. — Montebello. — Les généraux Forey et Beuret. — Palestro; le 3e zouaves. — Mesure concernant les blessés. — Palestro et Turbigo. — Magenta. — Les généraux Clerc et Espinasse. — Ordre du jour. — Entrée à Milan. — Proclamation aux Italiens. — Melegnano. — Solférino. — Dépêche à l'Impératrice. — Résultats de la journée. — Ordre du jour. — Courage de Napoléon III. — Suspension d'armes. — Dépêche. — Termes de la suspension. — Ordre du jour. — Entrevue de Napoléon III et de l'empereur d'Autriche. — Paix de Villafranca. — Napoléon l'annonce à ses soldats. — Résumé de la guerre. — Retour de l'Empereur. — Sa réponse aux grands Corps de l'État. — Opinion d'un écrivain. — La Médaille commémorative. — La rentrée des troupes. — L'Amnistie. — Décrets du Règne impérial......................... 631 à 651

NOTICE SUR LES ÉCRITS DE NAPOLÉON III .... 653 à 657

DÉCRET RELATIF AUX BIENS DE LA FAMILLE D'ORLÉANS .... 658 à 663

ORIGINE DE LA FAMILLE DE S. M. L'IMPÉRATRICE................... 665 à 667

EUGÉNIE, IMPÉRATRICE DES FRANÇAIS. — Double garantie offerte à la nation. — Naissance de l'Impératrice. — Le comte de Montijo. — Mot de Napoléon III. — Portrait physique. — Éducation. — Le 29 janvier 1854. — Mariage civil et religieux. — Lettre au Préfet de la Seine. — Les jeunes filles pauvres. — L'opinion publique. — Belles actions. — Institutions philanthropiques. — La corbeille de mariage. — Les Salles d'asile. — Le Prince Impérial. — Souscription publique. — Lettre du Ministre de l'intérieur. — Orphelinat du Prince Impérial. — Les inondés. — Les Livrets de Caisse d'épargne........................... 669 à 677

NAPOLÉON-LOUIS-JEAN-JOSEPH BONAPARTE (PRINCE IMPÉRIAL). — Coutume des Cours de France. — Réunion des grands Corps de l'État. — Naissance du Prince Impérial. — Cérémonies. — Le Parrain et la Marraine. — Les pauvres ne sont pas oubliés. — Le Représentant du Saint-Père. — La Grande-Duchesse de Bade. — Le Baptême. — Leurs Majestés parrain et marraine de 31,600 enfants. — L'orphelinat du Prince Impérial. — Considérations sur l'avenir....................... 679 à 683

TABLE ANALYTIQUE DES MATIÈRES .... 685 à 694

FIN DE LA TABLE.

Paris. — Typographie RENOU et MAULDE, rue de Rivoli, 144.

ERRATA.

Page 1re, *au lieu de* : et les plus, *lisez :* ou les plus.

Page 8, *ligne* 35, *au lieu de* : 20 juillet, *lisez* : 22 juillet.

Page 10, *ligne* 29, *au lieu de* : 6 mars, *lisez* : 16 mars.

Page 11, *ligne* 21, *au lieu de* : 1805, *lisez* : 1825.

Page 17, *au lieu de* : Borzy, *lisez* : Bozzy.

Page 223, *au lieu de* : Domaines nationaux aux émigrés, *lisez* : Domaines nationaux non vendus aux émigrés.

Page 393, *au lieu de* : 28 juillet 1844, *lisez* : 7 avril 1845.

Page 407, *au lieu de* : 5 juin, *lisez* : 24 mars.

Page 433, *au lieu de* : Altesse, *lisez* : Altesse Impériale.

Page 439, *au lieu de* : 22 octobre, *lisez* : 22 avril.

Page 462, *au lieu de* : directeur des postes, *lisez* : directeur général des postes.

www.ingramcontent.com/pod-product-compliance
Lightning Source LLC
Chambersburg PA
CBHW061956300426
44117CB00010B/1361